Diarios

Rafael Chirbes

Diarios

A ratos perdidos 5 y 6

EDITORIAL ANAGRAMA
BARCELONA

Ilustración: foto © Philippe Matsas/Opale.photo

Primera edición: septiembre 2023

Diseño de la colección: Julio Vivas y Estudio A

© EDITORIAL ANAGRAMA, S. A., 2023
  Pau Claris, 172
  08037 Barcelona

ISBN: 978-84-339-2128-4
Depósito legal: B. 10883-2023

Printed in Spain

Romanyà Valls, S. A.
Verdaguer, 1, 08786 Capellades (Barcelona)

A ratos perdidos 5
(2007-2008)

Cuaderno de piel que se ata con un hilo que envuelve dos botones

(8 de enero-3 de febrero de 2007)

8 de enero

Jornada larga. Llevo despierto desde las seis de la mañana, leyéndome esta novela insalvable, que destapa mis limitaciones como escritor. Cabeza vacía y mano torpe, que se suman a una pérdida de referentes, a este no tener nada en la cabeza que me tortura. ¿Cómo puede uno querer ser escritor, si no tiene nada que decir? Basta con ver la prosa, la mediocridad de la escritura, la falta de densidad, la ausencia o planura de ideas. Lo dicho: la lectura de hoy me ofrece un balance demoledor. Mientras tanto, la vida resbala fuera de estas cuatro paredes: días espléndidos, soleados, que ponen la naturaleza en primer plano y cuyos rayos no consigo que se lleven o que traspasen esta especie de sombría jaula en la que me agito, no sé muy bien con qué fin, desde qué impulso, porque lo que hay es, sobre todo, vacío, y un silencio de dentro que es solo una forma de llamar a la incapacidad para mirar fuera, para cargarse con la energía de lo de fuera. Tampoco la economía tiene visos de arreglarse por el momento, ni hay perspectivas de trabajo a la vista (nada de fuera nutre). Todo tiene en esta encerrona un aire de inconsciencia suicida. Qué lejos la actitud del viejo Jünger, cuyos libros estoy leyendo estos días, su interés por capturar hasta la mínima vibración del universo, el menor repliegue de la naturaleza. Ahí sí que hay densidad de pensamiento, y aunque sea complaciente y esté tocado por eso que podríamos llamar «diabolismo», hay precisión en el lenguaje, lo que yo no tengo. Leerlo es un detector que saca a la luz mis carencias. Por lo demás, no tengo relación con nadie. Han pasado cuatro meses desde mi última relación sexual; ni siquiera una sesión de sauna. Primero llega la pereza y luego esa pereza se convierte en inseguridad, y también en escepticismo: pensar que no vale la pena buscar, porque no vas a encontrar nada; a eso se le añaden los primeros efectos de la debacle económica –nuevas formas de inseguridad–, que se presentan como un creciente miedo a gastar. Lo que me faltaba: volverme a la vejez tacaño, después de haber sido más bien manirroto, o al menos desinteresado en los asuntos económicos.

9 de enero

Los albañiles echan cemento en el aparcamiento que están haciendo sobre la nueva fosa. Bajo tres o cuatro veces al día a fumarme un cigarro con ellos y, en esos momentos, parece que me entrego a la vida, o que la vida se me entrega, me deja entrar, me permite que forme parte de ella: la conversación, las bromas, las palabras que intercambian, pidiéndose material, tal o cual instrumento; los perros corretean en torno a ellos, ladran, parecen darse cuenta de que hay síntomas de vida en ese ajetreo; y está la luz del sol que lo envuelve todo, y está el verde de las plantas. El resto de la jornada –que ya digo que empieza a las seis de la mañana– lo paso leyendo y toqueteando la novela. He decidido que tengo que darle un final, acabarla, aunque sea de un modo provisional, y, luego, ya veremos lo que hago con ella, si me la guardo, o si sigo con el empeño. A estas horas de la madrugada (son las dos), me parece que está a punto para, dedicándole algunos ratos más, darla por liquidada. Claro que la opinión de ahora no sé si vale mucho, porque, antes de llegar a este estado de optimismo, he bajado al pueblo, me he tomado tres gin-tonics, y tres o cuatro absentas, mientras discutía con Z., que echa pestes de Pombo, de quien no ha leído una sola novela, solo porque leyó una entrevista que le hicieron no sé dónde, y se ha enterado de que es de buena familia, maricón, y, por si fuera poco, miembro de la Real Academia Española. Intento explicarle que todo eso no quiere decir nada. ¿Cómo que no quiere decir nada?, se enfada. Lo que vale es que es un gran novelista, insisto. ¿Y tú defiendes a ese señorito maricón? Tendrá técnica, insiste. Y yo pierdo estúpidamente el tiempo explicándole que no es eso, que se trata de su textura moral, de lo que destilan sus libros, y que la prosa y la ética (al margen del esfuerzo laboral, que también cuenta, y no poco) son inseparables. Pero, como puede suponerse, no hay nada que hacer. Ser altivo, sectario e ignorante, todo junto, es algo terrible. No necesitas leer a un escritor. Consideras que sus libros son algo así como un asunto privado, intrascendente: como si no fuera justo al revés, que el único asunto público con el que lidia un escritor es su escritura, que justo todo lo demás, su sexo, su familia y hasta sus opiniones sobre esto o aquello, forma parte de lo privado que no debe interesarnos, o debe interesarnos solo muy relativamente. Pero su visión del mundo, esa textura moral de la que hablas está en la entrevista que le hacen, insiste Z., y, ya nada más que por puro afán de discutir, yo le digo que no, que su ética está en las quinientas páginas de su estupenda *Contra natura*: eso es lo que Pombo ha escrito, lo que, empastada desde la primera a la última, sin dejar una sola página, forma su moral, marca su espacio, el lugar que ocupa en el mundo. Durante quince años me tocaba discutir con amigos progresistas o que se consideraban revolucionarios que pensaban que Antonio Gala era un gran escritor progresista porque escribía columnas periodísticas contra los militares, contra la

OTAN y contra la guerra. Leían devotos *La pasión turca*. ¡Lo consideraban un escritor progresista, cuando todo en él forma parte de lo rancio, lo ñoño, lo reaccionario! No había manera de convencerlos de que escribir contra la OTAN no libraba a su escritura de ser profundamente cursi; o, lo que es aún peor, estúpida y por eso mismo profundamente reaccionaria, halagadora de lo peor, falsa belleza para complacencia de marujas y marujones en celo. La bestia negra de estos amigos (algunos de ellos, profesores de literatura) era Vargas Llosa. Se negaban a ver que podía ser un liberal, un reaccionario, y, a la vez, un notable novelista (*La guerra del fin del mundo, Conversación en La Catedral*). Tampoco debería extrañarme de esas cosas. Discutir sus libros desde esa base. Pero la novela pinta poco en la sociedad contemporánea: vale lo que crece en torno a ella, los retratos de los autores, las declaraciones, las entrevistas, los manifiestos a los que se adhieren. Nadie parece tener tiempo para leerse las quinientas páginas que hace falta leer antes de empezar a hablar de un escritor, pero todo el mundo tiene tiempo para quedarse media hora viéndolo en la tele, o para echar una ojeada a la página que, en el periódico, habla de él. Tendrían que prohibirnos a los escritores decir nada que no fuera por escrito, y negarnos a los novelistas el derecho a verter una sola opinión, o un comentario, sobre la novela que hemos escrito. Si quieres saber de qué trata, léetela. Se lo digo muchas veces a la gente –periodistas, lectores, alumnos– que me pregunta: ¿qué piensa usted de la Transición española?, ¿de la memoria histórica? Pienso (y siento, y vivo o he vivido) exactamente lo que dice *La buena letra* o *La larga marcha* o *Los viejos amigos*. Ni más ni menos. Si lo que pensara pudiera resumirlo en un folio, o en media docena de frases, no hubiera perdido el tiempo en escribir mil, ni se lo hubiera hecho perder a ustedes leyéndolas. En resumen, Z. ha seguido insistiendo en que Pombo y Pérez-Reverte son lo mismo: los dos académicos, y los dos polanquistas, porque ya se sabe que, en la Academia, no se puede entrar si no estás arropado por el polanquismo (ahí estoy de acuerdo con él; en lo único), pero cómo explicarle las diferencias abismales que se abren entre *Contra natura* y *Cabo Trafalgar*, diferencias literarias y, sobre todo, diferencias éticas, que vienen a ser lo mismo. Eso son menudencias que descubren los enterados, remacha él. No, eso son diferencias que establecen, o pueden establecer, quienes leen novelas y no pueden establecerlas quienes no las leen. A mí no se me ocurriría discutir de física o de biología, ¡si es que no tengo ni idea de esos temas!... Discusiones de borrachos en una barra, pero que reflejan muy bien la inanidad de los libros en el momento actual, y su uso social meramente vicario. Un escritor es solo su imagen, su utilidad como garrote contra el enemigo, lo que en el fondo habla de las diferencias tan leves que separan a los enemigos entre sí.

10 de enero

Jünger, al oír hablar a los portugueses, deduce una influencia suaba no en el vocabulario, sino en el tono de voz. Dice en la traducción española: «[...] en Portugal he oído locuciones y exclamaciones cuyas nasalizaciones correspondían exactamente a las de mis vecinos de Wilflingen. A menudo el tono y el *melos* de una lengua delatan más cosas sobre parentescos de sangre que no su vocabulario» (*Pasados los setenta I*, pág. 295). Se corresponde esta observación con las reflexiones que yo mismo me hacía en Sefrú, la población beréber del Medio Atlas en la que viví en Marruecos. Oía hablar a aquellos *chelja* y tenía la impresión de estar oyendo a los campesinos de Tavernes; las mismas sonoridades, el tono, la misma manera de ahuecar la voz y de arrastrar las palabras, que no encontraba en otras poblaciones marroquíes, las encontraba al otro lado del Mediterráneo, a más de mil kilómetros de distancia. Claro que en el habla de Sefrú se utilizaban palabras del sustrato árabe o *chelja* que ha permanecido en Tavernes; pero ya digo que era, sobre todo, el tono de voz, las imprecaciones en el café mientras jugaban a las cartas, el modo de dirigirse la palabra los unos a los otros, de llamar la atención; los gritos para arrear a los animales. Las escasas palabras comunes que podía uno detectar en ambas hablas eran como migas de pan o guijarros de Pulgarcito que marcaban el largo camino desde un lugar a otro. Pero era, más bien, eso que Jünger llama «el *melos*». En Tavernes, la palabra que los niños usan hasta los cinco o seis años para pedir agua es *ma*, que en árabe significa precisamente «agua», seguramente se trata de un residuo de la lengua de aquellos agricultores moriscos que fueron protegidos durante siglos por los monjes del Císter en la Valldigna. En Sefrú, como en Tavernes, se dice *séquia* para nombrar la acequia, y esa palabra estaba dicha exactamente de la misma manera, en el mismo tono, con la misma apertura bucal y eco en la trasera del paladar al pronunciar la *a*, con idéntica música y entonación, que ni siquiera es parecida a como la dicen en otras poblaciones cercanas a Tavernes como Gandía o Sueca. Algunas veces llegué a pensar que habían existido contactos históricos entre ambas poblaciones y que yo había acabado viviendo allí como si hubiera sido atraído por una especie de energía originaria: oía las voces de mujeres y niños en las traseras del huerto de mi casa, en el barrio del Qalaa, cuyas terrazas se alzaban sobre la muralla, y se me transmitía paz, tenía la impresión de que era un sonido que yo llevaba conmigo desde siempre. Sin duda, contribuía a que yo tuviera esa percepción el ambiente mágico de Sefrú, ciudad de brujas que parecía concentrar una misteriosa energía, cuyas radiaciones (pongámonos jüngerianos por un momento) sufrí en unas cuantas ocasiones, que no viene al caso contar con detalle aquí. Yo mismo pronuncié inconscientemente el conjuro y me puse en manos del diablo. «Arriba, abajo, delante, detrás.

16

Tú no puedes hacer nada. *Tukal*». Estaba recibiendo una clase de *derija*. Había en la población numerosas tiendas en las que se vendían materiales para encantamientos, la mayoría de ellos repulsivos (lagartos, camaleones, serpientes y ratas secos, paños menstruales, pelos púbicos). Solo pensar que alguien te estuviera dando de comer a escondidas algo así te producía náuseas. No poco de ese ambiente quedó prendido entre las páginas de *Mimoun*. Mi amigo Manolo Bayo me acompañó como testigo –y víctima– de algunas de esas experiencias de brujería, pero mientras paso a limpio estos cuadernos pienso que desgraciadamente ya no podrá volver a contárselas a nadie, porque murió hace algún tiempo.

Ante el cuadro de Backer que refleja a una cortesana de pechos desafiantes y que exhibe una moneda, Jünger habla «del poder de Venus en el plano inferior». Me inquieta la observación, es tan precisa: el sucio peso de las ceremonias de la carne que todos nos esforzamos en cubrir de belleza, de gozo, e incluso de intrascendencia. Es tan hermoso un cuerpo. De lo que pasa luego es de lo que hablamos.

Otra observación de Jünger que no me resisto a copiar: «También en el caso de los museos, como en el de las iglesias, uno al principio no sabe nada y todas las cosas lo maravillan; luego sabe mucho y tiene una visión de conjunto; y al final olvida lo sabido. La ruta conduce al interior de la luz, donde nombres y estilos brillan como estrellas y constelaciones, y luego reconduce a la oscuridad. En el olvidar hay más bien, empero, una ganancia. Ya no encontramos tan importantes ni los nombres ni las fechas» (pág. 282).

16 de enero
Jünger está convencido de que todo irradia energía y se siente especialmente dotado para capturarla. Cuando visita el Museo Canario en Las Palmas, y se encuentra con una sala

que guarda decenas de «cráneos» de guanches, piensa: «Para formar esta colección habrán sido saqueados sin duda no solo enterramientos aislados sino cementerios enteros de guanches»; y, a continuación, constata: «Si uno se coloca en el centro de la sala, aunque mantenga los ojos cerrados, nota con tanta fuerza la irradiación, que pronto se le vuelve insoportable» (pág. 578). Es solo un ejemplo de las incontables veces en que alude a la presencia de esas energías, que él busca en los insectos que captura como entomólogo; pero también en los demás animales y en las plantas encuentra rastros de ellas: la naturaleza toda forma un sistema, una especie de modelo para armar a partir del cual se desarrolla la infinitud de formas que ni siquiera tienen por qué ser reales (algunas ni siquiera han aparecido), pero que son posibles a partir de ese modelo. Y todo está secretamente unido entre sí, formando una especie de monumental construcción panteísta. Ante una fotografía del naturalista Haeckel, dice que «es, igual que la de Leonardo o la de Schelling, una de las pocas imágenes de vejez conservadas de los grandes sapientes. En ella es de suponer que ha habido, no mutaciones como en el caso del superhombre, sino condensaciones de la masa hereditaria debidas a la disciplina espiritual. La substancia se torna transparente, es inundada y atravesada por olas de luz cósmica. Es un milagro. Pero también es un milagro que el carbono, bajo la presión telúrica, cristalice en diamante» (pág. 526). Curiosamente, he tenido que releer un par de veces el párrafo para entenderlo, porque, en vez de leer «los grandes sapientes», yo leía «las grandes serpientes». Creo que a Jünger, que ve a los ofidios como portadores privilegiados de lo inaprensible, no le molestaría la confusión: bien provisto de esa fuerza que captura en la naturaleza, nuestro ofidio Jünger se lamenta a los setenta y cinco años: «La experiencia y la vida están insuficientemente acordadas entre sí. Nos vemos forzados a dejar la mesa de juego cuando por fin hemos llegado a conocer las reglas.

»En el momento en que ya nos sentimos realmente a gusto en el vestido espiritual, el corporal está gastado» (pág. 569). Recuerdo las palabras de un personaje dc la Gaite en su novela *Lo raro es vivir*, que dice: «Las vidas van siempre en borrador, tal que así las padecemos, nunca da tiempo a pasarlas en limpio».

En Italia, al ver a un monje encendiendo una vela, Jünger tiene la sensación de hundirse en el tiempo: no me refiero a cobrar consciencia del sentimiento melancólico que se apodera de nosotros cuando vemos cosas antiguas, sino al sentimiento de caída física; se abre un abismo (pág. 429). Las numerosas páginas que, en este volumen, dedica a Roma están llenas de estas caídas, de estas imantaciones. Coincide su estancia romana con la aparición en los periódicos de noticias sobre las subversiones de mayo del 68, entre las que recoge la historia de unos estudiantes que le gritaron al profesor: «Deja ya en paz a Tasso y háblanos del Che Guevara». Al parecer, tras el incidente, el profesor, un hombre sensible, se cortó las venas y luego se arrojó por un balcón. El periódico daba cuenta de que había ingresado moribundo en el hospital, donde permanecía agonizante, mientras Jünger vaticinaba: «Hasta nueva orden, todos los enjuiciamientos de la situación que partan de que aún existen valores que transmitir son errados. El valor es sustituido por el número; lo trágico, por el accidente; el destino, por la estadística; el héroe, por el criminal; el príncipe, por el cacique; Dios, por "el bien"» (pág. 454). Reflexiones del aristócrata que siente que el mundo se le ha escapado de las manos.

Aunque este tercer volumen de sus memorias está lleno de relámpagos iluminadores, es más deslavazado, más divagante y pastoso que sus extraordinarios cuadernos de guerra. Aquí, además, abundan las escenas de la que él llama «caza sutil», su afición por capturar insectos, y sus reflexiones sobre el tema, magníficamente escritas, pero, para mí, crípticas o lejanas, y, por eso, *ennuyantes*. Brillan, en cambio, sus observaciones de viajero en permanente estado de alerta, descifrador de cuantos signos se le ponen por delante, práctica cinegética que podríamos definir, por oposición a la entomológica, como «caza pesada». Captura las energías que encuentra al paso y se sirve de ellas para cargar el generador que le proporciona impulso para seguir construyendo su gran artefacto, que –como él piensa que ocurre con el de Newton– no se refiere solo al planeta Tierra, sino al universo entero, repleto de agujeros y recorrido por túneles en los que se almacena lo misterioso, pero también lo sórdido y lo terrible.

Como a mí mismo, como a tantos millones de personas que lo han visitado, el edificio que admira, el que lo emociona, el que lo sobrecoge por su perfección, es el Panteón, del que dice:

> Todas las grandes construcciones humanas dividen el espacio, lo particularizan, lo incluyen en sí, lo administran con más o menos grandiosidad. Aquí en el Panteón ocurren otras cosas y más cosas. Lo que se nos da no es una modificación del espacio, sino la parábola del espacio mismo. Lo que se apodera de nosotros no es una de las innúmeras formas del espacio, sino un poder cósmico y, con él, un bienestar inmediato. Respiramos espacio como respiramos aire. Hay mucha claridad: por la abertura de la cúpula penetra no ya un rayo o un haz de rayos de luz, sino toda una oleada (págs. 414-415).

Cuando se entera de que unos libros que posee se han revalorizado enormemente en el mercado, en vez de alegrarse, se lamenta: «[...] para mí, el precio exorbitante de un libro reduce el goce de tenerlo». Y añade unas líneas más aba-

20

jo: «El precio es una carga que pesa sobre el valor y lo oprime» (pág. 385). Podría seguir añadiendo momentos luminosos de las memorias del viejo zorro alemán en estos cuadernos, los llenaría con ellos.

17 de enero
Día en Valencia. Visito la sede recién inaugurada de Acció Cultural, el centro Octubre (creo que se llama así), que es estupenda, y luego el Museo de Bellas Artes, donde paso un buen rato viendo los retablos góticos, que me conozco casi de memoria. Me fijo en los diablos (cruce entre roedores, insectos y hombres metálicos: herederos de los tipos cubiertos con armaduras y antecesores de los astronautas) y en los condenados, y los comparo con las delicadísimas caras de los santos. Me acerco a ver cómo ha quedado la reconstrucción del patio del palacio del Embajador Vich, que me emociona: eso sí que es Florencia o Roma en Valencia: ni la calidad del mármol, ni la maestría del trabajo tienen parangón con otros edificios de aquí. Otra galaxia. Bueno, está la lonja, pero la calidad de la piedra…

Luego salgo por la nueva puerta del museo, que da a los Viveros, y me entretengo viendo el jardín lítico y la preciosa portada restaurada del palacio de los Duques de Mandas. El paseo me anima (y me pone un poco melancólico: piensas en que te gustaría quedarte más tiempo para seguir viendo cómo se recupera y embellece lo que parecía perdido). Pienso en lo mezquina que es la política. El escándalo, las movilizaciones que provocó la idea de desmontar las columnas del patio insertadas en el refectorio del convento del Carmen (un dudoso pastiche decimonónico), para reconstruirlo completo aquí. Lo peor es que los agitadores de despropósitos nunca piden perdón: en política, pedir perdón es admitir una derrota; sus ritmos y movimientos, sus principios, no tienen nada que ver con lo que entendemos como humano.

Ya he anotado en estos cuadernos que le dije a Carmen Alborch que no entendía la campaña que habían emprendido contra esa restauración, y no supo muy bien por dónde salir: me dijo que había sido ella la que había habilitado el convento como espacio de exposiciones de arte contemporáneo y que, por eso, le tenía mucho cariño y quería que siguiera como estaba. Vaya motivo. Cuando la maldad y el boberío se dan la mano es como para echarse a temblar. No digamos ya si a todo eso se le añade un toquecito frívolo. Y no estoy dispuesto a compensar el comentario con ninguna crítica al PP. Nos obligan a interiorizar esa dicotomía interesada de «o conmigo o contra mí»; pues bien, contra ti sin estar con los otros. O, mejor dicho, estando a la vez contra los otros por tierra, mar y aire (odio su voracidad, su incultura). Que cada palo aguante su vela. Si uno hace recuento de las cosas que Valencia ha añadido a su patrimonio en los últimos diez o doce años, es cierto que se han llevado a cabo numerosas rehabilitaciones de patrimonio que se daba prácticamente por perdido. Otra cosa es que yo esté de acuerdo con el proyecto de ciudad que tiene en la cabeza la Barberá, clerical, a la vez estreñida y voraz; ni soporte a esa cohorte de ladrones y beatos que han tomado el poder, o tantas construcciones faltas de criterio y tanto solar y edificio ruinoso en los viejos barrios que no han parecido interesarle gran cosa. Pasan años y años y las ruinas siguen ahí… Esta gente es parte de lo peor de esta tierra. Nunca quise volver a Tavernes por no aguantar tanta ñoñez de una más bien pequeña burguesía, que se les contagia a los de abajo y funciona como caricatura entre las clases inferiores: mezcla de memo y asno; la afectación en el habla (castellana, por supuesto), la ostentación en las celebraciones familiares y cívicas, retocadas con la brutalidad de eso que intentan asimilar como pueblo y es el populacho goyesco, o el de personajes como el Sebo galdosiano, brutal instrumento del poder contra la razón (el modelo napolita-

22

no). A pesar de todo eso, reconozco que hoy se pueden visitar en Valencia una veintena de edificios que estaban no hace tanto en ruinas, incluido el majestuoso San Miguel de los Reyes, que fue cárcel y almacén de materiales de derribo del ayuntamiento; es así. Otra cosa son los conceptos que tenga uno en la cabeza, o el que a esos logros se les hayan añadido no pocos desastres –esa basura tirada por todas partes en el entorno de la ciudad y de las poblaciones circundantes, incluido el entorno del propio San Miguel, uno de los más espantosos del planeta– y se haya beneficiado a unos cuantos sinvergüenzas.

Los del PSOE no se cansan de repetir que la Barberá está haciendo una ciudad para ricos, cuando se trata de una ciudad para una clase media entre bobalicona y astuta, y –ya lo he dicho– voraz, con más pretensiones que posibles; por cierto, nadie se pregunta si los edificios o los hoteles que se construyen en Madrid o en Barcelona son para ricos o para pobres (no digo ya en Nueva York): se exhiben como signo de los tiempos, del imparable progreso de la ciudad. Y en Madrid y Barcelona sí que hay ricos de verdad, millonarios autóctonos y multimillonarios de importación. Aquí, sin embargo, cualquier pompa de jabón se convierte en manos de los socialistas y su corte supuestamente de izquierdas en un insulto a la ciudadanía (los mismos que hincharon las burbujas del 92, Barcelona y Sevilla como escaparates del despilfarro moderno). Los camaradas cambian su metro de platino a conveniencia. Allá se las compongan. Si esta ciudad les pone de los nervios, no es por las toneladas de escombros que la rodean, por el abandono de tantas cosas, por las ruinas en que se están convirtiendo unos cuantos palacios y por cómo se están descascarillando las pinturas de numerosas iglesias, sino porque no la gobiernan.

19 de enero

Pan, de Knut Hamsun: la leí de joven, cuando tenía quince o dieciséis años. Recordaba un ambiente asfixiante, extraño, la presencia del bosque y un tono panteísta que la unió en el almacén de mis imaginarios a los poemas de Whitman que conocí algún tiempo después. Vuelta a leer hoy, casi cincuenta años después, me la encuentro rejuvenecida. Hamsun, que fue muy popular, tuvo escaso prestigio entre los jóvenes universitarios de mi generación, seguramente porque habíamos leído en alguna parte que fue colaboracionista, o directamente nazi. Asociamos su militancia con una literatura desfasada, vieja. Ahora descubro a un escritor en línea con las tendencias nihilistas de su tiempo que conecta muy bien con ciertos rasgos actuales: novela de un yo sufriente, de un héroe torturado, incapaz de contactar con el mundo que lo rodea y lo destruye. En realidad –según descubrimos en la carta final que escribe alguien que lo conoció– fue un hombre dotado de cualidades, seductor. El propio yo se encarga de distorsionar la imagen de sí mismo: el demonio de dentro lo arrastra a destruirse al tiempo que destruye su entorno. Incapaz de amar, pero furioso buscador del amor, ni siquiera la comunión con la naturaleza –a la que dice aspirar– le proporciona un bálsamo a su intimidad herida. Su desazón nos lleva a pensar en Dostoievski, en Kafka, en Camus y *tutti quanti*. Creo que alguien como Vila-Matas se sentirá fascinado por un libro tan rabiosamente moderno como este. A mí me toca constatar una vez más la capacidad que tienen las novelas para remozarse: a Hamsun lo abandonamos hace medio siglo por viejo, y hoy nos fastidia por demasiado moderno. Como el personaje que la protagoniza, la novela de Hamsun parece no encontrar su sitio: es un libro incómodo, esquinado, precursor de un malestar que, cuando fue escrito, aún se anunciaba como una sombra en el horizonte. Nos fascina la cualidad del clima que construye, peculiar textura que parece traernos el alma nórdica, espacio entre psicológico y geográfico o meteorológico, que se resuelve en sensibilidad herida a su (peculiar) manera. Se me viene a la cabeza una reflexión de Jünger que he leído días atrás en sus memorias, y en la que viene a decir algo así como que el sur facilita la relación del hombre con el tiempo. Hay una radical soledad en los seres sufrientes que nos llegan del norte, traídos por el pintor Munch, el cineasta Bergman, el dramaturgo Strindberg. Pienso ahora en todas esas torturadas figuras que, en el gran parque de Oslo, levantó el escultor Vigeland. Como diría la Gaite: son seres que, cuando se comunican entre sí, da la impresión de que lo hacen por frotamiento y no por ósmosis.

22 de enero

Entro en la *Odisea*, y es así, al pie de la letra: entro. Uno abre el libro y se mete en un mundo. Ese texto poderoso: con solo una frase, con cuatro palabras, te empieza a pasear entre la gente, te enseña las casas, los comedores, las despensas, te golpea la cara con un viento que viene del mar, hueles a salitre, a brea, y sientes bajo los pies el movimiento de las olas. ¿Cómo puede ser eso? ¿Cuál es el misterio? Están asando carne, huelo la grasa que se achicharra en el fuego y también la carne que acaban de servir en los platos, y eso me llega de una frase sencillísima: «[...] se afanaban los unos asando los tasajos, los otros espetaban más carne». ¿Por qué ves y hueles esa frase que, en otro lugar, apenas te diría nada? Pues porque, desde la primera línea, el poema te ha introducido en un espacio literario, te ha metido en otro mundo, el suyo; ha conseguido que estés dentro de ese espacio que tiene todas las dimensiones. Lo que sorprende es que sea tan efectivo el resultado, porque no trabaja con una batería de medios, sino que su poder surge de algo que podríamos calificar como un sencillo fluir natural. Analizas verso a verso, y

25

te dices que parece mentira que el artefacto pueda funcionar (y hablo de una traducción, qué no será cuando te acune la música del griego, esa lengua que hoy me pesa haber abandonado cuando entré en la facultad). Esa es la gran maravilla. El milagro. Si uno, estudiándolo, pudiera capturarlo, reproducirlo, pero no es así: como cualquier otro texto, es único, irreproducible: ninguna escuela de letras ha podido obtener de la túrmix literaria uno solo de esos párrafos, ni un equipo de artificieros ha conseguido derribar ese muro, que permanece en pie; nosotros, los mortales escritores futuros, corremos como ratones asustados a sus pies.

El lector primerizo imagina a Ulises enredado en furiosas batallas carnales con Calipso, pero no, el héroe no está por la labor amatoria: es delicioso el espacio al que llega Hermes (el sueño de un burgués), la casa de la maga que canta mientras teje en el más cuidado *locus amœnus* literario que imaginarse pueda: las cuatro fuentes que manan sin cesar, las violetas; el olor de madera de cedro y alerce que se quema en el fuego y se extiende por la isla. Todo invita al recogimiento amoroso. Pero no a nuestro Ulises, que «no estaba con ella. Seguía como siempre en sus lloros, sentado en los altos cantiles, destrozando su alma en dolores, gemidos y llanto que caía de sus ojos atentos a un mar infecundo». Uno no sabe si el poeta se ha vuelto cómplice del héroe y, en su narración, oculta la infidelidad, le cuenta a Penélope una milonga para tranquilizarla; o si es que es de verdad así de frágil y melancólico «el león» que espera Penélope. En ese segundo caso, nos hace pensar en nuestro inseguro, frágil y querido Tirant, que fanfarronea para ocultar sus gatillazos. Aunque sabiendo lo mentiroso y liante que es Ulises, imaginamos que le habrá pagado al bardo para que cuente las cosas así.

28 de enero

Pierdo el tono laborable. Paso el miércoles y el jueves con A. B. e I. O. para hacer un reportaje sobre el restaurante del IVAM (se trata de una serie, el primero fue el Guggenheim de Bilbao, el siguiente será el Reina Sofía de Madrid). La situación resulta bastante descabellada, porque ya no está el cocinero con el que trabajamos hace tres o cuatro años, ni tampoco el que aparece en el *Anuario gastronómico de la Comunidad Valenciana*, que es al que esperábamos encontrarnos. En su lugar, me encuentro con un muchacho que solo hace un par de meses que está aquí y que, por más capotes que le echo para que le ponga un poco de teoría a su actividad, algo de fantasía, no entra al trapo, ni por raíces valencianas, ni por diseño (tan conveniente aquí, el primer gran museo de arte contemporáneo creado en España), ni por nada. En fin, ya veremos cómo sale todo esto. El redactor jefe me ha dicho que quiere nada menos que diez o doce folios. Por otra parte, recabo información a los del museo acerca de su creación, de sus fondos, de sus actividades, y se limitan a endosarme una preciosa agenda con las páginas en blanco para que anote lo que quiera, y un papelito con las exposiciones que celebrarán en los próximos meses: nada sobre los fondos que tienen o sobre las exposiciones que han realizado. La verdad es que, más o menos, me lo sé, y puedo escribir sobre ello, pero si con todos los documentos delante soy despistado y siempre acabo poniendo algún gazapo, qué no puede ocurrir de algo que recopilo de memoria. Por suerte, encuentro un libro con datos y recojo cosas en internet.

Con I. y A., comida magnífica en Morgado, un pequeño restaurante tradicional –el concepto es el del *bistrot* francés, aunque de cocina española–, y del que siempre salgo satisfecho: unos chipironcitos, bacalao dorado, rabo de buey; los acompañantes se inclinan por unas *kokotxas* en *suquet*, magníficas. Todo está cuidadosamente trabajado, resulta sucu-

27

lento, en su punto de cocina. Al día siguiente, comida en Vertical, un restaurante rabiosamente moderno, de diseño espectacular, ya que está situado en lo más alto de uno de los nuevos edificios de la ciudad, y por detrás de las cristaleras pueden contemplarse el puerto, la huerta, la Albufera... Ese mismo conjunto arquitectónico alberga el hotel en que nos hospedamos, y me recuerda más a las construcciones del nuevo Berlín que a ningún otro lugar, incluida la propia Valencia. Convenimos los tres en que la nueva arquitectura de la ciudad no se parece a la que están haciendo en Madrid o Barcelona (¿mejor o peor? La de Barcelona, desde luego, aclamada). También la ciudad vieja tiene una personalidad propia muy definida. Es cierto que las ciudades españolas se diferencian enormemente unas de otras: Castilla, Andalucía, el País Vasco, Galicia, las ciudades de la vieja Corona de Aragón..., poco que ver entre sí. En Francia, cierta uniformidad arquitectónica recorre el país. Ya sé, ya sé, las ciudades normandas tienen poco que ver con las de la Provenza, pero en casi todas ellas hay un empaste producido por la planificación urbana, la mano del centralismo que viene de París: la uniformidad de las construcciones públicas del XVII, XVIII y XIX, pero también de los edificios de promoción privada, frutos de escuela de arquitectura. La mano de Luis XIV o la de Luis Napoleón: da lo mismo que estés en Lyon, en Marsella, en París, en Burdeos o en Nantes, ese envoltorio o esas dos o tres capas de cebolla de los últimos siglos definen las ciudades francesas, mientras que aquí ha habido taifas también en eso: cantonalismo. Los constructores se han buscado y reinventado referentes particulares en cada ciudad hasta hoy: la franquista Gran Vía de Salamanca prolonga como una maqueta a tamaño natural el plateresco de sus mejores monumentos, el barrio de Santa Cruz sevillano es pastiche amoriscado o de vieja judería; Teruel y Toledo trabajan el ladrillo, recuerdo de los alarifes moriscos; Galicia es pura piedra gris y granítica; Barcelona se hincha orgullosa y el volumen de los edificios y la solidez de la piedra como material constructivo dotan a la ciudad –Gaudí, Puig i Cadafalch, Domènech i Montaner– de un orgulloso (o pretencioso) modernismo a la catalana. Las construcciones de principio del siglo XX en Valencia –más delicadas e imaginativas que sólidas– tienen referentes múltiples y se entretienen en la decoración exterior (guirnaldas de flores, tapetes de estuco, figurillas humanas; escuela de artes y oficios. Al parecer, aún hoy en día los mejores estucadores de España siguen siendo los valencianos, acabo de oírselo decir por la televisión a un arquitecto, me parece que madrileño. Imagino que también eso se habrá ido a hacer puñetas en los últimos años); en Madrid, no se sabe por qué, pero hasta la fachada más ornamentada parece rigurosa, seca, como si la ornamentación la sorbiera el aire de la sierra.

En esta variedad cantonal pesan los materiales (adobes y mampostería, granitos, calizas) y la geohistoria, aunque, seguramente, se trata sobre todo de una cuestión de talleres, de escuelas, de tradiciones locales que se van adaptando, cada cual a su manera, a los sucesivos estilos y modas. En las viejas ciudades, los orígenes de muchos de los gremios se remontan a la Edad Media, las máquinas de sus talleres no se han parado desde entonces, y las maneras, los gustos y las técnicas no han dejado de transmitirse: así, pesan los viejos modos sobre los nuevos, y ayudan a interpretarlos, a leerlos. El hecho es que no creo que exista en el mundo un país con más diferencias arquitectónicas entre ciudad y ciudad. Córdoba y Sevilla son marroquíes o tunecinas y, además, se esfuerzan cada vez más por parecerlo. Nada que ver con Santiago, con Salamanca.

De vuelta a Beniarbeig, tras pasar la tarde-noche del viernes con la novela, caigo en un tobogán de almuerzos, alcohol y somnolencia que me tiene ocupado sábado y domingo. Ahora (domingo noche), vuelvo a hacer buenos propósitos: leer, escribir…, pero se han cortado los cables que transmitían energía positiva. La *Odisea* a medio leer, gruesos tomos sobre la mesa a la espera de la mano del lector que venga a abrirlos; la novela en el ordenador, exigiendo atención; y yo, fuera, frío y pegajoso como un plato de lentejas cocinado con mucha grasa una semana antes. De nuevo esa sensación de quedarte sin fuerzas para emprender nada, de no tener tiempo para concluir lo que he emprendido. Me digo lo de tantas veces: pensar así es una forma de pereza que se combate levantándose mañana lunes de buena mañana y enchufando el ordenador. Para esta noche, sacar a Ulises del tristísimo reino de los muertos en el que lo he abandonado a media mañana para irme de almuerzo; rescatarlo de esas sombras inaprensibles, ávidas de sangre derramada. El Hades clásico es un refugio de vampiros.

Esta misma tarde he tenido una conversación sobre brujería con F. y con M., revivo esa cosa inquietante y sucia, siempre rozando lo sexual y lo criminal, que tan bien conocí durante los dos años que pasé en Marruecos; eso en lo que no creo, pero he sufrido y me horroriza. Me propongo escribir un día sobre lo que flota en la primera novela que publiqué. Mientras pienso en eso, abro al azar las páginas de este cuaderno y me encuentro con las anotaciones que, sobre el tema, escribí el 10 de enero y no recordaba haber escrito. Inquietante que no me acordara de lo que escribí hace solo unos días (ay, ese avance de la nada ocupando parcelas de ti, arrebatándolas, victorias parciales de esa lucha que llevas contigo y estás destinado a perder), pero también me resulta curioso que sea esa página la primera que se me aparece esta noche. La maquinaria se pone en marcha y, si uno la alimenta, no tiene estación término, avanza imparable hacia ese túnel cenagoso y cada vez más estrecho y sucio. Nuestro interior está –como el Hades clásico– poblado de muertos perversos, vampiros y brujas. Bajo precipitadamente el telón y doy órdenes para que pare la música. Ese tren de los horrores es tren de feria y gira en circuito cerrado, y no lleva a parte alguna.

29 de enero

En vez de trabajar en el texto sobre el IVAM para *Sobremesa*, me paso el día con la novela, que sigue desconcertándome; a ratos la encuentro pasada de rosca, pero en otros momentos me parece que tiene una densidad que me gusta mucho. Creo que, a partir de ahora, precisa más trabajo de pulir y cortar que de añadidos. Es rarísima, imperfecta, pero no creo que pueda acusársela de trivial. Las imperfecciones saltan más a la vista, rascan más, porque es un libro francamente desagradable. Creo que incluso va a quedarse con el antipoético título que le he puesto (*Cremación*). Por lo demás, la fracción económica parece dispuesta a colaborar en el ánimo del liberado. Llegan gastos y facturas imprevistos. Hoy, una carta en la que Herralde me comunica el ingreso de dos mil cuatrocientos euros, me proporciona un respiro, que dura poco, porque viene acompañada de otra del abogado que llevó el caso de Paco en la que me presenta una minuta de mil setecientos, la verdad que ganados con gran facilidad por su parte, ya que no ha hecho prácticamente nada. Pactar con la fiscala. En pocos segundos, mi gozo en un pozo.

La víctima del día ha sido la *Odisea*, a la que he dedicado poco más de una hora. Pero, en fin, ya puedo descansar más tranquilo, porque tengo a Ulises fuera de los infiernos y charlando amigablemente con su solícito porquero, que, liberal, le invita a comer lechón y le prepara una excelente cama (el propietario Ulises no debería sentirse tan contento con un empleado que sacrifica los puercos del señor para obsequiar al primer mendigo que aparece por casa). Añoramos encontrarnos con gente así en nuestra vida. Esos encuentros literarios parece que te animan a viajar de nuevo, o te hacen echar de menos que tus viajes de juventud no estuvieran plagados de tropiezos así (aunque con uno bastaría). Soy injusto, ha habido unos cuantos encuentros generosos: la mujer de Santiago de Compostela que me albergó en su casa, a suculenta mesa y mullida cama puestas, y se negó a cobrar ni un céntimo, porque decía que su hijo también estaba viajando por el mundo en autostop, como yo, y esperaba que su acción se convirtiera en energía que pusiera en marcha una acción semejante en algún lugar del mundo (dondequiera que estuviese el muchacho). Antes era más fácil encontrarse con gente así, ahora todo se ha vuelto desconfianza, el ambiente se ha maleado; además, falta de religión, la sociedad se ha vestido una túnica nihilista: hemos aprendido que nuestras buenas acciones no cotizan en favor nuestro, no son inversión, sino desperdicio, y, por si fuera poco, nos hemos convencido de que el mundo se mueve de un modo absurdo en el que poco podemos intervenir. No pintamos nada en los momentos decisivos. La última vez que hice autostop en mi vida fue poco después de acabar la mili. Pasé doce horas a la salida de Madrid sin que parara nadie. Pensé que era el fin de la edad de la inocencia. Yo me había vuelto mayor, ya no proporcionaba a los conductores la seguridad ni la alegría que pudiera ofrecerles un estudiante, y, además, los tiempos habían empezado a ensombrecerse. Empezaba a desperezarse el nuevo mundo. En realidad, lo que uno echa estúpidamente de menos es que el guión de la vida no tenga las reglas que exigen las obras literarias: las que sean, pero unas reglas que van descubriendo su sentido a medida que avanzas en la lectura. No, la vida no es así. O quizá ocurre que las leyes de la vida son tan simples y crueles que uno prefiere no verlas.

Son las tres de la madrugada, y decido seguir las peripecias de Ulises, ver cómo le va en su tierra, pero hacerlo ya desde la cama. Hoy, leyendo el libro de Homero, me fijaba sobre todo en la ligereza con que utiliza las más variadas y complejas técnicas literarias, la agilidad con que cambia de narrador, de tiempo, los saltos adelante y atrás, cómo se traslada de un espacio a otro, cómo altera el tono; y el excelente manejo de las acciones en paralelo para mantener la atención del lector, su tensión al verse metido en esa maraña de mecanismos activados al mismo tiempo. Quien espere encontrarse con la obra de un ingenuo narrador está muy equivocado. Nos encontramos con un narrador astuto («mañero», llama a Ulises el traductor de la edición de Gredos, José Manuel Pabón), al menos tan «mañero» (*rusé*, diría un francés) como su protagonista. Es esa habilidad (además del anecdotario, de los trucos, de los gags que salpican el libro) la que le concede el aire gozoso a la narración. Digamos que estamos ante un libro inaugural, pero que, en realidad, se trata de un epígono, ya que la impresión que se tiene es que tuvo que cristalizar los hallazgos de toda una escuela: recoge leyendas antiguas, técnicas ya usadas, viejos saberes, y nos los ofrece como si nos pusiera en brazos un recién nacido. A mi edad ya sé que, en una novela, solo gime como un niño el viejo zorro.

Por cierto, esta mañana he aceptado dar una charla sobre *Imán* en un instituto de Cuenca el próximo 16 de mayo, así que tendré que ponerme manos a la obra. Me gustaría trabajarla bien. Además, esa charla, unida a las que tengo escritas y a la que –sobre Galdós– tengo a medio escribir, podrían componer un libro cuando algún día acabe la novela.

Me da pena acostarme. Se está tan bien aquí, calentito, leyendo y oyendo a la Schwarzkopf, mientras fuera llovizna.

31 de enero

Me paso la noche sin dormir. De día, leo la novela enfurruñado, con un humor de perros (me parece infumable, insalvable), y, leyendo, me quedo dormido después de comer. Me despierto desconcertado, no sé dónde estoy ni qué hora es. Resulta que son las nueve de la noche. He dormido cuatro o cinco horas. Me levanto envuelto por una nube negra. Intento rehacer el ánimo. Demostrarme que sirvo para algo. Tomo algunas notas para el artículo sobre el IVAM: le encuentro el hilo y eso me levanta un poco el ánimo. Tenía que haber escrito una nota (¡de folio y medio!) sobre Quique Dacosta, y no he sido capaz de poner una línea en quince días. No sé qué decir. No tengo nada que decir. He perdido la capacidad para expresar algo. Con lo del IVAM llevo el mismo camino, ¡y esa puta novela que se me empasta entre los dedos! Si la vida es una escalera, esta es una escalera de solo bajada. Termina la *Odisea*, nuestra obra fundacional, con la gran matanza que Ulises lleva a cabo contra los pretendientes (en esta traducción los llaman «los galanes») y con el ahorcamiento colectivo de las criadas. Los galanes, nos cuenta Homero, «corrían en la sala cual vacas dispersas por el tábano inquieto que viene sin tregua a hostigarlas» (pág. 361). Y también: «Ulises erguido en mitad de los muertos, todo lleno de polvo y de sangre; un león se diría que retorna, saciado a placer de la carne de un buey que mató en la manada» (pág. 365).

La matanza de los galanes se cierra con la de Melantio, el traidor que les descubrió dónde guardaba Penélope las armas. La verdad es que nuestro texto fundacional, ese documento de cultura, no tiene precio como documento de barbarie, que diría Benjamin: «A Melantio traían: con el bronce cruel le cortaron narices y orejas, le arrancaron sus partes después, arrojáronlas crudas a los perros y, al fin, amputáronle las piernas y brazos con encono insaciable» (pág. 367).

Los matadores se lavan, se meten en casa («Estaba acabada la labor») y Ulises reclama fuego y azufre para limpiar la sala, la misma técnica que se ha venido utilizando hasta hoy para limpiar las barricas de vino en las bodegas. Nunca me había parecido tan terrible toda la última parte de la *Odisea*. Las circunstancias en que se produce la matanza, el espacio (esa angustiosa sala cerrada, de la que no pueden escapar: sartriano *huis clos*) y la frialdad con que Ulises planea la caza humana consiguen crear un clima de violencia de corte moderno, frente a la de la *Ilíada*, que, a pesar de su carácter explícito, fulgurante, repleto de casquería visual, nos parece una violencia más clásica; por así decirlo, más ingenua: luchas entre valientes, peleas entre gallos de corral. En la *Odisea* están ya inscritas las matanzas calculadas que acostumbramos a considerar como particulares del siglo XX (campos de concentración, solución final), pero cuyos orígenes seguramente se remontan al origen de la humanidad; y se remontan, desde luego, a este documento fundacional de nuestra cultura.

2 de febrero
Perdido, desorientado, desnortado. Paso la noche sin dormir, pensando que no soy capaz de escribir ni una línea (no la he escrito): la página inicial del artículo de *Sobremesa* sigue sin tener ni un borrón: página en blanco. Me digo que tengo que aceptar que se ha acabado mi etapa de escritor. Lo confirmo mientras leo la brillantísima *Arthur & George*, de Julian Barnes, y me repito: nunca serás capaz de escribir con esa brillantez, con esa gracia, con esa agilidad. Además, ¿qué tengo en la cabeza? Si no soy capaz de acordarme de nada, si cojo los libros y no recuerdo si me los he leído o no. No estoy capacitado ahora mismo ni para escribir una columna en una revista. En cuanto veo una página en blanco, una pantalla en blanco, me paralizo, me pasmo, puedo tirarme días

enteros sin reaccionar, ¿y qué hacer?, ¿un gesto, que diría Pavese? A lo mejor falta que la fruta acabe de madurar antes de caer, pero empiezo a estar en sazón. Por si fuera poco, el eccema me cubre toda la cara, el pecho, manchas rojas, hinchazones, dificultad para respirar, como si me hubiera intoxicado con algo. Estoy en la cama, diciéndome que debería estar sentado ante la mesa, y tengo ganas de llorar. Miro la foto de mi padre, sonriente, y pienso en lo que hizo.

Por si fuera poco, por si fuera poco, por si fuera poco: sufro otro episodio de vértigo, lo que acrecienta la sensación de fragilidad, de colgar literalmente de un hilo delgado. No sé si se debe a problemas de columna, al oído, si se trata de manifestaciones de un creciente alcoholismo, hepáticas, si es por el exceso de tabaco, o un problema nervioso. Cuando, hace dos o tres años, se manifestó violentamente el vértigo en un tren alemán y tuvieron que conducirme en ambulancia a un hospital de Hamburgo (la cosa fue más complicada, a contar otro día con calma: me escapé del primer hospital en que me ingresaron en una población cercana a Hamburgo, quería dar la conferencia que tenía prevista para la noche, no fue posible, me desplomaba en el taxi que había tomado), me hicieron todo tipo de pruebas durante una semana, y llegaron a pensar que se trataba de un tumor cerebral, cuya presencia desmintió una resonancia que me practicaron de vuelta en España. Oigo cada vez menos, eso es verdad. Me pongo música para probar a tranquilizarme, pero no soy capaz de prestarle atención. ¿Me duele haber perdido ese otro refugio que tanto me consolaba, la música? Me molesta ir perdiendo curiosidad, me deja con menos alicientes en este mundo. Perder acicates. El ascetismo no te prepara más que para desembarcar suavemente en la playa interminable. La falta de música, una forma menos de razón a la que aferrarse, aunque me diga que es una engañosa forma de razón, seductora, hipnótica, al menos para quienes carecemos de formación musical. Me sermoneo con que esas formas hipnóticas están entre las que un escritor tendría que arrojar por la borda. Pero ¿no hay afán de seducción en el fondo de cualquier escritura por muy marxista que uno quiera ponerse?

En cualquier caso, los vértigos no me ayudan a recuperar la necesaria confianza en mí mismo. Cuando no puedes mantenerte en pie porque todo gira, y te caes, y, ni siquiera tumbado en la cama, eres capaz de fijar la mirada, no parece fácil hablarte a ti mismo de otro proyecto que no sea recuperar la verticalidad. Una semana después del virulento incidente, que me llevó al hospital de nuevo, y me ha tenido cuatro o cinco días incapacitado para mantenerme en pie sin algún apoyo (caminaba palpando las paredes, agarrándome a los marcos de las puertas, o a los muebles, apoyándome en las sillas), aún no consigo plantarme firme sobre el suelo: todo parece oscilar, las imágenes parpadean, un mundo inestable, apenas prendido con alfileres, un fotograma que se quema. Antes se decía así: prendido con alfileres; llevas la lección prendida con alfileres, te decían cuando se notaba que no habías estudiado a fondo. Una vida cogida con alfileres. Desde el inseguro lugar en que me encuentro parece imposible que un niño llegue a hombre; que quienes están cavando los cimientos acaben poniéndole techo a la casa; que un labrador plante un árbol esperando que algún día dé fruto. Parece un milagro que algo se termine, concluya felizmente; que un proyecto se cumpla. Admirable tozudez del animalito humano. Empezar otra novela, ¡uf! Ponerse con algo que tiene que durate entre las manos un par de años o tres. Madre mía, largo me lo fiáis. Pero eso es lo que hay. Pensar así, pensar en si se acabarán o no las cosas, es perder el tiempo, tirar la vida, buscarte la excusa para no hacer nada. Tú sigue poniendo ladrillos y no pienses hasta dónde llegará la pared. Aprende de la milenaria tozudez de tus congéneres.

El episodio de vértigo ha vuelto a resultar muy duro: todo giraba, he vomitado, me caía, me ahogaba, tenía calor, me sobraba la ropa, me quitaba la camisa. Sin embargo, cuando me tomaron la temperatura en el hospital, resulta que tenía treinta y cinco grados. Estaba helado. Lo que he vuelto a constatar esta vez es que el pensamiento de la muerte no me da miedo; no pensaba: me estoy muriendo; pensaba que no podía quedarme en el hospital porque tenía cosas que hacer. La muerte tiene que ver con la agradable sensación que me invadió en la camilla del hospital cuando me inyectaron la medicación intravenosa y fue desapareciendo la angustia y oía las voces lejos (alguien, tras una mampara, vomitaba como yo había vomitado media hora antes). La sensación era de altiva soledad, al fin solo; el mundo, una masa compacta de la que tú ya no formabas parte, que estaba fuera de ti y podías despreciar. La voz del médico –una mujer– me devolvía a esa masa, me recuperaba como hilo de esa red, cuando se interesaba por los síntomas: me preguntaba qué sentía, y si era la primera vez que se producía un ataque así. La voz de la médica era un anzuelo que me atrapaba, sedal que tiraba de mí hacia fuera, que me sacaba del mar en el que estaba hundido, templado amnios del que me daba pereza salir.

Después del vértigo, puntos negros que vibran como vibra el horizonte en los mediodías de calor. El paisaje se dobla como un helado que estuviera derritiéndose.

No puedes ejercer la piedad con nadie. Ves una vida a la deriva y no puedes cambiarla, alterar su curso, solo verla pasar. Lo único que de verdad cambia la vida de alguien es la violencia. Ejerces violencia sobre alguien y le cambias la vida.

3 de febrero

Veo en televisión la grandísima película de Michael Powell *Las zapatillas rojas*. Es de 1948, muy de su tiempo (los decorados, la atmósfera) y, sin embargo, me parece completamente moderna. Las películas de Powell tienen una misteriosa capacidad de introducirte en un mundo turbador, en el que el arte es una exigencia ascética que roza la autodestrucción, y el amor, una relajación en esa disciplina: concesión a la carnalidad, a lo animal. En cualquier caso, ambos, el amor y el arte, forman parte del reino de Tánatos. Los dos ríos acaban en el mismo mar. La película consigue dejar con el corazón en un puño incluso a alguien como yo, tan reacio a la afectación del ballet clásico, que Powell eleva a esfuerzo olímpico. Imagino cómo debe fascinar esta película a un psiquiatra (el arte como árida superación del Eros, en el límite con el Tánatos); desde luego, fascina a un aprendiz de escritor sometido a permanente estiaje tanto del amor como del arte. Todo el ballet central es una muestra de esa turbia relación. Son espléndidos el vestuario, la escenografía de corte expresionista; los decorados, que empiezan teniendo un chirriante aire de feria, para acabar representando un sombrío cementerio. Mientras las zapatillas rojas siguen bailando (ay, la delicada resistencia del arte), todo se va volviendo cada vez más turbio. Otra de las películas de Powell, *Peeping Tom*, me impresionó mucho en mi juventud. No he vuelto a verla.

El arte, además de un gran esfuerzo individual, es un esfuerzo que se prolonga en sucesivas reencarnaciones. He tomado nota de esta frase de la película que se corresponde con otra que aparece en mi novela: «[...] la naturalidad solo se consigue mediante un gran esfuerzo de cuerpo y espíritu».

Por lo demás, tiempo neblinoso y, a ratos, lluvioso, en un día presidido por la desgana. Somnolencia: me he pasado media tarde durmiendo, cuando debería haber estado terminando el artículo del IVAM para *Sobremesa*, que ayer ya me parecía encauzado, domado, pero me ha podido el sueño. Hoy el texto vuelve a estar tan desbocado y crudo como lo estaba anteayer. Fuera de cauce. Hago el firme propósito de levantarme de buena mañana para acabarlo, pero ¿podré disciplinar esta desgana, que es seguramente miedo escénico?, ¿cómo puede ser que me paralice tanto escribir un texto de compromiso, nada más que una decena de folios de eso que cualquier alumno de la escuela de periodismo liquida mejor en tres o cuatro horas? Miro con envidia a los columnistas, capaces de ser lúcidos y brillantes cada día. Pero yo también fui capaz de hacer cosas así cuando trabajé en la redacción de un periódico. Se me consideraba incluso el más rápido. Y, sí, bajo presión, por ese afán de cumplir los compromisos que me viene desde la infancia, era capaz de hacer lo que se me pedía. Pero aquí, solo, enfrentado a mí mismo, no soy nada. Creo que lo he dicho en otro sitio de estos cuadernos: como decía Gil de Biedma de sí mismo, solo sé pensar a la contra, o matizando lo que se me propone. Mi cerebro, por su cuenta, no genera nada. Abulia, ataraxia. Soy incapaz incluso de levantar el teléfono para obtener la más elemental información: un bloque de cemento cada vez más compacto y duro, y en vez de corregir esas carencias o vicios, noto que me dejo llevar por ellos. Se agravan con el paso del tiempo.

Durante el tiempo que los fantasmas me dejan libre, leo *Los últimos días de la humanidad*, de Karl Kraus, un libro que nunca he acabado y decidí coger anoche para inculcarme un poco de esa idea que no consigo meterme en la cabeza de que soy un hombre libre, con tiempo por delante. Es una pena que no llegue a conectar con el lenguaje de la traducción del libro de Kraus, que debe de ser de una jugosa viveza en el original. Los traductores al castellano usan un argot de ninguna parte (entre la zarzuela y el populismo literario del folletín del XIX) que me da la impresión de que devalúa el texto. Ya sé que debe ser dificilísimo fijar el código en un texto así. No critico tanto su trabajo, como el efecto menguante del texto que produce la traducción. Así y todo, el libro es soberbio: me agarra por el cuello, me arrastra en su confusión, en muchos momentos me hace sonreír e incluso reír a carcajadas con su estrategia demoledora, mayéutica, que destapa la brutalidad, la estupidez y la falsedad de la sociedad civil vienesa y la retórica militarista, utilizando perversas analogías, como la de trasladar los vicios del belicismo –o los signos de la derrota– al enemigo, haciendo saltar al lector a las trincheras de enfrente: lo que te cuento del otro, lo que ves en el otro, porque eres capaz de verlo como enemigo, es lo que tú eres y no ves. Parece evidente que el teatro y la poesía de Bertolt Brecht bebieron de Kraus. Había que tener mucho valor para escribir un libro así, y no solo por lo que dice, absolutamente antipatriótico, traidor a la patria, Kraus escribiendo de ese modo en plena guerra, hay que tener un par, sino también por la forma que elige: una obra de teatro irrepresentable, con seiscientas largas páginas de texto, cientos de personajes y decenas de escenarios. El libro es un panfleto destinado a la revuelta social, a la vez que se diría que convierte su tiempo en literatura solo para uso propio, como si la literatura no tuviera que ser consumida por nadie, algo así como que la verdad, la justicia o la inteligencia tienen su propio desarrollo, caminan por su propio paso, y un escritor debe ser consecuente con ese paso, y solo con él, por coherencia. Aunque se trate de un panfleto. Ya he dicho que la escribió durante la Primera Guerra Mundial, así fue, aunque no la terminó hasta 1922, año en que la publicó completa. Después, no volvió a editarse hasta 1986 (en Suhrkamp). Él había muerto cincuenta años antes, en 1936, cuando ya se acercaba el ruido de nuevos tambores que uno intuye en el latido del libro. Imagino la amargura

41

de ese final. Hay autores que te ponen frente al espejo y no soportas la imagen de ti que ves: si yo me considero un inútil después de haber obtenido treinta y tantas ediciones de mis libros (según cuento en el listado que me envían de Anagrama), si no me soporto como escritor, ¿qué sería de mí si arrastrara impublicado durante decenios un libro como este? Ante gente así, te sientes como una frágil flor de té. Maldigo este carácter nervioso, retráctil, que pasa bastantes más horas mariposeando en torno a lo que escribe que metido en la escritura, más pendiente de sus estados de ánimo que del estado del libro que está escribiendo. Esa fragilidad no la cura ninguna de las ediciones de los libros, del mismo modo que la fortaleza de los autores como Kraus no se derrumba ni atravesando decenios de silencio. Para eso se necesita la certeza de que eres un gran escritor.

(Fin del cuaderno de piel que se ata con un hilo que envuelve dos botones.)

Cuaderno con la *Mujer en azul* de Picasso en la tapa

(6 de febrero-22 de mayo de 2007)

6 de febrero

Tras estos días de brumas y lluvia, hoy amanece un día glorioso, muy azul. Todo reluce, brilla, destella. El almendro que hay detrás de casa está completamente cubierto de flores blancas, no quiero exagerar, pero pocas veces he visto un almendro con tanta flor. Zumban las abejas entre ellas, y desde el blanco se expande ese olor a la vez dulce y secante tan peculiar de la flor de almendro. El árbol parece forrado de algún tejido impoluto y esponjoso. Su blancura contrastaba esta mañana con el suave azul de la montaña –caliza lavada por la lluvia de los últimos días– y con el añil intenso del cielo. Dan ganas de sentarse ante el almendro y pasarte el día contemplándolo y dejándote acariciar por los rayos del benevolente sol de febrero. La dulzura de la vida que se esfuerza por levantarle el pulso a un día febril –estoy resfriado, no me concentro en nada– y en el que, además, vuelve a instalarse en el ambiente el caos: se inunda la casa con aguas fecales cada vez que se abre un grifo o se tira de la cadena del váter. Vuelve la sensación de que un maleficio parece perseguir esta casa en apariencia idílica. Gripe y aguas fecales: dos circunstancias imprevistas rompen la belleza del día. Me paso la tarde dormitando, moqueando, con un dolor de ojos que me impide leer, así que la jornada feliz resulta ser interminable mal día. A última hora, me he pasado un rato picoteando en la novela, corrigiendo, animado por A. y E., a quienes les he mandado una versión provisional que me dicen que está gustándoles mucho; que les parece de una dureza que apenas soportan, y llena de verdad. Sigues plantándole cara a esa rueda que quiere aplastarnos, me dice A. Está llena de verdad, insiste. Eso de que es «de verdad» también me lo ha dicho E., así que, sin muchas ganas ni fe ni ilusión, vuelvo a ella. Intento acostumbrarme a ese lenguaje suyo que soporto a duras penas, porque a mí, en contra de lo que piensan ellos, me parece artificioso, forzado. Estoy convencido de que he cometido un error en ese libro, y no sé cuál es, y, por eso, no sé cómo corregirlo. La sensación de camino equivocado me la transmite J., que había empezado a leerlo, no le gustaba, y le pedí que lo dejase, ya te mandaré una versión más ajustada, le dije. Hoy me ha llamado para comentarme que no le ha gustado el artículo que les he enviado sobre el IVAM y del que yo me siento bastante satisfecho. Su opinión me ha provocado una dosis mayor de inseguridad, la sensación de que no controlo el sitio donde estoy, y me ha llevado a dudar de los comentarios de A. y E., sin duda demasiado cómplices, aunque tampoco acabo de estar de acuerdo con J. Por la edad, por el distinto mundo que frecuentamos, quizá hemos empezado a estar en espacios distintos, y notamos esa extrañeza: él espera que mi evolución se abra paso en un camino y yo me lo estoy abriendo —no sé si bien o mal— en otro. Además, el pesimismo descarnado —sin esperanza política al fondo— debe ser una visión que necesita dosis de un tipo de desengaño que solo la edad otorga. La coetaneidad les permitiría ver eso mejor a E. y A., aunque J. pueda ser más riguroso a la hora de valorar literariamente un texto. Ni yo mismo sé a estas alturas qué pensar de la novela que, sin embargo, creo que está llena de excelentes pasajes, lo que no evita que tema que se deslice por una ladera equivocada. Me gustaría emprender mañana otra ronda de correcciones. A lo mejor es solo cuestión de ajustes (me ha pasado ya otras veces, con otras novelas). Al llegar a esta altura, vuelvo a preguntarme por qué uno da tantas vueltas alrededor de una novela y pelea tan poco con ella. Mientras escribo lo de pelear con ella, me viene la imagen de Androcles peleando con el león, o la de Hércules: hombre y animal erguidos sobre sus patas traseras, y el hombre descoyuntándole las mandíbulas al bicho con sus manazas, una imagen que poco tiene que ver con la clorótica sensación que me invade cuando me meto entre las páginas del libro: en estos momentos, la imagen sería la del campesino cubano que corta caña con su machete hundido en la maraña vegetal; en cualquier caso, formas de épica, ajenas al pusilánime ejercicio del escritor. Anoche leía las feroces páginas que Kraus dedica a los escritores de guerra en su grandísimo libro: nido de cobardes, farsantes casi siempre al servicio de lo peor. Suponiendo que acabe la novela en poco tiempo, la desazón más superficial no desaparecerá al menos hasta el otoño, que es la fecha en la que me dijo el otro día Herralde que, en el mejor de los casos, va a aparecer. Quisiera meterme en la cabeza que, una vez más, al único que tiene que gustarle el libro es a mí. Lo malo es que no sé si me gusta; ni si, precisamente de este libro, soy un buen lector (o si es un buen libro). Pienso: ¿en qué libro de los míos he creído? En *Mimoun* creí (fue el primero publicable, viví en permanente excitación desde que empecé a escribirlo hasta que se editó, y después de publicado me lo llevaba a todas partes, hasta a la cama, lo miraba, lo releía, lo acariciaba, tenía ganas de llorar de alegría: era escritor); también creí en *La buena letra* (era una gota de mi sangre); incluso creí en *Los viejos amigos* (una purga). Los otros han sido libros construidos, no han manado, he tenido que hacerlos aflorar bombeando entre desfallecimientos y caídas de arquitecto, que diría Vallejo: por la altura de la caída, no por la nobleza. No quiero decir que estén mal: *Los disparos del cazador* o *La caída de Madrid* hoy me parece que están bien (quizá son los más logrados literariamente), pero fueron libros artificiales, que monté con esfuerzo y en los que me costó creer. *La caída de Madrid* tiene capítulos «emanados», como también los tiene este, al que he titulado provisionalmente *Cremación*, un título que a Herralde no ha acabado de gustarle, ni a mí tampoco sé si me gusta demasiado: pretencioso, pero directo. No me apetece nada un título que resulte brillante, o poético, retórica literaria: el libro no va por ahí. Pensé en algo así como *En manos de nadie*, pero eso es sentimentaloide, llorón, alejado de esa especie de puñetazo en la mesa, o de tirar las cartas de la baraja y levantarse bruscamente de la partida, que quiero que sea la novela, un espíritu que he intentado capturar –con sus dosis de ambigua parodia del dolor– en los capítulos del novelista Brouard que, con todo lo pasados de rosca que están, a mí me gustan mucho.

13 de febrero

Leo el libro de Domenico Rea, *Ninfa plebea*, una escritura fresca, salaz, que roza lo escabroso, lo pornográfico, en la tradición de Boccaccio y Rabelais, pero también de lo que los decimonónicos llamaban «observación del natural», con especial trabajo en la reconstrucción del lenguaje hablado. Historias y lenguaje se parecen a los que oí en mi infancia –el espíritu se desliza entre las lenguas–, naturalismo desvergonzado del Mediterráneo, con una especie de ambigua doble mirada: el sexo a la vez cotidiano y pecaminoso; a la vez intrascendente («de les coses del piu Nostre Senyor se'n riu», dicen los valencianos), y tremendo: el cornudo mata; que forma parte de la naturaleza creadora, pero destruye. No es fácil explicar cómo trabajan a la vez las dos consideraciones, porque ni siquiera es un problema de doble moral, más bien se trata de percepción simultánea en la teoría, que, sin embargo, se bifurca en la práctica: un camino queda a la luz del día y otro se sumerge en la oscuridad de un túnel.

Esta noche, o mañana, concluiré *Los últimos días de la humanidad*, que he abandonado durante unas horas por culpa de esta simpática puta napolitana. La pasada noche no pegué ojo. He leído, he escuchado la radio, he intentado combatir el dolor en los brazos. Ayer y hoy, con el poniente y las elevadas temperaturas, se ha precipitado la actividad biológica de los árboles. El almendro les ha añadido a las flores blancas unas hojas de tierno verde que parecen haber surgido del interior de la chistera de un mago, tan deprisa han brotado. También repentinamente se han llenado de flores de color rosa otros tres o cuatro frutales del huerto. En las cercanas colinas, los árboles empiezan a parecer ramilletes. Me da rabia que ese renacimiento de la naturaleza, tan hermoso, influya tan poco en mi estado de ánimo, dominado por el insomnio y la falta de objetivos, de ilusiones. No me apetece hacer nada. Pierdo miserablemente el tiempo. Solo cuando me pongo con la novela (¡que no me gusta o no sé si me gusta!) soy capaz de concentrarme, de pasarme algunas horas abstraído.

Descubro a Paco llorando cuando bajo a comer. Estaba sentado en la parte trasera de la casa, y lloraba desconsoladamente, con un pesar que me ha conmovido. Me dice que se encuentra mal, que se marea, que tiene espantosos dolores de cabeza y pierde la memoria; que empieza a ver que no se siente capaz de cumplir su cometido, y que está asustado. Se me encoge el corazón. Intento quitarle importancia, pero me preocupa, y aumenta aún más esta tristeza que me coloniza. Cuánta soledad. Al fin y al cabo, Paco tiene el mismo miedo que yo a que le fallen las fuerzas. Y ninguna luz delante. Se me hacen tan largas las noches. Les saco tan poco provecho. ¿Qué tendría que ocurrir para que todo esto cobrara un poco de sentido? Debe de ser terrible seguir indefinidamente en este estado de caída, pero no veo dónde agarrarme. Qué cuento contarme a mí mismo con un poco de credibilidad. Aprender a escribir. Practicar la disciplina de la escritura. Pero ¿cómo se hace eso?, ¿cómo se hace eso a estas alturas de la vida? No tengo la sensación de que vaya a ser capaz de escribir ninguna novela mejor que las que ya he publicado. ¿Soportar también como escritor la cuesta abajo?

14 de febrero
Lo oí el otro día en la radio: Escribir es huir de la emoción (eso es lo que, al parecer, decía Eliot). Arrojársela a otro.

Terrible la escena quincuagésimo cuarta de *Los últimos días de la humanidad*, una larga tirada de El Criticón, que es el álter ego de Kraus. Ya casi al final de la obra, intenta contarnos la magnitud de lo que ha pasado –la guerra– y el propósito redentor de su texto, como una forma de escapar de la complicidad que lo mancha todo, formando parte de la locura criminal: «He asumido una tragedia compuesta por escenas de la humanidad en proceso de desintegración, para que la oiga el espíritu dispuesto a apiadarse de las víctimas, aunque haya renunciado para siempre a todo contacto con un oído humano. Que reciba la tónica de esta época, el eco de mi sangrienta locura que me vuelve cómplice de estos ruidos. ¡Que la acepte como una redención!» (pág. 473).

Empiezo a trabajar en el artículo sobre *Imán*. Busco información también en internet, y me aparece en pantalla la bibliografía de Sender. La larga lista de títulos que publicó, sobre todo en sus últimos años, lo sepulta. Es el ejemplo más claro de nuestra literatura sobre cómo un escritor puede morir aplastado bajo su propia obra. ¿Quién es capaz de separar en esa masa lo que merece la pena y lo que no, lo bueno de lo malo y de lo peor? Es una pena. El mal Sender ha eclipsado, se ha comido al buen Sender. Nada que ver con los casos de Balzac o de Galdós. En ellos, hasta sus libros más flojos (que no son tantos) se sostienen, pero Sender tiene caídas abisales, auténticos derrumbes, fiascos... Leí muchos de esos libros en mi juventud.

Me hago la lista de novelas que debo releerme para pedirlas a la librería, también selecciono algunos estudios sobre su obra y un par de biografías. Decido dedicar las mañanas íntegras a estudiar *Imán*. Dejo, sin ninguna melancolía –más bien con un suspiro de satisfacción–, mi novela. ¡Soy libre! Por las mañanas, *Imán*; las tardes, corregir y editar papeles sueltos, y leer. Las noches, leer. Disciplinarme. Recuperar la mesa como espacio de trabajo, como sitio para estar, sala de estar y no banco de galeote, que es lo que ha sido al menos los dos últimos años.

«El alivio del habla está en que me traduce a lo universal.» Søren Kierkegaard, *Temor y temblor*.

En *Leer imágenes*, el libro de Alberto Manguel, aparece un texto de Rudyard Kipling en el que cuenta cómo, rascando con un palo, hizo Adán su primer dibujo, y que, al verlo, se le alegró el corazón, hasta que se le aparece el diablo y le dice: bonito, sí, pero ¿será arte?

15 de febrero
Preparando el tema *Imán*, sigo con el gran Galdós, *O'Donnell*, *Aita Tettauen*, que introducen el tema de la guerra de África. Leer a Galdós es tener el mundo en tus manos. Miro con melancolía los libros en los estantes, los que no

volveré a leer, lo que ya no tengo tiempo de aprender; lo que apenas he hilvanado y no llegaré nunca a fijar: la música, la arquitectura, la pintura, todo eso que tanto me ha gustado y sobre lo que no he aprendido nada o casi nada. Pero también lo que he visto en mis viajes y olvido a toda velocidad. Por lo que se refiere a los viajes, casi echo de menos lo que se me olvida antes que lo que no he conocido. Volver a los lugares más que conocer sitios nuevos. Sensación de que te conviertes en una menguante piel de zapa. Oyendo una grabación de 1936 con la versión que de «Georgia on My Mind» hizo Django Reinhardt, me entran unas irresistibles ganas de llorar. Pensar que no tengo horizonte, que esto va a ser en adelante así, en cuarto menguante hasta que llegue esa nada, la luna nueva: lo que no escribiré, lo que no llegaré a leer. No tengo ningunas ganas de seguir escribiendo, de ser escritor. No quiero volver a leerme la novela. No sé lo que le diré a Herralde cuando me pregunte qué ha pasado con esa novela que estaba prácticamente acabada. Le contaré que no me ha salido, que, como alguna otra, ha sido encerrada en el armario, y está, horizontal y pálida, tendida en el interior de un cajón.

16 de febrero

Con el instructivo libro de Alberto Manguel, *Leer imágenes*. El índice instruye sobre el contenido: la imagen como relato, como ausencia, como acertijo, como testigo, como comprensión, como pesadilla, como reflejo, como subversión, como filosofía, como memoria, como teatro. Para cada capítulo elige un cuadro. Hay algunos de esos capítulos realmente brillantes. Los que dedica a Robert Campin: como acertijo; Tina Modotti: como testigo; Lavinia Fontana: como comprensión; Filóxeno: como reflejo; Picasso: como violencia... Me ha parecido un personaje muy interesante Ledoux (como filosofía), con su utopía arquitectónica, tan razonable. Me digo que tengo que introducirlo en la novela. Pero qué digo de la novela. Me siento tan lejos. Hoy he vuelto a hojearla y me ha parecido torpe, espesa. A continuación me he puesto a repasar la carpeta de notas, de artículos, y he vuelto del viaje entre papeles con la impresión de que en todos estos años no he aprendido gran cosa. Redacto peor que nunca, tengo la cabeza más vacía, menos orden en la mente; seguramente, lo que he aprendido es lo que no hay que hacer, o sea, que, a fuerza de tachar, me he quedado mudo.

Qué coño está ocurriendo aquí. Estoy harto de pasarme el día adormilado y las noches sin dormir. Estoy harto de no tener ganas de escribir y de no tener ganas más que de escribir. De no querer salir de este cuarto. De no querer hablar con nadie. De no querer ver a nadie. De no desear a nadie. De estar seco como un bacalao de pobre. De vivir acobardado. De ser incapaz de hilar dos frases seguidas. De no ser capaz de pensar ni de sentir algo que no sea pena y desprecio por mí mismo. Cincuenta y ocho años y no sé aún quién soy ni lo que quiero ni lo que busco y no encuentro. Como si tuviera toda la vida por delante para ir resolviendo interrogantes. ¿Por qué he ido renunciando a todo lo que me gustaba?, ¿a todo aquello para lo que creía estar capacitado?, ¿solo porque quería ser escritor?, ¿o, a lo mejor, porque no acababa de creerme que estaba capacitado para esas cosas? De acuerdo con que ya no quiera cambiar el mundo (la zorra y las uvas, no las quiero comer, no están maduras), con que haya renunciado a los fantasmas y calenturas de la juventud, pero de ahí a ser incapaz de llevar una vida de ciudadano más o menos normal, soportable, hay un abismo. ¿Cuál es mi ideal en la vida?, ¿cuáles son mis códigos?, ¿un pragmatismo cínico?, ¿solo capear el temporal?, ¿mantenerme al pairo? Pero es que todo lo que parece razonable, en cuanto me roza, me amenaza o me mancha. Cualquier cosa que me beneficia, se diría que perjudica la escritura (al espíritu que pone en marcha la escritura) y debo renunciar a ella, pero al final ese apartamiento te priva de la materia misma de tu trabajo. Vives fuera de la vida cuando lo que quieres es contar la vida. Qué estupidez.

17 de febrero

Termino el *O'Donnell* de Galdós, que más parece una de sus «novelas contemporáneas» que un «episodio nacional», y empiezo *Aita Tettauen,* su continuación. El gran Galdós suele plantear cada uno de sus episodios (cada novela) como un ejercicio de variaciones sobre un tema central: en *O'Donnell* el tema es la riqueza que vendrá, y la expresa la palabra *desamortización.* Gracias a la desamortización habrá reparto. Los de arriba se harán muy ricos y dejarán caer parte de esa riqueza sobre los pobres que están allá abajo recogiendo las migajas. En ese episodio, todo es puro consumo, moda, lo francés como expresión del lujo; se habla a cada momento de los vestidos, de los platos, los cocineros, los carruajes; y de los ferrocarriles, que son a la vez signo del progreso –la modernidad que llega–, y de los grandes negocios que potencian su trazado y explotación. Acorde con ese espíritu desamortizador de los tiempos, la guapa y simpática Teresa Villaescusa, una de las protagonistas, suspende sus relaciones con el pobre herrero Santiuste, al que ama, porque dos pobres juntos no hacen nada de provecho, sabe que solo en contacto con la riqueza de los de arriba –es decir, prostituyéndose– podrá seguir haciendo algo por los de abajo: ejercer su particular desamortización, su reparto de plusvalías: una santa y mártir contemporánea. Se ha dado cuenta de que, una vez que te metes abajo con toda tu honradez, no hay nada que hacer, ni manera de salir del agujero. La única salvación posible es seguir degradándose para seguir subiendo.

54

En *Aita Tettauen* cambia repentinamente el tema: aires de guerra, el aire huele a pólvora, y trae el ruido de los tambores y la música de las bandas y el choque del metal. Ahora le toca el turno a lo militar; en el episodio, los valores de la patria, los viejos mitos que vuelven desde los iberos a nuestros días para catalizar la energía del pueblo e impulsarla en una misma dirección, la gran aventura bélica exterior como forma de mantener la cohesión interna de un país a la deriva. Todos, de repente, se han convertido en patriotas. A todos les gusta la milicia. Todos reproducen el mito bélico de la eterna España. Ahora, O'Donnell ya no es el desamortizador, sino el gran general, y Prim vuelve presuroso desde el extranjero para bañarse en esa energética piscina bélico-nacional: no quiere perder la oportunidad de llevarse su porción de gloria en la guerra que se avecina en Marruecos. El hijo mayor de dos de los personajes de la novela, el apacible agricultor Vicente Halconero y Lucila Ansúrez (ojo a los apellidos de vieja raigambre castellana, el Cid sale de su tumba), quiere ser militar y admira ciegamente a Prim, mientras que sus hermanos pequeños juegan a la guerra por los pasillos de la casa. Dice el narrador: «Entrado noviembre, todo Madrid repetía en variedad de formas el juego de los niños de Halconero. Los señores mayores, las damas de viso, hombres y mujeres de las clases inferiores, procedían y hablaban, poco más o menos, como los chiquillos que esgrimen espadas de caña en medio de la calle y se agrandan la estatura con morriones de papel» (III, pág. 242). Galdós nos trae al mismo tiempo la intoxicación belicista en las calles, y las limitaciones de un país que quiere jugar a ser potencia colonial sin tener la altura necesaria, ni poderío. No me resisto a anotar un par de textos más: «Fueron los españoles a la guerra porque necesitaban gallear un poquito ante Europa y dar al sentimiento público, en el interior, un alimento sano y reconstituyente» (III, pág. 242). Y también: «O'Donnell, imitador de Napoleón III, buscaba en la gloria militar un medio de integración de la nacionalidad, un dogmatismo patrio que disciplinara las almas y las hiciera más dóciles a la acción política» (III, págs. 242-243).

Para iniciar a los jóvenes en el gusto literario y en el conocimiento de la historia, en el estudio de la difícil relación de las palabras con los hechos, nada como los *Episodios nacionales* de Galdós, que me da la impresión de que ya no se leen en ningún colegio. También a los mayores nos conviene leerlos y releerlos. Qué maestro de la narrativa. Cómo consigue que fluya todo como agua, que lo complejo parezca fácil; con qué habilidad pone lo más escabroso en un vaso limpio y nos lo ofrece como un agua fresca y lustral que bebemos ávidos. Estas divagaciones vienen a cuento de las descripciones bélicas en *Aita Tettauen*: en unas pocas líneas es capaz de transmitirnos la emoción ante las vidas humanas en peligro o perdidas y el odio por la guerra, sin ningún atisbo de sermón. Le bastan unos cuantos párrafos para engatusarte con ese mundo poblado de héroes en que parece haberse convertido España y bajarte de golpe a la realidad, lección seguramente aprendida en Cervantes. Todo lo grandilocuente, lo noble, lo heroico, lo derriba; los que parecen grandes hombres se convierten en hojas secas, seres cuya palabrería encubre el horror y el juego mezquino de los intereses. Héroes son los otros, los ciudadanos anónimos que han abandonado sus oficios para ser llevados a la fuerza a la guerra. Unos cuantos años antes de que Kraus escribiera en la Primera Guerra Mundial acerca del papel siniestro de las palabras en la carnicería, Galdós ya nos lo había contado con una sencillez estremecedora en, por ejemplo, la discusión que mantienen el escritor belicista (Pedro Antonio de Alarcón) y el que quería ser cronista de la guerra (Juanito Santiuste) y, en contacto con la guerra, cae del dulce guindo de las palabras al espanto de los hechos. Ni siquiera en ese momento decisivo para exponer su propia posición usa Galdós de los recursos fáciles: presenta a Alarcón como un buen tipo, inteligente, simpático, y no como un monstruo despiadado. Pero es el agente de la guerra. El portador de la venenosa palabra a cuya sombra trabajan los carniceros. Esa serenidad expositiva de los personajes me hace pensar en la que usa Tolstói en *Anna Karénina* con –por poner un ejemplo– Stepán, el bondadoso y simpático sinvergüenza hermano de Anna; o en *Guerra y paz*, con el bondadoso y descerebrado derrochador Iliá Rostov, el padre de Natalia. Son ese tipo de personajes plenos, en su minuciosa mezcla de virtudes y defectos, los que dan consistencia a la verosimilitud novelesca, y también los que la convierten en un género insustituible por su capacidad de analizar lo difuso, lo complejo. El retrato galdosiano posee una eficacia aún mayor, porque consigue que el lector se vuelva sobre sí mismo y se ponga a sí mismo bajo sospecha, al tiempo que pone en cuestión el mundo que lo rodea. El joven escritor Santiuste dice: «La guerra, vista en la realidad, se me ha hecho tan odiosa como bella se me representaba cuando de ella me enamoré por las letras». Y añade: «El lenguaje es el gran encubridor de las corruptelas del sentido moral, que desvían a la Humanidad de sus verdaderos fines» (III, pág. 262). No hay teórico que pueda expresarlo con mayor claridad.

Ayer escribía en este cuaderno que, a los cincuenta y ocho años, sigo sin saber quién soy. Hoy apunto respuestas: soy ese que, desde hace más de medio siglo, se busca en los libros, se busca a la vez a sí mismo y el modo de salir de sí mismo; alguien para quien todo lo que le ha ocurrido lo ha devorado con la voracidad de la urraca: más que como aventura, como lecciones de cosas, de sentimientos; o como pasos o escalones: materiales constructivos de algo impreciso que solo se nombra a sí mismo a medida que se escribe. Otra cosa es que sea un ser poco dotado. Tozudo, no me negará nadie que lo soy. Las situaciones, los hechos, los he vivido como accidentes que moldeaban el núcleo, y en eso ha debido pesar sobremanera la disciplina para quien, por circunstancias vitales (orfandad, alejamiento de la familia y del medio social propios, sexualidad esquinada), ha vivido la propia formación no como integración, sino como una marcha en solitario, cimarrona, una condena al encierro entre las cuatro paredes de esa que la Woolf llamaba «habitación propia», una habitación más bien simbólica que últimamente ha adquirido materialidad y ha acabado por ser ni más ni menos que eso: una sola habitación. Mi mundo es este cuarto, con sus libros y su aparato de música y su pantalla de televisión (el exterior como ajenidad se vuelve físico, real, no creación mental). He huido de las relaciones sociales y de los trabajos que han amenazado tocar esa almendra vital que me encierra. He temido la facilidad. Extraña forma de vida a la deriva, buscando lo esencial de un yo que, en el camino, se ha disuelto, precisamente porque no hay yo que se cree o se sostenga al margen. He huido de los logros, me he avergonzado cada vez que he sentido algo que se pareciera a la satisfacción. He desconfiado, he creído que algo se derrumba cuando he recibido un beneplácito. Savonarola de mí mismo: los místicos levitan, se arroban; los monjes hablan con las florecillas, con los pajaritos, con el hermano lobo y (¡nada menos!) con el hermano sol, y cantan las glorias del Creador. Esa suerte tienen por encima de mí.

Una hermosa frase galdosiana, «talco y lentejuelas históricas» (III, pág. 274). Me gusta.

Hablando de maestría: *Los cuatrocientos golpes*, una película que cada vez que la veo me renueva el mensaje, lo actualiza. A simple vista parece que está contada con muy pocos mimbres. Pero es mentira, porque lo que Truffaut consigue es introducir un montón de elementos en cada plano: esenciales la densidad del trabajo fotográfico, y la multitud de sonidos de fondo, apenas perceptibles en muchos momentos, pero cuya presencia resulta muy efectiva en la doma del espectador. La película me trae el París mugriento, húmedo, frío y desapacible que conocí en mi primera estancia: buhardillas apestosas, pisos viejos y descuidados, con las paredes cubiertas por capas de papel que se adherían unas sobre otras y rincones cagados de ratones, retretes sucios, objetos de edad indefinida, usados, reciclados; cada madrugada, al acudir al trabajo, me asustaban las ratas gigantescas que cruzaban ante mis pies las aceras: salían de los albañales, de los alcorques que rodeaban los troncos de los desnudos árboles invernales, corrían empapadas bajo la lluvia y, a veces, se detenían y te miraban con aquellos ojos que aún no he olvidado. En París viví una sordidez mil veces peor que la de cualquier poblachón español. Miseria urbana en un clima riguroso. Hoy cuesta reconocer esa geografía del París miserable en el molde que se le ha superpuesto. Las ciudades cambian y, con esos cambios, imponen nuevos códigos con los que ser leídas.

Me ha sacudido la imagen de Doinel en la celda, tan similar a las que yo mismo conocí, no en París (la democracia), sino en Madrid (la dictadura), pero también me llenan de recuerdos la grisura de las calles, la tristeza del patio colegial en el que los niños juegan, doble tristeza: del patio y de los juegos infantiles. Otro detalle que me ha resultado familiar: lo del celador que dice «izquierda o derecha» para que el niño elija la mano con la que va a abofetearlo, eso lo he vivido en propia carne. Es tan seductor el cine, tan directo. Tiene a mano esa capacidad para generar recuerdos, para enamorar, que la literatura busca con esfuerzo. Pero la literatura te entrega mil caras con un nombre y el cine te ata a una, en cierta manera convierte la historia en anécdota. Digo esto y me arrepiento: la mayoría de las novelas hacen eso, convertir la historia en anécdotas; solo muy pocas se salvan y miran más allá, y se mantienen como un altivo monumento que se sostiene en su armazón, en su estructura, ocurre con unas cuantas novelas y en unas cuantas películas, incluida esta magnífica *Les quatre cents coups*. En cualquier caso, noche en un París triste que conocí y llevo dentro, sustrato de mí mismo, que –dos decenios más tarde– el tiempo que pasé con François revivió en parte, y todos esos vericuetos del yo, ese jardín o erial de caminos que se bifurcan, enredado con las imágenes de Truffaut.

Otra pregunta, que tiene que ver con lo que los psiquiatras llaman «falsos recuerdos»: ¿por qué ese París es tan de verdad en blanco y negro y me siento herido por la sola posibilidad de que me lo presenten en color? Sin embargo, eran en color las películas que por entonces se veían y que reflejaban París, aunque fuera un París de decorado. En cambio, eran desvaídas imágenes en gris las que aparecían en el manual de lengua francesa –incluían la torre Eiffel, el Sacré-Cœur, la Madeleine, el Sena y Notre-Dame, *Comment ça s'appelle? Ça s'appelle un bateau-mouche*– las que me hicieron desear París, las que me enamoraron, seguramente porque me llegaban envueltas con el celofán de extrañeza de una lengua desconocida, el francés: empezar a descifrar y a entender una lengua ajena, como cuatro o cinco años antes un niño valenciano había descifrado el castellano, la lengua que se supone que te integraba en lo que tenías que ser tú un escalón más arriba, mientras que ahora, con el francés, empezabas a aprender la que iba a sacarte de ti. Sensación de posibilidad. ¿Quiere decir que esas imágenes grises del manual han sido las que se han impuesto, con lo que significaron de aspiración, de salida al exterior?, ¿o más bien mi París en blanco y negro tiene que ver con el *nouveau cinéma* y con los reportajes de la televisión sobre la actualidad francesa que vi ya en la adolescencia? Las manifestaciones durante y tras la guerra de Argelia, las de mayo del 68..., eso era en blanco y negro.

Como para tantos niños valencianohablantes de entonces, incluso la enseñanza del castellano había tenido algo de salida al exterior; en este caso, el exterior de tu propia clase: el castellano era la lengua que hablaban los funcionarios, los maestros, algunos ricos: la clase que no éramos nosotros; en general, eran los de arriba quienes hablaban esa lengua, pero (el «pero» siempre complicando las cosas, llenándolas de repliegues, el poder de las adversativas) también algunos que venían de fuera (emigrantes, gitanos, hojalateros, afiladores...) o vivían en lugares indefinidos que reflejaban la pantalla de cine, o el sonido de la radio: Alan Ladd, John Wayne y Gary Cooper hablaban castellano, y el Pato Donald, y Supermán, y Tom y Jerry, y los protagonistas de las radionovelas que las mujeres escuchaban embelesadas, y mis héroes infantiles del tebeo: Pantera Negra y su hijo, el misterioso Diego Valor. La lengua que nosotros hablábamos –el valenciano– era lengua de cercanía, sin héroes ni aventuras, despojada de misterio, tan *casolana* que ni siquiera tenía un alfabeto que descifrar, ni se necesitaba de la escuela para aprenderla, ni merecía estar impresa en los libros: la hablábamos de forma natural, como un gato maúlla, un perro ladra y un pájaro canta, era lo que un barthesiano llamaría ahora el «grado cero» –habla sin más–, y formaba parte de algo que se podría calificar como nuestra falta de aspiración por oposición a esa de posibilidad a la que me he referido al hablar del aprendizaje del francés y que contaminaba también al castellano. El valenciano era lengua de estar, no de llegar.

Pero ese enredo en el que acabamos encontrándonos quienes hemos vivido en una sociedad bilingüe, en la que una de las lenguas –precisamente la que hablábamos nosotros– era la de los de abajo, y se reproducía expulsada de lo apreciable, y, desde luego, de lo cultural y de la enseñanza (más bien sufría una pedagogía inversa: era una lengua a desaprender, el maestro la prohibía en la escuela, te castigaba si la hablabas en el noble espacio del aula), exigiría un tratado. Aún hoy, desde que me he venido a vivir a Beniarbeig y hablo corrientemente en valenciano con cuantos me rodean (¡es mi lengua materna!), me pregunto por mi tarea de escritor, qué hago contando en castellano un mundo que habla en valenciano. Me ha costado un par de años de desconcierto aceptar sin más trauma que el castellano es mi lengua de cultura, en la que he creado mi mundo literario: he introducido el principio de incertidumbre, o el poder de las adversativas para llegar a la conclusión de que no es exactamente la lengua de los hijos del notario del pueblo esta en la que escribe el hijo del peón y la guardabarrera; ni siquiera es la lengua de esos que venían de fuera y a los que se miraba con desconfianza, el guardia civil, el policía secreta, y sus amigos: el alcalde, el falangista... Sobre todo, he aceptado que el mundo real nunca entra en el mundo literario con naturalidad; incluso cuando uno y otro van en la misma lengua, la literatura exige complicadas maniobras para su traslado. No conviene olvidar que la literatura es un artificio que se levanta sobre otro, sobre una convención (artificio y convención: la lengua).

Reencuentros como estos, con el mejor Truffaut, con Galdós, te llevan a pensar que no estás tan perdido; te dices que lo que ocurre es que si quieres mantener los ojos abiertos en medio de esta selva de señales, y estar atento al ajetreo, puedes acabar por volverte loco, pero no, no estás loco, porque, si aparece un destello razonable, aún lo detectas, lo aprecias, y lo otro se difumina, se vuelve paisaje que se disuelve en la lejanía, decorado de cartón que se empequeñece. Ni siquiera ruido: susurros, sombras. Después de ver *Los cuatrocientos golpes*, ¿cómo pensar si está bien o mal ese ruido que emitía el dominical del periódico que hojeaba hoy? Decoración: los consejos de cocina, las fotos del jugador de fútbol, la entrevista con el cantante, o las imágenes de ese modisto que embute a sus modelos en una silla Thonet y las maquilla para que parezcan esfinges cargadas de sentido, mujeres misteriosas, como el busto que la zorra contempla en la fábula de Samaniego. Descifrar el signo de los tiempos, sin ni siquiera juzgar. Decir esto está así o asá. Esto es lo que hace este y esto otro lo que hace aquel de allá. De lo que traen estos días los suplementos, lo que más me interesa es la exposición de Tintoretto (que me perderé). Volver a ver esos cuadros maravillosos de Tintoretto, los Tizianos. De Madrid, echo de menos el Prado. Quisiera que estuviera aquí cerca, y pasarme dos o tres mañanas cada semana viendo esas caras, las carnes, los vestidos de la pintura clásica, también ellos, los cuadros, sellados por el paso del tiempo, mundo cerrado fuera del mundo, rodeados por cuatro paredes, ajenos, impasibles al ruido que se establece cada día a su alrededor (no es verdad, también la pintura se relee –la releemos–, se reinterpreta cada día, cambia de sentido). Creo que la pintura es el arte que me proporciona los mejores momentos (con la literatura sufro). Recuerdo con agrado el último paseo por el Prado con E. Dedicamos la mañana a ver Goya y Velázquez. Qué felicidad. Desde esas ventanas pintadas uno ve toda la verdad del mundo, el de fuera y el de dentro; y ve incluso las aspiraciones, lo imposible, lo que no pudo ser se cuelga de una pincelada, y es, toma forma, existe, se te aparece, o no, no se te aparece, sino que te llena, te hace aspirar a ti mismo. ¿Por qué es así? Tocaría analizar el porqué de esas pinceladas, dónde y con quién las aprendieron los pintores, y por qué Velázquez no retrataba más que a gente de la corte, aunque fueran enanos o herreros. Ahí está el meollo: siempre lo social y la técnica al servicio de quien puede. Lo otro, alucinaciones, arrebatos místicos, falsos sueños encarnados en algo que una educación basada en el prestigio de ciertas obras nos empujó a colocar ahí. A lo mejor es nada más que eso. Sueños del mundo mejor. Delebles migas de pan que marcan ese camino por el que se llega a la edad de oro, el tiempo de las dulces bellotas cervantinas, el que no alcanzaremos, ni vendrá, el que no gozamos ni gozaremos, pero al que no debemos renunciar. Destellos de nuestro ideal, esa ciudad armónica y de elegantes proporciones donde nadie tendrá más que nadie ni será más que nadie, que cerrará las puertas para que no se cuelen la fealdad, la enfermedad y la muerte.

23 de febrero
He leído hoy algunos capítulos del libro de Raymond Carr *España. 1808-1939*, que en mi juventud me pareció blando, y ha seguido pareciéndomelo en siguientes acercamientos; en cambio, los capítulos que leo hoy, las páginas que van de 1900 a 1923 las encuentro honestas, bien trabajadas. Clarifican con luz certera a un lector no especializado. Y qué acertados encuentro los análisis de los nacionalismos catalán y vasco. Lo vivido durante los últimos años le da la razón, le hace crecer el sentido. Sobre ese tema, da la impresión de que Carr no tendría que cambiar el punto de vista, ni corregir casi nada, solo seguir añadiendo páginas a las que escribió. La evidencia de que no hay manera de entender el presente sin mirar atrás. Los últimos movimientos del nacionalismo catalán (el vasco lo analiza más de paso) son la prolongación de los que nos describe Carr en el primer tercio

del pasado siglo, tienen el mismo signo, bailan en el mismo juego de alianzas, practican las sinuosidades del doble lenguaje, y, sobre todo, apuestan por moverse en un mercado cautivo desde una posición de libertad (algo así como la añoranza colonial, que les viene del mito de las conquistas medievales en el Mediterráneo, los almogávares y todo eso).

Me cayó por casualidad entre las manos *Música para camaleones* cuando guardaba el tomo de Carr en el estante en el que se sitúan por orden más o menos alfabético los libros (Capote cerca de Carr). Me pareció que, con la caída del libro, me llegaba un mensaje de no sé dónde, porque acababa de ver en la tele una película dedicada a Capote, interpretado por ese actorazo que es Philip Seymour Hoffman, así que me puse a releérmelo. Empecé picoteando en alguno de los cuentos que, en su día, me parecieron mejores, y he acabado por leérmelos todos. Admiro el balanceo entre el orden en la prosa, en el concepto, y el caos vital que se adivina por detrás de esc cuidado. He disfrutado con la misteriosa contención de un alma desaforada.

25 de febrero
Desorden mental. Depresión. Estoy convencido de que tendré que tragarme la novela. Enterrarla en un cajón. Espero –convencido de que será negativo– el dictamen de mis amigos C. y J., y el del otro J.

26 de febrero
De la mano del libro de Leguineche, *Annual 1921*, repaso los desastres de la guerra de África, la estupidez, el orgullo, la corrupción, las carnicerías sobrevenidas por la inepcia. Al final, en un apéndice, aparecen las páginas del *Expediente Picasso*, que levantó acta de cuanto había ocurrido: está redactado con una escritura ajustada, precisa, inteligente, car-

gada de valores profesionales y morales (aunque se trate de la profesión y valores éticos de los militares); un texto luminoso y razonable. Bueno, pues ese fue –y no todo lo otro, la carnicería, la inepcia, la corrupción criminal, el saqueo del dinero público– el que provocó el gran escándalo y estuvo en el origen del golpe de Estado de Primo de Rivera, que se montó precisamente para hacerlo desaparecer del horizonte. Como suele ocurrir en este país, y, por qué no, imagino que también en los otros (Barbusse, Kraus, Musil...), esa taza de caldo de razonable verdad fue la que la sociedad no se tomó –digo «la sociedad» cuando debo decir el poder, la oligarquía, los militarotes africanistas–, la medicina que no quiso tomar para curarse, así que, cuando tras el golpe y los años de dictadura llegó la República, el mal se había extendido de tal modo por el cuerpo social que resultaba incurable: todos los nombres propios que se pasean por los mataderos del Rif (ni siquiera fueron la mayor parte de las veces campos de batalla, meros mataderos) son los que luego aparecen implicados en el golpe de Estado del 36.

La lectura del libro de Leguineche no me ayuda a salir de la depresión. Esta noche también me la he pasado sin dormir. Los dolores de hombros y brazos convierten en sesiones de tortura el tiempo que paso en la cama. Me digo que debería dormir boca arriba, tendido decúbito supino, que decía el profesor de gimnasia del colegio (también nos ordenaba el decúbito prono), pero no puedo, porque en esa posición me ahogo. Tengo que dormir de lado, apoyando el peso del cuerpo sobre los brazos. Si lo hago sobre el brazo izquierdo, el dolor resulta más o menos soportable, pero cuando cambio de posición y me dejo caer del otro lado, es como si me estuvieran descuartizando en alguno de esos degolladeros que describe Leguineche (también los de Galdós y Sender y Díaz Fernández).

De madrugada he visto unos minutos de la entrega de los Óscar en Canal Plus. Qué odiosos me resultan esos locutores de afán cosmopolita, mimando como micos lo que les llega de Hollywood, como si ellos fueran parte de ese mundo, que sería algo así como el más alto de los mundos, cuánta bobería: cambian el acento, hablan con familiaridad de uno u otro actor, de los lugares, repiten bromas que les parecen muy hollywoodienses y que han leído en revistas americanas, o escuchado en alguna emisora de televisión. Lo dicho: auténticas monas Chita remedando a Tarzán, siervos colonizados por la hez de la metrópoli, que diría algún revolucionario del pasado siglo. Esa actitud que aquí al parecer pasa desapercibida nos resulta escandalosa cuando visitamos algún país especialmente pobre y vemos a sus habitantes embobados imitando lo mismo que nosotros y a los mismos que nosotros (me parecía sangrante en Indonesia, aquellos misérrimos muchachos embobados ante el televisor con las contorsiones de Madonna y tarareando sus canciones, «isla bonita», repetían los muchachos en los pubs y discotecas: era la canción de moda, caída en paracaídas entre los cocoteros y los arrozales balineses, isla preciosa), los vemos ridículos, sin darnos cuenta de que lo hacen desde una posición que solo se diferencia de la nuestra en el grado, en que son un poco más pobres. Me pregunto: qué podría hacer yo entre esa gente que domina hoy en la prensa, qué haría metido en una redacción en la que el aire de la melodía fuera ese.

La lectura de las páginas del *Expediente Picasso* deja un insondable pozo de tristeza, un pesimismo casi geológico; pero el propio informe, su punto de vista, su redacción, levanta la moral, habla de dignidad, como hablan de una dignidad y de un heroísmo admirables todas las acciones individuales de los soldados, su capacidad de sufrir, lo que uno intuye por debajo de cada movimiento general. Lo que duele es que lo mejor siempre queda enterrado bajo la arena de la mentira, son los farsantes quienes acaban apoderándose de la narración, lo peor campa a sus anchas, los militares corruptos, ineptos, los más zafios, se acaban imponiendo a los que parecen mejor dotados, más razonables dentro de esa sinrazón que es la guerra. Después del desastre de Annual, llegaron los generalotes a rapiñar victorias e imponerse medallas, Franquito y Millán Astray al frente de la Legión. Habían aprendido a bombardear población civil de tercera clase.

28 de febrero
   Paso la mayor parte del día leyendo *Vladimir Nabokov. Los años americanos*, de Brian Boyd, con mala conciencia por no dedicarlo a *Imán*.
   Me llama J. para decirme que ha leído la novela. Le pone muchas pegas, pero, al final, me felicita, porque –según él– hay que tener dos huevos para atreverse a escribir algo así: recibo sus palabras como inquietante bálsamo. Dice que se siente desazonado, tocado tras la lectura. Inquieto. También yo estoy así tras haberla escrito y lo estaba mientras la escribía. Aún sigo con ella, y ese estado de inconclusión me impide atender a cualquier otra cosa. Cuando después de ponerme J. todas las pegas me ha dado la enhorabuena, se me han humedecido los ojos. En otras ocasiones, mientras escribía, se alternaban los momentos de excitación con los derrumbes y las etapas de una sequedad obsesionante, como de drogadicto compulsivo que no encuentra ni satisfacción ni sentido en sus actos, pero que se ve obligado a ejecutarlos; sin embargo, esta novela me ha agujereado por dentro. Me ha mantenido con un dolor rasposo, como el que te queda en la costura de una operación cuando desaparecen los efectos de la anestesia. Creo que tiene razón J. en unas cuantas cosas de las que me dice, pero es que nada en la escritura de

esta novela ha resultado fácil: ha habido que buscarle un fraseo a contrapelo, un lugar que fuera a la vez real y novelesco, un punto de vista (sin ningún dios) que he resuelto dándole la voz a quien más se acerca al dios contemporáneo (el triunfador), pero discutiéndosela con terceras personas que son monólogos, mientras que su monólogo es más bien tercera persona. Sé que no hay un personaje que pueda considerarse *normal*, y esa anormalidad ha habido que hacerla digerible apoyándose en el tono, en el fraseo, en las zancadillas que se ponen entre sí los diversos puntos de vista: esos recursos son los encargados de domar al lector, pero eso se convierte en una sesión de tortura para el que lo lee, como se ha convertido en una purga para quien lo ha escrito. Es la novela de un loco, le he dicho a Juanma.

1 de marzo

El gato blanco, con unos preciosos ojos azul claro, y de pelaje luminoso, empieza a adelgazar, babea, se le cubre el hocico de llagas. En un par de días, la reluciente pelambrera de un blanco de nieve empieza a apelmazarse, a ralear; adquiere un color amarillento, los pelos se ensucian misteriosamente: es una suciedad que viene de dentro. De dentro también las lágrimas grasientas que difuminan el hermoso color de los ojos. Se queda quieto, babeante, y empiezan a llagársele también las patas y la cola. Ha debido de envenenarse con algo. Los gatos aquí se mueven con libertad, recorren los campos cercanos, que son paraísos químicos –abonos, herbicidas, venenos para larvas, para caracoles, lo más antinatural del universo–. Este gato era el más hermoso y apacible de los cuatro. Pasaba las horas en posiciones de equilibrio casi milagrosas, tumbado en el filo del tejado, en el alféizar de alguna ventana. Blanquísimo y orondo, me hacía pensar en un bonachón y fiel campesino ruso. Ahora me angustia verlo morir, reproduciendo una escena idéntica a la que cuento en la última novela. Es como si, con mis palabras, hubiera convocado esa desgracia. Lo llevo al veterinario, donde le ponen unas inyecciones, aunque se muestran escépticos. Hoy me paso el día comprobando si lo que le hizo la veterinaria ayer por la tarde ha producido algún resultado. No lo parece. Sigue inmóvil, bajo el coche, con la cara llagada. Intento darle agua, introduciéndole una jeringuilla en la boca, pero la vomita. Me despierta cierta esperanza ver que, en un momento dado, camina y cambia de posición. Se coloca en el rellano de la escalera, en el lugar que le gustaba ocupar antes de saltar a su alféizar predilecto. Le pongo un platillo con leche, otro con agua, y parece que reacciona, porque unos momentos más tarde mueve la cabeza en dirección al plato que contiene el agua, pero sigue sin probarla. Así se pasa más de una hora, hasta que avanza unos centímetros la cabeza e introduce la lengua en el agua. Le dan arcadas, consigue levantarse y se aleja, y vuelve a tumbarse entre las ruedas del coche. Le he llevado los platillos allí, pero ya no hace ningún movimiento. Me angustia y me irrita ver belleza, inocencia, y me atrevo a escribir «bondad» (un gato tan apacible y cariñoso), destruyéndose tan deprisa. Ver sufrir a un ser libre de culpa. Sé que escribir así, tratando a un animal como persona, personificándolo, es una aberración, pero es como si estuviera asistiendo impotente a la muerte de un niño (el gato es jovencísimo, tiene apenas un año). Me paso la tarde vigilándolo. La agonía parece aún más escandalosa porque hoy ha hecho un día espléndido, veintisiete grados en febrero, el aire y la luz como de primavera avanzada, todo brotaba, todo olía a vegetal, a flores, y todo se recortaba con colores intensos. Aún ahora sopla un aire de poniente, cálido, vivificante, y la noche está clara, iluminada por una potente luna llena. El gato sigue, con el hocico desfigurado por las llagas, inmóvil entre las ruedas del coche. Desde la ventana puedo ver su sombra inmóvil.

3 de marzo

Continúa la lenta agonía del gato. Silencioso, encerrado en sí mismo. De vez en cuando, consigue levantarse y se traslada a algún otro rincón, donde permanece durante horas en esa quietud que se parece mucho a la meditación: como si el instinto lo alertara de la muerte. Le cambio el plato con la leche, se lo acerco, pero ni siquiera lo mira; si intento llamar su atención parece rechazarla, indiferente, un buda trágico. Se diría que reclama aislamiento para morir en paz. No sé si se debe a esa visión —verlo arruinarse en unos pocos días, silencioso, casi puro hueso—, o si es la luna llena, o el eclipse que se está produciendo en estos mismos momentos (lo han anunciado las radios desde hace días), o si es el calor, pero noto como si todo a mi alrededor —y yo mismo— estuviera cargado por una energía negativa que me pone nervioso, me incapacita para hacer casi nada, y me lleva al borde de las lágrimas. Precisamente esta noche tenía que ir a una fiesta en casa de W., y me he pasado la tarde dándole vueltas a cómo escaparme (me he escapado). Me sentía incapaz de encontrarme con nadie; ya digo, puro rechazo, energía negativa, ganas de estar solo y, al mismo tiempo, asfixiante sensación de soledad, de no tener nada ni a nadie, ni poder aspirar a nada: no haber tenido capacidad para convivir, o haberla perdido. Revolviendo unos papeles aparecen viejas fotografías, entre ellas algunas de gente que quiso hacerme feliz y cuyo pacto no acepté. F. M., el otro M...., también de otros a quienes les propuse un pacto que les espantó —Toledo, M., J....–, los fantasmas que me torturaron siguen torturándome muchos años más tarde. ¿Qué es lo que no he sabido hacer?, ¿qué pieza le ha faltado o le ha fallado al engranaje?

Leídos dos tercios de la biografía de Nabokov y sigo sin conseguir que el personaje me resulte simpático (sí, de acuerdo, un escritor no tiene la misión de despertar la simpatía, está a otras cosas, pero aun así; además, esto es una biografía). En este estadio de presión negativa, casi tanática, me doy cuenta de que llevo dos relojes puestos en la misma muñeca (pero si yo no uso nunca reloj, si ni siquiera recordaba tener ninguno que funcione). No recuerdo cómo me los he puesto. He debido encontrarlos bajo los papeles, en el registro que he estado haciendo, y me los he puesto así, sin más, uno junto a otro por alguna razón. Lo cierto es que no recuerdo nada de eso. Ninguno de los dos funciona, falta de pilas, óxidos, desuso, qué sé yo. En ese registro he encontrado el anillito que era de mi madre y me regaló mi hermana cuando ella murió. Jugueteo con él, me lo pongo en el dedo meñique. Lo llevaba puesto cuando murió. Esa idea me resulta siniestra. Solo faltaría que, a estas alturas, empezaran a seducirme los fetiches de la muerte, esa utilería que tanto asco me da y tanto odio me produce. Sería la última involución. Me asomo a la ventana. La luna ya se ha oscurecido completamente. ¿Es la energía del eclipse –o la interrupción de la energía– la que estimula el estado de ánimo, toda esta desazón? Llevo dos días galvanizado por la electricidad que generan mis propios nervios, el cuerpo como una pila que descargase energía excedentaria, pero una energía improductiva, funesta, que interfiere las escasas conexiones que aún me funcionan.

4 de marzo

Durante todo el día ha seguido agonizando el gato blanco. Mejor llevarlo al veterinario para que le ponga una inyección letal, pero yo aún confío en que se recupere milagrosamente, y mi confianza lo hace sufrir a él. Qué mala es la fe. También la médica que atendía en los últimos momentos a mi madre se empeñaba en mantener con vida aquel cuerpo llagado y que empezaba a pudrirse. Mi misión como médico (seguramente del Opus) es mantener la vida. Pero ¿usted no ve que todo es inútil, que esta mujer lo que hace es sufrir, que ya está muerta? Puedo denunciarlo por proponerme cosas horribles, amenazó cuando le dije que lo que había que hacer con aquel cuerpo era dejarlo descansar en paz. Hoy soy yo quien se comporta guiado por la fe y deja que sufra un pobre animal. Me digo que esperaré hasta la tarde para llevarlo al veterinario a morir. (¿Se puede decir, cuando se trata de un animal, «a bien morir»? Pues claro. Qué empeño en separar del animal también lo que atañe al cuerpo. Dejémoslo sin alma: pero el sufrimiento del cuerpo está a la vista. Pero ¿quiénes nos creemos?, ¿a qué reino pertenecemos? He visto morir a mi madre raleando como si fuera un animalito, lo era, lo somos, lo soy.) El gato rechaza la comida, cambia de sitio cada tres o cuatro horas y luego se queda quieto. Hace un rato se ha levantado, ha dado media docena de pasos y ha caído de lado. Me he acercado a él: la boca entreabierta deja ver los dientes, como si la muerte le humanizara la cara y, con esa metamorfosis, lo convirtiera en portador de algún mensaje siniestro. Pero aún no está muerto. Se ha agitado con tres o cuatro espasmos, se doblaba, y con las patas traseras se tocaba la barriga. Por vez primera en estos días, se le veía sufrir. Apenas un minuto después –ahora ya sí–, ha llegado la muerte: aparece un gato desconocido y espantoso, todos los dientes de depredador a la vista. La muerte iguala: esa mueca me hace pensar en la de mi abuela, en la de mi madre, mis seres queridos, convertidos en objetos espantosos, a los que ya no reconoces. También igualan las sensaciones de quien la contempla: la impotencia, la piedad, la sensación de absurdo. Aquello de Vallejo, tanto amor y no poder nada contra la muerte, lo que viene a decir ese poema que se titula «Masa». Pero en el poema, al final, la solidaridad de todos los hombres consigue que el cadáver eche a andar, versión laica del Lázaro de los Evangelios. La gran máquina fraternal del comunismo. Pero eso no es verdad, no hay consuelo. Se muere a solas y dejando al descubierto la impotencia de los contempladores. No puedes compartir tu dolor, ni tu lamentable extinción: todo lo que te llevas contigo, lo intransmisible, lo exclusivo. En cualquier caso, de ahora en adelante nadie puede decirme que los animales –al menos algunas especies– no sienten la cercanía de la muerte; de qué forma lo perciban, no lo sabemos. Pero que la ven avecinarse, escuchan la cercanía de sus pasos y la temen, parece claro. Es cierto que un pensamiento así no ayuda a hacer más habitable el mundo de los vivos: lo complica, sí, complica aún más tu mundo de relaciones, te convierte –voy a decirlo así– en aún más culpable.

5 de marzo

Ayer, animado por alguna copa de más (aunque no, no me arrepiento, que dice Alaska en su canción), tras leer la columna de Almudena Grandes en el suplemento de *El País*, descolgué el teléfono y, como no me apareció ella, sino que me salió el contestador, le dejé un mensaje diciéndole que sentía vergüenza, le dije algo así como que no encontraba una piedra suficientemente grande en mi huerto para meterme debajo para ocultar la vergüenza que sentía. Se trataba de un artículo a la vez estúpido y repulsivo, mezcla de bobería y sectarismo: trataba de una pareja (yo médico, tú enfermera, o al revés) que decidía sacrificar ese tiempo libre que tanto necesitaban para aceptar la propuesta de un amigo honesto e ir en la lista del único partido de izquierdas capaz de hacer frente al alcalde de derechas, él en la concejalía de urbanismo y ella no recuerdo de qué, cosa social, supongo. Las concejalías honestas que se les ofrecen a estos tórtolos suponemos que son –aunque suene a chiste– en un ayuntamiento del PSOE, qué otro partido puede plantar cara a la derecha en un pueblo de Castilla-La Mancha, que es de la zona de la que habla Almudena. Ya me habían dicho que Almudena y su marido, Luis, son dos de los animadores culturales que frecuentan la Moncloa (Sabina es otro de ellos y, en el frente periodístico, Suso de Toro y Millás), pero la ñoña columnita de hoy expresa un desprecio notable a la inteligencia de los lectores, incluida la mía; si decimos que la literatura es indagación, qué diremos que es esa columna propagandística. Hay un salto cualitativo, aquí aparece la desvergüenza del cortesano, y es que, claro, se acercan las elecciones, y hay que cavar a toda velocidad las trincheras. Pero ¿no hemos quedado en que la literatura es política por otros medios y que la política es la guerra por otros medios? Pues eso, *à la guerre comme à la guerre.* Hoy, en esa misma longitud de onda, Suso de Toro escribía un artículo que se pretendía de altura (Hölderlin por aquí, Goethe por allá), titulado «De la tribu de Benjamin» (sí, también Benjamin, faltaría más), manteniendo la tesis de que los escritores son seres depresivos, nocturnales, reyes de las sombras, cuya opinión no debe escucharse porque, en política, «la sociedad debe organizarse y gobernarse bajo la luz solar». Vaya, vaya, y él todo el día dando opiniones a favor de Zapatero: lo que De Toro nos dice es que nos callemos los demás, que pintan bastos. Mejor no pensar, aceptar las cosas menos malas, que se supone que son las que proponen los camaradas frente a la caverna derechista: dejemos pensar a los diurnos Zapatero, PSOE y Grupo Prisa. Ahí no hay melancolía ni oscuridades saturninas: solo la claridad de la acción. Sorprende cómo, en cada época, se repiten hasta el aburrimiento los generadores de energías (supuestamente) intelectuales a favor del poder. Aburre la reproducción continua en la gran factoría del mundo, año tras año, gobierno tras gobierno (aquellos tiempos de Pemán, estos de Suso), de basura contaminante. Intelectuales, aspirantes a formadores de opinión, que, cuando están fuera del poder, nos exigen que desengrasemos nuestras terminales nerviosas, que nos sintamos continuamente ofendidos por cualquier radiación que llegue de lo alto (la misión del artista, del intelectual, es el compromiso, nos recuerdan, que te duela la injusticia, salta, no toleres que te aplaste la mentira); pero, en cuanto llegan arriba, nos llaman a que participemos despreocupadamente como espectadores felices de su *déjeuner sur l'herbe*; o exigen que nos quedemos en nuestro tabuco con nuestra oscura melancolía y nuestro *pathos saturnino y emocional*. Mejor que no hable de política quien no sabe, nosotros, intelectuales charlatanes, mantengamos nuestras oscuras bocas cerradas, no expandamos sombras. El poder es luz. Pide la claridad de la luz, dicen los agentes en campaña electoral. Se cierran los tiempos en los que la escritura es indagación, búsqueda del matiz. Hagamos un paréntesis.

En cualquier caso, la llamada telefónica a Almudena se inscribe en esa manía mía de buscarme enemigos, con una especie de loca generosidad inversa. Aunque, bien mirado, tampoco hay que despreciar la capacidad para seguir indignándose, por muy inútil que resulte en las estrategias de la vida.

Los golpes de la vida, de Gary Oldman: me sorprende su rara dignidad. La clase baja británica, no como materia de redención, que es como suelen presentárnosla los directores de cine progresistas, sino como una realidad que se reproduce a sí misma. Esto es lo que hay, parece decirnos el director de una película cuyos personajes merecen una visión compleja, psicología enrevesada de la gente del lumpen y de la clase obrera, que no es ni mucho menos de una pieza, ni siquiera monocorde (aunque participe de las afinidades que producen cocerse en idéntico caldo), ni desde luego angelical: un personaje es, a la vez, un torturador y una víctima, un hijodeputa y un pobre hombre; una mujer digna, casi heroica, es al mismo tiempo miserable. Me ha gustado mucho. Bastante menos (por espesa) me gustó la que pusieron a continuación, *I Want You*, de Winterbottom.

Influencias de la luna. Coinciden dos días de eclipse, con un estado de insoportable tensión nerviosa. Pasado el eclipse, recupero la calma, me descargo de la energía negativa. No es algo que me invente, o con lo que me haya obsesionado, ni siquiera pensaba en la luna llena ni en su eclipse cuando empecé a sentirme mal, los eccemas se agravan, se me descama la piel de las manos, el pecho y la cara se me llenan de ronchas. Por más que razonemos, que busquemos explicaciones científicas a las cosas, siempre acabamos descubriendo que controlamos una parte ínfima de nosotros mismos. ¡Ojo! La luna condiciona el movimiento inmenso de los océanos. Qué no hará con una mísera pulga humana.

6 de marzo
Los efectos del zapaterismo en el pensamiento y en la literatura pueden ser demoledores: el boberío de lo que la convención sigue llamando «izquierda», y la incitación a un rearme de la derecha, que a él le conviene porque le permite una soltura tremenda en la guerra de trinchera a trinchera, la fácil división entre progres y carcas, y lo que consigue es devolvernos a unos fanáticos pesadísimos que creíamos pasados de moda e incluso enterrados. Y hablando de pensamiento: a mí se me pasan los días picoteando aquí y allá, incapaz de organizar nada coherente, de estructurar ninguna idea. ¿Cuál es mi servicio, mi contribución en aventar este improductivo guirigay? Lo del silencio, el apartamiento, está muy bien, pero es estéril. Si ese silencio me sirviera, al menos, para concentrarme en algo útil. Pero no cumple ese papel. Un puro reconcomio al estilo de mi odiado Álvarez Petreña, un yo culpable en demolición permanente.

11 de marzo

Apasionadas opiniones de los lectores de la novela, las últimas las de mi amiga C. Me animan. Me reconcilian con lo que, mientras escribía, me parecía un horror lleno de arbitrariedades. A C. no la ofenden ni los toques presuntamente machistas, ni el punto de vista político, ni nada de lo que yo creía que iba a recriminarme. Me habla con pasión del libro: tiene una verdad, me dice, que va más allá de lo político. Oírla me ha conmovido, removido, etc. Estamos en el mismo punto del dolor, me dice, y escucharle eso me reconforta. ¿Será que también yo tengo que aceptar lo que el libro me cuenta y que eso es lo que me lo hace antipático, lo que exige que tenga que lavarme? Procuro no acercarme a él: está metido en el cajón. Más adelante veré si soy capaz de leerlo como una ficción ajena, con la distancia requerida. Los que lo han leído me hablan de un libro demoledor, me comentan los personajes, y, sobre todo, me cuentan que han releído su propia vida a través de la novela. Misión casi cumplida. Otra vuelta de tuerca. Verlo así, casi acabado, y hablando con esa energía, le pone una pausa a mi propio desánimo. A fuerza de ahondar, parece que el libro ha acabado encontrando su fuente de energía. Un libro así ha tenido que dejarte agotado, me dice C., y yo me dejo arrullar por esas palabras (una palabra valenciana: *engrunsar*: «mecer», el movimiento que se hace con el niño en brazos para que se duerma, el movimiento repetido de la cuna, vaivén sobre un punto fijo, dice el diccionario); pienso: a lo mejor, era eso, hacía falta ser pararrayos que recogiera ese dolor, como dice el novelista que aparece como personaje en el libro.

Estoy leyendo la *Crónica del alba* de Sender, y no me defrauda en absoluto. Guarda –y me la devuelve, si cabe crecida– la frescura que me brindó la primera vez que la leí a principios de los setenta. Por entonces, yo aún no había leído *Imán* (lo leí en la edición que publicó Destino tras la muerte de Franco), y no advertí algo que ahora me asombra: la capacidad de recuperación de ese hombre. Alguien que ha escrito *Imán* parece suficientemente enfermo –y se supone que incapacitado– para darnos veinte o treinta años después este prodigio de vitalidad que son los dos primeros volúmenes de la *Crónica*. Lo que no quiere decir que el libro no esté lleno de senderianos toques nihilistas, pero en estos dos primeros tomos (creo recordar que el tercero –aún no he llegado– era muy sectario, esquemático) el gozo está servido. Todo rezuma ganas de vivir: Sender se ha puesto en la piel del niño, del adolescente, ahí están la fascinación por los misterios del sexo, su descubrimiento, y el gusto por los paisajes de infancia, la veneración por la tradición oral, a la vez que por su sabiduría y por su música, recuerdo de los modos y acentos del aragonés que escuchó en su infancia (seguramente, tan añorados en México), y recuerdo inolvidable de los caracteres de quienes lo hablaban (aquellos hombres que a veces aún parecían vivir en el Neolítico) y recuerdo también de sus cuerpos, materialismo de la carne. Hay páginas hermosísimas en las que la reflexión se vuelve casi táctil: tienes la sensación de participar en un extraordinario banquete en el que el menú que se sirve es precisamente la vida. Sender te entrega la España de sus primeros años con un lenguaje y un punto de vista de inusitada actualidad.

17 de marzo

Como los lectores –van seis– de la novela me dicen que les gusta mucho, desconfío de ellos. A mí no me gusta, qué se le va a hacer. Es un libro fallido. Releo trozos y los soporto a duras penas. Retórica. No es la novela que a mí me gustaría leer, la que querría haber escrito.

27 de marzo

Le envío el libro a Herralde, y minutos más tarde empiezo a verle en relieve todos los defectos. Paso la mayor parte del día leyendo una biografía de Sender. Me fatigan los resúmenes de las obras, las frases que reproduce de sus artículos, leo por pura obligación.

29 de marzo

Por las noches apenas consigo dormir una hora u hora y media, así que de día me cuesta hacer nada, mantener la atención, guardar algo en la memoria. Todo se me convierte en un humor oscuro, que limita con la depresión, miedo, ganas de llorar, leo compulsivamente, oigo la radio, me irrito, y sí, tengo miedo, estoy siempre a punto de echarme a llorar. Pienso en lo que cuenta la novela y en los efectos que causará –si es que los causa– en mi entorno, pienso en las posiciones de tantos literatos, arrimados a ese boberío cínico del zapaterismo que disfraza de inquietud social una despiadada estrategia de conquista del poder, pienso en la fragilidad del libro que ayer le mandé a Herralde, y en mi propia fragilidad, y me asusto. Esta noche no conseguía acordarme del nombre de un compañero de internado al que perdí de vista a los doce o trece años, y con el que ni siquiera me unió ninguna relación especial, pero la imposibilidad de encontrar ese nombre me ha producido una angustia espantosa: me ahogaba, me agitaba con movimientos nerviosos, y me oprimía el pecho una angustia agónica. Diagnóstico: un histérico de manual. Era como si ese olvido fuera exactamente la muerte y quisiera librarme de ella a manotazos. Me he sentido despojado de todo, en un terreno baldío, o devastado, y solo. La verdad es que lo estoy, solo. Aquí no tengo ni un solo interlocutor, nadie a quien contarle mi verdad, a quien hacerle confidencias, a quien pedirle su opinión. Creo que toda esta tensión es fruto del agotamiento. Pago no dormir. Aunque también podría decirlo al revés, que no duermo porque estoy sometido a un exceso de tensión. De todo eso, lo que más me preocupa es lo mucho que me paraliza, esta imposibilidad para hacer nada: en todos los pasados días, ni siquiera me sentía capaz de acercarme a este cuaderno. Me paso los días aquí en casa, encerrado, de la mesa a la cama, leyendo compulsivamente y sin ni siquiera ser capaz de tomar notas para la charla que me he comprometido a dar a primeros de mayo. Anoche terminé la biografía de Sender por Jesús Vived Mairal, que ha acabado resultándome mucho más instructiva de lo que me hicieron temer las primeras páginas. El tercer volumen de la *Crónica del alba*, en cambio, me ha parecido aún peor de lo que me pareció cuando lo leí de joven. Tenía en la cabeza la idea de que, por entonces, lo había rechazado por anticomunista, pero resulta que ni siquiera tiene una posición política, lo cual no sería ni bueno ni malo, sino que sencillamente roza el delirio, todo es un divagar y los personajes son marionetas. El libro tiene algo de valleinclanesco fallido (Sender siempre admiró mucho a Valle), momentos en que me ha hecho pensar en el teatro de Nieva, su desmesura, pero no podría decir que eso sea una estrategia, representación de la locura, o si se trata sencillamente del libro de un loco. Eso mismo, enloquecida desmesura, he encontrado en *La mirada inmóvil* que, días atrás, he vuelto a leer. Me parece que fue la última novela que escribió, o una de las últimas, y revela a la vez un gran vacío y una tremenda falta de escrúpulos, que podría resumirse así: no tengo gran cosa que contar ni sé cómo contar eso que no tengo, pero como después de lo que han hecho las vanguardias norteamericanas e ibéricas (Pynchon y el Cela de *Oficio de tinieblas 5*) parece que todo está permitido, voy a hacer lo que me dé la gana y os lo voy a ofrecer a vosotros, pobres españoles embrutecidos por el franquismo y que no sabéis por dónde van

81

los tiros en literatura. A lo mejor soy yo quien lo ha leído mal, pero a medida que avanzaba, todo me parecía tan trivial como pretencioso, una especie de desconsiderada minusvaloración del lector, sí, desprecio del lector español, al que él desde los Estados Unidos debía creer –en su avidez de novedades tras la autarquía franquista– capaz de tragárselo todo. ¡Cuesta tanto reconocer en este texto al luminoso Sender de los primeros libros, al de los dos primeros volúmenes de la *Crónica del alba*, al titánico escritor que sacó fuerzas para escribir *Imán* o *Siete domingos rojos*!

En cambio, me ha parecido un soberbio libro *El Imperio*, de Ryszard Kapuściński, que no leí en su momento: la Unión Soviética como continuación de la Rusia zarista, un texto que atenaza al lector y le entrega esas extensiones inacabables, la desolación blanca y nocturna de la gran Rusia convertida en un regalo de luz, estallido solar. Leyéndolo, yo que apenas almaceno la fuerza suficiente para vivir en este clima privilegiado y en condiciones que ni siquiera un conde ruso pudo conocer (bueno, quizá el conde ruso pasó alguna temporadita en Capri), me pregunto de dónde sale la feroz voluntad de supervivencia de los mineros condenados a no ver el sol durante decenios de los que habla el libro, vivir roídos por el hambre, por las enfermedades, a treinta grados bajo cero, en latitudes a las que, durante largos meses, apenas llega la luz del día. Kapuściński consigue transmitirme un amor infinito por toda esa gente, respeto por un sufrimiento que apenas soy capaz de imaginar. Noches inacabables, hielo, barro…

30 de marzo
En el cuaderno del IVAM tomo notas para el texto sobre *Imán*. Leo *Siete domingos rojos*.

6 de abril

«Te atrapa», me dicen mis amigos lectores de un libro que a mí me aburre incluso corregir. Ahora, a esperar lo que diga Herralde.

Entretanto, se agravan los insomnios. Por la noche no consigo dormir más que una o dos horas, así que luego me paso el día como un zombi, en una mezcla de depresiva desgana y alucinación febril. En ese estado, poco provecho puedo sacarle a la lectura, novelas de guerra que colaboran a mantenerme en ese estado alucinado. En las madrugadas de insomnio y en las tardes de somnolencia he ido releyéndome *Adiós a todo eso* de Graves, *Adiós a las armas* de Hemingway y la impresionante *Sin novedad en el frente* de Remarque, sin duda la mejor, con *Imán*. En el libro de Graves, que es –como el de Remarque– un réquiem por una generación, aparece cierta complacencia por pertenecer a un país, a una clase, a una escuela o a un batallón, algo que ni Sender ni Remarque se permiten. La más floja de las cuatro es, sin duda, la de Hemingway: hoy provoca una sonrisa su trama amorosa, su artificiosa distancia de americano entre italianos, y un parloteo que en su día debió parecer ingenioso y se queda en más bien ingenuo para el lector de hoy, e incluso, en muchos momentos, resulta tedioso. El libro de Remarque me parece insuperable, posee el gusto –tan alemán– por la economía y precisión en el lenguaje y es precisamente esa ascesis lo que le transmite la desmesura de la catástrofe. Menos es más. Curiosamente, la mayoría de esas novelas que hablan de la guerra del catorce al dieciocho y –la de Sender– que trata de la guerra hispanomarroquí y del desastre de Annual, que se produjo en 1921, están escritas diez o doce años después, en 1929 y en 1930, ¿qué pasó esos dos años? ¿Simple casualidad? No deja de ser curiosa la coincidencia. Hay muchas que se publicaron recién acabada la guerra –la hilarante novela de Hašek, *El buen soldado Švejk*, y la durísima *Tres soldados*, de Dos Passos, son del 21–. Y sorprendentemente, la de Barbusse, *El fuego*, ferozmente antimilitarista, y *Los últimos días de la humanidad*, aparecieron durante la guerra, aunque Kraus siguió trabajando en su libro hasta 1922. *Senderos de gloria*, la tremenda novela de Cobb, se publicó ya tarde, en el 35. Más tardía aún es *Johnny cogió su fusil*, el estremecedor libro cargado de antimilitarismo sobre una víctima de la primera guerra que Dalton Trumbo publicó pocos días antes de que se declarase la segunda. Y también Martin Du Gard, como Kraus, extendió la escritura de su extraordinaria saga *Los Thibault* entre 1922 y 1940, aunque en su caso fue publicando los diversos volúmenes prácticamente en el tiempo que va de una guerra a otra, qué tristeza, seguir contando la primera cuando ya ha estallado la segunda. Pocos novelistas analizan con la delicadeza con que lo hace él las distintas posturas ante la guerra en la sociedad francesa, en especial en sus dos últimos tomos, *El verano de 1914* y *Epílogo*: en este último, uno de los dos protagonistas, Jacques, el médico hedonista, agonizante por culpa de los gases, escribe para dejarle como testamento la narración de lo que pasó a su sobrino, el hijo del revolucionario Antoine, que ha muerto sin conocerlo.

Herencias.

Miro y toco el barro del candil almohade que se encontró entre la tierra del huerto de la casa de mi abuelo en Denia (tiene casi mil años), miro y toco la rama de olivo recién brotada que corté el Domingo de Ramos y en ese gesto busco consuelo del poso de horror que esas novelas (la extraordinaria *Le feu* de Barbusse) me han dejado dentro, busco sentirme continuidad de algo, tierra de la tierra. El candil, la rama de olivo, una cabeza de Buda: mis inútiles fetiches a los que les dedico rituales como instrumentos para recobrar el ánimo, cierro los ojos mientras los acaricio, y, con ese gesto, me aferro a cierto sentido, encuentro motivo para seguir respirando, en este perpetuo buscarle razón de ser a lo que no la tiene. A mi prima Matilde, a la que operaron de un cáncer hace tres o cuatro años, se le ha reproducido el mal: hablo con ella, después de todos los sufrimientos de la quimio y la radioterapia, volver a empezar de nuevo, regresar a la amenaza de que lo irremediable sea de verdad irremediable. Ella, siempre tan razonada, tan convencida de que el bien encuentra su compensación, de que hacer correctamente las cosas tiene su premio, y de que la fe dota de sentido a la existencia –la recuerdo así desde que ella tenía diez u once años y yo siete u ocho, con ese pensamiento–, estará preguntándose a estas horas qué mal, qué sinrazón ha cometido. Escuchará ese silencio de Dios que tantos años hace que escucho.

Por cierto, que en la cosecha de grandes novelas de guerra del curso 29-30 se me olvidaba el *Voyage...* de Céline, también escrita por entonces, lo que refuerza el sentido de mi pregunta de qué fue lo que ocurrió para que cuajara la mirada sobre unos hechos de un decenio antes. Claro que por entonces ya se habían publicado *La conciencia de Zeno* (1923) y *La montaña mágica* (1924), pero esas –como *À la recherche* de Proust, que salió a la venta en 1927, cuando él ya había muerto–, digo que esas no son novelas de guerra, sino de cómo la guerra se llevó un mundo (Hans Castorp abandona el sanatorio en la montaña y se dirige a recoger el armamento), como pueden formar parte del réquiem por una generación *Le quai des brumes*, de Pierre Mac Orlan, o incluso *Berlin Alexanderplatz*. En cualquier caso, las cinco novelas del curso 29-30 a las que me refiero están tocadas por un impulso y por una furia semejantes. Como si un fuego del que no quedaban más que las brasas de repente se hubiera reavivado en una virulenta llamarada. Años negros: el crac del 29, la plaga del desempleo, la miseria... No sé, solo pregunto.

9 de abril

Día en Valencia con Jean-Maurice de Montremy. La ciudad está muy hermosa. Acabamos con los pies reventados.

10 de abril

Recibo un e-mail de Herralde: está entusiasmado con la novela: una de las mejores que he leído en muchos años, me dice. Por la tarde hablo con él. Me emociono, me pongo nervioso. Yo, que estaba leyéndome tranquilamente a Barea (sigo bélico, *La forja de un rebelde*), en una jornada que se prometía apacible, de repente me encuentro en estado febril: mareante espiral de una vida en la cabeza. Siento emoción, pena de mí mismo. Pasan por mi mente los sueños, el desamor, la soledad. Me tiendo sobre la cama. Cierro los ojos. Tengo ganas de llorar. Me veo niño. La vida como un esfuerzo inútil, no la mía, todas las vidas… Se apoderan de mí los síntomas de un mal que ya me conozco de otras veces, incapacidad para disfrutar de un momento que debería ser feliz. ¿No era esto lo que buscabas cuando escribías? Así que me visto y bajo al bar a tomarme tres o cuatro copas. Telefoneo a la media docena de lectores para contárselo. Me gustaría tener a alguien cerca. No, no hablo de nada sexual, ni siquiera sensual. Solo alguien a quien contarle lo que pienso de la novela, lo que creo que es, lo que querría que hubiera sido, lo que me ha salido, aquello por lo que no deja de ser un fracaso. Aunque no: estoy solo. Si no estuviera solo no hubiera podido escribir esta novela. Pero basta ya de loriqueos. Es la mejor de las tuyas, me dice Herralde, y que, al leerla, se lo decía a Lali. Que es un gran salto adelante. Cada novela, un paso adelante… y a mí me aburre corregirla porque no me la creo, se lo digo, etc., en fin, desazón. Ojalá librarme de la novela me libere de esa gasa oscura, pesarosa, que me ha cercado durante todo el tiempo en que la escribía.

11 de abril

Termino el segundo volumen de Barea. El tercero prefiero no leerlo ahora. No guardo muy buen recuerdo. En cambio, los dos primeros están francamente bien, traen la mugre, la miseria vergonzante del Madrid de principios de siglo, que aún perduraba cuando conocí la ciudad. Tanto este libro como la *Crónica del alba* de Sender son ejemplos magníficos de la capacidad que tiene la literatura para traernos mundos desaparecidos; para, a los que hemos vivido entre dos épocas, reconstruirnos zonas que se estaban desvaneciendo, nos tocan en lo más hondo, nos devuelven a la infinita modestia de nuestros orígenes que tenemos tendencia a sustituir por la autosatisfacción. Leo a Barea y tengo la certeza de que su mundo llegó hasta mi generación; al menos, a los que, en mi generación, nacimos y vivimos entre los de abajo: ahora da la impresión de que apenas quedan rastros de aquello, es arqueología –historia y literatura–, y ya no forma parte de la cotidianidad. Incluso, como valor social, me parece que hoy nos avergüenza lo que pensábamos, cómo vestíamos (ver las viejas fotos abochorna, somos gente de otro tiempo, de otra clase), nuestra manera de hablar (la de Barea es la del Madrid popular), nuestras lecturas: la planura de la vida intelectual de entonces está documentada en unas pocas páginas en las que describe algunas tertulias y los encuentros con Zamacois y Valle-Inclán.

Oigo el bolero «Vanidad» cantado por Pedro Vargas, luego, «Cómo duele una traición». Me emociono: las afectadas voces de terciopelo de los años cuarenta y cincuenta imitaban el tono de los cantantes norteamericanos y lo adaptaban a lo local (es esa suavidad de Bonet de San Pedro, de Lorenzo González, cierto afeminamiento –silbido de serpiente en el paraíso– en aquella sociedad tan bruta, tan machista, tan rasposa: era música para mujeres).

87

20 de mayo

Qué deprisa pasa el tiempo. Leo la fecha de las últimas anotaciones en este cuaderno: ha pasado más de un mes. ¿Y qué he hecho entretanto? –porque tampoco he escrito en otra parte–: pues darle vueltas a la novela, leerla descubriendo que cada día que pasa me gusta menos, que no es eso lo que yo quise escribir, un ejercicio de retórica con sonajero, que diría Marsé. En fin, estoy muerto de miedo porque ya está –*consummatum est*– y no era eso. Releyendo, viéndole los defectos, y paralizado ante ellos, se me ha ido el mes. A estas alturas ya está elegido el cuadro de portada, algo más sarcástico que terrible, y que ayuda a enfriar lo tremendo del título: *Crematorio*. Esta madrugada he enviado la contraportada. Me llega un e-mail de Herralde en el que me dice que el libro está ya compuesto: 429 páginas, me dice, y que Teresa, la correctora, espera enviármelo a fines de la próxima semana para que vea pruebas. Durante unos cuantos días he tenido la sensación de que se disolvía esa especie de nube negra en la que me he visto envuelto durante todo este tiempo en que he estado escribiendo, pero esa inesperada y feliz vacación se ha interrumpido cuando todo parecía en calma, yo diría que se ha interrumpido incluso con una especie de violencia interna: a pesar de los halagos, vuelvo a estar en el pozo, convencido de que todo el tiempo que le he dedicado a la literatura ha sido tiempo perdido; que nada de lo que he escrito se sostiene y que, además, este tipo de vida ha ido dejándome solo, sin ningún agarradero, sin nada en lo que sostenerme, seco, falto de sentimientos: ni confianza, ni amor, ni siquiera sexo. Un corazón seco y salado para evitar que huela, una mojama, como el corazón de Durandarte en el *Quijote*. Un balance desolador, este inútil encierro en casa, perdiendo el tiempo. Se me hace cuesta arriba incluso escribir un artículo, y me aferro a una fragilísima economía, que no me permite alegrías, ni siquiera seguir con el estatus que me daba *Sobremesa* de poder comer de vez en cuando en algún buen restaurante, beber algún gran vino. Ahora, ni puedo permitírmelo ni tengo ganas: no creo que eso me aliviase de nada. Ir pagando los gastos cotidianos, incluido el sueldo de Paco, la seguridad social, el crédito de la casa que construí con M. en Benigembla (otro error nazarinesco, uno más, qué estafa). Pero de qué me quejo. Vivo. Aunque este mes me ha costado leer y no soporto la música, que tanto me alivia siempre, sustituida por un silencio que lleno con las noticias de la radio. Incluso me cuesta ver películas por la tele.

Como era de esperar, no escribí el artículo sobre *Imán* que quería haberles escrito a los jóvenes. Otros han hecho ese trabajo antes y mejor de lo que podría yo hacerlo. Pienso en los excelentes prólogos de Nil Santiáñez para la edición de Crítica y de Lorenzo Silva para Destino. Me he limitado a seguir leyendo libros, novelas sobre la guerra. Ahora se me ocurre seguir con esas lecturas y preparar algo a más largo plazo, *Novela y guerra*, algo así, en la punta de la pluma y en la boca del cañón, cómo se conjuga ese matrimonio. Meterme en eso durante todo el verano como recurso para llenar el tiempo vacío que se me abre por delante, sin una novela entre las manos. Resulta curiosa la relación entre alma y cuerpo que revelan los diferentes estados de ánimo por los que atravieso: los días en que me he sentido relajado, como en una vacación, ningún eccema en la cara y en el pecho. De repente, en cuanto caigo en el pozo, vuelvo a llenarme de ronchas y se me levanta la piel de las manos. Los repliegues del alma como alteraciones del metabolismo, como caídas o desbocamientos de algunos elementos químicos de nuestro cuerpo, de alguna alteración orgánica, frente a lo que poco puede hacer la razón.

Interesante la película *Code inconnu*, de Michael Haneke, un excelente montaje de *tranches de vie* que nos transmiten la soledad y violencia agazapadas en un París en apariencia satisfecho. Muy bien ese *crescendo* final, que introduce la música –ausente durante toda la película– con una tamborrada obsesiva, sin duda homenaje a Buñuel, aunque los tambores de Buñuel suenan al final de *Nazarín*, si no recuerdo mal, y esta película tiene más que ver con *Los olvidados*, unos olvidados que circulan por espacios de aparente confort y no de miseria.

Se extiende delante de mí una sábana vacía, tiempo sin objetivo, que habrá que intentar llenar: ponerme horarios, marcarme metas con su plazo, y que se puedan cumplir. Lo otro, el gran silencio blanco, da auténtico pánico, porque, si no escribo, no veo nada, ninguna ilusión, ningún afecto, ninguna entrega a nada o a nadie. Mala cosa.

Desde hace unos días, Paco buscaba a su gata preferida, la que se pasaba las tardes encima de él, en la mecedora, le daba masajes en el estómago y lo seguía como un perro cuando se iba al huerto. Chistaba, siseaba, mish, mish, llamaba, bonita, ven, ven. A media mañana me llama. Bajo al comedor de casa y me encuentro con que la gata ha vuelto, pero con los mismos síntomas de envenenamiento con que murieron otras dos, una hace unos meses y otra hará un par de años (aparece en la novela). Paco está llorando. Siempre me saca de quicio ver a alguien llorar. No sé cómo comportarme. Le digo que no hay que ponerse así y las lágrimas silenciosas se convierten en llanto abierto. Sí, eso lo dices tú porque no quieres a nadie, me suelta, y tiene razón, seguramente no quiero a nadie, o quiero de una manera torcida o esquinada. Inútil consolarlo. Hoy por la mañana, seguía la gata en el salón y Paco a su lado, de un humor de perros. A mediodía, al bajar a comer, no la encuentro y le pregunto por ella. Ahí está, me dice. Le insisto en que no la veo por ningún sitio y sale a buscarla. Me llama a los pocos minutos. Llora, la lleva en brazos. Pobrecita, el conocimiento que ha tenido, dice; ha salido fuera a morirse. Al cabo de un rato vuelve con una azada y llorando como si hubiera perdido a una novia o a su padre. Intento quitarle importancia a la cosa, me pongo en plan Rottenmeier: ¿para eso hay animales en casa? Voy a quitarlos todos. Aquí no va a quedar ni uno, si es para que nos llevemos estos berrinches. Pone la comida en la mesa, pero se niega a comer. Pobrecita, repite cada poco rato. El animalito, dice una y otra vez. Lo dejo sentado en la hamaca, con los ojos cerrados, llorando. La verdad es que yo me paso la vida lamentándome de que estoy solo, pero es él quien no tiene a nadie. Me asusta pensar lo que podría ocurrirle si me muriera: mejor no pensarlo. Además, desde lo del juicio está asustado. Encerrado y asustado. La pobre, repite, ha salido a la calle para morir. Y la verdad es que sí, que apenas ha recorrido una veintena de metros desde el comedor de casa al lugar en que ha muerto. Paco tiene razón. Ha vuelto a casa para morir: por decirlo así, ha saludado a Paco, se ha despedido de él y luego ha buscado el contacto con la tierra en la que se disolverá. Lo escribo y soy yo quien tiene ganas de llorar. Ha sido una historia de amor que ha durado media docena de años y ha terminado como terminan los grandes folletines. Con una muerte en plena juventud. Un envenenamiento. Romanticismo en estado puro. La dama de las camelias era tuberculosa. Inquieta sospechar esos comportamientos –venir, despedirse, marcharse, buscar un pedazo de tierra en el que reposar– en los animales, parece que abren grietas que nos descubren cosas que preferimos no saber, incluido nuestro papel en la escala zoológica, y nuestro comportamiento con ellos. Y me toca escribirlo así a mí, que hasta hace poco nunca había sentido la menor simpatía por los animales. Ahora ya sé –o creo saber– lo que me piden, lo que me pide La Princesa, una gata blan-

ca y peluda (¿de Angora?) que lleva casi un año por la casa.
Se la regalaron a Paco y el primer día que llegó los perros la
asustaron, la persiguieron, y desapareció, se pasó fuera quince o veinte días, los primeros sin dar señales de vida. Yo estaba convencido de que había regresado con su antigua propietaria (dicen que los gatos tienen un excelente sentido de
la orientación) o se había extraviado o había sido víctima de algún perro o de algún jabalí. Pero pasado ese tiempo, empezó
a dejarse ver, se escondía temerosa, y ahora ya no parecía una
deslumbrante princesa, sino una sucia mendiga que observaba la casa protegiéndose en la espesura de los troncos de
los baladres, huidiza. Poco a poco fue acercándose, empezó a
comer en el comedero, hasta que se metió en casa. Ahora es
La Princesa, tan guapa (recién llegada, Paco la peló, la dejó
como una oruga rosada, llena de trasquilones y de rasguños:
otro motivo para no haber tenido muchas ganas de volver),
tan delicada. Le ha crecido otra vez el sedoso pelo. Camina a
cámara lenta, apenas come y lo poco que come lo hace des-
pacísimo, salta entre los objetos de casa sin rozarlos, milagrosamente, jamás ha tirado ninguno, como si fuera un fantasma, incorpórea, delicado y hermoso holograma de cegadora
blancura. Representación de lo más elevado del espíritu. No
la he visto jamás hacer sus necesidades, aunque se pase veinticuatro horas sin salir de mi cuarto. Se queda quieta y, de
repente, con un salto fantasmal, ectoplasma de sí misma,
cambia de lugar, o maúlla débilmente, en un volumen apenas audible, y entonces sé que pide algo de mí, que tiene
hambre, o quiere salir al campo, aunque cuando le abro la
puerta tarda un buen rato en ponerse en marcha, se lo piensa, dama caprichosa. También en el momento de comer y
beber se lo piensa antes mucho. De vez en cuando, salta a mi
lado y, a cámara lenta, va acercando su pata a mi brazo,
como si tuviera miedo de asustarme: me la muestra redonda,
mullida, sin rastro de las uñas, como para decirme que no

me asuste, que solo quiere acariciarme, y, en efecto, la apoya con suavidad en el antebrazo, apenas rozándolo, la retira enseguida, atenta a cuál pueda ser mi reacción. Si ve que he advertido su gesto, lo repite, y esta vez deja la pata un poco más, progresiva invasión de intimidad… Mientras escribo sobre La Princesa me doy cuenta de que yo, que soy de poco llorar, también lloraré el día que ella se muera, y más aún si se muere así, de improviso. Con esas muertes terribles por envenenamiento de vete a saber qué porquería, matahierbas, matacaracoles, matarratas… Los otros gatos de casa son pequeños forzudos, gruesos, bruscos, gatos felices y robustos animales de campo. Ella no tiene nada que ver con esos rústicos: es una dama de comportamientos rigurosamente urbanos, animal cosmopolita, parece haberse educado en un colegio francés, en un exclusivo internado suizo, en Lausanne, en Genève, es la Audrey Hepburn de *Vacaciones en Roma*, pero con el empaque de una condesa rusa. No sé de dónde ha sacado ese exquisito saber estar, su afán de permanecer en un silencio exigente que turban los otros gatos y el perro; con qué elegancia solicita sus derechos sin mover una pata. Avanza entre ellos como lo haría una dama obligada a atravesar un callejón ocupado por borrachos.

¿Y cómo no voy a echar de menos al perro Manolo el día que me falte? Siempre tan cariñoso, tan amable, tan alegre y, a la vez, tan melancólico, dándome la mano cada vez que me acerco a él, quedándose a mi lado, observando mis movimientos, descifrándolos, sabiendo lo que tiene que hacer a cada uno de ellos. Desde el huerto, mira hacia el interior de la casa y descubre un movimiento de cabeza mío o un levantamiento de cejas. No sé cómo puede ser, pero sí, ocurre así: levanto las cejas tras los cristales de la ventana y él empieza a saltar y a mover el rabo. ¿Cómo puede enfocar, entre todas las cosas que ve desde allí, ese movimiento imperceptible difuminado tras el cristal?, ¿cómo puede descifrarlo? Extrañas sintonías. Empatías entre animales y humanos. Enigmas para investigación de etólogos. Ya digo que da miedo indagar en esas cosas de los animales porque nos añaden nuevas responsabilidades. La revelación de que el dolor –del amor no me atrevo a hablar, aunque parece intuirse, esa alegría cuando cada mañana te ve salir de casa– se expande más allá de lo humano, que es algo así como que la entera naturaleza reclama el misterio de la piedad, descubrir eso se nos volvería insoportable. La vida exige ciertas forzadas ignorancias. La consciencia no deja de ser una forma de cultura que, llevada a su extremo, te elimina. La gata ha venido no se sabe de dónde, del lugar que había elegido para su agonía, a despedirse de Paco, su gran amor, y luego ha buscado el contacto con la tierra, ese regreso al polvo que es la muerte: hay un pensamiento de Sender en *Imán* que lo expresa estupendamente y que puse en la novela y luego he quitado (o he quitado en parte): «[…] a veces un muerto en accidente o en la guerra nos da la sensación (caído en tierra) de descanso casi envidiable. Ya no piensa, ya no siente, ya no espera y sus miembros, sus huesos, se pegan al suelo con una especie de decisión final voluptuosa. En su cara por primera vez hay una expresión de indiferencia, desinterés y calma». Algo de esa índole percibe también Jünger en diversos momentos de sus diarios de guerra. Me he encontrado esta misma tarde una cita en la que expresa una idea muy parecida al contemplar a los numerosos muertos sobre los que salta en el matadero que él denomina «Segunda batalla de Cambray». Dice: «[…] podía ver sin estremecerme los muertos por encima de los cuales pasaba a cada salto. Todos ellos yacían en esa postura relajada y suavemente tendida que es peculiar de los instantes en que la Vida se despide» (*Tempestades de acero*, pág. 228). El traductor de Jünger pone con mayúsculas las palabras *Vida* y *Muerte* (cosa normal en alemán con los sus-

94

tantivos, pero no en castellano), lo que las convierte en una especie de entes que vigilan, se acercan, dejan caer sus sombras sobre alguien, o se alejan. Jünger habla de la excitación que produce la cercanía de la Muerte en el soldado (pág. 98). O de la paz que provoca su certeza, su presencia ya inexcusable contra la que no cabe luchar: el fusilero Knicke, herido sin esperanza de supervivencia: «Cuando fui a verlo, estaba tendido, muy sereno, en un agujero, como alguien que ya ha arreglado sus cuentas con la Muerte» (pág. 106). Me hace pensar en todas esas fuerzas telúricas que, muchos años después, seguirán acechando desde el fondo de sus diarios, y que trabajan en el propio escritor. Otro personaje, superviviente de una unidad que se esfuma sin dejar rastro, vuelve a representar el consolador o expeditivo regreso a la tierra, aunque aquí lo preceda una especie de voluntad furiosa por acabar, una especie de nerviosa exigencia de muerte: «El único hombre que todavía apareció, por la derecha, junto al pequeño grupo del abrigo, fue un cabo que llevaba vendada la cara y que de repente se arrancó el vendaje; salpicó con un chorro de sangre a hombres y armas y se tiró al suelo para morir» (pág. 115). Con ese gesto transmite una violencia estoica, mensaje de un evangelio laico: se priva el cabo del excedente de sangre que lo aleja del anhelado reposo, el encuentro con la tierra. Las citas del mismo tono se suceden: «Como si fuesen pacíficos durmientes, los camaradas yacían unidos en la muerte» (pág. 122). Aún más: en un momento dado, llega a escribir: «[…] cuando hay peligro se aferra uno a la tierra como si esta fuera nuestra madre» (pág. 156). La muerte seduce como descanso, como un ofidio cuya picadura te anestesia: da la impresión de que para Jünger es un ente, una presencia real que se mueve sobre la tierra y hace sus propios planes: «La Muerte estaba de cacería», dice en la página 162. Y en la 211: «En todas partes tropezamos con las huellas de la Muerte; parecía que ningún alma desierta habitara aquel desierto». En realidad, el tema viene rodando desde el principio del libro. Ya en la página 8, anuncia lo que será *leitmotiv* del texto: «[...] durante cuatro años estuvimos en la zona de sombra proyectada por la Muerte». Y, al describir una de las primeras batallas, dice: «Luego pasó resbalando entre nuestras filas el grito de advertencia de la Muerte: "¡Camilleros, adelante!"» (pág. 24). La Muerte y –también en mayúsculas– su acompañante, El Gran Dolor, que el escritor describe a poco de llegar al frente: «El Gran Dolor ejercía allí su imperio; por vez primera pude mirar, como por una rendija demoníaca, en las profundidades de su dominio. Y las granadas seguían llegando» (pág. 33).

22 de mayo

Noche de insomnio a pesar de los dos Myolastan que me he tomado. No es que me encuentre mal sin dormir, o no especialmente mal: no estoy deprimido y aprovecho el tiempo para leer, pero ese estado de vigilia continuada me hace sentir en peligro, amenaza con que algo puede venirse abajo. Envidio las vidas ordenadas, las personas que duermen sus siete u ocho horas cada día, se marcan horarios para escribir, para desayunar, leer, comer, asistir a una tertulia, a un espectáculo, todo ese ritual burgués, quizá no tan intenso como el vivir alucinado de los insomnes, pero bastante más productivo. La cosa es que me paso la noche leyéndome las *Conversaciones con José «Pepín» Bello*, que han escrito David Castillo –cuya primera novela, *El cielo del infierno*, me interesó mucho, a pesar de su final fallido– y Marc Sardá, la lectura de cuya biografía en la solapa me lo convierte en un tipo un tanto repulsivo, porque, como carta de presentación, nos habla de que ha publicado un poemario, lo cual está muy bien, es una información pertinente y resulta muy correcta para la solapa de un libro, que tiene otro poemario en prensa –también eso se sitúa en el espacio de lo aceptable–, pero –y

96

ahí surge mi mosqueo– concluye diciéndonos que «está escribiendo su primera novela», afirmación que lo que hace es vender aire, o decirnos que está haciendo lo mismo que varios miles de españoles (entre los que me incluyo), pero con el añadido pedante de que supone que la va a terminar y, además, va a encontrar a alguien que se la publique y a continuación va a gustarnos a los lectores. ¿Cómo saber que uno va a terminar una novela empezada? Bueno, pero, al fin y al cabo, eso son tonterías, lo que a mí me fastidia es que me parece detectar en esa seguridad un antipático toquecito de clase, una altivez que en general solo puede venir de ahí, de que no te ha fallado nunca nada en la vida: no sé la procedencia del chico –a lo mejor patino en mis apreciaciones–, pero al menos ha de ser pieza bien relacionada con el poco variado puzle cultural, la *crème* (quizá uno de esos falsos ricos que había en la facultad).

Lo que quiero resaltar del libro, que se lee con gusto, se bebe con la ligereza de un vaso de agua y está lleno de datos curiosos, de anécdotas muchas de ellas conocidas, es que corresponde a ese esquema de biografía de alguien que ha conocido a muchos famosos, y eso es lo que interesa del tipo, un modelo literario que me despierta siempre la duda de por qué resulta más interesante un novelista, un dramaturgo o un pintor que se ha rozado con muchos grandes nombres que el que se ha quedado en su casa escribiendo, o pintando; por qué son más interesantes las borracheras, los noviazgos, adulterios y broncas de esta gente que los de los demás. Es decir, que si les quitas el nombre propio a los protagonistas de lo que nos cuentan ese tipo de biografías, el texto baja unos cuantos escalones y a veces hasta se queda en nada. Son libros que siempre acaban teniendo un molesto toque frívolo, como de prensa del corazón. En este de Pepín Bello, parece que el personaje que no ha alternado en ciertos círculos, no ha mostrado su gracia en ellos, y no se ha movido de acá para allá, acunado por el oleaje de una farándula más o menos exquisita, acaba siendo un soso, poco menos que un don nadie. Se le califica como falto de humor o de interés, mientras se convierte en personajes fascinantes a los que hacían picantes chistes, exhibían lengua viperina o se movían en la maraña de complicadas redes amorosas o eróticas, aunque adolezcan de obra, o cuenten con una obra de muy escaso fuste. Por ejemplo, uno de los poco interesantes, que apenas le merece a Pepín Bello un par de líneas, es Max Aub: «Max Aub no era un tipo muy interesante. No lo conocí demasiado, no me interesaba nada» (pág. 152).

Falla y Ravel –a quienes reconoce sus excelsas creaciones– también merecen comentarios en ese tono por parte de quien fuera uno de los animadores de la Residencia de Estudiantes. Dice de Falla: «Era el hombre más aburrido que se puedan figurar, muy serio y soso. Era muy bondadoso y católico hasta el extremo. Era un carca tremendo, muy señor, era tan delgado y tan poca cosa, muy feo y calvo. Aparentemente no tenía ningún interés. A mí me aburría soberanamente. Era un musicazo, eso sí. Falla era como una lombriz, totalmente insignificante» (pág. 96). Buñuel era un burro (probablemente lo fuese, lanzador de ballesta, boxeador, aires de deportista o de matón, pero hizo cine), Picasso «me caía tan gordo como persona que nunca quise intentar [conocerlo]» (pág. 171).

Tampoco me apasiona leerme la magnificación de las ocurrencias y bobadas de aquellos burguesitos de clase media, que consiguieron que pasaran a la historia de la literatura y de la cultura no se sabe muy bien por qué, estupideces, ñoñerías, bobos juegos de palabras como de internado para señoritas (aquello debió ser algo parecido, insoportable); por ejemplo, los anaglifos, que el propio Pepín reconoce que eran «una verdadera memez». El primer anaglifo que inventaron consistió en poner siempre la misma palabra entre tres sustantivos. La palabra tenía que ser siempre la *gallina*. Así salió uno que decía (pág. 66):

El té
El té
La gallina
El teotocópuli

Estúpido juego de palabras al que no le encuentro ninguna gracia y sobre el que, para acabar de poner la lamentable cosa a ras de suelo, el entrevistador le pregunta a Pepín Bello: ¿teotocópuli?, y da la impresión de que el hombre es que no sabe a qué o quién alude la palabra, y, la verdad, en ese instante uno siente vergüenza ajena.

No niego que el libro de Bello abunda en observaciones agudas, divertidas: se trata de la antipatía que me causa el género estábamos entre nosotros, éramos la gente importante pero desenfadada, la nata cultural de la sociedad; me transmiten el pesimismo de constatar que todo queda en manos de los supervivientes sociales, de quienes más estafaron y más desparpajo tuvieron para mentir. Bello habla de un Buñuel que se va a París a los dos días del alzamiento militar, no vuelve en toda la guerra y, para su biografía, se inventa regresos en misiones secretas que nunca existieron; y ese hijo de puta de Dalí... Todo eso (los intelectuales, ¡Señor!, los intelectuales) me trae el terrible silencio de los corderos que fueron llevados al matadero, pobres desgraciados que se mataron entre sí como fieras (mi padre, mis tíos, mis vecinos, el descargador en el muelle, el carpintero, el ferroviario, el labrador), y de cuyas tertulias, discusiones y juegos de palabras

99

no nos ha quedado nada. Libros como este siempre parece que llevan guardado un fondo de exaltación del pícaro, del que tiene la lengua afilada, del que posee habilidad, la habilidad para escaparse del lío en que ha metido a otro; el que se escabulle, engaña con gracia o le quita la amante a otro resulta personaje positivo en este *discorso*. Por cierto, para Bello, también Machado, «[e]ra un hombre un poco insensible y muy apagado, a pesar de que es uno de los mejores poetas que hemos tenido en España» (pág. 73). Unas pocas líneas antes, ha dicho de él: «Machado era de una miseria, de una elementalidad, de una tristeza sin límites» (pág. 73).

Seguramente por eso era tan gran poeta, pienso yo. O mejor, a mí lo que me interesa es cómo fue como poeta, leer su poesía.

A esa tristeza de Antonio Machado opone Bello el carácter de «Don Manuel, que venía mucho por la Residencia, era muy simpático, muy decidor, muy elegante, guapo y muy pulcro. Iba hecho un pincel, daba gusto verlo y oírlo. Un grandísimo poeta y un hombre muy atractivo» (pág. 72).

Me pongo de abogado del diablo en defensa de Bello contra mí mismo, o saco al historiador que, aunque muy enterrado, llevo dentro, y me digo que un libro como este es imprescindible. Lo son los de este estilo, incluido el de Marcos Ordóñez sobre Ava Gardner que critiqué en estos cuadernos, *Beberse la vida* creo recordar que es el título. Son fundamentales para conocer un tiempo, reflejan con mayor viveza que cualquier libro de historia el aire de los años en que transcurren los hechos que narran, sí, lo sé, pero no puedo remediar que me transmitan un nihilismo que me hiere. De todo eso han hablado los sociólogos: de los grupos de poder, que siempre acaban amplificándose, santificándose, poniéndose en los altares a sí mismos, describiéndose con altavoz: trabajar en equipo pensando en la historia, en el juicio final, pasar de grupo a casta, a lobby.

De *Mifune*, la película de Søren Kragh-Jacobsen, del grupo Dogma: «Todos necesitamos cariño, pero tenemos que acostumbrarnos a vivir sin él».

Y también: «No puedes tenerte tanta lástima como para joder a otro, sobre todo si el otro es un desgraciado».

Me dice Manolo Rodríguez Rivero que en un libro de un filósofo holandés, Douwe Draaisma, que se titula *Por qué «el tiempo vuela» cuando nos hacemos viejos*, la frase que inicia el prólogo es: «En esa joya de la literatura universal que se titula *Los disparos del cazador*...»: la recibo como un refrescante vaso de ego que bebo con escéptico gusto (qué construcción tan rara, «escéptico gusto», seguro que hay otra forma de decirlo mejor, parece sacada de un poema barroco). El libro lo ha publicado Alianza. Me llega la información de Manolo con la noticia de que *La buena letra* ha sido elegida como Libro del Año en la ciudad de Colonia, o mejor dicho: Libro de la Ciudad durante este año (los años anteriores se les concedió el título a un libro de Pamuk y a uno de Italo Calvino), así que, al parecer, tendré que estar allí el día 4 de noviembre, en el que se le dará un homenaje al libro en un teatro al que acudirán novecientas personas. También eso es un trago de ego, aunque me preocupa el acto, qué decir, qué escribir. De momento, y aplazado *sine die* el artículo sobre *Imán*, sigo pensando en la posibilidad de sustituirlo por un texto sobre la literatura de guerra (hoy he terminado *Tempestades de acero*). De momento, he recibido una carta de Ángel Basanta en la que me recuerda que el 16 de julio tengo que hablar acerca de la relación de mi literatura con el franquismo, la guerra, etc., un coñazo. Qué cosa tan inútil escribir sobre lo que uno escribe. Además de impúdico, parece imposible. ¿Qué piensa usted del franquismo? Pues, joder, eso que he escrito, lo que he intentado decir en mis libros y me ha costado años, cómo responderlo así, con una frase. Se lo comento a Ángel y se burla de mí. Tú no te preocupes, me dice, ya verás cómo todo sale bien. Pero en mis libros es donde mejor he dicho lo que puedo decir. Todo lo demás, revolotear alrededor de eso, resumir, explicar, son maneras de rebajar el texto que ya está escrito. La cosa es que me comprometí, y hay que cumplir lo prometido. Pero me castañetean los dientes de pánico, los oigo, taca-taca-taca…, dientes de calavera de feria.

Mayo, sin fecha

Elige entre aturdirte o reconcomerte y encizañarte: es un problema de economía íntima: cálculo de gasto de energía, daños y desperfectos en la esfera personal, pérdidas, sufrimientos. Mejor, elige el aturdimiento, la ataraxia; léete libros que no te desazonen en exceso, disfruta de esta extraordinaria mañana soleada de primavera, siéntate en el umbral de tu casa, cierra los ojos, y deja que el piadoso calor del sol te acaricie; muerde uno de esos nísperos tan dulces que cuelgan del árbol por encima de tu cabeza; no busques fuera, que no vas a encontrar nada mejor, estate así, tranquilo, relajado, comiéndote el fruto que te ha regalado la vida.

(Fin del cuaderno con la Mujer en azul *de Picasso en la tapa.)*

Cuaderno burdeos con tapa de plástico
(24 de mayo-9 de septiembre de 2007)

24 de mayo

No sé si me adaptaré a escribir en este cuaderno con tanto cuadrito. Las cuadrículas me distraen, me impiden leer tranquilo. Pero ahora mismo no tengo otro. Quise encontrar alguno en Valencia (cargar en alguna papelería con unos cuantos, tener una reserva de cuadernitos), pero no los encontré. Pensé que en Nantes, que era la ciudad a la que me dirigía –estaba de paso en Valencia–, encontraría alguna buena papelería. Francia no suele fallar en eso. Al final, en Nantes se me fueron torciendo las cosas, no conseguí encontrar un momento para la búsqueda y, cuando me di cuenta, resulta que era sábado por la tarde y estaban todas las tiendas cerradas y no iban a abrir hasta el lunes, pero el lunes por la mañana yo estaría ya en el aeropuerto. Resultado: este es el único cuaderno que tengo en casa, cuadrículas incluidas, así que me pongo con él.

Día apacible, que se me ha escapado con pocas lecturas, e intentando encontrar alguna de las entrevistas que me hicieron en su día y cuyo repaso puede ayudarme a escribir la charla que tengo que dar en Salamanca el 16 de julio; urge la redacción, ya que, seguramente, antes de ese día me tocará viajar a Sicilia y, a la vuelta, tener que escribir un reportaje.

Para vencer el improductivo estado de ánimo que arrastro, releo algunos de los cuadernitos que guardo y también algunos textos que ya he pasado al ordenador, y que ocupan unas cuatrocientas páginas. Eso quiere decir que si me pusiera a pasar a limpio las notas que tengo dispersas, me encontraría con más de un millar de páginas. Me asusta la tarea. Me digo: dejar de lado todo lo que no sea pasar a limpio los cuadernos, ordenar lo que hay escrito, no aceptar ningún compromiso, dedicar todo el verano a eso. Pero, en tal caso, ¿qué hago con lo que llevo leído a partir de *Imán*? No me refiero a las biografías de Sender, o a los textos sobre su obra, sino a toda la literatura bélica que me ha ocupado durante estos últimos meses, y sobre la que me gustaría escribir algo, aunque no sé muy bien qué. Me seduce hablar de eso, pero ¿qué decir que no esté ya dicho? Además, está el viaje a Sicilia por encargo de *Sobremesa*. Y, ya lo he dicho, los cuarenta minutos que tengo que hablar en Salamanca.

Por lo que se refiere a lo que llevo escrito en los cuadernos, hay trancos que se leen muy a gusto, sobre todo en los cuadernos de los últimos años, que son los menos personales, los más reflexivos y menos anecdóticos. Quizá esa dualidad entre unos y otros cuadernos, los –por llamarlos de algún modo– anecdóticos, y los reflexivos, es lo que más desconcierta, esa dualidad en el objeto, el punto de vista, e incluso el estilo. En los primeros cuadernos, lo personal, lo íntimo –relaciones, amores, aventuras sexuales, incluso algún viaje– forman el cogollo del texto, pesan demasiado. Bien es cierto que si uno avanza, la percepción de que el tono va cambiando tiene algo de instructiva. Pero –lo que he dicho– para percibir eso, hace falta avanzar. Cortar. La cosa está en cortar lo anecdótico, dejar el tuétano. También abundan en ese tramo las citas, que, en su mayoría, tendrían que desaparecer de cualquier texto que aspire a ser un texto pasado a limpio y no un fichero de lecturas. No sé qué hacer. Ponerse en serio a desbrozar todo eso y dejarlo aseado es una tarea de aúpa. Rompo algunos cuadernos de la primera época, pero me da pena, he roto y tirado demasiadas cosas, que es verdad que eran inútiles (todas esas fichas sacadas de libros de historia, las que tomé cuando quería hacer la tesina sobre Galdós, los cuadernos de la universidad), sí, fichas y cuadernos que seguramente no iba a volver a utilizar en mi vida, pero que guardaban trabajo, eran depósitos de trabajo, y hubieran merecido mejor vida que los sucesivos contenedores y bolsas de basuras a las que han ido cayendo durante los últimos años; las últimas, no hace tantos meses. Pena por hacer desaparecer ese material, y vergüenza de que se quede así, en bruto, tan torpemente redactado, tan sucio. Es inmoral. Al menos, dejar constancia de que esos cuadernos eran depósitos provisionales e hice un esfuerzo, si no por acicalarlos, al menos por ordenarlos con cierto decoro, aunque solo sea por vergüenza torera. Unificar el tono, imponerles cierto ritmo: la verdad es que leídos de tirón, uno tras otro, parece que esos textos dan una visión bastante ajustada de lo que es la cocina o el taller en los que he estado ocupado durante los últimos años.

Como es lógico, en las páginas más personales tropiezo con el pudor, no con el pudor propio, que ese, siempre que sea exhibir limitaciones y no exhibirse como un gallo, me da bastante igual. Me refiero a alusiones que pueda haber aquí y allá a otras personas. He aceptado que la escritura es la escritura, o sea, que se juega a vida o muerte, y qué se le va a hacer si en el tejido se traslucen pasiones o historias tuyas, pero está el pudor ajeno, personajes que aparecen o a los que se alude, con los que se comparten o han compartido cosas que suelen hacerse en privado, o incluso algunas que ni siquiera en privado parece correcto efectuar. Quitarles esas anécdotas a los primeros cuadernos es arrebatarles parte de su interés, París, François... Quizá convendría directamente suprimir

107

los primeros cuadernos, no incluirlos en esta selección. Al fin y al cabo, se trata de textos muy dispersos en el tiempo y extremadamente fragmentarios, ya que, en su día, los desguacé para usar buena parte de su contenido en las primeras novelas. Desguace de desguace, al final se quedan en nada y parece que así me siento más satisfecho.

Registro en los cajones del escritorio, aparto esos cuadernos mutilados –les faltan hojas, cuadernillos completos– y decido que esta misma tarde los romperé o los quemaré, antes quizá coja alguna frase y la use como relleno en algún sitio.

He pasado buena parte del día con la gata blanca (La Princesa, mi delicada Audrey Hepburn) metida aquí arriba, conmigo. Últimamente empieza a cambiar su papel de huidiza diva por el de amante y exigente esposa. Se niega a abandonarme, se acerca, me toca con su pata blanca (es cierto que con ese cuidado, con esa incorporeidad que nimba cada uno de sus movimientos), me sigue, maúlla pidiendo atención. Diría que ha empezado a volverse engorrosa, si no fuera por esa elegancia con que ejecuta cada movimiento, esa levedad de algodón. Hoy parece que le moleste verme leer (ahí se comporta como una amante latosa, o como se comportaba mi madre en sus últimos días de demencia senil), y, a cada poco rato, empuja con la cabeza el libro que tengo entre las manos, intentando meterse en medio (mi madre me tiraba el libro de un golpe con la palma de la mano). Si me ve demasiado aferrado a los quehaceres, me mira fijamente durante un buen rato, como diciendo: ¿y yo qué?, ¿es que no cuento?, te ocupas de todo menos de mí, ronronea, vuelve a darme dos o tres toques de terciopelo con la pata, en el hombro, en el antebrazo, en la mano, y vuelve a maullar. Me fascina esa capacidad de atención en un animal, los ojos tan abiertos con los que sigue durante horas mis movimientos, y cómo, desde el suelo, contempla atenta el vaivén de mi mano que escribe en este cuaderno.

La lectura que me ha ocupado hoy ha sido «El Bosquecillo 125. Una crónica de las luchas de las trincheras en 1918», un texto que aparece en el volumen de Tusquets a continuación de *Tempestades de acero*, y que, además de una densidad literaria superior a la propia *Tempestades*, muestra esos rasgos de estilo jüngerianos: el culto al misterio del héroe, sus valores belicistas frente a los «del hastío y del aburrimiento» (pág. 350) de la paz, o el deslumbramiento ante la nueva clase de guerreros que sustituye en la Gran Guerra a la caballería: la aviación. El presagio de un dios para el que «la más grande batalla de los seres humanos» (pág. 353) sería «como una graciosa batalla de hormigas». Le fascinan el esplendor de la naturaleza, las plantas que hay por todas partes, también esas manifestaciones de la vida parecen tener algo de batalla. En la nueva concepción bélica cobran importancia la guerra de documentos y, con ella, la multitud de burócratas, «una gran cantidad de peso muerto» (pág. 386), una «enorme cantidad de energía que aquí se despilfarra» (pág. 385).

En mi empleo del tiempo de estos últimos meses debería proponerme un cumplimiento de horarios (una hora de inglés: tengo a Dickens y a Shakespeare esperándome; e incluso una hora de alemán, no para acabar sabiéndolo, hablándolo, no, sino para descifrar las cartas de los restaurantes, los carteles de las tiendas e incluso leer por encima los periódicos).

26 de mayo
Caídas de arquitecto. Me vengo abajo.

La angustia no me deja hacer nada, ni leer, ni escribir, ni pensar: asalto de imágenes dolorosas que no consigo digerir y que me ponen al borde de las lágrimas. Si fuera capaz de organizarme un trabajo, algo. Me asusta este despliegue de tiempo vacío que se tiende delante de mí. Está cargado solo con una angustia que es oquedad.

Leo con escasa concentración ese prodigio que son los *Sueños* de Quevedo. Cómo resuelve en la palabra, en su uso prodigioso, los temas morales, políticos: un juego de palabras plantea, un juego de palabras resuelve; su habilidad de prestidigitador fascina a cualquiera que desee trabajar la escritura, luego llegan los imitadores que degradan el método: son los que se creen que el nudo de la obra está en el rompecabezas de los nombres. No es así. En Quevedo el nudo es y no es el texto: es el texto siempre que no se olvide que las palabras son contenedores: sus sujetos son la mentira, la codicia, los avatares de la política; es la desolación de un hombre pasajero en un viaje riguroso que no lleva a ninguna parte. Su pesimismo toca muy hondo y no es precisamente de corte lingüístico o gramatical. No queda mucha tarea de filigrana literaria después de la que hizo él. Eso que dicen de Picasso, que acabó con la pintura, se puede decir de Quevedo: nos ha dejado el trigo molido (por si fuera poco, a continuación llegó Gracián). Hay páginas enteras que me llevan a mi propia novela, idéntico pesimismo en mi libro, pero sin esa agudeza literaria, sin ese ingenio: está desprovisto de la maestría que Quevedo muestra y demuestra, y en cuya demostración se entretiene, se complace. Se exhibe. Qué duda cabe de que hay que colocarlo en el estante de los maestros insustituibles, al lado de Lucrecio, de Ausiàs March –a quien hoy citaba Jean-Maurice en la carta que me ha escrito–; junto a Montaigne. Y hablamos de los *Sueños*, no de ese Everest que son los *Sonetos*. Ahí sí que apaga y vámonos. Montaigne y Quevedo, pero en Quevedo todo es sombrío aguafuerte goyesco, mientras que el *spleen* de Montaigne ilumina, colorea.

Él piensa que el breve instante en que arde la vida nos proporciona un espectáculo irreemplazable, y hermoso y que, en cualquier caso, se trata de una representación cuyos códigos hay que guardar respetuosamente. Ese respeto lo integra como pieza indispensable en el gran despliegue de la armonía del mundo. Y luego está la lengua, la plenitud quevedesca de la lengua cargada hasta los topes.

No es mi mejor momento para leer a Quevedo: demoledora su visión de la vida: el mundo como una batalla feroz de todos contra todos: la gran guerra de franceses contra españoles, holandeses, venecianos, genoveses, alemanes, ingleses, judíos, turcos. Y como sangre que alimenta ese cuerpo universal que es la guerra, el dinero. Quien más provecho saca ni siquiera es el que sale victorioso de la contienda, sino el que alimenta con dinero a todos los bandos, encizañándolos para que sigan entrematándose.

27 de mayo

Sigue la oscuridad. Después de comer, bajo con Paco a votar (en blanco, he votado por acompañarlo a él). Es el único momento en que me distraigo. El resto del día, la opresión en el pecho, la ansiedad, las ganas de llorar. Pienso en la posibilidad de mudarme de casa. Irme a Valencia. Vender esto y salir de aquí, de esta habitación (el exterior más cercano, lo que me rodea, me resulta irrespirable). Supongo que también es asfixiante para Paco, después de la historia del juicio. Como si hubiera caído sobre la casa esa Providencia diabólica de la que habla Baudelaire. Fue llegar aquí y todo empezó a replegarse, a volverse estrecho, sofocante. Te ha mirado un tuerto, se decía antes. El día del traslado nos miró un tuerto, o nos miraron varios tuertos, porque cada uno se ha buscado su propia desgracia: la suya terrible, vergonzosa en lo público; la mía, demoledora en lo privado. Una cadena de errores.

1 de junio

Me paso el día entero corrigiendo la novela. Un libro fallido. No sé si un epílogo o –en el mejor de los casos– un libro de transición, con los mismos defectos que tuvo en su día *En la lucha final*: haber abandonado un territorio y no haber tocado aún la otra orilla. Estar en alta mar. Si fuera eso, si yo estuviera convencido de que es eso, un libro de transición, travesía con rumbo a otro territorio, al menos podría fajarme contra las malas críticas que estoy convencido de que, por lógica, han de lloverle. Pero lo malo es que estoy lleno de dudas. Creo que el libro es reflejo de mi propio caos: una novela hueca, grandilocuente. Desde luego que, si yo fuera crítico, podría cebarme con ella. Pero no lo soy, y es mi novela, y lo que tengo que hacer es olvidarme de ella, acabar de una vez las correcciones y ponerme a trabajar en otra cosa, en algo, lo que sea, empezar a pensar en el futuro. Con lo que me han pagado de la novela y contando los gastos que genera la casa, sin moverme de aquí, sin apenas salir, calculo que lo que tengo puede durar un tiempo, ¿y luego? Porque la venta del local que heredé o la de la casa de Benigembla parece bastante improbable. Yo, de momento, soy incapaz de escribir una sola línea, y nunca se me ocurriría fiar mi porvenir económico a lo que escribo, o solo a lo que escribo, sería quitarme toda la libertad que siempre he tenido para decir lo que me ha dado la gana, o mejor, ¡para el carro, arriero!, modestia, Sancho, no te encumbres, no he escrito nunca lo que me ha dado la gana, sino que he escrito lo que me ha salido, lo que he podido.

Por el momento, lo que ocurre es que soy incapaz de escribir una sola línea. Llevo meses así. En casi un año no he escrito más que la decena de folios del flojísimo artículo de Nantes para *Sobremesa*. No es como para echar las campanas al vuelo. Mañana mismo tengo que ponerme con la charla de Salamanca. No me perdonaría presentarme allí sin llevar nada escrito. Por cierto, que si hubiera un tren o un autobús que fuera directo desde Denia o desde Valencia o Alicante, preferiría viajar así, que no hacerlo en mi coche. Ya veremos. Me cuesta hasta coger el volante. Ir a Valencia me parece una aventura.

2 de junio

Otro día de darle vueltas a lo que podría escribir para Salamanca. Se me va la mañana en dudas. Por la tarde escucho *Salomé*, de Richard Strauss (daban hoy el cedé con *El País*; bueno, lo vendían), que me parece hermosísima, tan desazonante, tan llena de repliegues. Inquieta, excita y turba. Una joya. Si siempre ha sido una de las óperas que más me han gustado, la audición de hoy me deja sobrecogido (no sé si es una buena o mala versión; no soy un experto). Pero ya digo: una joya, aunque, eso sí, manchada de sangre y flujos, o irisada con brillos de sangre y flujos. El poder de Venus en lo inferior, que diría Herr Ernst.

3 de junio

Leo *El perdedor radical*, que lleva el subtítulo de *Ensayo sobre los hombres del terror*, un panfleto acerca de la imposibilidad de pactos con el islamismo radical, que, como el nazismo, en realidad nace de un autodesprecio que se disfraza de orgullo, un irredentismo que reclama para sí lo que les niega a los demás, e incluso lo que, diciendo pedir, se niega a sí mismo (entre otras cosas, la libertad de expresión). Para Magnus Enzensberger es –el nazismo también lo fue– una forma de suicidio propio y, en su actitud hacia el exterior, una forma de organizar el suicidio de una civilización.

Después me pongo con el libro gracias al cual Javier Montes y Andrés Barba han ganado este año el Premio Anagrama de Ensayo: *La ceremonia del porno*. Llevo medio centenar de páginas y ha conseguido enredarme. Me gusta esa capacidad que tiene Barba para, en todo lo que escribe, echar el cubo en el interior de su propio pozo, con una sinceridad que, por extrema, roza lo ingenuo, y con la que, sin embargo, consigue extraer lo mejor y lo más complejo (o sea, que ingenuidad, la justa).

De Baudelaire, citado por Barba: «Seule la brute bande bien».

Y también: «La fouterie est le lyrisme du peuple».

5 de junio

Jean-Maurice de Montremy, con quien mantengo una correspondencia frecuente, me envía un extracto de una entrevista con Vladimir Putin aparecida en *Le Figaro* y en la que el ruso dice cosas como las que siguen: «Soy un puro y absoluto demócrata: la tragedia es que soy el único demócrata del mundo. Mire los Estados Unidos: torturas horribles, *homeless*, Guantánamo. Mire Europa: manifestaciones violentamente reprimidas. Hasta los ucranianos se han desacreditado y se dirigen a la tiranía. Desde la muerte de Gandhi no tengo con quién hablar». Sufro un incontenible ataque de risa leyendo este texto cargado de una lógica innegable. Llamo a E. y se lo leo para alegrarle el día.

Quien me hizo reír muy a gusto anoche fue Llorenç Villalonga con sus *Dos pastiches proustianos*. Un Proust más flan que madalena, maquinando sus estrategias para vender el automóvil, un De Dion-Bouton, se trata de un aparente querer ser bueno y correcto que resulta que se resuelve en la más pérfida de las maldades, incluida la que se ejerce contra uno mismo, sin aliviar ni un átomo el egoísmo.

Me llama A. B. para decirme que le ve muchos problemas a la novela: construcción, personajes, etc. Tengo la impresión de que en este libro se van a cebar los críticos que lleven tiempo queriendo hacerme una autopsia, hartos de que todas mis novelas se hayan defendido obteniendo muy buenas reseñas. Y yo, con mis frágiles nervios de artista, Marcelito inquieto, ¿qué puedo hacer? Pues nada. Blindarme. Encerrarme. Hacer que no me afecte. El libro ya no soy yo y quien se meta con él no se mete conmigo. El libro es tan poco yo como son las pielecitas que se desprenden de mi cuerpo, las motas de caspa o el sudor que se ha quedado empapando las sisas de una camisa. Una excrecencia. Que me afecte lo que digan de *Crematorio* solo como acicate. Lo peor que podría ocurrirme sería venirme abajo, perder pie. No está el horno para más bollos.

6 de junio

Lo dicho: incapaz de hacer nada. Los nervios de punta. Han devuelto el dinero que envié al juzgado (lo de Paco) y hoy voy al banco para enterarme de por qué lo han devuelto, y para reenviarlo, pero no hay manera ni de lo uno ni de lo otro. No puedo ingresarlo. Me viene a la cabeza la palabra *guignon, le mot* guignon, se apodera de Paco, se apodera de mí. Me asusta la idea de que pueda llegar una orden de que ingrese de nuevo en la cárcel, en su estado de salud (física y mental) no lo soportaría. Mañana iré a Benidorm, al juzgado, a ver si allí aclaro algo. La sordera de la burocracia, que tanto miedo me da. No me fío de ella. Pienso que puedes caer en sus manos por cualquier tontería y que luego no vas a poder librarte de ninguna manera. Lo de Kafka. Lo que conocí en las comisarías franquistas, en el servicio militar, en la siempre arbitraria conducta de los de arriba con los de abajo a cuya normalidad nos acostumbró el franquismo, o algo que venía de mucho antes del franquismo y a lo que el franquismo le añadió una especie de histeria, las patadas, las voces, los gritos estentóreos, esos rezos desafinados en voz demasiado alta, las canciones religiosas berreadas, los rosarios a grito pelado por las calles de Ávila de madrugada, los himnos de la Falange y del Movimiento con voz de borracho... Tipos sordos con el que pide. El regodeo de la sordera con el de abajo, con aquel sobre quien tienes autoridad, aunque no sea más que la de dejarle o no pasar a una oficina, asquerosa autoridad de portero, de bedel, camisas viejas enchufados en tareas miserables: se les pagó el favor de una denuncia, de un fusilamiento, la participación en alguna cacería nocturna. Telefoneo, pero los teléfonos no contestan. Sabes que la funcionaria está muy cerca de adonde llega la señal de llamada que estás oyendo, pero que no lo va a coger, lo de la justicia está rodeado por un cristal antibalas que ya puedes golpear cuanto quieras, porque no se va a romper. Sé que en el juzgado me voy a encontrar con esfinges, gente que te corta el paso, que te indica una cola a la que debes incorporarte para recoger unos impresos en los que has de escribir tu solicitud. Además, yo no soy ni el condenado ni el abogado, así que me temo que, ya de entrada, me van a echar de allí, no me van a atender, usted no tiene derecho, quién es usted, en el mejor de los casos: lo siento pero no puedo, tendría que traer lo que no trae, ser quien no es, pero me jode decirle a Paco que venga porque se va a temer lo mismo que yo, que le digan que como no ha ingresado el dinero tiene que entrar en prisión, él ni siquiera sabe lo del ingreso, me lo guardo para mí; en cualquier caso, un trago durísimo. La cárcel. Últimamente lo veo tan deprimido, al borde de la quiebra a cada momento, pero, si no me aceptan en los juzgados, no me va a quedar más remedio que decírselo. A ver si mañana se aclarase y no hiciera falta decirle nada. En cualquier caso, piense lo que piense, decida lo que decida, se lo diré por la mañana, para evitarle una noche de perros. Mientras le doy vueltas a todas estas cosas, vago como un lobo enjaulado por la habitación, incapaz de fijar la atención en nada y con la angustia oprimiéndome el pecho y detrás de los ojos, como si fuera a estallarme el cuerpo desde dentro. Me da pena. *Le mot* guignon. Tengo ganas de llorar.

9 de junio
En los juzgados de Benidorm, se medio esfumaron los fantasmas. Consigo un oído dispuesto a prestar atención. Una funcionaria amable, que escucha, que razona, que seguramente piensa que su trabajo consiste en resolverles problemas a los demás. Se aleja el peligro.

Yo no trabajo. No hago nada. Dormito. Leo con desgana. Corto con W.

Ayer estuve de entierro, un hombre joven, alcoholizado. La muerte lo sorprendió de repente, en su casa, apoltronado en el sofá, viendo la tele al lado de su madre. Gente muy pobre, una familia de emigrantes que salieron de Cazorla allá por los sesenta o setenta, creo que son media docena de hermanos, conozco de vista a alguno de ellos. Al que enterraban ayer era amigo de Paco y había hecho una pequeña obra en su cuarto, una chapuza espantosa, demasiado alcoholizado para hacer nada; pasando la paleta para lucir la pared, se tambaleaba, se caía. Como de costumbre, la espera a la puerta de la iglesia mientras discurre la ceremonia religiosa; al finalizar, la viejecita, deshecha (era el hijo que vivía con ella), recibe el pésame sentada en una silla en la calle que desemboca en la puerta de la iglesia. Es muy mayor, no se tiene en pie. Oigo comentarios de gente que dice que pagaría cualquier precio por tener una muerte así, sin enterarse, despatarrado en el sofá de casa, con el runrún del televisor al fondo. Morirse así, pero lo más tarde posible, dice un gracioso, y la gente se ríe. A espaldas, se mueve la serpiente humana que pasa ante la anciana sentada que ve sucederse todas aquellas

117

caras con una mirada estólida, seguramente sin reconocerlas, como si algo que no entiende estuviera ocurriendo ante sus ojos y sintiera a la vez estupefacción y miedo. No deja de llorar. Qué desconsuelo a los noventa años. Se me encoge el alma, uno no para de sufrir hasta el final. Me invitan a tomar una copa en el bar, pero la rechazo. Tengo clavada la imagen de la vieja sollozando como un niño de pañales, esa mueca, esas arrugas por las que resbalan las lágrimas, esa fealdad conmovedora. Meterme en la cama y cerrar los ojos.

Leo un flojísimo libro de John Fante que lleva por título *Mi perro Idiota*. Aparece con otra narración en un volumen que ha publicado Anagrama con el título de *Al oeste de Roma*. El otro relato es bastante mejor, *La orgía*, se titula. Un texto de iniciación: el niño descubre a su padre albañil copulando con una mujer y con su amigote, compañero de trabajo ateo con el que se escapa al monte todos los fines de semana, se supone que a cavar en una mina de oro que les regaló un peón. En realidad, la mina es una coartada para correrse sus juergas.

Flojo también me parece el libro de Zambra *La vida privada de los árboles*, y un despropósito el de Mario Bellatin *El Gran Vidrio*: en busca de la esencia de lo literario, la gente se pierde, uf, ese libro de Bellatin, al borde de la tomadura de pelo, del timo, quizá ni siquiera al borde, sino dentro. Alguien deberá explicarme sus valores, esos que se me escapan. De lo que me ha ido llegando de Anagrama, he leído con verdadero placer los *Dos pastiches proustianos*, de Llorenç Villalonga, ya comenté algo aquí. Los agobios, las angustias, los sinvivir de Proust queriendo vender un De Dion-Bouton, y las andanzas de Charlus invitado en una masía mallorquina, suponemos que Bearn, sometiendo a una sesión de sadomasoquismo a un servicial criado que a él le parece brutal, como extraído de los más turbios fondos, personaje de Antonello da Messina. En estos dos hilarantes textos, Villalonga corta con cuchilla de afeitar el estilo de *À la recherche*, lo parodia, hace pastiche con él y nos lo muestra como en un laboratorio de pruebas en el que, gracias al juego de lentes, vemos la dinámica con que puede convertirse en *haute littérature* lo más descabellado. Lo que antes se llamaba «enseñar deleitando». Magnífico. Te dan ganas de aplaudir mientras lees.

Tengo que meterme en la cabeza hacer algo: escribir. Mantener la idea-ficción de que hay algo provechoso en esta existencia vegetativa. No puede ser que me pase los días dormitando y leyendo con desgana. Tengo la impresión de que todo se derrumba en torno a mí; de que me desplomo yo mismo, derribo de lo que he sido, que no ha sido gran cosa. De que voy a la deriva. No tengo contactos con nadie que no se correspondan a los de una relación histérica, cada gesto de liberación tiene repercusiones sociales, se convierte casi (sin el «casi») en público, un acto social. No consigo desprenderme de unas relaciones viscosas, que se me han quedado prendidas: no tienen intención de dejarme en paz, pero tampoco de ofrecerme una mínima satisfacción, algo que no sea sufrimiento. Diría que W. no se aparta de mí para poder seguir mostrándome su desprecio. Algo así debe de ser lo que ocurre con esos matrimonios que practican lo que se llama «violencia doméstica».

Para acabar de cargar esta mina antiescritores a punto de la explosión, recibí un mensaje críptico de la traductora alemana, que me decía que había leído las primeras doscientas veinte páginas sin darme ninguna opinión (nada a favor, nada en contra), y luego ha seguido una semana de silencio. Esta novela, en vez de servirme como ayuda para cimentar el maltratado edificio de mi yo, se convierte –se va a convertir, lo veo– en un mazazo más al frágil edificio chirbesco, siempre amenazado de desplome. La enorme bola de acero de los derribos está en el aire y avanza a toda velocidad contra el muro. ¿Habrá quién la pare? «Achtung!», creo recordar que decían los tebeos de la colección *Hazañas bélicas* que leíamos los niños (sí, eso creo recordar: «Achtung»). De momento, se añade al grupo otro obrero que pica alegremente. A la espera de la carta de Dagmar, abro veinte veces diarias el correo y aprovecho para ver imágenes porno en internet, algo que no hacía desde antes de aterrizar en Beniarbeig; o sea, desde hace siete u ocho años. Me la meneo. La soledad ahora es total, y la falta de dinero la resalta: esa libertad que da el dinero para moverte de acá para allá; pero ¿por qué escribo esa estupidez? ¿Ir adónde?, ¿para hacer qué?, ¿qué coño hablo de dinero, si no me ha importado un carajo nunca y ahora tampoco?, ¿quiero disfrazarme de escritor de novela, el dinero, el editor?, ¿además de inepto, me estoy volviendo imbécil? Si no tengo ganas ni de levantarme de la cama. Sí, creo que lo del dinero lo he escrito para que esta desazón tome ciertas notas de folletín. Es otra cosa: se trata de miedo al futuro. No saber hacer planes, no tener ánimos para hacerlos. Me represento atado, como uno de esos personajes clásicos a los que un ave de rapiña les picotea en el hígado o en los pulmones, Tántalo que ve que el agua se le escapa de la boca cada vez que se agacha para beber, o cómo no alcanza la jugosa fruta que cuelga del árbol por más que extienda el brazo, la pera siempre unos milímetros más arriba; Prometeo y Ticio, con esos pajarracos que les comen corazón e hígado. Yo ni me agacho para beber, ni tiendo el brazo para alcanzar la fruta. Me entretengo en la sed, la paladeo.

Esta tarde me he terminado el libro de Guillermo Rendueles *Egolatría*, sobre el resbaladizo yo contemporáneo: la personalidad múltiple vista como una enfermedad característica de este tiempo, en el que las biografías personales no alimentan una biografía colectiva. Uno se puede librar de la culpa cargándole las responsabilidades de su acto a alguno de los otros yoes que lo componen, esos que se supone que no son propiamente yo. La incoherencia psicológica libera de la coherencia ética. Como contrapunto, la presencia de valores estables o el mantenimiento de un código de conducta se convierten en sospechosas manifestaciones de rigidez mental, en formas de autoritarismo. Lo correcto de la contemporaneidad es adaptarse, «adoptar el papel que más puede agradar al interlocutor de turno», el camaleonismo: formas lábiles que, además de corresponderse con un resbaladizo estado moral, son síntomas de un modo de entender las relaciones, y muy especialmente las laborales, de las que también la fijeza, la certeza, están cada vez más ausentes. «Eres lo que finges ser en cada momento.» Para Rendueles, la psiquiatría se convierte en la gran legitimadora de esa anomia o falso orden: los psiquiatras expiden certificados que libran de la pena judicial, o que te permiten obtener una baja laboral, o acogerte a la asistencia de los servicios sociales. Con figuras como el *mobbing* se deriva al terreno de lo psiquiátrico la lucha de clases como en el terreno judicial se deriva a lo patológico cualquier manifestación criminal. Se trata de evitar que los problemas del yo se conviertan en problemas colectivos. Un libro lleno de sugerencias, aunque da la sensación de que está construido a saltos y a veces exposición y conclusiones van un poco cada una por su cuenta.

10 de junio
    Sigue la tensión nerviosa que me dificulta la respiración, me pone la cabeza al borde del estallido –cabeza piñata, llena de mierda– y me impide concentrarme en nada. Leo un libro sobre el café y los cafés, que cuenta cosas que ya conozco

121

de mis años de periodista-gourmet, pero que me entretiene, eso sí, frágilmente, porque leer –incluso algo tan leve como este libro– es casi milagro: lo hago tenso, teniendo que volver atrás a cada momento porque me doy cuenta de que llevo varias páginas sin enterarme de nada. He descolgado el teléfono para evitar la tentación de hablar con W.: no sé si es una forma de librarme de él, de castigarlo, o de castigarme. El teléfono descolgado vuelve presente continuo su llamada: esas cosas de Foucault, lo no dicho es lo que importa, lo que se desecha y desprecia es lo que se desea. Un poco de cada. Me dolió que el otro día no cogiera el teléfono cuando le llamé, y a mi llegada al bar, alguien comentara: seguid hablando mal de él. Sin duda, una broma, pero que interpreté como que había recibido mi llamada y, en vez de responder, se había dedicado a hacer algún chiste a mi costa. Lo hace muchas veces, con otra gente; con su mujer cuando lo busca. Pero, una vez más, constato la evidencia de lo asimétrico de la relación. Él tiene un paño de lágrimas, un consejero, un amigo, etc., y yo tengo un torturador que disfruta, para afirmarse, cuando pone sobre la mesa mis carencias sexuales y frustraciones sentimentales: sin duda, para él una relación cómoda, que le proporciona sensación de seguridad, tan necesaria para un tipo tan miedoso, tan acobardado y, al mismo tiempo, tan cargado de prepotencia y orgullo. En la relación conmigo, se siente dominador y eso le cosquillea en el ego. Lo llamé después de nuestro encuentro en el bar para decirle que no iba a ir al almuerzo previsto para el día siguiente, y a continuación desconecté el móvil. Hasta hoy. Solo lo he activado para recoger los mensajes: a la mañana siguiente tenía uno en el que me preguntaba qué trabajo tan importante era el que me impedía acudir. No he respondido. Ya digo: solo descuelgo para comprobar si tengo alguna llamada perdida. Parezco un muchachito enredado en su primer amor de adolescencia. Todo esto es ridículo. Siempre parece que quieres que dure la relación para que se haga justicia, que la otra parte reconozca lo bueno que eres tú y lo mal que él se ha portado, con qué nobleza te has entregado tú y con cuánta perfidia él te ha utilizado. Como eso no va a producirse nunca y, en caso de que se produjera, te dejaría igual de irredento, solo un acto de voluntad más bien irracional, que olvide los matices, y todas esas filosidades en las que estás atrapado, un análisis que se deje de sutilezas, te salva. Cuando hay que cortar una pierna, se da un tajo y va la piel sana con la dañada. Cada poco rato conecto para ver si hay alguna llamada laboral, pero yo sé que no, que sigo olfateando su rastro, amor-hurón, lo busco a él.

Conecto un montón de veces el correo en internet, a la espera de la carta de Dagmar, que tampoco llega. Me distraigo viendo porno gay, que no ayuda nada a conseguirme tranquilidad, sino que subraya mis carencias. ¡No follo! Esas tensiones se acumulan y ayudan a crear un ambiente sombrío. ¿Por qué no consigo relajarme? Me siento a punto de estallar. Ni siquiera escribir aquí me relaja. Escribo a toda velocidad, sin pensar, escritura automática, como una descarga de tensión, pero el generador sigue alimentando las pilas: entra más energía que la que sale. ¿Qué otra cosa podría hacer? Unos cuantos días así y creo que salta todo por los aires. Si al menos tuviera algo en lo que trabajar, una novela, tener una novela empezada cuando acabas de escribir la que tienes entre manos (creo que es la estrategia Vargas Llosa, claro que él es un escritor profesional). Pero no, con *Crematorio* recién entregada a la editorial, queda un horizonte en blanco, borde de abismo. Desde hace meses, me ronda el tema del suicidio, no sé si como coartada para impedirlo, pienso en la indefensión absoluta de Paco si falto yo, hasta en el perrito Manolo pienso para sentir una pegajosa pena por mi propia muerte.

Leer a Baudelaire consigue que la desesperación, que se muestra casi como afección corporal, física, se convierta en textura espiritual, o ética, algo que posee una cualidad más elevada: la vuelve soportable, habitante o componente de ese ambiguo espacio al que llamamos «alma», más que furiosa o despótica pulsión del cuerpo: así tenemos un animalito al que se puede domesticar, y del que es posible obtener provecho. Efectos del arte cuando transforma la pulsión del cuerpo en manifestación del espíritu. Para eso sirve. Leo «Les petites vieilles»: Baudelaire es de los poetas que más me emocionan (iba a escribir «junto con Quevedo», pero lo evito porque, entonces, qué hacemos con Juan de la Cruz, con Villon, con Leopardi, con Machado, con Ausiàs, con Vallejo…, con tantos y tantos otros), digamos que Baudelaire es de los que más me sorprenden en cada nueva lectura, de los que más me enseñan. Me dan ganas de escribir que es el poeta que mejor me conoce, que sabe cuáles son las teclas que tiene que tocarme, y vaya si me las toca en «Les petites vieilles». Consigue humedecerme los ojos cada vez que leo el poema, pero no se trata de eso, o no se trata solo de eso, que al fin y al cabo, como parte de lo privado carece de trascendencia. Lo que importa es que me hace interrogarme por los mecanismos del poema, por su mecánica, por el carácter del artificio con el que consigue transmitir toda esa dosis de verdad, el método con el que sus dedos mueven el teatro de marionetas que nos parece la vida. Esta tarde angustiosa, lo leo, lo releo, me lo recito en voz alta, cierro los ojos después de cada estrofa, y, como diría Baudelaire, abro mis torpes y oscuras alas de albatros que patalea en el suelo, intentando abarcar el dolor que corre incontrolado por el mundo, la cantidad de dolor.

En la carta que le escribe a Victor Hugo cuando le envía este poema que le ha dedicado, Baudelaire dice que ha querido imitarlo después de haber leído algunas piezas de sus «recueils, où une charité si magnifique se mêle à une familiarité si touchante» (pág. 954). Esa *magnifique charité* mezclada con la familiaridad es lo que les concede grandeza a relatos como «Boule de suif», de Maupassant; o a «Polvo y ceniza», la conmovedora narración que incluyó Joyce en *Dublineses*; o, por cerrar la trinidad literaria, *Un cœur simple* de Flaubert.

Pensado y hecho: busco entre los libros los *Trois contes* de Flaubert, y paso lo que queda de tarde leyéndome la historia de Felicité.

12 de junio

La borrachera de aromas de jazmín, de galán de noche, esta floración por todas partes, la desmesura de la vida a mi alrededor, y yo en el pozo, con dificultad para respirar, con las lágrimas a punto de escapárseme de los ojos, con esta sensación de soledad, de abandono, sin nada que hacer, paralizado por el dolor, un dolor sin finalidad que no es nada más que condensación de un fracaso propio, insolidario (y por tanto intrascendente), agua al cuello en el pozo que yo mismo me he cavado y del que ahora no sé cómo salir. En torno a mí, nada que me interese, que me ligue a algo o a alguien. Añoranza de la infancia: esperar que llegue alguien y te traiga un premio —un cuento ilustrado, una caja de lápices de colores Alpino, la cosa no daba para Caran d'Ache— porque has hecho los deberes bien. No esta arbitrariedad de la vida, que, como el dueño de la viña del Evangelio, distribuye al buen tuntún premios y castigos. Pero si es que hasta leer me cuesta. Hoy no he dormido en toda la noche: ni he tocado la cama, solo dando vueltas, asomado a la ventana, mirando la noche como única distracción. Y se hace tan largo el paso del tiempo, tan agudo el sufrimiento. Rezo para que se me conceda un instante de pausa, una distracción, aquí, en el silencio de

125

la noche, rodeado de libros, esperando a que regrese el día, ante un cuaderno que podría ir llenando con frases cargadas de sentido, con ideas, y, en cambio, garabateo con esta quejumbrosa nada. Miro el reloj, solo han pasado cuatro o cinco minutos, busco algo, abro y cierro cajones, me encaramo a la librería, quito la radio, la vuelvo a prender. Nada me interesa, nada me distrae. ¿Y será así todo el tiempo que me queda? No creo que pudiera resistir demasiado este grado de sufrimiento. Le doy vueltas a la posibilidad de vender la casa, de escaparme de aquí. Irme, ¿adónde?, ¿a Valencia?, ¿y quién carga con todo esto?, ¿quién lo traslada?, ¿quién paga aquello? Me da miedo que este silencio desazonante y esta sociedad vigilada sean todo lo que me queda de futuro. Hay que tener muchos huevos para tragarse esa imagen de mí mismo.

13 de junio
Paso el día leyendo poemas de Yannis Ritsos, me atrae su densidad de sentidos, la sensación de que es una poesía que se levanta sobre un pasado rico de estratos trágicos, capas de cadáveres, periódicas avenidas de sangre que han dejado huellas en la lengua, y, en la imaginación, mitos asfixiantes como barrizales. Leyéndolo, a uno se le transmite esa constante violencia griega, no ya la de la Grecia clásica, con sus carnicerías fundacionales, madres de nuestra literatura, matanzas de las grandes tragedias, matanzas de la *Ilíada*, contadas con precisión quirúrgica, o esas otras que nos erizan por su frialdad en la *Odisea*: caídas chapoteando en sangre de los pretendientes de Penélope. Ritsos se nutre no solo de esa violencia originaria, sino de la más reciente, la del siglo XIX griego, la del XX, con sus golpes de Estado en cascada y con ese siniestro episodio que fue la aniquilación de la resistencia antifascista tras la Segunda Guerra Mundial, cuando los comunistas, abandonados a su suerte por Stalin, fueron cazados como conejos y bombardeados con napalm

por británicos y americanos. De ese humus surge Ritsos, su poesía, se respira ese aire contaminado por la sangre a partir de lo más intrascendente. El objeto de uso más banal, el gesto más sencillo, se convierten en misteriosas cajas de resonancia de algo oscuro y terrible que no se enuncia, algo que retumba al fondo de las palabras y les confiere una sonoridad profética (el pasado convertido en futuro, o al revés, que diría W. Benjamin), el eco de una tormenta lejana y oscura que se acerca, el trueno que redobló tras el relámpago y nos prepara para el que está a punto de llegarnos con una repentina ráfaga de lluvia. Deslumbra de una forma cegadora ese canto a la vida que ha titulado «La obra maestra sin cabeza ni rabo». Memorias de un hombre tranquilo que no quería saber nada. Se trata de un poema larguísimo en que se nos entrega toda Grecia (uno ve mojarse a los marineros, saltan los peces, los toca, los huele) y se nos da el poeta que, a sus sesenta años, exulta de juventud sin ninguna pedantería –nada que ver con el Neruda de *Confieso que he vivido*, sus memorias de hombre satisfecho, convencido de su valía–, el personaje de Ritsos es un ser más bien reconcomido por las dudas –hay largas tiradas de versos dedicadas a la crisis del comunismo, a su partido–, lo que no impide que emane de sus versos una luz radiante, una estimulante energía positiva. El misterio del poema radica en la capacidad para contagiarle esa exaltación vital al lector con versos de una sencillez que, en otra pluma, rozaría la simpleza. A veces desata nuestra emoción y tenemos la sensación de que rozamos lo sublime, con una mera tanda de enumeraciones:

a lo lejos el humo de los navíos el horizonte brumoso de
Creta & azul & ese otro azul
anclas gaviotas velas & el cabo
Malia & las calabazas
doradas

127

lámparas estrellas faros los pulpos los salmonetes
    los ahogados
el reloj en la muñeca
& los gritos de la Ciudadela & las noches llenas
    de fantasmas
los asediados del fondo de las edades las lechuzas
& un martillo en la garganta del perro & un cuaderno
    olvidado
encima de una piedra (pág. 270).

Sí, ya sé que está Neruda metido ahí dentro, pero, cuando me he referido antes a él, no hablaba del Neruda de las hermosas *Odas elementales*, me refería al fanfarrón que escribe sus memorias (hace muchos años que las leí, pero me dejaron esa desagradable impresión de hombre que se siente importante, a lo mejor soy injusto). En cualquier caso, ¿cabe mayor belleza que en el poema de Ritsos? Y los flacos campesinos a pleno sol, que al poeta le parecen hirsutos santos bizantinos. Sus gastados sombreros de paja: «aureolas de oro profundo comidas en los bordes». En fin, que Ritsos me ha regalado calma, sirviéndome un vaso de agua fresca (esa sensación de un vaso de agua recién sacada del pozo siempre la asocio con la poesía de Garcilaso). Decir que Ritsos me ha inyectado ganas de vivir. Darle la bienvenida a este rayo de sol griego que ha conseguido atravesar el manto de la pesadumbre chirbesca.

En su poema «Ismène», dice (traduzco del francés) cosas como que

Los muertos, sabéis,
    ocupan siempre mucho sitio –por muy pequeños e
    insignificantes que sean
    crecen de golpe y llenan toda la casa (págs. 106-107).

Dice también «Ismène»:

128

[…] Trepaba hasta la fortaleza.
Miraba
por las troneras –transportaban los muertos en
carretillas, en camillas, en escaleras.
Otros permanecían acostados abajo en la llanura, en
actitudes espléndidas,
apacibles, jóvenes y hermosos al lado de sus caballos
    muertos bajo
ellos. Los veía
excepto en mí la mínima tristeza –hermosos,
    inclinados al
amor.
Hasta que llegan nuestros propios muertos. Y entonces
    nosotros
hemos crecido (págs. 128-129).

Y Agamenón:

Hay momentos en los que me parece que soy un
    muerto
bien tranquilo
que me mira a mí mismo mientras existe… (pág. 143).

E Ifigenia, en «El regreso de Ifigenia»:

El piano […] es una gran caja negra
llena de huesos, de botones, de zapatos arrugados
y de un montón de pendientes desparejados.
Los muertos
siempre y por todas partes son muchos más que los
vivos. Ellos no dicen nada
–y por eso el silencio se hace tan espeso. Y sin embargo
    ellos
oyen… (pág. 164).

Y un poco más adelante:

Nos han dejado en el ruido de su gloria, en la
Sangre,
revestidos con sus grandes uniformes, con sus grandes
cascos puestos
encima de montañas de flores, sus espadas sobre
el mármol.
Un guante en la escalera, ante el peristilo, allí,
el viento no lo mueve; –hay ciertas cosas
que, cada día un poco más, adquieren un peso
inexplicable,
permanecen inmóviles, y no se las puede levantar para
hacerlas entrar en la maleta… (pág. 165).

Ese es el sustrato de una tradición de violencia histórica
y literaria que impregna los poemas de Ritsos y al que me re-
ferí cuando empecé a hablar del extraordinario libro. Ese eco
que rebota de injusticia en injusticia, ese peso constante de
los muertos que son siempre más que los vivos.

Se me olvidaba anotar que Dagmar ha leído la novela y,
aunque piensa –entre dudas– si no hay cierta morosidad,
también argumenta que quizá el efecto de la novela esté
precisamente en ese ritmo. Me dice que el libro la ha «con-
mocionado. ¿Qué más puedo decirte? Eso quiere decir que
funciona como está, que en ese ir y venir te atrapa y te hace
daño».

Volviendo a Ritsos, su poema «La obra maestra sin cabeza ni rabo» es un gran manifiesto por una poética a la vez in-
ternacionalista y nacional, un alegato contra el esteticismo,
repaso de sus raíces, de sus posiciones: confesión estética de
un poeta e indagación de su lugar en la historia de la poesía
griega; indagación, en efecto, pero también apuesta por una

130

fracción en la lucha entre escuelas. En España esa batalla poética apenas se da en la actualidad: se dio en la generación del 36, en la de los poetas de los cincuenta, luego llegaron los venecianos, y a continuación eso que no se sabe muy bien si es pluralidad de voces, o carencia de cualquier principio que no se cimente en un gran yo. Como diría Clarín en *La Regenta*, variantes del romanticismo de salón. Y no será porque la historia de España no haya dado su ración de muertos (incluidos los de la Transición, de acá y de allá); muertos y dictadores en distintas variantes. Cualquiera que escriba en nuestro país sabe el baño de sangre que empapa el vocabulario, la carga que esa violencia ha dejado en nuestra lengua, incluido el sonido de amenaza que puede tener ese que debería ser inocente tú y que cobra un sentido entre chulesco y amenazador porque ha sido con el que el señorito falangista llamaba al peón a su servicio por la fuerza de las pistolas o al canalla rojo al que había que liquidar. ¿Qué nos ha faltado? Por lo que se refiere al escenario nacional, pienso que el franquismo, tras la primera oleada de violencia que quedó impresa en las palabras, dio algo que para la literatura pudo ser casi peor, una grisalla espesa, chata (la violencia se ejercía entre bastidores, la crueldad en los sótanos de las comisarías: invisible). Ese fue seguramente su gran logro. Aún la presiento, la olfateo en las posiciones monjiles de todo ese autoconsiderado progresismo procedente de clases medias y altas del antiguo régimen. Hoy controla buena parte de los mecanismos de poder del país, incluidos los de la cultura. El franquismo, la cursilería mezclada con un no sé qué de clase, se les escapa entre los labios, incluso cuando pronuncian la palabra *revolución* y hacen declaraciones de rabioso antifranquismo, o de antifascismo contemporáneo. Es una manera de estar, de mirar, y de considerar, que reconozco ajena, ay, uno nunca se libra de haber mamado entre los de abajo. Creo que el más imborrable es el estigma de clase. De ese fondo de ojo, de esa manera de mirar no te curas. Como decía el título de la españolada (así llamábamos en los cincuenta a las películas de héroes o de folclóricas) franquista, refiriéndose al patriotismo que guarda la sangre de un español por muchas vueltas equivocadas que dé: *Lo que nunca muere*.

Condenan lo que ellos llaman «fascismo» –o sea, a la derecha– por vulgar, por hortera, por falta de sutileza; porque tras tantos años de estar en el poder aún no ha adquirido el refinamiento, los rasgos cosmopolitas que ellos –sus mejores hijos– adquirieron hace tiempo. Los hijos destilan mejor educación (la han tenido, muchos de ellos incluso en el extranjero), el roce con valores más de arriba. Solo ahora empieza a aparecer una joven derecha viajada, que ha adquirido su textura intelectual y –llamémosle– moral en el extranjero, los cachorros de la Escuela de Chicago, neocons viajados y que tienen poco que ver con las beatas de rosario que siguen marcando el pulso moral de sus madres. Recojo el aforismo que cita Ritsos y debería haberle servido a mi Rubén Bertomeu para cerrar su monólogo, o bueno, para entornarlo, porque para cerrarlo queda su desesperación, su lagrimeo. Dice así el aforismo latino: «Dum spiro spero».

Imagino que X. P. conocerá el gran poema de Ritsos tan en la onda de *Con pólvora y magnolias*, de Ferrín, que es, sin duda, de lo mejor que se ha hecho en España o la península o como quiera decirse en estos últimos años el territorio que pisamos; tiene esa vibración combativa de la que carece la poesía catalana, ese impulso del intelectual que busca fuelle abajo que los catalanes no se han podido permitir porque en Cataluña el abajo no hacía nación; al revés, era la ola que venía a anegar la nación: valencianos, murcianos, andaluces, gallegos, extremeños, maños... Paradójicamente, uno de esos de abajo (Montilla) ha acabado gobernándola con un doctrinarismo (que no doctrina: carece de ella) que para sí hubiera querido la burguesía del siglo pasado. Ya digo, paradojas: cuando no tiene nada que hacer, el diablo enreda con la cola.

Observación para uso doméstico: llega un poeta y te saca de la depresión, te regala un sentido que se te había aguado. ¿O es solo cuestión de cambio de ciclo en los pulsos vitales? Qué más da. En cualquier caso, el poeta se ha metido por medio. Sin él, el pulso —si es que se trata de eso— se hubiera despertado hoy con otro ritmo, ya sé que suena enternecedoramente ingenuo que alguien se exalte con un texto a los cincuenta y siete años, sé que con un texto no hay que excitarse. Hay que analizarlo, destriparlo, sin duda apreciarlo, pero saber que es solo literatura, un peculiar objeto sobre el que trabajar, montar un taller, que se dice ahora. Eso es lo socialmente admitido. Bueno, pues admitir esa mierda es lo que nos ha vuelto tan inútil la literatura. Mire usted, estamos hablando de algo muy serio: estamos hablando de un hombre, de un país, del sentido de nuestras vidas, y todas esas cosas son muy serias, ¿no? Y de que hay libros que están hechos para cambiarte la vida. Lo que ocurre es que ustedes no quieren que hablemos de eso, quieren condenarnos al aburrimiento, encerrarnos a palo seco, sin ningún juguete. Y nosotros, demasiadas veces, nos dejamos atrapar en esa trampa, seguramente porque nos obliga ese complejo de clase del que, como he dicho hace algunas líneas, nadie se libra para bien, pero tampoco para mal.

14 de junio
Tras un día asfixiante —primero, poniente; a continuación, una *basca* que presagiaba tormenta— se levanta la brisa y trae la fragancia de los galanes de noche que el otro día descubrí completamente cubiertos de flores. Es el olor de los

133

cines de mi infancia, de los caminos que, entre cañaverales, llevaban de la casita de mis abuelos paternos al mar. Hoy, ese olor del recuerdo se me convierte en especialmente torturante. Paco se ha encontrado mal. Tenía la tensión por los suelos, 3,5/8. Estaba deprimido, está deprimido. Apenas come. Ha adelgazado varias decenas de kilos durante los últimos meses. Hoy he tenido que obligarlo a comer, y, luego, al cabo de un rato, ha empezado a llorar. Me ha vuelto a agobiar la amenaza de que, por los errores en los pagos, pueda entrar en la cárcel otra vez. Me conmueve su desvalimiento. A ese hombre que, cuando lo conocí, era un torito bravo, ahora puedes tumbarlo con la presión de la yema de un dedo. Aprecio su esfuerzo para que todo siga funcionando en la casa: baja al pueblo en moto, a pesar de que se lo prohíbo, sí, es su mecánica, la forma primitiva en la que se siente útil, o sea, en la que descubre que no es un impedido, sino que sigue estando vivo, la moto, las compras, los cultivos (la máquina cavadora, no sé cómo puede dominarla, el otro día se le escapó y acabó cayendo de un bancal a otro, no hace caso cuando le digo que no la use, quiere demostrarse que es capaz de manejarla), la cocina, la limpieza de la casa. Es el ritual que lo mantiene en pie. Arregla las jaulas de los canarios, los vigila. Lo sorprendo muchas veces quieto, con los ojos puestos en las jaulas, al acecho: vigila los huevos, si se echa o no la hembra sobre ellos, si se turna con el macho, ¡qué buen macho es ese!, dice, o si, al revés, se desentiende, ese macho no vale na, o si la que se desentiende es la hembra, la muy puta no les hace ni caso, menos mal el macho; sube a la construcción que sirve de corral para arreglar comederos y bebederos de las perdices; se pelea con los perros, les riñe, les corta la carne en pequeños trozos para que se la coman, se obsesiona con la plantación de verduras y pasa las horas muertas quitándoles las malas hierbas, regándolas; pero, sobre todo, está el cuidado de la casa, un ritual repetido idéntico cada día, los mismos pasos repetidos a diario: en cuanto se levanta, barre y friega toda la parte de abajo, donde él duerme y está su baño, el comedor, la cocina; antes de la comida pone sobre la mesa los platos con el embutido y los quesos, la ensalada (que apenas si probamos, pero que tiene que estar), la fuente con las frutas, y los dos platos –el llano y el sopero– aunque la comida sea a plato único. Monta un auténtico bodegón flamenco. En cuanto terminamos de comer, recoge las diversas piezas, y friega los cacharros (tenerlo todo limpio, como él dice) y todo eso en una especie de autismo, en el que yo no puedo intervenir para nada sin ofenderlo, soledad absoluta, ocurra lo que ocurra, como una forma de nutrición del espíritu, formas de no perder el equilibrio, sostén para no caerse. Entretanto, yo, aquí, en la habitación de arriba, saco con parecida disciplina mis fantasmas, peleo contra mis demonios, me hundo en una especie de mutismo creciente, yo, mí, me, conmigo: dos vidas que avanzan en paralelo a su propio desastre. De nuevo, las palabras de Rilke que aparecían en *Mimoun*, «que Dios conceda a cada cual su propia muerte».

Estoy leyéndome la última novela de Le Carré, *La canción de los misioneros*, y vuelvo a mirarme diez veces el mapa de África para acordarme del nombre y la situación de cada país, de cuál es su capital. Dentro de un par de días será como si no hubiera mirado nada. ¿Dónde se quedó aquel niño cuya asignatura preferida era la geografía y podía marcar en un atlas todos los países, sus principales ciudades, los accidentes geográficos: montañas, cabos, golfos, ríos con sus afluentes y lagos…, tenía solo seis, siete u ocho años, y sorprendía a las vecinas y al maestro por su agilidad mental y su memoria? ¡El niño se sabe de memoria todas las capitales de Asia y de África! *O tempora!*

135

17 de junio

Paso la noche leyéndome *La canción de los misioneros*, de Le Carré, que, aunque sigue atrapado en ese esquematismo benefactor, o –como se dice ahora– buenista de sus últimas novelas, que a mí me gustan infinitamente menos que las de Smiley, siempre muestra una enorme capacidad para dotar de esqueleto al libro, para tramar y hacer que el texto crezca a medida que avanza, y para adherirle a la carrocería del vehículo una carga explosiva, bomba lapa. Es un ejemplo excelente de buena literatura popular, un trabajo de artesanía ideológica de gran calidad, del que se aprende. En un momento dado cita *El conde de Montecristo*, y yo creo que ese es su modelo: cribar, separar el bien del mal en el mundo, y destripar los entresijos de una sociedad ensimismada en su riqueza y en sus buenas maneras. Apago la luz pasadas las seis de la mañana y me quedo un rato más en la cama, intentando en vano dormir. Me fastidia (o asusta) pensar que ya hemos entrado en esa sucesión de días poco piadosos del verano mediterráneo. A las siete de la mañana está el cielo blanco, pían los pájaros como si se hubieran tomado algún euforizante, y todo tiene la luz sucia y violenta del verano mediterráneo (cómo se echan de menos esas mañanas de dorados azules y aire delgado del invierno). Tendido en la cama, con los ojos cerrados, pienso: con esta luz así hasta bien entrado septiembre. Y me dan ganas de desaparecer, de esfumarme, adonde sea, rumbo al norte, al frío, invernar como un oso, dormir durante tres meses metido en un iglú. La otra posibilidad es armarme de valor y entregarme sin reparos a los que se supone que son valores del verano, ritos solares: ponerme una gorra, enfundarme en un bañador e irme a la playa. Nadar, tomar el sol, comer junto al mar, un arroz de cara al azul con la pituitaria oliendo a yodo, a algas podridas, a crema solar. Sí: instalarme en el apartamento de Las Rotas. Pero, suponiendo que fuera capaz de fomentar en mí esa vocación de turista, qué hacer con la sagrada familia. Qué hacer con Paco, que se negaría en redondo a trasladarse. Con los perros, gatos, perdices, canarios y jilgueros, rosales, frutales, pimientos, tomateras, alcachofas. Qué hacer con el zoológico, la granja, el jardín botánico y la huerta, que todo eso es –en sus modestas dimensiones– esta casa. La única esperanza: que el verano se ajuste a cierta normalidad y traiga alguna tormenta que imponga una pausa. Armarse de paciencia, buscar los trucos, los escondites de la casa en los que uno se medio escapa del calor, aunque mi indolencia tiende a llevarme a hacer justo lo contrario: me repantigo en el sillón (el que hay) o me tumbo en la cama después de comer, cuando la habitación es un verdadero horno, sobre el muro de la casa y sobre las persianas bajadas de las ventanas golpean los implacables rayos del sol poniente durante seis o siete largas horas. Yo, que me he tumbado convencido de que hoy parecía más fresco el día, sudo, y pienso que tengo que levantarme e instalarme en otra parte, pero sigo allí, empapado, pensando: esto de hoy no lo voy a resistir, voy a perder el conocimiento: todo menos salir a la terraza –algo más protegida de la inclemencia solar– o, cuando el calor aprieta en los peores días, instalarme bajo el emparrado en la otra vertiente, donde, además de la sombra que producen los pámpanos de la parra y las plataneras y el ficus, cae la de la casa. Ese espacio –azotado por la luz matinal–, por la tarde, si uno riega y refresca el suelo, puede resultar hasta agradable. Placeres de verano. Pero están los mosquitos. Se me ocurre la solución más sencilla: instalar el aire acondicionado.

Una mujer socialista, en el bar, cuando aparece la alcaldesa de Valencia en la pantalla de la televisión, gruñe en voz alta: La Barberá, esa bollera, esa tortillera, porque eso es un tío. El doble lenguaje zapaterista. Todo vale contra el enemigo. En público, Zerolo, los matrimonios gay, etc. En privado, el veneno que haga falta. Ese doble lenguaje es el que no puedo soportar. La derecha está en su castillo, con sus torres, sus almenas y sus bombardas, su intransigencia y su fascismo rampante para lo que haga falta; pero estos no tienen lugar, son oquedad en la que todo cabe. Son serpentinos, deslizantes: se sitúan a tu derecha si les conviene, a tu izquierda, a tu lado, frente a ti. Son gas, aire, antimateria, lo ocupan todo, lo emponzoñan todo.

Andrés Barba me envía una copia de su última novela, *Las manos pequeñas*: la inocencia como violencia. Con ese lenguaje tan suyo, que oscila entre lo retórico y la precisión punzante; a veces afectado en exceso, rozando el límite de lo cursi, otras tremendamente incisivo, doloroso. Como en todos sus otros libros, también este pretende ser una indagación, aislar una parcela de la vida, un problema, una disyuntiva, y buscar con palabras el rayo que ilumina algo que aparecía en sombras, que la palabra ordene algo que era caótico, lo dote de un sentido, lo dirija hacia el bien trazado cauce de la moral. Tiene hallazgos hermosos, aunque el resultado no sea redondo, se quede demasiado en el interior de la probeta. En cualquier caso, me gusta su actitud, su capacidad para poner el punto de vista en los más débiles, en los desvalidos, y para teatralizar una situación: sí, teatralizar, porque sus últimas novelas tienen algo de juego infantil. El novelista juega a ser niña y a llevar su papel hasta el fin, y a ver qué le descubre la representación. El resultado lo acerca al cuento de terror. Las niñas del orfanato matan a la recién llegada, que las atrae porque es diferente y a la que, precisamente por diferente, odian. La niña les enseña a las otras un juego que ellas le devuelven llevado hasta el final; o sea, de manera sangrienta. Quizá, porque el cuento de terror ya está tejido de antemano, yo le quitaría la evidencia del crimen. Lo dejaría en penumbra. Creo que así se cargaría de más sentidos.

En las novelas de Barba el cuerpo es frontera, una fortaleza que se levanta contra el amor, contra esa necesidad de estar en otro. En *Las manos pequeñas* hay un momento espléndido cuando una de las niñas ve un fideo que se le ha pegado junto a la boca a otra y descubre que la boca es agujero, que el cuerpo es inquietante y desconocido agujero. Otro de los buenos momentos del libro es cuando la niña mata a una oruga y, de pronto, Barba humaniza a esa pequeña oruga, la hace cumplir los rituales del dolor, le atribuye movimientos casi humanizados. La identificación nosotros-pequeña-oruga consigue un efecto dramático extraordinario. Termino el libro estremecido por sensaciones de piedad que incluyen una buena dosis de autocompasión. He caído en la trampa que me ha tendido Barba: me pregunto por el extraño animal llamado «hombre», incapaz de vivir sin una herida dentro, una herida que no se cura con nada. La vida entera, como una carrera para palear tierra con la que cubrir esa grieta que no hay quien tape. Y los días son muy largos y estamos a las puertas del verano y hace calor.

18 de junio
La jornada del sonámbulo: me paso la tarde durmiendo y el resto del tiempo dando vueltas por la casa, sin hacer nada, leyendo desganado la prensa, preguntándome un día más qué voy a hacer en la vida, o qué voy a hacer con mi vida. Pienso en las palabras de Montaigne, que dice que a las inteligencias (o los ánimos, como se quiera traducir la palabra *esprits*) «si on ne les occupe à certain sujet, qui les bride et les contraigne, ils se jettent déréglés, par-ci par-là, dans le vague champ des imaginations». Cita luego a Virgilio y a Horacio: «Velut ægri somnia vanæ / finguntur species» («Imaginan vanas quimeras como sueños de enfermo»).
Y sigue: «L'âme qui n'a pas de point de but établi, elle se

139

perd: car, comme on dit, c'est n'être en aucun lieu que d'être partout» (*De l'oisiveté*, I, págs. 82-83).

Él, que al retirarse creía que iba a encontrar facilidades, «devenu avec le temps plus pesant et plus mûr», encuentra que su mente, «au rebours, faisant le cheval échappé, il se donne cent fois plus d'affaire à soi-même, qu'il n'en prenait pour autrui; et m'enfante tant de chimères et monstres fantasques les uns sur les autres, sans ordre et sans propos, que pour contempler à mon aise l'ineptie et l'étrangeté, j'ai commencé de les mettre en rôle, espérant avec le temps lui en faire honte à lui-même» (I, pág. 83).

19 de junio

De buena mañana, observo en el camino el merodeo de un altivo gato blanco que, con frecuencia, se mete en el terreno de la casa, mereciendo la encarnizada persecución de los perros que, sin embargo, tan bien conviven con los gatos domésticos (se pasan el día ovillándose unos en otros, acariciándose, jugando). Pienso que, además de un vecindario humano, aquí en el campo hay también un vecindario animal, con sus ritos, sus ambiciones, sus territorios y sus deseos. Pasean, se visitan, se invitan, se aman, se pelean. Los humanos que vivimos por aquí nos limitamos más bien a desconfiar unos de otros, cuando no a pelearnos; en cuanto sentimos que alguien nos despoja de un privilegio o de un derecho, enseguida nos sentimos agredidos. La otra noche, a las cinco de la mañana, me despierta el sonido del teléfono. Pienso en lo peor. Algo que le ha ocurrido a mi hermana, a algún amigo íntimo. Resulta que es el vecino inglés para protestar porque los perros están ladrando. ¿Cómo sabe que son mis perros y no los de la vecina de arriba? De hecho, son los de arriba. ¿Le habrá llamado también a ella? En cualquier caso, el inglés también tiene perros, ¿qué les hace por las noches?, ¿les ha cortado las cuerdas vocales?, ¿acaso los perros en una casa de campo no están precisamente para ladrar, para avisar de que ocurre algo fuera de lo corriente, de que pasa algún animal o algún individuo poco fiable? Uno aprende del modo en que ladran: sé si ladran por la vecina, por el inglés, por algún desconocido que sube por el camino, o alertando de la presencia de algún otro animal (otro perro, un jabalí), lo sé por el tono, por la intensidad, por la frecuencia del ladrido, sé si están excitados por alguna presencia positiva o si se trata de algo que ellos viven como amenaza.

20 de junio
   Día apacible, aunque no demasiado productivo. Releo los apuntes que he ido recogiendo en los cuadernos y pasando luego al ordenador, algo así como un diario. Ejercicios de inglés: leo *David Copperfield*. Esa magia piadosa con la que Dickens invade todos sus textos, un velo que enseguida reconoce uno como suyo, conmovedor e inigualable.

25 de junio
   Concluyo sin ninguna emoción las casi mil páginas de la última novela de Almudena Grandes, *El corazón helado*. El título cumple: mucho frío y sensación de *déjà vu*, solo se me calienta un poco el corazoncito en torno a la página 700, un capítulo en el que el padre de Julio Carrión chantajea a una mujer, que a su vez se ha quedado con las propiedades de una familia, a cuyo único superviviente en España ella misma denunció y al que fusilaron. Donde las dan las toman. En ese capítulo recoge lo bueno de Galdós (pienso en *La desheredada*). El resto, un tan meritorio como trabajoso e inútil ejercicio de hilván. Consigue colocar en la narración todos los temas, anudarlos y desanudarlos, que no quede suelto ni uno de los cientos de hilos, dejarlo todo cerrado para que no se escape ni el gato, aunque para eso tenga que forzar las cosas, volver la labor demasiado explícita e incluso con-

vertir el texto en reiterativo. Bien, muy bien, eres una excelente profesional, sin embargo el libro no me dice nada, porque no me enseña nada. Y eso me acaba planteando un montón de dudas. Si fuera un crítico sociologista en estado puro, tendría que decir que es una novela utilísima para entender los últimos ochenta años de la historia de España: no hay tecla que no toque, pero precisamente eso es lo que no es, todo aparece plano, sin densidad, se lee (lo leo) con desgana porque en realidad repite un dibujo conocido. ¿Desde dónde le hago la crítica?, ¿dónde falla? Seguramente en ese mismo afán por tocar todos los temas, por convertir la novela en una sucesión de viñetas que ilustran un libro de historia; ¿es esa la función de la novela?, ¿ilustrar la historia? Los *Episodios nacionales* que podrían parecer el paradigma de eso no lo son, no ilustran: plantean, muestran, desmenuzan, descuartizan, trituran... Sí, se me puede decir que está coloreado el retablo de Almudena, que los diálogos suenan bien, como sacados de la propia vida. Pero el libro no funciona. O no me funciona. Me parece que no hay nada nuevo, no mira desde un sitio que no conozcamos, es más bien una crestomatía de los puntos de vista de la historia progresista, no consigue quebrar la cáscara del huevo para mostrar lo que hay dentro, saltar sobre los tópicos de uso corriente para convertir la lectura en experiencia de algo nuevo. Pero ¿acaso Galdós no tiene algo de eso?, se me dirá, la propia Almudena lo dice, que es galdosiana, pero en Galdós la pintura tapa un dibujo cuidadoso, un proyecto que no es de construcción de la trama de la novela, sino trabajo de demolición de los usos del lenguaje, alteración de la perspectiva desde la que mira la sociedad de su tiempo. Pensar que ese costumbrismo de novela bien construida es Galdós es no tener ni puñetera idea de lo que Galdós es. Yo creo que es por ese trabajo de zapa por lo que sigue emocionándonos Galdós. Pero ¿es la emoción el valor supremo? Depende: hablamos de esa emoción

142

que produce descubrir que lo que tú veías de una manera puede convertirse en algo distinto gracias a lo que el novelista te propone. Eso tenía (por hablar del espacio temático de la guerra, tan almudeniano) *Los girasoles ciegos*, el libro de Alberto Méndez. Eso siguen guardando Galdós, Aub o Clarín, cuando se supone que sus miradas ya tendrían que haber pasado a formar parte del patrimonio de uso corriente. No es así. El porqué ahí sí y en otros escritores no, descifrar los matices, las disonancias con respecto a la narración oficial, o a lo que se ha impuesto y no deja ver algo que interesadamente cubre, uf, eso sería un trabajo interminable. Exige un estudio más en serio, particularizado, aislando cada elemento. La reflexión me lleva a mis novelas, a la que acabo de terminar, ese *Crematorio*, ¿se salva?, ¿por qué?, ¿qué prepotencia puede llevarte a decir que sí, que *Crematorio* sí y *El corazón helado* no? Si se salva o se condena nunca lo vas a saber, porque será cuestión de que permanezca cuando tú ya no estés, siga disparando desde su trinchera cuando duermas en la fosa y hayas vuelto al polvo. Lo único que puedes hacer es practicar el juego limpio, jugártela. Que lo único que te dé miedo tenga que ver con el propio libro. Defenderlo de los peligros de la contaminación ambiental. De eso ya he hablado en algunos artículos.

28 de junio

En mi reciente viaje a Nantes, Stavros, de la editorial griega Agra, interesado por mis novelas, me recomienda que lea la única novela que escribió el poeta Nikos Kavvadías, publicada en Francia con el título de *Le quart*, que es algo así como «la guardia», o «la imaginaria», en el sentido en que, en los buques, se divide la jornada en cuatro guardias para cuyo cumplimiento se turnan los marineros. El libro me ha parecido excelente: las conversaciones de los marineros, su desazón, la complicada ambigüedad humana, social y

143

sexual, seres solitarios, vidas a la deriva, Kavvadías captura los desolados puertos en las costas de África, de Asia, los turbios barrios que frecuentan los marineros cuando bajan a tierra. El libro resulta conmovedor. Con un estilo despojado, cortante, consigue efectos de gran hondura, y conectar la desazón de esas vidas a la deriva con la desolación contemporánea y arraigarla en los viejos mitos griegos, sin necesidad de explicitar nada, introduciendo los elementos en la trama del libro: los grandes temas de la tragedia circulan por debajo, sigilosos, contaminan al lector sin que él se dé cuenta. El libro participa de esa desazón cósmica que tienen las grandes novelas del mar: pienso en Conrad, pero también en *Moby Dick*, el aire pegajoso, enfermizo, del libro de Melville, el mar como mortaja que se tiende sobre millones de huesos humanos (mientras escribo, un recuerdo para esa tumba despiadada que es el estrecho de Gibraltar, las pateras, los cadáveres anónimos, los atunes que, antes de caer en la trampa de las almadrabas, han pacido la carne reblandecida de los cadáveres africanos que se mueven amasados por la gran masa de agua).

También me he leído (en este caso, vuelto a leer) *Le Palace*, de Claude Simon, auténtico manifiesto de una forma de entender el *nouveau roman*. La novela está compuesta por cinco estampas, que Simon descifra y convierte en palabras que se asocian, se evaden en el juego de asociaciones y vuelven al espacio de lo que no sé si es narrado o solo nombrado porque no hay acción, hay descomposición de cada movimiento en una sucesión de tiempos estructuralistas, como el de las series de fotos de los diaporamas de Muybridge, en los que las diversas etapas del movimiento se aíslan dándonos una sensación de tiempo flexible: es el cuento de Aquiles y la tortuga. En la novela, Simon fija con los sucesivos movimientos una serie de planchas verbales, fijación de extensio-

144

nes literarias que se superponen: incluso en los personajes se produce esa especie de descomposición: cada miembro del cuerpo se mueve por su cuenta, falta un eje que aglutine y ordene. Por otra parte, en cada uno de esos planos se produce una paradoja porque, a la vez que el todo tiende a empastarse, cada elemento se separa y busca que la atención se fije en él, al tiempo aislado del conjunto y empastado en él, incluidas las partículas del aire: «[...] les subtiles particules de puanteur qu'il lui semblait voir s'élever sans trêve» (pág. 186). Para Simon, la función novelesca es esa capacidad para analizar cada elemento y a la vez empastar, poniendo en contacto los distintos elementos para formar un conjunto: las cloacas de la ciudad («les bouches d'égout des ténèbres souterraines», pág. 186) apestan porque han recogido la podredumbre de un general o los despojos de un niño muerto.

En las páginas 20-21 hay una espléndida tirada en que se nos habla de todos los personajes guardados en una caja que, para salir y repetir miles de veces sus gestos, esperan a que el operador de cine ponga en marcha la película, cines ambulantes, al aire libre, en las plazas de los pueblos. El operador «déclenchera son moteur, leur permettant pour la millionième fois d'ouvrir la porte, de s'avancer, de sourire et lever la main, avec toujours ce même visage intact, poudré, irritant et fat, répétant indéfiniment la même tranche de vie» (pág. 21).

En cinco estampas recoge Simon el turbio espacio moral de la guerra de España, en una ciudad de retaguardia, que se supone que es Barcelona, aunque los topónimos y los anuncios del recorrido que exhiben los tranvías nos remiten a Valencia: un lugar literario, que es metáfora de un país; el espacio de un texto. De hecho, los únicos topónimos que aparecen (aparte de una descripción del Colón del puerto de Barcelona, sin nombrarlo, y de unas líneas describiendo la bahía) son los de las paradas de los tranvías de Valencia, que se corresponden con el que cogíamos nosotros para ir a casa de mi tía abuela Justa, en el barrio de Sagunto. Si no recuerdo mal era el 16. Me emociona ver, creo que levemente alterada, la lista de las paradas en el texto de Simon:

SAGUNTO-TORRES DE SERRANOS-CALLE DE SERRANOS-CABALLEROS-PLAZA DE LA VIRGEN-PLAZA DE LA REINA-SAN VICENTE-ESTACIÓN DEL NORTE-JÁTIVA-GUILLEM DE CASTRO-JESÚS-MERCADO DE ABASTOS (pág. 124).

La hermana de mi abuela vivía al inicio de ese recorrido, una callecita junto a la calle Sagunto. Hace poco pasé por allí, buscándola, y descubrí que, a pesar de las transformaciones que ha sufrido el barrio, aún se mantienen la calle y la casa: Nador, 13. Si cierro los ojos puedo ver, desde el balcón de la casa, el laberinto de vías y cables de la estación de cercanías del Pont de Fusta, oigo el ruidoso paso de los trenes eléctricos que a los que hemos acudido desde Tavernes, acostumbrados al silencio nocturno de un pueblo de labradores, tanto nos molesta en nuestro sueño, porque la última salida –o llegada– es muy tarde, quizá después de la medianoche, y el primer servicio es no sé si a las cuatro o cuatro y media de la mañana. Mi abuela rezongaba: no me gusta quedarme en casa de Justa porque no hay quien duerma. Yo no sé cómo podéis vivir aquí, le decía a su hermana, que era una mujer generosa y jovial, que se burlaba de ella, llamándola «pueblerina».

Por detrás de las vías se levantaban las tapias del campo de fútbol del Levante (el Vallejo, se llamaba); más allá, la cúpula azul de un convento, el intenso verde de la huerta, y por encima de la huerta y de las casas del Cabañal, el chafarrinón azul del Mediterráneo, las velas de las barcas como manchas de pintura blanca sobre un cuadro. También estoy oyendo, mientras escribo, el sonido metálico de las ruedas del tranvía y el chasquido de la catenaria, una cascada de ecos metálicos, cuando el vehículo se mete en el callejón que discurre al pie del Miquelet, un tramo de dirección única (hay que esperar a la entrada hasta que el semáforo se pone en verde), ahora desfigurado porque se amplió la calle cuando derruyeron las viviendas adheridas a los muros de la catedral. También se amplió la plaza, y se cambió la fuente, un pequeño vaso sobre el que caía un chorrito de agua, ahora sustituido por una descabellada fuente con figuras de falleritas desnudas, que representan las viejas acequias de la huerta, y rodean a un perezoso grandullón tumbado (también libre de vestimenta), que, al parecer, sería la imagen del ya inexistente río Turia. Hasta hace poco tiempo aún había por casa una foto en la que posamos mi madre y yo ante la fuentecita que precedió a esta. No sé qué se habrá hecho de esa foto. La casa de Tavernes ha sufrido varias inundaciones que han ido acabando con los pocos recuerdos que guardaba, no estaría mal relacionar la fragilidad del hábitat valenciano con su escaso aprecio por los recuerdos materiales, la conciencia periódicamente reavivada de que todo nace para morir y se fabrica para ser destruido. El clima y los elementos sin duda han contribuido a formar esa conciencia que tan perniciosa ha sido para el patrimonio artístico.

En *Le Palace* hay un personaje (L'Américain) que odia el aceite de oliva. La verdad es que debían de ser intragables los aceites de entonces. Aún recuerdo la madrugada en que, con apenas siete años, llegué a Úbeda, el olor a alpechines, a podredumbre que salía de las almazaras se te agarraba a la garganta desde que echabas pie a tierra en la ciudad y ya no te abandonaba durante meses. Ahí va el párrafo en que Si-

147

mon describe la sensación que el aceite de oliva le produce a L'Américain:

> *Mais dans la bouche toujours le goût amer, nauséeux (à moins que ce ne fût simplement cette sacrée cochonnerie d'huile rance dans laquelle ils faisaient tout cuire ici comme si c'était là le seul mode de préparation connu des aliments, poissons, légumes ou viande indifféremment précipités dans la même bassine remplie de ce liquide visqueux, noir et fumant dont l'Américain disait qu'il aurait réussi à corroder les engrenages d'un camion, si toutefois un camion avait auparavant consenti à l'ingurgiter.*

En ese estilo divagante de Simon, los párrafos se entrelazan, se van convirtiendo lentamente en otra cosa, se mezclan y extienden interminables como las llanuras en la estepa rusa. Uno no querría escribir así, pero sabe que en ese despliegue simoniano hay un magisterio del que intenta atrapar algo.

29 de junio

Preside la noche una espectacular luna llena, un deslumbrante faro dorado. El cielo que esa luz baña tiene, en cambio, un tono gris, sedoso, del color de ciertas perlas caras; de algunas gasas en los retratos de Goya. Ay, esos colores de Goya. De joven me parecía un pintor brusco, poco atento a la técnica, de mayor sé que nadie pinta esos tonos con su elegancia: los grises, los negros, los plata, ciertos azules…

Siguiendo con el último lote que me ha enviado Anagrama, anoche me leí el discurso que Monsiváis pronunció cuando le dieron el premio de la Feria de Guadalajara, un texto fragmentario, repleto de ideas poco trabajadas. Es una pena que no se haya esforzado en darle forma. Desde luego

148

que, si hubiera optado por ese «darle forma» que yo le reclamo, el texto tendría varios cientos de páginas. Hacía años que no leía nada suyo, creo que desde que se publicaron en España sus particulares memorias. Es de esos autores camaleónicos, y digo lo de camaleónico en el mejor sentido, capaz de meterse en la piel de todos los estilos: un imán atento a captar la energía del momento. Siempre ha sido así, desde que leí sus primeros textos allá por el año setenta y pocos, sus escritos sobre cine, guiado por Carlos Blanco Aguinaga. Compré un par de libros suyos en el viaje que hice a México, creo que en el 76 (*ubi sunt?*). Y ya me deslumbró su escritura. Me pareció brillante, luego el personaje me ha parecido infatigable. Ante gente así, uno se pregunta si es cuestión de genética; sí, de genética, aunque, claro está, metida en la batidora de la vida con algo más. A la genética hay que añadirle trabajo, disciplina, y, por supuesto, toda esa inteligencia que Dios le ha dado y él muestra a raudales: la inteligencia es también fruto del esfuerzo, del trabajo, aunque quién duda que la materia prima forme parte de los regalos de la genética: hay una disposición, buena memoria, la viveza, el ágil funcionamiento de las conexiones cerebrales, o nerviosas, o lo que sea.

La tarde la he pasado leyendo a Chéjov: una vez más, *Tío Vania* y *Las tres hermanas*. Repaso los textos, avanzo, retrocedo para volver a leer una frase, para detenerme en una palabra, me entretengo con ellos, y apenas puedo retener las lágrimas en esos parlamentos en que los personajes describen su imposible búsqueda de la felicidad, su fracaso vital, o se plantean qué quedará de tanto sufrimiento, tanto dolor y tanta intrascendencia; cuando leo los momentos en que los personajes reflexionan sobre la vejez, me sorprende que Chéjov, que murió tan joven (a los cuarenta y cuatro años), supiera tanto de esos temas de los que yo voy empezando a

149

aprender –*malgré moi*– últimamente. Que él sea capaz de tocar tan dentro.

1 de julio

Termino la lectura de *La tijera* de Jünger, siempre tan inquietante, tan aficionado a las teorías astrológicas, o cosmológicas, a buscar sentidos ocultos en los lugares, en los hechos, emanaciones telúricas: a hablarnos del espíritu de las épocas, como si ese espíritu no fuera una abstracción, una composición de la que nos servimos para explicar las cosas, sino que tuviera un peso real, una existencia fantasmagórica que los más preparados, o ciertos privilegiados, pueden detectar. Mezcla de intuiciones brillantísimas con excelsos desvaríos, el libro está lleno de pasajes confusos, aunque el autor siempre quiere dejarnos entrever que hay en él un fondo oscuro, una especie de línea directa que lo pone en comunicación con el reino de las sombras.

Por la tarde leo una instructiva introducción a *Moby Dick*, escrita por Fernando Velasco Garrido, para la nueva edición que ha sacado Akal. El libro incluye también un larguísimo estudio biográfico del novelista, que dejo para otro día.

«Thomas Jefferson se enorgullecía de que los norteamericanos prefirieran roturar nuevas tierras a abonarlas» (pág. 24). Es el ideal fundacional de que extender América es extender la libertad y, por tanto, América era una nación en crecimiento indefinido. Dos siglos después, la idea sigue arraigada con fuerza en el imaginario americano: está en los discursos de Bush. La metafísica y la teología sumadas con la conveniencia resultan un argumento imbatible.

Del zorro Jünger, que se siente envejecer y ve su cerebro condenado a deshacerse en el polvo: en la Antigüedad se de-

150

jaron oír voces que lamentaban que fuera posible legar bienes materiales a los deudos supervivientes, pero no pudiera hacerse eso mismo con el saber adquirido (pág. 60). Lo sentimos cuantos nos dedicamos a oficios etéreos, sustancias que no precipitan en nada sólido.

Para Jünger (esa visión de quien cree captar las radiaciones telúricas), la tierra guarda una energía que se nos escapa: un poema tiene larga vida en la medida en que el poeta experimentó un contacto trascendente. Eso rige para los documentos más antiguos y rige también para los de la Edad Moderna: la materia está impregnada (pág. 120). Qué inquietante solemnidad parece desprender la palabra *impregnada*.

Más: «[...] el arte continúa siendo, con todo, el mejor indicador cuando los altares se despueblan o solo son visitados ya por démones. Desde el Romanticismo se incrementa el número de las metas muy elevadas que acaban en catástrofe...» (pág. 175).

Las metas ya no forman parte de la economía (del oro a los combustibles fósiles, al uranio), son más bien energías que se transmutan en utopías. En la actualidad, lo que invita a subir al Everest no son las vistas que desde allí arriba se tienen, sino el récord. En esa dirección, las ciudades buscan eventos deportivos, exposiciones internacionales, lo superfluo como gran motor de la economía contemporánea: lo directamente productivo parece que apenas interviene en nuestras vidas. Y, sin embargo, para que consumamos se necesita que alguien haga sillas, cacerolas, aparatos electrónicos, pero eso parece estar más bien en la periferia y, de hecho, en eso se ocupan cada vez más los países periféricos. Fernández Liria, en su *Geometría y tragedia*, explica que el hombre contemporáneo solo pasa a formar parte de la historia como proletario, y por eso busca protegerse cada vez más en su espacio calificable como neolítico: existir como miembro de una nación, de una tribu, de una secta religiosa. Eso explicaría la desconcertante evolución de los últimos años del siglo XX, tan a contrapelo de lo que previeron los ilustrados: los renacimientos de nacionalismos y religiones se han impuesto, pasando por encima de la razón e incluso de los vectores económicos. Ser ciudadano del mundo, a palo seco, sin tribu ni patria ni Dios, es ser desprotegida mano de obra en oferta. La religión, la patria, te permiten salir de ese indeseable anonimato. Ponen ante ti un horizonte deseable.

3 de julio

Leo un libro de Aharon Appelfeld, un escritor judío que, mientras en torno suyo se libraba la Segunda Guerra Mundial, se pasó varios años de su infancia en absoluta soledad, pequeño niño salvaje, escondido en los bosques de Ucrania. La mayor parte del tiempo se alimentaba de frutas silvestres, aunque a veces se dejó recoger por los campesinos y también por una prostituta que lo explotó, amó, chantajeó y amenazó, según su cambiante humor. El libro se titula *Histoire d'une vie* en su traducción al francés, que es la que yo he leído, y ganó el Prix Médicis Étranger en 2004. Me quedo con el capítulo sexto: un grupo de niños ciegos, que estudian música en un colegio dirigido por un maestro comunista, también ciego, recorren la ciudad camino del tren que ha de llevarlos a un campo de exterminio. El director, el señor Gustav Gutsman, los condujo vestidos de fiesta, antes les había hecho guardar en las mochilas a cada uno de ellos un libro en braille, un plato, una taza, una cuchara, un tenedor y ropa de muda, y les había advertido que cantarían el himno del colegio («À mort la mort») cuando llegasen a la estación. En el trayecto se detuvieron en el «pozo imperial», célebre por la calidad de sus aguas. Allí cantaron a Schubert.

Soplaba el viento y se llevaba sus voces. Además, no había nadie que pudiera oírlas. El maestro de música (él, el director, el buen señor Gutsman) les dijo: «El canto es sagrado, y hay que aplicarse incluso cuando las condiciones resultan difíciles».

La segunda parada la efectuaron en la plaza de los Trabajadores, que era en la que se reunían los comunistas cada Primero de Mayo. Cantaron a Bach. Algunos jóvenes ucranianos gritaban: «Los judíos a los vagones», y les tiraron piedras.

En la tercera parada cantaron en yiddish. Las mujeres les daban pan con aceite y gritaban para que no se llevaran a los niños ciegos. Pero el director dijo: «Iremos con todo el mundo. No somos diferentes. Lo que le ocurra a la comunidad de hombres nos ocurrirá también a nosotros». Lo llamaron «comunista» las mujeres, pero los niños continuaron cantando el resto del trayecto hasta que llegaron a la estación, en cuyo andén esperaban los guardias que hacían restallar los látigos para asustar a los niños ciegos. «No tengáis miedo, niños», murmuró Gutsman, «et les enfants continrent effectivement leur douleur. À la gare ils eurent le temps de chanter leur hymne jusqu'au bout avant d'être poussés vers les wagons» (pág. 56). (Mientras copio en el ordenador estas líneas, seis o siete años después de haberlas anotado por primera vez, se me llenan de lágrimas los ojos, como me pasó entonces, cuando leía el libro.) Un texto hermosísimo, sobrecogedor en su sencillez, que se levanta a una cota muy por encima del resto del libro. Sé que tiene todos los elementos del folletín, niños ciegos pobres, cantores que van a morir, pequeños héroes inocentes conducidos por un héroe trágico y sereno, pero precisamente por eso podría resultar un caramelo empalagoso. La efectividad del texto le viene del tono contenido, que va midiendo los efectos hasta el final en que también se nos escamotea casi del todo lo que no puede –ni debe– ser dicho. Es la mesura, el control del tono, la cuidadosa selección de los elementos (el estilo) lo que permite que este texto se convierta en un poderosísimo imán que hace salir de nosotros toda la carga de sufrimiento propio, y nuestro corazón destile piedad: el texto aflora nuestros miedos infantiles, nuestra propia inocencia gastada, extrae sedimentos de nosotros mismos que desconocemos o hemos sepultado hace decenios, o que simplemente no están entre los materiales de uso cotidiano en nuestras vidas.

Se llaman Qu'est-ce Qui se Passe?, los veo en la televisión valenciana, un pianista y un cantante. Son estupendos, auténticos virtuosos con un humor refinado y una gran calidad de artistas. Nunca los había oído nombrar, ¿dónde se meterán esas criaturas? Nos pasamos la vida huyendo de esos humoristas chabacanos que están a todas horas metidos en nuestras pantallas. Creemos que hemos perdido la capacidad de reír por culpa de tanto imbécil, y a estos nos los ocultan.

No sé si acabo de entender la división de Hannah Arendt en *La condición humana*, cuando para definir la *vita activa* del hombre habla de tres actividades fundamentales: labor, trabajo y acción; sobre todo en lo que se refiere a la distinción entre labor y trabajo, en la que despliega apuntes muy brillantes en discusión con Marx, pero que a mí me parecen como de dividir un pelo en cuatro. Marca la diferencia entre uso y consumo, entre objetos que el *homo faber* hace con la intención de que duren, mientras que el hombre laboral los hace para consumirlos de inmediato. Para Arendt están quienes no alcanzan la categoría de hombres libres porque trabajan solo para subsistir, y, frente a ellos, el hombre *faber* que trabaja para hacer cosas y, de paso, tiene el arte de hacer dinero. No entiendo muy bien la distinción. Me parecen más claros, menos forzados, los conceptos de Marx: *fuer-*

za de trabajo, *plusvalía*, *valor de uso*, *valor de cambio*. Arendt dice que el discurso de Marx se corresponde con el darwinismo social, propio de una sociedad productivista, de un tiempo en el que se introdujo el concepto de *proceso*. Marx, dice Arendt, es «el Darwin social».

Eso no le quita a la Arendt su brillantez expositiva, su capacidad para abrirnos nuevas perspectivas, para iluminarnos y sugerirnos; por ejemplo, cuando nos explica el «elemento de violación y violencia» sobre la naturaleza que está presente en toda fabricación, en todo acto del *homo faber*: «[...] la productividad humana quedó por definición sujeta a realizar una rebelión de Prometeo, ya que podía erigir un mundo hecho por el hombre solo tras haber destruido parte de la naturaleza creada por Dios» (pág. 168).

Me gusta mucho –en ese capítulo que titula «Acción»– la idea de que «nadie puede llamarse *eudaimōn* antes de su muerte» (pág. 220), porque solo el último acto cierra y da sentido al conjunto de la vida. Es una idea, la de que el último acto esté a la altura y dé sentido a la vida, en el fondo despiadada, aparece de una manera obsesiva en mis novelas, estaba de un modo explícito, formulada en los términos que usa Hannah Arendt, en *Los viejos amigos*. De uno de los personajes, Mauricio, El Senior, se dice que «murió mal», porque no cumple las expectativas de sus camaradas, y creo que es Pedrito (otro de los personajes) quien habla de esa putada de tener que estar pendiente de morir bien o mal. La idea vuelve a aparecer por extenso en *Crematorio*. Se muere bien (Aquiles) cuando –y vuelven a ser palabras de Hannah Arendt– «toda la vida [se resume] en un solo acto, de manera que la historia del acto termina junto con la vida misma» (pág. 221).

Brillante también la idea de que el espacio público del *homo faber* es el mercado, o que la definición de Benjamin Franklin del hombre como fabricante de útiles es tan característica de Yanquilandia, es decir, de la Época Moderna, como fue para la Antigüedad la definición del hombre como animal político. La verdad de esta observación radica en el hecho de que la Época Moderna fue un intento de excluir al hombre político, es decir, al hombre que actúa y habla, de la esfera pública, semejante a la exclusión que la Antigüedad hizo del *homo faber*. (Recordar que Hannah Arendt pone en el espacio público, inseparables, acción y discurso, porque no hay acción si el discurso no la enuncia, y, desde luego, no la hay si no acaba convirtiéndose en narración, en historia dentro de la historia. Y cuando nos dice que no hay *eudaimōn* antes de la muerte es porque el sentido de la historia llega cuando se cierra la vida. El sentido de un hecho aún tarda más, no llega hasta que, pasado el tiempo, el historiador establece la narración con la intención de fijarla, convertirla en única e inamovible. El mármol y el bronce ayudan a inmortalizar el acto.)

Quién eres tú solo lo saben los demás, qué eres lo puedes saber tú. «El quién», dice Arendt, «se presenta tan claro e inconfundible a los demás, como permanece oculto para la propia persona» (pág. 209). «Que toda vida individual entre el nacimiento y la muerte pueda contarse finalmente como una narración con comienzo y fin es la condición prepolítica y prehistórica de la historia, la gran narración sin comienzo ni fin» (pág. 213).

En la Epístola de san Pablo a los Romanos, leo estas frases terribles, que me recuerdan a las que pronuncia Federico Brouard en mi novela: «Porque no sé lo que hago; pues no pongo por obra lo que quiero, sino lo que aborrezco, eso hago». Y unas líneas más adelante: «[...] el querer el bien está en mí, pero el hacerlo no. En efecto, no hago el bien que quiero, sino el mal que no quiero» (Romanos, 7).

14 de julio

La dalia negra, de Ellroy, es una excelente novela. El lector respira el aire húmedo y espeso de Los Ángeles, la turbiedad de una ciudad aluvión que engorda como refugio de desarraigados, de desesperados que buscan un golpe de suerte que los saque de la infelicidad. Todo eso está muy bien contado en el libro, y la dureza del mundo del boxeo, y la falta de escrúpulos de la policía o de su contrapunto, el hampa; está contada la permeabilidad social que podríamos definir como «antinatura», por la que lo de arriba y lo de abajo entran en contacto a través de una red de cloacas que cumplen el papel de vasos comunicantes. Las novelas de Ellroy tienen cuerpo, peso carnal: en ellas, el sexo es un abismo negro y resbaladizo, terreno fronterizo a la vez omnipresente y evanescente, sumidero que atrae lo más sucio de dentro y lo disfraza de aspiración benevolente. La búsqueda de la felicidad (del placer) como camino de perdición. Ellroy ha escrito una magnífica novela.

Sin embargo, ya aparecen en ella algunos de los rasgos manieristas que devaluarán varios de sus posteriores libros, ese retorcer la trama una y otra vez, y ese cambiar el foco de la intriga para ir complicándola cada vez más, acaban fatigando al lector y le transmiten sensación de artificio, un exceso artificioso que se acrecienta por el gusto que Ellroy exhibe por lo macabro: hay excesivas sesiones de cadáveres mutilados, visiones de órganos que deberían permanecer ocultos, de sangre y semen frescos o secos. Con bastante menos casquería, estoy convencido de que la novela conmovería más; con menos retorcijones de la trama nos interesaría más. Con mucha frecuencia, a un escritor se lo comen sus mejores cualidades (Ellroy las tiene, es un privilegiado novelista capaz de hacernos sentir casi físicamente el horror), y no es raro que acabe perdiéndose en su facilidad para dominar ciertos recursos, con los que, para su perdición, sigue trasteando –como con un juguete preciado– tantos años después.

27 de julio
Se me van los días no sé muy bien en qué. Los más recientes los he pasado en Murcia, esa tierra fronteriza y achicharrada (un mini-Los Ángeles). Digo que es tierra fronteriza porque lo es, recoge tradiciones andaluzas, pero sin acabar de creérselas, sin darles tanto sentimiento, y las convierte en caricaturas, pintarrajea las vírgenes y las recarga de ornamentos, un poco al estilo de los latinoamericanos; por otra parte, subraya los rasgos (más bien defectuosos) de los valencianos: su frenética actividad agrícola va unida a su capacidad para destruir el paisaje, para descuidarlo y maltratarlo: hay casi más escombros, plásticos, tazas de váter rotas y vertidos de cualquier cualidad en los alrededores de las ciudades murcianas que en Valencia, lo que es mucho decir. Los bares populares tienen –y ahí siguen la onda andaluza y no la valenciana– un mobiliario arqueológico, oscuro, estilo españolísimo, muy años cincuenta y primeros sesenta, decoración *hunter*, y en el suelo de los locales se acumulan colillas, servilletas usadas, restos de comida, bolsas de plástico y envases que han contenido chucherías infantiles. Incluso en la capital predomina un provincianismo chato, feo, muy de otro tiempo, el estilo sin calidad de la burguesía ñoña de los sesenta: así viste la gente, así se mueve, así son las sillas de la terraza en la que me he sentado a tomarme un gin-tonic, una España sin gracia que oficialmente ya murió pero que nos la encontramos por todas partes en cuanto se nos ocurre salir de casa.

158

En cambio, me ha gustado mucho el oasis de Calasparra. No el pueblo, a medio construir, a medio destruir, muy del estilo de los pueblos valencianos, pero sí la geografía, el paisaje que el hombre ha modelado, los inteligentes sistemas hidráulicos que ordenan y permiten la rica vida en este oasis, casi portal de entrada a sus parientes africanos del sur de Marruecos (el Dadés) o de Túnez (Tozeur). Después de recorrer decenas de kilómetros a través de montes en los que apenas crece alguna mata de esparto, uno llega de repente a un espacio acuático (recuerdos del delta del Nilo, del Mekong, de la antigua huerta de Valencia que el tiempo y la barbarie se llevaron). El río Segura, que ha recibido unos kilómetros más arriba los aportes del Mundo, se encajona entre los secos montes y va abriendo una sucesión de pequeños valles aluviales donde un sistema de azudes y acequias permite regar un conjunto de arrozales que se escalonan a diferentes alturas y cuyo verdor contrasta violentamente con los ocres colores del paisaje que los rodea. Pasa el agua a través del verde esmeralda de los bancales en los que crece el arroz y regresa por gravedad al río, aguas abajo del lugar en que las construcciones humanas la tomaron. El arroz crece así en condiciones óptimas, inundado por unas aguas frescas, limpias, en permanente flujo; que nunca se estancan. Junto a los arrozales, las cuidadas huertas, las plantaciones de frutales: melocotones, albaricoques, nectarinas, peras… El paisaje me recuerda a las orillas del Nilo, con sus campesinos anfibios, que pasean hundidos hasta las rodillas en agua y barro, arrancando las malas hierbas cuyos tallos se camuflan entre las plantas de arroz. Así eran también los campesinos de Tavernes, así los recuerdo, enfangados, las piernas misteriosamente blancas, de un blanco de leche, metidas en el agua, contrastaban con las demás partes del cuerpo que eran puro cuero curtido al sol.

159

De vuelta a casa, recibo una llamada de Anagrama en la que me comunican que ya ha entrado *Crematorio*, y que me enviarán los ejemplares que me corresponden el lunes o el martes. Me esperan días de impaciencia. En el viaje a Murcia me ha acompañado *La peau de chagrin*, de Balzac, de la que me gustaría escribir en otro lugar, con otra calma. ¡Qué libro tan moderno de concepto, tan extraño y tan extraordinario! Lo tengo lleno de rayajos por todas partes, producto de anteriores lecturas, y, cada vez que me acerco de nuevo a él, me abre nuevos caminos por los que recorrerlo, otras claves con las que interpretarlo. Llevaba también conmigo un libro que he leído de un tirón, con la misma fascinación, agitado por los mismos miedos que me asaltaron la primera vez que lo leí hace más de medio siglo: *La isla del tesoro*. Por él no pasa el tiempo. Lo vas leyendo en distintos momentos de tu vida y siempre te excita, te rejuvenece. Cómo puede ser que le funcionen tan bien esos terrores que se dirían infantiles (aquejaron al niño que lo leyó entonces y al hombre maduro que soy): el tipo con una sola pierna, el ciego, la cancioncilla de los piratas que bailan sobre el ataúd… Con qué maestría sabe Stevenson sacar al paranoico que todos (niños y viejos) llevamos dentro: el que presiente la gran conjura como si se estuviera tejiendo contra él y no contra algún personaje de novela; asustan los lazos que unen en secreto a todos esos personajes terribles, que son, claro está, el tesoro, el maldito dinero que pone en marcha todos los mecanismos, incluido el del propio libro. Uno puede hacer la lectura del libro como gran metáfora del capitalismo. Pero el libro es aún más: tiene una agitación que lo recorre por debajo de todo ese baile de equívocos y de imposibles alianzas que provoca la sospecha del tesoro. La disgregación del concepto de sociedad dinamitada por el oro.

Roza la novela las fibras que están en un espacio que parece anteceder al animal social, el miedo permanente del individuo frente a la muta, frente a la jauría: la terrible sospecha de que cualquier sociedad puede convertirse en muta: los honorables campesinos que acuden a la ceremonia religiosa de los domingos en su parroquia y, por la noche, se visten los faldones blancos y el capuchón y persiguen y torturan a los negros del vecindario; los ciudadanos que linchan y mutilan al forastero sospechoso de un crimen cometido en el interior de la comunidad; la crueldad criminal de quienes han sido excitados por la proclama performativa del político de turno que declara el inicio de la guerra. Un par de pistas filmográficas sobre el tema: *Furia*, de Fritz Lang, *Conspiración de silencio*, de John Sturges.

1 de agosto

Ayer por la mañana me llegó *Crematorio*. La leo, la releo obsesivamente, diciéndome que no es que tenga erratas, es que la novela entera es un error. Precisamente de erratas está muy limpia, eso sí, hasta cinco líneas antes del final, donde aparece un *levanta*, verbo en presente, en vez del imperfecto que yo había escrito o había deseado escribir, con lo que rompe la magia, la fascinación de serpiente encantada que debería funcionar en ese momento supremo. Para resumir, el libro se me aparece literariamente mal cosido, mal montado. ¿Para qué seguir hablando de él, que solo es hablar de mí y de mis limitaciones? Por lo demás, está bien editado, la portada es hermosa, bonito como todos los libros de Anagrama. Punto final. Ya está hecho, aunque en estos momentos me gustaría haberlo escrito solo para mí, que nadie lo leyera, que no me molestara la responsabilidad como me está molestando desde que lo acabé. Un libro publicado y que, sin embargo, es un libro para nadie, qué hermosura si así fuera. Aunque estas ideas lo único que hacen es reflejar el pánico, la inseguridad, o mejor aún: seguridad de que presenta tantas grietas que no le faltarán los barreneros que las llenen de

161

pólvora y se apresten a dinamitarlo. ACORAZARSE. Pero si todo escritor está deseoso de ver su libro en las librerías, de que le llamen los amigos para decirle que lo han leído…

Me ha llamado el hermano de mi amigo Estanis para pedirme que participe en un acto del sector radical de Izquierda Unida. No sé qué podría decir, me he excusado. No saber dónde estás, ni en nombre de quién hablas, ni a quién representas que no sea a ti mismo. Son tiempos de estarse callado. De echar un paso atrás y no participar en el teatro, en la representación que distrae al público de lo que de verdad está pasando. ESCABULLIRSE.

No formar parte de nada, de ninguna compañía de teatro, de ningún coro. Estar calladito: me conformo con no tener que escribirle necrológicas a Polanco, ni loas a Zapatero. Durante todo el pasado año conseguí no participar en ningún acto sobre la memoria histórica. Lo que tenía que decir está en mis novelas, en los artículos, como están en mi última novela –y también lo estaba en la anterior– el desconcierto, la afasia en los que braceo ahora. ¿Cuánto hace que no escribo una palabra en el ordenador que no sea un correo electrónico? Para no perder pie, me repito que todas mis novelas han salido de ese vacío, del afán de llenar con algo ese vacío que es el estado normal en el que levito. También es verdad que salían otras historias, con unas dosis de piedad que hoy me parece que casi rozan lo épico. Hace un par de días me llegaron ejemplares de la nueva edición alemana de *La buena letra*, la que han hecho para lo de Colonia (Ein Buch für die Stadt). Con ellos venían los cedés en los que Kornelia Boje lee el libro, una grabación que ya había recibido hace un año y a la que no le había prestado atención, por esa manía mía de no creer en la lectura en voz alta (ay, la vieja tradición de los almacenes y fábricas del XIX, la de las trabajadoras cubanas de las fábricas de cigarros; me recuerdo a mí mismo leyendo libros piadosos durante la comida de las monjas en el colegio de Ávila –me hacían leer a la puerta del comedor de las hermanas, y eso, sí, de espaldas, tenía prohibido mirar lo que hacían o lo que comían, en el colegio había espacios así, que llamaban «de clausura», y a los que los niños no teníamos acceso–; también me recuerdo leyendo en voz alta sobre una tarima novelas de aventuras: Salgari, Julio Verne, mientras comían los alumnos en el colegio de León: en ese colegio fui de nuevo lector público). Pero a lo que voy: el otro día me puse a escuchar el cedé de *La buena letra*, en la voz perfecta, seca y cálida al mismo tiempo, que vibra como metal golpeado, de Kornelia Boje: me emocionó. Abrí el libro en español y fui acompañando la lectura de ella en alemán y en voz alta con la mía en castellano y muda. Leí unas cuantas páginas y se me saltaron las lágrimas. ¿De dónde extraje la fuerza para escribir eso que ahora resulta hermoso?, ¿qué queda de aquello entre las ruinas de este *Crematorio* que releo para convencerme de algo que no me creo? El paso del tiempo le concede oficio al artesano, mejora sus habilidades, su capacidad para resolver problemas, pero en la literatura no ocurre así. No es, o no tiene por qué ser, mejor escritor el de la última época que el de la primera (más bien, suele ocurrir lo contrario): no es mejor el Sender de sus últimos libros que el que escribió *Imán*, y digo esto mientras leo, sacudido por su fuerza, *Verdes valles, colinas rojas*, el libro que ha publicado recientemente Ramiro Pinilla a sus ochenta y dos años, un autor que yo estaba convencido de que hacía tiempo había muerto. Durante treinta años se ha estado callado Pinilla, construyendo ese folletón de miles de páginas que nos entrega el País Vasco entero. Llevo algo más de trescientas páginas del primer tomo, que tiene setecientas y pico, y las doscientas primeras me han parecido de una fuerza arrolladora, capaces de golpearte como un puñetazo.

No hay ni un átomo de cursilería o de adamismo en la descripción de la crueldad del mundo campesino, carcomido por un mal suplementario que llega de fuera. Pinilla ha puesto el punto de observación en la mirada de un niño. Los diálogos, incluso los que parecen más intrascendentes, son un regalo de vida. Oímos hablar a esos niños y, a través de sus palabras, penetramos en la colmena humana, en su psicología, en sus códigos, pero también aspiramos el aire que llega del mar, y nos dejamos envolver por un paisaje. Nadie, nunca, nos había llevado a entender así lo vasco: el ser humano como material moldeable, idéntico a sí mismo y capaz al mismo tiempo de tomar infinitas formas. En el libro de Pinilla, lo vasco, el PRINCIPIO, así, en mayúsculas, que parece unívoco, esculpido de una vez, se acaba descubriendo como forma de formas, en perpetuo cambio desde los impulsos de dentro, pero también desde las influencias del exterior: cambia, se transforma en otra cosa, pero vuelve a ser él mismo, o mejor, es ya otra cosa a la que encubre el mismo nombre. El vasco como labilidad disfrazada por un verbo perenne.

6 de agosto

Verano particularmente improductivo. Leo a Pinilla (estoy a punto de acabar el primer tomo) y releo obsesivamente *Crematorio*, que recibí el otro día y, donde además de la errata que vi el primer día, descubro un patinazo de esos que te dan ganas de meterte bajo la cama. En la página 300 habla Silvia de la pirámide de Mikerinos y cita la de Popayán con su astronauta, cuando de la que quiere hablar es de la de Palenque. Me ocurre con frecuencia, tengo que ir con un cuidado tremendo con esas cosas, puedo decir «Zamora» por «Zaragoza», solo porque las dos empiezan por zeta; conozco Palenque, estuve hace treinta años, subí a la pirámide, he visto el astronauta ahora no recuerdo si en la propia pirámide o en el museo de México, creo que fue en la propia pirámide, o en los dos sitios (quizá en la pirámide solo queda la reproducción), también conozco Popayán, estuve hace seis o siete años en esta ciudad reconstruida tras el terremoto y situada a la sombra de un volcán y no de una pirámide, incluso escribí un artículo sobre Popayán, y no es que haya confundido una ciudad con otra, es que se me enreda una palabra con otra, un nombre con el otro, por culpa de la pe: me deslizo de la pe de «Palenque» a la pe de «Popayán». Lo peor es que durante las cien correcciones precedentes he pasado sobre la palabra infinidad de veces y siempre me parecía que había algo raro, pero apartaba esa sospecha como quien aparta una incómoda mosca, saltaba sobre la palabra sin pararme en ella, solo pendiente de si estaba bien o mal escrita, pendiente solo de la gramática, entretenido en la forma y no en el fondo. Me ocurre tantas veces eso: paso una y otra vez sobre los despistes y me evado de ellos hasta que me encuentro con el libro ya impreso. Entonces, cuando ya es irremediable, saltan a la vista a la primera, cobran relieve, hasta color, crecen monstruosamente y parecen apoderarse del libro entero. Abren una grieta por la que se escapa la sustancia del texto, lo trivializan. Yo creo que son venganzas del subconsciente para que nunca pueda sentirme satisfecho de lo que hago. Aún recuerdo uno de los artículos de los que más contento estaba y que, en cuanto lo leí impreso, descubrí que decía algo sobre unas *nymphéas* de Renoir. No se dio cuenta nadie de que se las había robado a Monet. O al menos nadie se quejó del hurto. Solo yo, que ya no pude volver a leerme ese artículo del que tan satisfecho me había sentido mientras lo escribía.

Aparte de lo de Pinilla y de alguna escapada vespertina a la playa más cercana para bañarme, no hago nada. Manda la apatía. Da fe de ello este cuaderno en el que apenas escribo nada (y, desde luego, nada que tenga algún fundamento), a pesar de tener los días enteros para mí, y de que el ordenador tampoco me ocupa más que los minutos que paso tachando mensajes basura o respondiendo a algún correo. Buscar erratas y lapsus permite que me olvide de buscar lo verdaderamente grave: el lugar que ocupa esa novela que he escrito y de la que tanto desconfío.

Noticias del editor griego: Jorge Herralde me remite por e-mail una carta en la que Stavros muestra su deseo de adquirir de inmediato *Los disparos del cazador* y de encontrarse con él en la próxima feria de Frankfurt para hablar de la edición del resto de los libros, excepto *La buena letra*, que ya ha sido editada en otro sello. Recibo un ejemplar del libro titulado *Ensayos sobre Rafael Chirbes*, publicado por María Teresa Ehrlich, que adjunta una entregada carta que me emociona. Como si, desde hace un mes, lo literario (enterrado durante un tiempo) se pusiera de nuevo en marcha. Ayer recibí un mensaje de Kunstmann reclamando el libro porque, en teoría, querrían publicarlo enseguida (se supone que en caso de que les guste).

7 de agosto
Termino el primer volumen de la saga pinillesca, tan faulkneriano en el fluir empastado de la prosa, en la intención de crear un mundo literario, paralelo y trasunto del real: con su geografía, su historia, la psicología de sus habitantes, de cada uno de ellos, y otra psicología que es la del colectivo, el eje central del libro, su desazón originaria: el impulso de la muta, de la fratría o el clan –lo vasco–, que se define y pone en guardia frente al exterior. Pero el libro de Pinilla es faulkneriano en otras muchas cosas, incluido el perspectivismo: la narración surge del cruce de las distintas miradas, como en *Mientras agonizo*: a veces, estas miradas

distorsionan la norma, porque es la voz de un imbécil la que se escucha, Josafat, o se trata de un impedido físicamente, Asier, y entonces notamos que nos llegan ecos de *El ruido y la furia*. Uno percibe también a Faulkner en la forma en que Pinilla juega para que las miradas sean distintas en razón del espacio geográfico concebido como lugar de posición social (uno u otro lado de la ría), y en razón de los distintos tiempos (hay el tiempo de los hombres de madera y el tiempo de los hombres de hierro), y cómo esa pluralidad cristaliza en una pieza colectiva, el clan, que es lo que va conformando el mito: el texto es precisamente el enfrentamiento de esa pluralidad de miradas, su incorporación a una tarea única, que convierte los materiales extraídos de lo cotidiano en épica, en supuesto gran relato (el tono bíblico). El libro, con sus altibajos, me ha parecido fascinante. No recuerdo que nadie haya hecho algo así en la literatura española contemporánea, por su aspiración podría ponerse en la misma onda a Benet, pero la mitología de Benet tiene demasiado de juguete literario que flota altivo sobre la realidad, mientras que Pinilla coloca los mitos –y la novela– en el corazón vivo de la historia, a ras de suelo, de barrizal y de vientre; con materiales de construcción de la idea de pueblo (ya se ha dicho: lo cotidiano como elemento constructivo), de su historia (el mito amplifica esa cotidianidad: epopeya; en lo más alto, la Biblia).

Mientras se adentra en el monumento pinillesco, el lector advierte cómo crece en las palabras del libro el País Vasco: ve sus paisajes, oye hablar a sus campesinos, reconoce la etiología de ese pueblo y sus transformaciones en el tiempo. En Benet, las voces son más abstractas, no parecen corresponder a nadie que no sea al propio novelista, y su paisaje mítico (Región de regiones) es un paisaje de novela, fruto del esfuerzo literario, un mundo que desaparece en cuanto has cerrado la novela. Cierras el libro, apagas la luz de la habitación y el mundo de Benet deja de existir hasta que lo recree otra lectura, u otro lector. El paisaje de Pinilla se escapa del libro; es más, te obliga a salirte del libro, a penetrar en cosas que están fuera del libro. El texto literario como un rizoma que lo coloniza todo. No es pequeña diferencia.

En su libro *Histoire des peurs alimentaires*, Madeleine Ferrières habla de que han sido los historiadores contemporáneos quienes se han inventado los miedos apocalípticos del año mil. Ni hambres, ni guerras, ni epidemias se consideraban anunciadoras del reino del maligno: eran cosas que ocurrían con frecuencia. Resulta poco creíble el milenarismo, sobre todo, porque: «¿Quién al margen de los curas y las cancillerías medía el tiempo introducido por Dionisio el Exiguo en el siglo VI? Generalmente se databan los acontecimientos a partir de un reinado, de un pontificado... o de la entrada en funciones del cura de la parroquia» (pág. 9). La pregunta de la Ferrières ya se la había hecho Marc Bloch antes que ella. El año mil. Casi nadie sabía que estaba viviendo ese año. Aún no había cuajado esa convención para mensurar el tiempo. Leyendo el libro, me llegan vivencias infantiles. Las costumbres medievales, y esas *peurs alimentaires* de las que escribe la Ferrières, aún podían detectarse en ciertos comportamientos que conoció la gente de mi generación: me irritaba la suspicacia con que mi abuela trataba los productos, miraba de reojo las verduras que no había visto crecer, desconfiaba de los animales que no había criado y sacrificado ella misma. Elegía cuidadosamente en el mercado, y se enfadaba conmigo si se enteraba de que yo había aceptado algo de comer de manos de alguien, aunque fuera un conocido, un vecino. No se llevaba a la boca nada que no hubiese visto cocinar, o que hubiera cocinado alguna de la media docena de personas que le merecían confianza, nada de comer platos elaborados en otras casas, en bares, en fondas. Hoy

168

entiendo esa actitud que entonces me irritaba: sin duda, las miserias de la guerra. Qué no habría visto aquella mujer en los años de carestía, en la viejísima miseria de su infancia, la pobreza en su casa de Moixent a fines del siglo XIX, siete niños dependiendo de las ganancias de un pastor de cabras que se había quedado ciego: eran cuatro hermanas y tres hermanos. Los muchachos emigraron para trabajar en la industria en cuanto tuvieron ocasión: dos se fueron a Barcelona, y el otro, pasado algún tiempo, emigró a Argentina, donde desapareció para siempre (decían que en uno de los barcos que los submarinos hundieron durante la Primera Guerra Mundial, pero su nombre no constaba en las listas de pasajeros, una historia confusa). Las niñas, a medida que iban teniendo edad, se marchaban a servir a alguna casa en Valencia («posar-se en amo» es la expresiva fórmula valenciana para decir que alguien se va de criada). Recuerdo haber oído anécdotas de los años de guerra, gente que había comido, a veces sin saberlo, otra acuciada por el hambre, o como resultado de una broma de mal gusto, perro, gato, rata, todos esos animales tabú, cuyos solos nombres asociados a la cocina nos daban náuseas y nos hacían temblar de pánico (la fobia irracional de mi madre y mi abuela a las ratas, que yo he heredado). Pero estaba también la suciedad reinante en muchas casas aún en aquellos años, en algunas entré a jugar sin que lo supiera mi abuela y comí algún bocadillo o tomé un vaso de leche, recuerdo cocinas mugrientas, cacharros mal lavados, las aguas pútridas en los baldes jabonosos, un universo amenazador que se sustantivaba en los muchos niños que morían en pocas horas deshidratados por las diarreas, la fiebre y los vómitos.

Incluso en la propia casa se perseguía con denuedo cualquier atisbo de turbiedad, los lugares sospechosos en los que siempre estaban al acecho la escoba y el trapo de fregar, había que tener mucho cuidado de que los alimentos no estuviesen pasados (incluso cuando, unos años más tarde, llegó la heladera, se mantenía con dificultad la frescura de los alimentos en los largos días de calor veraniego), sartenes y ollas se fregoteaban meticulosamente con *areneta d'escurar*, se desconfiaba del agua para beber. Mi abuela prefería acudir a la fuente para llenar los cántaros con un agua que le parecía natural, antes que beber la que llegaba a través del grifo, después de recorrer vaya usted a saber qué tuberías. Son recuerdos que vuelven mientras leo las escenas de vida cotidiana medieval que brinda Ferrières en su libro. El ambiente de aquel tiempo se prolongó en los pueblos españoles. Lo tuvimos al alcance de la mano hasta mediados del siglo XX. Luego ese tiempo se puso a correr deprisa y, en solo diez o doce años, fue como si nos hubiésemos trasladado a otro mundo. Olvidamos deprisa aquellas vajillas, las caminatas en busca de la arenilla para fregar los cacharros que traíamos orgullosos a casa, el azulete con que se blanqueaban sábanas y camisas, la masa de almidón, la basura acumulada en el corral, el retrete que daba sobre el pozo ciego que periódicamente había que vaciar, los papeles de periódico colgados de un alambre junto a la tabla perforada con un agujero en el centro…

Retazos de esa Edad Media volví a encontrármelos a principios de los setenta en el primer viaje que efectué a Marruecos, que tuvo algo de viaje a través del tiempo. Creo que fue ese efecto de restitución de un mundo desaparecido el que me fascinó, aunque cuando pienso así, en todo eso del adulto que regresa al tiempo pasado, me doy cuenta de que uso una triquiñuela como acicate para efectuar ejercicios de melancolía, porque, en Marruecos, con lo que me encontré fue con un espacio de pobreza, dotado de otra valoración de los términos *abundancia* y *escasez*, de otra idea de higiene, o de productividad, porque, más que viaje atrás en el tiempo, se trataba de un viaje entre los distintos niveles de economía. Como un nuevo rico, descubría el supuesto encanto de un subdesarrollo del que yo mismo apenas había conseguido salir.

Me gusta la expresión *lecho de Procusto*, que me encuentro en Ferrières y que hacía tiempo que no leía en ningún texto: el bandido generoso que hospedaba amablemente a los viajeros. A los bajos los tumbaba en una cama y los torturaba tirándoles de las piernas hasta que la ocupaban del todo; a los altos los ponía en camas cortas, por lo que, para que se adaptasen, tenía que cortarles las piernas. Sirve como imagen de las teorías que buscan adaptar la realidad a su conveniencia; de las ideologías que eliminan cuanto no les conviene y engrandecen lo que les interesa.

Un día gris en el que la llovizna relaja la tensión del verano. A la una de la madrugada, repentinamente empieza a llover con fuerza. La noche toma ese apacible aire laboral que tanto me gusta: me promete que no tardará en llegar el productivo otoño. Libre de la pesadez omnipresente del calor, trabajaré, volveré a ser un hombre ordenado y hacendoso. Qué seguridad de repente. Leer y escribir hasta muy tarde por la noche, me digo. Pero enseguida llega la molesta pregunta: trabajar, ¿en qué? Si estoy vacío.

Uno no querría escribir novelas como las de Claude Simon, creo que ya lo apunté, pero son un auténtico vivero de saberes. Textos en los que vale más su investigación que el resultado: novelas llenas de hallazgos de los que nos nutrimos. Pasa también con ciertos cineastas, con Godard, que probablemente no tenga ni una sola película que se sostenga a estas alturas (bueno, sí, a lo mejor *À bout de souffle*, alguna otra habrá, creo que no esa hermosa y descabellada *Lemmy contra Alphaville*, que tanto me gustó; hablo de memoria,

171

hace mucho que no veo nada de él). Sin embargo, te encuentras con cosas suyas en directores insospechados, incluso de talante muy comercial. Hallazgos que pasan a la historia del cine. El recurso está en llamar a esa gente «vanguardias», una manta que lo tapa todo.

11 de agosto
La hija de Ryan no es ni mucho menos una de las películas que prefiero de David Lean. Me molesta la teatralidad de las escenas corales, los trazos gruesos con los que pinta el pueblo, sus movimientos como de obra de teatro, incluso los rasgos exageradamente horribles del tonto (creo que se llama Charles), interpretado por John Mills, maquillaje de actor de teatro, *grand guignol*. Pero eso no quita para que la película esté llena de toques magistrales: el ruido del generador de luz que se pone en marcha cada noche en el cuartel de los soldados ingleses y llega a la habitación de ella, ciertos silencios bien medidos, y que en varios momentos se cargan de grandeza; diálogos que expresan cruelmente la mediocridad y la maldad humanas…

Oigo con emoción el *Doble concierto para violín y cello de J. S. Bach, por Mstislav Rostropóvich*. Luego veo una película (*Alma en suplicio*, se titula en castellano; *Mildred Pierce* es el título original), un drama de 1945 en el que Michael Curtiz se luce, un extraordinario melodrama: la historia de una madre (extraordinaria y –aquí– guapísima Joan Crawford) que maleduca a su hija, joven Ann Blyth, alimentándole las pretensiones, haciéndola vivir por encima de sus posibilidades, hasta que la chica acaba despreciándola a ella, que no es una mujer rica como la muchacha cree, sino una pobre obrera que lo sacrifica todo por ella. El guión de la película está basado en un relato o novela de James Cain. El dinero en el centro de todo hasta el final.

172

Por la tarde, otra película, *Babel*, del mexicano González Iñárritu: no está mal, pero me defrauda porque las críticas elogiosas hasta la desmesura habían despertado en mí unas expectativas que solo en muy pequeña parte se han cumplido: es una historia sobre la globalización, vida en un mundo en el que todo está comunicado, el desierto más remoto y retrasado entra en contacto con el barrio más moderno de una gran ciudad, Marruecos, Tokio o California unidos por hilos secretos, historias mínimas que se desvanecen: la película concluye con una pareja en un balcón de Tokio (un padre que arropa a su hija desnuda), la cámara se aleja y la pantalla se va llenando de miles de luces, de balcones, de ventanas tras las que suponemos que están ocurriendo historias como las que se nos han contado. Es la guinda de un pastel, a ratos empalagoso: una morosidad casi táctil, un tempo largo, un predominio de lo visual –gente bien enmarcada en *landscapes*–: los pastores del sur de Marruecos, la clase media americana, mexicanos pobres, la clase alta japonesa, unidos por la historia de un rifle, de un modo bastante artificioso. Los personajes caminan por el desierto –en California, en las cercanías de Erfud o por la gran ciudad–, el esquema es el mismo que en *Vidas cruzadas*. Aquí todo exhibe una voluntad de deslumbramiento visual, un subrayado estético, plusformalista, aunque el propósito sea la reflexión social: contarnos que las vidas de la gente están demasiado llenas de repliegues para que el poder –los policías, no importa de dónde– pueda enterarse de nada: resuelven casos, pero no entienden las situaciones. Privado y público avanzan por caminos diferentes, a distinto ritmo; son incompatibles: lo público malinterpreta y aplasta lo privado, resuelve las historias en órdenes, en consignas –usa palabras acongojantes: *terrorismo*–, aplica códigos que no surgen de la infinita riqueza de la experiencia, sino que están redactados de antemano por una mano torpe por rígida:

173

la ley no entiende de excepciones, por eso es estructuralmente injusta. Aquí vale eso del lecho de Procusto.

Veo cine porque no soy capaz de concentrarme en la lectura, en la escritura. Espero con el internet enchufado durante todo el día (más bien la tarde y la noche, que es cuando en California tienen su día) el dictamen de Blanco sobre la novela. Ya sé que han pasado solo cuatro días desde que lo recibió (otros tantos hace que lo ha recibido J.), pero se trata de dos opiniones que quiero conocer porque imagino que van a ser negativas y, por eso, me tienen especialmente tenso. Días sin hacer nada que no sea leer distraídamente, escasa capacidad de concentración.

Estoy en las últimas páginas de la *Histoire des peurs alimentaires,* un libro que me interesa mucho. Creo que ya lo escribí días atrás: todas esas narraciones sobre la implantación en las sociedades de los productos que les han llegado de fuera, las oscilaciones en la consideración que han merecido, las intoxicaciones, las pestes, los grandes movimientos humanos vistos desde el verdín de una cazuela, desde un diminuto parásito (el cornezuelo del centeno) o desde la pura y simple carencia alimentaria, desde la hambruna y la miseria: en Las Landas, la pelagra se extiende entre la población los años en que hay malas cosechas de uva, o cuando tienen que arrancar los viñedos por la filoxera; es decir, en los momentos de escasez en los que la gente se ve obligada a una dieta monocorde, sin productos de origen animal, y prácticamente reducida al consumo del maíz. Me gustan mucho los viejos textos que la Ferrières incluye, en los que se describen con viveza las ciudades medievales o renacentistas: los rebaños de bueyes entran hasta los mataderos situados en el centro de las ciudades, los carniceros los abaten a la vista de los paseantes, la sangre corre por las calles. Los carniceros te-

174

nían una fama siniestra, porque la gente los veía sacrificar a los animales, eran hombres brutales y estaban casi tan mal vistos como los verdugos (también empleados de la muerte), pero, al mismo tiempo, a la gente le gustaba ver inmolar a los toros, cerdos o corderos en plena calle, las tripas y las vísceras expuestas (también les gustaba presenciar los ajusticiamientos). En aquella sociedad siempre al borde de la hambruna, esos sacrificios transmitían sensaciones de opulencia y, además, el ritual brindaba garantías al comprador de que la carne era fresca y procedía de animales sanos que habían llegado hasta el matadero por su propio pie. De hecho, en París no se construyen mataderos fuera de la ciudad hasta 1810, en tiempos de Napoleón, y se establecen en Montmartre. Es el punto de partida de la pérdida del aura terrible del carnicero, que se convierte en un simple proveedor, en un tendero más. En cualquier caso, ahora se mata en otros lugares, no en la carnicería, y matan otros, pero los matarifes, gente robusta (brutal), se han situado tradicionalmente en lo más bajo de la escala social. Ferrières habla de la «banalización del oficio de carnicero», que se convierte en un simple expendedor de carne, aunque se trata de una pérdida solo relativa, porque la sospecha se extiende hasta nuestros días: la captó Chabrol en su película *Le boucher*.

Algunas descripciones de los higienistas que aparecen en el libro son espléndidas, como esta de *L'Echo de la Nièvre*, del 25 de diciembre de 1834: «Les bouchers, ils ne se gênent pas davantage. Il y en a qui tuent les moutons au milieu de la rue, d'autres accrochent à leurs portes des têtes de veau ensanglantées et livrent à la pâture des chiens des básquets pleins de sang et d'ordures; notre ville n'est qu'un vaste abattoir où le sang ruisselle de touts côtés» (pág. 355).

Muchos de los mataderos del interior de las ciudades se acomodaban cerca de las casas de caridad, entre cuyos recogidos se repartían los restos y desperdicios de las matanzas; y también junto a los hospitales, que recibían donación de la sangre de los animales para consumo de enfermos. Pero ni siquiera a la gente de entonces le resultaba un espectáculo agradable la entrada de los animales en la ciudad, escuchar los terribles mugidos de unos animales asustados por el olor de la sangre de los congéneres ya sacrificados. Así, los tolosanos que viven cerca «des *affachoirs* de l'île de Tounis se plaignent "des mugissements que fesoient nuit et jour dans les parcs les bestiaux qui entent les apporches de la mort, par l'odeur que répandent toujours les affachoirs trop voisins où on les tue; qu'on ajoute à cela qu'avant de tuer ces bestiaux, on a coutume de les laisser jeûner plusieurs jours: quels cris épouvantables ne doit-on point entrendre"» (pág. 350).

Cita Ferrières un texto que expresa bien el cambio de la relación entre animal y hombre en el paso del mundo campesino al espacio urbano: en la ciudad desaparece la inmediatez, el contacto continuado entre uno y otro, por lo que el hombre deja de ser zoófago: la carne ya no tiene que ver con el animal vivo, es otra cosa, un alimento más. Podemos decir que el urbanita es un «ser sarcófago». El texto que cita Ferrières es de Louis-Sébastien Mercier, autor del *Tableau de Paris*: «Quoi de plus révoltant et de plus dégoûtant que d'égorger les bestiaux et les dépecer publiquement? On marche dans le sang caillé. Il y a des boucheries où l'on fait passer le bœuf sous l'étalage des viands: l'animal voit, flaire, recule; on le tire; on l'entraîne, il mugit; les chiens lui mordent les pieds, tandis que les conducteurs l'assomment pour le faire entrer au lieu fatal» (pág. 351).

Yo me di cuenta de que se había evaporado mi carácter de campesino que convive con el animal en una continuidad fraterna de las especies, y me había convertido en sarcófago

176

reticente, cumplidos los veinte años. Lo cuento: durante mi infancia uno de los momentos más gozosos del día de fiesta era el de los preparativos de la paella, pelar las habas, ayudar a picar el tomate o el ajo, limpiar las alcachofas, y, sobre todo, colaborar en el sacrificio del pollo o del conejo con el que iban a cocinarse aquellos ingredientes. Ver brotar tumultuosa la sangre del cuello del animal, que se derramaba sobre la miga de pan con la que luego, bien empapada en sangre, se elaborarían las pelotas, y contemplar cómo surgían del interior del animal las tripas, que se arrojaban a un cubo, las vísceras, el hígado, la molleja, los huevos a medio hacer en el ovario de la gallina, aquellos colores púrpura, rojo, anaranjado, amarillo; los tintes verdosos, azulados, cárdenos, de algunas vísceras reluciendo bajo el sol: un bodegón barroco y una gozosa ceremonia eucarística. Admirábamos en el interior de la gallina los huevos en distintos estadios de gestación, los testículos del gallo, entre elogiosos comentarios acerca de la salud del animal, de su opulencia, la cualidad de su carne, todo contribuía a excitar una exudación de sentimientos positivos, e incluso los olores de las tripas, mezcla de sangre y excrementos, me resultaban agradables: eran los que acompañaban a aquel animal saludable (una preciosidad de gallina, había dicho mi tío), y servían como excitante anuncio de la paella que iba a llegar. Cumplían un papel semejante al que en los días de fiesta cumplen el olor de la pólvora y el sonido de la banda de música.

Un mediodía eso no fue así. Iban a matar un conejo y yo me ofrecí para sostenerlo por las patas, mientras alguien le daba el cachete mortal, o le clavaba el cuchillo en la garganta (ahora no recuerdo), como había visto hacer en tantas otras ocasiones, pero ese día, mientras sostenía el animal una vez que ya lo habían degollado y procedían a arrancarle la piel, noté que se transmitían a las palmas de mis manos sus últimos espasmos y temblores, sentía en ellas el latido de los ya inútiles movimientos de resistencia y el hormigueo de la vida en fuga. De pronto, el temblor del cuerpo indefenso, el olor de la sangre, el calor, se mezclaron produciéndome asco, me di cuenta de que tenía ganas de vomitar y estaba a punto de marearme. Pedí con precipitación que alguien me sustituyese en la tarea. Desde entonces vuelve el recuerdo del hormigueo cada vez que me encuentro con algún pedazo de conejo en la paella. Ya no me como su carne con el placer con que lo hice hasta aquella mañana en que perdí mi inocencia de carnívoro. No habían cambiado mis gustos, había cambiado yo: llevaba ya unos cuantos años viviendo fuera de casa, en internados, en Madrid, había perdido el contacto con jaulas y corrales: me había convertido en un hombre urbano, que miraba con cierta altiva conmiseración las costumbres que él mismo había compartido. El paso a «sarcófago» no era el único cambio que se había producido en mí: tampoco compartía ya las opiniones políticas o sociales de aquellas personas, que eran mis familiares o habían sido mis vecinos. Había dejado de sostenerme el mismo armazón de valores que los sostenía a ellos (eso creí, luego aprendí que, ni siquiera en el breve ciclo de una vida humana, los cambios son tan rápidos ni desde luego tan profundos). Ni siquiera me escandalizaba por las mismas cosas (a ellos, de haberlas conocido, les hubieran escandalizado muchas de las actividades que yo llevaba a cabo en Madrid), ni me reía con las mismas bromas. Había empezado a brujulear trastabillando en ese espacio resbaladizo del que ya no he conseguido escaparme: la tierra de nadie. No era uno de ellos, pero tampoco era ajeno a ellos.

20 de agosto
   Veo *Alta fidelidad*, de Stephen Frears: la música, la vinilomanía y todas esas cosas: mundo contemporáneo (tuve muchos compañeros así, con esas pasiones, yo mismo escribí

en *Ozono*, una revista hecha por y para gente de esos mundos musicales) que se me ha escapado y al que ya no voy a tener acceso, pero ¿no es la misión de un escritor contar su tiempo?, ¿no tienen mis novelas algo rancio, mohoso? Huyendo de lo trivial, se me ha escapado lo vivo. Esos historiadores que desprecian los periódicos de hoy y se pasan la vida metidos en periódicos de hace cien años.

A la espera de los comentarios de Blanco, tengo el reloj del móvil puesto en hora de Los Ángeles, e imagino su jornada diaria mientras vigilo la pantalla del ordenador enchufado a internet a cualquier hora en que pienso que él puede enviar el mensaje. Me da vergüenza llamarle, o enviarle algún correo que pudiera interpretar como apremio. Ya me avisó de que recibía a hijos y nietos y le costaría robar algunas horas para la lectura, pero lo cierto es que me tiene en vilo, incapaz de concentrarme. A cada momento aprieto la tecla que pone en marcha el icono de recibir, aun a sabiendas de que, así conectado, los mensajes entran automáticamente. Digamos que es mi esfuerzo suplementario para que lo deseado se realice. El trabajo del fiel que pone de su parte lo que tiene que poner porque sabe que el milagro no es solo cosa de Dios, y hay que empujar un poquito para que se produzca. En medio de esta angustia (a fuerza de leerlo y verle los costurones al libro ahora me parece un espanto, un desastre), intento concentrarme en *Los diarios de Berlín*, de Missie Vassiltchikov, una aristócrata cuya familia escapó de la revolución y narra minuciosamente sus andanzas alemanas durante la Segunda Guerra Mundial, 1940-1945, con algunas interrupciones (al parecer, se perdieron algunos cuadernos). El libro cuenta cómo, incluso durante la guerra y en las peores circunstancias, en la Alemania de después de la *Anschluss* seguía desarrollándose una intensa vida social, eso sí, cada vez más ensombrecida por la progresiva destrucción de todo.

179

A medida que el libro avanza, el ambiente de las altas esferas, al principio desenfadado, se vuelve siniestro, crecen las sospechas incluso entre los más altos cargos nazis, sobre todo tras el atentado contra Hitler y el intento de golpe de Estado de un sector de la propia cúpula del ejército. El diario, que en sus primeras páginas parece intrascendente, se va cargando del dramatismo que le contagia la cada vez más agobiante situación: los bombardeos, las ruinas y escombros, las llamas que devoran barrios enteros, los cadáveres mutilados tendidos en medio de las calles, las escalofriantes voces de quienes siguen con vida bajo los escombros. Todo está contado pudorosamente por esta mujer: sin cargar las tintas; y como al paso, se nos describe cómo entre tanto desastre, durmiendo entre escombros, sin carbón para la estufa, hay gente que sigue acudiendo a su trabajo, disfruta de una imprevista botella de champán o celebra alguna pieza comestible inesperada, oye música, o busca un hueco para escaparse a la montaña a esquiar: el sábado 22 de julio, «Hans Bernd [...] [e]staba sentado a su mesa y comía cerezas que extraía de una bolsa de papel. Y pensar que su hermano ha sido fusilado anteayer como un perro. Me sonreía y parloteaba como si nada» (pág. 319). En este caso, Missie parece que acusa de cierta crueldad al personaje, pero la mayor parte de las veces la intrascendencia que se abre paso en plena guerra tiene que ver con la pura inocencia, con el deseo de seguir viviendo: su madre les da cigarrillos a los cosacos rusos despreciados por el ejército alemán: «[...] han bailado y han cantado; estaban tan felices de poder volver a hablar ruso» (pág. 302).

Cuando ella va al pueblo donde viven sus padres, ellos se enfadan porque, en vez de quedarse a su lado, la joven Missie prefiere pasear por el campo, corretear con sus amigos. El 28 de abril del 44, en los peores momentos de la capital alemana —«el Tiergarten cuyo aspecto es desolador. En general, el aspecto arrasado de Berlín es estremecedor y deprimente» (pág. 260)–, Missie anota: «Nos hemos reído tanto esta vez que me ha dado una especie de calambre. Eso no pasa con frecuencia y hace bien» (pág. 272). Unas páginas antes ha contado el bombardeo del Hotel Bristol, un lugar al que ella acudía con frecuencia: sesenta personas que asistían a una cena oficial han sido enterradas vivas por los derrumbes (miércoles, 23 de febrero de 1944, pág. 245). Unos meses antes, el 23 de noviembre del 43, describe un bombardeo que contempla desde su casa: «Entonces se ha levantado el viento de forma alarmante, roncando como en una tempestad marina. Cuando mirábamos por la ventana, podíamos ver una lluvia de chispas abatirse sobre nuestra casa y sobre las del vecindario; durante ese tiempo el aire se volvía cada vez más pesado y caliente, mientras que torbellinos de humo entraban por las ventanas abiertas» (pág. 187). Y unas líneas más adelante: «El huracán de fuego había alcanzado entonces su punto culminante y su estampido recordaba el de un tren pasando por un túnel» (pág. 188). El libro crece a medida que avanza (aunque el lector pierde a veces pie por la gran cantidad de personajes que aparecen), gana en sensación de vida (paradójico usar esa «sensación de vida» para definir el libro, cuando de lo que se trata es más bien del avance de la muerte en todas sus formas, lo que lo hace crecer a ojos del lector).

El eje que articula la narración a lo largo de la segunda parte es el atentado de julio de 1944 contra Hitler y las terribles consecuencias que tuvo para cuantos estaban implicados en la trama, sus familiares y sus conocidos. Hitler aplica ese concepto del derecho germánico por el cual la culpa se extiende a través de la sangre: la consanguinidad del delito. Tanto los testimonios de Missie, como los comentarios que los puntean y que escribió su hermano George, el encargado de la edición, nos ayudan a ver, además de la irracional crueldad del régimen nazi, la que derrocharon los aliados en toda esa serie de bombardeos llevados a cabo contra ciudades y población civil que, en la última fase de la guerra, produjeron injustificables matanzas: Berlín, Hamburgo, Bremen, Viena, Dresde, convertidas en montañas de escombros forman el trágico telón de fondo de las andanzas de Missie, que, entretanto, sueña «con el encanto que recobrará París una vez acabada la guerra» (24 de agosto de 1944, pág. 359). Por cierto, al día siguiente se cita con un amigo «junto a las ruinas del Hotel Eden», con la misma naturalidad con la que antes se citaban en el salón o en el bar. El 5 de septiembre confiesa: «[...] ahora me he acostumbrado tanto a vivir en medio de estas ruinas, en el aire el olor incesante de gas mezclado con el de los escombros, el del metal oxidado, con incluso, de vez en cuando, los efluvios de carne putrefacta, que la idea de los campos verdes de Königswart, de las noches tranquilas y el aire puro me dan verdaderamente miedo» (martes, 5 de septiembre de 1944, pág. 375). Resultan sobrecogedoras las páginas en las que relata la destrucción de Viena, donde trabaja algún tiempo como enfermera; su miedo a morir enterrada viva, como lo había hecho tanta gente en Berlín, como por aquellos días lo fueron las doscientas setenta personas que estaban reunidas en el Jockey Club, solo alguno de cuyos cadáveres se rescató. El resto todavía yace hoy bajo el jardín que, tras la guerra, se diseñó en el lugar que ocupaba el edificio derruido.

Los vieneses lloran al contemplar la ciudad humeante, las llamas consumiendo el edificio de la ópera, que tanto significaba para ellos: «Viena es para los de su generación lo que para nosotros sería una habitación: cada rincón de cada calle les pertenece; cada piedra les resulta familiar» (18 de marzo de 1945). Sin resbalar hacia el patetismo, limitándose a contar, a narrar lo que ve, dejándose cautivar por cualquier detalle que la distraiga de la presencia omnipotente de la guerra –unos crocus que anuncian la primavera, una botella de champán–, Missie planta un relato estremecedor: el cadáver sin enterrar durante varios días, mientras cada uno continúa con sus actividades en la misma habitación, la ciudad de Viena en la que no se encuentran ataúdes, ni siquiera los que antes fabricaban con cartón, y en la que los familiares cavan ellos mismos las fosas en las que entierran a sus hijos. El libro se une a la lista de documentos que nos han llegado sobre el horror causado por los vencedores (pienso ahora en la novela de Ledig, en cuanto los vencedores le han escamoteado a la historia su propia brutalidad demasiadas veces innecesaria).

Una muestra de la morbosa crueldad de Hitler: a los que participaron en el complot en su contra los ahorcaron, pero no con cuerda normal, sino con delgadas cuerdas de piano, que no rompían la nuca provocando una muerte rápida, sino que brindaban un final largo y doloroso.

Siempre se me olvida el título de la magnífica novela de Ledig (*Represalia*): he tenido que levantarme e ir al estante. Lo hago cada vez que quiero recordar el título. El estado de mi memoria empieza a ser preocupante.

Telefoneo de madrugada a Blanco. Está parado, no avanza, ocupado con la familia, aún no ha podido terminar el libro, pero me dice que le maravilla el estilo, le parece un auténtico *tour de force* estilístico, una filigrana. Le sobra el capítulo de los rusos. Le sobran otras cosas: una cosa es la vida y otra la narrativa, me dice. Has querido meterlo todo. Y me suena que son las mismas palabras que le he dicho yo a él cuando le he comentado alguna de sus novelas. Sigo a la espera del veredicto final, aunque intuyo los reparos: me habla de la extraordinaria economía de *Mimoun* y *La buena letra*, ¿cómo no voy a estar de acuerdo con él? Solo que en el campo se cultivan habas, pero también naranjas y castañas, y plátanos, y cada fruta exige unos cuidados distintos y se ofrece diferente a la vista y al paladar. El comensal escogerá la que le apetezca y la apartará del cesto. Lo que quiero que me diga es si resulta o no comestible este fruto crematorial (creo que me está diciendo que le resulta empalagosa, un derroche verbal, entiendo).

En su introducción a *Tres maestros (Balzac, Dickens, Dostoievski)* Zweig dice: «Me hubiera gustado añadir a estas tres grandes figuras del francés, el inglés y el ruso, el retrato de un representante de las letras alemanas, uno de esos creadores de mundos épicos en el sentido elevado que doy a la palabra *novelista*. Pero no encuentro ni uno solo que ostente este rango tanto en el presente como en el pasado. Quizá la intención de este libro sea reclamarlo para el futuro y saludarlo desde la distancia» (pág. 11). *Tres maestros* se publicó en 1920, casi un decenio antes de que *Berlin Alexanderplatz* y el primer tomo de *El hombre sin atributos* vieran la luz; solo cuatro años antes de la aparición de *La montaña mágica*. Pero no creo que ninguna de esas novelas hubiera entrado en el concepto de creación de mundos épicos. ¿Ni siquiera *Los Buddenbrook* hubiera entrado en esa categoría? Yo creo que sí.

Es una pena que Zweig no conociera la literatura portuguesa, porque a esos tres «únicos grandes novelistas del siglo XIX» hubiera tenido que añadir a Eça de Queirós, y no digo ya, si hubiera leído literatura castellana, lo imprescindible que le resultaría Galdós, si su criterio es destacar al que «crea una ley de vida, un concepto de la vida, con la plétora de sus figuras, y los destaca con tanta armonía que gracias a él el mundo adopta una nueva forma» (pág. 10). Al fondo de estas palabras resuena Proust. Asegura Zweig: «[...] decimos de alguien contemporáneo que es una figura balzaquiana, un personaje dickensiano o un carácter dostoievskiano» (pág. 10). Sí, sí, es Proust, casi al pie de la letra.

Nosotros decimos de alguien, de algo (incluidos ciertos paisajes urbanos), que es galdosiano, y Galdós es tan generoso que lo acoge bajo su manto, lo asimila, aunque demasiadas veces sea dicho con ignorancia, con desprecio o con incomprensión, porque él es en sí mismo un mundo y en un mundo cabe todo, incluido el más moderno de los rascacielos de Dubái, fruto de los negocios, la especulación y las ambiciones que nos describió Galdós hace más de cien años.

Emprendo ilusionado la lectura del libro de Zweig.

22 de agosto

Noche insomne leyendo los extraordinarios ensayos de Zweig: la desmesura, la pasión monocorde de Balzac; el recogido saloncito burgués, con su chimenea encendida, como aspiración dickensiana, su piedad, su afán de justicia que no pone en cuestión el orden existente, al que eleva inyectándole una dosis de humor; y esa especie de ruleta rusa desenfrenada que es Dostoievski. Los tres estudios de Zweig son joyas impagables: está todo tan bien dicho, tan bien escrito, tan repleto de observaciones e intuiciones brillantes. Cada vez que uno se acerca a Zweig (recuerdo que, en mi adolescencia, los intelectuales te despreciaban si decías que leías a Zweig: era autor de masas, para señoras de clase media baja, para oficinistas con aspiraciones), digo que cada vez que uno se acerca a Zweig sale con las alforjas cargadas.

De Balzac dice: «Quien vive más deprisa, no vive menos tiempo, la vida uniforme no es menos variada» (pág. 30). Se

185

trata de seres atados a una pasión: «[...] si abandonan una pasión predilecta por otra, están perdidos» (pág. 31). Según Zweig, Balzac es el novelista sin opinión: «A nadie da la razón, a nadie se la quita. Balzac siempre se limitó a *épouser les opinions des autres*» (pág. 40). «Todo rostro se convertía para él en una charada que había que descifrar» (pág. 42), «frente a Zola, que reuniría piedra sobre piedra allí donde Balzac solo tenía que hacer girar su anillo mágico para levantar un palacio con mil ventanas» (pág. 43): me gusta mucho esa idea que expresa Zweig refiriéndose a que Balzac «dejó de estudiar y experimentar en sus años de creación, dejó de observar la vida, como por ejemplo Zola, quien, antes de escribir una novela, preparaba un *bordereau* para cada personaje, o como Flaubert, que revolvía bibliotecas para escribir un libro del grosor de un dedo. Balzac regresaba rara vez al mundo situado fuera del suyo, permanecía encerrado en su alucinación» (pág. 44). «"Une telle force n'a pas besoin d'art." [...] Balzac propiamente no compuso sus novelas, se perdía en ellas como en una pasión» (pág. 47), lo que no evita que pretenda, según Zweig, describir la presión atmosférica de su época.

La comedia humana «carece de un plan interno. No tiene plan, como no lo tenía para Balzac la vida misma, no aspira a una moral ni a un compendio, solo pretende mostrar como mudable lo eternamente mudable» (pág. 47). «[...] lo que en París se llama virtud más allá de las Azores es un vicio» (pág. 48). Para Zweig, Balzac instaura «el concepto de novela como enciclopedia del mundo interior. Los escritores anteriores a él solo conocían dos procedimientos para propulsar el motor amodorrado de la acción: o introducían el factor acaso, que actuaba desde fuera, se colocaba en las velas e impulsaba el barco, o escogían desde las fuerzas motrices interiores solo el instinto erótico» (pág. 49). «[...] él llevó el dinero a la novela [...] ese valor universal» (págs. 49-50).

Hablaba antes de lo mucho que me gusta la idea de que Balzac extrae la novela desde sí mismo, él que, en sus libros, recorre palmo a palmo las calles de París y la geografía de Francia, encerrado cada vez más en sí mismo. Es una sensación que vivo de cerca: también a mí cada vez me interesa como materia novelable más lo de fuera, al mismo tiempo que noto que eso mismo, lo de fuera, ya lo llevo de algún modo dentro. Apenas si me llega el exterior por medio de la prensa, porque mis contactos son cada vez más escasos, mi círculo de relaciones más reducido: como dice Zweig de Balzac, tengo «el aprensivo presentimiento de que un contacto entre esos dos mundos, el suyo [el mío] y el de los demás, siempre ha[bría] de ser doloroso» (pág. 33). Noto esa sensación de una forma muy aguda por lo que se refiere a esta última novela que he escrito: querría que fuera solo para mí, y para algunos escasos lectores de confianza. Me asusta pensar que se expondrá en los escaparates, y que su aparición volverá a convertirme –con más o menos visibilidad– en hombre público; por estrecho que sea el círculo de los que se enteran o siguen mis libros, un hombre público que ha de responder a preguntas de periodistas, cuyo nombre aparecerá en las reseñas literarias. Eso que de joven me parecía deseable, el reconocimiento literario (el roce de mi mundo con el de fuera), ahora me espanta. ¿Qué decir?, ¿qué cara pones cuando respondes a periodistas que colaboran en esos periódicos contra los que despotricas a diario? Hace falta una dosis de cinismo. Hay que salvar el libro. Lo que importa es el libro. Justificaciones para vender tu mercancía.

Pero vuelvo a Zweig, a su magnífica observación sobre Dickens, del que se arriesga a decir: «No es él quien ha escrito esta obra, sino la tradición inglesa, la más fuerte, rica y peculiar, y por eso también la más peligrosa de las culturas modernas» (pág. 59). «En Dickens, una profunda satisfacción lastraba su empuje artístico» (pág. 65). En Balzac, un personaje –según Zweig– es una pasión; en Dickens, «una suma de rasgos, pero definidos con tanta precisión que armonizan perfectamente y componen un mosaico perfecto [...]. Un intenso recuerdo visual» (pág. 77). Pero quizá la más brillante definición de lo que nos da Dickens, en comparación con Balzac y Dostoievski, sea esta: «Si evocamos el nombre de una figura de Balzac o de Dostoievski, por ejemplo la del *père* Goriot o la de Raskólnikov, a esta responde un sentimiento, el recuerdo de una abnegación, de una desesperación, de un caos de pasión. Mencionemos el nombre de Pickwick y surge la imagen de un caballero jovial, con un considerable *embonpoint* y botones dorados en el chaleco» (pág. 77). El lector entiende perfectamente lo que quiere decirle el maestro Zweig: a los personajes de Dickens los vemos. A los de Balzac o Dostoievski maldita la falta que nos hace verlos, están ahí con toda su potencia. Por su parte, la desmesura de Dostoievski requiere «una nueva medida» (pág. 93). Dostoievski «nunca buscó una norma, sino solo y siempre la plenitud» (pág. 130).

Los caracteres de Balzac (y también los de Victor Hugo, Scott y Dickens) [...] son unidades y por tanto mensurables en la balanza de la moral [...]. El héroe de la novela alemana (pensemos, por ejemplo, en *Wilhelm Meister* o en *Enrique el Verde*) ya no está tan seguro de su dirección fundamental [...] carece de armonía, pero lo anima el anhelo de unidad. El genio alemán aspira siempre al orden en último término [...]. La vida se concilia con el ideal [...]. Los héroes de Dostoievski [...] [n]o quieren en absoluto entrar en la realidad, sino pasar por encima de ella desde el principio para llegar al infinito (pág. 138).

El ruso del siglo XIX, el de la época de Dostoievski, ha quemado tras de sí la cabaña de madera de la prehistoria

188

bárbara sin haber construido todavía su nueva casa [...]. Turguénev la empuja hacia adelante; Tolstói hacia atrás (pág. 140).

Hacia Petersburgo, la ciudad de la cultura; o hacia la estepa.

Y de nuevo Zweig, poniendo en mano su capacidad de observación: «En Dickens al final de todos los anhelos se halla la idílica casita en el campo llena de alegres niños. En Balzac, el castillo, el título de par y los millones. Y si miramos a nuestro alrededor, en la calle, en los tenduchos, en los cuchitriles y en las salas iluminadas, ¿qué quiere la gente? Vivir contenta, ser feliz, rica y poderosa. ¿Qué personaje de Dostoievski quiere esto? Ninguno. Ni uno solo» (págs. 142-143). «¡Buscadme y enseñadme un solo personaje de Dostoievski que respire con calma, que descanse tras haber alcanzado la meta! ¡Ninguno! Todos participan en esta vertiginosa carrera hacia las alturas o hacia las profundidades» (pág. 144).

Para culminar la extraordinaria, certera, a la vez trágica e hilarante visión de Zweig sobre Dostoievski, esta impagable descripción:

Un gran francés, horrorizado, llamó al mundo de Dostoievski hospital de neurópatas, y realmente, ¡qué sombría y fantástica debe de aparecer esta esfera vista por primera vez desde fuera! Tabernas llenas de vapores de aguardiente, celdas, cuartuchos en casas de suburbios, callejuelas de burdeles y bodegones, y allí, sobre un fondo oscuro de Rembrandt, una turba de figuras extáticas: el asesino, con la sangre de su víctima todavía en las manos levantadas hacia el cielo; el borracho, en medio de las risas de quienes le escuchan; la muchacha de aspecto amarillo, en la penumbra de la callejuela; el niño epiléptico pidiendo limosna en las

189

esquinas; el septuagenario asesino en la *kátorga* de Siberia; el jugador, entre los puños de sus compinches; Rogozkin, rondando como una fiera la habitación cerrada de su mujer; el ladrón honrado, agonizando en un lecho inmundo. ¡Qué mundo subterráneo de sentimientos, qué infierno de pasiones! ¡Ah, qué trágica humanidad, qué cielo tan ruso, bajo, gris, eternamente crepuscular, sobre estas figuras, qué tinieblas en el corazón y en el paisaje! Campos de infortunio, yermos de desesperación, purgatorio sin gracia ni justicia (pág. 145).

Hay una observación de Zweig cuando distingue el proyecto narrativo de Zola de la novelística de Dostoievski que me parece, además de precisa, oportuna para analizar algunas tendencias de la literatura (y del cine) contemporáneos. Dice así Zweig: «El naturalismo exacto de tiempos de Zola procede directamente de la ciencia. Es una psicología experimental invertida» (pág. 158). Me interesa mucho esa definición que creo que se ajusta a algo de lo que creo que ya he hablado en estos cuadernos, me refiero a la dimensión de cierto cine de izquierdas (*Recursos humanos*, por ejemplo), de novelas como las últimas de la Gopegui, de algunas otras películas españolas, como *Solas*, *Los lunes al sol*, e incluso de alguno de los libros más flojos de Andrés Barba: se analiza en ellos un caso, un comportamiento, un ascenso social, o una patología psicológica o social, una huelga, una neurosis, y el resultado –en el mejor de los casos– es una buena dramatización de un hecho concreto, un buen reportaje periodístico levantado sobre una ficción, y, sin embargo, yo creo que la novela es algo más, tiene otra dimensión, como la tiene lo que consideramos el cine con respecto a los telefilmes (ya sé que ahora hay series muy buenas, habría que discutir más: todos dicen que el verdadero cine de hoy se hace en la tele), pero yo tengo la impresión de que, al margen de narrar un

190

hecho, de radiografiarlo, la literatura tiene que poner a prueba el sentido de la vida del lector, torpedear su línea de flotación, no sé, a lo mejor esto que estoy diciendo es solo metafísica. Leyendo la frase de Zweig sobre Zola me ha venido la frase que definiría a esas novelas a las que me refiero, «una performance sociológica o psicológica», algo así, más que propiamente una novela.

Que sí, que ya lo sé, que nadie tenemos claro –y menos a estas alturas– lo que distingue una novela de algo que no lo es, pero a mis casi sesenta años creo que reconozco una novela cuando me la encuentro, del mismo modo que la mujer pantera reconocía a su hermana con solo cruzar la mirada con ella; o como el homosexual descubre al compañero que aguarda en la cola del cine acompañado por su novia, y es reconocido por el otro: ambos apartan precipitadamente la vista y procuran no volver a cruzar las miradas en lo que les queda de espera. De joven, el autobús que cogía para ir al barrio de El Pilar tenía una parada cerca de una escuela de policía, o quizá un cuartel, ahora no recuerdo bien. Yo reconocía a quienes iban a bajarse en esa parada en cuanto subían al autobús, como buen rojo condenado a una vida clandestina los distinguía a primera vista, eran el peligro (la rata que percibe la presencia del gato), los olía por más que fueran disfrazados, recibía su energía negativa; lo malo es que seguramente también ellos me distinguían y me olían a mí; se entrenaban en descubrir los emisores de esa recíproca energía negativa, sobre todo después de que aparecieron ETA, los GRAPO y el FRAP, y un rojo ya no era solo un animalito inerme con el que se podía jugar moviéndolo entre las zarpas, sino una fiera peligrosa.

Desde hace unos días, Manolo, el perrito, siempre tan alegre, está mohíno, apenas corre, se levanta con dificultad y le tiemblan las patas cuando camina; a ratos cojea, levanta la pata trasera del lado derecho y tiene los ojos tristes, se acerca poco a comer, mientras los dos perros jóvenes –Ramonet y Nicanor– tragan insaciables cuanto les echo, juegan, se mordisquean, incluso –en sus juegos– muerden a Manolo. Le han hecho algunas heridas en las articulaciones. Me da pena verlo así. Tan envejecido, el pobre. ¿Qué tiene?, ¿once, doce, trece años? Me lo dieron recién nacido. Jamás había tocado a un animal, excepto algún pajarito que me regalaron de niño, e incluso esos bichos los tocaba con aprensión. Los perros me daban (y me siguen dando) pánico. Pero me lo mostraron tembloroso, de un tamaño apenas superior al dedo pulgar, y me dijeron que estaba solo, que el propietario de la madre se la había dado a alguien, y esa noche, sin ella, el recién nacido se moriría de frío. Una noche de invierno, la barra de un bar, y el perrito gimiendo y temblando: me había tomado unas cuantas copas y el alcohol hizo que empezara a destilar sentimientos azucarados hacia aquel animalito indefenso que su propietario exhibía sobre las frías baldosas de la barra. Él y yo, dos seres sin nadie expuestos al frío del invierno extremeño. La fuente que había a la entrada del pueblo estaba cubierta por una placa de hielo. Cogí al perro, lo metí en el coche y de ahí a casa, a la habitación que era a la vez lugar de trabajo y dormitorio: lo deposité al lado de la salamandra para que tuviera calor, pero como no paraba de gemir, al cabo de un rato me lo puse (¡yo!) en la almohada. Debía llevar mucho alcohol en el cuerpo. Cuando me desperté, estaba plantado junto a mi cara y me miraba. Así pasamos la primera semana juntos, él respirando junto a mi cara cada noche; empezamos a querernos con un cariño que no ha hecho más que crecer hasta hoy: con qué alegría se acerca en cuanto me ve, con qué ternura lo miro. Nadie lo ha educado, pero sabe comportarse; en cuanto me dirijo a él, levanta la pata y me la ofrece, jamás ha hecho sus necesidades en casa. Incluso en el largo viaje que efectuó en coche desde Extremadura hasta aquí (nunca se había montado en un coche, desde aquella noche en que lo recogí), aprovechó las paradas para salir corriendo y buscar un campo en el que aliviarse y volver enseguida junto a mí. Lo veo degradado y me conmuevo. Me dice la veterinaria que ya es mayor y saca la cuenta de la edad equivalente en un humano. Un anciano. Y me doy cuenta de que convivir con un animal te lleva a ser testigo de una vida entera, lo has visto nacer, lo ves crecer y madurar y te toca verlo morir, y eso desata emociones que tienen que ver con las que te provoca el arte: visión de conjunto de la vida; idea de cotidianidad y de extrañeza mezcladas, sensaciones conmovedoras que activan la reflexión sobre el sentido de la existencia. Marcel, en esas fiestas pobladas de fantasmas de *El tiempo recobrado*, siente una desolación metafísica. Ve bajo las pieles de los viejos el anuncio de la calavera, pero los viejos son los mismos que, en su día, representaron la belleza, la plenitud. Has visto nacer al perro, cachorro recién nacido, su plenitud de perro ágil, lo ves encanecer, envejecer, lo vas a ver morir dentro de unos días. Le toco las patas, se deja, las levanta, me las ofrece vacilante, como queriendo decirme que se las acaricie con cuidado porque le duelen, y le dejo pasar las horas a mi lado, tumbado en el suelo, silencioso —no toca nada, no se mueve del sitio que le señalo con el dedo—. En vez de pasarse los días correteando por el huerto, ahora quiere estar a mi lado, viene a buscarme, por las noches se pone junto a la puerta y la golpea con las patas para que lo deje pasar al interior de la casa, y busca un sitio cerca de mí del que ya no se mueve hasta la mañana siguiente. Antes, solo golpeaba la puerta pidiendo que lo dejase entrar cuando (aquí, tantas veces) estallaban petardos, tracas, fuegos artificiales, o durante las tormentas con mucho aparato eléctrico. Le dan miedo los petardos, aunque suenen muy lejos. Creo que es algo que les ocurre a muchos perros. En Valverde nunca los había oído. Aquí, al principio de llegar, se desesperaba cada vez que oía las tracas, los castillos de fuegos artificiales que lanzan en todos los pueblos de alrededor, golpeaba con furia la puerta para que lo dejara pasar, buscaba protección. Pero estoy escribiendo de mis recuerdos de un perro, parece miserable, ¿verdad?, con la de grandes temas pendientes que tendría a mano si me lo propusiera, y tanta gente que sufre y tanta miseria y hambre en continentes ajenos, y tanta soledad y desamor en ciudades próximas, me digo que esto es egoísta lamento por la vida que pasa, pero qué voy a hacer, ahí está el perro en mis recuerdos, alegre, moviendo la cola, y también puedo contemplarlo apaciblemente tumbado en una foto en la que aparece con el pequeño D., el hijo de M., también él inocente, guapo, vivaracho, simpático animalito humano de cinco años, en la actualidad convertido en un robusto joven, por lo que me cuenta M. las pocas veces en que nos telefoneamos: tiene doce años, y sí, es de eso de lo que escribo esta noche, de la puta rata del tiempo que se lo come todo, escribo de que, como decía el triste villancico, nosotros nos iremos y no volveremos más. Dejo fe de lo que hay y de lo que hubo y conocí, porque nos estamos yendo, nos diluimos, nos difuminamos y de esa belleza no va a quedar nada. Intento recordar la letra de aquel villancico y no lo consigo, memoria que se va, vida que se borra, que se difumina en el horizonte. Una angustia que me asalta cada vez con más frecuencia: situaciones que he olvidado, nombres, gente, títulos de libros que, a cada momento, tengo que esforzarme para recordar. Y cuando busco ayuda y pienso en alguien que leyó ese libro o vivió aquella situación, la mayor parte de las veces me doy cuenta de que no puede ser, porque no sé qué ha sido de él, por dónde para, o desgraciadamente sé que ya no está en este frágil reino de los vivos. Mientras escribo, me viene la letra del villancico: «La Nochebuena se viene, la No-

194

chebuena se va, y nosotros nos iremos y no volveremos más». Sí, nuestras vidas no tienen el carácter cíclico de las estaciones del año.

Escribo estas cosas después de que D'O. me llamara contándome que ha visto a E. como un moribundo, sí, un moribundo, me decía. Y, sí, yo ya no quiero ver morir a nadie más, ahora me toca a mí, que lloren otros, me decía. A E. al parecer le ha dado algo así como un colapso hepático que le ha paralizado las funciones. Se le ha fundido el motor. Le han extraído quince litros de líquido corporal mediante punciones, porque tampoco le funciona el riñón, ni el páncreas, ni yo qué sé qué. Apenas puede levantarse, ni moverse. Le llamo por teléfono, y es un débil flato lo que fue voz vigorosa de un sanguíneo que pesaba ciento treinta kilos. Hablo con una viejecita susurrante. Mejor dejar reposar el cuaderno y volver a las últimas páginas del libro de Zweig. Me invade la sensación de que me falta tiempo: volver a leerme a Proust, volver a leer *Guerra y paz*, *La cartuja de Parma*, Eça de Queirós… Me dan ganas de llorar por lo que se escapa, por lo que desaparece.

Los cristianos lloran con el consuelo de que el difunto se ha ido a vivir una vida mejor (aunque bastante monótona, por cierto: no acaban de animar ese parque melifluo, no se les ocurren iniciativas convincentes que lo hagan atractivo), pero yo lloro por lo que no va a ningún sitio. Por mí mismo, que me disolveré. Digo pobre perro Manolo, le doy palmaditas, y estoy diciendo: pobre Rafael, que en poco tiempo no será nada, ni serán nada sus recuerdos… Imagino que D'O. está asustada, son sus setenta años, su soledad en este Madrid, familiar pero también inhóspito, con una economía en el umbral de la supervivencia, sin trabajo. Y las razones que pongo para que se tenga pena me las aplico a mí mismo. ¿Estoy asustado? Entretanto, sigue sin llegar el e-mail de Blanco sobre la novela. Me parece cruel por su parte: él, cuando me ha dejado a leer un manuscrito suyo, pegaba la cabeza en mi hombro, me preguntaba: ¿cómo va?, me comentaba sobre la marcha, es decir, ha hecho lo que acostumbramos a hacer los escritores inseguros. Lo raro es este silencio. ¿No sabrá cómo decirme las pegas que le ve al libro? Blanco, a quien quiero mucho, compone una extraña mezcla de elementos a veces contradictorios. Por una parte posee la inocente campechanía, personalidad en línea de lo que se supone que ha de ser el vasco saludable, «natural», que aún cuida a sus ochenta años lo que pensarían de él tías y abuelos de Irún (es el modelo de su niñez), y junta ese aspecto con la implacabilidad del crítico riguroso, no exento de orgullo de viejo director de departamento en la universidad americana, completado con cierta altivez de quien vio el franquismo desde fuera y no sufrió sus limitaciones culturales, y, como joven republicano de privilegiado talento, estuvo en contacto con las élites culturales mexicanas (Paz, Fuentes, Rulfo), y luego, con la jet americana (pasó por Harvard), y, en su etapa californiana, con lo que se llamó «las minorías étnicas» (su mujer, Iris, es una caribeña, tan hermosa en su juventud como insoportable charlatana en la madurez). Me dijo por teléfono cuando le hablé de la novela: ¿qué pintan los rusos en tu libro? Bueno –le respondo–, la degradación de lo que fue Rusia, la gran Unión Soviética. Y él: y lo que significa, y lo que aún significa. Ahí está ese Putin dando la cara; y en ese instante descubro que habla en serio, que de verdad es putinista y le ofende que mis rusos sean mafiosos. El que tuvo retuvo. Sigue excavando en la Rusia actual y se encuentra con los filamentos de la URSS. Mis mafiosos rusos me convierten a mí en antisoviético.

No sé por qué demonios me llegan montones de mensajes en inglés que anuncian viagra, alargamientos de pene, títulos universitarios obtenidos sin problemas o negocios rápidos. Predominan los de alargamiento de pene, ¡hay que ver qué manía les ha entrado a los americanos con el tamaño de su polla! «Antes se reían de mí en las duchas o en los servicios públicos.» O: «Mi chica ya no dice enséñame el chiquitín, porque ahora tengo M-E-G-A D-I-C-K. Y ya nadie bromea a mi costa». Es el cortejo que precede a la esperada llegada del e-mail del emperador Blanco Aguinaga. En realidad, acompaña a mi propia paranoia: imagino que me dirá poco más o menos lo mismo que pienso yo, aunque me sorprendió su fascinación por el estilo; de eso sí que no he sido yo consciente, aunque me he propuesto, o he buscado, que el libro se mantenga como un funambulista en el hilo del tono, porque la novela es un conglomerado de digresiones que poco tienen que ver entre sí y solo la disciplina en el tono, en la tensión del lenguaje, en la atmósfera, las convierte en elementos novelescos.

Es tan brillante, tan lúcido, el texto de Zweig sobre Dostoievski, que uno lo subrayaría por completo, lo anotaría entero; así, la idea de cómo los cuerpos en sus novelas surgen de la palabra, se van haciendo a sí mismos, se nos muestran a medida que hablan, por lo que dicen, y no podemos decir que no tengan cuerpo Fiódor Karamázov, Rogozhin o Myshkin.

25 de agosto
Otro día interminable: dura –como ya es habitual– hasta las cinco de la mañana, pero esta vez de bar en bar, de cerveza a vino a carajillo a ponche y a una casi infinita sucesión de gin-tonics. Uf, uf, uf.

26 de agosto

El laberinto del fauno. Me molesta cada vez más el efectismo sonoro de las películas actuales, esos ruidos estereofónicos. Cierran una puerta y el golpe suena como si se viniera el mundo abajo, suenan los pasos como seísmos, crujen las maderas como crepitar de relámpago en una tormenta, la música efectista… En realidad, todo eso produce sensación de oquedad, de vacío, de artificio: da la impresión de que se llena con mampostería sonora lo que a duras penas se soporta como imagen o como texto, el despliegue de faunos, hadas, sapos gigantescos, barros grumosos, o glutinosos, etc., esa comparsa delirante e infantiloide que acompaña una película en la que se esfuma cualquier emoción, qué demonios de reflexión sobre la Guerra Civil se pretende con esos elementos. Sin olvidar el final, con la aparición de un grupo de maquis que son como coro de zarzuela, compañía de teatro independiente representando a Brecht en los sesenta, o como equipo de modelos de Dolce & Gabbana, y con el postre de una sorprendente aparición de Federico Luppi, como Rey Mago, o como Dios Padre celestial: ya digo, un conjunto que me devuelve a las representaciones teatrales en el colegio de huérfanos, pero sin el encanto de su sencillez y de la ingenuidad. Aquí el vacío (que es más bien en la cabeza, como diría el poeta) se cubre con fascistas malísimos (que sí, que sí, compañeros, que lo eran, muy malos, yo los padecí) y con esos maquis de los que ya he hablado, heroicos, claro: sí lo fueron, no cabe duda, pero Guillermo del Toro consigue que los trivialicemos (a ellos y a los fascistas de títere de cachiporra). Viéndolos tan fuertes, tan guapos, tan seguros, uno no se explica cómo estos maquis de catálogo de casa de modas no ganaron la guerra; de hecho, la película —en otra estúpida pirueta— termina con una especie de victoria suya. Qué más da. ¡Viva la libertad!

27 de agosto

Ayer anotaba algunas de las que me parecen miserias del cine contemporáneo, hablaba del manierismo de los sonidos hipertrofiados, pero también podría referirme al montaje entrecortado que no te deja ver nada con atención, a los trávelin endiabladamente veloces subrayados por ráfagas musicales estruendosas, o a los contrapicados panorámicos que son paseos con el Google Maps; me refería, en fin, a la sensación de falsedad que dejan los efectos digitales en el cine actual. Y, mira por dónde, mientras les doy vueltas a estas cosas, resulta que, haciendo zapping, vengo a dar con la secuencia de una vieja película inglesa: en la pantalla, dos hijas discuten con un padre intransigente. En pocos instantes, me veo atrapado en lo que allí se desarrolla, me siento incluso conmovido: tres actores extraordinarios dicen unos diálogos bien construidos, cargados de sentido ante una cámara que sirve como testigo, ventana por la que el espectador entra en la vida privada de esos seres, una paz me recorre, veo la película sin sobresaltos añadidos, sin pedirle a la música que pare, a la cámara que se esté quieta y al actor que procure que entendamos lo que dice. La película se titula *Las vírgenes de Wimpole Street*, y no puedo seguir viéndola porque debo salir de casa, pero en ese poco tiempo se levanta como prueba de lo inútiles que pueden llegar a ser la parafernalia tecnológica y todos esos trucos de embaucador.

El perrito Nicanor, el recién llegado (tiene seis meses), se muestra tristón. Durante la mañana de ayer no comió nada, y por la tarde se amodorró bajo la palmera. Contrastaba esa inmovilidad con su comportamiento cotidiano, incansable, jugando con los otros perros, persiguiendo a una avispa o peleándose con las ramas de alguna planta. Vomitó un líquido verdoso. Supuse que habría comido yerba para purgarse, pero seguía inmóvil, con la mirada perdida. Lo llevamos a la

199

clínica veterinaria, donde le pusieron un par de inyecciones y le dieron unas pastillas. Esta mañana había desaparecido, tardé en encontrarlo bajo unos arbustos. A duras penas (Paco forzándolo para que abriera la boca) ha ingerido las pastillas que la veterinaria prescribió, y que no parecen hacerle efecto.

A mediodía, aunque tambaleándose como si estuviera mareado, se ha acercado al plato con agua que le he puesto delante. No bebía, pero metía la boca y el hocico en el agua, como si el contacto lo aliviara de algo. A continuación ha caminado unos cuantos pasos en dirección al arbusto protector, pero, a mitad del camino, ha dado media vuelta y ha regresado junto al plato, donde primero rozando apenas los belfos con el agua y luego bebiendo con lentitud y, a la vez, con avidez, ha vaciado tres platillos de agua. Parecía animarse, volvía a fijar la mirada, me miraba con esos ojos que me han seducido durante los últimos meses. Se ha erguido, ha caminado hasta la puerta de casa y allí se ha tendido nuevamente. Me ha parecido que dormía apacible, descansando. Pero, de pronto, ha salido un chorro de sangre del trasero, y se ha formado un charco rojizo en torno a él. Ha empezado a gemir, chapoteando en la sangre. Entre Paco y yo lo hemos metido enseguida en el coche, y mientras nos dirigíamos para llevarlo a la veterinaria, ha seguido gimiendo durante tres o cuatro minutos. Luego ha emitido un gemido más profundo (era el mismo gemido –una ronquera suave, un hipo cortado– que le escuché a mi madre en su agonía) y se ha callado. Le he preguntado a Paco: ¿se ha muerto?, porque iba conduciendo y no podía ver la parte trasera del coche. Paco ha empezado a llorar. Seguía llorando cuando hemos llegado a la clínica veterinaria, donde lo hemos depositado sobre una camilla metálica. La veterinaria ha sacado un par de bolsas de plástico y lo hemos metido dentro.

Todo me ha parecido asquerosamente industrial, pero también demasiado humano. La muerte nos iguala a los animales. Toda la tarde estoy con ganas de llorar también yo; ahora, mientras escribo, tengo ganas de llorar. Esa explosión de vida, de juventud y salud metida en una bolsa de plástico: el perrito orondo, comilón (en poco tiempo había alcanzado los dieciséis kilos), con toda su alegre inconsciencia, convertido en sucio muñeco de trapo con manchas de sangre en el culo. Pienso que ha debido comer veneno para las ratas arrojado por el vecino, de ahí que haya reventado tras beber agua. No sé si es tristeza por un perro (¿por qué no?) o si es pena por la vida, por los agonizantes, por ese final que nos espera a todos y que, en quienes tenemos consciencia y además vivimos durante más años, lo único que hace es fragmentarse en sucesivas imágenes: una película pasada a cámara lenta en la que cada movimiento se descompone en sucesión de gestos, fotograma a fotograma. Lo que dije el otro día del perro Manolo hoy le conviene a Nicanor: he visto el ciclo de una vida, el proceso completo, desde el mamón hasta el feo perro de trapo que muestra los colmillos y tiene la piel manchada por coágulos de sangre. Entre las dos imágenes, una vida. Fuera, la luna llena ilumina el paisaje. Puedo distinguir en plena noche las casas esparcidas por las montañas que tengo enfrente, y, al fondo del valle, las luces de colores del pueblo que celebra sus fiestas. En el piso de abajo, silencio. Imagino que Paco, malhumorado, se habrá acostado enseguida. Lo hace así cuando se deprime o se enfada. Se mete en la cama y se tapa la cabeza con la sábana. Yo, en el piso de arriba, también noto el silencio, el vacío. Los que se mueren, aunque sea un perro, parece que emponzoñan el aire. Se percibe la energía funesta (los otros dos perros no han ladrado ni una sola vez: imagino que han visto, han olido la sangre y la muerte, los animales notan esas cosas) y también un hueco, vacío, ausencia. Hay una satura-

201

ción negativa: la muerte la trae siempre. Esa sombría concavidad.

28 de agosto

Anteanoche terminaba las notas diciendo que los maquis
de *El laberinto del fauno* aniquilan al enemigo, vencen y se
supone que instalan una justicia dura y hermosa sobre la tierra: se me puede decir que el director ha querido filmar un
cuento de hadas, pues de eso se trata, de que ha filmado una
mentira, que, si cabe, es más insoportable por cursi y por
boba que por mentira. En mi novela gana el más listo y el
más malo, no estamos –o no estoy– para cuentos de hadas.
En la prestidigitación faunesca está el núcleo falaz del zapaterismo, una reescritura mojigata y fantástica de la historia.
La socialdemocracia de la que nos habló Walter Benjamin y
nosotros hemos sufrido.

Estas reflexiones vienen al pelo para contar que he visto
por cuarta o quinta vez en mi vida *Dulce pájaro de juventud*,
y también ahí, cuando parece que las cosas se ponen en su sitio –la vieja actriz por encima del gigoló; la clase y la corrupción por encima de la juventud y los buenos sentimientos–,
viene a tergiversarlo todo el toque de varita mágica final, el
cuento de hadas: la chica rica con el gigoló bueno e idealista,
que fue su amor de juventud, imposible porque él era un
don nadie y se tuvo que marchar del pueblo en busca de alguna forma de éxito que le permitiera aspirar a la muchacha
rica. Ahora se escapan juntos, pasándose por el forro la ira
del poderoso y rico padre. El gigoló lleva la cara destrozada,
le han vaciado un ojo, y suponemos que ya no está en condiciones de ganarse la vida como hasta entonces. Pero no importa, porque triunfa la pureza del amor que unió en la adolescencia a la hija del rico con el pobre desgraciado, que se
ha ido hundiendo y degradando precisamente en busca de

un triunfo que lo pusiera a la altura de la amada. Antes de salir de estampía, la muchacha le dice al padre que no volverá a pisar esa casa (más bien, suntuosísima mansión), y ante un desenlace así, a mí se me ocurre pensar en cómo y de qué va a vivir la pareja en cuanto se acabe la gasolina que lleva el coche en el depósito. Estas criaturas no saben lo que les espera. Como ocurre tantas veces, el final feliz de la película es el principio de la espeluznante tragedia.

29 de agosto

Sigue el silencio en torno a la casa, la saturación negativa, la concavidad, los perros continúan mudos, quietos, y yo me pregunto por las misteriosas relaciones que existen entre los animales. El comportamiento del perro Manolo no es normal, pero mucho menos el del malvado Ramonet, siempre activo, ladrando a cada instante, corriendo como su compañero Nicanor, y con él, detrás de lo que sea, y ahora silencioso, está tendido aquí a mi lado. He bajado a prepararme la cena para subírmela a mi habitación, y él, que siempre se me mete entre las piernas, y enreda, y ladra reclamando atención y le tengo que gritar porque parece que va a tirarme al suelo, hoy ni siquiera se ha movido, tumbado, quieto, con la mirada perdida. No podemos meternos dentro de ellos para saber en qué basan sus comportamientos, aparte de lo de comer y beber, claro está, y lo del sexo, no tenemos ni idea de si hay otro instinto o intuición que los guía, si sienten alguna forma de melancolía o instintivo dolor por la pérdida de una compañía que era, a la vez, juguete (al fin y al cabo, lo que un niño es para otro, para su amiguito). Vivimos rodeados de misterios de los que no nos ocupamos, seguramente porque la vida es demasiado corta para pararnos a pensar en esa infinita variedad de elementos que nos conforman o que nos rodean y forman parte de nuestra existencia.

30 de agosto

Recibo la carta de Blanco, llena de reticencias hacia la novela, y le respondo sobre la marcha. Imprimiré su carta y mi respuesta y las pegaré en este cuaderno. Imaginaba que la respuesta iba a ser esa. Nos conocemos mucho, y nos queremos lo suficiente como para conocer nuestros mecanismos. La encuentra sobrecargada de cultura, de referencias a esto y aquello, arquitectura, pintura, arte…, y el capítulo de los rusos, ¿qué pintan esos rusos? A cambio me dice que he creado un personaje. No es poca cosa, viniendo de él.

9 de septiembre

Burla, burlando, nos acercamos al otoño, ¿en qué se me va el tiempo? De momento he conseguido entregar las tres columnitas en francés para *Livres Hebdo*. Ya sé que no es nada haber escrito ocho folios –cada una tiene dos y medio– pero cuesta tanto mover la torpe maquinaria de la cabeza de esta especie de paquidermo antediluviano. Sentarme al ordenador, manchar la pantalla en blanco. Ya solo me queda por entregar una columna más. Uf. Compromiso cumplido: aún no soy un inútil. ¿Por qué no consigo darle continuidad a mi trabajo? Todo lo hago a saltos, de manera chapucera, sin disciplina, y después de esfuerzos desproporcionados, mato moscas a cañonazos. Ese modo de trabajar y vivir me crea una sensación difícilmente soportable, y lastra molestamente cualquier trabajo que emprendo. Le envío a Jean-Maurice ese último artículo para *Livres Hebdo*, que, la verdad, me gusta mucho. Su tesis es que la novela agoniza por una sobredosis de inteligencia. Contra ese lastre mistificador, decido emprender la lectura de *Guerra y paz*, novela en estado puro. La empiezo casi con veneración, convencido de que será la última vez que la lea. Ya no queda tiempo *(no ha sido así, no se ha cumplido el pronóstico: paso a limpio estos cuadernos en agosto de 2014 y hace quince días acabé de leer de nuevo esa novela extraordinaria).* Abro el libro como si abriera la cueva de Alibabá, lo es, es la cueva de Alibabá, ahí está el tesoro: el mundo entero. Sé que no va a defraudarme, cada vez que la he leído he sabido que estaba en lo más alto. Presiento que la edad me ayudará a leerla con más provecho que nunca. Tengo metida en la cabeza su respiración, su música, tan hermosa. Si no ocurre nada, me gustaría escribir algo sobre ella. De momento, me pongo manos a la obra, los sentimientos están cerca de los que me invadían cuando, durante mi infancia, en el cine pasaban el tráiler de una película que esperaba con ansiedad. Recuerdo con tanta viveza los personajes: Pierre, Natasha, Andréi, vencen mi pésima memoria y siguen instalados en mi cabeza, ese querido Pierre Bezujov.

(Fin del cuaderno burdeos con tapa de plástico.)

Cuaderno negro Moleskine
(29 de septiembre de 2007-7 de enero de 2008)

29 de septiembre

Me digo que pierdo miserablemente el tiempo, que soy un vago, pero no es del todo verdad. En los últimos diez días he viajado a Belgrado y me he leído tres o cuatro novelas de las de medio millar de páginas. Creo que ya comenté la demoledora *Tenemos que hablar de Kevin*, de Lionel Shriver, carta descabellada de la madre de un pequeño ascsino múltiple que, aun con todos los toques de bestseller que muestra, acaba resultando terrible y, en muchos momentos, casi ilegible por su dureza. El tema es muy de hoy, el sentido de responsabilidad en los menores (o, mejor, la ausencia de sentido) y el desconcierto de las figuras paternas, incapaces de llamar a las cosas por su nombre, de efectuar un diagnóstico, la disolución de un modelo autoritario de educación y la incapacidad para sustituirlo por otro, o, más bien, haberlo sustituido por una verborrea psicologista que todo lo comprende y todo lo exime (buena ilustración del libro de Rendueles que leí hace poco). La otra novela que me he leído estos días es un bestseller sin prejuicios, eso sí, un bestseller de lujo. También norteamericana, *La interpretación del asesinato*, de Jed Rubenfeld, narra un viaje de Freud, Ferenczi y Jung a Nueva York en un momento de especulación inmobiliaria. Una serie de crímenes de corte sádico agitan la actualidad. Policías y psicoanalistas inician investigaciones paralelas, cada cual utilizando su instrumental, unos y otros resultan molestos con su afán de saber. Desde el poder se intenta paralizar las investigaciones policíacas, al tiempo que los elementos conservadores emprenden una campaña de desprestigio del psicoanálisis al que tratan de inmoral, con la activa colaboración de Jung, a quien Rubenfeld presenta como un miserable carente de escrúpulos. El libro, muy brillante en sus primeras páginas, que deslumbran al lector ofreciéndole el latido de la gran ciudad en el momento de mayor esplendor y más agitación económica, se enreda poco a poco encarando un final que es manierista sucesión de vueltas de tuerca que, al menos a mí, ha acabado fatigándome hasta el punto de conseguir que perdiera el interés.

El tercer voluminoso libro que me acompaña estos días es la última novela de Satué, que inicia con una cita de *La buena letra*, otra de *Rabos de lagartija* y una tercera de Francisco Nieva (en este caso, no cita la obra de la que la ha extraído), precedidas las tres por una declaración de independencia de Orson Welles, que dice así: «[...] muchas de las películas que habéis visto esta noche no se habrían podido hacer de otro modo... Bueno, quizá hubieran salido mejor. Pero la verdad es que entonces no habrían sido mías». Toda la obra de Francisco J. Satué, a quien le devuelvo el cariño que siempre me muestra, es, en realidad, una ilustración de lo que aquí ha dicho Welles: magnífico escritor, capaz de brindarnos siempre una atormentada poética de submundos urbanos. Mensajero de lo oscuro, tiene en este libro espléndidas tiradas que, como en casi todos los suyos, acaban perdiéndose en un desorden que es el del autor, y cuyos códigos –no siempre convincentes– debe el lector aceptar para que el texto funcione. Me atrevería a decir que Satué es mejor poeta que narrador: resultan bellísimas sus disquisiciones sobre la noche y sus habitantes, los submundos de la droga, del alcohol, las periferias vitales capturadas en una frase, la violencia arbitraria y omnipresente como subtexto urbano, los espacios esquinados, limítrofes: son elementos literarios magníficos que van acunando la anécdota, la confusa trama del libro, los avatares –con frecuencia arbitrarios– de los protagonistas, descarnados soportes de la desolación y la furia de Satué, más que verdaderos personajes: frutos de pesadilla, condensación del dolor, no soportan en su frágil construcción la artillería poética que el autor les pone encima. Te acabas diciendo que es una pena que el libro no funcione por el exceso de fuerza que se abate sobre la frágil trama; pero también puedes decirte que eso es la literatura de Satué, esa insoportable saturación de sufrimiento empañándolo todo, y que, cuando mejor es, cuando más nos gusta, es cuando no pretende contarnos nada que no sean sus propias alucinaciones, cuando nos mesmeriza con la pila de alto voltaje de su dolor, que es el del libro. Vuelvo a la cita de Welles que él pone al principio: quizá sus novelas le hubieran salido mejor de haberles aplicado un sistema de cálculo de resistencias en vez de haberlas hundido bajo un tsunami rabioso, pero no habrían sido las novelas de Satué: uno tiene la impresión de que la búsqueda del autor, que se resuelve en una acumulación de heridas arbitrarias, carentes de sentido, es precisamente el sinsentido del libro: no puede tenerlo, me refiero a sentido, todo él está repleto de citas de autores que –como él, como mi amigo Satué– se debatieron entre tinieblas; y formar parte de ese sombrío ejército es su propósito, ser sombra entre sombras. Si en algo se diferencia él de los egotistas, es que brinda una emocionante sensación de verdad, una especie de entrega caritativa de sí mismo como materia de comunión. Su manierismo está dibujado con sangre propia y nos la brinda, nos la regala en una especie de suntuosa misa negra: este es mi cuerpo, esta es la sangre derramada, es lo que tengo, comedme y bebedme, parece decirnos, porque con la entrega de su dolor más íntimo, con la energía que extraemos de ese pedazo de carne suya ensangrentada, cargamos la dinamo de una furia colectiva. En Satué hay una vibración más auténtica que en el mártir egotista Haro Ibars, a quien cita: hay otra generosidad, o sencillamente hay generosidad, algo de lo que carecen los textos de Haro, indagación sobre el yo en todas las posiciones y desde todas las perspectivas. Leyendo a Satué he recordado ese egotismo de nuevo cuño (que es búsqueda desesperada del otro, y no desprecio) que ofrece el libro de Sabino Méndez (*Hotel Tierra*) que publicó Anagrama hace algún tiempo y del que creo que escribí en estos cuadernos. Hay también algo de *Berlin Alexanderplatz* de Döblin, al que hasta el momento –llevo casi quinientas páginas– Satué no ha citado, y lo digo no solo por las tiradas bíblicas, o apocalípticas, vibrantes letanías de la ciudad, sino también por esa forma de amor que se resuelve en violencia. Por cierto, creo que a estas alturas aún no he dicho que la novela se titula *La noche bífida*. Me parece que Satué tenía que haberle echado más valor, haberse jugado el todo por el todo, saltándose la trama, evitando la construcción de personajes, hubiese escrito unas hermosísimas flores del mal: así, por timidez seguramente, ha hecho un libro reiterativo, confuso y que, en demasiados momentos, deja sensación de ingenuidad e incluso de cierta torpeza.

De una carta de Miguel de Unamuno a su amigo Bernardo González de Candamo:

> Pase que el arte no deba de ser moral ni inmoral, pero el caso es que las más grandes obras de belleza, aun las más amorales, las más estrictamente estéticas surgieron de espíritus nutridos en los grandes cuidados morales y religiosos [...]. Las excelencias mismas del estilo y el lenguaje tienen

un origen ético: un hombre realmente frívolo ni siquiera puede llegar a tener estilo. El estilo es un fenómeno del orden moral, o no es estilo, sino manera [...].

Wassyla Tamzali, *Une éducation algérienne. De la révolution à la décennie noire*. Gallimard.

Martín Casariego, en un artículo de *Público*, cita a Marcial: «Los propios dioses hubieran querido no tener un poder semejante», y añade Casariego: «En realidad, el verdadero poder es devolver la vida, no quitarla. Es un tema que hace tiempo me sirve de guía y coloco de un modo u otro en todos mis libros».

Del libro de E. L. Doctorow *La gran marcha* (*The March*), anoto el texto que sigue. La que habla es Emily Thompson, dama sudista que acaba de perder a su padre, juez, cuyos hermanos se encuentran en el frente, y que, al descubrirse sola, decide seguir al unionista coronel cirujano Wrede Sartorius:

Es que ustedes llevan su mundo a cuestas, dijo Emily.
Sí, tenemos todo lo que define a una civilización, dijo Wrede. Tenemos ingenieros, intendente, asentador de real, cocineros, músicos, carpinteros, criados y armas. ¿Está impresionada?
No sé qué pensar. Lo he perdido todo en esta guerra. Y veo que la persistencia no está en las mansiones arraigadas de una ciudad, sino en lo que no tiene raíces, en lo ambulante. Un mundo flotante (págs. 71-72).

El libro de Doctorow se añade a las novelas de guerra que me he venido leyendo en los últimos meses. Curiosamente, a pesar de las imágenes de gran crudeza –trepanacio-

213

nes, amputaciones, cadáveres malolientes, naturaleza hostil, infectos pantanos...–, y aunque introduce en la pareja Arly-Willy un toque de cínico realismo a lo soldado Švejk, o a lo Sancho Panza (Arly es el listo que lleva la iniciativa; Willy, el que se deja llevar: acaba de morir en uno de los capítulos más conmovedores de la novela), digo que, a pesar de esos elementos naturalistas o esperpénticos, la obra tiene un aliento épico que la convierte en heredera de la tradición de Tolstói (épica y a la vez descreída y esperanzada), o, mejor, de su compatriota Crane, a la vez desconcierto, horror y heroica grandeza. Está más cerca de ese hilo novelesco con pretensiones patrióticas que del vitriólico que surge en los narradores de la Primera Guerra Mundial, con su asco radical y su pesimismo sin paliativos.

1 de octubre
Paso buena parte de la tarde viendo *La conquista del Oeste*. Tantos años y tantas visiones después, sigue guardando notables dosis de emoción, en especial en el episodio de la guerra civil, que me devuelve como un rebote esa especie de épica a la que aludía ayer al referirme a la novela de Doctorow; película y novela, separadas casi por medio siglo, vienen a hablar de lo mismo: de una nación hecha a base de titánicos esfuerzos físicos, pero también gracias a una vibración anímica que guía el esfuerzo (al fondo, la Biblia), y, por supuesto, a cantidades ingentes de sangre derramada. Los personajes de la película están vistos desde el mismo lugar que los de la novela y levantados con materiales semejantes. Doctorow aporta una rica galería: ese general Sherman atormentado, el brutal Kirpatrick, la bella y resentida negra blanca Pearl, el médico materialista que parece tener el alma solo en sus hábiles e incansables manos; la gran dama sudista, madrastra de Pearl, Mattie, enloquecida en un mundo que ha dejado de pertenecerle: incluso las descripciones de paisajes,

de batallas, las escenas de saqueos o las descripciones de las más tremendas crueldades parecen reflejar un mundo sin sentido (el ser humano), pero a la vez repleto de sentido, porque todo el esfuerzo (caótico, contradictorio) se encamina a la construcción de algo colectivo (¡es el nacimiento de una nación!), parto violento regado con sangre y mierda.

2 de octubre

Concluyo la lectura de la excelente novela de Doctorow y confirmo que, efectivamente, la idea que la recorre es la de que así se hizo la nación: los soldados de ambos bandos empiezan a convivir de inmediato, a compartir un ideal; en el momento en que se establece la paz, queda, en un bando y en otro, la memoria de que ahí fue donde estuvimos, luchando por lo nuestro, y, como fondo, la optimista idea de que la vida, después de todo aquello, siguió adelante. Fueron necesarios duros pasos en un ascenso hegeliano hacia la gran nación. Tal vez el personaje más dura y amargamente retratado sea el científico materialista Sartorius, enojado porque el niño David desata al hombre que lleva un clavo metido en la cabeza –cuya evolución hacia la muerte él estudia sin importarle el sufrimiento ajeno, con crueldad– y el hombre, al verse liberado, se lo hunde del todo con su propia mano, incapaz de soportar por más tiempo su dolor y su penosa situación.

Además, al final del libro, Sartorius fracasa, y acaba reconociendo su propia incapacidad para salvar a Lincoln: expulsa a cuantos rodean al moribundo, y sale de aquel lugar en el que la ciencia ha mostrado sus límites sin saber adónde ir (los límites de la ciencia y de la razón en la simbología del gran proyecto nacional). Sí que saben adónde ir los seres sencillos: Calvin, el ayudante negro del fotógrafo al que asesinó Arly, recoge al pequeño David, y Pearl, la negra blanca, resuelve sus dudas de negra que ha traicionado a su pueblo al

215

sumergirse en la bondad del irlandés Stephen Walsh. La verdad es que se trata de un libro muy hermoso y espléndidamente escrito: son inigualables las descripciones de paisajes y batallas, y Doctorow domina la narración y sabe dosificar los momentos en que, aquí y allá, nos emociona, creando un clima de elevada intensidad, sin chafarrinones ni estridencias. El conjunto está entonado en grises, mustio juego de sombras: la densidad del humo, la niebla y barro empastan el vagabundeo del autor de un personaje a otro, de uno a otro escenario, sin que el lector tenga en ningún momento la sensación de salirse de la narración, todo avanza guiado por un propósito, todo sirve a un fin.

6 de octubre

Anoche me desperté con un espantoso dolor de muelas (¿cómo puede ser eso, si no tengo?), o de la barra de titanio o lo que sea que me implantaron y sustituye sus raíces. Lo achaqué a la presión del protector que uso para dormir, así que me lo quité. Me dolía también el oído, y empezó a dolerme debajo del esternón y el brazo derecho (no el izquierdo, que avisa de los infartos). Respiraba con dificultad. ¿Cómo puede ser que te dé un infarto del lado que no toca? Me levanté muy nervioso, estaba mareado, la cabeza confusa, controlaba mal los movimientos. Me vestí el albornoz y descendí a la planta baja, donde me puse el aparato que mide la tensión. Normalmente, desde que tomo las pastillas, la tengo muy bien, siete u ocho la baja y doce o trece la alta, pero ahora tenía diecinueve y pico y trece y las palpitaciones por encima de ciento veinte. Seguía sin poder respirar, abrí la puerta metálica de la valla que da al camino, ¿podría conducir en caso de verme obligado a ir al hospital? No, no podía, estaba mareado, me senté en la escalera, esperaba que el aire de la noche me despejara, como así fue. En cuanto pude, me preparé una infusión de hierbaluisa, que es cal-

216

mante, y desperté a Paco para decirle que no me encontraba bien. Eran las cinco y media de la mañana. El dolor no cedía. Me puse a caminar despacio por la habitación, el móvil a mano por si tenía que llamar a urgencias. Pero poco a poco los síntomas se atenuaron. Fue desapareciendo el dolor, aunque seguía la sensación de inestabilidad. A media mañana bajé al médico, pero en la sala de espera había una veintena de personas, así que tuve que pedir hora para otro día. Me la han dado para el lunes. Ayer me pasé la jornada dormitando, me fumé solo un cigarro y apenas comí: un poco de pescado cocido y una rebanada de pan con aceite. Hoy parece que me encuentro bien. He dormido durante toda la noche, me he despertado a las siete de la mañana, es decir, hace una media hora.

Anteayer apareció la primera crítica a *Crematorio*. La firma Ángel Basanta: un texto entregado y muy bien escrito en el que dice que se trata de una de las mejores novelas de los últimos años. Me emociona. Al parecer, el runrún que llega a la editorial es que las críticas van a ser muy buenas. Bien: el libro que a mí menos me gusta resulta que es el mejor. Parece una recompensa por el sufrimiento que me ha causado. Y yo sigo reconcomiéndome por culpa de los despistes que se me han colado. Analizándolos me doy cuenta de que se trata más bien de lapsus freudianos, formas de autocastigo. Percibo con claridad que una parte de mí es mi propio padre que se encarga de castigarme, un padre hosco, malhumorado, que me habla con voz vigilante, agria, me riñe, se nota que no me quiere, me aplica un desamor hereditario, el que yo siento. Estoy convencido de que odio mis libros en lo que tienen de mí. La sombra del padre, la ausencia. Siempre, al fondo de todo, uno tropieza con la infancia o se empeña en tropezársela. Uno se muere con la infancia a cuestas, sin curarse de ella.

Ceno con los W. Frialdad. No sé por qué salgo de casa. Mi sitio es este. Donde mejor me encuentro. Entre libros. Los libros no hieren, no me hacen daño. No sé si es que tengo la sensibilidad a flor de piel, pero cada vez que bajo al pueblo me hieren los comentarios, las bromas, los chistes de la gente en el bar, me siento agredido aunque se refieran a otro, pero también me hieren los silencios. Yo solo soy yo en el silencio de mi casa, tan poblado, en el útero doméstico, con mis libros. Soy yo ahora, en este mismo instante, de madrugada, escribiendo a vuelapluma lo que me ocurre y lo que se me ocurre.

De *La velada en Benicarló*, de Azaña: «He salvado la piel de tantos peligros que me creo destinado a sobrevivir». He empezado a leerme el libro (¿por sexta?, ¿por séptima vez?). Ante un texto así, uno se reconforta comprobando que la palabra escrita no es aire, ni humo; es cierto que no es apenas nada, pero tiene una rara solidez, durabilidad, es capaz de mantenerse en pie durante decenios. A la música le ocurre igual, está la partitura siempre dispuesta a resucitar entre las manos de unos cuantos instrumentistas. Se han derrumbado edificios pétreos, de extremada solidez, y siguen sonando las leves partituras que los músicos compusieron hace cuatrocientos años. Siguen sonando las frágiles palabras de Azaña en esta noche melancólica en la que confirmo mis palabras de escritor, leyendo las suyas. Oigo el fragor de los aviones que se acercan, metálico brillo en el cielo de Benicarló. Pronto se iniciará el bombardeo sobre esos hombres que han discutido de esto y aquello.

7 de octubre
Reaparecen los síntomas de la otra noche: dolor de las inexistentes muelas, dolores en los brazos, dificultades respi-

ratorias. Quiero pensar que son solo los nervios. Me tomo las pastillas para la tensión y una aspirina, bebo una infusión de hierbaluisa. Ayer estuve charlando con los W., y bebí, y tomé carajillo, ponche, vino y un par de gin-tonics, no está mal. Ahora me encuentro mejor, relajado, los dolores de muelas y brazos remiten, y me invade una tristeza de corte resignado, melancolía, porque acabo de hablar con mi amigo E. y ha sido como hablar con un indolente moribundo, una voz débil, y —como contradicción— a la vez fruto de continuos esfuerzos. Debe estar pasándolo muy mal, los médicos le deben estar haciendo sufrir mucho. D'O. me dice que ha envejecido veinte años en unos pocos meses, no sabemos muy bien lo que tiene, colapso hepático, problemas renales. El otro día me contó que le han extraído veinte litros de líquido del cuerpo, porque el riñón es incapaz de drenar. Hoy me dice: les regalo el cuerpo a los médicos, que hagan con él lo que quieran, pero al cuerpo, no a mí; a mí les pido por favor que me dejen en paz. Cuelgo el teléfono y me entran ganas de llorar. E. ha sido siempre una bomba de vitalidad, una turbina generadora de energía puesta a funcionar a toda pastilla. Hoy carraspea, ganguea, se le nota el tremendo esfuerzo que tiene que hacer para sacar de dentro una floja vocecita de vieja.

Me paso la mayor parte de los días durmiendo, incapaz de sostenerme en pie. No sé si se trata de algún tipo de desarreglo físico, o es que me estoy sumergiendo en una depresión.

Aparece en *ABC* una crítica de Miguel Sánchez-Ostiz sobre el libro de Francis Carco *Jésus-la-Caille*, una novela sobre el mundo de la prostitución homosexual en el París anterior a la Primera Guerra Mundial. Entre los componentes de aquella bohemia literaria de preguerra, cita a Dorgelès, *Au*

Beau Temps de la Butte, y a Mac Orlan, de quien dice que escapó de ese ambiente en cuanto pudo, «a la carrera».

8 de octubre

He ido viendo las películas que ha dado el periódico *Público* las últimas semanas, la verdad es que las tres me han parecido muy interesantes: *Paraíso ahora*, de Hany Abu-Assad, sobre el terrorismo palestino, con sus razones justas y sus métodos repugnantes (siempre la suciedad de los traficantes de ideas en connivencia con los traficantes de armas emponzoñando las mejores intenciones); *Camino de Guantánamo*, de Michael Winterbottom, sobre la violencia y represión en Afganistán, y *María, llena eres de gracia*, de Joshua Marston, sobre las mulas colombianas de la droga en USA.

Anoche me leí el cuentecito de Claudio Magris *Así que Usted comprenderá*, un monólogo de Eurídice tras la visita de Orfeo al infierno, cuyo sentido y necesidad (u oportunidad) no he acabado de descubrir, al margen de la media docena de toques más o menos feministas. Se me escapa el sentido de esa escritura, y aún más el de su publicación, el prestigio del autor parece justificarlo todo. Se le supone insensibilidad al lector escéptico.

La novela de Pinilla, que ha estado domesticando al lector durante las primeras trescientas páginas del segundo volumen, rompiéndole los códigos para convertir cualquier camino en creíble, estalla de repente, se desborda en un *crescendo* casi insoportable: se suceden las situaciones límite en una escalada que uno no sabe hasta dónde puede llevarlo: Flora viola al mendigo moribundo (sí, sí, tal como está escrito y no al revés). Pierde su virginidad cuando es penetrada por un mendigo agonizante, cubierto de suciedad y excrementos. Como prueba de esa consumación, el hermano Martxel le ofre-

220

ce a Josafat un charquito de semen en la palma de la mano. A esa promiscuidad de los cuerpos desnudos (así, *Los cuerpos desnudos*, es como se titula este volumen) sigue la ceremonia de la falsa boda entre Josafat y Flora, propiciada por la madre que hace pasar a Flora por la *neskita* del cuadro que Josafat busca desde la infancia, y la llama Amaya. El cura, don Eulogio, se presta a la ceremonia, una ofrenda nacionalista. El encuentro de los cuerpos del tío (Jaso), que a sus cuarenta y ocho años es virgen, y la sobrina (Flora), culmina con el suicidio de Jaso, que no puede soportar la tensión del encuentro sexual y se arroja por la ventana. Su hermano, Moisés, Martxel, decidirá que el suicida es él y no su hermano y asumirá la personalidad del muerto y empezará a perseguir a las niñas de la escuela, a las que toma por su antigua novia (Andrea), y que, en realidad, son hijas que se le parecen. El padre de las niñas perseguidas lo apalea en presencia de todo el mundo en la taberna.

Pero las historias enloquecidas, con esa cosa pasada de rosca de la literatura faulkneriana, se suceden y encabalgan: el degenerado Cándido se enamora sucesivamente –mejor, se encela– del corpiño metálico (los hombres de hierro) de una fea y deforme criadita; de Aurelio, el acompañante del caserío que le ha puesto su padre y a quien intenta violar, y del animal híbrido, descendiente de las viejas llamas que ocuparon y arrasaron la comarca veintitantos años antes como un huracán de libertad. Sus padres, e incluso los jesuitas, consienten o fingen no advertir el bestialismo del heredero del bastardo hasta que deciden sacrificar al animal el 17 de julio de 1936: es el preámbulo de la guerra. Todo eso y tantas otras historias más –el libro es un entrecruzarse de cuentos, de mitos– contadas en un tono crispado, locoide, componiendo algunas de las páginas más terribles de la literatura española actual (¿cómo ha podido vivir Pinilla con esos fantasmas durante todos estos años?), llegan al panorama cultural del país después de tanto lavado de cerebro en torno a lo que sea o no esencia de lo vasco.

Dejo noqueado (yo) el libro y escribo estas líneas para darme un descanso y descargarme de la tensión insoportable que me produce. Dios mío, pero dónde me he metido. Dan ganas de gritar.

10 de octubre
Sigo con Pinilla. Emoción incontenible en las páginas en las que Roque Altube describe las batallas del cerco de Bilbao. A cada momento me veo obligado a detener la lectura de estas últimas páginas del libro. Ha conseguido que habite su mundo, que tenga la impresión de que formo parte de él. No creo que haya nada parecido en la narrativa española contemporánea, no lo hay. Pide sitio junto a los titanes: Balzac, Proust, Musil, Tolstói; o junto a Faulkner, que es el modelo que Pinilla ha elegido para construir su artefacto: como te ocurre cuando lees a todos esos novelistas, en la novela de Pinilla no lees un mundo, sino que estás dentro de él, absorbido, abducido por él.

Ayer, entrevista en la SER. Francino tiene un toque de levedad, una intrascendencia que uno no acaba de percibir al escucharlo en la radio. Oído en la radio, parece más bien un artefacto ideológico, dogmático, sin embargo, cuando me entrevista en público, descubro la levedad, la ligereza –digámoslo así– zapateril, como dice oportunamente la canción de Mecano: «Soñé por un momento que era aire, oxígeno, nitrógeno o argón, sin forma definida ni color». Con Javier Rioyo hay otra complicidad. Estamos cada uno en nuestro sitio, pero tenemos almacén de residuos. Me dice que le hubiera gustado hablar de *Crematorio*, pero que le han quitado el programa de libros en la tele. ¿Por qué?, le pregunto. Por polan-

222

quista, me dice. Pero ¿quiénes?, insisto. Y él: los zapateristas. Acuchillamiento en los pasillos del edificio del poder. A pequeña escala, Roma, Shakespeare, aquí más bien una especie de folletín, *Kramer contra Kramer*. O *La guerra de los Roures*. Imagino que todo acabará con un razonable reparto de funciones: en realidad, *El País* y *Público* son complementarios, cada uno cubre un diferente caladero de votos socialdemócratas. Para los sesudos profesores, *El País*; el frente obrero, los de los barrios y las juventudes son clientes naturales del colorista *Público* (de color más amarillo que otra cosa: ahí, en *Público*, aparecen a diario las firmas de los ideólogos más izquierdistas). Según acabo de oír por la radio, creo que mañana aparece un artículo de Julio Anguita, y es que, en las pausas entre elecciones, vale cualquier cosa para ampliar espacios. Luego, en el momento de la verdad, se va al grano. ¡Todos al estrecho espacio del refugio subterráneo! Allí tendrán que convivir a la fuerza Polanco y Roures. Ay, más Mecano: «Este cuarto es muy pequeño para las cosas que sueño».

14 de octubre
Paso la tarde oyendo viejas canciones, tangos. Ganas de llorar con esas letras tremendas de Enrique Santos Discépolo («Malevaje», «Cambalache», «Yira, yira»). Los oigo esta tarde en la que brilla el sol después de la gota fría que ha arrasado (como cada otoño) la comarca, oír esas canciones es algo así como mascar el chicle de la propia soledad. Da mucha pena ese tango de cornudo (lo son la mayoría, pero en este es escandaloso, roza lo gay) de Enrique Cadícamo que se titula «Pa que bailen los muchachos».

15 de octubre
En tren a Barcelona para la presentación del libro a la prensa. De camino, he pasado unas horas en Valencia, especialmente animada después de una semana en la que se han

223

sucedido dos puentes, lo que la ha convertido prácticamente en inhábil. Como suele ocurrirme cada vez que piso la ciudad, disfruto paseándola, contemplándola benevolente, sintiendo el latido de su vida, con una satisfacción que se asemeja a la del encuentro con un amante. El día, que ha empezado muy hermoso, se nubla a medida que el tren se aleja de Valencia en dirección al norte. A partir de Castellón ha empezado a llover.

20 de octubre

No sé qué he hecho en estos últimos cinco días; desde luego, nada que se parezca al trabajo. He subido a Benigembla bajo la intensa lluvia, atravesando corrientes de agua que cruzan la carretera, la bordean o se abrazan a su cuneta. Agua por todas partes. Un paisaje que parece norteño. Hoy puede uno advertir la compleja red hídrica que, durante milenios, ha ido conformando esta tierra que normalmente nos parece el gran secarral. Las laderas de los montes relucen, mullidas, vestidas con un intenso verdor, y donde la vegetación ralea, aparece la piedra desnuda, brillante, lavada por el agua; como una red de venas en el cuerpo del valle, se advierten torrenteras y cascadas; los barrancos, normalmente secos y pedregosos, se han convertido en caudalosos ríos. A través de ellos se encauza un agua que corre precipitadamente, mostrando una superficie cambiante, rugosa piel de reptil en movimiento, más que materia líquida parece sucesión de fluidos, una olla móvil en la que borbotean terrones de barro de un color marrón claro, una especie de chocolate a la francesa. Lo contemplo todo con fruición, y no puedo evitar el pensamiento de que es poco probable que pueda volver a ver este paisaje así. Ir a Denia por una carretera que desaparece a trechos bajo la masa de agua y deja a derecha e izquierda anegados huertos de naranjos. A lo lejos aparece el mar, teñido hasta muy adentro por ese color de barro, que llega inclu-

224

so hasta los acantilados de Las Rotas, muy alejados de las llanuras aluviales. En Las Rotas, al pie del cabo de San Antonio, he contemplado el oleaje, el agua achocolatada salpicaba hasta muy arriba las laderas de la montaña.

La rueda de prensa barcelonesa resulta muy discretita. En buena parte, culpa mía: cada vez me cuesta más hablar de mis libros. Al día siguiente no tuvo demasiada repercusión en la prensa dado que coincidió con la entrega del Planeta y del Nacional de Literatura que se ha llevado Molina Foix. El Planeta ha sido directamente para la cadena SER (Dios sabrá los planes de Lara), ya que el finalista ha sido Boris Izaguirre y el ganador, Juanjo Millás. Lo de Millás me ha producido cierto vértigo, no porque me cause indignación o escándalo o nada por el estilo, no (me alegro por él), sino que he tenido la sensación de un fin de viaje, la vida imitando a la literatura. He recordado a Millás, un adolescente, leyendo en la facultad (era casi el único que se atrevía a hacerlo) unos cuentos oscuros y kafkianos que nacían seguramente contra un mundo oficial, que nos parecía repugnante. El Premio Planeta era lo cursi, lo engolado, lo reaccionario a lo que creíamos oponer nuestros balbuceos literarios. Libros que no había que leer y que, desde luego, *dans le cas échéant*, nadie se atrevería a confesar que lo hacía. Qué indignación si alguien le hubiera propuesto presentar su primera novela –muy pocos años después de las lecturas universitarias– al Premio Planeta. Algo inconcebible. Por eso, ver su fotografía recogiendo el trofeo me parece casi irreal, más bien un final de novela del XIX, *Illusions perdues*, *L'éducation sentimentale*, o *Bel-Ami*. Sensación de que he leído completa una novela acerca de la capacidad de la madrastra vida para encauzar los locos sueños de juventud. *Consummatum est*. Me pongo campanudo y me digo que la vida es una novela mala, o –lo que es más razonable– que tiene una mecánica precisa, papel

225

pautado, ecuación casi matemática, más mecanicista triunfo de la inexorabilidad de Demócrito que del ángulo de libertad epicúrea. Ni siquiera parece permitirse el coqueteo de una desviación. Parece que no haya *clinamen* que valga. Menos mal que los jóvenes no saben –o no se creen– estas cosas.

3 de noviembre

Desde el avión, una Valencia en el contraluz del sol naciente. De nácar el cielo, de plata colada el aire neblinoso; delicadísima la gran mancha esmeralda de la Albufera, que, tras las numerosas lluvias de los últimos días, llega hasta las puertas de la ciudad y se pierde al sur entre jirones de niebla, gasas que el sol deshace.

Tras una hora de vuelo sobre el mar, regresamos al continente por encima de Génova: la ciudad fulgura tocada por una luz frágil. Mañana otoñal. Los montes que se suceden a sus espaldas están teñidos por una capa de cobre. Uno imagina desde el aire la policromía melancólica del otoño, los bosques de caducifolios, el crujido, allá abajo, de las hojas secas bajo las pisadas de campesinos y turistas. Solo en algunos lugares destella el verde, relucientes joyas engastadas sobre ese caparazón cobrizo que, si uno se fija, no es, ni siquiera desde esta altura, monocromo: a trechos más bien rojizo, en otros tramos de color marrón, o levemente teñido de amarillo. A continuación, la poblada llanura padana, minifundio de pequeños campesinos visto desde el aire, a la vez lección de geografía, de geometría y de sociología; enseguida un lago, y ya está aquí la primera muralla de los Alpes. En lo más alto de los picos, cenefas de nieve, seguramente son aún restos de las nevadas del pasado invierno. A partir de ese punto, las laderas tienen tonos más intensos, que van del amarillo yema de huevo al rojo. Al sobrevolar las cumbres se ve que en ellas la nieve no forma una masa compacta más que en algunos lugares situados en la cara norte: por lo general, se tiende en estrías, rosarios o manchas dispersas, que se dirían arbitrariamente distribuidas por un decorador; otras veces se trata de pinceladas cegadoras, como de pintor impresionista que pinta negro para que resalte el blanco. A medida que nos adentramos en la densa cordillera, son más los picos nevados y empiezo a sospechar que han llegado ya las nevadas de este otoño. Ahora, cuanto abarca la vista a ambos lados es una sucesión de cumbres nevadas, más intensamente blancas las situadas a la derecha de la ventanilla del avión. De repente, entre ese cresterío se abre un amplio valle con la característica forma de U que delata el origen glaciar. Se divisa con nitidez la llanura que ocupa su seno, una visión como de cine en relieve, las casas, los pequeños bosques de un verde oscuro, negruzco; los toques rojizos y amarillos: todo se destaca con una nitidez infográfica, hasta que los va cubriendo una masa de niebla, que avanza deprisa hacia nosotros (o somos nosotros quienes nos dirigimos velozmente hacia ella), una especie de poderosa ola que se yergue y cae. En pocos segundos, la mirada no tiene otro objeto sobre el que fijarse que esa masa algodonosa, que, tras la visión del brillo purísimo de la nieve, nos sepulta en un blanco sucio.

No he tenido mucho que contarle a este cuaderno en el último mes, o, más bien, no he tenido muchas ganas de contárselo. Resulta que te pasas cuatro años con el corazón en un puño maldiciendo un libro que odias, desprecias, crees frustrado, y, sin embargo, es tu vida (su fracaso, una especie de metáfora de tu vida), y cuando los periódicos empiezan a dedicarle elogios y suena en el teléfono la voz de gente que dice sentirse emocionada, conmovida por él, va y no te importa nada: ayer me llamó Ángel Campos, el poeta, con quien hacía ocho o nueve años que no hablaba, emocionado tras la lectura; y Anita Martín Gaite: Estoy sin respiración, leyendo ese libro extraordinario, me decía.

227

El pasado lunes, presentación en Madrid: Herralde abrió el acto con unas palabras que me emocionaron. Luego habló Manolo Gutiérrez Aragón, a quien, lógico en un socialdemócrata, no le gusta gran cosa el libro; y para acabar, Andrés Barba leyó un texto hermoso y lúcido. Todo se desarrolló del mejor modo posible, rodeado por los amigos de siempre, universo de seres queridos que, cuando se juntan, resultan ser bastantes; en esos momentos me pongo a echar cuentas de cuánta gente he conocido: es lo que tiene haber rodado de un sitio para otro. E., desde el hospital, envió a su hermana. Aunque intentó la mujer mantenerse optimista, tanto ella como la cuñada, que es la que controla el teléfono móvil y con la que hablo cuando llamo, encuentran que la situación no parece demasiado esperanzadora. Además, los médicos deben estar haciéndole sufrir, y, conociéndolo, obligándole a tragarse el orgullo: él, tan independiente, tan individualista, tan vital, teniendo que someterse a los tratamientos, siguiendo como un corderito cuanto los sanitarios le recomiendan u ordenan: acabar reconociendo esa cosa tan humillante de que, al fin y al cabo, lo que importa es seguir con vida, no la felicidad, ni la justicia, ni siquiera la dignidad, sino, sencillamente, vivir, aunque sea troceado, triturado, hecho picadillo. Descubrir que uno es como los demás, como cualquiera, esa cosa tan demoledora; como cualquiera de todos esos que hacen cola a diario para que los pinchen o los sajen, o casi peor, para que les sermoneen porque no cumplen las instrucciones del médico y toman demasiada sal o demasiado azúcar y no hacen ejercicio físico. Que la ideología, los sueños de alfarero que modela el mundo que marcaron nuestra juventud, ni siquiera para librarnos de esa mezquindad de última hora han servido. Señor, líbranos de los humillantes preámbulos de la muerte. Ayúdanos a morir bien, un infarto de noche, una embolia rápida, qué sé yo, y en caso de que la cosa se tuerza, danos valor para saber poner con dignidad la palabra *fin* en la pantalla.

Días atrás, Jean-Maurice me envió su texto valenciano (*Capucine à Valence*), en el que me homenajea de todas las formas posibles. El libro tiene ese toque manierista, culterano y sobrescrito, que es tan suyo como respirar, y junta sus lecturas clásicas, recursos proustianos pasados por el *nouveau roman* (Claude Simon), con toques de novela intelectual muy años treinta (pienso en Giraudoux, en Mauriac, en cierto Drieu La Rochelle, uno de cuyos textos, «La Vénus de Milo vivante et cruelle» [el texto dice «cruelie»], *Le Figaro*, 10-11-1936, cita Azorín en los ensayos sobre Valencia que han incluido en una antología, *Cuentos y novelas de Valencia*, en la que aparece el texto «Añoranza de alguna parte», que habla del Mercado Central e incluí en el libro *Mediterráneos*). Me extraña ese Azorín que cita a Drieu, y es que (¡el franquismo!, la larga grisura de la posguerra) se nos olvida lo cerca que estuvieron de las vanguardias de entreguerras –sobre todo las francesas– las generaciones de principios de siglo y del treinta y seis. Nos hemos quedado con el Azorín amojamado, del vaso en el vasar, la silla de anea y el paisaje detenido, como si eso hubiera sido su «esencia», y no una de sus camaleónicas transformaciones literarias (¡e ideológicas!), del mismo modo que lo fue la pintura sorollesca de las figuras cotidianas inscritas en un paisaje, respuesta al gesto ampuloso de los pintores historicistas: era una opción frente a la grandilocuencia retratar a los tipos populares sorprendidos en sus quehaceres, el trabajo, la infancia, inocente, juguetona; o a los burgueses que posan en el jardín de casa, con la familia, o en el despacho. Toda esa modernidad de una generación más o menos republicana y laica, que respetaba el trabajo y admiraba las profesiones liberales, resultó difícil de leer tras el paso del país por el franquismo. El asustadizo

Azorín (en el lejano ayer, furioso anarquista) seguía en el *ABC*, al que entró en 1905, ahora camuflado, y haciendo como que no se daba cuenta de la máquina destructiva del franquismo. Sorolla había muerto y sus cuadros se leían como folclore, estética de coros y danzas (también esa mirada de España la había corrompido el franquismo): parecía que cualquier manifestación de arte necesitara un gesto radical, el franquismo lo imponía, rabioso puñetazo sobre la mesa, todas las vanguardias pictóricas valencianas (modestas, como todo aquí) exigían como paso previo indispensable para reclamar consideración el repudio de Sorolla, como si lo de Sorolla no hubiera sido, en cierta manera, capturar la sociedad civil, el pueblo y una burguesía liberal y refinada que poco tenía que ver (aunque en muchos casos incubara el huevo de la serpiente) con la que trajo Franco, que fue una burguesía que más que ideas daba coces, marabunta de lo cerril. Hoy Tomás Llorens reivindica en un suplemento de *El País* el progresismo de esa pintura sorollesca, que, como la literatura de Balzac, Galdós o Zola, ha sido arrinconada por una línea de arte que ha acabado por imponerse de una forma casi dictatorial y que desprecia cualquier presagio de sensación de «verdad» en la obra, algo que algunos añoramos cada vez más.

Pero había empezado por hablar del libro de Jean-Maurice, brillante y, en algunos momentos, un tanto forzado (a ver cómo se lo digo). Quería referirme a que le hice caso leyendo *L'éducation de Henry Adams*, que me recomendó como un libro extraordinario (así lo proclaman también los periódicos franceses) y que he arrastrado durante varios días porque no acababa de verle la gracia. A petición de Catherine Argand, la editora de Rivages, he leído *El olvido que seremos*, de Héctor Abad Faciolince, un libro honesto en el que el autor homenajea a su padre, médico y profesor de universidad asesinado por los paramilitares colombianos. Está escrito con mesura, sin cargar las tintas sobre los asesinos, y exhibe un cariño enternecedor, casi infantil, hacia su padre, de quien, sin embargo, destaca algunas zonas de sombra. El libro se lee con gusto, pero creo que carece de esa chispa que podría elevarlo hacia arriba, hacia lo más grande. Algo parecido le ocurre al otro libro que me ha pedido la Argand que lea, *Perseguidoras*, de Clara Usón, que revela a una gran escritora que esta vez, por desgracia, ha tomado el camino más fácil para resolver su novela, le pasa como a la autora de *Tenemos que hablar de Kevin* en la última parte del libro: lo que se desenvolvía en la zona de sombras de la construcción del individuo norteamericano contemporáneo y era una puesta en cuestión de los valores imperantes se diluye en un capítulo de serie de televisión.

5 de noviembre

Alemania me ha regalado la policromía de los bosques en otoño, esa estación que en el Mediterráneo (donde los escasos árboles son de hoja perenne) solo notamos porque el aire se vuelve más puro, más limpio, porque la luz es más clara y el paisaje, desvanecidas las calimas del verano, brinda a la mirada una insólita profundidad de campo. Pero aquí, en Colonia, el otoño son las hojas amarillas de plátanos y castaños que veo tras la ventana del hotel, la húmeda alfombra de vegetales muertos sobre la que camino en cuanto piso la calle; la niebla: como si la ciudad estuviera incrustada en una sustancia sutil, perla blanda, o forrada en evanescente envoltorio de seda. También esas vivencias tengo que agradecerle a este país que siempre me ha devuelto todo con creces. Mientras Kornelia leía *La buena letra*, el teatro abarrotado (al parecer, más de setecientas personas) permanecía en absoluto silencio, el aire cargado por una electricidad emocionante. Antes y después de la lectura, los aplausos durante varios minutos. No sé qué hacer, dónde ponerme, saludo, saludo, y siguen aplaudiendo. Unas doscientas personas se apelotonan ante la mesa en la que firmo ejemplares, me dan la mano, me tocan, gente mayor que me agradece el libro, que me dice que le ha hecho llorar, un joven me dice que la novela lo ha inundado de belleza y verdad. Se me humedecen los ojos. Tiene usted razón en lo que ha dicho, me dicen algunas de estas personas, en su libro, verdad y belleza son lo mismo (he repetido esa idea literaria de Hermann Broch, que tanto me gusta). El acto en el teatro ha sido la culminación de los homenajes al libro, elegido este año como libro de la ciudad: está expuesto en todas las librerías, se lee en las escuelas, se organizan exposiciones sobre él, se habla en los periódicos de sus circunstancias: durante quince días entrevistan al editor español, a la editora alemana, a la traductora, al autor...

Últimos momentos: entre la niebla, desde la ventanilla del avión, distingo el espejo acerado del Rin, un acero sin brillo, pero que destaca en el gris del paisaje como hecho de distinta materia. Al cabo de un rato, el lecho de nubes se esfuma. Adiós, Renania. Bienvenida, Baviera. Volamos muy bajo: veo los tejados rojos de las casas, los verdísimos prados; los bosques, que combinan la mancha oscura de pinos o abetos y los deslumbrantes brillos de los árboles de hoja caduca, a veces más rojos que amarillos: collares de oro, de un intenso y delicado amarillo, son las hileras de árboles que bordean prados, canales y caminos. Sea cual sea el color de cada elemento del paisaje, todo está espolvoreado por la purpurina del sol en esta luminosa tarde de otoño. Ni siquiera el incoloro aire se libra de esas irisaciones áureas, un levísimo serrín que flota por todas partes, variando progresivamente del oro al cobre. Dejo la lectura y me entretengo contemplando el paisaje, sorbo por los ojos el paisaje. Quisiera guardarlo como destello de esa belleza que tantas veces pensamos que ha abandonado el mundo. También debería sorber la emoción que me ha expresado la gente que se sentía tocada por la lectura de *La buena letra*, como un reconstituyente que combata esa desesperanza que me invade tantas veces cuando me enfrento a la escritura. Si contemplo los arduos momentos de acedia desde estos días en los que me he visto rodeado por tanta gente magnetizada por el libro, me siento mezquino, egoísta, y me invade una suplementaria sensación de responsabilidad: no puedo permitirme ignorar el efecto, la repercusión que sobre los demás tienen mis libros. Esos lectores no se lo merecen. Una buena excusa, como si en demasiadas ocasiones los lectores no aplaudieran libros despreciables. Como si, por otra parte, yo pudiera cambiar mi carácter, mi ciclotimia o mi hipocondría. Traducido: dejarme calentar por los aplausos, pero no bajar la guardia, no hacerme ni hacerles ninguna concesión, seguir esta búsqueda a contrapelo. El respeto al lector presupone que no hay que dedicarle ni un halago, ni una sola vez pasarle la mano por el lomo en la dirección del pelo, no tratarlo como a un gato de compañía, más bien someterlo al escalpelo, despertarlo, caricia a contrapelo, *à rebours*. Someterlo a la misma violencia a la que te has sometido tú durante tantos meses al escribir el libro. Antje, la editora, y Dagmar, la traductora, han acudido al acto en el teatro. Nos besamos, bebemos. Dagmar acaba de salir del hospital, últimamente parece que la desgracia nos toca de cerca: E., entre la vida y la muerte con ese colapso hepático y nefrítico; mi buen amigo el fotógrafo G. reponiéndose de un derrame cerebral. Lo de la enfermedad y la muerte ya no tiene ese toque de coquetería juvenil, de treintañero que dice: ay, qué viejo estoy, convencido de que la vida se sorbe en dos tragos. Hablan los treintañeros (lo hemos hecho todos) de cirrosis y de cáncer de pulmón con frivolidad: yo creo que tengo un cáncer de caballo, bromas macabras y hasta cierto punto maneras de hacerte el interesante.

233

A partir de cierta edad, la cosa pierde la gracia: ninguna gracia tiene el cáncer de pulmón de mi primera traductora de alemán, Elke Wehr, que parece que es irremediable y se la llevará más pronto que tarde, ni el marcapasos que le pusieron a E. C., y que le han tenido que volver a poner hace poco porque le fallaba la válvula o no sé qué mecanismo; ninguna gracia que me llame alguien por teléfono para decirme que mi viejo vecino del barrio de El Pilar hace veinte años, Juan Román, se pidió el otro día un vino en el bar de Tirso de Molina que frecuentaba a la hora del aperitivo, se alejó de la barra unos pasos con la copa en la mano y cayó fulminado por un infarto. Sí, sí, ha muerto, me dice el desconocido que me da la noticia por teléfono. No sé quién es, imagino que alguien que ha encontrado mi nombre en su agenda. Estaba bien, muy feliz, con una jubilación anticipada, todo el tiempo del mundo para dedicarlo al cine, lo que le gustaba, pero ya ves, me dice el desconocido. Sí, ahora se trata de ver a qué velocidad avanza el ejército de las sombras, cómo te rodea, calcular cuánto tardará en echar la escalera con la que ocupa las murallas de la fortaleza, aunque sabes que eso no se puede calcular, la vida y la muerte son pura arbitrariedad. La otra noche me desperté aterrorizado por una pesadilla: estaba en un cementerio lleno de cruces, de coronas marchitas, de estatuas y molduras. Apenas quedaba espacio para circular entre las tumbas porque todo estaba ocupado por esa quincalla siniestra y yo permanecía allí, solo, con la sensación de que el metal de cruces y verjas y rejas, el laberinto de piedra, los mustios vegetales, seguían creciendo e iban a asfixiarme, a aplastarme, enterrándome para siempre en aquel siniestro teatro. Me desperté temblando y ya no me atreví a volver a apagar la luz que había encendido manoteando a tientas, medio dormido, buscaba escapar cuanto antes de aquel sitio espantoso. Tenía la sensación de que si apagaba la luz, se reproduciría aquello dentro de mi cuarto y

234

estaba convencido de que, si eso ocurría, ya no llegaría a tiempo para pulsar el interruptor eléctrico que esta vez me había permitido escapar. No quería volver a ver aquello, no quicro volver a verlo, a pesar de que se me reproduce mientras escribo, y estaba el olor, un olor no exactamente de podredumbre, sino de humedad procedente de un lugar que nadie debería pisar nunca. En torno a la casa, la oscuridad (otras noches tan reconfortante), y el silencio solo roto por algún crujido en las ramas de los cercanos árboles, más que devolverme a la realidad lo que consiguen es situarme de nuevo en el espacio de lo siniestro, en una composición macabra, escombrera romántica.

Ni siquiera las luces del pueblo y de las casas de la montaña que titilaban a lo lejos servían para devolverme a lo cotidiano, me parecían más bien luces de aquelarre, fuegos fatuos. Pero qué hago yo, convertido en escritor de cuentos góticos. Confieso simplemente que tuve miedo, que me dieron miedo la soledad de la casa y la noche que se tendía en torno a ella, y ese miedo se manifestó con escenografía de Poe, de Bécquer o de película de terror de serie B: Roger Corman pasado por un camposanto napolitano o siciliano, aunque, ¿por qué irse tan lejos? No sé si será muy distinta la decoración que debe de tener el cementerio de Beniarbeig, ante cuya puerta cruzo cada vez que vengo a casa, y al que me niego a entrar. Cruzo ante él —solitario, brillando escasamente las farolas que iluminan la puerta—, cuando salgo a beber al pueblo; alguna vez, de vuelta a casa, ya tarde en la madrugada, aparco el coche a la puerta un par de minutos y me fumo un cigarro, como si ese gesto me otorgara cierta trascendencia, un no sé qué dostoievskiano; en otras ocasiones miro la puerta de metal con ironía, como burlándome de mi destino, pero también son frecuentes las veces en que paso a toda velocidad, asustado, como si allí dentro hubiera un imán que fuera a atraerme y pudiera arrastrarme a algu-

235

na húmeda fosa, el abrazo con el cadáver, el horror de las películas vistas en la infancia (la infancia siempre está ahí, cuántas veces lo habré escrito), los cuentos de Poe... Sigo acelerando el coche, huyo cuesta arriba, hasta que, en una curva, dejo de ver por el retrovisor los cipreses envueltos en la leche anaranjada que desprenden las farolas de la fachada. No deja de ser curioso que ni el materialismo más sólido consiga tapar esas grietas que nos abrieron las imágenes, leyendas y cuentos de nuestra infancia: son muchos los datos que nos llevan a pensar en el peso de esos primeros años sobre la personalidad y cuánta fragilidad muestran los aportes sedimentarios posteriores: son la capa quebradiza de la razón que se tiende sobre el pozo oscuro de lo demás. Hemos leído en muchos sitios que la infancia teje los rasgos fundamentales de la personalidad y que después ya no ocurre nada verdaderamente trascendente. A grandes rasgos, soy el niño que, con seis o siete años, leía las enciclopedias *Pulga*, Verne, Sienkiewicz y los tebeos de *Pantera Negra*, *Supermán* y *Diego Valor*. Pongamos que la cosa tiene un aterciopelado toque melancólico, cursi (oh, el niño que vive en mí), pero yo creo que más bien lo que resulta desolador es el convencimiento de que decenios de esfuerzos carecen del impulso en la alfarería de la personalidad que poseen las confusas vivencias de un bebé balbuciente. No me extraña que proliferen las historias de terror con niño: *El otro* entre las mejores. Decenas de películas tocan el tema de los poderes perversos de la infancia. ¿Y el sexo de los niños? Ahora resulta peligroso referirse a él, dos niños jugando a los médicos como hacíamos nosotros, recogiendo flores del campo para plantárselas en los agujeros, son carne de asistente social y anuncio de presidio. Pero ya aprendimos con Foucault y Cía. que lo que menos se nombra es lo más presente, lo que más desazona.

236

10 de noviembre
El texto de Fernández Liria y Luis Alegre *Educación para la ciudadanía*. Pleno acuerdo con la tesis central (que nos resulta relativamente fácil de defender a toro pasado: no la tuvimos tan clara en su día): el comunismo se equivocó al querer hacer un hombre nuevo en vez de defender los derechos del ciudadano (Sócrates, Platón, Kant y las luces, al fondo de esa reivindicación), que son imposibles de alcanzar bajo el capitalismo: nutrida lista de golpes de Estado a lo largo del siglo XX, manejo interesado del *timing* por parte de los USA en su participación en la Segunda Guerra Mundial (no se meten hasta el 44), más para impedir el avance soviético que para derrotar a Hitler, por entonces ya derrotado; creación de grupos secretos para impedir el tránsito pacífico –y mediante las urnas– hacia el socialismo en Grecia y en Italia (Grupo Piel de Cabra Roja); apoyo al golpe de Yeltsin contra la Casa de los Sóviets, el Parlamento... Todo eso está muy bien explicado; sin embargo, me desagrada el tono de certeza, la falta de dudas y de matices al referirse a Cuba, o a las propuestas de Venezuela como nuevas formas de democracia. La gente de mi edad, en este primer decenio del siglo XXI, tenemos la piel lo bastante curtida y hemos pasado por suficientes experiencias *décevantes* como para no saber el explosivo que puede esconderse tras la falta de matices; qué cantidad de dolor puede almacenar. Me inquieta un esquematismo que no parece solo dedicado a tapar la boca del adversario imperialista, sino incluso a quienes somos permeables a cualquier experiencia que apunte hacia la extinción de este sistema injusto.
Condena explícitamente la Revolución Cultural china, pero el camino que los autores del texto emprenden en su análisis tiene algunas concomitancias en lo más desazonante de ella: leyendo el texto de Liria presentimos que entre dos líneas siempre hay una incorrecta que debe ser exterminada

(suavicemos: vencida, superada). Ese fue el eje de la revolución cultural que yo mismo defendí y, a veces cuando me acaloro discutiendo, no sé si aún defiendo de tapadillo y a mi pesar. Cuando queden dos habitantes sobre el planeta, uno de ellos representará la línea incorrecta (se supone que yo). Es la conclusión lógica de esa teoría, por lo demás muy correcta: dos opiniones distintas (y no digamos ya contrapuestas) no pueden ser las dos a la vez verdad. Conclusión: el mundo reducido a un solo hombre. Por la borda el contrato social, ese único mundo vivible basado en los pactos, en el acuerdo para que nadie se levante y agreda a los demás (eso que el capitalismo convierte en imposible, porque la agresión está en su esencia misma). Y, sin embargo, nos sedujo lo de las dos líneas: el razonamiento nos pareció impecable. Buscar una verdad estaba en la onda de lo que había sido nuestra educación religiosa, el maoísmo era un sustituto generoso y rabiosamente humano (fieramente humano, diría Blas de Otero) del Dios de los curas. A esas pegas que le pongo al libro de Fernández Liria se suma una de orden menor, y es que introduzca en un texto para la educación de los jóvenes lo que parece una manía personal: aunque nunca he sido un entusiasta de Savater, y ya desde los años en que sus pesadas intervenciones servían como boicot a las asambleas que habíamos preparado cuidadosamente en el paraninfo de la facultad de letras, y le he tenido cierta tirria, no acabo de verlo como el gran enemigo, que es como me da la impresión de que aparece en el libro de Liria, donde se le trata poco menos que como encarnación del intelectual-criminal, imagino que por todo lo que ha despotricado del País Vasco y por su connivencia con los sectores más reaccionarios en ese tema. Pero supongo también que detrás hay discusiones de profesores, y peleas entre universitarios que me interesan poco y son lenguaje marciano para los muchachos a quienes va dedicado el libro. Este tipo de opi-

238

niones y no pocos saltos en el vacío hacen que no me parezca el material escolar más conveniente para el alumnado. Escribo esto y me arrepiento: puede ser un buen punto de partida para la discusión, ¿por qué no? ¿Que en muchos momentos roza más el mitin que el razonamiento? También en los textos que leen a diario los alumnos está toda esa carga profundamente reaccionaria que se da como de uso corriente. Pura superchería, adoctrinamiento sin ambages y servido con una supuesta naturalidad, bajo el epígrafe «el mundo es así». En cualquier caso –no sé si es que voy volviéndome reaccionario–, y después de tantos años de manipulaciones, pienso que lo honesto es enseñarles a los niños los mecanismos del pensamiento, más que las conclusiones ya cocinadas. Guardemos los mítines para dárnoslos unos a otros los mayores. Si sigo razonando por ese camino, confieso que un libro con el que estoy en general de acuerdo se me vuelve antipático, quizá porque atisbo u olisqueo que la seguridad que exhibe tiene la altivez del que se siente arriba, que desprecia al alumno, y a mí que lo leo: si no crees lo que te digo es que no estás a la altura de lo que te propongo. Algo así.

Me han interesado algunos artículos que, sobre la contracultura, publica una revista mexicana que se llama *Generación*. Hay uno excelente de Guillermo Fadanelli, «El ataúd de la contracultura», en el que relaciona con mucha perspicacia los movimientos contraculturales de los sesenta con posiciones abiertamente políticas, y plantea que están profundamente ligados a los avatares de la historia del momento, y no son –como tantas veces se nos muestra– simple respuesta a «estímulos de las obsesiones personales». Otro muy buen artículo, titulado «¿De la contracultura a la impostura?», y firmado por Armando González Torres, habla de la provocación agresiva y la improvisación sin base ni rigor y de cómo a menudo la irreverencia por sistema culmina en un arte pedagógico y pobre, que sitúa el concepto por encima de la experiencia artística y que debe explicarse con discursos de segunda mano extraídos torpemente de otras disciplinas. No es extraño que muy a menudo los argumentos de un curador parezcan más los argumentos de un sociólogo o filósofo aficionado que los de un conocedor del arte, sus formas y tradición. Por supuesto, no se trata de deificar un canon invariable o el uso de determinadas técnicas y soportes materiales, ni de ensalzar la complejidad deliberada en la construcción o la composición, ni de exaltar determinada escuela u orientación en detrimento de otra, sino simplemente de denunciar tanta charlatanería que se hace pasar por arte. En el arte contemporáneo, desprovisto de asideros y de genealogías fijas, el artista tiene la capacidad de elegir su tradición, de situarse en la historia y, a partir de esa elección, se hace evidente, su raigambre y ambición.

Unas líneas antes, el autor de este excelente artículo afirma:

[...] más allá de esta exacerbación de un fenómeno normal, que es la apreciación extinguida del arte y la necesidad de mediadores, quizá lo más revelador es que el discurso en torno a los productos artísticos a menudo abandona sus modalidades de interpretación privativas, se desliza de la historia y las tradiciones formales del arte y entra en el terreno pantanoso de la justificación sociológica.

Algunos de los libros leídos:
Paul Torday: *La pesca del salmón en Yemen*, que me recomendó vivamente Javier Ortiz. Un divertimento sobre la dificultad para hacer lo que sea que se salga de lo común, y

el poder de la utopía para, en el intento, al menos redimirse uno mismo.

Luis Mateo Díez: *La gloria de los niños*, un Lazarillo de la posguerra –hambre y escombros–, con destellos de sabiduría literaria, pero manierista y moroso a pesar de su brevedad.

21 de noviembre

Pasan los días sin que yo escriba ni una línea. Menos mal que hoy he conseguido cumplir con el encargo que me hicieron desde *El Cultural*: tres folios sobre cómo nació mi primera novela. ¿Que qué he hecho entretanto, además de perder el tiempo? He leído. Sin novedad en el Alcázar. Ni se rinde, ni salen las fuerzas para atacar a los asaltantes. Lo de siempre. ¿Qué hace el escritor perezoso? Lee. En cualquier posición, apoyado el libro sobre la mesa, la cabeza gacha; sentado en la butaquita de la terraza; repantigado en el poco cómodo butacón que hay ante la tele (mañana dolor de cervicales, seguro), y, sobre todo, ¡ay!, tumbado, en la cama del piso de arriba, en la del de abajo, boca arriba, sosteniendo el libro entre pulgar e índice de la mano izquierda; de lado un ratito para desentumecerse. De hecho, me duele el empeine entre los dos dedos, se me queda medio paralizado de tanto sostener ahí libros gordos. No, los que acabo de leer no son de esos gordos, son más bien novelas breves: tres novelas breves de Stefan Zweig, tres joyas: la *Novela de ajedrez* no la había leído antes; las otras –*Veinticuatro horas en la vida de una mujer* y *La embriaguez de la metamorfosis*– ya las conocía. Las dos primeras son excelentes, aunque tienen algo de «construidas», pero la tercera es verdaderamente extraordinaria, no admite ni un reparo: texto desgarrador sobre la calidad paralizante de la pobreza, y la embriaguez que produce el contacto con la riqueza. Fascinación de una muchacha pobre que altera su posición social durante unos días. Las páginas en las que Christine vive haciéndose pasar por rica (sus tíos la han invitado unos días a un lujoso hotel suizo), y su triste caída, son desoladoras, el lector apenas puede soportar la crueldad que almacenan: contemplar cómo la muchacha, ebria por la facilidad con que todo se le concede en ese ambiente, prepara su propio derrumbe. El texto convierte al lector en impotente partícipe de esa desgracia, usa a modo de filigrana los recursos del folletín, y le proporciona datos con los que la muchacha no cuenta: el lector sabe que ella avanza hacia su cruel caída. Quisiera impedirlo, advertir a Christine que no debe seguir por ese camino (los niños gritábamos en el cine para advertir al protagonista de que a sus espaldas llegaba el malo, le pedíamos a gritos que se diera la vuelta y lo descubriese antes de que fuera tarde), y sufre paralizado, y le cuesta seguir leyendo, porque se ha identificado totalmente con esa perdedora por la que nada puede hacer. Es justo un método contrario al que utiliza Bertolt Brecht, pero no me atrevería yo a decir que menos efectivo, porque Zweig, que es de un pesimismo y de una lucidez aterradores, trufa la acción con los pensamientos, con las reflexiones acerca del alma humana y los mecanismos sociales que mueven a ricos y pobres, a ricos temerosos de su propio destino, o aterrorizados por su origen, que es el caso de la tía de Christine que, en su lejana juventud, tuvo que escaparse de Viena por culpa de un adulterio que terminó envuelto en escándalo: la celosa esposa del amante les disparó en la habitación que habían alquilado para amarse. Admiro la lucidez y precisión con que Zweig analiza la clase, pero también el sexo, su turbiedad, la inevitable suciedad de su mecánica, que tira al suelo todas las expectativas de la mujer con respecto al amor. El sexo ensucia –y hasta qué extremos– el amor, sobre todo cuando se salpimienta con la pobreza. Digamos que una de las múltiples funciones de la riqueza es disimular la brutalidad del sexo.

Son extraordinarias las páginas en que ella se entrega en el asiento de un coche a un tipo rico (solo en el último segundo recupera la fuerza para no consumar el acto), la atracción terrible con que ese hombre rico la va venciendo, paso a paso, una fascinación tan intensa como será la repulsión que más adelante, tras la caída, provoca en ella la miseria del hotelucho de paso –toses, gemidos, voces, suciedad–, que enfría su naciente sentimiento amoroso, convirtiéndolo en un asco creciente: es su primera experiencia de amor de pobre.

El domingo (hoy es miércoles) viajé a Madrid. Regresé anoche. En el trayecto me animo a coger el método Assimil de alemán. Me falta el primer cedé, creo que lo perdí en el tren cuando me dio aquel vértigo en el trayecto a Frankfurt y me bajaron en camilla. Autocrítica: vida tirada. Siempre todo a medias, nada con rigor, con orden, perpetuo autodidacta: es el confuso signo de mi vida. Propósito de la enmienda, ¿por qué no dedicar parte del tiempo que pierdo a estudiar alemán? No aspiro a hablarlo, ni siquiera a chapurrearlo, pero poderlo leer. Enseguida cambio de tercio y me pregunto si no sería bastante mejor perfeccionar el inglés. Ni alemán, ni árabe (los libritos y diccionarios de árabe clásico, y el *darija* que chapurreé en Marruecos, *ubi sunt?*), a medias inglés y lenguas latinas. ¿Y aquella vez que empecé a tontear con el ruso? Cuánto tiempo, cuánto olvido. Sobre todo, cuánta inseguridad e inconstancia.

En Madrid respondo a las preguntas del redactor de *Leer*, acudo al programa *El ojo crítico* de RNE y a la televisión, *Las noches blancas*, con Sánchez Dragó, cariñosísimo, recordamos juntos viejos amigos marroquíes, Manolo Bayo, su amigo del alma durante un tiempo, y querido amigo mío en Fez. El tiempo nos pule, lima las asperezas, lo vuelve a él más vulnerable, a mí menos dogmático, sí, me escandalizan menos las actitudes que entonces me lo hicieron insoportable; hoy esa verborrea, sus mentiras e invenciones para alimentar un ego inabarcable, casi me parecen conmovedoras, gestos de un niño fantasioso. Manolo Bayo murió hace unos años. Su sombra nos une a Dragó y a mí. Mientras lo maquillan, contemplo la cabeza apoyada en el respaldo de la butaca inclinada hacia atrás, su cara afilada, cerúlea (el maquillaje aún lo empalidece más), y pienso que es un cadáver, aunque quizá sea un cadáver de larga duración. Es lo que somos todos.

Me cuesta escribir la palabra *cadáver*, porque hace un rato me ha llamado El Chispas para decirme que Pedro Rivera murió repentinamente el pasado sábado. Fue buen amigo, vivió en mi casa del barrio de El Pilar el tiempo que yo permanecí en Marruecos; un gordo jovial, despreocupado, sus amigos anarquistas me vaciaron la biblioteca. No quedó ni un libro de Jack London (los tenía casi todos en edición de bolsillo en francés), desaparecieron los de Deutscher, Rosa Luxemburgo, Gramsci…, qué sé yo. Por entonces él era un muchacho, yo un hombre hecho y derecho. Le llevaba ocho o diez años. Me quedo mudo al escuchar la noticia. Me cuesta asimilar que Pedro ya no está, su vitalidad, su risa (Perico el Gordo, lo llamaban los amigos), se han desvanecido. No acabo de creérmelo. Repito frases hechas, tacos, blasfemias, me cago en Dios: no, joder, no. No puedo pensar ni decir otra cosa. Necesitaría hablar con alguien que lo hubiera conocido, pero no tengo el teléfono de ninguno de sus amigos, ni el de su hermano, a quien también frecuenté, así que no se me ocurre otra idea que telefonear a su móvil, pensando que seguramente habrá pasado a manos de alguno de sus familiares, y podré charlar, preguntar las circunstancias, cómo fue, hablar de él. Marco el número y el tono suena durante un buen rato, lo que empieza a inquietarme, se me ocurre pensar que lo han enterrado con él y está sonando allá abajo, donde sea, en el interior de una fosa, de un nicho. Cuando voy a interrumpir la llamada se pone en marcha el contestador, y escucho una voz agria que dice: no estoy disponible. Es la voz de él, malhumorado. Me asusto. Cuelgo inmediatamente con una mezcla confusa de sentimientos, la ternura que me produce oír por última vez la voz del amigo, y la desazón al pensar que he oído la voz de un muerto, y esa amargura en el tono. Como si estuviera enojado por lo que le ha ocurrido. Pienso que a lo mejor grabó el mensaje en la sala de urgencias del hospital, cuando se sintió mal. Desde hace tres o cuatro meses tengo la sensación de que la enfermedad y la muerte estrechan el cerco. Pero eso es una visión egoísta. Es a ellos a quienes les ha puesto cerco, a quienes ha cazado, yo no tengo que ver nada con eso: solo puedo solidarizarme como futura pieza a cobrar, como se solidariza una liebre que corre por el prado con la que cuelga del morral del cazador. Resulta más razonable pensar que formo parte de un grupo al que el abuso de alcohol/tabaco y/o de otras sustancias, una vida irregular, está pasando factura antes de tiempo. Firmamos una hipoteca a más corto plazo que otros. De hecho, estos dos días que he pasado en Madrid me he hospedado en casa de M. L., a quien operaron del corazón hace un par de años, y está lleno de achaques. Almacena un contenedor de medicamentos, pastillas, pomadas, brebajes, y se pasa el día yendo de un médico a otro, haciéndose pruebas, revisiones. El Chispas me ha contado los últimos momentos de Pedro, al parecer fue al hospital por su propio pie, porque se sentía indispuesto. Me he acordado del mensaje del contestador, esa voz que a lo mejor no era hosca, o agria, sino temerosa. Estaba asustado. Le he dicho al Chispas que a este paso se nos va a acabar quitando el miedo a la muerte, porque ya tenemos más amigos del otro lado que aquí. Empiezas a entender la idea que se les mete a los viejos en la cabeza, cuando expresan sus ganas de morirse de una vez. Al fin y al cabo, en este mundo ya no les queda nadie. Están todos del otro lado. Esa sensación debe ser especialmente intensa en los creyentes. Imagínate qué prisas tienen que entrarles cuando llegan a cierta edad: volver a ser jóvenes (la resurrección de la carne: promesa evangélica; resucitarán en su plenitud, la carne otra vez en su esplendor, qué peligro tiene eso), volver a estar con quienes quisiste y —esta vez sí, ahora va en serio— ser inmensamente felices, no con una felicidad de cortas miras, sino esencial. Estar con François, con Toledo (ese maldito diablo: pero sin él mi paraíso no sería completo), con J., el que por pocos días no llegó a conocer a su segundo hijo, con Fiti, con Tere, con Vicente, con Juan Román, con Carlos Hernández, mi compañero de habitación durante años, que murió jovencísimo: un día trajo su madre al hijo a la feria del libro para que yo lo conociese, y el muchacho resulta que es como él, exactamente como él cuando yo lo conocí, los mismos ojos, la sonrisa, los labios, el mismo color de piel, teníamos diecisiete o dieciocho años, los que ahora puede tener el muchacho; me encontraré en el banquete perpetuo con mi padre, a quien en el instante de la resurrección se le habrá borrado la huella que la cuerda le dejó en el cuello, me contará por qué tuvo esa prisa por marcharse, por qué tuvo tan poco interés de ver cómo cumplía los cinco, los seis años el hijo; con mi madre, y con mi abuela y sus hermanas, Justa e Isabel, a las que tanto quise; sí, es verdad que ya casi me he convertido en uno de esos viejos a los que me he referido hace un momento: tengo muchos más amigos allá que aquí, más gente que me quiere y me echa de menos, más gente a la que he querido; y mientras escribo van apareciendo nuevas caras: mi prima Mari Nieves, Carmen Martín Gaite, Pablo Teruel, compañero del colegio de huérfanos de ferroviarios, su madre era taquillera del metro, él murió al día siguiente de terminar la carrera de ingeniero industrial, su coche se estrelló contra otro cuando volvía de celebrar el título. Pienso en su madre, lo que debió sentir aquel día. Los días siguientes, expendiendo billetes de metro. Mi buen amigo de infancia colegial, Miguel Rodríguez Vázquez, su aspecto ambiguo, de arcángel femenino: se hizo médico y su hermana gemela me dijo que se arrojó por un talud en Málaga, se suicidó. Pero si aquí apenas me queda con quién hablar, dijo en una entrevista el cínico Putin. Putin decía que no puede hablar con nadie, porque, desde que se murió Gandhi, ya no quedan demócratas en este perro mundo. No tiene interlocutor que le sirva.

Intento recuperar la disciplina, leo a Zweig, he concluido el articulito sobre *Mimoun*, paso dos largas horas escuchando las cuatro primeras sinfonías de Shostakóvich. Me fascina esa especie de mar de fondo que domina la segunda, un inquietante rumor que viene de abajo, y parece traer (o parece traerme a mí) la melancolía de las utopías perdidas, el rumor creciente de las masas que iban a empujarnos (sin duda todo eso lo pongo de mi cosecha). Y la desmesura de la cuarta, el gran momento de nuestros sueños ocupando todo el aire durante todo el tiempo. Culmino el atracón musical con la cuarta de Brahms, contenedor de mis sentimientos de juventud: quiero decir que cargué sobre ella un buen paquete de confusos sentimientos de adolescencia, hervores poco definidos de la sangre, amores que tomaban la forma de generosa amistad o de desesperación de tamaño casi cósmico. La cuarta de Brahms, a mis quince, dieciséis años, me ayudaba a sentirme más solo, más desgraciado, más lleno de virtudes que a nadie interesaban y de una secreta belleza que pasaba desaparecida, o que se cubría con un uniforme torpe, falto de proporción: mi propio cuerpo. El vigor de la sinfonía, ese poderoso impulso trágico.

247

23 de noviembre

Me desdigo de lo que escribí días atrás: la última parte de *La embriaguez de la metamorfosis* me parece demasiado pensada, se mete el novelista en la novela para poner en pie un alegato contra el Estado, nihilista llamada revolucionaria, a su manera texto de intervención: los pobres dudan entre suicidarse o asaltar la oficina de correos en la que ella trabaja. Y deciden robar la caja. Si el trabajo no te permite vivir, te queda la libertad de elegir el momento de tu muerte. La otra posibilidad es correr el riesgo de acceder violentamente a la riqueza, tocarla al menos durante algún tiempo. El libro (el pesimismo de Zweig) termina con el minucioso plan que Ferdinand, el amante de Christine, elabora para huir con el dinero. No hay salida digna para la pobreza. Es una pena que los editores no ofrezcan datos sobre las fechas en que se escribió esta novela, que, al parecer, Zweig trabajó desde los años veinte a los cuarenta, y dejó sin acabar. Fue publicada un par de decenios más tarde. En general, cunde la idea de que las grandes obras son eternas, no tienen fecha, lo cual es una aberración. No hay arte que no sea de su tiempo y que no nos exija situarlo para entenderlo. ¿Cómo disfrutar de esta novela sin entender los años duros, fruto de la política de reparaciones que se les impone a Alemania y a Austria tras el tratado de Versalles? Ferdinand, el personaje de Zweig, ha vivido la guerra, y, luego, un campo de concentración en Siberia, porque, por un retraso de media hora, no cogió el tren que lo repatriaba a Austria, y se vio atrapado en las luchas entre rojos y blancos. Su desgracia no es una mala sombra de Urano, o de la luna: es un mal fario histórico.

Concluyo el atracón musical de hoy (que ha incluido la quinta y la sexta de Beethoven) con la séptima de Shostakóvich, que he escuchado cien veces y me sigue emocionando como el primer día; o no, hoy me gusta más que el primer día que la escuché, me arrastra por ese complejo impulso que la guía. Por ahí arriba, en esos estantes a los que no llego, y en los que tengo guardados los discos que no pongo (los vinilos, que dicen ahora), porque no tengo tocadiscos (se lo comieron el sol y las ratas cuando me mudé a esta casa y los muebles estuvieron un mes en el exterior a la espera de que vinieran los albañiles que tenían que hacer la obra), sí, por ahí arriba está el disco que compré en Leningrado hace más de veinte años. La palabra *revolución* aún me cosquilleaba en el alma, el propio nombre de la ciudad: Leningrado, su escenografía, lo ruso y lo soviético enredados en los textos alucinados de Dostoievski, de Bieli o Pilniak. Crueldad de la vieja Rusia y del nuevo Sóviet. Qué capacidad tiene Shostakóvich para expresar el pozo que llevamos dentro y el espíritu dolorido (sí, el espíritu, ya sé que es un tópico: Tolstói, Chéjov, Lérmontov) de Rusia y la energía de una revolución trágica: su música destila el dolor del pasado y su melancolía fundidos en el fracaso del futuro, todo se mezcla misteriosamente, uno ve lo que está dejando de ser, lo que es, y eso que sabemos que no llegará a ser, pero tanto necesitamos. Me enfango en mi propia melancolía. Las carátulas de los cedés con imágenes de la Revolución Rusa contribuyen a atizar ese fuego sentimental. Pienso en Chéjov, en *La dama del perrito* y la hermosura de la naturaleza que solo turban la maldad o la necedad del hombre.

24 de noviembre

Correo en internet: respondo a dos o tres cartas (a Jean-Maurice, a Gregorio Morán, a alguien que me envía una entrevista) y les cuento lo que hago, lo que estoy leyendo, así que no queda mucho para escribir en estas páginas. Repetir lo dicho, pero mejor escrito, debería ser el papel de este cuaderno, pero es justo lo contrario: esto –como es lo privado, lo íntimo– no lo cuido, anoto a vuelapluma, al buen tuntún:

o sea, que he encontrado dos formas de perder el tiempo en vez de una.

Hoy, resaca.

He leído el libro de Jordi Coca *Sota la pols*, leo la introducción y medio centenar de páginas de *Paraíso cerrado*, una antología de la poesía española de los siglos XVI y XVII. Como cada vez que lo leo, me quedo prendido de la claridad de Garcilaso, esa pureza, es aire que se respira, agua que se bebe; en sus sonetos tienes la impresión de que todo está limpio, bien ventilado, oreado, que el agua murmura clara en el arroyo. Te hace sentirte bien, respirar, añorar lo bueno y lo bello. Al último que leo es a fray Luis, que transmite una sensación parecida, pero aquí la exposición ya es más zigzagueante, ya parece advertirse una contaminación doctrinaria, te exige un esfuerzo suplementario de pensamiento, notas que está trabajando con tu manera de pensar, mientras que Garcilaso te regala el engaño suplementario de que lees poesía como respiras aire limpio una mañana fresca, como te bebes un vaso de agua fresca, la sensación de que te sumerges en un río cristalino. Qué lejos de las escombreras en que nos movemos a diario. Poesía como ensoñación tramposa, puede ser, pero también como aspiración que puede cargarse de peligro.

25 de noviembre
Katiusha, la prostituta condenada a trabajos forzados (la Máslova) y a la que sedujo Nejliúdov:

> En cuanto a los hombres, desde el viejo Stanovoy hasta los vigilantes de la cárcel, la consideraban como un instrumento de placer. No había nada en el mundo para nadie excepto el placer, solamente el placer. Esto se lo hizo

comprender el viejo escritor con quien vivió el segundo año de su vida independiente. Solía decirle que la felicidad de la vida estribaba en el placer, que llamaba poesía y estética.

Todo el mundo vivía para sí mismo, para su placer y lo que se hablaba acerca de Dios y del bien no era más que un engaño (pág. 1683. León Tolstói: *Resurrección*).

26 de noviembre
Para Tolstói la ciudad es un nido de inútiles que derrochan y malgastan todo lo que los campesinos producen para ellos, incluso los obreros, los criados, los cocheros y dependientes son energía que se le ha arrebatado al campo, gente degradada que trabaja en todo lo inútil que los parásitos derrochan, hombres apartados de su verdadera naturaleza productiva por el capricho de los ociosos. Entre esos parásitos la sinceridad está prohibida, ni siquiera consigo mismos son sinceros: se verían obligados a reconocer que han ascendido por un matrimonio de conveniencia, o que se han hecho ricos explotando a otros; que han obtenido una medalla por asesinar, por torturar. En ese grupo, los personajes menos malos son melancólicos, tipos infelices, atrapados en la trampa de la profesión, de la familia, necesitados de los otros; o cínicos que cierran los ojos o hacen como que los cierran. En *Resurrección* se cuenta el proceso de purificación de un noble que, al intentar reparar su culpa, dinamita y hace saltar por los aires el concepto que tienen de sí mismos cuantos le rodean, y provoca unánime rechazo. Ser honesto resulta escandaloso.

Tolstói ha forzado el argumento de la novela, y lo desarrolla mediante largas tiradas que suenan más a amargos sermones lanzados desde un púlpito que a páginas novelescas, pero misteriosamente el libro se levanta sobre sus defectos y posee una fuerza asombrosa. Más de un siglo después de haber sido escrita la novela, aún resulta hiriente, desazona, y –como paradoja– transmite una estimulante sensación de vida en su plenitud: Tolstói recorre todos los ambientes como si pasara por ellos la cámara en una lujosa producción cinematográfica con excelente puesta en escena: campos, miserables poblados campesinos, cárceles, calles de la ciudad, juzgados, prostíbulos, elegantes mansiones de Moscú y San Petersburgo, todo está en el libro, y están los caracteres de la gente, la ceguera de la justicia, su estupidez, la estupidez y brutalidad de las instituciones, los vicios de militares y policías; la irrelevancia que preside el tejido de relaciones en la alta sociedad y la inconsistencia de los artistas de los que se rodea, sus modas, manías y corrupciones; están la religión y su irracionalidad, el espiritismo; la falsa dignidad adquirida por los duelos, práctica tan tonta como salvaje. Leyendo a Tolstói te das cuenta de lo poco que sabríamos del mundo si no hubiera existido la literatura.

Alterno la lectura de Tolstói con la de *El canto de las sirenas*, de Eugenio Trías: hoy, los capítulos que dedica a Bach y a Haydn. Oigo música: las cantatas de Bach, incluida la que el protagonista de mi novela elige para poner durante la ceremonia de cremación del hermano: qué hermosura, todo el dolor humano está ahí concentrado en unos pocos acordes, en el sonido de los violines, de un oboe, de una trompeta, el dolor y la matemática que lo codifica, qué cosa tan extraña, que lo irracional pueda capturarse con ese prodigio de cálculo. Para mí hay un hilo entre esa ordenada sensación de dolor y plenitud bachiana y la que me producen algunos fragmentos de Shostakóvich, que, sin duda, extrajo mucho de esa capacidad para componer en mónadas, que diría Trías: universos de mónadas que componen esa gran mónada, que es Dios en Bach y, en los momentos de exaltación de Shostakóvich, quizá sea la revolución. Uno se eleva gracias a

252

las alas que le da la fe, el otro cae lastrado por el plomo de su desengaño: pero lo que se impone es dolor, si se quiere, un dolor envuelto en algodones el de Bach, acogedor, dolor y bálsamo al mismo tiempo, mientras que en el ruso es desamparo invernal, nocturno y aniquilador. La fe de Shostakóvich exige ese suplemento de heroísmo que tienen que desarrollar los laicos.

El día se me queda corto. Necesito más horas. Avidez de saber, penitencia por tanto tiempo perdido, y esta luz que es ya de crepúsculo. Morirse cargando con todo el peso de la ignorancia, metido en un laberinto estéril, que no es religioso, ni místico, pero que muestra alguno de sus síntomas, eso sí, sin posibilidad de engaño ni consuelo: misticismo sin Dios, ascética sin objetivo y carente de esa dosis de heroísmo necesario en los laicos, que unas líneas atrás le adjudicaba a Shostakóvich y de la que carezco. Cada vez me parecen más aburridos los ritos del alcohol, de la cháchara en la barra del bar, del sexo; sin querer, Tolstói y Bach me contagian estados autodestructivos: la inactividad y el silencio como valores: no desear, ni siquiera escribir, todo es egoísmo y vanidad: ni siquiera el sexo, pero él, Tolstói, no paraba de engendrar –hijos y páginas– y yo soy solo una esponja que sorbe algo que luego se corrompe (esa agua podrida entre los poros del estropajo esponjoso de la cocina que hace un par de días que no usas y sigue húmedo) o sencillamente se evapora. Entretanto, descubro una nueva metedura de pata en *Crematorio*, otro de esos lapsus de autocastigo. ¡Nada menos que digo que la «Súplica para ser enterrado en la playa de Sète» es de Brel! Como si no supiera desde hace cuarenta años que es de Brassens. La observación me la ha hecho Denise, la traductora. Toda la vida oyendo esa canción, poniendo en mi casa ese disco, y cambio el nombre y no descubro el error en cien correcciones, ¿qué quiere ese otro yo que trabaja, que me guía?, ¿castigarme? Cada día odio más este libro que estoy convencido de que he escrito para castigarme en todos los frentes. La relación con las novelas puede llegar a ser como la que se tiene con los amantes: como te han hecho daño, tú aprovechas y te castigas aún más, multiplicas el daño como si así ellos fueran a sentirse más culpables (me corto las venas porque ella no me quiere); en realidad, ellos o ellas no importan, importa tu odio hacia ti. Te castigas tú para librarte de él. El mecanismo está sobradamente descrito en *Crematorio*. Por cierto, Denise me dice que es un libro «impresionante, conmovedor y exacto». Yo tampoco me lo creo esta vez, pero me gusta oírlo. Con un fondo de música de Haydn pliego las velas del día, me cojo a Tolstói y me meto en la cama.

27 de noviembre

Tolstói solo necesita unas pocas líneas para crear un escenario dramático. La salida de la expedición de los más de ochocientos presos y sesenta y tantas presas rumbo a Siberia tiene lugar un día caluroso: «Hacía un calor sofocante de mes de julio. El empedrado de las calles, las casas y el hierro de los tejados que no se habían enfriado durante la calurosa noche, despedían calor, y la atmósfera permanecía estática» (pág. 1807). No hace viento, pero si se levanta en algún momento, es para «traer ráfagas de polvo y pintura». Los pocos transeúntes buscan la acera que discurre a la sombra de las casas. Tan solo los picapedreros permanecen sentados al sol y los guardias, «con sus gorras blancas y sus cordones de color naranja sobre los que llevaban suspendido el revólver», están «aburridos, cambiándose de un pie a otro. También pasaban de cuando en cuando tranvías con las cortinillas echadas por un lado para protegerse del sol, tirados por mulas cuyas cabezas estaban cubiertas por capuchas blancas con orificios para las orejas» (págs. 1807-1808). En pocas líneas, la sensación de pesadez y modorra, la diferencia de los presos respecto al resto de componentes de la sociedad, que se protegen buscando la sombra, mientras ellos forman allí: la masa gris, uniforme y triste de los presos entre soldados con cascos blancos y fusiles, fundiéndose a pleno sol. La introducción de secundarios en la escena vuelve más viva la estampa: el grueso y colorado jefe del convoy no para de fumar. Y, de pronto, una imagen que nos golpea especialmente: «Entre las mujeres, avanzaban por su propio pie chiquillos de uno y otro sexo. Lo mismo que unos potros entre la yeguada, se apretujaban contra las presas». La imagen nos conmueve tanto porque funciona en muchos sentidos: por una parte, la desolación (esos seres humanos degradados, tratados como animales); por otra, como esperanza, como continuidad de la vida que sigue reproduciéndose y dando fruto en las peores condiciones (esos niños que se apretujan contra sus madres presas); y, por ahí, se llega al canto a la sagrada naturaleza, y, dando apenas un paso más, a la inocencia: a la sublime inocencia que, para Tolstói, se encuentra en el campo, la vida campesina, los inocentes potrillos, la yeguada. Tolstói te zarandea, te lleva de lo más corrompido a lo más bello e inocente en el mismo párrafo; entre otras razones, porque para él, bajo la apariencia degradada de la cárcel, se alberga mucho de lo más inocente de la sociedad. Unas páginas antes (en la 1793), el protagonista, Nejliúdov, recuerda «las palabras del escritor americano Toro [imagino que se refiere a Thoreau, leo el texto en las completas de Aguilar], el cual afirmaba, en la época en que en América existía la servidumbre, que el único lugar decente para un ciudadano honrado en una nación cuyas leyes protegen la servidumbre, es la cárcel». La verdadera degradación, la verdadera suciedad (que es la moral imperante) está en los palacios y mansiones de San Petersburgo, en las moradas de los grandes propietarios.

Con los personajes «de relleno», Tolstói ofrece una extraordinaria galería de retratos, cámara en mano: pasa la comitiva de los presos, describe las reacciones de la gente al verlos pasar, mezcla de horror y piedad, y, de pronto, se detiene para fijarse en la ancha espalda de un cochero, su uniforme con doble fila de botones atrás, y planta el objetivo ante los elegantes ocupantes del carro que conduce: un matrimonio y sus dos hijos en cuyas descripciones se entretiene minuciosamente. Nos cuenta que el señor riñe injustamente al cochero por hacerles contemplar aquel espectáculo (la señora se defiende del polvo con la sombrilla), cuando ha sido él quien lo ha obligado a elegir ese trayecto. A continuación, con su estilo de lectura inversa, nos cuenta las reacciones de los niños que han visto el cortejo («la solemnidad de esta triste compañía»), y a quienes los padres no han querido explicarles nada –pero si ellos van a divertirse en una casa de campo–. La niña está convencida de que esos individuos que circulan en grupo han de haber cometido actos muy malos para haberse convertido en seres tan horribles. El niño, en cambio, cree que esos seres son como él, y tiene a la vez miedo de ellos y de los que los castigan injustamente. Se le hinchan los labios de pesar y está a punto de echarse a llorar, pero se retiene porque le parece inconveniente (págs. 1810-1811).

Tolstói prosigue su narración de modo cinematográfico. Se ha desmayado un preso, «un hombre de cierta edad, ancho de hombros, barba rojiza, rostro colorado y nariz aplastada. Llevaba guardapolvos gris y pantalones del mismo color. Yacía boca arriba con las palmas de las manos, cubiertas de pecas, contra el suelo» (págs. 1812-1813). Y añade: «En torno suyo había un guardia de aspecto sombrío, un repartidor, un cartero, un dependiente, una anciana con sombrilla y un muchacho de pelo corto, que llevaba una cesta vacía bajo el brazo» (pág. 1813). Parece la coreografía completa de un musical tipo *My Fair Lady*. El profesor Higgins entre los verduleros del mercado de Covent Garden. ¿Por qué describir una escena así, por qué contarnos cómo es toda esa gente que parece que no tiene lugar en la trama de la novela? La única respuesta es que se trata justo de lo contrario: de que la novela es precisamente esa gente. Porque en el engranaje central (el corazón de la trama) de la novela que Tolstói escribe está activada la loca aspiración de captar la vida: así como suena: Rusia en su totalidad. Quiere darnos Moscú entero una tarde de verano en la que, por alguna de sus calles, avanza una cuerda de presos. Aún conoceremos mejor los rasgos físicos del anónimo preso moribundo, cuando un guardia empiece a «desatar con sus gruesos dedos temblorosos los cordones de la camisa del preso, la cual le ceñía el cuello colorado, marcado de venas» (pág. 1813). Y unas líneas más adelante: «El guardia quitó la gorra al moribundo y vació la vasija sobre sus rizados cabellos de color rojizo y su cráneo de calva incipiente» (pág. 1814). Es un tipo que conocemos. Aunque no haya aparecido antes en la novela, ni vuelva a aparecer después, desde ese momento nos acompaña para siempre. Como nos acompaña el gesto piadoso del guardia que vierte agua sobre la cabeza del agonizante (esa conmovedora calva incipiente) con sus gruesos dedos temblorosos. Lo grueso –lo brutal– tiembla, se transforma en piadoso.

De Bernanos: «[…] la furie religeuse consubtantielle à la part la plus obscure, la plus vénéneuse de l'âme humaine».

Bajo al pueblo para entregarle los papeles a Zarzo, el asesor. No hay nadie. Todo está vacío a las nueve y media de la noche. Otoño deprimente. Vuelvo a casa escuchando a la

257

Callas en la radio del coche. Qué soledad, madre mía, esto parece el día siguiente, decorado de alguna de esas películas poscatástrofe. Recuerdo la que vi siendo un muchacho: *La hora final*. Intento imaginar qué sería lo que podría transmitirme algunas ganas de seguir viviendo. Nada que no sean los libros, la música y el cine. Buscando la ruta de los presos condenados a Siberia en la novela *Resurrección*, contemplo en el atlas el mapa de ese país inmenso, leo los nombres de las ciudades y me pregunto qué me impide, en cuanto venda el local, coger un tren e irme a recorrer esos grandes espacios vacíos, conocer a esa gente, los biznietos de los campesinos de Tolstói. Me lo impiden esta casa, Paco, los perros y gatos. ¿Por qué me he condenado a que esto sea nada, una celda de la cárcel, pero sin ni siquiera la compañía de otros presidiarios? Me lo impido yo, que –al margen de esa calentura pasajera que me ha dado hoy– he perdido las ganas de ir a ninguna parte, que no sea mi silla ante la mesa con el ordenador, y mi cama. En el camino de vuelta se me saltan las lágrimas. Me ahoga este no ser nada, estar solo, encerrado en una casa que ni siquiera es cómoda. Deseo intenso de romper con todo, librarme de las obligaciones de amistades pedigüeñas incapaces de dar ni una brizna de lo que uno solicita, ni tan solo una palabra de consuelo, de ánimo, de piedad. Dar, dar, dar, siempre; pedir parece mezquino, pero lo otro resulta extenuante, agotador. Adonde miro no encuentro a nadie que me dé nada en este puñetero pueblo, ni siquiera una llamada telefónica que no esté marcada por la conveniencia o urgencia de algo que nada tiene que ver conmigo. Me meto en la cama con una tristeza adolescente, inconsolable, y con unas ganas de llorar que ni siquiera se convierten en lágrimas, porque me he acostumbrado a no recibir nada y ni yo mismo parezco dispuesto a concedérmelo. Hace siglos que no lloro a lágrima viva. También yo me pido, me pido, me exijo a todas horas sin darme nada a cambio. Pedigüeño de mí mismo. En fin, me meteré en la cama, terminaré *Resurrección*, y luego me leeré el capítulo que Trías dedica a Mozart: esperemos que mañana el ánimo sea otro.

28 de noviembre

Tolstói concluye *Resurrección* con un alegato: ruego para que se instaure la verdad del evangelio sobre la tierra, discurso cuyo ánimo benevolente no surge del desarrollo de la novela que destila un mensaje bastante más amargo, más desesperanzado: Nejliúdov vuelve, al final de la novela, a su clase: se encuentra a gusto en la cena en casa del gobernador, disfruta de cubiertos y manteles tan limpios, el ambiente agradable, ve hermosa a la gente, su largo y terrible viaje siberiano de purificación acompañando a los presos le parece ahora un sueño: «Esa delicada lisonja y el ambiente lujoso y elegante de la casa, tuvieron por consecuencia que Nejliúdov se dejara arrastrar por el placer de comer manjares exquisitos en compañía de personas educadas. Era como si las circunstancias en que había estado durante los últimos tiempos hubiesen sido un sueño, del que despertaba en aquel momento» (pág. 1873).

Los invitados en la casa: un inglés, «hombre saludable y coloradote» (pág. 1873) que ha viajado por América, la India, Japón y Siberia; un joven comerciante, dueño de minas de oro, «hijo de un *mujik*» (se le aparece ahora a Nejliúdov como esperanza, ese hombre: «Representaba un tipo nuevo, un injerto de la cultura europea en el tronco vigoroso de una naturaleza de *mujik*») (pág. 1874); el gobernador de una lejana ciudad: «[...] un hombre abotargado, de rizados cabellos, muy ralos, tiernos ojos azules, anchas caderas, agradable sonrisa y pulcros y blancos dedos cubiertos de sortijas [...]. Nejliúdov se hallaba en una disposición de ánimo tan benévola, que ni siquiera este hombre le resulta hoy antipático» (pág. 1874). Luego están la hija del general que le enseña la habitación donde duermen los saludables y hermosos niños y su marido, a los que Nejliúdov «prefirió sobre todo».

Vuelve esa noche a la cárcel, pero ya como visitante y acompañado por el inglés, que reparte ejemplares del Nuevo Testamento entre los presos. Allí siente alivio cuando Katiusha le dice que ha decidido seguir con Iván Ivánovich, el hombre del que se ha enamorado platónicamente durante la travesía. Nejliúdov ha encontrado la excusa para liberarse de su promesa, él pertenece de nuevo a otro mundo. Los presos se burlan de los Evangelios que les regalan exhibiendo una lucidez temible porque su saber se basa en la ferocidad de la experiencia y no en las fantasías y deseos.

Dice el inglés:

—Dígales que, según la ley de Cristo, es preciso hacer todo lo contrario. Si te han herido en una mejilla, has de presentar la otra —concluyó con un gesto, como si fuera a presentar la suya.

—Debería probar a hacerlo él mismo —dijo una voz cuando Nejliúdov hubo traducido sus palabras.

—Y si le hieren a uno en la segunda también, ¿cuál presenta entonces? —exclamó uno de los enfermos.

—Así lo volverían a uno loco a fuerza de golpes…

—¿Queréis que probemos? —propuso alguien echándose a reír.

Resonó una carcajada general. Todos se habían echado a reír, incluso los enfermos y el de la nariz ensangrentada (pág. 1879).

Un viejo mendigo sabio, a quien encontró junto a la balsa del río, y al que la policía ha metido sin motivo en la cárcel, al verlo ahora allí le pregunta: «Entonces, ¿tú también perteneces al ejército del Anticristo?», a lo que Nejliúdov responde: «No; soy un visitante» (pág. 1880). Pero la respuesta a cuál es su nueva posición le llega en el depósito, cuando se encuentra con el cadáver del bondadoso y hermoso Kriltsov. Ahí descubre Tolstói la filosofía del libro: «¿Por qué ha sufrido? ¿Para qué ha vivido? ¿Lo sabe ahora?, se preguntó. Y le pareció que no había respuesta, que no había nada excepto la muerte, y se encontró mal» (pág. 1881).

Y es entonces cuando, para evitar sentirse mal también él, Tolstói mete unas piadosas páginas teñidas de religiosidad evangélica: como no hay nada, ninguna respuesta, conviene dejar caer un poco de piedad, un bálsamo, algo, la suavidad de la esperanza. Hubiera sido más honesto cerrar el libro sin más, o revelar su estrategia con claridad. Decirle al lector: esto te lo pongo como medicina, para aliviarte del vértigo de la nada. Lucrecio era más sincero: ponía la miel en las palabras del texto, como a las píldoras medicinales le ponen un recubrimiento azucarado, pero el contenido iba intacto. Tolstói no se atreve, disimula, seguramente piensa que nadie va a soportar un mensaje así (esa rigurosa medicina), o quizá pensó que no merecía la pena el esfuerzo de escribir este novelón para al final dejarnos asomados al pozo de la nada.

Hobbes, en *Leviatán*, asegura que la buena suerte es signo sensible de una predilección divina. Trías lo cita en su texto sobre Mozart y califica la idea de veterotestamentaria. «Como viene a decir Spinoza en su *Ética*, el ser que somos se ilumina a través de nuestro deseo: somos lo que deseamos» (Trías, pág. 169).

Las siete óperas que componen el canon de Trías: *Don Giovanni*, *Tristán e Isolda*, *L'incoronazione di Poppea*, *Falstaff*, *Salomé*, *Boris Godunov* y *Lulú*. El capítulo de Trías sobre Mozart me parece flojo, demasiado releído el *Don Gio-*

vanni, demasiado «re-significado». Pone una sobredosis de meditación en cada movimiento musical. Me fastidia el afán intelectual de hilarlo todo, de convertirlo todo en un propósito, en una predeterminación, pensar que alguien ha sido consciente de todos los ecos de la obra y, sobre todo, ese orgullo estúpido de creer que nosotros descubrimos la obra tal como él la pensó, y, por eso, nos permitimos descifrar ese saber subjetivo que guarda, la voluntad y propósito del autor ocultos bajo el texto, o bajo la partitura, doscientos o trescientos años más tarde. Que a nosotros la *Odisea* nos diga esto o aquello después de todo lo que hemos leído sobre ella, sobre dioses y mitos, sobre la cultura mediterránea, vale; otra cosa muy distinta es pensar que Homero se proponía algo lejanamente parecido a lo que le atribuimos, él no había leído lo que nosotros, no se regía por los mismos códigos al escribir, no había visto el Mediterráneo de punta a punta en un mapa o desde la ventanilla de un avión, ni su texto tenía en su tiempo la misma significación social que tiene un texto contemporáneo. Él no vio el curso de la historia, desde la atalaya desde la que nosotros lo contemplamos, todo lo que ocurrió luego –en la historia de los pueblos, en la historia de la literatura– y ha hecho que interpretemos así sus textos: las posibilidades homéricas de conocer no tenían este carácter enciclopédico y universal que tienen los saberes de nuestro tiempo (incluidos los sociales, los políticos, los psicológicos). El mundo medía unos pocos kilómetros; sin duda, conocía mucho menos de lo que le atribuimos, pero, sobre todo, aunque hubiera sabido infinitamente más, su conocimiento tenía otro armazón mental que no alcanzamos a conocer, sabía más que nosotros de cosas que nunca podremos atisbar porque el tiempo las ha sepultado, y eso que sabía lo hilvanaba de muy distinta manera porque, sin duda, quería obtener un dibujo que nada tiene que ver con el que ahora contemplamos. Seguramente, en la *Odisea*, como en buena parte de las obras (especialmente, las de la Antigüedad) los hilos que sujetaban el tapiz –o que el autor creyó que iban a sujetarlo– se han desvanecido. Hoy encontramos otras sujeciones. Pero son nuestras, nuestra intervención interesada de lectores contemporáneos, eterna relectura y apropiación *pro domo sua* de eso que llamamos «clásicos» y ni siquiera son siempre los mismos. ¿Hará falta recordar cosas tan sabidas como que los ilustrados encontraban bárbaro a Shakespeare y despreciaban el estilo gótico?

La última novela de Bernhard Schlink, *El regreso*, y unos cuantos versos de la primera «Soledad» de Góngora, que, tampoco esta vez, acaban de conmoverme. Hay destellos potentísimos, cómo negar eso, pero le encuentro a toda la construcción un aire de acertijo infantil, al menos ese efecto le hace a un lector de hoy, acostumbrado a juegos de palabras bastante más cargados de significado que los de don Luis, cuyas metáforas pocas veces van más allá de brillantísimas charadas para gente culta, exhibiciones de ingenio con escaso valor de contenido que no vaya en la tupida red autorreferencial y de uso de la mitología clásica. Se lee con mucho gusto, eso sí, tú mismo esforzándote por encontrar el doble y triple sentido de las expresiones, sus alusiones encubiertas. Pero puestos a jugar, juguemos en serio, a vida o muerte, y eso es Quevedo, y es Gracián, escrituras que remueven con los cimientos del lenguaje los de tu conocimiento, te hacen tambalearte, cavan en lo más hondo de ti; a su lado, Góngora te lleva a una feria, te enciende los farolillos de colores, te sitúa ante un diaporama rutilante, te encandila hasta dejarte con la boca abierta. Luego se acaba la verbena, se apagan las luces, los empleados desmontan los tinglados y, de madrugada, reina el silencio. Quizá algunos retardados sigan tirando algún cohete ya de amanecida y tú los escuches desde la cama.

Estas tardes cortas, estas noches largas de otoño, y las noticias fúnebres que no paran de llegar, ponen a prueba mi fragilidad. La habitación se ensombrece. Siento avidez por aprovechar el tiempo, perseguido por la idea de que ya no queda el suficiente para poner un poco de orden en mi cabeza, en mis papeles. Oigo música, leo, pero no sé nada del lenguaje escrito (lo que estudié he ido olvidándolo, qué poca cabeza he tenido siempre para la teoría, para memorizar sistemas de relaciones; en general, para el pensamiento abstracto), ni sé ni voy a saber nada de música, ya se me ha pasado el arroz. ¡Se me van tan deprisa los puñeteros días! A esta hora de la noche (otra vez, las tres de la madrugada), me repito el propósito de dedicar una hora diaria a aprender alemán (de nuevo, voluntarismo, autodidactismo, tiempo perdido). Estudiar alemán, escuchar música, leer novelas, y filosofía, mucha filosofía para ver si, antes de que esto se acabe, he conseguido ordenar los muebles de mi cabeza.

Cómo se afronta lo que queda, sin rebajarse, sin pedir ayuda, no convertirte en un pobre tipo asustado ante lo que llega, que es lo peor, la soledad sin esperanza, la enfermedad, la marginalidad: estar al margen, de los procesos productivos, de la vida social. Cómo se afrontan los ritos de paso inversos: el dictamen médico, las pruebas, la cama de hospital, las radiaciones, los aparatos metálicos punzantes y cortantes. La certeza de que no quedan nada más que unos días y la inevitable pregunta acerca de cómo será el reino de las sombras me angustian menos que los preámbulos, esa fase médica, las manipulaciones. Tener la conciencia suficiente como para no quedar del todo en sus manos, valor para saber cuándo hay que decir basta para que no salte por los aires eso que no sabemos dónde está, pero reconocemos, y se llama «dignidad». Qué andamiaje hay que levantar para no convertirte en un animalito asustado, qué sistema de apoyos y defensas: representar bien esos últimos momentos ante ti mismo, que esos últimos momentos formen parte del sentido que te has esforzado por construir, aunque sea un sentido descreído, escéptico o pesimista, saber trabajar bien el instante en que se abandonan los escombros para volver al polvo. Creo que era Camus el que decía que el único problema de verdad importante al que el hombre se enfrenta es la muerte, si no era él lo digo yo, me parece bien traído. Los novelistas sabemos que el final es el que da sentido a una novela, en realidad, las novelas se leen de atrás para adelante, el final ordena y califica. El otro día escribí un testamento y cada día que salgo de casa lo dejo junto al ordenador; menos metafísica, menos especulaciones y más gestos: resolver las cuentas pendientes con los demás, trabajo frente a especulación, ser marinero y no capitán Ahab; por cierto, el otro día me compré una nueva traducción de *Moby Dick*, otra relectura pendiente, otra más.

2 de diciembre

La lectura como forma de alienación, o sencillamente como vagancia. Leer porque es lo más cómodo, porque no te exige a ti, sino que es trabajo que han hecho los demás. Se me van los días sin hacer nada en absoluto, leo, leo, tengo la sensación de que no sé nada, de que debería empezar por el principio, la be con la a, ba. Leer así, sin reflexionar, sin tomar notas, es una forma de perder el tiempo.

Balzac: *Mémoires de deux jeunes mariées*, que ya había leído hace muchos años, y apenas recordaba. Como en todas las novelas de Balzac, me sorprenden el modo complejo en que estaba codificada la vida social en Francia, la nitidez y minuciosidad con que estaban marcados los escalones de la compleja pirámide de las clases sociales en el siglo XIX; cómo estaban reguladas las transacciones entre individuos; la precisión con que se establece el hecho económico en la relación entre el campo y la ciudad (las dependencias materiales y el trasvase de imaginarios), el mito de la capital, París, y la importancia de la economía campesina en la marcha de la gran ciudad, sumidero de rentas: está presente en *le monde, en la société*, en la cultura y en la política parisinas. El campo no es un mundo aparte como uno tiene la impresión de que, por los mismos años, ocurre en España. Tampoco tiene nada que ver con lo que rastreamos en la literatura española de entonces el mundo de la mujer, esa libertad e independencia del espíritu femenino, su capacidad y libertad de introspección, y de analizar los mecanismos de la pasión. Balzac habla del peso del cuerpo y de la economía en la formación del alma, y en especial de un alma femenina infinitamente más imaginativa y libre que la que detectamos en la mujer española de la época (sí, se me puede decir que santa Teresa es muy anterior y, sin embargo, es pura introspección, pero aquí hablo de una psicología laica, del individuo como mina inagotable en la que excava en busca del tesoro; como enigma imposible de aprender: se trata de la creación de un complejo sistema de usos y valores de corte sentimental presentes en la sociedad y excitados por la literatura).

En otro orden de cosas, resulta admirable la capacidad de travestismo de Balzac: el libro cuenta (mediante un intercambio epistolar) las vidas paralelas de dos amigas, compañeras en el noviciado carmelita, que, cuando lo abandonan, toman caminos divergentes: Louise de Chaulieu elige la pasión como motor de su vida y, buscando ese mundo de placer y aventura, se casa con el español Felipe Hénarez, barón de Macumer; en cambio, su amiga, Renée de Maucombe, elige la vida familiar y se une en matrimonio con un hombre mayor que ella, Louis de L'Estorade. Durante años se entrega al cuidado de su marido y a la maternidad. Louise es

París, el esplendor del mundo. Renée es la modestia del campo, su Provenza natal, pero Louise se queda viuda, se enamora perdidamente de un hombre mucho más joven que ella y huye de París con su joven amante, con el que ha contraído matrimonio en secreto, y lo encierra en un chalet rodeado de un esplendoroso jardín: «Je ressemble à cette belle princesse italienne qui courait comme une lionne ronger son amour dans quelque ville de Suisse, après avoir fondu sur la proie comme une lionne». La mujer leona, que devora tranquilamente su presa en soledad. El hombre como pasivo mantenido. La novela (por lo que he leído, inacabada) está escrita con un primoroso cuidado de bordadora, avanza sutilmente, deja ver los conflictos en sordina, los repentinos celos que Louise siente hacia Renée al verla tranquila en su bastida provenzal cuando acude para conocer al hijo al que apadrina: Renée y Felipe –el marido de Louise– hablan demasiados ratos a solas; según Renée, siempre de ella, de Louise, su querida amiga y comadre. Pero ella tiene celos.

Solo al final, el libro (en el que no hay un solo personaje condenable, todo discurre en un suave tono gris) se agita con el suicidio de la pasional Louise, que cree que su nuevo marido, Marie-Gaston, se escapa para ver a una amante con la que tiene varios hijos, ¡mientras que ella ha sido incapaz de dárselos! La explicación de que la mujer a la que Marie-Gaston visita no es su amante, sino la viuda del hermano, llega tarde, cuando Louise ya se ha suicidado. El libro, que hasta ese momento ha discurrido entonado en suave gama de grises, termina en punta, con un chafarrinón de sangre: es el castigo al amor-pasión. Como le dirá su amiga a Louise, intentando explicarle la falta de sustancia de la vida que ella lleva: «L'exemple de ta vie, assise sur un égoïsme féroce, quoique caché par les poésies du cœur» (pág. 278). Y un poco más adelante: «Tu dépraves l'institution du mariage»

267

(pág. 279). En esa frase está la esencia balzaquiana: la propia Louise reconoce la razón de su amiga, cuando añora el hijo que no ha tenido: «[...] quelle monstruosité que des fleurs sans fruits», se dice a sí misma (pág. 275). El amor, si no se convierte en una máquina productiva al servicio de la sociedad, es algo monstruoso: la pasión necesita ser domada por el rigor de los valores familiares. De nuevo Renée (me atrevo a decir, de nuevo Balzac) dice: «[...] l'Amour est un vol fait par l'état social à l'état naturel» (pág. 277), y lo explica unas líneas más adelante en la carta que le envía a su amiga: «La société, ma chère, a voulu être féconde. En substituant des sentiments durables à la fugitive folie de la nature, elle a créé la plus grande chose humaine: la Famille, éternelle base des Sociétés». Los surrealistas descifran el mensaje de Balzac, y lo desarrollan: el amor libre es dinamita en el núcleo mismo del mundo burgués, de ahí la enorme importancia en su obra, pero también en su vida, de *l'amour fou*.

3 de diciembre

Día bastante perdido. La mañana: gestiones varias, compromisos. Y la excelente noticia de que, tras no sé cuántos días, vuelvo a tener tele; es decir, vuelvo a tener cine, que es lo que veo en la tele. Además, me suena el nombre del director, Otar Iosseliani. Acaba aburriéndome. Lo que queda de tarde lo dilapido en el correo. El otro día le escribí a Xabier Paz, comentándole lo que me parecía la primera parte de su libro, y me respondió con una larga carta en la que viene a decir que él quiere ser un digno escritor de segunda división y no uno que mira al horizonte de Proust, James, and Co., desde los hombros de sir Isaac Newton que, según él, es mi propósito. Le respondo intentando explicarle que no hay más literatura que la que intenta decir lo que quiere decir, y que en ese esfuerzo no hay texto que surja sin esfuerzo, casi diría que no hay texto que no surja de la lucha: la calma (el apacible navegar por lo que él llama la «segunda división») está en el texto, no en el que escribe, condenado a pelear, se ponga donde se ponga, aspire a la división que aspire, siempre que sea en el espacio de eso que la convención ha dado en llamar «literatura».

Seguir respondiendo a las cartas que están en el ordenador y que, como anotaba el otro día, sorben buena parte de la energía que debería consumir en este cuaderno. A veces me planteo imprimirlas y tenerlas a disposición. Lo demás es tiempo tirado, falta de sustancia. Entretanto, emprendo un viaje por otro Balzac: *Splendeurs et misères des courtisanes*, un amado viejo amigo, que vuelve a atraparme desde sus primeras páginas, y a los subrayados de hace veinte años se le añaden otros nuevos. Lo único que siento es que no podré terminar de leerlo antes del jueves; los compromisos me obligarán a interrumpir este torrente. Anoche, además, otras cuantas páginas de las *Soledades*, que siguen sin seducirme. Con perdón de los filólogos, me parece un juguete a ratos bastante bobalicón, todo ese escondelite pastoril, para no llegarle a la suela de los zapatos a Garcilaso, con toda su sencillez, su claridad. Sé que me estoy condenando al infierno literario: una mala bestia, lo reconozco, sin sensibilidad, corcho.

También he leído con gusto el capítulo que Trías le dedica a Schubert, para él uno de los cuatro grandes, con Haydn –el padre–, Mozart y Beethoven. Bach es un mundo aparte.

Un mensaje de Nuria Azancot, de *El Mundo*: me dice que tengo que cortar algunas líneas del brevísimo texto dedicado a *Mimoun*, que si ya decía poco, ahora pierde intención y densidad. Me da rabia, pero qué se le va a hacer: el perio-

269

dismo es el periodismo. También me dice que *Crematorio* se está destacando en la lista que elabora el periódico con los mejores libros del año («ojalá», desea). No me hago muchas ilusiones. Casi todos mis libros han estado a punto de, y a última hora se han quedado en casi, no me refiero a la lista de *El Mundo*, sino a premios nacionales, de la crítica, etc. No es que me preocupe, incluso me agobia lo que sigue a los premios, las entrevistas, llamadas telefónicas, y todo lo demás, pero es verdad que ayudan a darles un empujón a los libros, valga ese empujón a cambio de los engorros que producen. Uno querría que sus libros tuvieran éxito, pero que fuera un éxito secreto y apacible (lo cual es una aporía), un éxito que no tocara tus hábitos, ni te obligara a comportarte de distinta manera en el bar, ni te exigiera hacer declaraciones en los periódicos, ni ver tu carota en papel impreso. Eso es pedir la luna. Si lo pienso, en realidad eso es lo que he conseguido, casi la luna: mis libros siguen vivos y no me ha golpeado la fama con sus puños. Quien, de puertas adentro de mi casa, está consiguiendo una fama espuria que lo aleja de la vocación literaria es Lucien de Rubempré, instalado en la alta sociedad parisina gracias a las intrigas de Vautrin: «[...] très en faveur auprès des hommes qui exerçaient secrètement le pouvoir, abandonna si bien toute pensée de gloire littéraire, qu'il fut insensible aux succès de son roman» (pág. 105), *L'archer de Charles IX*, el viejo libro que había escrito con ilusión, pasó sin pena ni gloria y ahora vuelve a publicarse al amparo de su nueva posición social y del prestigio que ha alcanzado. Tampoco le conmueve el éxito de su colección de sonetos (*Marguerites*), vendida en solo una semana. Rubempré se ha convertido en un cínico, se ríe del éxito de sus obras; sobre todo, se burla del apasionado escritor que fue (ya no lo es): «c'est un succès posthume», le dice, riéndose, «à mademoiselle des Touches qui le complimentait» (pág. 105). Balzac ironiza sobre el escaso poder de la literatura: el poder está en otra parte, el de verdad, y, además, está escondido, porque en esa venta rápida de sus sonetos, en ese éxito repentino, intuimos la mano que parece moverlo todo: la «large main velue» (pág. 103) de Vautrin.

4 de diciembre

Siguen llegándole ditirambos a *Crematorio*, ¡y yo –como Lucien– entre las manos de Vautrin: leyendo con avidez las páginas de *Splendeurs et misères*...!, y no sé si también –como Lucien– insensible al *succès de mon roman*, aunque, en mi caso, más por aislamiento y lejanía que por el favor de los hombres que ejercen secretamente el poder. La ironía de Balzac sobre la inocuidad de la literatura no es unívoca, algo tiene ese arte frágil, puesto que al renunciar a la literatura, Lucien ha renunciado a lo mejor de sí mismo, al espíritu, a la inocencia, a todo el cargamento de ilusiones, buenos sentimientos y propósitos que traía consigo cuando llegó a París. La literatura como sismógrafo de un alma, detector. En estas páginas Balzac está en su elemento, se mueve a su aire, y despliega ante nuestros ojos la maldad de ese París que ama y odia a partes iguales: «Le bonheur n'a pas d'histoire, et les conteurs de tous les pays l'ont si bien compris que cette phrase: *Ils furent hereux!* termine toutes les aventures d'amour. Aussi ne peut-on qu'expliquer les moyens de ce bonheur vraiment fantastique au milieu de Paris». En este párrafo Balzac acaba de escribirle a Tolstói el inicio de *Anna Karénina*.

Como ocurría con Louise y Felipe en *Memoires de deux jeunes mariées*, la felicidad de Esther y Lucien es «plus explicite que dans les contes de fées, car ils n'eurent d'enfants» (pág. 110). Otra vez la asociación establecida entre placer y amor estéril (despilfarro económico). Refinamiento de los sentidos, cuerpo como perversa ofrenda que se puede utilizar por completo (las complicadas y cuidadosas *toilettes* de Esther), poderío del lazo carnal, deseo como forma de expresión de los márgenes en el límite con la locura: todo eso está en *Splendeurs* como en *Mémoires*. Y también aquí aparece el tema del encierro de los dos amantes. En *Mémoires*..., Louise enclaustra a su joven Marie-Gaston en un chalet ajardinado, feroz leona que se aparta a un lugar tranquilo para devorar a su presa; en *Splendeurs*, Esther acepta de buena gana un encierro forzoso, no muestra un solo movimiento de curiosidad hacia el exterior, en realidad, para Balzac: «Toutes les femmes aimantes et dévouées inventent la réclusion, l'incognito, la vie de la perle au fond de la mer» (pág. 108). El amor, un concepto femenino, y que solo puede resistir aislado como la perla en el interior de una ostra. Louise y Esther, las dos Circe parisinas, se suicidan.

9 de diciembre
    Un par de días en Madrid para la boda de Mari-Nieves, que lleva el mismo nombre que su madre, mi prima, fallecida hace ya casi diez años de un cáncer, y a quien yo quise mucho. W. y su mujer me acompañan. Paseamos por una ciudad abarrotada de turistas (¡es el puente de la Constitución o de la Purísima!) en la que uno no puede meterse en ningún sitio sin guardar colas, y por la que apenas si se puede caminar sin agobios, aceras repletas, una masa de gente que corta el paso, que empuja, que aplasta. De cómo se desarrollan las cosas durante el viaje, ¿para qué escribir? Digamos que bien y pasemos a otro tema.

    De vuelta en casa, recuerdo con melancolía la apresurada visita al Prado: echo de menos no poder quedarme durante horas en las salas de Goya, en las de Velázquez, en las de los flamencos. Qué deuda pago condenándome a vivir lejos de esos grandes espacios de concentración de la vida; de qué me salva vivir en un pueblo, ni siquiera en un pueblo, más bien en medio del campo, como perla en la ostra, que diría Balzac, espíritu femenino que guarda un amor, más que por alguien, por algo, ¿el sacramento de la escritura?, este ascetismo, este no tener nada empobrece, es algo que, en el fondo, no está tan lejos de lo que practican los testigos de Jehová, que no leen más que la Biblia, o los cartujos, secándose como abadejos entre la huerta y la capilla. Se podría hablar de que uno ha elegido otra vida, esa otra clase de vida de corte ascético o místico, pero yo en eso creo más bien poco (aunque, bien pensado, algo de eso –ascética y mística y recogimiento– me ha quedado como poso de mi estancia en internados regentados por curas, donde el sacrificio era virtud, pasar frío era virtud, y estar bien, a gusto, pisaba la raya fronteriza del pecado, cuando no se adentraba en él, ay, la sensualidad). Mi vida es más bien eso que no tengo (nada: si exceptúo los libros y la música que escucho por la radio). Mi vida –parte importante de mi vida– son esos cuadros que solo puedo ver a través de las reproducciones, tarjetas y grabados, páginas impresas, imágenes en la pantalla del ordenador, que nunca capturan esos grises de acero, los perla, la sutileza de los colores de los cuadros de Goya vistos al natural, su infinita gama, sus delicadas transiciones, ni el patetismo de los rostros desencajados trazados con pinceladas vigorosas, cuyo relieve solo se advierte cuando te plantas ante ellos en el Museo del Prado.

Mis primeros años en Madrid visitaba el Prado varias veces por semana, la entrada era gratuita si mostrabas el carnet de estudiante. Conocía como la palma de la mano decenas de cuadros, cada rasgo, cada pincelada. De cada uno de ellos buscaba en mis visitas volver a ver solo algunos detalles que apreciaba especialmente, al tiempo que iba descubriendo nuevos tesoros, establecía nuevas miradas, tejía narraciones a través de la pintura. Elaboraba mis teorías sobre ellos: las encontraba husmeando en los libros de arte que nos descubrió Santa Olalla: Huyghe, Malraux, Hauser, Fischer, Dorfles…, interpretaba el sentido de aquellas imágenes apoyado en el bastón de estos textos. Nunca le agradeceré bastante a Santa Olalla que nos introdujera en ese mundo: por lo que supe de él, fue un hombre atormentado, dotado de extrema sensibilidad. En clase nos contó que su mayor satisfacción en la vida se la proporcionó el descubrimiento del *San Mauricio y la legión tebana* en los almacenes de El Escorial a los que lo había condenado Felipe II, que encargó el cuadro al Greco y lo rechazó tras verlo. Solo tuve contacto con Santa Olalla como oyente de sus clases, nunca lo traté, ni siquiera nos dirigimos la palabra en los meses que duró su curso, pero ha sido uno de los pocos maestros que he tenido en la vida. Me eligió una acertada bibliografía y me animó a leerla con lo que decía en sus cursos.

Deprimido, paso el día con *Splendeurs…* y por la noche me acerco a la *Enciclopedia* para refrescar la memoria sobre el XIX francés: Luis XVIII, Carlos X, Luis Felipe, Luis Napoleón. Paseo que me lleva de Victor Hugo y Chateaubriand, a Balzac, a Zola, a Maupassant. La Restauración monárquica, Carlos X, Luis Felipe, las tormentas del 48, la Segunda República, Napoleón III, la Comuna… Me gusta volver a las cosas, a pesar de mi maldita memoria. Cuántas veces y cuántos libros he leído sobre esa época, y de qué manera se me olvida todo. Ni siquiera recuerdo muy bien en estos momentos la tesis de Marx en los tres libritos sobre Francia que tanto me gustan (*La guerra civil en Francia, Las luchas de clases en Francia* y *El 18 de brumario de Luis Bonaparte*). Leyendo lo que Luis Napoleón plantea en su plebiscito de julio de 1851: vuelta del sufragio universal (medida populista imprescindible) y prolongación indefinida de su mandato (objetivo deseable) pienso en lo mucho que se parece a lo que en Venezuela está haciendo Chaves estos días, seguramente asesorado por algún grupo de intelectuales marxistas. Luis Napoleón no consiguió que la Cámara obtuviera los dos tercios necesarios para revisar las disposiciones relativas a la reelección del presidente, pero decidió seguir en el poder mediante un golpe de Estado. El 2 de diciembre de 1851 anuncia un plebiscito que disuelve la Asamblea, restablece el sufragio universal y dota a Francia de las instituciones renovadas del Imperio. A pesar de la represión que se ve obligado a ejercer contra republicanos y legitimistas, en el plebiscito de 21 de diciembre obtiene 7.145.000 votos, frente a los 592.000 de quienes se le oponen. Aún crece el número de electores (7.824.000) que apoyan su decisión de proclamarse emperador apenas un año más tarde. Solo 253.000 ciudadanos se oponen a la instauración del Imperio. De acuerdo con que los principios que esgrimía eran de corte más o menos progresista, pero el resultado es un sistema cesarista en el que el Parlamento resulta inane. Dice la *Enciclopedia*: «Dans un gouvernement dont la base est démocratique, le chef seul a le pouvoir gouvernemental» (pág. 1839): la verdad reside en el diálogo entre el césar y el pueblo mediante consultas sencillas (plebiscitos). Se declara admirador de los principios de la revolución del 48, de Napoleón I (él tomará el nombre de Napoleón III), y de una libertad que –eso sí– restringe provisionalmente, hasta que el régimen se consolide (la excusa de siempre). El listísimo Guizot escribe de él: «C'est beaucoup d'être à la fois une gloire nationale, une garantie révolutionnaire et un principe d'autorité». Un régimen popular, pero asociado estrechamente con la burguesía de los negocios; plebiscitario, pero que se transmite mediante herencia: a la vez de izquierdas y de derechas. Para completar la receta, se rodea del clericalismo más reaccionario que influye, omnipresente, en su esposa, Eugenia de Montijo, un bastión ultramontano que se trajo de España su beatería, aunque Eugenia quiere por encima de todo que acceda al trono su hijo (un frustrado Napoleón IV).

Balzac nos deja el testimonio del París que, en pocos años, será derribado por Haussmann: con su sordidez, sus callejuelas oscuras, su suciedad; con todos esos personajes turbios tan *Ancien Régime*, reptiles que se acabarán deslizando en el fango del nuevo Estado: mendigos que son soplones, tenebrosos altos cargos de la policía, individuos siniestros que guardan en secreto enormes sumas de dinero fruto de viejos crímenes, avaros clandestinos. El París de Balzac es arqueológico, prehaussmaniano. Con Haussmann la riqueza será fruto del pelotazo urbanístico, de la especulación en bolsa, aparecerá una nueva sociedad en la que la riqueza ya no busca la oscuridad, sino que lucha por exhibirse, por salir a la luz. Quiere brillar en los hermosos edificios que construye, en paseos, teatros y restaurantes. La riqueza se siente inútil en la oscuridad y en el silencio, enterrada en tristes tabucos. Hay que sacarla a la luz, ponerla a producir, que sirva de ornamento en la medida en que el ornamento es producción, negocio. En los nuevos tiempos, en la bolsa se proclama a voces la riqueza, sus electrizantes piruetas y sus cambios de manos. Ahí entra Zola, ese es su París. El ajetreo de la construcción y su infinita variedad de corrupciones: *La curée*.

En 1853, Champfleury expone así la doctrina del realismo: «La sincerité dans l'art». Según él, se sustituye el culto del yo por la observación social.

15 de diciembre
Viaje relámpago a San Sebastián. La playa de la Concha desde una habitación del Hotel Londres y desde la cristalera de la cafetería. La mañana, muy fría, despliega un cielo purí-

276

simo, una luz que fluctúa entre el acero y el oro. Todo se recorta con nitidez, sobresale, reluce: el barrio de pescadores al pie del Urgull, las torres doradas del ayuntamiento, un pretencioso juguete. El mar es una lámina, espejo sobre el que se reflejan las edificaciones como en una acuarela impresionista: colores levemente desvaídos, finísimos. En esa calma, sorprende el borde de espuma de las olas al romper en la playa, formando un impecable arco de circunferencia: entre las boyas dispersas en la bahía se ven las cabezas cubiertas con gorro y los brazos que se levantan rítmicamente por encima del agua: son las nadadoras del Club Atlético, mujeres maduras –algunas ya ancianas– que ni siquiera esta gélida mañana de diciembre renuncian a su baño diario. El termómetro que hay a pocos metros del hotel marca dos grados por encima de cero.

A las once de la mañana ya estamos tomando riojas y unos pinchos –mis añoradas gambas con gabardina, crujientes y esponjosas, como hace años que no las tomo, una delicada tortilla– en una tasca que se llama Paco Bueno, en el barrio viejo. Mientras damos cuenta de nuestra consumición, el propietario cierra las puertas metálicas porque hay convocada una huelga general de dos horas en protesta por la ilegalización de Batasuna. Permanecemos en el interior del local, en compañía de unos cuantos hombres con aspecto de jubilados, varios de ellos tocados con *txapelas* y con ese aspecto tan característico de la tierra: tipos humanos polisémicos, porque parece que concentran en su físico rasgos campesinos, *arrantzales* y urbanos, como si para tallar sus caras hubieran trabajado en equipo el mar, la tierra y la ciudad, también su pausada manera de caminar, el tono de su voz es extraña mezcla de mar y montaña, de lo rústico y lo urbano. Cuando salimos, las calles, que media hora antes bullían de actividad, se han quedado desiertas, reina un ambiente como de mañana de

277

domingo. La ciudad está acostumbrada a estas peculiares ceremonias cívicas que todo el mundo cumple con la misma mezcla de devoción e indiferencia que en los años cincuenta se tenía en las ciudades castellanas por la liturgia religiosa: cumplimiento del deber de conciencia en unos, y en otros un variable temor a perder la consideración por parte de la sociedad; en muchos, una confusa mezcla de ambas cosas. Ser un buen católico te colocaba en una escala de valores que te amparaba más como ciudadano que como persona, salvaba tu día a día más que tu aspiración a la eternidad.

En el apacible callejeo, mis acompañantes saludan a buena parte de la gente con la que nos cruzamos, al estilo de quien es alguien en una pequeña ciudad; la gente viste bien, con ropa de calidad y marca, y muchas de las señoras que pasean en pequeños grupos o que caminan a solas se enfundan en caros y elegantes abrigos de pieles que entonan con la calidad de la arquitectura, el buen gusto de lo que exhiben los escaparates, o la excelencia de los productos que se exponen en la barra de la taberna que hemos abandonado hace un rato. El conjunto transmite la imagen de una sociedad refinada y opulenta, lo que, para quien viene de fuera, convierte en bastante inexplicable que, por debajo, exista ese violento enfrentamiento entre españolistas y nacionalistas, y sea uno de los puntos del mundo en que se libra una guerra. No cabe en la cabeza que por detrás de las ostentosas joyerías (consagración de lo eterno) o tiendas gourmet (celebración de lo efímero), por debajo de las elegantes instalaciones de este hotel con sus pretensiones decorativas de vieja aristocracia *british*, se muevan fabricantes de explosivos, pistoleros que le aprietan a alguien la bocacha de un arma en la sien o en la nuca, confidentes con las manos manchadas de sangre, policías torturadores, pistoleros y matones. Me esfuerzo por armonizar esa doble imagen, por superponer los dos planos ajustando los perfiles de una y otra para que formen una sola

278

figura, pero me cuesta, no lo consigo, más aún cuando por la noche ceno con los organizadores del acto en el que he intervenido, en un saloncito privado del Kursaal. El camino hasta allí: la arquitectura del Victoria Eugenia y el Casino, los globos luminosos del elegante puente del Kursaal, todo tan *Belle Époque*, tan hecho para gustar, y esta gente afectuosa, amigable, tan civilizada, tan acostumbrada a comer y beber bien, tan amiga de cocineros y artistas, atravesada por esa latente pulsión de violencia: cuadra todo muy mal, el hedor de la sangre, los miembros esparcidos en mitad de esta calle que pisan zapatos elegantes. El centro en el que he dado la charla se llama Ernest Lluch en memoria del socialista asesinado por ETA. Las luces de Navidad componen consignas políticas –ASKATUTA, leo– como si pudiera existir una lucha que compaginara la sangre con el buen gusto. Sí, ya lo sé, el nacionalismo, Franco lo exacerbó, claro que sí, yo estuve en Carabanchel por apoyar a los vascos en el siniestro consejo de guerra que se conoció como Proceso de Burgos, conviví en Carabanchel con Sabino Arana Bilbao, uno de los condenados en el proceso (evidentemente, no el ideólogo decimonónico Sabino Arana Goiri), inteligente y generoso, y con un muchacho bueno y noble que se llamaba Iñaki Aizpuru Zubitur, los recuerdo con afecto, claro que sí, era el franquismo, había que enfrentarse a él, pero Franco se murió hace más de treinta años, y antes de Franco fue lo de Isabel II, fueron las guerras carlistas, el clericalismo y antirrepublicanismo de una gente que luchaba contra esa frágil flor que fue la Primera República, los siniestros vaticanistas de *El intruso* de Blasco Ibáñez, los curas montaraces, el oscuro mugido de violencia del que nos habla en sus novelas Baroja y, con una lucidez hiriente, Sánchez-Ostiz.

A la mañana siguiente, antes de abandonar el hotel, otra vez el cielo cristalino y frío, el arco perfecto que forma la puntilla de espuma sobre la arena, los que caminan por la playa, los bracitos que salen intermitentemente del agua y los flotantes gorros multicolores de las mujeres que se bañan a pesar de los dos grados bajo cero de hoy, la sensación de una ciudad hermosa, provinciana y serena, tan lejos del turismo chabacano del Mediterráneo, donde sin embargo nadie tiene la impresión de tener que luchar por nada, ni de que le estén quitando nada, cuando allí sí que les han quitado la historia, la arquitectura, el paisaje, los han despojado de todo, arruinado: a esos sí que los entendería volando con explosivos de dinamita kilómetros de edificaciones, devorando las tripas de las rapaces que se los han estado comiendo a ellos. Y justo esos se están quietos. Ni pían.

De vuelta, me pongo en el coche la cinta de Mikel Laboa que me acaban de regalar, *Xoriak*. Escucho esa voz desgarrada, melancólica, tristísima, y me entran ganas de llorar; el acompañamiento musical es a ratos jazz, en otros momentos se vuelve una sonata clásica, o te estremece con la *txalaparta*: fondo musical trabajadísimo, refinado, complejo, incluso sobrecargado de referencias al jazz, al blues, al soul, pero la voz de Mikel Laboa se impone, posee una hondura extraña, prehistórica, es a ratos voz de la tribu, y en otros momentos grito de animal herido –ese pájaro ciego, al que se refiere en la más hermosa canción del disco, y en la que Laboa le pone música a un poema de Ungaretti–. Entre los campesinos era costumbre pincharles los ojos a los jilgueros para que cantaran mejor. Hay una trama sonora culta en el disco, de raíces profundamente urbanas, cosmopolitas, a través de la que se abre paso la voz de Laboa, que parece proceder de la oscuridad de los bosques, o de una herida abierta en el animal humano, lugares auditivos del dolor, topos ante los que uno se arruga temeroso. «Difícilmente deja su lugar natal / quien allá tiene sus raíces. / Difícilmente deja su tierra el árbol; /solo cuando lo abaten y lo hacen tablas», dice la traducción de un poema de Bernardo Atxaga que aparece en el libreto que acompaña al cedé. Y también canta Laboa esa otra: «El pájaro / si le hubiera cortado las alas / habría sido mío, / no habría escapado, / pero / así / habría dejado de ser pájaro / y era un pájaro lo que yo quería».

Cada uno de estos viajes dejo en casa la novela de Balzac. Me llevo otras lecturas. No quiero leer *Splendeurs* a salto de mata, y, sobre todo, no quisiera por nada del mundo perder el libro. ¿Cómo volver a encontrar un ejemplar en francés en pocos días? No me resignaría a interrumpirlo a la fuerza: no es un libro salón, es un libro ciudad, un libro mundo. Es París entero, incluso me atrevo a decir que es Francia entera. Sí, el mundo. En Balzac no hay paisaje: hay economía, clases sociales. El paisaje es un espacio económico. Si habla de un bosque, enseguida lo mide en *arpents* de tierra, e inmediatamente le pone el precio y la renta que puede dejar al año, y nombra al propietario que lo tiene escriturado a su nombre. También la vida social –incluido, cómo no, el matrimonio, núcleo financiero– es cuestión de rentas y dotes. La pasión situada fuera de la economía circula por el lado peligroso, y hay que controlarla, poniéndole algún piso, comprando unos muebles y dejando caer un poco de dinero para atarla al circuito de la economía. No es difícil.

18 de diciembre
Me cambian la dirección del correo electrónico y, a pesar de que cumplo las instrucciones y compruebo con ayuda telefónica del proveedor de internet que está todo en orden, resulta que ya no puedo entrar como lo hacía antes, ahora todo es más difícil e infinitamente más lento. En esos quehaceres (o quebraderos de cabeza) estúpidos, e intentando responder a las preguntas que me envían para una entrevista, se

me va medio día. La otra mitad –la mañana– la he pasado en Denia. De camino, a la ida, a la vuelta, oigo el disco de Laboa que me regaló Hasier Etxeberria. Se me saltan las lágrimas oyendo esa voz desolada que chapurrea o se inventa letras en francés o en inglés, haciendo que «Ne me quitte pas» pierda la mínima partícula que pudiera quedarle de cursilería al texto de Brel, y se convierta en algo así como el mugido de un buey al que arrastran al matadero y huele la sangre de sus congéneres recién sacrificados; esa voz dolorida que recita historias de pájaros que mueren durante el invierno en los bosques y cuyos esqueletos no encontramos cuando llega el buen tiempo (Atxaga), la que, con palabras de Ungaretti, canta: «Morir como las alondras sedientas [...]. O lo mismo que la codorniz tras cruzar el mar junto a las primeras matas porque ya no tiene ganas de volar». Mejor esas muertes que vivir lamentándose como un jilguero al que han cegado. También están los versos que incluí en *Crematorio*: «[...] si le hubiera cortado las alas al pájaro...». O esos otros: «Les abrís las manos, las ventanas de vuestras casas y vuestros ojos. Alabáis a los pájaros, les dedicáis halagos líricos... Pero los pájaros os rehúyen...». Todo esto es muy hermoso y muy triste, me eleva y me hace sufrir.

Por la noche, me paso un buen rato contemplando un espléndido libraco de fotografía titulado *Berlín*, que ha publicado Taschen. Un siglo de la vida de la ciudad en imágenes, muchas de ellas tomadas por artistas que tenían una mirada que aún hoy nos sorprende por su originalidad, aunque, desde la perspectiva actual, nos admira, sobre todo, la belleza convulsa, violenta e incluso trágica, de un mundo que se ha ido; hablo de esa gente que construyó la ciudad y luego la vio destruida, que hoy ya no está, pero cuyos cuerpos, sus caras, sus miradas, sus sonrisas o sus gestos de alegría o de preocupación podemos ver, aunque solo sea en estas reproducciones en papel: eran niños y jugaban, eran jóvenes y bailaban, eran lecheros, eran carpinteros, transportaban cubas de agua en las que se mantenían vivas las truchas destinadas al mercado; remaban junto con otros miles de aficionados una tarde de domingo en aguas del Spree: el hechizo de toda esa gente que no está y de la que las fotografías nos entregan algo de su cuerpo, de su vida; en una sola imagen nos parece capturar incluso su carácter (como piensan muchos pueblos primitivos, el retrato te roba el alma). El gesto, la pose en los que han sido sorprendidos y que han quedado fijados para siempre, los convierte en ellos mismos y, a la vez, en símbolos: del buen humor, de la felicidad, de la energía, de la laboriosidad, de la crueldad, de la diferencia de clases, de la brutalidad: la fotografía nos devuelve la realidad de entonces, pero sobrecargada de significado: esos personajes que sonríen se nos convierten en la alegría de la juventud; los que beben juntos representan la camaradería; y esos otros son el mundo del trabajo, o la altiva burguesía, o la riqueza, o el poder, o la prostitución callejera: todo lo recogido en las instantáneas del álbum de fotos nos llega sobrecargado, lo particular como metonimia, materialización o concreción de ciertas ideas abstractas. La fotografía las ha convertido en signo, lo particular vuelto universal; el rasgo individual, materia de algo colectivo. La colección de fotografías clasifica el universo urbano (¡el álbum es Berlín a lo largo de un siglo!), lo ordena, lo fija en una edad, en una actitud ante la vida, en una pertenencia: al fijar un momento de verdad, se convierte en una verdad de orden superior: instruye sobre lo general a partir de un rasgo, de un movimiento, de un primer plano o de un plano de detalle.

No he comentado las lecturas que me llevé a San Sebastián: un libro de Óscar Tusquets sobre la desnudez, que lo mejor que tiene –con mucho– son las ilustraciones; y dos novelas de Irène Némirovsky, muy por debajo de *Suite francesa*. *El baile*, sobre dos nuevos ricos que preparan una gran fiesta para sellar entre los conocidos su recién ganada posición, su ascenso social, abriendo las puertas de casa a gente de prestigio, y se quedan esperando a los invitados, que no llegan nunca, porque la hija se venga de sus padres arrojando las invitaciones al Sena en vez de dejarlas en el buzón de correos. La pareja sufre porque se siente despreciada. Lo vive como un gran fracaso. La otra novela, *El ardor de la sangre*, es una historia de adulterios en el mundo rural francés, cuya trama se cierra de un modo forzado y yo creo que demasiado «explicado». Al parecer, se trata de un texto que Némirovsky dejó inacabado y alguien encontró muchos años más tarde y yo diría que aprovechó la ocasión para acabarlo (ella murió en un campo de concentración en el 42, y el libro se ha publicado por vez primera en 2007 por Denoël). Carece de la fuerza, de esa precisión, de la ferocidad que posee la *Suite francesa*. Lo empaña un toque moralizante, aleccionador, del que carecía la *Suite*, infinitamente más sutil y al mismo tiempo más brutal: debe ser terrible constatar la mezquindad del ser humano, y, muy especialmente, de tu propia clase, mientras sospechas que te diriges al matadero: te cierran las puertas a pesar de que saben que si te quedas en la calle te van a asesinar. Como dice el tango, «no esperes nunca una ayuda, ni una mano, ni un favor».

Ahora me meteré en la cama, una noche más, con Balzac, abandonado por culpa de viajes y enfermedades. He pasado dos o tres días con el estómago hecho polvo, fiebre, y un dedo que parecía el as de bastos, la cabezota hinchada de pus. Me lo reventé el sábado, pero sigue presentando un aspecto feo: tumefacto, hinchado, sanguinolento. Eso sí, me enorgullece haber sido mi propio cirujano, haberme negado a ponerme en manos de ningún médico, claro que, en ese heroísmo (como en todo lo mío), ha jugado un papel importante la pereza: pensar que debía vestirme, coger el coche, bajar a Ondara, ir al centro de salud, a ver dónde aparcas, a ver cuánta gente hay en la sala de espera. Operar yo mismo me ha permitido seguir leyendo tranquilamente metido en casa. Se te va a gangrenar, me insistía hoy W. en el bar, y la palabra *gangrena* se me convertía en una forma más de ascesis, de despojamiento, de aceptación de la decrepitud y el desplome: ir perdiendo los dedos uno a uno, como se han perdido ya tantas cosas. Pudrirse. ¿Será quizá más fácil ligar mostrando la mano con un dedo menos? Seguro que hay gente a la que le atrae eso. Los maricones son gente especialmente rara, con más fantasmas que un castillo escocés, y una mutilación tiene algo de proclama viril, sacrificio al trabajo corporal y esas cosas. La verdad es que ahora que lo pienso yo tuve un amigo carpintero al que le faltaban unos cuantos dedos y no sé si me producían especial atracción aquellas mutilaciones, unos muñoncitos regordetes, pero desde luego tampoco rechazo: lo había conocido ya así, mutilado, y él me gustaba mucho, me excitaba con solo verlo, y las manos formaban parte de él, ¿había quizá un suplemento de ternura al ver mi pene entre sus dedos mutilados?, ¿los besaba, mordía, lamía con un cariño suplementario fruto de la piedad? Hablo del pene en reposo y de los dedos mutilados, un punto de desvalimiento en los dos: la mano que sostiene y la pieza sostenida. He dicho que los homosexuales tienen muchas fantasías perversas, la mayoría de ellas proceden de la iconografía que ha popularizado el catolicismo: santos que se acuestan con leprosos bajo una sola manta, comparten las liendres y la capa con mendigos, se dejan violar, mutilar, asaetear... Pero yo creo que estoy hablando de otros tiempos, de una mariconería en vías de extinción (el aristócrata Charlus azotado por falsos chulos, mozos del mercado o de algún taller, muchos de ellos más maricones que él). Hoy

285

más bien se impone entre los maricones un modelo de perfección corporal que busca formas ideales, Praxíteles con un suplemento halterofílico y dieta de esteroides, belleza de origen reforzada con muchas horas de gimnasio y mucho trago de química. Y el dinero (a diferencia de los viejos tiempos) es siempre *welcome*. Aunque está el apartado *bears*, los panzones a los que les quedan estrechas las camisas a cuadros. Creo que estoy falseando el análisis, y que, en realidad, lo que ocurre es que, como en otros segmentos del mercado, la oferta se ha diversificado. Pero tengo la impresión de que lo del martirologio y el triunfo de la minusvalía y de la imperfección son más bien fantasmas de viejos. Aunque, vaya usted a saber, porque también ha aumentado peligrosamente el número de monjes/as socialdemócratas dispuestos a hacer lo que sea por alguien poco dotado, pero a esos ¡cualquiera los soporta!

23 de diciembre

Acabé por fin *Splendeurs*. ¿Escribir sobre ese libro? Para eso haría falta sentarse unos cuantos días. No es París y es todo París. Es un mundo, el mundo, la novela como juguete para armar que te hace entender el gran juguete de la vida. Balzac te propone: hablemos de economía, de justicia, de policía, de sexo, de pasiones, qué sé yo. Hablemos de la maquinaria que mueve el mundo. Otro día escribiré. Tendría que atreverme a pasar unos meses con ese libro, escribir sobre él. Lo pienso. ¿Y por qué no?, ¿qué me lo impide? Hay una colección de artículos metidos ahí dentro, al margen del significado del libro en su conjunto, hay una geografía de París, un estudio sobre el papel de la mujer en la Francia de la Restauración, sobre la homosexualidad, por supuesto; y sobre la misoginia, refiriéndola a los textos clásicos, incluidos la *Ilíada* y la *Odisea*: hay sobre todo un texto circular sobre el poder y sobre el poder del dinero, pero también un texto secreto acerca de los hilos que unen lo más alto de la sociedad y lo más turbio, las cloacas (siempre el sexo por medio), que precede al cine expresionista, al teatro de cabaret, *La ópera de perra gorda* de Brecht. El Mabuse de Lang es reencarnación de Vautrin (la última parte de *Splendeurs* se titula precisamente *La dernière incarnation de Vautrin*): Mabuse cambia de personalidad continuamente, es al mismo tiempo el mendigo y el jugador de bolsa. Vautrin es Jacques Collin, el peligroso Trompe-la-Mort, el jesuita Carlos Herrera, el ladrón, el asesino, el presidiario, el policía. Al fondo de su torturada personalidad, siguiendo los avatares del transformismo del mal, Balzac nos desliza la idea de que los peores son los que más aman (Melville: Ahab y su ballena). Lucien de Rubempré es un pobre figurín, Vautrin lo convierte en percha de su pasión, y hace cuanto puede por él, en una relación más bien platónica. Cuando muere Lucien, vuelve a su viejo amor por el corso Theodore, a quien había abandonado por el prometedor joven Rubempré. En esta relación hay más carne.

Al final de su carrera, Vautrin se convierte en guardián de la justicia, él, que poco antes busca un lugar no donde vivir, sino donde morir. Ahora es policía. Por remedar a Zweig hablando de Dostoievski, diré que la novela de Balzac es folletín, narración más psiquiátrica que psicológica, cartografía de frenopático, pero, por encima de todo, un denso palimpsesto social: guía de costumbres, de los mecanismos perversos del comportamiento de la sociedad, novela policíaca en el sentido que pueda dársele hoy, como descodificación de los comportamientos criminales que forman el meollo de la sociedad. Es la novela total, aunque, en cada tramo, se contamine con rasgos del género que domina el curso narrativo. Es novela de género, mejor dicho, de todos los géneros. Se levanta sobre todos ellos, los recoge como una gallina a sus polluelos y los pone al servicio de un proyecto mayor, más ambicioso, la ambición por ser otra cosa que está por encima de todos los géneros. Entiendo que no sea uno de los libros preferidos de los críticos, por el rimero de anormalidades que acumula (no solo estilísticas, también éticas), pero esa supuesta imperfección es lo que le proporciona la energía con que trabaja, sirviéndose libremente de cada elemento. Es una novela que exige ser mejor lector que crítico; un crítico puede objetar que el libro *manca finezza,* cuando esa especie de furia constructiva lo único que hace es subrayar sus méritos a contrapelo.

25 de diciembre

El síndrome del maltratado, de la mujer maltratada: sufre, ve la basura en la que está metida, pero no es capaz de salir; siempre queda algún asunto por resolver, aunque no sea más que dar la explicación de por qué ha tomado la decisión de escapar (¿una explicación al maltratador?), o el deseo de recibir explicación del porqué del odio de la otra parte que, aunque fuese la frase más cruel, la dejaría en paz. Quiere que el maltratador le dé una explicación acerca de sus motivos. ¿Por qué me pegas?, ¿qué te he hecho? Además, quedan asuntos cotidianos que no pueden descuidarse, que hay que dejar en orden, asuntos que se llevan a medias y es necesario resolver, dejar algunas cosas claras, antes de cortar de una vez la historia (no digo ya si la casa está a nombre de los dos, si hay hijos…), la ruptura es el cuento de nunca acabar, la noria que no acaba de detenerse.

Y está el sufrimiento, que impide pensar, que paraliza. Uno se convence de que tiene que restañar las heridas, iniciar una nueva etapa, volver a empezar el ciclo, esta vez sin mancha ninguna que lo enturbie. Todo eso forma parte o son manifestaciones de la Gran Trampa, el Infinito Fracaso. Ante la menor sombra de violencia en la relación, no hay otro método que alejarse a la carrera, dejándolo todo sin re-

288

solver, qué más da, de momento huir de ahí, porque la violencia engancha, es una forma de droga: quien ha probado el perverso juego quiere repetirlo, lo provoca y lo sufre. ¿Y por qué afecta tanto una historia que uno sabe desde el principio que es sórdida, vulgar, y en la que no se pone ninguna esperanza?, ¿en qué sucia parte de ti mismo ha echado raíces? Duele el recuerdo de una parte del cuerpo (te acuerdas del movimiento de una mano, de una arruga en el cuello cuando toma determinada postura, de una peculiaridad física íntima a la que te permitió acceder), el sonido de unas palabras, cierta entonación, una quiebra de la voz, una mirada en la que se ha sorprendido el deseo sexual. Por qué pesa tanto el sexo como suciedad cómplice y angustia hasta ese punto su ausencia. Otra forma de droga; al fin y al cabo, cualquier droga es búsqueda de placer. En propiedad, ¿puede llamarse «dolor» a ese sentimiento?, ¿qué es lo que uno sufre?, ¿qué esperanza hay depositada ahí?, ¿una eternidad de chapoteo en la mierda? No perder esa saliva, esa piel, esos flujos. Pero el deseo está reñido con el concepto de *eternidad*, es efímero, y lleva implícito el sentimiento de inminente pérdida, que, en definitiva, es el acicate del placer. Todas estas consideraciones hacen pensar en qué esperanza deja eso en el porvenir del ser humano, ¿en su capacidad de redención? Lo sexual, qué soporte tan frágil para sostenerlo todo, pero lo sostiene; ni siquiera el sexo, solo su presentimiento, su sospecha. Es la historia de la humanidad. De ahí vienes tú, esa legión de niños que juegan al balón en el patio de la escuela del pueblo y a los que ves cuando bajas a comprar el periódico. Todos vienen de ese juego de émbolos engrasados y esa fantasía de cosas poco confesables. Produce pánico meterse por ese camino. A todo eso, hoy es Navidad, la dulce Navidad.

26 de diciembre

Salgo de casa, subo a ese paraíso de bolsillo que es La Drova. He subido a recoger a M. V., que me enseña la casa que ha construido para su hermana. Esta mañana en que una suave neblina perla el paisaje, lo algodona, la casa está preciosa, envuelta por la luz tamizada por el filtro de la niebla, que da a sus paredes blancas un delicado gris; de vez en cuando, se abre paso un rayo de sol y el paisaje cobra otra vida, una repentina energía afirma la vegetación que rodea la casa. Desde el interior, a través de las grandes ventanas se ve el jardín invernal, una hermosa postal en cada vano. Comemos en Casa Manolo, de Daimuz, frente a un mar que más parece Deauville que el Mediterráneo: las olas grises dejan entrever destellos verdes y de un tímido azul metálico bajo la capota de nubes. Cuando salimos del restaurante, un rayo de sol ilumina los edificios de Gandía y el espigón del puerto, creando un ambiente ilusorio, como de espejismo. De vuelta a casa, tras la agradable velada, las obsesiones parecen haberse disuelto: gasa de nubes pasajeras. La comida ha sido excelente: buñuelos de bacalao, *sepionets* minúsculos y un suculento arroz. M. me sermonea, me critica o se preocupa o se inquieta por lo que él llama mi «misantropía» que –según dice– me puede llevar a hacer buenas novelas pero a ser tremendamente desgraciado. Tú mismo has fomentado esa soledad, ese aislamiento, me dice. Eso no es bueno para tu salud, para tu ética, ¿ni siquiera te queda la esperanza de saber que posees ciertos valores?, me pregunta, y yo le respondo que sí, que me queda saber que toca representar con coherencia el papel que he elegido, hacer lo que creo que debo hacer y, por encima de todo, no hacer lo que creo que no debo hacer. Pero eso es algo para uso estrictamente privado, intrascendente de cara al exterior, le digo, aunque sé que no, que no es exactamente así, porque lo público, cuanto he hecho en mi vida en relación con los demás, artículos, relaciones laborales, copas en el bar, y, sobre todo, mis libros, tampoco hubieran sido lo que son, mejor o peor, de no haber mantenido esta disciplina, esta voluntad de alejamiento. M. me insiste: estar de acuerdo con uno mismo es muy importante. Yo pienso que claro que lo es, es lo más importante, pero eso no te deja ninguna satisfacción especial, más bien lo contrario, la virtud personal se anega en la no correspondencia: tiré mis virtudes en tierra seca, o pedregosa, o poblada de cardos, que diría el Evangelio. No hubo tierra abonada. Fue puro desperdicio. Leña para calentar el yo. No, no es así. Me lo repito: sin esa voluntad (esa acción, que más bien nace del aislamiento: pensar, escribir), nada de lo que he hecho y ha quedado fuera de mí sería lo mismo, los libros, los artículos. Cernuda escribía para un poeta futuro. Yo no sé muy bien para quién, pero para alguien que, en algún tiempo y lugar, aspire a ser mejor que yo. Podría pensarse en un consuelo cuando escribo así, pero sé que de ese esfuerzo solo viene esta desolación. Los libros como redención. Ante mí mismo me salva cumplir con la palabra dada (la que he dado a los demás, como extensión de la que me doy a mí mismo), incluso aunque la hayan roto quienes se ligaron contigo: ser tú mismo en la escritura y en la vida, no dejar que te conviertan en el que no quieres ser, aunque mantener el tipo se vuelva contra ti. Nos ponemos de acuerdo en ciertas emociones: en las que nos produce toda esa gente que lucha por vivir, esos obreros que aprecian el trabajo bien hecho y se sienten orgullosos porque se han permitido hacer bien una cosa que podrían haber hecho mal, emoción también por quienes solo pueden permitirse hacer chapuzas y aspiran a una liberación aunque sospechen que no va a llegarles, sufro por ellos, y siento respeto infinito por lo que es capaz de hacer un hombre desde el anonimato y la modestia de un oficio. ¿Comparar una novela con un techo bien acabado que te protege de la lluvia, con unas paredes que te guardan del frío? Definir de qué te protege o salva una

291

novela. Horas más tarde, le telefoneo y le leo ese párrafo de *Los viejos amigos*, en el que Pedrito le dice a Amalia que el fontanero te separa más de la Edad Media que Beethoven o Cervantes; y esos en que habla de su hermano Joaquín, soldador. ¿De quién es ese libro?, pregunta. Nos reímos.

Mientras escribo, suena la cuarta de Brahms, por Georg Solti, esa música que tanto me emocionaba en la adolescencia: era mi preferida, recogía en ella la desazón que aún no tenía perfiles definidos, que luego se materializaría como castillo de arena, fácil de desmoronar (qué cursi suena todo esto, seguro que puede decirse bastante mejor). Hablemos de ese concepto tan romántico, la permanencia del arte, su altiva permanencia frente a la labilidad de la vida como biografía (no digamos ya como biología); o del inaprensible poder del espíritu sobre las urgencias molestas, imperativas, de la carne. Escribir que esta música ha recogido la frustración, la herida que me dejó el roce de media docena de cuerpos que me parecieron imprescindibles y hoy tengo olvidados (queda siempre el último, qué tortura hasta que te deshaces del último cuerpo: la música te ayuda a entregarte, a entrar más dentro de él, pero también a ir alejándote de él, domando los sentimientos salvajes, puliéndoles las zarpas, volviéndolos inofensivos porque los has sacado fuera de ti, los has convertido en música, en escritura).

La tercera de Brahms. Fuera, redobles de una tormenta lejana. Me bajo de internet los artículos que hoy publica *Le Monde des Livres* sobre Julien Gracq, que murió hace unos días (fue el 22 de diciembre, tenía noventa y siete años). Miro la foto que aparece en el periódico: tomada en 1951, un actor de cine, rubio, ángel perverso; más bien, actor de cine negro en alguna de las películas francesas que se rodaron por aquellos años, la mirada es la de un ciervo asustado, pero también la de un animal acechante, e incluso en la boca aparece algo de esa dureza, cierta resabiada ironía, voluntad viril que confirman el rapado por encima de la oreja y la raya en el cabello, la disposición ordenada en el bien peinado y recogido tupé, con un lado rebelde: algunos cabellos se levantan sobre la coronilla. Podría ser también la cabeza de un obrero endomingado, o incluso la de un policía, la de un militar, y, ya lo he dicho, la de un gángster. Está sonando el tema inicial del tercer movimiento de la tercera sinfonía de Brahms. Me trae París, un musgoso patio de una vieja vivienda en Vincennes, un bulevar húmedo, lluvia que cae sobre los adoquines en la place de Saint-Sulpice. François. Me echo a llorar.

Extraigo estos textos de Gracq:

> [...] *cette vertu essentielle de revendiquer à tout instant l'expression de la totalité de l'homme, qui est refus et acceptation mêlés, séparation constante et aussi constante réintégration* [...] *en maintenant à leur point extrême de tension les deux attitudes simultanées que ne cesse d'appeler ce monde fascinant et invivable où nous sommes: l'éblouissement et la fureur* (*Préférences*, José Corti, 1961).

> [...] *d'écrire comme on se jette à l'eau, en faisant un acte de confiance dans l'élément porteur* («Entre l'écriture et la lecture», *NRF, mai* 1969).

> *C'est qui me plaît chez Breton, ce qui me plaît dans un autre ordre chez René Char, c'est ce ton resté majeur d'une poésie qui se dispense d'abord de toute excuse, qui n'a pas à se justifier d'être, étant précisément et d'abord ce par quoi toutes les choses sont justifiées* (*Préférences*).

Gracq se declaraba ajeno a la religión, pero sensible a cualquier forma de manifestación de lo sagrado. Debería intentar conseguir su panfleto *La littérature à l'estomac*, también publicado en José Corti.

Relectura de *La curée*, de Zola, la segunda novela de los Rougon-Macquart. Ha sido traducida como *La jauría*. Por lo que veo en el diccionario, en realidad *la curée* son los despojos que se les dan a los perros. *La jauría*, yo la traduciría mejor como «la muta», pero claro, la palabra *muta* es inusual y puesta así, en un título, resultaría desconcertante. Creo que fue el crítico de *El País* quien puso esta novela como antecedente de *Crematorio*. No está nada mal visto: la especulación en el París haussmaniano es algo así como el cuadro de Courbet *El origen del mundo*, el gran coño urbanístico en el que todo empezó y del que todo viene. Bien es verdad que antes estuvo la gigantesca especulación en la Roma de Augusto y en la de Nerón. Nunca, en nada, es la primera vez.

27 de diciembre

Celebro a solas en un par de bares la aparición de *El Cultural* en el que proclaman *Crematorio* como mejor libro de ficción del año. No hubiera estado mal tener a alguien con quien compartir la alegría, pero la vida es así. Qué se le va a hacer. También sé que eso pone el libro en el punto de mira y que no tardarán en aparecer francotiradores que apunten a la perdiz. De nuevo, qué se le va a hacer. Aunque, como la cultura en este país procura no matar una mosca por no buscarse problemas, seguramente no pase nada que no haya ya pasado. En cualquier caso, blindarse, y ponerse cuanto antes a hacer otras cosas: escribir las charlas que tengo comprometidas, corregir y reescribir lo que tengo por ahí guardado, seguir pasando a limpio estos diarios o como se les quiera llamar. Pero, en vez de eso, he perdido el día, tirando papeles, ordenando la mesa, pensando en las musarañas. Otro día más por la borda. Con

294

todo lo que me queda por leer. Cada noche, la misma recriminación. El día, que parece interminable, se me esfuma en dos sentadas, y, al llegar la noche, es cuando siento esa avidez por hacer todo lo que de día no he hecho.

28 de diciembre
Paso la madrugada entretenido (no es esa la palabra que debería utilizar) con los grabados de Goya. Y leo un librito sobre Rubens: los rostros de la *Kermesse* del gozoso Rubens están en los que Goya pinta desde el espanto. No hay iluminaciones ni derrumbes en el mundo del arte (la inspiración, ay, sí, la inspiración), sino continuidad; como no hay saltos en el alma humana, sino transiciones, matices, repliegues, e incluso, en cierto modo, repeticiones y variaciones, formas como las de esos *glugs* que mascan los niños, ni sólidos ni líquidos, resbaladizos, inestables. Textura moldeable de moco.

En *La fragua* de Goya (1815-1820), me entretengo en distinguir lo que lo diferencia de la de Velázquez: aquí nada es exhibición, representación, como ocurre con el cuadro velazqueño, sino acción, acto. El personaje central está de espaldas, levantando la maza, con todo su cuerpo sometido al esfuerzo, deformado por el esfuerzo, en una posición laboral que parece captada, más que por el ojo humano, por una cámara fotográfica, tal es su autenticidad, la precisión con que se ha fijado el movimiento. Los otros dos personajes (los que sostienen la pieza de metal al rojo) están de frente y también sometidos a esa tensión extrema, los cuerpos no son cuerpos de modelos de estudio –como en Velázquez–, o de atleta, sino de obreros, tienen esa peculiar opacidad, esa forma compacta que otorga el esfuerzo laboral continuado, sus deformaciones.

Repasando el libro sobre Goya, vuelvo a confirmar que Robert Hughes es un estupendo pedagogo. Basta leer sus co-

295

mentarios a los grabados: todo aparece expuesto con agudeza y claridad, bien razonado, por más que en algunos momentos esa claridad lo lastre con cierto esquematismo. Cuando me doy cuenta, se me ha escapado el día, hurgando entre las páginas del libro de Hughes, vagabundeando entre láminas goyescas. ¿Diremos que es un día perdido o, más bien, un día ganado?

Tomo notas de los capítulos dedicados a Mahler y a Schönberg en *El canto de las sirenas*, el libro de Trías. Entre otras, las que dedica a la obra de Mahler *La predicación a los peces de san Antonio de Padua*, basada en la leyenda según la cual el santo, al ver vacía la parroquia, decidió predicar a los peces: «Todos asomaban sus cabecitas: truchas, carpas, cangrejos, tortugas, esturiones. Todos consideraban que la predicación era maravillosa, o que jamás habían oído una prédica tan excelente. Y todos volvieron a sus ocupaciones, sin que su conducta se hubiese transformado: los ladrones seguían robando, los lascivos mantenían sus hábitos lascivos, los cangrejos seguían caminando hacia atrás» (pág. 401). Creo que es una fábula que nos gusta porque en el fondo alienta nuestro narcisismo, nuestro irredentismo genético. En un pueblo de Valencia celebran el milagro de unos peces que sostuvieron con sus boquitas las hostias que al cura se le habían caído al río.

A su amiga e interlocutora Natalie Bauer-Lechner, cuando quiere explicarle qué es para él una sinfonía, Mahler le dice: «Yo entiendo por sinfonía la construcción de un mundo a través de todos los medios y recursos disponibles de que me puedo valer» (pág. 396). Yo diría lo mismo si alguien me preguntara qué es una novela.

Las reflexiones que Trías lleva a cabo sobre la revolución musical de Schönberg me parecen muy oportunas y pueden traerse a colación cuando nos referimos a las funciones de la narrativa contemporánea (en realidad son reflexiones convenientes para cualquier arte de hoy); así, según Trías, Schönberg, en *Moisés y Aarón*, dice: «Moisés poseía la nueva gramática, o la nueva lógica musical; Aarón, en cambio, el don de la inspiración melódica, o de la invención de lo que puede ser cantado; y por tanto, también, del material musical que puede ser desarrollado y variado» (págs. 443-444).

Y acerca de lo que pueda ser la nueva gramática mosaica, escribe:

La inspiración melódica debe asumir ese nuevo espacio para justificar su significación musical. De lo contrario, se pierde en la banalidad decorativa, o en la trivialidad tópica y convencional. Si la composición no se instala en ese espacio, entonces las formas de exposición y argumentación del material temático se convierten en materiales prefabricados tediosos, generadores de hastío. Se pierde el tiempo, la paciencia y el gusto estético a través de esos enojosos recursos. Se deteriora el sentido de una belleza que siempre debe resplandecer cual sobria diadema (acerada, estilizada, parca, exigente).

Esto sucede en las composiciones tonales en la época de desgaste y erosión de los principios de armonía en que Schönberg se encuentra. El argumento musical se extravía por los meandros de la modulación, de las transiciones siempre pautadas, y de todos los recursos y los trucos mediante los cuales se resuelve la disonancia en consonancia, o la ansiedad y la tensión en el retorno de la tonalidad inicial. Pero todo ello se produce en un tiempo en que esos principios (gramaticales, lógicos, sintácticos) han arruinado ya toda capacidad de significación y de expresión: no dicen nada. No pueden comunicar ninguna emoción convincente (pág. 444).

Y unas páginas más adelante, prosigue con su reflexión sobre cuál pueda ser el lugar del arte (de la música) en el nuevo momento histórico y social:

Solo que en el siglo XX, por el agotamiento de todos los lenguajes artísticos y filosóficos, todo gran compositor, junto a sus creaciones concretas, con su melodía y canción, debe descubrir así mismo la totalidad del espacio lógico en que se inscribe [...]. El verdadero creador del siglo XX tiene la necesidad de alcanzar esa Nueva Ley, la ley de posible combinación de los sonidos, del mismo modo como debe formularse el nuevo lenguaje de la «nueva arquitectura», correspondiente a una historicidad a prueba de los nuevos materiales de la construcción, o con el nuevo lenguaje pictórico que revoca y trasciende el figurativismo de la pintura cifrada en los principios renacentistas estipulados a través de las leyes de la perspectiva (geométrica, aérea o atmosférica), plenamente arruinados y agotados, y necesitados de revisión por las sucesivas corrientes del Movimiento Moderno, desde el impresionismo al fauvismo, o del cubismo a la abstracción. Sin ese alzado de la Nueva Ley no hay posible composición (pág. 446).

Unos versos de las *Soledades*, ese libro deslumbrante contra el que me rebelo, por hueco, pero ante el que me rindo, por maestro:

[...] volantes no galeras,
sino grullas veleras,
tal vez creciendo, tal vez menguando lunas
sus distantes estremos,
caracteres tal vez formando alados
en el papel diáfano del cielo (págs. 318-319).

Insomne, pensando que seré incapaz de soportar lo que queda de noche, me pregunto: ¿cómo escribir sobre el dolor?, ¿cómo hacer que escribiéndolo se aleje? Conseguir que me permita hacer algo, pero no: esta opresión en el pecho, las lágrimas empujando en los ojos, queriendo salir. Me siento prisionero en casa. Sería bastante más cómodo vivir en una celda, en un convento, en una cárcel, al menos no tendría estas preocupaciones absurdas, recibos, visitas al correo, compromisos, letras, dinero... ¿Y todo eso por qué?, ¿porque veo esfumarse una historia perversa que, en siete años, no me ha hecho más que sufrir?, ¿o porque al fin se evapora de verdad, sin dejar atrás todos esos flecos que siguen arrastrándose, colgando, y que le conceden una supuestamente indeseada continuidad? Pero ¿puede saberse qué es lo que echas de menos, a qué se supone que renuncias?

Saber que en la cabeza de alguien ingresas en el lugar de lo viejo, de lo que empieza a corromperse, de lo podrido. Negarte a ocupar ese lugar. Orgullo. Tú mismo te cierras las salidas encerrándote en casa: en cuanto sales te revalorizas, siempre acabas encontrando algo, ya sé, algo transitivo, pero que te confirma como moneda aún en circulación. Lo único que jode de este final es que te toca el papel del que más puso y más perdió. Ser la víctima. Y eso el orgullo no lo soporta, quiere invertir los papeles. Que te haya utilizado, que haya sido más hábil que tú. Eso es lo que jode. Nada que ver con el amor, ni siquiera con el deseo o con el sexo. Que te ha jodido a ti, y ahora te queda el deseo de ser tú quien lo jodiera a él. Pero si en la historia a la que me refiero no hay apenas sexualidad y esa carencia ha sido un suplemento en la tensión, y en cambio en las salidas al mundo exterior hay periódicos estallidos de sexo...
Necesito descansar, ordenarme la cabeza, controlar este desarreglo en los sentimientos y en los sentidos. Digo mis

«salidas» y me refiero a media docena de escapadas a lo largo de más de un año.

Schönberg: un mundo sin Dios, sin centro, un nihilismo creativo, según Trías, libera la energía que permanece prisionera por la gravitación hacia ese centro sagrado.

30 de diciembre
Termino con un nudo en la garganta la primera parte de *Vida y destino*, la gran novela de Vasili Grossman. Dentro están la vieja Rusia y la Unión Soviética, los campos de concentración nazis y los estalinistas, la guerra, los campesinos, los intelectuales, están las grandes discusiones teóricas sobre la revolución y sobre la literatura, y, por encima de todo, la imagen del hombre como animal doliente, que es capaz de bromear y reírse en la oscuridad y el hacinamiento de un vagón de ganado que lo conduce a la muerte porque alguien ha contado un chiste. El hombre, ser abyecto y capaz de lo más grande; el alma humana como un pozo tremendo, insondable, y a la vez tan frágil, tan poca cosa; la muerte como un mecanismo facilísimo de manejar: un grano de café en el cerebro, si es una bala, o un poco de elixir, si es una inyección, dice Keize, el ladrón de Hamburgo que se excita cada vez que va a matar a alguien (lo ha hecho más de cuatrocientas veces): «Para él matar era tan sencillo como poner una zancadilla a modo de broma [...]. Si se llevaba a cabo con una pistola, Keize decía "disparar en la cabeza un grano de café"; si se hacía mediante una inyección de fenol, Keize lo llamaba "pequeña dosis de elixir" [...]. Le parecía asombroso y sencillo el modo en que se revelaba el sentido de la vida en un grano de café y una dosis de elixir» (págs. 389-390).

Especialmente conmovedoras, y a la vez desazonantes, son las descripciones de cómo se posicionan hombres como el mayor Yershov, prisionero de los nazis, que se propone rehacer la resistencia en el campo de concentración, patriota soviético a pesar de haber sufrido en su propia familia la represión durante la deskulakización de 1937: su padre, su madre y sus dos hermanas han muerto en la deportación. O el comportamiento de Chernetsov, su compañero de encierro, que ha pasado veinte años en el extranjero, y, de vuelta a su país, se emociona al pedirle a un campesino que no vaya de voluntario a los trabajos del campo y pronuncia la palabra *camarada*. Sobre Yershov: «A veces se preguntaba de dónde procedía su odio contra los vlasovistas. Los llamamientos de Vlásov proclamaban lo mismo que su padre le había contado. Sí, sabía que aquella era la verdad. Pero sabía también que aquella verdad puesta en boca de los alemanes y los vlasovistas se transformaba en mentira» (pág. 399). La amarga contradicción que se llevan a la cárcel o a la tumba millones de comunistas de todo el mundo durante aquellos años. ¿Denunciar a Stalin y favorecer a las hienas del capitalismo? ¿Colaborar con los nazis o con los aliados para derrocarlo y, con él, la patria de los trabajadores del mundo entero? Aún nos llegó ese amargo sabor a la gente de mi generación: una cosa era criticar entre camaradas a Stalin, la URSS, el PC o el comunismo revisionista (nosotros éramos maoístas), y otra hacerlo en público, dándoles argumentos a los franquistas y al dictador, como suponíamos que hacían los trotskistas. Nos desangrábamos en nuestro afán revolucionario.

Establece Madiárov, el lúcido intelectual reprimido en el 37, las diferencias que hay entre Maiakovski y Dostoievski:

> Maiakovski, al que Stalin definió como el mejor y más dotado de nuestros poetas… Maiakovski es el Estado personificado, hecho emoción, mientras que Dostoievski, incluso en su culto al Estado, es la misma humanidad […]. Respec-

to a la polémica entre realismo socialista y esteticismo: mucho se ha discutido sobre la definición del realismo socialista. Es un espejo al que el Partido o el Gobierno pregunta: «Espejito, espejito, di: ¿quién es el más bello de todos los reinos?», y el realismo socialista responde: «¡Tú, tú, Partido, Gobierno, Estado, el más bello de todos los reinos!».

Los decadentistas a la misma pregunta responden: «Yo, yo, decadente, soy el más bello de todos». Pero no existe una gran diferencia. El realismo socialista es la afirmación de la superioridad del Estado y el decadentismo es la afirmación de la superioridad del individuo. Los métodos son diferentes, pero la esencia es la misma: el éxtasis ante la propia superioridad. El Estado genial, sin defectos, menosprecia a todos los que no se le parecen. Y la personalidad del decadente, preciosa como el encaje, es profundamente indiferente al resto de las personalidades, a todas excepto dos: con una mantiene una disputa refinada, con la otra se da besitos y carantoñas. En apariencia parece que el individualismo, el decadentismo luchan por el hombre. ¡Mentira! Los decadentes son indiferentes respecto al hombre, y el Estado también lo es. No hay ningún abismo entre ellos (págs. 354-355).

Sobre Chéjov:

En el fondo Chéjov se cargó a las espaldas la inexistente democracia rusa. El camino de Chéjov es el camino de la libertad de Rusia. Nosotros [se refiere a los bolcheviques] tomamos otro camino. Intentad abarcar todos sus personajes. Tal vez solo Balzac introdujo en la conciencia colectiva una masa de gente tan enorme. No, ni siquiera Balzac. Pensad: médicos, ingenieros, abogados, maestros, profesores, terratenientes, tenderos, industriales, institutrices, lacayos, estudiantes, funcionarios de toda clase, comerciantes de ganado, conductores, casamenteras, sacristanes, obispos, campesinos, obreros, zapateros, modelos, horticultores, zoólogos, actores, posaderos, prostitutas, pescadores, tenientes, suboficiales, artistas, cocineros, porteros, monjas, soldados, comadronas, prisioneros de Sajalín... (págs. 355-356).

Nuestro humanismo ruso siempre ha sido cruel, intolerante, sectario (pág. 359).

Hojeo las láminas de un librito sobre Pisanello: como me ocurre con buena parte de los pintores del primer renacimiento italiano, me seduce la elegancia en rostros y vestidos, que impregna incluso los bocetos y pinturas de animales –galgos, caballos– o las representaciones de objetos, paisajes y ciudades: es el mundo ideal, al que no sé si nos gustaría pertenecer, pero en el que desearíamos refugiarnos de vez en cuando. Al fin y al cabo, es lo que he hecho yo esta tarde, refugiarme entre esos vestidos elegantísimos, las torres esbeltas, los animales domésticos que parecen emanaciones de la propia belleza humana: cuadros renacentistas, los guardo como refugio en algún sitio de mí mismo al que nadie pide paso, un mundo frágil que se mantiene ahí dentro, secreto, espacio retráctil, al que cualquier movimiento externo obliga a meterse en su hélice, y al que, por eso mismo, nadie está autorizado a acceder (la verdad es que tampoco hay nadie que muestre el menor interés por acceder, no suele haber intentos de acceso, sino de agresión). Destellos conmovedores de ese mundo ideal salen a la luz en textos como el de Grossman, cuando fija su foco en el niño David, que viaja solo hacia un campo de exterminio en un vagón abarrotado:

Para su cumpleaños, el 12 de diciembre, mamá le había comprado un libro de cuentos. En el claro de un bosque había una cabritilla gris; la oscuridad del bosque parecía es-

303

pecialmente amenazadora. Entre troncos marrón oscuro, matamoscas y otros hongos venenosos, se vislumbraban las rojas fauces abiertas y los ojos verdes de un lobo.

Solo David conocía el inminente asesinato. Golpeaba el puño sobre la mesa, escondiendo el claro del bosque con la palma de la mano, pero comprendía que no podía proteger a la cabritilla.

Y por la noche gritaba:

–¡Mamá, mamá, mamá! (pág. 251).

Sí, al llegar a ese texto emocionante, mi cabeza se reblandece, se vuelve blando caramelo y saca a pasear los delicados animales dibujados por Pisanello, las mansas ovejas de las teselas de los ábsides de algunas viejas iglesias romanas: Santa María en Trastévere, los Santos Cosme y Damián, y las ilustraciones de los viejos cuentos que leí de niño (en el único que mi padre tuvo tiempo de comprarme, en el que el lobo secuestra a un ternero recién nacido: cuidado, el mal se abre paso, pero para eso están los otros animales del bosque que acuden a salvarlo). El mundo ideal del Renacimiento, añoranza cervantina de una edad de oro en la que comíamos dulcísimas bellotas a la sombra de una piadosa encina, bajo el cielo azul de un día de primavera, y junto a una fuente cuya corriente cristalina podíamos oír entre las frescas hierbas aromáticas, la pura armonía. El pequeño David había descubierto la muerte en el pueblo de su abuela, cuando vio decapitar una gallina que de inmediato se puso a correr sin cabeza. No está la muerte en el bosque, sino en el aire, en las paredes familiares, en la vida, «y sería imposible escaparse de ella» (pág. 255).

Una muchacha que, durante una masacre, se salva confundida entre los cadáveres ve «la cara del verdugo fatigada por el trabajo, sencilla y bonachona» (pág. 249). ¿Verdad que ese amable verdugo parece uno de los guardias que vigilan a los presos el caluroso día en que la caravana abandona Moscú en la novela de Tolstói de la que hablé no hace tantos días? Tolstói alimenta a Grossman. Vuelta a la realidad, me alejo del Renacimiento y contemplo durante un par de horas los rostros de Rembrandt sus autorretratos: me parece un tipo muy atractivo, él mismo carne entre tanta carne salida de sus manos; y luego paso a las láminas del libro sobre Lucien Freud que compré el otro día. Ese camaleónico realismo de Rembrandt no es necesariamente el de Antonio López, sino que está más cargado de intención: Freud, Bacon... son herederos de Rembrandt, de Caravaggio, de Goya..., hijos de padres que pintaron en la trinchera de sombras.

Pero vuelvo a Chéjov visto por Grossman/Madiárov:

> Cincuenta años antes la gente, obcecada por la estrechez de miras del Partido, consideraba que Chéjov era portador de un *fin de siècle*. Pero Chéjov es el portador de la más grande bandera que haya sido enarbolada en Rusia durante toda la historia: la verdadera, buena democracia rusa. Nuestro humanismo ruso siempre ha sido cruel, intolerante, sectario. Desde Avvakum a Lenin [...]. Incluso Tolstói nos resulta intolerable con su idea de no oponerse al mal mediante la violencia, su punto de partida no es el hombre, sino Dios [...]. [Chéjov h]abló en Rusia como nadie lo había hecho antes. Dijo que lo principal era que los hombres son hombres, solo después son obispos, rusos, tenderos, tártaros, obreros (pág. 356).

¿En qué lugar público debería situar la inscripción de estas palabras una sociedad civilizada?

Algunos textos que te ponen un nudo en la garganta: Liudmila Nikoláyevna acude al hospital en el que le han dicho que está internado su hijo. Al llegar, se encuentra con que ha muerto: «Luego solicitó que se repartieran entre los heridos los regalos que había llevado para su hijo, y depositó sobre la mesa dos cajitas de boquerones y un paquete de chocolatinas» (pág. 176); «¿En qué había pensado Tolia antes de la operación? ¿Cómo le habían dado de comer, con una cucharilla? ¿Durmió, aunque fuera un poco, de lado, boca arriba? A él le gustaba la limonada con azúcar. ¿Cómo estaría acostado ahora, tendría la cabeza rasurada?» (pág. 186).

Sobre la difícilmente explicable SUMISIÓN y mansedumbre de los que sabían que iban a morir en los campos de concentración alemanes:

En ese tiempo, una de las particularidades más sorprendentes de la naturaleza humana que se reveló fue la sumisión. Hubo episodios en que se formaron enormes colas en las inmediaciones del lugar de la ejecución y eran las propias víctimas las que regulaban el movimiento de las colas. Se dieron casos en que algunas madres previsoras, sabiendo que habría que hacer cola desde la mañana hasta bien entrada la noche en espera de la ejecución, que tendrían un día largo y caluroso por delante, se llevaban botellas de agua y pan para sus hijos. Millones de inocentes, presintiendo un arresto inminente, preparaban con antelación fardos con ropa blanca, toallas, y se despedían de sus más allegados. Millones de seres humanos vivieron en campos gigantescos, no solo construidos, sino también custodiados por ellos mismos [...]. Sobre la base de la esperanza –una esperanza absurda, a veces deshonesta, a veces infame– surgió la sumisión que a menudo era igual de miserable y ruin

[…]. Pero, naturalmente, la desesperación total y lúcida no generó solo levantamientos y resistencia: engendró también el deseo –extraño en un hombre normal– de ser ejecutado lo más pronto posible (págs. 261-263).

Reviso la vieja edición de *Vida y destino* que tengo por casa y que leí, recién aparecida, a finales de 1985 o principios del 86, y descubro que solo tengo subrayadas las primeras páginas. Sin embargo, recuerdo haber leído el libro completo y habérselo recomendado a mucha gente, ¿me puse a subrayar en una segunda lectura que no concluí? Pero ¿por qué me preocupa eso ahora?, ¿qué importancia puede tener? Esas cosas que se te quedan confusas revelan unos agujeros cada vez más grandes y numerosos en la cabeza. Pero ¡si de eso hace ya más de veinte años! Cuántos cientos de libros habré leído desde entonces, olvidar lo que ocurrió con uno de ellos carece de importancia. Mejor preocuparme porque no recuerdo el título del libro que estoy leyendo esta misma mañana, ni el argumento del que leí hace un par de semanas.

2008

1 de enero

    Y llegado el Pedro de Alvarado a los pueblos, todos estaban despoblados de aquel mismo día, y halló sacrificados a unos cuantos hombres y muchachos, y las paredes y altares de sus ídolos con sangre y los corazones presentados a los ídolos; y también hallaron las piedras sobre las que sacrificaban, y los cuchillos de pedernal con que los abrían por los pechos para les sacar los corazones. Dijo el Pedro de Alvarado que había hallado en todos los más de aquellos cuerpos muertos sin brazos y piernas, y que dijeron otros indios que los habían llevado para comer (pág. 96).

Con esta descripción de Bernal Díaz del Castillo en la que narra la primera incursión de Alvarado al interior de tierras mexicanas, mientras los partidarios de Cortés –en contra de lo que pretenden los seguidores de Diego Velázquez– toman la decisión de poblar el territorio, me llega el ruido de los cohetes que anuncian la llegada del año nuevo. Ellos, en la búsqueda de tierras fértiles y de alimentos, se encontraron con el horror; yo espero que en este territorio simbólico que es el nuevo año, se brinden paisajes del alma más amables. Que así sea. Que 2008 no sea demasiado cruel con nosotros.

Compagino la lectura de Grossman con la del conquistador Bernal, que escribió sus memorias, porque, a los ochenta y cuatro años, quería salir al paso de las versiones que circulaban sobre lo ocurrido en la Nueva España, que a él le parecían invención, fábula, cuando no patrañas y directamente mentiras. Díaz del Castillo presume de contar la verdad del que estuvo allí, del testigo, y lo hace con un lenguaje claro, directo, convencido de que la verdad no necesita de artificios ni de grandes disquisiciones. Y hoy, casi quinientos años después, cuando poco importa que los hechos fueran de uno u otro modo (sí, la justicia histórica, la construcción de la narración colectiva, la sagrada memoria, ya lo sé, la perpetua reinvención), lo que vale del libro es precisamente esa reivindicación de claridad alimentada por la ironía, el fruto de un razonable escepticismo, que –como casi siempre ocurre cuando uno quiere meter el sentido común por medio– acaba siendo demoledor. Así, cuando describe la batalla que dieron todos los caciques de Tabasco afirma:

> [...] y pudieran ser los que dice el Gómara que fueron los gloriosos Apóstoles Señor Santiago o Señor San Pedro, e yo, como pecador, no fuese dino de lo ver. Lo que yo entonces vi y conocí a Francisco de Morla en un caballo castaño, que venía juntamente con Cortés, que me paresce que ahora que lo estoy escribiendo se me representa por estos ojos pecadores toda la guerra según y de la manera que allí pasamos. E ya que yo, como indino, no fuera merescedor de ver a cualquiera de aquellos gloriosos apóstoles, allí en nuestra compañía había como cuatrocientos soldados, y Cortés y otros muchos caballeros (págs. 78-79).

Búsqueda de la verdad a través de un razonable materialismo, digo «lo que yo entonces vi», lo que «me paresce que ahora que lo estoy escribiendo se me representa por estos ojos pecadores»: ni Santiago, ni san Pedro. A lo lejos, el tañido del descreimiento popular que viene rodando desde lejos, enriquecido por aquellos años con las aportaciones cultas de lucrecianos, erasmistas y reformadores, que tantos disgustos acabarán dando a tanta gente. Unos pocos años antes, el padre de Francisco de Rojas, el autor de *La Celestina*, puso en duda la intervención divina y sufrió persecución. Si no se limpia la realidad de telarañas ideológicas, no hay modo de entender nada. Vamos del soldado Díaz del Castillo que no ve santos en las guerras, al soldado Cervantes y su «Retablo de las maravillas». Querida escuela del descreimiento, de la que uno querría sentirse heredero.

Las doce campanadas han debido sonar mientras leía el párrafo en que Bernal habla del hallazgo en su exploración de cuerpos mutilados de brazos y piernas porque, según les dicen, esos miembros se los habían llevado otros indios para cocinarlos. Lo pienso, mientras cambio la lectura de Díaz del Castillo por la de Grossman: un conquistador y un disidente ruso. Bernal Díaz del Castillo escribe *Historia verdadera de la conquista de la Nueva España* a los ochenta y cuatro años como respuesta a cuanto se decía de aquellos sucesos en otras crónicas (la del Gómara parece que es la que más le duele), plagadas de errores, invenciones y mentiras interesadas. Frente a eso, la historia «verdadera». Grossman, en *Vida y destino*, también intenta establecer su verdad novelesca, tan alejada de la historia oficial, llena de invenciones y patrañas. Es solo una novela, pero establece un código inconveniente desde el que leer lo que ha sido real. En ambos casos, lo que parecía la tierra prometida (México, el comunismo) se convierte en variantes de una pesadilla. Imagino el espanto de los recién llegados a México al encontrarse con los cuerpos mutilados, con las paredes de los cúes embadurnadas de sangre, los sacrificios humanos, los cadáveres a los que se les ha arrancado el corazón, las monstruosas figuritas de los dioses. Solo que ellos iban a sustituir aquel terror por otro, llevaban dentro de ellos otro terror en apariencia más razonable: sus figuritas, el Cristo, la Virgen, tenían rasgos humanos, aunque la representación del crucificado presagiara algo terrible. Y la mujer a la que llamaban Virgen llevaba espadas clavadas en el corazón. También en el camino hacia la utopía de Grossman, la sangre, la muerte, la tortura, el horror, los sacrificios humanos al dios Estado. Díaz del Castillo se sacrifica en nombre del emperador Carlos. Díaz del Castillo y Grossman, empeñados en su verdad, como cada uno de nosotros mismos, imposible búsqueda de la verdad (el prisma inabarcable y de blanda materia, forma cambiante), de la belleza, de una cierta encarnación de lo sagrado. Por entonces, mientras españoles e indios se entremataban en América, ardían en Europa las hogueras en las que se quemaba a los disidentes. Quinientos años después, Grossman vuelve a dar cuenta de los sacrificios humanos: es la segunda gran guerra mundial, aplazamiento de una producida veinte años antes que había provocado veinte millones de cadáveres; de nuevo, los inmensos cementerios, los campos de concentración, luego vendrían los procesos, las purgas, sacrificios en el altar del Estado, todo en la búsqueda de una verdad, la construcción de sentido de lo que parece no tenerlo.

Desde hace algunos días, el cielo intensamente azul, los atardeceres de suave nácar. El almendro que veo desde la ventana está cubierto de flores blancas, una llamarada luminosa, y yo vuelvo a sentirme testigo de ciertas formas de belleza, señuelos en los que la vida nos captura –como captura a los insectos polinizadores– para seguir reproduciéndose. Como cada año, este árbol se cubre de flores a finales de diciembre. El olor leve y secante, el zumbido de las abejas que

311

liban la miel, el almendro es uno de nuestros árboles sagrados en el árido Mediterráneo: el almendro, el olivo, el algarrobo. Los cipreses que, en Toscana, embellecen laderas de colinas y cunetas de caminos, aquí se los dejan a los muertos. Ahí están en ordenadas hileras tras las blancas tapias. Los ingleses vuelven aquí para invernar, la luz, el azul, las flores del almendro, buscan eso, pero se ahogan de soledad y cerveza porque eso, una rama cubierta de flores, no es nada, mero decorado para que, ante él, te despliegues tú mismo, y si tú mismo no tienes grandes cosas que ofrecerte, te sientes frustrado desde el mismo momento en que abres el desplegable.

Comida en casa de mi hermana. Como el Montgó proyecta su sombra sobre la casa y el jardín a partir del mediodía, mientras que el sol sigue bañando mi casa hasta el crepúsculo, el almendro de mi hermana no tiene ni una sola flor todavía. Tendemos a generalizar sobre las cosas, sobre los acontecimientos, y resulta que son los matices los que se imponen. El matiz, la particularidad, eso que tanto molesta a los profetas de la mundialización, que lo reducen todo a fórmulas idénticas, aplicables a todas las personas y a todos los lugares: se supone que todos aspiramos a lo mismo y somos felices con lo mismo. Hasta dos plantas supuestamente idénticas, separadas unos pocos metros una de otra, se comportan de manera diferente. La importancia del matiz. Para comprobarlo basta cambiar una maceta de sitio.

Leemos resúmenes de libros, de conferencias, nos empapamos con fogonazos sobre esto y aquello en internet, y creemos saber de aquello y de esto, reducimos una novela a unas cuantas frases en un comentario (internet, tan útil, puede ser también una versión resumida del *Reader's Digest*, resumen del resumen, y no nos damos cuenta de que, por el camino, perdemos el sentido). Cuando los periodistas te preguntan de qué trata tu libro, la única respuesta decente es léelo, no hay otra, un libro es lo que es desde que empieza con la primera palabra de la primera frase hasta que termina con la última palabra de la última frase. De eso trata, no hay manera de resumirlo. Un cuadro es cada una de sus pinceladas y su conjunto y un sentido que emana de todo ello y una posición en la historia y en la pintura de su tiempo, que se le superponen o que lo repintan.

Nos llegan ideas, reproducciones, comentarios, y lo malo es que demasiadas veces lo que hacen es distraernos, impedirnos entender lo que solo puede ser conocido a partir de la experiencia de enfrentarte a ello. Por otra parte, con la aparente visibilidad del mundo entero (Google Maps como metáfora), con la multiplicación de los medios de información, nos llega tal alud de materiales, de interpretaciones, que uno avanza entre ellas como borracho, boxeador sonado. Tienes que alejarte, contemplarlas desde algún tipo de atalaya que te fabriques, desde alguna lejanía, buscar el sentido a pesar de ellas, capturar el que ellas pretenden que se te escape, o se te pierda, y por eso hacen tanto ruido. A veces dan ganas de encerrarte en un mundo pequeño, convencido de que, analizando el comportamiento de ese microcosmos, acabas sabiendo más que desperdigándote y correteando de un confín a otro de la tierra, persiguiendo templos budistas, iglesias góticas, tribus beduinas levantadas en armas, o expresionistas abstractos. Uno no puede saber de todo, tiene que aprender a manejar los elementos que se le ponen a mano. Los enólogos, cuando quieren estudiar los posibles comportamientos de la cosecha proceden a hacer microvinificaciones, con las que experimentan antes de enfrentarse a la vinificación a tamaño real. El exceso de información no se convierte necesariamente en conocimiento, más bien ocurre que muchas veces te ciega, te bloquea, paraliza tu opinión (¿cómo darla si son tantos los

313

elementos que uno no domina e influyen en el proceso y lo condicionan?; todos los conflictos piden que te definas y todas las informaciones te llegan sesgadas) y saber acaba por convertirse en una variante del analfabetismo... Vivir hoy es estar condenado a ese desconcierto y a esa bulimia, o, mejor dicho, a esta esclavitud de verse obligado a comer una tarta que por todas partes se nos derrite, se nos viene encima. Pero ¿es eso algo específico de nuestro tiempo? No estoy tan seguro. Imaginemos la sensación de quienes asistieron al descubrimiento de América, o de los que empezaron a comerciar con China (Marco Polo ante la inmensa Cambuluc, Cortés en los mercados de México). Pero por entonces primaba la idea del dentro y el fuera, y cada uno creía estar dentro, y se movía como pez en el agua en el magma propio, conocía las claves internas, lo de fuera era anécdota, molestia o incluso maldad que debía extirparse, así todo parecía bastante más fácil de digerir. Cada país –o condado o ducado o ciudad Estado– tenía una narración de sí mismo muy bien trabada en Europa. Estados Unidos aprendió con mucha rapidez a contarse, y la cosa le salió muy bien. Hoy manda la sensación de deriva, de falta de centro, y la sospecha de que lo que un día fue el exterior pesa bastante más que lo nuestro, lo que creíamos que estaba bien protegido dentro se ha desmoronado, porque no eran más que palabras que trazaban fronteras. No hay otro modo de trazar los ideales y las fronteras que con las palabras. El saber se ha convertido en algo ajeno que nos viene mayoritariamente desde fuera.

En realidad, el buen crítico literario es el que se limita a decirnos cuál es la relación de un nuevo libro con los que lo precedieron, de quiénes es deudor, qué tradición prolonga, de cuál se aleja y a cuál combate; descifrar el lugar que ocupa entre sus contemporáneos: en lo meramente literario, saber qué hueco viene a llenar, o, por el contrario, de quién es eco, repetición, redundancia, epígono; y en el plano de su significación, saber si es una pieza necesaria en el juego de fuerzas de su tiempo, y a cuáles de esas fuerzas sirve, o apoya, o ataca, cuál es su posición en la retícula en la que se prenden quien ostenta el poder y quien lucha por desbancarlo. Aceptar ese triple juego es lo que te convierte en un buen crítico, en un mentor del gusto. Parece sencillo, pero no, no lo es. Hay que saber mucho –y un poco de cada cosa– para descifrar las claves.

3 de enero

Cuando, arruinado, Lucien de Rubempré le pregunta a Claude Vignon, el único periodista que no le ha sido nunca hostil, *Que faire?*, su colega le responde con lo que puede considerarse lo que es la visión de Balzac sobre el carácter del escritor, una mirada más bien poco piadosa:

> –*A la guerre comme à la guerre, lui dit le grand critique. Votre libre est beau, mais il vous a fait des envieux, votre lutte sera longue et difficile. La génie est une horrible maladie. Tout écrivain porte en son cœur un mostre qui, semblable a la tænia dans l'estomac, et dévore les sentiments à mesure qu'ils y éclosent. Qui triomphera? la maladie de l'homme ou l'homme de la maladie? Certes, il faut être un grand homme pour tenir la balance entre son génie et son caractère. Le talent grandit, le cœur se dessèche. À moins d'être un colosse, à moins d'avoir des épaules d'Hercule, on reste ou sans cœur ou sans talent. Vous êtes mince et fluet, vous succomberez, ajouta-t-il en entrant chez le restaurateur* (pág. 466).

Unas cuantas páginas antes, Balzac ha dicho que «la plupart du temps les immenses ressources du talent ne servent qu'à faire le maleur de l'homme» (pág. 412).

Y anoto aquí otra tajante opinión que uno no sabe si suena a amarga autocrítica de Balzac o a altivo desprecio de quien como novelista se siente superior. Dice: «Les poètes aiment plutôt à recevoir en eux des impressions que d'entrer chez les autres y étudier le mécanisme des sentiments» (pág. 413).

Nuevo mazazo contundente de monsieur Balzac: «Elle a encore des principes, c'est-à-dire des espérances» (pág. 424).

Me encuentro subrayadas estas frases, mientras hojeo los tomitos de *Illusions perdues* que tengo en casa. Me llaman la atención porque podrían formar parte de *Crematorio*. De hecho, lo que el crítico Vignon le dice a Rubempré parece uno de los parlamentos de Federico Brouard. Debe de haber pasado una docena de años desde la lectura anterior. Aprovechando el chapuzón en sus páginas vuelvo a leerme el capítulo en el que se narra el suicidio frustrado de Lucien. El joven elige un lugar idílico, en el que la Charente es como un espejo y decide llenarse los bolsillos de piedras antes de arrojarse al río, se inclina por esa muerte por pura estética, para desaparecer bajo las aguas y que no aparezca a la vista de la gente un cadáver espantoso flotando sobre las aguas. En el instante en que va a arrojarse al agua, se presenta un desconocido llamado Vautrin, el ángel negro, que se queda fascinado con aquel muchacho que, antes de suicidarse, ha recogido un ramito «de *sedum*, une fleur jaune qui vient dans le caillou des vignobles» (pág. 619). Vautrin (*l'inconnu*) «parut comme saisi de la beauté profondément mélancolique du poète, de son bouquet symbolique et de sa mise élégante. Ce voyageur ressemblait à un chasseur qui trouve une proie long-temps et inutilement cherchée» (pág. 619).

Y este es el tono del diálogo entre los dos personajes que acaban de conocerse:

—Avez-vous une maladie incurable?
[...]
—La pauvreté (pág. 621).

6 de enero
Páginas magníficas las que narran el encuentro entre Lucien y Vautrin. El intento de suicidio del joven espiritual en el río cargándose los bolsillos de piedras lo repite Balzac en *La vieille fille*, solo que, en este caso, Athanase, que así se llama el muchacho, no tiene un Vautrin que lo seduzca y salve, así que un pescador acaba encontrando su cuerpo sin vida. El cadáver desfigurado en el que le aterraba convertirse a Lucien. *La vieille fille* cuenta cómo Rose-Marie-Victoire Cormon acaba eligiendo como esposo a Du Bousquier, un Hércules Farnesio liberal, en vez de al Chevalier de Valois, frágil en apariencia, dotado de una gran nariz y de viva voz: estos dos últimos rasgos, en el universo balzaquiano, revelan una secreta energía sexual (ah, *le vieux régime*), que contrasta con la impotencia del Hércules constitucionalista, que, además de atormentar a la exsoltrona, conseguirá por omisión que no pierda nunca la virginidad. El libro es descabellado, está lleno de excesos, de rimbombantes o enloquecidos estilemas, de afirmaciones de esas que los franceses calificarían como *bizarres*, lo que no le impide ser un divertidísimo y preciso relato de la Francia provinciana, aunque me atrevería a decir que más divertidas aún que el propio libro son las sensatísimas críticas que les dedicaron a libro y autor en la prensa de la época, incluidas en el apéndice del volumen: Théodore Muret, en *La Quotidienne* (24-11-1836), se burla de que madame de Girardin ha querido consagrar un volumen «à l'apothéose de la canne de M. de Balzac», y propone una «suite de romans mobiliers: l'ombrelle de madame de Girardin, le Tire Botte de madame XXX» (pág. 278).

Sobre el realismo balzaquiano, escribe estos hilarantes párrafos:

> *Supposons que vous demeuriez dans une petite ville, et que quelqu'un vous accoste tout exprès pour vous dire que madame unetelle a fait acheter la plus belle dinde du marché, que d'après cet indice elle doit avoir du monde à diner chez elle; qu'il serait curieux de savoir quels sont les convives. À ces bavardages insipides, vous répondrez: «Que m'importe?» et vous passerez votre chemin. Or, trouvez-vous qu'il soit bien nécessaire de vous donner imprimé ce qui vous semblerait fastidieux, raconté de vive voix.*
>
> *D'après le système d'imitation littérale et absolue, rien ne serait plus aisé que de faire des tableaux de mœurs à l'infini, par exemple, Scènes de vie de diligence: Conducteur, combien y a-t-il encore d'ici à Pontoise? –Deux lieues, monsieur. –Où dinerons-nous? –A Magny. –Cette glace ouverte ne vous incommode pas, madame? –Non, monsieur, etc. Ou bien encore, Scènes de la vie de table: Monsieur, un morceau de ce filet? –Je vous remercie, madame. –Vous ne mangez pas! –Pardonnez-moi, madame, je mange beaucoup, etc... Assurément tout cela est très vrais, mais il ne nous est pas démontré que la littérature s'enrichisse beaucoup avec cette espèce de vérité* (pág. 279).

Se carcajea del momento en que Athanase –su cara «comme laminée par le chagrin»– y su madre toman café, «particularité d'un vif intérêt, ils joignent même a leur café du beurre et des radis, vous trouverez le signalement d'Athanase» (pág. 282). Y prosigue: «La description de la maison de Mlle Cormon, description dont nous conseillons la lecture à tous les commissaires –priseurs, avoués, notaires, et autres personnes chargées para était de rédiger des affiches d'immeubles à vendre [...]. Après la description de l'immeuble, arrive celle du principal meuble, c'est-à-dire Mlle Cormon» (pág. 283).

Me río a carcajada limpia con esta crítica y con otras que se añaden en el tomito de Folio. Es divertidísima la de Eugène Guinot en *Le Courier Français*, que define el estilo de la novela como «style commercial», y lo acusa de inmoralidad, entre otras cosas porque «M. de B. revient souvent au corsage de Mlle Cormon et a ses masses flottantes dont le contrepoids naturel était fermement vrai» (pág. 289). Se burla el crítico Guinot de que Balzac afirme en cierto pasaje que «Elle ignorait la différence qu'il y a entre les bœufs et les taureaux. –Sa jument était pour elle un perpétuel sujet de soins; il semblait que la pauvre demoiselle, n'ayant point d'enfants à qui sa maternité rentrée pût se prendre, la déversât sur cet animal (cette phrase est un abîme)» (pág. 290). Todo es bueno, pero ese final –«cette phrase est un abîme»– alcanza lo excelso (un abismo inverso) y, además, nos resulta particularmente inquietante.

Divertido con el juego, me voy al tomito de *Le lys dans la vallée*, para ver qué es lo que dijeron del libro los críticos, y la cosa no decae, las agudezas de los antibalzaquianos son aún más brillantes. Pero ¡qué críticos tan buenos, qué textos tan jugosos! Con qué gusto nos leeríamos los suplementos literarios si estuvieran escritos con esa gracia, con esa mala leche, con esa libertad. El retórico y campanudo prólogo de Paul Morand no anula las hilarantes críticas extraídas de una revista de la época, *Vert-Vert*, que sirven de epílogo al volumen. Vamos a ellas:

> *Trois femmes de trente ans, dont deux de quarante huit, se sont aussitôt abonnées à la «Chronique-Balzac» […]. M. de Balzac est intitulé la Providence des Revues, et on ne lâche pas la Providence quand on la tient.*

D'ailleurs, Le lys dans la vallée *ne peut pas rester sur la branche;* M. *de Balzac ne peut le faire épanouir que sur le terrain où il l'a planté. Après cela, il pourra donner à sa «Chronique» la Renoncule sur la Montagne, la Tubéreuse dans le ravin, la Capucine sur la fenêtre, et lui livrer tous les trésors de son imagination fleurie. Il pourra de même continuer pour son recueil la série de légumes commencé para la Fleur de pois, et insérer la Tige des haricots verts, la Feuille de chou de Bruxelles, Un cœur de romaine, et autres élucubrationes potagères. La «Chronique» de Balzac deviendra de la sorte une véritable julienne, et les femmes de trente ans ne voudront pas d'autre potage* (pág. 418).

La siguiente crítica (pág. 419), también aparecida en *Vert-Vert,* está firmada por De Blaguezac, el 7-7-1836, y se titula «La tubéreuse sur la montagne». Hoy no hay críticos así, aunque, si lo pienso, queda *La Fiera Literaria:* está en esa onda y es igual de irreverente y a veces tan divertida como esos críticos decimonónicos.

Un par de frases campanudas de Balzac, como para ponerlas en las páginas de algún calendario:

De *La recherche de l'absolu:* «La gloire est le soleil des morts».

Y esta, sacada de *La vieille fille:* «Les époques déteignent sur les hommes qui les traversent» (pág. 50).

A las mujeres, según Balzac, les atraen los libertinos, y ahí va la razón: «[…] doivent naturellemente désirer un mari de haute expérience practique» (pág. 114). Reconozco que me turbo –o me excito– al leer el razonamiento del maestro, es de un naturalismo demoledor. La última frase de la novela, que algún crítico dijo que había sido escrita «pour rechauffer les vieillards» (pág. 287), es esta: «[…] elle ne sup-

320

portait pas l'idée de mourir fille» (pág. 199). En realidad, la impotencia de Du Bousquier le sirve a Balzac como metáfora política: la esterilidad de la nueva clase, los especuladores, los republicanos escondidos, enmascarados que tan fortachones parecen a primera vista.

Asegura el novelista: en *Orlando furioso*, Angélica prefiere antes a «Médor, qui était un blond chevalier de Valois, à Roland dont la jument était morte et qui ne savait que se mettre en fureur. Médor ne serait-il pas la figure mythique des courtisans de la royauté feminine, et Rolland le mythe des révolutions désordonées, furieuses, impuissantes, qui détruisent tout sans rien produire» (pág. 198). Ese es el mensaje empaquetado en la novela.

No les falta razón a los mordaces críticos antibalzaquianos cuando nos dicen que *La vieille fille* es un libro que ausculta más las manías, excentricidades y afanes de Balzac por exhibir una mirada original que la sociedad francesa, pero incluso aceptando eso, todo lo que la novela pueda tener de manipulación y de despropósito, lo cierto es que la sociedad francesa está ahí. Uno la ve, a través de los ojos de Balzac, pero la ve.

A todo eso, ayer terminé de leerme *Vida y destino*, un libro que debería ser de lectura obligatoria, no solo para quienes sentimos inclinación hacia el ideario vagamente comunista. Qué impotencia transmite el libro ante la maquinaria del Estado que trabaja infatigable contra el individuo. No solo allí, en la lejana Unión Soviética de la que nos habla Grossman, también aquí sabemos cómo funcionan las cosas, de qué modo se altera la significación de los hechos, la imposibilidad de atravesar el denso aparato de propaganda, los hechos y las acciones se sacan de contexto, se tergiversan, y con esos mimbres cada acto adquiere un sentido que no tenía antes. Se fabrica una historia paralela, en la que todo encaja y tiene un sentido distinto del que tuvo cuando ocurrió lo que se narra. Y esa meticulosa y bien hilada tergiversación se archiva y se mantiene en la nevera hasta que llega el momento de publicarla.

Grossman consigue la indignación del lector en todos esos capítulos en los que vemos la lucha heroica del pueblo soviético, mientras el Estado –su implacable maquinaria– está ocupado en otras cosas: toma notas sobre los ciudadanos, archiva, prepara dosieres a la medida de sus necesidades. Nadie permanece a salvo de sus sospechas, ni siquiera quienes forman parte de la gran máquina trituradora, porque, en su bulimia, el monstruo se devora a sí mismo. Ocurre siempre: el recuerdo de la Revolución Francesa. Hay una razón ciega que avanza y nadie sabe qué apoyos solicita en su avance, qué piezas exige para seguir rodando y destruyendo. Grossman habla de «[l]a relación de desequilibrio entre la fragilidad del cuerpo humano y la potencia colosal del Estado» (pág. 851). Bastantes páginas antes ya había definido la cualidad de ese aparato burocrático: «Nuestra burocracia da miedo cuando se comprende que no es un tumor en el cuerpo sano del Estado [un tumor siempre puede ser extirpado] sino el cuerpo mismo del Estado. En tiempo de guerra nadie quiere sacrificar su vida por la clase dirigente. Timbrar una solicitud con un "rechazado" o expulsar de un despacho a la viuda de un soldado puede hacerlo cualquier lacayo, pero para expulsar a los alemanes hace falta ser fuerte, hace falta ser un verdadero hombre». Ese es uno de los ejes sobre los que se mueve el libro: la doble y contradictoria mecánica de un pueblo que lucha contra los alemanes y a la vez se enfrenta a una burocracia que crece contra el pueblo. Una guerra bifronte. Lo peor es que esa burocracia procede de lo que, en origen, fue la gran aspiración liberadora del pueblo hoy amenazado. La ilusión se ha corrompido, el sueño se ha convertido en pesadilla:

El miedo no es capaz de realizar por sí solo semejante tarea. El fin superior de la revolución libera de la moral en nombre de la moral, justifica en nombre del futuro a los actuales fariseos, los delatores, los hipócritas; explica por qué un hombre, en aras de la felicidad de un pueblo, debe empujar a los inocentes a la fosa [...]. Antes, cuando los hombres hacían la revolución sabían que se arriesgaban a la cárcel, a trabajos forzados, a años de exilio y de vida sin refugio, al patíbulo... Pero ahora lo más inquietante, confuso, desagradable era que la Revolución pagaba a sus fieles, a aquellos que servían a su gran causa, con raciones suplementarias, comidas en el Kremlin, paquetes de víveres, coches particulares, viajes y estancias en Barvija, billetes en coche cama (pág. 674).

El enfrentamiento entre el Estado y el pueblo mientras se desarrolla la guerra mundial forma una guerra que podríamos calificar de íntima, y ese entrecruzarse de fuerzas que luchan en varias direcciones, guerras de dentro y gran guerra de fuera, condiciona el comportamiento en los diversos frentes, con un entramado de dependencias: «El triunfo en Stalingrado estableció el resultado de la guerra, pero en tácita disputa entre el pueblo y el Estado, ambos vencedores, todavía no había acabado. El destino del hombre, su libertad, dependían de ella» (pág. 837). Grossman se revuelve contra esa telaraña paralizante de la burocracia: «La ciencia y el arte no son cosa de burócratas; el monte Parnaso está bajo el cielo infinito, donde siempre, a lo largo de la historia de la humanidad, ha habido espacio para todos los talentos [...]. Os esforzáis por abriros hueco, pero vuestros globos escuálidos y medio inflados no se elevarán de la tierra ni un metro. Expulsaréis a Einstein, pero no ocuparéis su lugar» (pág. 472).

Grossman descodifica ese cambio de percepción decisivo que estaba produciéndose en aquellos momentos en la URSS, la lucha interna: «La historia de Rusia comenzó a ser percibida como la historia de la gloria rusa, y no como la historia de los sufrimientos y las humillaciones de los campesinos y obreros rusos.

»El factor nacional, antes un aspecto relativo a la forma, se transformó en contenido, se convirtió en un nuevo fundamento para la comprensión del mundo» (pág. 846).

El libro no solo brinda reflexiones políticas; es un texto total, en el que Grossman pone en relación la historia de la nación con la vida privada, y disecciona tanto los mecanismos que ponen en marcha el gran aparato de lo público, como los comportamientos del alma humana en la situación límite de la guerra.

No resisto la tentación de anotar algunos fragmentos del libro:

Una madre, Liudmila, encuentra por fin el cadáver de su hijo en un hospital. Dice así el narrador: «Ahora, por fin, había encontrado a Tolia. Y actuaba como una gata que ha encontrado a su gatito muerto, se alegra y lo lame» (pág. 185).

Pero podría anotar decenas de momentos y frases hermosos: «Perdonadme, vivos y muertos, porque no supe salvar a los que amaba» (pág. 398); «Y no llores de miedo como un niño, no estás herido, solo estás muerto» (pág. 402); «Es un secreto del alma, y el alma, aunque lo desee fervientemente, no puede desvelar su secreto. El hombre lleva consigo el sentido de su vida y no puede compartirlo con nadie. El milagro del individuo particular...» (pág. 693).

324

La visión de Sofía Ósipovna mientras muere en la cámara de gas:

> [...] sus ojos, que habían leído a Homero, el *Izveztia*, *Las aventuras de Huckleberry Finn*, a Mayne Reid, la *Lógica* de Hegel, que habían visto gente buena y mala, que habían visto gansos en los vastos prados de Kursk, estrellas en el observatorio de Púlkovo, el brillo del acero quirúrgico, *La Gioconda* en el Louvre, tomates y nabos en los puestos del mercado, las aguas azules del lago Issik-Kul, ahora ya no eran necesarios (pág. 706).

Los sentimientos de los soldados avanzando entre los cadáveres de sus compañeros:

> La gente estaba de pie y lloraba. Un vínculo invisible y milagroso los unía a aquellos muchachos que, protegiéndose el rostro del viento, marchaban en ese mismo momento entre la nieve, y a aquellos que yacían en el blanco manto, cubiertos de sangre, con la mirada oscurecida, despidiéndose de la vida (pág. 776).

Un texto más:

> Y declamó, como cantando:
>
> «¿De qué materia está hecho tu caparazón?»,
> pregunté a la tortuga, y ella contestó:
> «De miedos acumulados».
> ¡En el mundo no hay nada más sólido! (pág. 803).

7 de enero
Leo *L'envers de l'histoire*: si no estoy equivocado, la última novela que escribió Balzac: ambiente de chuanes y realistas en

el Atlántico francés, que se prolonga en un París miserable: historia de una sociedad secreta dedicada a hacer el bien (Les Frères de la Consolation). Narración bastante poco interesante, cargada de pasajes místicos –elemento central en el texto es la *Imitación de Cristo*, el *Kempis*–, novela esotérica pero profundamente balzaquiana: es decir, más Balzac que el mundo que ha creado y lo rodea, a pesar de que el maestro se esfuerza en ofrecer una sucesión de cuadros extraídos de lo real. En cualquier caso, libro menor, confuso, con personajes que ocultan dobles y triples vidas (eso sí que es Balzac en estado puro), y la mayoría de ellos empujados por un pasado desgraciado y generalmente poco confesable. Cuanto dice, cuanto describe en este su último libro, lo ha dicho y descrito ya mucho mejor el propio Balzac, aquí se condena a ser manierista de sí mismo: la gente piensa en suicidarse (de nuevo, el agua, la fascinación por el agua), se arruina, se degrada y pasa hambre de la misma manera que lo ha hecho ya en anteriores novelas, pero aquí todo carece de credibilidad. Se llega al final del libro sin que el novelista haya sido capaz de escaparse del círculo en el que se ha encerrado, acartonado, hueco.

Aparte de Balzac, poca cosa. Por la mañana, un rato ante el ordenador, dándole vueltas al artículo que me han pedido sobre la ciudad como concepto o como experiencia. Por la tarde, cita con alguien que me propone ingresar o colaborar en un nuevo partido que han montado Savater y Rosa Díez. Me cuenta que Álvaro Pombo se ha afiliado, que no hace falta comulgar con un programa; que se trata más bien de dar un aldabonazo sobre la degradación de la vida política española. Le explico que mi carácter y mi formación me llevan más allá de Izquierda Unida, muy lejos de lo que él me propone. Me insiste en que es necesario intervenir ya, que algo cambie en las próximas elecciones (¿qué me cuenta a mí, que ni siquiera voto?). Me comporto cortésmente, pero no me muevo ni un ápice de mi posición, que ya sé que es estéril, porque efectivamente nada va a surgir más allá de Izquierda Unida, nada se moverá en eso que los fachas llaman la «extrema izquierda», y me tocará volver a abstenerme; mi urgencia por participar en política tiene poco que ver con la suya, otros ritmos, otros valores. Él azuza insistente: darle a la gente esperanza de que se puede votar algo que no sea ni PP ni PSOE, es lo que me dice, y yo pienso: una esperanza engañosa, prolongar un poco más este juego. Como me recrimina que no propongo nada a cambio de lo que hay, le digo que mi propuesta es que la abstención se refleje en el Parlamento, y sea el estricto número de votos el que marque el número de escaños, de subvenciones, etc. Defended eso, le propongo. En el fondo, me alegra que los marrulleros de la Transición empiecen a encontrarse con problemas de credibilidad en el sistema (no lo digo por los de este partido, aunque también por alguno de ellos). Claro que, mientras los resuelve o fagocita, siguen unos con sus poltronas parlamentarias y otros (sus protegidos, sus álter ego) con los negocios y la privilegiada posición social y económica (¡y cultural: cuánta entrada para la ópera!) que han obtenido en el trapicheo puesto en marcha durante todos estos años. Del régimen del 82 ha nacido una nueva élite económica, política y cultural (en Andalucía, en Extremadura, en Castilla-La Mancha, en Cataluña) y sus hijos forman una juventud dorada al estilo de la que surgió tras la Revolución Francesa. Anteayer leía en el periódico que los hijos del social-populista Montilla (un emigrante charnego, andaluz en Cataluña que juega a la doble baraja del socialismo populista y el nacionalismo) acuden a caros colegios privados en los que aprenden alemán: es la misma milonga siempre, el castizo Tierno Galván muere en la clínica Ruber, los partidarios de la sanidad y enseñanza públicas se tratan en unidades oncológicas de hospitales privados norteamericanos y envían a sus hijos a colegios y universidades de élite, el doble lenguaje socialdemócrata que funciona con esa ferocidad excluyente del Estado de la que habla Grossman en algunas de las notas que he tomado, privilegios para los dirigentes, capaces de defender desde lo alto de la tarima y armados con un micrófono la enseñanza pública y condenar la privada de la que ellos se benefician. Que tu mano derecha no vea lo que hace la izquierda. Hay que tener muy encallecido el nervio moral para acusar al adversario de hacer lo que uno hace. Esa doblez y su capacidad para triturar a cualquiera que la desenmascare: la maquinaria contra el ciudadano que no asiente, sino que dice lo que ve. Eso es lo que me hace a los socialdemócratas especialmente antipáticos. La derecha, al menos en su faceta pública, es más consecuente: habla como se comporta, son tan desagradables sus palabras como sus conductas, y eso le concede cierta forma de fragilidad, sus palabras la desenmascaran, mientras que a los socialistas las palabras los encubren. Hablo de la fragilidad de la derecha como de la de esas bestias enormes, elefantes o rinocerontes, mezcla de fuerza y de torpeza. Uno los ve correr en manada por la sabana, sus patas hacen un ruido espantoso, el suelo como un tambor que los denuncia: puede escucharse su cabalgada a kilómetros de distancia. No te pillan por sorpresa. Si te quedas ahí es problema tuyo: sabes que van a aplastarte.

Cada noche me ocurre lo mismo: nunca encuentro el momento de meterme en la cama: otro trago de café, otro cigarro, una mirada al ordenador para ver si ha llegado algún correo nuevo, leer un capítulo más de la novela que tengo entre manos… La sensación de que se me escapa el tiempo, de que se me va otro día. A última hora, las prisas por recuperarlo. ¿Cuántas veces me tengo escrito esto?

(Fin del cuaderno negro Moleskine.)

Y empieza otro cuaderno negro Moleskine
(8 de enero-25 de mayo de 2008)

8 de enero

Releo el cuaderno que acabo de terminar. Me molesta la escritura desordenada, casi siempre a vuelapluma, y vuelvo a decirme lo que tantas veces me digo: debería redactar borradores, y anotar aquí las cosas después de haberlas reflexionado, corregido, mejorado su redacción. No poner una sola frase que no esté construida. Pero eso supondría hacer un artículo cada día; es decir, condenar los cuadernos a quedarse en blanco. ¡Si llevo un mes para empezar el artículo de poco más de una decena de folios que me han encargado para leer en Leipzig! Ya, pero, si no es así, qué sentido tiene emborronar estas páginas con frases inconexas, o lo que es peor, estúpidas. Para darles sentido, habría que reescribirlas, reescribir los comentarios, organizarlos, convertir lo que es puntillismo en razonamiento, lo que quiere decir que, si uno no trabaja antes, se ve obligado a hacerlo después. Entretanto, lo que se guarda aquí resulta inútil. Por no ser extremista, diré que solo sirve como pozo al que acercarse para llenar otros cubos: apuntes que pueden servirme para otros textos: supondría vaciar los cajones en los que los guardo –sí, los cuadernos–, y repasarlos, tenerlos a mano, y eso hace tiempo que no lo hago. Lo hacía antes; de hecho, muchos cuadernos han desaparecido porque sirvieron para alimentar otras novelas: *Los viejos amigos*, o incluso *Crematorio*, robaron lo más aprovechable de ellos; se nutrió de ellos, sobre todo, la guardada *París-Austerlitz*. Pero últimamente, a medida que los lleno los voy encerrando como si ahí dentro fueran a incubar algo, a madurar un fruto misterioso.

De Villa Gillet, en Lyon, me escriben una carta pidiéndome que elija una palabra y escriba un folio sobre ella para una especie de diccionario literario que quieren hacer: una angustia añadida a la de Leipzig. Da igual que sea un folio. Cada trabajo tiene que tener un sentido y lo mismo cuesta encontrárselo a un folio que a veinte. Al menos (¡qué gran esfuerzo, oh, Chirbes!) he decidido la palabra sobre la que voy a escribir: *Trabajo*. Hablar de la esperanza que me produce encontrarme con gente que, en medio de este acuario de tiburones, aún prefiere hacer su trabajo bien antes que hacerlo mal, esos obreros, esos artesanos que se enorgullecen de lo que han hecho, y te lo enseñan, y te hablan de ello. Me los encuentro a veces en el bar. O sea, que ya tengo la idea: falta escribir el folio. Falta, precisamente, el *Trabajo*.

Una noche más se me ha ido el santo al cielo: las tres de la madrugada, nada extraordinario (es lo de todos los días), ni grave si no fuera porque tengo que conducir temprano y cada vez me fío menos de mí mismo como chófer. De no ser así, qué prisa iba a tener. Si son precisamente estas horas, este silencio, los que me brindan el único rato de paz, la única sensación de orden de la jornada, las que me regalan mi parcela de algo que se parece a la idea que tengo de lo que debe ser la felicidad, un estado que se aleja de cualquier excitación, del nerviosismo que me domina durante el día. Soy un nacido en Cáncer de manual, y sufro cuando tengo motivos casi tanto como cuando no los tengo, y me excito si leo, y cuando escribo y aún más cuando no lo hago, porque, si pierdo el tiempo, me siento culpable y estoy convencido de que algo me castigará y acabaré mis días durmiendo en algún banco, con un tetrabrik de Jumilla vacío al alcance de la mano. Sí, me siento culpable no sé muy bien de qué, de haber mentido cuando decía que era escritor, o de no darle a la humanidad lo que debería darle. No pierdo el tiempo, pierdo los libros que podrían venir.

Aquí, oyendo el susurro levísimo de la pluma que roza el papel, no tengo la sensación ni de escribir ni de perder el tiempo, sino de que ordeno algo inaprensible. Estoy en un limbo intermedio. Resulta curioso lo mucho que tiene de fetichista este ritual nocturno: es la hora, pero también la estilográfica. No me imagino escribiendo con un bolígrafo en estos cuadernos, de la misma manera que no imaginábamos la misa sin todo el equipaje vestimentario con que se cubría el cura, alba, manípulo, cíngulo, estola, casulla... Para que los ritos fructifiquen han de seguir normas precisas, cualquier descuido rompe el encantamiento. La magia se viene abajo, no importa que la pluma sea más incómoda que el bolígrafo, e infinitamente menos útil que el ordenador, sobre el que podría escribir lo que fuera y cambiarlo a voluntad, y dejarlo ya a disposición de imprimirlo cuando quisiera. Tampoco me lleva a cambiar de hábito el que haya que cargar la pluma periódicamente con una tinta deleble, y que cualquier inundación pueda llevarse por delante todo lo que –durante tantas noches– he escrito. En realidad, el futuro de lo que escribo en estos cuadernos es intrascendente, importa el acto, el momento (este) en el que escribo, la representación que, mientras escribo en los cuadernos, me brindo a mí mismo, de la que soy a la vez celebrante y fiel.

9 de enero

Concluyo *Asombro y búsqueda de Rafael Barrett*, el libro de Gregorio Morán sobre un escritor que frecuentó a Valle-Inclán, fue alabado por Borges y para quien Roa Bastos escribió un prólogo. Barrett, anarquista, obrerista, místico, iluminado con vocación de reformador social, emigró a Sudamérica (se autoexilió, tras un incidente en Madrid: durante una representación en el circo, le cruzó la cara a un noble con una fusta; al parecer, lo había acusado de homosexual), se asentó primero en Buenos Aires y más adelante en Paraguay y Uruguay. Murió tuberculoso en Arcachon, en el sur de Francia, a los treinta y cuatro o treinta y cinco años. Reconozco que el libro no me ha gustado mucho: me ha defraudado viniendo de ese extraordinario escritor, o historiador, u *homo sapientissimus*, que es Gregorio Morán. Está escrito en un lenguaje amplificado, lleno de superlativos que no se justifican cuando uno lee los textos que Morán selecciona, bastante tópicos y semejantes a tantos otros de esa literatura reformista o revolucionaria de la época, textos en general simplemente retóricos que Morán lee recargándolos con un suplemento de valor, los envuelve con exclamaciones admirativas, con valoraciones desmesuradas que vienen a alimentar la tesis del libro: alguien, en una especie de universal conjura de los necios, estúpida, pero también interesada (sobre todo, aquí en España), habría escondido obra y vida de este autor, que –según Morán– se sitúa muy por encima de los figurones del 98, sus coetáneos. La tesis no se sostiene, y creo que Morán, siempre tan lúcido, en esta ocasión yerra el tiro por elevación.

Sirva a modo de ejemplo esta perla (las hay más voluminosas y son multitud): «Con un artículo como "Deudas" –"Debo un traje al sastre y no puedo pagárselo. Mi oficio de fabricante de ideas no me permite por el momento pagar al sastre. El sastre se desespera y parece culparme de vagos crímenes"– bastaría para asegurar que desde Larra no se había escrito igual» (pág. 249).

En ese registro corre todo el libro. Cualquier frase banal escrita en una carta que dirige a su esposa se convierte en testimonio de algo importante en el texto de Morán, en algo elevado, a la vez debacle humana, herida social y elevada reflexión filosófica. Se disecciona y carga de intención el menor de los gestos. Si se embarca rumbo a Brasil por el río Paraguay, es el Conrad de *El corazón de las tinieblas*, en vez de un curioso pasajero: todo busca acomodo en lo legendario, en lo sublime, pero, ya digo, solo en la retórica del exégeta, porque ni lo que se nos cuenta de Barrett, ni lo que se reproduce de su obra, deja entrever esa desmesura humana ni, desde luego, literaria. No digo yo que el hombre no las tuviera, pero, en ese caso, tocaría acusar al biógrafo y crítico por haber sido incapaz de transmitírnoslas. Así, tal como ha quedado el libro, esos halagos suenan más bien sonrojantes y en extremo artificiosos.

Lo malo de haberme leído este libro es que el viernes he quedado con Morán en Valencia (viene desde Barcelona, solo para ese encuentro). Tiene mucho interés en que nos conozcamos, en que charlemos: es muy amigo de mi querido Sánchez-Ostiz y yo soy un gran admirador de sus libros, los que ha escrito sobre el País Vasco, sobre el PCE, sobre Ortega… Pensaba llenarlo de halagos porque, como digo, todos sus libros me han parecido certeros y valientes, ahora no sé qué decirle de este. Mentir es un mal comienzo para una relación. Tampoco mostrar esa seguridad en la crítica que puede tomarse como prepotencia. Ser sincero, aunque sin propasarme, dejar caer las críticas con suavidad, eso es lo que debería hacer, decirle a grandes rasgos lo que pienso de los otros libros y, como de paso, también de este, pero yo qué sé el carácter que tiene, puede ser un tiquismiquis y crearse una situación insoportable en esas horas que pasemos juntos. Eso, en el mejor de los casos; si no consigo convertir en enemigo a alguien de quien vengo pensando desde hace tiempo que es una de las pocas voces que, en nuestro país, se escuchan al margen de *langue de bois* que todo lo uniforma. Bueno, si se enfada por lo que pueda decirle de su libro, será que no es el individuo que yo me he construido a partir de sus escritos, y, en ese caso, *ciao*. No debería incumplir nunca ese prudente principio que me lleva a huir de los literatos, porque solo el aislamiento te hace libre, me lo repito cada vez que saco un pie del tiesto de la soledad. Los escritores ponemos tanto en nuestros libros, que es imposible –o casi imposible– pinchar la hoja de un libro sin que la aguja se le clave en el corazón al autor, ay, Dios mío, esos pobres e inseguros narcisos. Yo presumo de que me ocurre al revés, y que me gusta que los amigos me den de palos, pero quizá sea solo coquetería, y queda alguna cicatriz que no percibo al momento, o sencillamente el fondo del asunto estriba en que sigue pareciéndome lo que hago una actividad bastante poco trascendente. Me irrito más cuando me llaman torpe si intento clavar una punta en la pared, o si comentan en el bar lo malo que soy aparcando el coche, esas cosas prácticas a las que me hubiera gustado dedicarme y para las que tan poco dotado estoy. En lo de escribir, cualquier comentario puede hacer que dude de mi mejor página; o que le dé la razón al crítico, convencido de que la tiene, y le añada unos cuantos argumentos de mi cosecha a los que él esgrime. De mis primeros escritos, entregaba folios a los amigos, pidiéndoles su opinión. No he vuelto a hacerlo desde la segunda novela que escribí, *En la lucha final*, un libro que se frustró quizá por tener los oídos demasiado abiertos. Ahora les pido la opinión a algunos amigos, pero sobre un libro que doy por terminado.

Es otra cosa. Yo soy mi propio Palinuro, no admito intromisiones en la ruta, otra cosa es comentar el viaje una vez que la nave ha llegado a puerto.

Paso el día leyendo las cartas que Barbusse le escribió a su mujer durante la guerra. Sorprende en ellas el tono de cotidianidad con el que describe su estancia en el frente, tan cerca de París, primero en el Aisne, junto a Soissons. El corresponsal sabe que, al día siguiente de haberlas escrito, sus cartas llegan a la capital. En el frente recibe los paquetes con comida, e incluso le envían una estilográfica. Tan cerca, y, sin embargo, sin poder acercarse a la ciudad. La guerra como representación, con reglas que no se pueden transgredir: se desarrolla en un escenario concreto, los parisinos se trasladan curiosos por ver el espectáculo.

Más adelante, le trasladan a un lugar cerca de la costa, en Calais, y, desde allí, envía sus capítulos de *Le feu* para que se publiquen en un periódico (*L'Œuvre*). Se queja continuamente de que le censuran más sus compañeros del periódico que los funcionarios del Ministerio de la Guerra. Le cambian las palabras de uso corriente entre los soldados («les proletaires des batailles», como los llama en algún lugar [pág. 288]) por otras que considera cursis; por ejemplo, sustituyen *cochons* por *idiots*. Se queja también de los cortes accidentales, de las erratas, mientras prepara la edición del texto para que aparezca en forma de libro. Nos cuenta Barbusse cómo, tras su paso por el hospital, utiliza el tiempo libre para pulir y encorsetar el texto («ça m'a permis d'unifier et de corser»), para que tenga ese aire de unidad que necesita la novela. En esta correspondencia, el horror de la guerra aparece en contados párrafos (uno en que habla de huesos descarnados, de miembros mutilados esparcidos acá y allá en el barro), y, cuando aparece, es más bien como herida del paisaje: el barro de las rodadas de los camiones, las alambradas, los pueblos convertidos en montones de escombros, los agujeros que han dejado los proyectiles, los pasadizos y las trincheras (*les boyeaux*, tan presentes; en traducción al pie de la letra, *les boyeaux* son «las tripas»). Quizá se trate de eso que dice su amigo Georges Scott, que recorre los frentes tomando croquis, esbozos de cuanto ve: «C'est une chic aubaine pour un peintre! ["un chollo para un pintor", le dice a Barbusse]. Plus tard on peindra les choses telles qu'elles étaient, mais pour le moment il ne faut pas y songer, même de loin; c'est trop épouvantable!». Seguramente era así, como decía el pintor Scott, pero Barbusse supo contarnos en su novela todo ese espanto de la guerra que cubría pudorosamente en las cartas. *Le feu* es un libro que aún nos sobrecoge, a pesar de cuanto hemos leído después durante todo un siglo que se ha mostrado generoso a la hora de ofrecernos temas para la narrativa bélica y de denuncia. Seguimos leyendo *Le feu* como texto insustituible para entender en la Gran Guerra un espanto de nuevo tipo, que engendra una literatura que resquebraja las viejas palabras (*heroísmo*, *patria*, *honor*) manejadas por los literatos de conflictos anteriores (no siempre, claro: Fielding, en *Tom Jones*, en sus consideraciones sobre la guerra se parece más a Barbusse que no pocos de sus contemporáneos).

Pero, por convertir en más claro el relato, podemos llegar al acuerdo de que Barbusse marca, desde el primer momento de la guerra, el camino literario de la contemporaneidad. Su mirada impregna la de Remarque, Sender, Graves, Martin du Gard, y la de cuantos escribieron más de un decenio después sobre el matadero del 14. Sin referirnos a Barbusse, ni siquiera se puede entender a los escritores contemporáneos que han contado la guerra, incluidos Mailer, o el modernísimo Littell. Su libro sigue tan vigente como el primer día, mientras que nos parece que se marchita un texto como *Adiós a todo eso*, de Robert Graves, que aún se envuelve en un añejo aire patriótico, maneja el concepto *honor* y deja entrever una nostalgia de clase. Toda esa parafernalia ha sido barrida de la novela de Barbusse años antes, dejándole la puerta abierta al furioso Céline del *Voyage au bout de la nuit*. Yo creo que Barbusse intuía que aún le quedaba mucho trayecto que recorrer a esa rabia que él inauguró. En una carta fechada el 14 de abril de 1916, afirma:

> *J'ajoute qu'elle* [se refiere a la guerra] *sera –dans dix ans, dans vingt ans– suivie d'une autre guerre qui achèvera la ruine en hommes et en argent du vieux monde –si d'ici-là les peuples qu'on mène à la boucherie ne prennent enfin la simple et logique résolution de se tendre la main les uns les autres à travers les préjugés des traditions et des races, malgré les désirs des gouvernants et à travers toutes les stupidités de l'orgueil belliqueux, de la gloire militaire et des malhonnêtes calculs commerciaux des nations pour prospérer en empêchant, par la force et le brigandage, l'expansion du voisin* (pág. 250).

Salir de una guerra para entrar en otra. Así fue. En la represión de los espartaquistas berlineses, y el golpe de mano de los socialdemócratas alemanes aliados con las brigadas de la muerte salidas del derrotado ejército del káiser, se planta el germen de las fuerzas que desatarán la Segunda Guerra Mundial. La bestia redescubre el sabor de la carne humana en enero de 1919, y prepara la siguiente partida de caza.

A mediodía me ha llamado Paco Goyanes, de la librería Cálamo de Zaragoza, para decirme que le han dado el premio al mejor libro del año a *Crematorio*. Se trata de un premio muy especial, premio extraordinario, me dice, porque nunca se le había concedido el Premio Cálamo dos veces al mismo autor. Eres el primero, me felicita. El reconocimiento lo conceden los votos de los clientes de la librería. Así que el 15 de febrero tendré que estar en Zaragoza para recogerlo. No paran de caerle consideraciones a *Crematorio*. Otra cosa es lo que le ocurra al autor, que no levante cabeza, que no sale de la telaraña de sombras que lo envuelve y apresa. Qué importa. El libro. Lo que vale es el libro. Como me ha dicho hoy Goyanes, tu libro no ha hecho más que echar a andar. ¿Qué lleva en el mercado?, ¿dos meses? Te aseguro que es una novela de largo recorrido. Tú no te preocupes por ella. Eso hago, no preocuparme por el libro publicado, me preocupo por el autor, por su futuro, por los trabajos que tiene que llevar a cabo y se siente incapaz de cumplir. Tampoco hoy he anotado una sola palabra en el texto que debo leer en Leipzig. El ordenador lleva mirándome desde las ocho de la mañana, y son más de las tres de la madrugada del día siguiente. Es hora de apagarlo. Que se relaje de esa tensión del que espera, que descanse también la máquina.

10 de enero
La otra noche anotaba que soporto menos la ambigüedad resbaladiza de los socialdemócratas –nunca sabes dónde están y pueden atacarte desde cualquier flanco– que la intransigencia de la derecha, tan alejada de mis posiciones y con la que no cabe confusión. Ahí no hay convivencia posible. Ellos ahí, tú aquí. Veo que a Barbusse le ocurría algo parecido con los republicanos de su tiempo (él era socialista). Los curas, que aprovechaban la guerra y la ola de patriotismo para recuperar la idea de la Francia católica más reaccionaria (Juana de Arco), habían atacado ferozmente *Le feu* y mantenían una despiadada campaña contra su autor. Sin embargo, a Barbusse le preocupan más quienes más cerca parecen estar de él, y así se lo escribe a su mujer el 14 de agosto de 1917:

> *Ces soi-disant républicains, ces soi-disant libéraux qui marchent et polémiquent nettement avec la droite à la première*

occasion sont l'espèce la plus haïssable et la plus dangereuse. Je rêve à mon tour d'avoir leur peau –pas pour en faire un glorieux trophée personnel, certes, mais parce que je pense qu'il n'y a pas pires ennemis du progrès à cause de l'autorité qu'ils exercent sur l'esprit de la masse instruite. Le Temps, Le Figaro *sont beaucoup plus à craindre et à combattre que* L'Action Française. *J'aime mieux avoir affaire à des énergumènes et à des victimes convaincus, même quand ils exercent en voyous l'art de discuter, qu'à ces beaux parleurs officiels qui se posent en représentant des grandes idées républicaines* (pág. 317).

Hace ya bastantes años –al menos desde mediados de los setenta– que yo mismo firmaría encantado ese texto, cambiando la palabra *republicano* por la de *socialdemócrata,* su equivalente de hoy en el retablo social. De hecho, esa idea recorre prácticamente todas mis novelas.

15 de enero
El pasado viernes, día valenciano con Gregorio Morán y Natalia, su mujer. Nos reímos mucho, contamos anécdotas, chismorreamos. Pese a ser la primera vez que nos vemos (no nos conocíamos), brota enseguida la calidez y se despliega gran complicidad. Le hablo muy bien de sus grandes libros: la historia del PCE, el que escribió sobre el País Vasco (tan valiente: cuando lo publicó podía haber sido víctima de un comando del GAL, de ETA, o enviado por el jesuita Arzalluz), y le doy una opinión muy negativa del último; sí, le hablo mal del que ha escrito sobre Barrett. Le digo exactamente lo que pienso y anoté en este cuaderno hace un par de días. Morán coloca sobre Rafael Barrett sus deseos, sus frustraciones, su ira, yo creo que se coloca él mismo, se ha inventado un Barrett que, en realidad, es él. El olvidado y silenciado Barrett es el olvidado y silenciado Gregorio Morán, lo cual no tendría que ser necesariamente malo –los biógra-

fos suelen comportarse muchas veces así–, si no fuera porque el pobre Rafael Barrett, con su retórica anarcoide de principios de siglo no soporta el embate. Estaba muy tranquilo en su tumba, gozando de un merecido descanso. No sé cómo le habrá sentado a Morán que le diga eso mientras nos comemos –para suavizar la cosa– unas buenas gambas y un extraordinario *arròs amb fesols i naps*. Era él quien mostraba deseos de conocerme, y yo pienso así de sus libros anteriores y así del que acaba de publicar.

El sábado subí a Benigembla para participar en un *putxero* popular que habían preparado con motivo de la fiesta de San Antonio. Domingo, lunes y martes, se supone que dándole vueltas al artículo sobre «La ciudad» que tengo que leer en Leipzig. Digo que se supone, porque apenas si les añado a las notas un par de frases. Me falla el concepto, la idea, y así, sin esa malla que recoja las palabras, no hay nada que hacer. El blanco en la cabeza me pone mohíno. Me hace sentir culpable. Soy un vago, me digo. En vez de escribir, me veo unos cuantos capítulos de *Berlin Alexanderplatz*, la serie de televisión que filmó Fassbinder en 1980. Sigo fascinado por las andanzas de Franz Biberkopf, o, mejor aún, de Günter Lamprecht, el protagonista, el Biberkopf fassbinderiano, un actor prodigioso que me tiene pendiente del menor de sus gestos, de sus palabras. Es capaz de mover a voluntad cada músculo de su cara, cada centímetro de piel; en un instante una bestia, al siguiente ingenuo, al otro bonachón, o bobalicón, luego sensual, o repugnante, o tan frágil, un obeso enfermizo con el que cualquiera podría hacer lo que quisiera, animalito maltratado. Cómo anda, cómo baila, cómo se arrastra, se encandila, canta o grita. Un prodigio. No hay muchos directores de cine que le hayan ofrecido un homenaje parecido a un actor; si la serie dura más de quince horas, yo creo que en una decena está Biberkopf-Lamprecht. Es un personaje que parece representar en esencia la parte buena de Fassbinder, lo que él hubiera querido ser, o el tipo del que le hubiera gustado enamorarse, y contra el que pelea Reinhold, interpretado por Gottfried John, que recuerda al pandillero malvado de *Los olvidados* de Buñuel: cumple el mismo objetivo en la trama de la película, es el mal gratuito, aquí más complejo porque de alguna manera es añoranza furiosa del bien. Reinhold quisiera comerse el bien que lleva el asesino Biberkopf en él, y como no puede hacerlo suyo, vampirizarlo, le mata lo que más quiere (a su chica, Mieze), solo que, al matar, ha roto el juguete. Una descarga homosexual recorre todo el trayecto de la relación entre Franz y Reinhold (qué actorazo es también Gottfried John, o qué físico tan bien aprovechado, qué malo tan extraordinario en las películas de Fassbinder). Franz y Reinhold, una atracción fatal, la de dos partes que se complementan, Ormuz y Ahriman, porque no es solo Reinhold quien se siente atraído por Franz, este se siente imantado por él desde el principio; cuando se ven en el bar por vez primera, es Biberkopf el que pregunta: «¿Este quién es?», el que, ya casi al final, después de que Reinhold lo ha arrojado de un coche y le ha hecho perder un brazo en el accidente, vuelve a él, y no exactamente para vengarse, y lo lleva a su piso, y lo esconde en su cama para enseñarle lo que él cree que es —otro fracaso del buen Franz— una mujer decente. Contemplará la traición de Mieze, que es una forma benévola de alegre inconsciencia: en ella, el amor está ahí para que cualquiera lo coja. Pero eso Biberkopf no lo entiende, tiene que destruir la fuente de placer que lo vuelve aún más inseguro, que le hace dudar de su propia virilidad. Y eso no puede soportarlo el fuerte, pero a la vez quebradizo Franz Biberkopf.

En la tele veo la floja *Los fantasmas de Goya*, que es una película increíble, con una España de pandereta y leyenda negra, decorados artificiosos y más falsos que Judas (el Palacio Real con sus columnatas góticas, o románicas, ya ni me acuerdo). Tampoco el actor que hace de Goya, Harvey Keitel, está bien, y, ay Dios mío, ese malo malísimo inquisidor interpretado por Bardem, a quien creo que le han dado recientemente un globo de oro en USA, la verdad es que resulta forzado, fantasioso y, lo que es peor, insoportable. Otro trabajo de época —seguramente para ganarse el pan— de Miloš Forman, que tan buenas películas ha firmado, pero que parece que tiende a encasillarse en el género, desde las notables *Amadeus* y *Valmont,* su versión de *Las amistades peligrosas.* (Nota de 2014: cuando escribí esto, aún no había visto la magnífica *Man on the Moon,* que es de 1999.)

16 de enero

El Estado fragmentado es un excelente libro de Francisco Sosa Wagner e Igor Sosa Mayor, en el que establecen un paralelo entre la disolución del Imperio y el actual proceso estatutario español. Para los autores, el ascenso de los nacionalismos, con sus exigencias crecientes, la aparición en el seno del Imperio de los conceptos de *pueblo, derechos históricos* y *lengua* como elementos constitutivos de las diferentes naciones, y, por tanto, la exigencia de un Estado propio por parte de cada una de ellas, fueron el detonante de la Primera Guerra Mundial. Y después de la guerra, de nuevo el nacionalismo empujado ahora por la doctrina Wilson, que fragmentó el Imperio creando naciones a la medida de esas comunidades reivindicativas. El resultado, un rosario de feroces dictaduras: en Polonia (Piłsudski), en Hungría (Horthy), y de autoritarismos parafascistas en Rumanía, en Bulgaria... Los nacionalismos surgidos del reparto étnico de Wilson sentaron las bases de una serie de gobernantes totalitarios que facilitaron y en buena parte de los casos apoyaron abiertamente el hitlerismo. El nacionalismo ha seguido dando lugar a toda una serie de conflictos —aún hoy activos— y que han ensangrentado amplias zonas del este de Europa, incluidas las recientes masacres en los Balcanes tras la explosión controlada por Alemania y sus aliados de la que fuera Yugoslavia. Los Sosa piensan que hay un primer impulso progresista en el nacionalismo, que es el que configura algunos de los estados modernos europeos (Alemania e Italia, especialmente), pero que, a partir de 1870, la pulsión nacionalista pasa a manos de las clases más reaccionarias. Es el caso de Francia: a raíz de la derrota de Sedán aparecen grupos de supuesta defensa nacional, como los Camelots, se difunde el chauvinismo en el ejército, surge un militarismo agresivo y abundan los pensadores patriotas al estilo de Maurras.

Todo ese hervidero europeo lo ponen los autores del libro en relación con nuestro microcosmos español, con el nacionalismo catalán, que exige del Gobierno español un trato bilateral, de igual a igual (dos estados negocian), una posición que comparan con la relación que mantuvieron los húngaros con el Estado imperial. Desde finales del siglo XIX, exigen del Imperio un trato entre iguales, por encima del que se les brinda desde Viena a las otras comunidades. De hecho, los húngaros se dotan de privilegios cada vez mayores en nombre de su particularidad, mientras arrasan con los derechos de las minorías en el interior de su propio territorio, sometiéndolas al rodillo de la magiarización. Los Sosa, insisto, piensan que, a lo largo del siglo XIX, en cada Estado constituido, los nacionalismos se han aliado con los sectores socialmente más reaccionarios. El ejemplo extremo de esta alianza lo encuentran en el caso vasco: Sabino Arana, sostenido por la Iglesia católica más retrógrada, cristaliza el pánico del campesinado vasco ante la industrialización y el de la mesocracia de Bilbao asustada por la cada vez mayor presencia de emigrantes que forman una clase obrera poderosa.

De la redistribución de las fronteras tras la guerra, gracias a la doctrina Wilson, se dice: «[...] los estados artificialmente creados, al intentar la cuadratura del círculo de hacer coincidir las fronteras de la nacionalidad y de la lengua, se convirtieron a su vez en estructuras políticas tan "multinacionales" como lo habían sido los imperios desaparecidos» (pág. 182). Resultan muy curiosas las semejanzas entre el proceso de independencia que siguió Hungría con los pasos que, en la actualidad, está dando Cataluña y con las etapas marcadas para su independencia; y llaman la atención las numerosas semejanzas entre las estrategias del nacionalismo catalán (y sus logros) con las que se siguió en el proceso de magiarización. Resulta inquietante la lectura del capítulo que lleva como título «Lenguas como fronteras», en el que reflexionan sobre la exaltación de la lengua patria a partir de los románticos alemanes, Fichte (*Discursos a la nación alemana*), Humboldt y Herder. En ellos se funda la idea de que la diferencia entre las lenguas no es únicamente «una diferencia de sonidos y símbolos, sino una diferencia de las mismas cosmovisiones» (pág. 102). Se supone, según esas teorías, que existen distintas visiones del mundo entre hablantes de diferentes idiomas. La conclusión lógica de esa idea es el concepto de que *lengua* es igual a *nación* y *nación* igual a *Estado*. La lengua se convierte en un elemento fundamental en la lucha por la nación, se impone como sea para vencer, se lleva, con ella, la lucha nacional al seno de la escuela. En el fondo, es una idea que, en Castilla, ya estaba implícita en los textos de Valdés y Nebrija, la lengua como estandarte y avanzadilla del Imperio. El desenlace lógico de ese concepto es que se acaba persiguiendo a quienes van a otra escuela para aprender otra lengua, que se supone que amenaza la propia, y resulta tanto más peligrosa cuanto más cerca esté del espacio de la nuestra. Pero los Sosa olvidan esa situación en la que la lengua dominante ha castigado durante trescientos años a la dominada. Yo soy escritor en castellano, me eduqué desde los ocho años en Castilla, y no puedo olvidarme de los tipos malcarados que se entrometían en la conversación que mantenía con algún amigo en el tren para ordenarnos que hablásemos en cristiano (o sea, en castellano). Y no solo era un hombre mayor dirigiéndose a dos niños. También se lo decía el poderoso, el guardia al campesino, e incluso –ahí se practicaba una curiosa democracia– podía darle esa misma orden un pobre emigrante, un peón castellano, a las señoras burguesas que se sentaban en el banco de enfrente, a los agricultores ricos. Sus hijos siguen repitiendo el modelo. Ese fenómeno hay que analizarlo. Ya digo que yo no consigo olvidarme de esas cosas y soy escritor en castellano y no tengo inclinación por el nacionalismo. El misterio de la lengua materna.

17 de enero
Acabé de verme *Berlin Alexanderplatz* la pasada madrugada: la verdad es que se trata de una serie espléndida. Cómo conduce el conjunto hacia ese epílogo pasado de rosca, con las secuencias del infierno, el más allá (mitad patio berlinés, mitad cementerio) representado sobre una pantalla que se va oscureciendo progresivamente, hasta que las imágenes se convierten en baile de sombras, coincidiendo con una banda sonora que recoge las músicas del tiempo de Fassbinder (del mío), Cohen, Joplin, y con las que compone su propio réquiem, porque la serie yo creo que está concebida como testamento del autor, que cuando la rodó estaba ya más fuera que dentro de este mundo. La decoración kitsch, la parafernalia barroca metida en esa luz menguante, o engullida a bocados por las sombras que apenas dejan seguir la acción. En los textos de Döblin elegidos hay un mensaje: ya estoy muerto, pero sería mejor estar muerto del todo. A Biberkopf se le van apareciendo todos sus fantasmas, él busca el de Mieze: has corrido demasiado, le dicen los ángeles, el cuerpo de ella debe de estar aún en la comisaría. Sexo, Thánatos

347

(crimen y agonía) y desesperanza es el paquete que nos entrega Fassbinder, que nos obliga a abrirnos paso entre los textos sobrecogedores, hermosísimos, del libro, que no sé cuántas veces he leído y vuelvo a sacar del estante y pongo sobre la mesa. En la primera versión de *Crematorio* había un diálogo entre dos muertos siguiendo la idea que medio tomé de Döblin, y al final desapareció porque no acababa de encontrar su lugar.

Me gusta mucho cómo ha manejado Fassbinder el erotismo en la narración. A lo largo de todos los capítulos, Biberkopf emana una desazonante tensión sexual, intenso erotismo de este animal gordo, amenazado por la impotencia, y que en toda la película no se quita el traje ni para follar: solo al final se quita la camisa. Le vemos desnudarse el torso para caer entre el amasijo de cuerpos desnudos del infierno. Después, aún, volveremos a verlo en la cruz cubierto solo por un taparrabos. Biberkopf irradia una sexualidad sucia, también por lo que se refiere a lo físico. En uno de los últimos episodios, Mieze le está lavando la entrepierna, tenemos la sensación de que su ropa guarda un hedor reconcentrado, y, sin embargo, es objeto de deseo para las mujeres (también deseo inverso, masculino, esa tensión insoportable que se convierte en violencia en Reinhold).

El erotismo que Fassbinder nos brinda en el gordo y sucio Biberkopf remite a nuestra propia suciedad, yo diría que remite a nuestra inocente suciedad infantil, a nuestra fase anal, en la que los excrementos nos excitaban y repelían a un tiempo: podemos decir que el deseo que provoca Biberkopf es una forma de asco, o, al revés, que el asco que nos provoca el sucio Biberkopf es una forma encubierta y aún más excitante del deseo (Mieze le lava la entrepierna, enfría su deseo). No vemos follar a Biberkopf, pero lo vemos salir vestido de entre las piernas de la mujer, sacudirse y cerrarse la bragueta; para follar, suponemos que solo extrae el miembro, y eso, en vez de enfriar el deseo, parece que lo dota con una carga suprema de virilidad. Le vemos la cara mientras mea, y cómo se sacude la polla cuando termina, vemos la carne de sus labios —que Günter Lamprecht maneja de manera magistral—, la de sus orejas, su cogote, y eso hace que imaginemos con más ansiedad lo que hay bajo la ropa de la que nunca se desprende, y que parece ocultar esa bondad y esa brutalidad, esa fuerza y esa fragilidad que intuimos, virtudes y defectos que hacemos proceder directamente de la naturaleza, sin el filtro de la cultura, que es una forma de corrupción del deseo. Fassbinder construye una sensualidad invertida, ajena a los códigos, o solo apreciada y cotizada en los márgenes, maricones de ayer, putas de ayer (hoy no parece que unos y otras vayan por esa espesura, aunque, quién sabe, las pulsiones no tienen la levedad ni la caducidad de las modas, perduran como ríos subterráneos del ser). Ya he dicho que, por ese tortuoso carácter que tienen las relaciones en toda la serie, en su bondad brutal, o criminal, Biberkopf también posee un magnetismo para atraer/rechazar a los hombres, y, de vuelta, para sentirse capturado por ellos. Llega a soportar de Reinhold que le mate a su Mieze, y ha soportado perder un brazo por él. Por la espesura psicológica y moral, por la ambigüedad que recorre la serie, resulta fuera de lugar la secuencia en que Reinhold declara su homosexualidad y justifica con ella la mezcla de atracción y odio que le han producido siempre las mujeres. Ahí el autor se mete por medio, sin respetar lo que estaba haciendo. En esa secuencia en que abraza a otro preso y declara su homosexualidad, me parece advertir una sobredosis de autocastigo por parte de Fassbinder y un uso espurio de la película.

18 de enero

Ayer, mientras anotaba las canciones que suenan en el epílogo de la serie de Fassbinder, fui incapaz de recordar los títulos de las de Cohen y Joplin; incluso me costó acordarme del nombre de Janis Joplin, alguno de cuyos discos tengo por ahí arriba. Me da pereza subirme a una escalera para consultar los títulos de las canciones. No he vuelto a pensar en ellas en todo el día, hasta que, hace un rato, me encuentro con la palabra *miss* en inglés, *to miss*, «perder», y, de repente, empiezan a sonarme dentro de la cabeza las dos canciones cuyos títulos buscaba y ahora fluyen naturalmente: «Chelsea Hotel», de Cohen, y «Me and Bobby McGee», de Janis. Últimamente me producen mucha angustia, como de caída física, los olvidos, sobre todo cuando se trata de personas, objetos o situaciones que no tengo la sensación de compartir con nadie. Es una angustia tan grande que, si estoy acostado, me incorporo precipitadamente y se me escapa un gemido: el olvido se convierte en presagio de muerte. Me ahogo. Cuando, una vez que ya me he tranquilizado, lo pienso, me repito que claro que el olvido es mensajero de muerte.

Ya digo que son esos huecos que, cuando uno repasa la lista de a quién podría acudir para llenarlos, descubre que no queda ninguna de las personas que fueron testigos de aquel hecho, o que podrían saber a qué objeto o individuo quiero referirme: personas que, o no sé dónde están, o, como dice el eufemismo, ya no están entre nosotros.

Hoy ha sido un mal día.

La misma historia de siempre. La seguridad de que se trata de una relación imposible y, al mismo tiempo, la sensación de impotencia porque no sabes cómo romperla. Qué agobio. Una vez más, para combatir la desazón sentimental,

350

hago el propósito de ser disciplinado, de no caer en la tentación estéril que se me brinda por la otra parte, gatazo que juega con el ratón. Pero apartarme, no frecuentar los lugares que visita, me encierra aún más, poco a poco me estoy convirtiendo en algo así como un agorafóbico. Tan acostumbrado estoy a no salir de casa que me da pereza hasta vestirme. Paso de la cama a la mesa, y de la mesa, después de haber dado unos cuantos paseos por la habitación como hacen los presos en su celda, me vuelvo a la cama. Así un día tras otro, sin hacer nada de provecho. El túnel sin salida (esa reja al final de la cloaca que les impide escapar a los protagonistas de *Kanal*, la película de Wajda). El pozo. Intento leer. Me pongo con la segunda parte del *Quijote* y tengo que dejarlo. Me pueden las ganas de llorar. Me dan pena Teresa Panza y esa hija suya a la que no querría ver convertida en duquesa y que tiene un novio rollizo y bonachón. Me dan pena Sancho y don Quijote, preparando su escapada como dos niños que van a hacer novillos en la escuela. Me da pena Paco, al que oigo moverse en la planta baja de la casa. El otro día apareció con una bolsa de plástico llena de cabezas de ajos. Pero si ayer trajiste una igual, le recriminé, y se echó a llorar. No me acuerdo de nada, me respondió entre sollozos. Se me olvidan las cosas. Me da pena verlo caminar tan vacilante, asustado desde hace quince días porque tiene que hacerse las pruebas para la renovación del carnet de conducir y teme no pasarlas (pero si las pasa todo el mundo, le repito en vano), ver cómo va perdiendo la cabeza, cómo se va quedando en los huesos, y es cada vez más incapaz de hacer nada: no se entera de lo que le dices, no encuentra las cosas, se le olvida lo que busca mientras lo busca, no sabe ir a Ondara (¡que está a un par de kilómetros de casa!) desde que han hecho las rotondas. Cualquier cosa lo destruiría, y eso me da miedo, porque depende por completo de mí, y yo no sé si tengo fuerzas ni para sostenerme a mí mismo. Si me ocurriera algo, ¿qué haría? Si ni siquiera sabe el nombre del pueblo en que vivimos. Todo eso se suma a la historia sentimental que me atenaza, a mi parálisis, a mi propia pérdida de memoria y a la incertidumbre de cuál va a ser mi dedicación, mi oficio, mi ganapán, una vez abandonada *Sobremesa*, el conjunto forma una baba espesa que me asfixia. Siento opresión en el pecho y ganas de llorar. Hoy llevo todo el día así, con unas ganas de llorar que ni siquiera se convierten en llanto, en ese llorar de verdad, en que broten las lágrimas de una vez y te mojen la cara, pero nada, llevo todo el día con los ojos húmedos, sin llanto, porque el llanto relaja, y esto es pena, pesar, le veo las orejas a la depresión e intento acordarme si la anterior se produjo cuando publiqué *Los viejos amigos*. Creo que sí. ¿Es el vacío posparto? Tendría que mirar en los cuadernos, pero empiezo a pensar que va a volver la depresión, y me asusto. Por favor, esta vez no, que no vuelva. Es tan duro de llevar. Pienso así y a continuación me digo que no debo obsesionarme, la obsesión es una forma de llamarla, llamar a la depresión, ya, pero por qué tengo los ojos húmedos, por qué esta opresión en el pecho, esta imposibilidad de leer un párrafo sin sentir miedo o pena.

19 de enero

Todos los días me ocurre lo mismo. La lectura (más hojeo que leo) de la prensa me deprime, me agota. Noticias del mundo: los políticos se preparan para las elecciones en Serbia, prosiguen los enredos en la sangrienta guerra civil que se desarrolla en Kenia; releo las viejas andanzas y persecuciones de Bobby Fischer, el ajedrecista que murió ayer, artículos sobre Rumanía, sobre las relaciones de Bulgaria con Rusia. Leo todo eso y me hundo bajo su peso, no solo por la triste monotonía con que se repite la crueldad en el mundo, también porque, ¿cómo acumular toda esa información diaria, almacenarla, ordenarla, tenerla a punto dentro de tu cabeza para saber qué lugar ocupas, dónde, con quién y contra qué y a favor y contra quién estás? Aún más agobiante me resulta la lectura de la prensa en días como hoy, sábado, en los que me leo los suplementos culturales del *ABC*, de *El País*, ayer fue el turno del de *El Mundo*, y muchas semanas me leo también el de *La Vanguardia*: me aturulla toda esa masa de escritores, de autores de teatro, directores de cine, músicos y pintores apretándose entre las páginas como en un ascensor, o en el camarote de los Hermanos Marx: la carrera hacia ninguna parte a la que llamamos «estar al día» y en la que nos esforzamos en vano. Los artículos que establecen relaciones de unos con otros, los de quienes teorizan sobre ellos, los que los analizan, los sajan, los destripan: se trata de una intrincada selva en la que intento abrirme paso a machetazos, hasta que me agoto y renuncio a seguir avanzando. Vence la maleza. Y los novelistas de Ghana y los de Namibia y los músicos de Cabo Verde, y los directores de cine de Burkina Faso, o los indonesios y los birmanos. Me siento como aquel niño o ángel en forma de niño que se le aparece a Agustín y le cuenta que, sirviéndose de una concha, va a meter toda el agua del mar en un agujero cavado en la arena. Pero si tengo la selva y los océanos inacabables en mi propia casa: miro los libros de arte que compré con ilusión y no abro nunca. Algunos están situados en lugares que apenas alcanzo subido en una escalera. Y, sin embargo, están llenos de cosas que me gustan, que me interesan, pero no encuentro tiempo para volver a contemplarlas, a leerlas. Todas esas renuncias colaboran en la construcción del túnel de desánimo del que no salgo. A medida que coloco libros en lugares poco accesibles, me asalta la ansiedad de volver a verlos: hojeo uno de actores de cine que compré en California hace casi cuarenta años, otro adquirido en Nantes, en el Museo Jules Verne, y que habla del *Voyageur extraordinaire*, que no es otro que el escritor, y está ilustrado con viejos grabados y fotografías de época de los lugares donde discurren sus novelas que, según la lista que viene al final del libro, son nada menos que setenta y cinco. Echo cuentas de las que he leído, creo que son trece, y, por cierto, ninguna de las últimas. Verne murió en 1905 y siguió publicando hasta el final de sus días una o dos novelas por año. Su primer libro data de 1854. Siguiendo la cronología de las ediciones, la última novela que me parece que he leído de Verne es *Escuela de Robinsones*, datada en 1882, lo que significa que me son desconocidos los que escribió en sus últimos veintitantos años. También es cierto que la mayoría de las novelas que se han hecho más populares –al menos, en España– están entre las primeras: *Cinco semanas en globo* (1863), *Viaje al centro de la tierra* (1864), *De la tierra a la luna* y *Los hijos del capitán Grant* (1865), o *Veinte mil leguas de viaje submarino* (1869). ¿Quiere eso decir que son las mejores?, ¿o, más bien, que el Verne tardío es más complejo y, por tanto, menos popularizable? No puedo hablar de lo que desconozco.

Para terminar la tarde de curioso ojeador, rescato del estante superior un librito sobre James Cagney y otro que compré en Florencia como disciplinado turista: *Gli Uffizi*, reproducciones de cuadros de la galería que me entretengo mirando y añorando. Me da rabia esa mezcla de dificultad (los vértigos, los malditos vértigos que me hacen temer las esperas en los aeropuertos) y desgana que consiguen que, cada vez, viaje menos. Estar esta tarde allí, en Florencia, detenerme ante la *Anunciación* de Simone Martini, ante la *Annunciazione di Cestello*, de Botticelli, o ante esa maravilla que es la *Incoronazione della Vergine*, de Filippo Lippi. Todo lo que leo, lo que veo, se me vuelve añoranza, melancolía. Miro los miles de libros que me rodean, la mayor parte de ellos leídos y subrayados, y lo que me llega es vacío e inutilidad. Pero no es así: esos libros han dejado huellas en mí, como yo he dejado las huellas de mis manos, de mis lápices, en ellos, aunque de todo eso tenga la sensación de que no quede gran cosa, la sensación de que se me han vuelto opacos, polvo de memoria: se dispersarán como se dispersarán mis cenizas. Claro que será así, ¿y qué?, ¿a qué viene esta cursilería?, ¿a qué aspiro? Eso es la vida, regresar al estado mineral, tampoco quedaría algo de más provecho suponiendo que me hubiera dedicado a otra cosa. El dicho valenciano recoge ese sentimiento, por otra parte, tan humano: *fer i desfer, treball de dimonis*, «hacer y deshacer, trabajo de diablos», aunque *eso* no *es* exactamente así, *fer i desfer* es trabajo de hombres, hacer y que quienes vienen detrás, o nada más que el paso del tiempo, deshagan lo que ha sido el empeño de tu vida. Me llama mi amigo F. y hablamos de esas cosas, y le pregunto si recuerda que en mi anterior depresión le pedí que me presentara a un psiquiatra, pero no para que me pusiera un tratamiento, lo único que quería de él era que me recetase somníferos. Me conformaba con poder dormir. Del resto podía encargarme yo. ¿Verdad que fue a raíz de la publicación de *Los viejos amigos*?, le pregunto, y él me lo confirma, y a continuación me pongo a buscar en estos cuadernos, y, en efecto, me encuentro con que fue por entonces. Eso me ayuda a controlar la depresión de ahora: saber que tiene una causa, el vacío que te deja una novela cuando la acabas. Entender las cosas, saber que no son arbitrarias, que tienen un origen, unas causas, una reglamentación, incluso si esas cosas son tus depresiones. Ah, deprimido sí, pero ordenadamente deprimido, según unos códigos y unas pautas. Así, sí. Entre otras cosas porque, así, puedo ponerla en el espacio cotidiano de los síntomas, bajarla del poema panerístico a la prosa realista, arrebatarle cualquier aura de trascendencia o de irracionalidad. Cuestión de que las glándulas segregan de más o de menos, y las vísceras se descomponen. Eso es todo. Nada grandioso. Tú mismo trabajas sobre tu propia enfermedad con las armas que te concede el ser espectador de cuanto te ocurre, y la capacidad del espectador se llama «ironía». En cualquier caso, la decisión que tomé el otro día de romper con W. no va a ser fácil de mantener, ya no por la fragilidad de mis fuerzas, como ha ocurrido tantas otras veces, sino porque la topografía en la que nos movemos es demasiado reducida y demasiado tupida la densidad de las relaciones. Ver que estaba ocurriendo lo que yo había ya escrito muchos meses antes que le ocurría a un personaje en la novela me ayuda a tomar distancias, a contemplar la escena –que en otras ocasiones me ha turbado dolorosamente– impregnada en una buena dosis de humor o de sarcasmo, ridiculizándome a mí mismo: en la vida haces lo que la escritura ya te ha contado que ibas a hacer y en la novela supone un gran desastre para el personaje como lo está suponiendo para ti. Pero si ya tienes analizado el desenlace. Hay que ser tonto para seguir persiguiéndolo. No quiero decir con eso que no me doliera su comportamiento, pero me dolió de otra manera: tenía un pie dentro y otro fuera de la representación. Era a la vez el personaje de la novela y su autor, y eso me impedía implicarme, poner todo el sentimiento, o el deseo (y sus frustraciones), en el asador de la pequeña tragedia del desamor. Al narrador le hubiera resultado poco creíble que el personaje se comportara con la inocencia y entrega del primerizo, cuando ya había participado varias veces en la representación de la misma obra y conocía al dedillo el libreto: lo que iba a hacer cada uno de los actores, lo que iban a hacer los dos. Más que personaje que contempla cómo cumplen el rito erótico ante él, era, como digo, actor en una obra ensayada decenas (¿tanto?, sí, decenas) de veces. La creía olvidada, porque llevaba algún tiempo fuera de las tablas, pero en cuanto se puso en marcha la primera escena, volví a recordarlo todo. Ah, esto ya me lo sé, hoy no me engañas. Así que esta vez me encontraba capacitado para saltarme el papel que me otorgaba el libreto: me sentí capaz, y dispuesto a representar otro libreto, y lo hice relamiéndome de gusto. Sufre el personaje (sufro), pero también se alegra (me alegro) porque la lucidez permite desmontar la impostura, no la de la propia escena (que también), sino la impostura que constituye la relación entera. El fruto se seca, los jugos que contenía se evaporan y solo queda un rugoso cascarón vacío. Ahora, aunque quiera, ya no puedo continuar la representación, he pasado de actor a espectador, y, como espectador, me he desenmascarado a mí mismo al desenmascarar al otro: una relación, al fin y al cabo, es un juego de espejos, intercambio de acciones dependientes, toma y daca, aunque sea el de la pelota que rebota en el frontón. Los jirones con los que pueda enredarme durante algún tiempo más serán solo eso, jirones, y yo lo sabré, lo sé ya. Cómo supere esa sensación de vacío, ese desánimo ante el fraude, es, de ahora en adelante, un problema solo mío. No debo cargarlo sobre nadie, y, menos aún, sobre él.

20 de enero
Fernando Valls me envía una lista de las mejores novelas de 2007. En primer lugar, *Crematorio*; luego, *Veneno, sombra y adiós*, de Javier Marías, *La gloria de los niños*, de Luis Mateo Díez, y *La ofensa*, de Menéndez Salmón. Le respondo agradeciéndole su lectura generosa. Me responde: «Quería preguntarte por la novela de Gopegui. La comparo con la tuya, y sale mal parada, pero ha tenido tantos valedores, que quizá esté yo equivocado». Mi respuesta:

Me resulta violento opinar sobre Belén (está ahí Constantino), porque, después de su sólida *La conquista del aire*, no entiendo su literatura, *Lo real*, *El lado frío de la almohada*, me parecieron activadas por un altivo voluntarismo, y muy artificiosas en la composición y en el uso del lenguaje, en las metáforas, que demasiadas veces rozan lo obvio

357

cuando no lo cursi. Esta última novela me parece mejor empastada, más densa, y, digámoslo así, menos altiva en sus propuestas, pero también se me deshace entre los dedos la, en el fondo, nimiedad y planura del artificio. Sin embargo, sí, veo que hay un acuerdo sobre su obra y también yo me pregunto si estoy equivocado, aunque los tres o cuatro amigos con los que comparto opiniones sobre libros son aún más duros que yo. Creo que vale más la teoría que envuelve sus libros que los libros en sí. Hay una imagen pública que marca la lectura de las novelas. Y todo esto dicho entre tú y yo, porque ya te digo que ahí hay temas de viejas amistades que me da mucho miedo tocar.

Un abrazo.

RAFAEL

La tarde, gloriosa, envuelta por un sol de oro. Paco ha labrado la tierra, y ahora se ofrece esponjosa, de un vivo color siena. Dan ganas de amasarla con las manos, de revolcarse en ella. Los olivos que planté hace un año y pico están preciosos, relucen plata, alineados junto a los aguacates, copudos, solemnes, de un intenso verde. Todo transmite dulzura, bienestar. Señor, qué tarde más hermosa nos regalas. Para completar la escenografía sentimental me pongo las canciones de Trenet («La mer a versé mon cœur pour la vie», ¿o es «a bercé»?, sí, el mar acuna, puede ser): conducir las aristas de la tristeza al algodón, ponerle lejanía al dolor, ojos entrecerrados mientras recibo este calor de nido del sol invernal. Trenet: «Que reste-t-il de nos amours? Revoir Paris». Algunas letras mejor no escucharlas. Cursis: ese «Revoir Paris», con mamá esperando en el pisito de *la banlieue*, provoca sonrojo. Dejarse acariciar solo por la melodía y por las palabras sueltas; por el tono y el acento; por la vibración: *Paris, taxi, boulevards, la Seine.* Me traen recuerdos. François. «La mer» es otra cosa: letra y música se balancean juntas. Se acunan. *Elles se bercent.* Metido en el festival de la dulce melancolía, me pongo canciones de Brassens («La prière», que siempre me conmueve), de Edoardo Vianello la canción de *Il sorpasso*, la película de mi adolescencia, con el twist de Saint-Tropez (era Peppino di Capri) y este «Guarda come dondolo» que canta con su voz afectada Vianello. La canción que sigue a ese disco, «Ti amo perché», era de las de macerarse vivos; lentas-lentísimas, servían para que las parejas se excitaran bailando, intentaran meterse mano, la recuerdo tocada en verbenas, en guateques y pistas de baile, con los danzarines apretándose cuanto podían. Ahora me fijo en la letra, y resulta que el cantante se ha enamorado de la chica porque la ve llegar a casa a las ocho de la tarde, observa que apenas se pinta la cara y los domingos por la mañana se la encuentra rezando en misa. Imagino la furia que debía provocar en los curas esa doble moral descarada, por lo demás tan italiana. Alaban la pureza de ellas mientras las emputecen y las magrean con esa música lenta. Pero eso –lo del magreo– queda para las otras, para *ella* no, tenerla a régimen, no darle ni la punta hasta la luna de miel, para que pille los preámbulos del embarazo y la maternidad con más apetito. Porque estamos hablando de la futura *mamma*, prolongación del mito de la Inmaculada. Me caliento y desahogo con otras, les doy estopa a ellas, y te tengo guardada a ti, a dos velas, mi amor. Acabo la sesión con Laboa, que consigue romperme el espinazo con «Galderak (Preguntas)», el poema de Atxaga: «Dime, ¿es feliz la gente allá al otro lado de la frontera? / ¿Encuentra su amor respuesta en un veinte o un veintidós por ciento de los casos? / [...] Al otro lado de la frontera, ¿protege la hoja al fruto? / ¿Hay fresas? / ¿Los peces abisales saben distinguir la palabra *Luz* de la palabra *Sombra*?».

Me llama M. R. R. Ha leído *Crematorio*. Le ha gustado mucho. Me dice que, si escribiera una novela, le gustaría que fuera como esa. Me emociono. Se me humedecen los ojos. Sí, ya sé, ya sé, el narcisismo de los poetas, pero es que –si exceptúo a Blanco– la de M. es la única opinión que me llega del viejo grupo: I. se murió, I.. M. ha desaparecido. De C. no espero ninguna opinión. Su estrategia es el desdén. Bueno, me falta saber lo que piensa A. P., que acostumbra a llamarme cada vez que aparece una novela nueva. C. y A. pertenecían a otros mundos, cada uno al suyo.

Yo me alimento la melancolía con Edoardo Vianello. Don Quijote alimenta la suya (la otra noche empecé a releerme la *Segunda parte*) cuando encuentra, en el patio del Caballero del Verde Gabán, las tinajas fabricadas en El Toboso, el melancólico caballero recita a Garcilaso –«Oh dulces pendas por mí mal halladas / dulces y alegres cuando Dios quería»–, y, a continuación, exclama: «¡Oh tobosescas tinajas, que me habéis traído a la memoria la dulce prenda de mi mayor amargura» (pág. 771, en la edición de Francisco Rico). No es la cultura de ceja alta y coturnos la que nos da pistas para entretenernos en los movimientos del corazón. Cuplés, canciones de verbena.

22 de enero

Convertido en un semijubilado, me paso la noche entera leyendo *La ofensa*, de Menéndez Salmón: el libro tiene un cincelado de lenguaje verdaderamente admirable, aunque su inquietante desenlace deja abierta una ambigüedad moral que me molesta, o me desazona. ¿La sensación de que hay una cierta complacencia en ese mal que parece condenar? En cambio, no me interesa el libro de Olmos, *Trenes hacia Tokio*, del que he leído bastantes alabanzas en la prensa, un texto minimalista, cuyo sentido se me escapa, si dejamos aparte el tono desenvuelto, un yo casi adolescente como narrador que se impone con soltura, y un ramillete de frases brillantes. Me falta saber el porqué del libro y el para qué. Por la mañana empiezo *Leer con niños*, de Santiago Alba. Esta noche volveré un rato con Cervantes.

24 de enero

Como «muddle instead of music» –«desorden en lugar de música»– fue calificada *Lady Macbeth de Mtsensk*, de Shostakóvich, algo de eso encuentro yo en *Crematorio*, mi propio desorden convertido en libro.

De un artículo de Ian Buruma: «*Berlin Alexanderplatz* is constructed as a collage of often random images that flicker into view, as tough on were clattering through the teeming streets on an electric trolley, taking in advertising slogans, newspaper headlines, popular songs, bars, restaurants, hotels, neon signs, department stores, pawn shops, flophouses, cops, striking workers, whores, subway stations, and so on».

Por otra parte, Fassbinder lo expuso muy bien: más interesante que Döblin pueda haber aprendido en el *Ulises* su idea de lenguaje para *Berlin Alexanderplatz*, es que estaba influenciado por el ritmo de los trenes de la S-Bahn cuyo paso escuchaba desde su estudio. La novela de Döblin viene de la literatura, sin duda, pero –por encima de todo– de la vida.

Otra vez la opresión en el pecho, el peso en la cabeza, la sensación de que, en los ojos, hay almacenada una reserva de lágrimas, una ligera quemazón, que, paradójicamente, anuncia humedad: pero no, del interior no sale nada. Me invade un pesar seco, asfixiante. Hay una impaciencia agazapada, como si estuviera pendiente de que ocurriera algo que sería decisivo yo qué sé para qué, pero que sé que no va a ocurrir. A todo eso, vuelvo a fumar como un carretero. Miro cincuenta veces al día el correo electrónico, como si el consuelo fuera a llegar en forma de mensaje (por el camino que trae a casa no sube casi nadie; la mayor parte de los días, nadie). La parusía. El advenimiento del Santo Espíritu. Convertir el dolor en ritos, buscar síntomas externos que sustituyan la tortura insoportable de los retorcijones de dentro.

26 de enero
De Henry Bauchau, un escritor francés de origen belga que acaba de publicar una novela a los noventa y cinco años y el año pasado editó un libro de memorias, tomo estas citas:

> *Il ne faut pas trop questioner l'esperance* (*Antigone*, 1997).

> *En général, j'écris trois versions successives de mes romans. Dans la première, j'avance sans savoir, comme on le fait en analyse. Je laisse venir la parole de mes personnages, j'observe leur évolution. Ils font des choses qui m'étonnent. Je sais seulement ce qu'ils ne peuvent pas faire. En analyse, on ne guide pas, on accompagne. C'est ce que je tente avec mes personnages: être avec eux sans les juger.*

27 de enero
Leo a diario el periódico *Público*. Me impongo esa pedagogía: contemplar cómo vuelven (con una inconsciencia preocupante, y como si no hubiéramos visto los terribles efectos sobre el país: el guerrismo-felipismo) aquellas teorías que esgrimíamos (yo lo hice por muy poco tiempo, la verdad) los de mi generación, incluidos los que odiábamos a la socialdemocracia, y que podrían resumirse en la frase «contra la derecha está todo permitido». Mentiras, tergiversaciones, simplificaciones. Todo vale. Ahora mismo no creo que haya un periódico tan inmoral en España. No hay una pizca de ingenuidad, es todo preciso cálculo. Lo peor: que ahí están las firmas de mis colegas de extrema izquierda, en ese *pot-pourri*, que es más bien un capazo que recoge votos para

el PSOE con la finalidad de darles uso en estas próximas elecciones: escribe lo que quieras siempre que debilites a mi enemigo: los titulares, la composición de página, la selección y el escalafón que se concede a las noticias, todo lleva ahí, y lo hace con la desvergüenza que tienen –hemos tenido– los jóvenes para expresar las opiniones más descabelladas, pero no son jóvenes quienes dirigen todo esto, el aire juvenil –la exaltación que parece visceral– lo usan unos cuantos viejos gatazos (Roures, ¿me escuchas?). Lo peor es que cualquiera que señale eso, que lo critique, o lo denuncie, pasa a convertirse en un agente de la derecha. El periódico y sus métodos: cal viva que se ha tragado las pocas firmas independientes que quedaban en el país, última rumia de este voraz herbívoro Zapatero que en vísperas electorales se rodea de banderas españolas, homenajea a la Guardia Civil, ilegaliza a sus recientes compañeros de viaje… Cubre en los mítines el ala derecha, extendiendo en esa dirección lo más posible su mensaje: de la otra ala se ocupa, con otros, *Público*. Un ejemplo de cómo trabaja esta gente, y que es el que provoca mi irritación de hoy: de cara a las inminentes elecciones, cada día aparece un artículo dedicado a una población (por lo que observo, generalmente gobernada por el PSOE). Ayer le tocó el turno a Mérida. En esa ciudad, hace unos años alguien se metió en el ordenador de una de las concejalas del PP y obtuvo unas imágenes pornográficas, o, mejor, eróticas, en las que la mujer aparecía haciendo un trío. Los socialistas (esa izquierda libertina de Zapatero) se dedicaron a distribuir las imágenes por la ciudad, creando así un imponente escándalo. Por lo visto, en el vídeo aparecían las dos mujeres (¡horror, camaradas, la depravación de la derecha!) efectuando prácticas lésbicas, y cosas así, o aún peores, y, por si fuera poco, una de ellas era casada, lo que hizo crecer aún más el oleaje murmurador e hipócrita: lo que ahora llaman «alarma social». En buena parte por culpa

363

de ese escándalo, la alcaldía cambió de manos, pasó del libertino PP al calvinista PSOE.

Cuento todo esto porque es el escenario que permite entender mi irritación con el artículo de ayer –que leo hoy– dedicado a la ciudad. El periodista de *Público* trataba así el asunto:

> Lo asegura el alcalde, el socialista José Ángel de la Calle. Usa este regidor dos palabras que dan envidia cuando describe a la ciudad: *placidez* y *tranquilidad*. Calle alcanzó la alcaldía en las elecciones municipales del año pasado. Atrás quedaron doce años de dominio conservador de la ciudad. Y atrás quedó, con ellos, la truculenta historia de las imágenes eróticas en las que se vieron envueltos una concejala y el anterior hermano del alcalde [sic: sería mejor «el hermano del anterior alcalde»; si no, parece que el alcalde cambia de hermanos de vez en cuando]. Le comento a José Ángel Calle que quizás fueron aquellos hechos los que hicieron sonar el nombre de Mérida en toda España durante los últimos años. «Aquello nunca debió salir de la esfera de lo privado», sostiene. Y la conversación se va por otros derroteros.

El ejercicio de hipocresía del alcalde (que ha conseguido el poder gracias a «aquello que nunca debió salir de la esfera de lo privado») y la desvergüenza del periodista rozan lo sublime cuando el periodista canalla saca el tema de un modo por el que el lector entiende que, gracias al Gobierno del PSOE, se han acabado los escándalos sexuales en la ciudad (dan «envidia» la «placidez» y «tranquilidad»). Se escamotea que el escándalo (ese que no debería haber salido de la esfera de lo privado) no lo crearon los que se metieron juntos en la cama, sino los que obtuvieron rendimientos con la grabación de sus actividades amatorias, y la difusión, es decir, los del PSOE que gracias a esa divulgación de las imágenes han obtenido la alcaldía y hoy pueden expresar su rechazo y decir que aquello no debería haber salido de la esfera de lo privado. A la izquierda desde la mafia. Gestionar la guerra –el escándalo– y rentabilizar la paz: el silencio que sigue al escándalo. Perlas de este estilo podría comentar unas veinte o treinta cada día en el que se supone que es, o debería ser, nuestro periódico: como si lo fuera se comportan buena parte de los gurús de la extrema izquierda.

Hoy vamos de hipocresía. En el mismo ejemplar que comentaba ayer (aquí el pecado no viene de *Público*, sino que llega desde Alemania) leo que han denunciado al excanciller Schmidt por fumar en público durante la celebración del Año Nuevo en un teatro de Hamburgo. El acto fue televisado y los espectadores pudieron ver al señor Schmidt con un cigarro entre los dedos. El delito que se le imputa es el de «lesiones físicas». Dice así la noticia:

La Fiscalía actuó a raíz de una denuncia de una llamada Iniciativa No Fumadores de Wiesbaden. «Denunciamos a Schmidt y a su mujer, Loki, por lesiones físicas e incumplimiento de la ley de no fumadores», dijo ayer el impulsor de la iniciativa, Horst Keiser.

Schmidt tiene ochenta y nueve años; Loki, su mujer, ochenta y ocho. Ninguno de los quinientos invitados que asistieron a la fiesta se quejó de la pareja de fumadores, pero Keiser señaló al diario *Hamburger Abendblatt*: «Los dos siguen fumando irrespetuosamente en presencia de terceros». Según el diario *Bild*, un trabajador del teatro les acercó una mesita con un cenicero. Por eso, los activistas antitabaco también han denunciado al dueño del teatro, Michael Lang.

Hasta aquí la cita.

La verdad es que esto empieza a dar miedo, tanto control, tanta normativa saludable. Líbreme Dios de los que quieren salvarme, que de los que me quieren matar procuro librarme yo. El artículo incluye el comentario de que hace unos días se retiraron unas camisetas en las que se veía la estrella de David unida a la palabra *fumador*, pero la camiseta que identifica la lucha antitabaco con una persecución no es tan desacertada, porque algo de eso hay. Siempre se acusa a quien hace comparaciones así de trivializar el Holocausto, pero yo creo que se está incubando un fanatismo de origen difuso, incontrolado y poco prensil, pero que expulsa cada vez a más colectivos: alcohólicos, fumadores, sedentarios, devoradores de cadáveres, comedores de grasas, enganchados a la sal, adictos al azúcar, obesos, depredadores sexuales... se convierten en culpables, del mismo modo que uno es culpable por ser obrero (no has sido capaz de llegar a más) o pobre, o mendigo (habéis desperdiciado lo que se os entregó en la gran mesa del banquete universal). Con demasiada frecuencia ese fanatismo sanitario (o social) es una forma de sacar a la luz formas de autoritarismo, de intransigencia, azuzándolos contra objetivos más o menos inocuos. Una cosa es que alguien proteste porque le molesta el humo del tabaco y otra el trato persecutorio a hombres cuya edad pone en evidencia la dudosa legitimidad del control, ocurre con todas las drogas: alguien ha decidido que un adulto no es libre de hacer con su cuerpo lo que quiera. Con toda seguridad, lo más irritante para los antitabaquistas que denunciaron a los Schmidt es que esos dos viejos que fuman como carreteros pueden llegar a cumplir un siglo. Ese es el verdadero escándalo: ¿qué les contamos a toda esa gente que, a pesar de no haber fumado nunca (por una pirueta diabólica), agoniza de cáncer o de neumonía a edades tempranas? Los Schmidt, al emitir sus altivas volutas de humo, muestran la apoteosis del mal. Que el diablo se pasea libremente por la tierra. Y, sobre todo, la aleatoriedad con que trabaja la hermana muerte.

Tercer caso de hipocresía, extraído de una columna publicada ayer (esta en el *ABC Cultural*). Ignacio Ruiz-Quintano sale en defensa de Benedicto XVI (él sabrá sus motivos, que seguramente no comparto), y, en su argumentario, cita una frase de Emma Bonino como ejemplo de duplicidad: la comisaria europea, como socialdemócrata consecuente, se opuso al Bush de la guerra de Irak porque atacó sin autorización de la ONU, pero (los socialistas siempre viven en el reino de lo adversativo, con el *pero* como recurso permanente) en la actualidad jalea los bombardeos de Clinton en la guerra de Yugoslavia, que tampoco fueron refrendados por la ONU.

Dice así la Bonino:

–Estoy absolutamente convencida de que existen valores y principios que fundamentan y justifican una intervención directa en el territorio de un país soberano cuando este aplica decisiones contrarias a normas y convenios reconocidos por la comunidad internacional [...]. La ONU hubiera estado mejor acreditada, pero, mientras la ONU siga como está, nadie tendrá derecho a censurar una iniciativa como la de la OTAN decidida por gobiernos legítimos y responsables a favor de un pueblo en peligro.

Modélico ejercicio de labilidad moral, jesuitismo en estado puro: el argumento procede de la conclusión y no al contrario; para alcanzar ese fuste (in)moral de carácter regresivo (vuelta al animalito egoísta) no hace falta estudiar ética ni derecho. A los recién nacidos ya empiezan a enseñarles sus padres que las cosas no son exactamente así.

Jean-Maurice me recomienda algunos libros en su carta de hoy. La trilogía del rumano Miklós Bánffy:

Vos jours sont comptés.
Vous étiez trop légers.
Que le vent vous emporte.
Éditions Phébus.

También me anoto *Petróleo*, de Upton Sinclair.

En *Crematorio* eliminé un capítulo en el que dialogaban dos muertos. Me había inspirado –era el tono que quería capturar– en *Berlin Alexanderplatz*, en la novela, la versión televisiva la he visto hace unos días. Hoy me entero de que, de las dos novelas que acompañan a la mía en los premios Cálamo, una incluye la voz de un muerto –*Cementerio de pianos*, del portugués José Luís Peixoto–, y la otra está contada por un muerto –Antonio Ansón, *Llamando a las puertas del cielo*–, antecedente claro de ese punto de vista es, sin duda, *La muerte de Iván Ilich*, de Tolstói, aunque ahí más bien el foco del libro está en lo que se cuenta en tercera persona del agonizante, lo que lo convertiría más en padre de un libro como *Los disparos del cazador* que de estos cadáveres parlantes. Sí que habla el difunto en *La muerte de Artemio Cruz*, el estupendo libro de Fuentes, y, en el cine, todos recordamos al muerto parlante interpretado por William Holden en *Sunset Boulevard*. La novela de Peixoto es excelente, aunque a mí solo me atrapa en algunos momentos. Tiene, sin duda, un mérito enorme todo el trabajo de construcción y el juego de perspectivas, pero, reconociéndole todo eso, no acabo de dejarme capturar. La de Ansón voy a cogerla hoy mismo (como de costumbre, me he comido la noche sin darme cuenta: son las cinco y cuarto). Hojeándola –y seguramente por el prejuicio de que se trata de un autor aragonés y se desarrolla en una al-

368

dea–, la voz me ha resultado conocida, me ha sonado al *Réquiem por un campesino español* de Sender. Espero no acertar y que la pieza vuele más libre y más alta. Para mí, el *Réquiem* es una de las novelas paradigmáticas de cómo con las mejores intenciones se escriben los peores libros. No la he soportado nunca, me parece falsa: recién acabada la guerra, el cura celebrando una misa por un rojo. Lo he escrito en algún otro cuaderno: Sender es un escritor enterrado bajo su propia obra. Empezó con unas cuantas novelas extraordinarias (¡ese insuperable *Imán*!) y, a partir de cierto momento, cada nuevo libro que escribía era otra paletada de tierra que se echaba encima. Al final, ya nadie se acordaba de lo bueno que había sido, y eso le volvía el humor aún más agrio, y le emborronaba aún más la vista y la escritura. Como buen aragonés, mantenella y no enmendalla. Y dicho todo esto, ya sé que el *Réquiem* no acaba de ser una novela tardía y, también, que para muchos críticos es extraordinaria, pero yo digo lo que me parece a mí. Increíble y blanda.

3 de febrero

Siguen lloviéndole los halagos a *Crematorio*, que ahora se extienden al autor. No voy a decir que me parezcan mal, o que me incomoden, pero me inquietan. Tengo la impresión de que hinchan un globo poco resistente que corre el peligro de reventar. Sé que un novelista tiene que asumir que es un hombre público, pero se pasa tan bien jugando al doble lenguaje de que tú eres tú y tus novelas son otra cosa, hijas de nadie... Hasta ahora, los halagos venían de lejos (Alemania) y apenas interferían en mi vida cotidiana. Ahora se acercan peligrosamente a casa. Para salvarme de ellos, escribir. Volver a encerrarme en el laberinto de frases en el que te pierdes, cuya salida no encuentras: tropezar cada día con tu propia torpeza es la mejor medicina para curarte de cualquier forma de vanidad.

No he anotado lo que me pareció la novela de Ansón. Nada que ver con Sender; por poner una referencia, creo que está más cerca de la película *Amanece que no es poco*. El mundo rural visto con humor, con una gracia que es, más bien, chascarrillo, algo así como ver cosas desde dentro del pueblo y del modo en que se supone que el pueblo las vería. No es un libro indigno, pero sí leve. Si te conviertes en cómplice del niño muerto –sí, creo que ya lo he dicho, también esta novela, como la de Peixoto, la cuenta un muerto; que haya tanto narrador muerto, ¿querrá decir algo de nuestro tiempo? Pura casualidad: alejo las teorías conspiratorias o paranoides–, pero retomo el hilo: estaba diciendo que si te conviertes en cómplice del muertito, sonríes, te dejas envolver por cálidas ráfagas de ternura, etc., aunque no creo que nada de eso lleve al lugar en donde de verdad las cosas enseñan: el texto es más bien melancolía, añoranza del tiempo pasado visto desde el tierno corazón de un buenazo. Rechazo el libro, pero me pregunto: ¿es que toda novela debe llevar a algo, a algún sitio? La respuesta es que, desgraciadamente –o por suerte–, sí, que la paz y la bondad estén entre las páginas de un libro no quiere decir que el escritor que las ha puesto ahí no haya llevado a cabo una gran guerra contra sus predecesores y contra sí mismo. Si no hay esfuerzo intelectual, si no hay riesgo y peligro y lucha, no hay obra. Ni seca, ni blanda.

9 de febrero

Todos estos días, somnoliento, febril, con sueños agitados. No sé si he vuelto a coger alguno de esos virus que asuelan la comarca, si el hígado reclama su parte. O si, más bien, son los desarreglos del alma los que impulsan esos síntomas: el temor porque se acerca el día en el que tengo que entregar el artículo que me encargaron desde Leipzig. El hecho es

que a lo que menos tiempo le he dedicado ha sido al puñetero artículo, que, sin embargo, lleva marcando mi vida desde
hace tres o cuatro meses: me doy cuenta de que no es el artículo lo que me paraliza, sino el hecho de volver a escribir
algo después de *Crematorio*. Sobre la mesa, el texto a medio acabar, cuando apenas queda una semana para la entrega. Ha
pasado el día de hoy –como los anteriores– con el ordenador
encendido, mientras dormitaba, luchando contra las pesadillas y las distintas manifestaciones de lo siniestro. A las tres
de la madrugada me he levantado a apagarlo. Por si no tuviera bastante, me llama Paco Goyanes, de la librería Cálamo, para decirme que tengo que charlar al menos unos diez
minutitos en la entrega del premio. Me cago en sus muertos.

Libro XXXII.
From noon to starry night.

10 de febrero
Fiebre y desarreglos estomacales: tres días espantosos, en
los que no consigo dormir por las noches, ni acabo de despertarme durante el día. Tengo una versión bastante confusa
de lo de Leipzig: los montes se agitaron con gran estrépito y
parieron un mur, un patético ratoncito. Entre las brumas de
la fiebre, me leo la última nimiedad de Tomeo, *Los amantes
de silicona*; hojeo el pretencioso seguimiento de Sarkozy por
Yasmina Reza, y me meto en la magnífica *Petróleo*, de Upton
Sinclair. Con un estilo que combina distancia –se cuenta
como desde lejos– e ironía, Sinclair nos muestra de un modo
mayéutico las contradicciones de su tiempo, que es el nuestro. Utiliza el tema de los orígenes de la explotación petrole-
ra en California para hacer un repaso demoledor (ahí le sirve
como multiplicador de potencia esa aparente distancia) de
todo el sistema político americano: las presiones de los oligo-
polios sobre los pequeños propietarios de terrenos y sobre el

371

conjunto de la sociedad, la complicidad de la prensa y sus interesadas manipulaciones, la violencia como forma de persuasión, la corrupción de jueces y políticos, el siniestro papel de las religiones, la lucha de clases como resultado inevitable ante un deseo razonable de justicia, el carácter profundamente reaccionario del Estado norteamericano, que, desde sus propias bases, ataca los principios de convivencia, en su papel de peón al servicio de los poderosos: el Estado, USA, persigue a los obreros para domarlos de puertas adentro del país, y fuera de sus fronteras se enfrenta a la Unión Soviética, por entonces aún la gran patria de los trabajadores. Apoya a cualquier gobierno que la ataque, no importa lo corrupto y criminal que sea. Sinclair compone una espléndida panorámica de la sociedad americana durante los años de la Gran Guerra y la posguerra. Su novela destila un pestilente clima moral que se parece mucho al de nuestro tiempo. El poder del dinero: el dólar consigue cambios en las posiciones políticas, altera los proyectos urbanos y los titulares de prensa. Está muy bien que el protagonista, Arnold Ross, un excarretero convertido en magnate del petróleo, pragmático y hábil en los negocios, sea un buen tipo, honesto a su manera (le gusta llevarse bien con los trabajadores) y sea el sistema el que le impida llevar una política de empresa que, por otra parte, le va muy bien económicamente. Si eres bueno con tus trabajadores, constituyes un mal ejemplo para los demás empresarios; o sea, para la patria. La contrafigura es su hijo Bun, un tipo vacilante, a la vez fascinado por los trabajadores y atraído por el gran mundo; un ser sufriente, herido en su conciencia. La novela está llena de repliegues que, en su ir y venir, le permiten al novelista abrir no solo la amplitud de su panorámica, sino también la profundidad de campo en la mirada: pone al descubierto los mecanismos de Hollywood, los de las sectas religiosas, ya por entonces tan arraigadas en California, un territorio de jubilados que buscan garantizarse o comprarse a cualquier precio el más allá; y muestra cómo funciona la terrible represión sobre socialistas y comunistas, y el modo en que se ponen en marcha las campañas difamatorias para aniquilar a quien no se humilla ante el sistema o se niega a participar en la corrupción que engendra: todo contribuye a levantar un texto imponente que ayuda a entender el mundo que vivió Sinclair –la forja del gran imperio USA– y nos resulta, al mismo tiempo, de rabiosa actualidad, instructivo en este tiempo en el que se nos ha olvidado lo doloroso que fue el parto de la URSS, la terrible guerra civil, alentada por ejércitos enviados por países europeos y por Estados Unidos con el propósito de abortar el nacimiento de un nuevo Estado que se proclamaba de obreros, campesinos y soldados, y cómo esa quiebra de la vida cotidiana mientras intentaba consolidarse la revolución, y la distracción hacia la guerra de energías que deberían haberse invertido en tareas productivas, marcaron trágicamente el desarrollo posterior de la URSS: la militarización y burocratización de la sociedad. Actualmente vivimos convencidos de que el comunismo cayó solo por sus propias contradicciones (precisamente por su militarización y su burocratización), y porque las democracias occidentales lo derrotaron con sus valores cívicos. Leer a Sinclair refresca la memoria: lo que hubo (nos dice el novelista, y eso que el libro es del 27, casi en el origen de la URSS) fue una guerra durísima en la que las llamadas «democracias occidentales» no dudaron en emplear los métodos más sucios para derribar un sistema político que se le escapaba al gran capital a cuyo servicio trabajaban (y trabajan) los gobiernos de lo que pretenciosamente llamamos Occidente. *Petróleo* muestra una mirada alternativa hacia los años veinte del pasado siglo, que aún provoca escándalo, es lección para los más jóvenes, y recordatorio excitante para viejos rojos depresivos como quien escribe estas líneas.

Nada parece quedar a salvo de la mirada del novelista,

incluidos los cínicos falsos profetas. Arnold acaba refugiándose en brazos de una espiritista ladrona que se queda con su fortuna a los pocos días de la boda, arrebatándosela al hijo. No es un caso aislado. En realidad, todos roban a todos. Es el espíritu de los tiempos. Roscoe, el socio, participa en la rebatiña *post mortem*. No hay código que se respete: la única ley, la única garantía, es la acumulación de capital, solo el capital te avala, avala tus hechos y tus derechos, alienta tus propósitos. En ese ambiente irrespirable, la única esperanza de dignidad reside en los obreros, que andan a la greña entre ellos, discutiendo si la revolución llegará por sus propios pasos, o hay que traerla mediante violencia, mientras sufren los golpes y torturas de policías y matones; son calumniados, encarcelados. Ni siquiera entre estos personajes que se supone que son héroes positivos parece saber Sinclair a qué carta quedarse. Porque en su libro no nos predica. Nos dice: esto es lo que hay y yo os lo cuento. Aún recuerdo con un estremecimiento su novela *La jungla*: ver y contar la vida de los trabajadores en los mataderos de Chicago; incluso la arenga política final, retórica a favor del socialismo que cierra *La jungla*, acaba pareciéndonos un buen colofón a tan extraordinario libro.

Hacía años que no leía a Walt Whitman. Anoche volví a caer entre sus brazos. Esa tremenda energía. Cogí sus *Obras completas* porque quería extraer una cita para lo de Leipzig, y ya no pude dejarlo: escribir una novela como el poema de Whitman que se titula «Mannahatta»: en realidad, en esos versos está toda la narrativa sobre la ciudad del siglo XX. Dos Passos y Döblin, desde luego. Pero incluso Selby, con su *Última salida para Brooklyn*. O las novelas de Henry Roth. Seducido por los versos de Whitman, vuelvo a ponerme la película de Ruttmann, *Berlín. Sinfonía de una ciudad*. Pienso que toda esa gente que va de acá para allá, que trabaja, pasea, camina apresurada, o se divierte, e incluso buena parte de los paisajes urbanos que aparecen en la película, han desaparecido para siempre, ya no están, o solo están en esas sombras en blanco y negro que muestra la pantalla, como los carreteros y marineros de Whitman están solo en sus versos. La extraña fuerza de la palabra, de las imágenes (se entiende: del arte), los personajes de los cuadros holandeses, sus habitaciones y despachos, las elegantes ropas. En realidad, *Hojas de hierba* tiene algo de gran novela lírica, narración en verso. Ni siquiera me atrevería a decir que le falta acción. Todo el poema está marcado por un gran movimiento, a la vez colectivo e íntimo: el nacimiento de una nación y la creación de un yo que crece con ella, que se siente parte de ella, y pone su palabra como material de construcción del edificio patriótico, que es el pórtico de entrada a esa inmensa *koiné* en la que se agitan los hombres de todas las razas, de todos los oficios, de todas las lenguas: *Salut au monde!*

13 de febrero
Los artificieros explotan una bomba que unos buceadores descubrieron el otro día en Denia. Era de fabricación alemana: una de las que los aviones arrojaron sobre la ciudad durante la Guerra Civil. Mensajes cruzados en el cerebro: la gran historia –la de los fascismos en Europa– se introduce en lo cotidiano: los bombardeos forman parte de la memoria que recibí de mi madre, de mi abuela. De mi hermana: aquel día en que bombardearon por vez primera Denia estrené un traje, dice mi hermana, y me enseña la foto en la que aparece con mi madre, las dos guapísimas, elegantísimas. Habían ido de excursión a Alicante. A la vuelta, se detuvo el tren antes de llegar a la estación, vimos pasar alguna camilla, la gente lloraba. Es la historia que me cuenta mi hermana, la que tantas veces me contó mi madre: el primer bombardeo en Denia. Hubo otros: mi abuelo paterno abrió un boquete

junto a los restos de vieja muralla árabe que servía de cerco a la casa por entonces situada en pleno campo. En aquel agujero se metía la familia durante los bombardeos: un frágil refugio contra los proyectiles que lanzaban los aviones procedentes de Mallorca y también contra el fuego artillero del buque *Baleares*, que a pesar de que la ciudad carecía de defensas disparaba a discreción desde la bocana del puerto, castigando a la población civil. Una de las bombas cayó sobre una casa situada a un centenar de metros de la nuestra. Cuando yo tenía cinco o seis años –hablo de unos quince después de que hubiera acabado la guerra– acudíamos allí a recoger agua potable, porque nosotros no teníamos cisterna, solo un pozo que era de agua salobre debido a las filtraciones procedentes del cercano mar.

Mientras escribo estas notas me llega el olor de la casa de mis abuelos –apenas una chabola–. Cuando había permanecido algún tiempo cerrada, olía a salitre, a óxido mezclado con humedad y sal; a yodo descompuesto, era un olor que yo asociaba con el que desprendían los montones de algas que se pudrían en las cercanas playas, en el seno del puerto. A la señora Elena, nuestra vecina, le faltaba un brazo, que le había arrancado la metralla en aquel bombardeo. Ella sufrió esa mutilación, murió una de las hijas y fue herida la otra: me sé esa historia desde que tengo memoria, recuerdos de los tres años, de los cuatro años: vamos a llenar los cántaros, y allí está la cariñosa señora Elena, con la manga hueca del vestido, ocultando su muñón, y yo apenas he empezado a hablar, pero ya sé que la mujer perdió el brazo porque cayó una bomba en su casa. Los artilleros franquistas, los aviadores, apuntaban a la cercana caldera del gas –separada apenas una decena de metros, del otro lado de la vía del tren–. Lo que no sé si vi, o se trata de uno de esos recuerdos inventados, es la cicatriz profunda que atravesaba el cuerpo de su hija Pepita, una grieta rojiza que caía desde los pechos al ombligo. Era una mujer que, por entonces, tendría unos cuarenta años. ¿Cómo iba a enseñarle la barriga a un niño de tres o cuatro? Sin embargo, yo juraría haberla visto, seguramente preso del embrujo de las palabras de una narración que, de distintas maneras, se repetía en casa. Cosas de la memoria, que se va borrando.

En cualquier caso, leo la noticia de la bomba encontrada estos días, y pienso que es más fácil establecer eso que llamamos «verdad» en las pequeñas comunidades –Denia lo era por entonces, una pequeña comunidad–, descifrar la sucesión de estratos. La cercanía de los hechos permite controlar mejor su verdad (eso tan resbaladizo) y su falsedad (eso tan rotundo), porque afectan a seres ligados entre sí cuyos relatos necesitan sostenerse mutuamente: es más difícil dejar correr una mentira evidente, establecer la mentira por decreto, aunque se sabe que el paso del tiempo viene en su ayuda. Algo de eso he contado –a la inversa– en el artículo sobre el «Descubrimiento de la ciudad» que he mandado a Leipzig: la gran ciudad permite las transformaciones camaleónicas, los deslizamientos, las dobles y triples vidas. Balzac diría que los impostores se esconden en París como anguilas en el barro.

21 de febrero
Tantas reflexiones que debería anotar aquí y no anoto. Pienso: tomo mentalmente nota de las cosas con la idea de pasarlas a este cuaderno, pero no es verdad, porque después me doy cuenta de que cada una de las reflexiones exige tiempo para pasar de la cabeza al papel y necesitaría muchas horas para ordenarlas, para darles forma, así que me digo que volveré al cuaderno mañana con las ideas más claras, y ese mañana nunca llega.

Estos días: Valencia. Las exposiciones de Arroyo, que no me ha interesado gran cosa, y Sorolla, que me ha emocionado profundamente, a pesar de que se trata de un encargo folclorista (la visión de España), pero están el color (esos blancos cegadores en la estampa segoviana), los retratos de tipos, que tienen la contundencia de los de los maestros flamencos... Está una inmensa sabiduría pictórica. Sin duda, un gran maestro al que el paso del tiempo va poniendo en su sitio. Aquí, en Valencia, la modernidad lo ha despreciado mucho, lo ha condenado. Pintar aquí era tener que negarlo. Pero era el mejor.

Visita a Sevilla. Comparo las dos ciudades –Valencia y Sevilla– tan distintas entre sí y tan diferentes de otras. El Museo de Bellas Artes de Sevilla, tan cuidado; el de Valencia, en estado de semiabandono; la entrevista en Canal Sur, las lecturas, el excitante y sórdido escarceo erótico, que consigue que vuelva a empalmarme mientras escribo estas palabras: mañana escribiré sobre todo eso...

El felino Grace Jones, con «I've Seen That Face Before», inquietaba con sus movimientos inhumanos, su aspecto, y la melancolía del acordeón una noche de *cruising* en el París sidático. Eartha Kitt era un sucedáneo chabacano con «I Love Men». También las que cantaron aquello de «It's Raining Men». Los ochenta, su peligro, su espléndida sordidez homosexual, mi inconsciencia.

24 de febrero
Paseo por Sevilla. Seguramente no hay en España dos ciudades con tanta personalidad como Sevilla y Valencia, ni tan distintas. Sevilla es ciudad horizontal en la que las casas se extienden en patios y jardines y las multitudes se mueven por las callejas como lo hacen en Fez. Valencia es vertical. En el interior de la ciudad tradicionalmente los terrenos se vendían por palmos y no por metros cuadrados. Cada avan-

ce que se hacía era lugar que se le arrebata a la huerta. Los palacios, las viviendas horizontales fueron sustituidos desde el siglo XIX por edificaciones de varias alturas. Sevilla reinventa continuamente su pasado, la tradición. Valencia corre a apuntarse a todas las modernidades y las digiere a duras penas entre los escombros de lo viejo, las convierte en propias. Los modelos urbanos de los dos últimos siglos en Valencia miran hacia fuera: a ratos *petit Paris*, a ratos *micro New York*. Un juguete urbano que busca ser moderno y se devora a sí mismo en ese intento: cuando consiguió digerir la modernidad –en breves períodos– fue espléndida; cuando no acierta –casi siempre, y desde luego, desde el 39, que marca su gran fracaso como ciudad: todo se deteriora después de esa fecha– resulta odiosa y patética. Sevilla es invención de sí misma como heredera de lo oriental: así se explica toda la arquitectura de fines del XIX y principios del XX, el modernismo amoriscado sevillano, el falso mudéjar primorriverista de la Exposición del 29, el barrio de Santa Cruz. En Valencia el modernismo es europeo, catalán o vienés, y enseguida se apunta al déco y al racionalismo, que tan poco tuvo que hacer en Sevilla.

De vuelta de Sevilla, Paco enferma. Yo estaba trabajando, me llamó y creí que era para que bajara a tomarme el café, así que no le hice demasiado caso. Al cabo de un rato volvió a llamarme. Me di cuenta de que tenía la voz ronca, angustiada. «Llévame al médico.» Bajé enseguida y me lo encontré sentado con los codos apoyados en la mesa y la cara desencajada. Parecía un cadáver, tenía esa palidez entre metálica y marfileña que se les pone a los cadáveres. Tuve que sostenerlo porque no era capaz de ponerse en pie. Después de recorrer los dos servicios de urgencias más cercanos, que, al parecer, solo atienden por las tardes, consigo que nos reciba el médico del pueblo, que firma una nota para que lo ingresen de urgencia en el hospital de Denia; allí le advierten arritmias y fuerte taquicardia. Lo ingresan de inmediato. Yo estoy yendo y viniendo del hospital. Paso allí casi todo el día. Hoy volveré a la tarde, mi hermana, que no vive lejos, acudirá a mediodía. Poco más se puede hacer. En cualquier caso, ayer tenía mucho mejor aspecto. Le había vuelto el color al rostro y le dieron de comer. Al parecer, lo tendrán varios días en observación. Yo, entretanto, acostumbrado a no ocuparme de nada en la casa, me encuentro desconcertado. Para no abandonarme, le echo voluntad: a tal hora limpieza de cacharros, orden, dar de comer a los animales, prepararme la comida. Me he acostumbrado mal, pero no se trata solo de logística, es que la casa sin Paco, que tanta lata da y tanto me distrae (y tantas cosas imperceptibles soluciona), está extrañamente silenciosa. Me gusta el silencio, pero se me encoge el alma. Los perros se han callado, están mohínos, y los canarios, que de costumbre no dejan de trinar en todo el día, ni siquiera se mueven. Como si se hubieran muerto. Lo de los perros me parece más normal, pero lo de los canarios es rarísimo, porque cantaban incluso en plena noche. Bajo a ver qué pasa con ellos, y ahí están, en sus perchas, pero silenciosos. Hay cosas que le desconciertan a uno, la sospecha de que existen energías, vibraciones, hilos invisibles entre los seres que formamos eso que llamamos «naturaleza» o «universo». Si le contara a alguien que los canarios han enmudecido desde que no está Paco, se burlaría de mí: porque no se trata de que canten cuando lo tienen delante, no, cantan cuando él no está, cuando está en el huerto, en la habitación, o ha bajado al pueblo: esta vez es distinto, es como si se hubiera llevado algo consigo, algo que, otras veces, aunque salga de casa, deja en ella, y, en esta ocasión, no ha dejado. No soy un místico, ni hay cosa que más odie que todas esas verborreas en torno al karma o espiritualidades por el estilo, soy un irredento materialista (descreído de todo, para mi mal), y, sin embargo, lo que estoy escribiendo sobre los canarios es así. Hace dos días (desde que él no está) que no han soltado un trino, cuando antes no se estaban callados ni un minuto. No es que no canten, es que ni siquiera oigo el acostumbrado trajín que se traen en las jaulas.

Esta noche, de nuevo (ha ocurrido varias veces últimamente), pasa un coche, que se queda un buen rato parado en el camino. Los perros ladran enloquecidos durante unos minutos, luego gira, vuelve a quedarse en silencio mientras los perros siguen ladrando, y baja la cuesta dejándose llevar por la inercia, sin poner en marcha el motor. Se lo comenté el otro día a Paco; hoy, que él no está, vuelve a ocurrir. Como si alguien vigilara la casa. Y no es que esté yo más maniático, es que ha sido sencillamente así. Quizá solo una pareja que ha elegido este sitio por el que no pasa nadie para sus quehaceres amorosos.

25 de febrero
La mañana entera en el hospital, a la espera de los resultados de un TAC a Paco, que, a última hora, me entero de que no le han hecho porque se ha negado a firmar la autorización porque no estaba yo delante. La conversación con el médico no me ha tranquilizado: en el menos malo de los casos se trataría de una embolia pulmonar y queda la posibilidad de lo peor. Hablando luego con Paco, explicándole que está mejor, que todo lo que le están haciendo son pruebas, empieza a contarle a la enfermera que soy más que su jefe y más que su única familia, y a mí están a punto de saltárseme las lágrimas. Esa soledad, esa dependencia (no firmo si no está él delante, le dijo al médico). El médico me interroga con cierta desconfianza: entonces, usted qué es de él, pero él vive en su casa, contrasta con todas las explicaciones que, hace unos momentos, le daba a una familia pequeño bur-

guesa, muy de aquí, de la tierra, *made in* Marina Alta (tienen su estilo inconfundible, no solo el habla, también el vestido, el peinado, la *mise en place*, la manera de estar, de gesticular), que le exponía en el pasillo durante diez largos minutos las manías del *pare maralt* (en Denia se dice *maralt, caranc*, y no *malalt* o *carranc*, como tocaría en valenciano). El lenguaje, el humor, la psicología de Paco entra muy a duras penas en ese ambiente cerrado, *made in* Marina Alta. En Extremadura, ya estaría haciendo chistes, el médico habría empezado a bromear con él, aquí la cosa parece más bien inexplicable. El médico se extraña: ¿y cómo puede ser que no tenga a nadie?, pregunta, y la pregunta nos convierte a él y a mí en sospechosos. No se concibe que alguien no tenga a nadie: para eso hay que vivir en una gran ciudad. Sin embargo, ha captado enseguida su limitación, su (digámoslo así) minusvalía, o sea, que le falta un hervor, cosa que los psicólogos a los que lo llevé cuando el juicio no vieron por ningún lado, o no quisieron ver para no meterse en líos. La psiquiatría pública –la que tuve ocasión de observar por aquellos días– está poblada por una auténtica cuadra de mulas, tan ignorantes como altivas, y no digamos nada de los/las asistentes sociales. Lo siento por los que haya buenos.

26 de febrero

Con el frío metido en los huesos, terminé ayer la lectura del primer volumen de los *Relatos de Kolimá*, de Varlam Shalámov. Como muy bien observa el traductor, Ricardo San Vicente, en su brevísimo epílogo: «A diferencia de Dostoievski y enfrentado a Solzhenitsyn, que, como el autor de los *Apuntes de la Casa Muerta*, ve en la experiencia penitenciaria un camino de purificación, Shalámov observa en cada paso, en cada minuto, en cada bocanada de aire del campo de trabajo, un peldaño más en la senda de la deshumanización del hombre, de una inhumanidad a la que para mayor pánico empujan al preso otros hombres» (pág. 349). A esa línea de escritores rusos a los que se refiere San Vicente, que unen cárcel con alguna forma de experiencia mística, habría que añadir la novela de Tolstói, que lleva el significativo título de *Resurrección*, en la que el viaje hacia el campo de trabajo se convierte en un verdadero camino de perfección para algunos presos, y también para el protagonista, quien frustra su experiencia: al final no se transforma y vuelve a su anterior personalidad, precisamente por haber sido solo un *acompañante*, un *compañero de viaje*, y no un verdadero preso que purga sus culpas. El propio Shalámov, en la narración titulada «La cruz roja», que es como en el argot de los campos se llaman los hombres entre sí, expresa muy bien lo que diferencia sus memorias de preso de las de Dostoievski: «En los *Apuntes de la Casa Muerta*, Dostoievski recoge conmovido los actos de unos infelices que se comportan como niños grandes, se distraen con el teatro y pelean entre sí con pueril falta de ira. Dostoievski no se encontró con el auténtico mundo del hampa, ni lo llegó a conocer. Ante ese mundo Dostoievski no se hubiera permitido expresar simpatía alguna» (pág. 283).

Sobre el hambre: «No hay modo de apartar la vista de un hombre que se mete algo en la boca» (p. 235).

Y también: «Buscaba gente que masticara, que tragara algo, y les miraba la boca, pues cuanto más me recuperaba, más y más ganas tenía de comer» (pág. 237); «Los primeros en morir eran los hombres corpulentos [...]. Los estonios, letones y lituanos eran en todas partes los primeros en morir» (págs. 256-257).

Sobre cómo el hampa acaba por corromper cuanto roza y sobre la fragilidad del intelectual en un mundo en el que todo se resuelve por la fuerza:

Nadie, ninguna persona que haya estado en Kolimá, sea hombre o mujer, se ha podido desprender del argot del hampa.

Estas palabras son una droga, un veneno que penetra en el alma del hombre, y es justamente con el dominio del dialecto del hampa como empieza el acercamiento del «bulto» al mundo del crimen.

El intelectual recluso está oprimido por el campo. Todo lo que le era más querido ha sido pisoteado hasta convertirse en polvo; la civilización y la cultura se despegan del hombre en el plazo de tiempo más breve, un tiempo que se puede medir en semanas.

El puño, el palo son los argumentos de una discusión. Un culatazo, unos cuantos dientes rotos, los métodos de persuasión.

El intelectual se convierte en un cobarde, y su propio cerebro le apunta cómo justificar sus actos. Y puede convencerse de cualquier cosa, situarse en cualquiera de los bandos en disputa. El intelectual ve en el mundo del hampa a unos «maestros de la vida», a unos luchadores a favor de los «derechos del pueblo».

Un buen sopapo, un golpe, convierte al intelectual en el sumiso criado de cualquier Sénechka o Kóstechka.

La persuasión física se trueca en persuasión moral.

El intelectual queda espantado para siempre. Su espíritu se ha quebrado. Y este miedo y esta alma quebrada los lleva consigo al regresar al mundo en libertad (págs. 286-287).

Termino con esta dolorosa reflexión sobre «intuición y sentimientos», los sentimientos positivos vienen a ser algo así como una feliz emanación de los lípidos y las proteínas:

Todos los sentimientos humanos –el amor, la amistad, la envidia, el amor al prójimo, la misericordia, el ansia de gloria o la honradez– nos habían abandonado con la carne de la que nos vimos privados durante nuestra prolongada hambruna. En la insignificante capa muscular que aún quedaba adherida a nuestros huesos, que aún nos permitía comer, movernos, respirar, e incluso serrar leña o recoger con la pala piedras y arena en la carretilla por los inacabables tablones de madera en las minas de oro, por el estrecho camino de madera hasta la máquina de lavado; en esta capa muscular no cabía más que el odio, el sentimiento humano más imperecedero (pág. 65).

Paso la tarde adormilado. No soporto la posibilidad de que lo de Paco sea un tumor (como ha apuntado el médico) y se esté muriendo. Hoy ha intentado demostrarme lo bien que se encuentra, poniéndose en pie y avanzando tambaleante hacia los lavabos de la habitación. He tenido que sostenerlo porque se caía. Está confuso, desorientado, no sabe dónde se encuentran las cosas, no entiende lo que se le dice. Lo miro, un animalito asustado, pero también un ser confiado que está seguro de que voy a sacarlo del hospital como lo he sacado de sus enredos durante estos años, como lo saqué de la cárcel (no me perdonó la estancia en ella, creía que yo podía solucionarlo y no lo hice), y no puedo soportar el peso que me produce esa fe suya, porque sé que voy a defraudarla. Hoy me he pasado la mañana en el hospital a la espera del TAC que le han hecho; al final, el médico no ha aparecido, así que sigue el suspense. Cuando lo veía lavarse y peinarse con dificultad, porque apenas alcanzaba a sostener el peine, sentía ganas de llorar. Al agacharme para recogerle la bolsa de aseo que le he llevado he notado la palma de la mano sobre mi cabeza de un modo casi imperceptible, como para que yo no me diera cuenta, su tembloroso brazo extendido. Me he conmovido. A ver qué dicen mañana los médicos. Para no pasarme más horas a la espera, le he dicho que volvería a la

385

hora de comer, imagino que, para entonces, ya estarán los resultados. Aprovecho el rato que me queda hasta entonces yendo al supermercado.

27 de febrero

No me hago a la idea de que Paco se esté muriendo. F. me avisa de que el colapso se puede producir en cualquier instante, y me vengo abajo. Me pasan por la cabeza las imágenes de todos estos años, ¿cuántos?, ¿veinte?, veinte años con este hombre que me necesitaba para todo, solo, desvalido, incapaz de resolver nada por su cuenta, al borde de que le ocurriese algo en cuanto pisaba terreno público, incapaz de expresarse ante cualquier amenaza (un guardia que le pregunta dónde vive y al que no sabe qué responderle: ni siquiera conoce el nombre de la partida donde está situada la casa ni el de la población, Beniarbeig). Previniendo eso, él procura tener siempre esas cosas en orden, todos los carnets y los papeles en la cartera (incluida una pegatina con la dirección de casa y mi número de teléfono). No le sirvió de gran cosa. Acabaron cazándolo en una trampa. Ahora, dejar que se vaya es como fallarle en el último momento. Lo veo en el hospital, a ratos inconsciente: un animalito que dice que está bien y pronto se irá a casa, y en otros momentos asustado: me voy a morir, decía ayer, llorando. No voy a salir de aquí.

Hay gente a la que persigue la desgracia. Yo creo que ese presentimiento de mal fario fue el que nos hermanó, pero yo tengo una vida más o menos pública que sirve como venda de ciertas heridas, tengo recursos intelectuales, estudié. Él nunca tuvo nada. No puede morirse así, sin una oportunidad (releo lo que escribo, retórica, ¿a quién le dirige uno frases así, «una oportunidad», como si esto no fuera el mayúsculo sinsentido, lamento de Pleberio al final de *La*

386

Celestina?). ¿Cuál podría ser su oportunidad? Su campo, sus animalitos, aquí los ha tenido, los tiene y tampoco ha sido feliz. Siempre agrio, de mal humor. La herida originaria. Pedir, en una oración laica, que se quede un tiempo más dándoles de comer a los canarios, a los patos, labrando la tierra, poniendo a su hora la mesa cada día, con toda esa innecesaria parafernalia, los dos platos (aunque el menú solo incluya un guiso), la bandeja con los embutidos, la ensalada con todos los ingredientes (y que normalmente se va a la basura), los quesos, el recipiente con la fruta, lo que no se usaba ni consumía pero que era su signo de distinción, su orgullo, la demostración de que sabía hacer las cosas bien y todo estaba a punto en su sitio y a su hora. La tierra firme sobre la que se sostenía.

5 de marzo

Las cinco y media de la mañana en urgencias: las maquinitas de bebidas, las que expenden revistas, prensa del corazón, de consumo femenino, y esas otras de consumo popular: *Muy Interesante, Más Allá…*, sin duda dedicadas a un público de hombres; las rodantes sillas metálicas con las antenas de los goteros, alineadas junto a la pared, una enfermera despeinada en el mostrador, y, única compañía, un jovencito con vaqueros muy ajustados y jersey blanco, muy maqueado, como si hubiera interrumpido una fiesta para venirse aquí. ¿A quién acompaña?, ¿qué espera? Parece muy tranquilo, casi hierático, si no fuera porque el movimiento ininterrumpido de un pie (tiene las piernas cruzadas) podría delatar impaciencia o nerviosismo. Yo espero la llegada de una ambulancia que trasladará a Paco a Benidorm para que le practiquen un cateterismo, parece ser —por lo que me comentó ayer el médico— que le han controlado el émbolo pulmonar, que no hay afecciones graves en el cerebro, pero que no consiguen ajustarle las pulsaciones, tiene el corazón grande y puede haber alguna arteria dañada, algo así es lo que he entendido de cuanto me ha explicado el médico: eso sería lo que le produciría los desvanecimientos, el quedarse en blanco de repente. Ayer por la mañana se quedó así, con los ojos entornados y la boca abierta, inmóvil, sin reaccionar cuando movía la mano ante sus ojos, o cuando lo sacudía, la tez azulada. Un Cristo yacente de Gregorio Fernández. Al poco rato se había recuperado y desayunó con relativo apetito. Durante la visita de la tarde le había vuelto el color de cara, estaba animado y charlaba con coherencia. Incluso no mostró ningún miedo cuando le pedí que firmara el acuerdo para la prueba que van a realizarle hoy. Yo lo que quiero es curarme, dijo. Me contó que ya le habían afeitado la ingle, y yo, para animarle, empecé a enumerarle gente que ha pasado por situaciones peores (eso le digo) que la suya, y está como una rosa: a F. M. le han hecho un cateterismo, le han puesto un marcapasos, le han cortado el colon y le han hecho un ano artificial: una tubería que le sale al lado de la barriga; también E. lleva marcapasos y a E. el alcoyano, que debe estar más cerca de los ochenta que de los setenta, le han hecho no sé cuántos bypass. Ahora somos como los coches, nos cambian el depósito, las cañerías, nos desguazan y reconstruyen, le decía yo. Después, en mi coche, mientras volvía a casa, pensaba: sí, pero el peligro lo corre él, él es el coche que van a desguazar.

10 de marzo
Me preocupan los altibajos de Paco, su ciclotimia, que seguramente tiene que ver con las fluctuaciones de la presión sanguínea, con los efectos de la medicación, pero también con desarreglos sentimentales que la enfermedad saca a la luz con crudeza. Hace tres días estaba muy animado, charlaba con una lucidez como hace tiempo que yo no le había conocido, tenía buen apetito, caminaba por el pasillo del hos-

pital, miraba hacia el exterior a través de las ventanas («el campo, estar fuera, tengo unas ganas de estar en el campo…, esto es la muerte», decía). Al día siguiente se había venido abajo: mientras se lavaba, había tenido un desvanecimiento, se había caído y luego no podía levantarse porque todo le daba vueltas. Después de ese incidente volvió al pozo: «De aquí no voy a salir, ya lo sé», fue cuanto conseguí que me dijera después de un buen rato en el que se negaba a hablar, y ni siquiera abría los ojos. Al decirlo, me estaba acusando de que lo engañaba, de que yo era cómplice de los médicos, y entre todos lo estábamos engañando. No quiso comer, por más que le insistí, y expliqué que el médico me había dicho que el mareo había sido causado por una bajada de tensión y no tenía mayor importancia. Al parecer, para intentar controlarle las pulsaciones, que siguen siendo muy altas, se habían excedido en la medicación con el fin de bajarle la presión sanguínea. Al final tuve que empapuzarle como a un niño pequeño, metiéndole la cuchara en la boca. La siguiente visita lo encontré de nuevo más animado, pero hoy volvía a estar deprimido y se negaba a hablar y a comer. De nuevo tenía esa sensación de mareo. También hoy he tenido que darle yo la comida, forzarlo a sentarse en la cama y obligarlo a reaccionar. «No puedo comérmela, no me entra; además, no me la puedo tragar así, sin sal.» Me decía que prefería morirse antes que comerse lo que le ponían, esa asquerosidad sin sal. Le he reñido: «¿Ya no te acuerdas de lo que decías el día que entraste, que te ibas a morir y no querías morirte? Pues para vivir hay que comer». Le he recordado que aquí cada uno hace su trabajo: enfermeras, sanitarios médicos. «Te cambian las sábanas, el pijama, te auscultan, te pinchan, te sirven la comida. Cada uno tiene una función. Hasta quienes venimos a verte cumplimos con la parte que nos toca. Y tú tienes que cumplir con la tuya, que es comer, ponerte fuerte, caminar poco a poco, echarle voluntad. Ese es tu trabajo.» Le he tomado el pelo: «Con el hambre que has pasado, cuando con una sardina arenque y un huevo comíais los dieciocho de la familia, y ahora no quieres comerte este pollo que tiene tan buena pinta, y estas lentejas, solo porque están sosos. ¿Qué diría tu abuela, la Percha, la pobre que en paz descanse, si se lo contaras? Ya lo dice el refrán: No sirvas a quien sirvió. Te has vuelto señorito. No quiero volver a darte yo la comida, ni que te la dé mi hermana [nos turnamos, yo voy durante el día, ella, que vive cerca del hospital, le da la cena]. Quiero verte a ti coger la cuchara y el tenedor, y sentarte en la cama en cuanto te pongan la bandeja, comer, valerte por ti mismo». Me ha dado la razón. Por teléfono, mi hermana me dice que esta noche ha cenado bien. Veremos lo que ocurre cuando le den el alta, han pasado casi dos meses. Aquí arriba, en el campo, no lo va a tener fácil. Yo creo que piensa en eso, pero precisamente por eso no debo dejar que se abandone. El otro día, cuando no se quería levantar después del mareo porque tenía miedo, le dije: «Por esa razón, no te levantas más». Le esperan días duros. Seguramente a mí también, el campo aísla, aunque el pueblo esté cerca, esto es el campo. No hay vecinos alrededor, ni tiendas, ni servicios. Para todo eso hay que coger el coche. No me asusta, lo único que pido es que me quede el tiempo suficiente para cumplir los compromisos pendientes y a los que, en estos días, apenas tengo ánimos para dedicarles atención: la visita diaria al hospital, al médico de aquí, a la panadería, al supermercado, la limpieza de la casa, dar de comer a perros, gatos, canarios, gallinas, perdices; preparar la comida, todo es sencillo, y lo hago con eficiencia, pero me distrae. Estaba muy mal acostumbrado a tener el día entero para mí, despreocupado de los quehaceres domésticos, que ya digo que son sencillos, pero que en esta casa se multiplican: bajar al pueblo para tirar la basura y recoger el correo, llenar el depósito de agua, regar las plantas, prepararles la comida a los animales como hacía él. Lo hago todo en una hora, sí, pero no tengo la cabeza ordenada para aceptar que eso es así, todo tiene un aire provisional que el regreso de Paco no va a corregir, porque él también necesita cuidados, y dudo mucho que vuelva a estar en condiciones de hacer casi nada de lo que hacía: con ese aspecto tan quebradizo con el que se mueve, no lo veo cogiendo la moto, cavando el huerto y ni siquiera preparando la comida. No lo veo quedándose solo si yo me voy de viaje unos días para cumplir los tres o cuatro compromisos pendientes. Ya veremos en qué para esto. Hay que organizarse.

12 de marzo

Ayer le dieron el alta hospitalaria a Paco, eso sí, cargado de pastillas e inyecciones que debe tomar cada día. Frágil, con una voz trémula y paso vacilante, pero está de muy buen humor, repite a cada instante que se encuentra bien y que como la casa de uno no hay nada. Enseguida se pone a fregar, a reñir con los animales, luego cena con buen apetito. Esta mañana, antes de dejarlo, porque tengo que irme a Leipzig, le doy la ración de pastillas y lo dejo a cargo de mi hermana, que pasará en un rato a recogerlo para llevárselo a su casa mientras yo estoy fuera. Llamo desde el aeropuerto de Alicante, para ver cómo sigue, y no responde nadie. Imagino que estará en el campo, pero me inquieto, debería haber anulado este viaje previsto desde hace meses. Llamo repetidas veces, y sigue sin ponerse. Telefoneo a mi hermana, le digo la medicación que le he dado y lo que tiene que hacer ella. «Ahora vamos a recogerlo.» Media hora más tarde, llamo otra vez a casa, y es ella la que se pone al teléfono. «Aún no lo he visto, estamos aquí, pero no lo encontramos», me dice. Nueva llamada mía a los pocos minutos. Me cuentan que se lo han encontrado tras la puerta cerrada de la habitación en muy mal estado. Al parecer, se ha mareado y ha estado vomitando. Ya desde aquí, desde Leipzig, he vuelto a llamar (en la escala que he hecho en Mallorca me han dicho que ya lo había visto el médico): al parecer, ha comido bien y está durmiendo. «Ha debido pegarse una paliza limpiando y eso lo ha agotado. Todo estaba recién fregado en casa», me ha dicho mi hermana. El médico les ha explicado que el proceso será muy lento, que no debe intentar esforzarse. A ver quién lo controla.

El hecho es que nada está lo que se dice en orden. El castillito ideal que había organizado se ha derrumbado en un pispás. Yo también he estado a punto de marearme esta mañana en el aeropuerto de Alicante. Hacía mucho calor y he empezado a notar que perdía el equilibrio y sudaba con un sudor frío. Me ha dado vergüenza: se trata seguramente de la interiorización de mis preocupaciones con Paco, que no se revelan a las claras, un miedo que no muestra su cara. Me decía: solo falta que caiga también yo, que no pueda ir a Leipzig. He salido a la calle a tomar un poco de aire, he aspirado hondo, he procurado relajarme, pero no lo conseguía. Me he tomado un tranxilium (menos mal que se me ha ocurrido meter los comprimidos en la maleta). La sensación de vértigo ha ido desapareciendo y he podido concluir sin más percances el viaje.

Si en Alicante estaba a veintiséis grados y me sobraba la escasa ropa que he cogido, aquí sopla un viento desapacible y hace un frío espantoso. Cuando el avión llega, a las cinco de la tarde, está nublado, oscurece y el ambiente resulta de lo más desagradable. Desde el taxi contemplo un tristísimo paisaje: los troncos negros de los árboles iluminados al paso por los faros, la llovizna, las ráfagas de viento moviendo las farolas. Alemania muestra su cara más deprimente: descampados, solares, casas abandonadas o a medio demoler, canales

392

de agua gris que transmiten sensación de frío. Me he fumado medio cigarro a las puertas del aeropuerto y otro a las del hotel, y ha sido una auténtica tortura. El frío, el viento, paisajes de Alemania del Este, decorados de viejo régimen y un clima invernal, nada consolador, han recibido de uñas a las decenas de jubilados que, unos desde Alicante y otros desde Mallorca, han viajado en el avión. Muestran sus dentaduras postizas, sus arrugas, sus deformaciones y minusvalías. Junto a mí se sentaba un hombre que aún conservaba hermosos rasgos, sin duda debió de ser un bello Hércules en su juventud, pero, cuando ha extendido los brazos para recoger el equipaje, ha mostrado unas cicatrices tremendas en torno al codo izquierdo y que le marcaban también el bíceps hasta la axila: fruto de algún accidente o de alguna operación, una serie de agujeros le perforaban casi de un lado al otro el brazo. Me produce una mezcla de piedad y de grima ver reunidos a todos esos supervivientes: cuerpos malheridos por la vida, por el tiempo.

13 de marzo

Me levanto con vértigos convencido de que se trata de síntomas de mi síndrome alemán (el miedo a que me ocurra lo que me pasó años atrás cuando sufrí un episodio de vértigo que me tuvo más de diez días en el hospital universitario de Frankfurt), hago ejercicios de relajación, respiro hondo, camino a paso rápido por el interior de la habitación y leo en voz alta el texto que esta tarde leeré en público. El vértigo se diluye. Parece que me encuentro mejor. Dudo en si tomarme un tranxilium, no vaya a ser que me duerma durante el acto. Hoy he dormido profundamente y he tenido la sensación de que la noche se me hacía larguísima. Me asustó el sonido del teléfono a una hora que yo creía que era la madrugada y pensé por un momento que me iba a traer las peores noticias. Nada de eso: resultó ser S., y no era la madrugada, sino apenas medianoche. Luego me he despertado a las tres, convencido de que era muy tarde, casi mediodía. Vuelta al sueño. Al final resulta que me he tirado ocho o nueve horas en la cama, aunque me han parecido catorce o quince. Tenía la sensación de que el tiempo remoloneaba, se detenía, un animal de transporte que, en vez de tirar del carro, se para a ramonear en la cuneta.

Hace un rato he llamado a mi hermana para pedirle el parte de enfermería y me ha dicho que Paco está estupendamente. Incluso se ha puesto él al teléfono. La voz denotaba animación.

La vida sin tiempo es la felicidad. El pecado de Eva pone en marcha la historia, que es conflicto. El conflicto está implícito en el propio discurrir del tiempo. No hay conflicto fuera de la historia, tampoco ocurre al revés, no hay historia sin conflicto.

Me gusta mucho la anotación de Claudio Magris al referirse a la decadencia y práctica desaparición de varias lenguas célticas, incluido el *cornish*, hablado en las islas Scilly, a veintiséis millas de Cornualles. Dice Magris: «Nos podemos consolar con fragmentos de autos sacramentales medievales, en los cuales Dios habla en *cornish* y el diablo en inglés» (*El infinito viajar*, pág. 75). En el Tavernes de los cincuenta, el diablo hablaría en valenciano y Dios en castellano.

Arnold Zweig: *La disputa por el sargento Grischa.*

A Fontane, Prusia, su patria, no le parece un país que posee un ejército, sino un ejército que posee un país; algo así podría escribirse sobre España: no un país que posee unos políticos, sino unos políticos que poseen un país. Lo secuestraron durante la Transición y siguen manteniéndolo preso, mediante una financiación irregular que expulsa a la competencia –que no puede permitirse los derroches de las campañas de propaganda–, y gracias a una perversa estructura electoral ideada para primar, por un lado, el bipartidismo, y, por otro, los partidos nacionalistas de Cataluña y el País Vasco, un reparto de escaños por circunscripciones que ayuda a diluir y desvirtúa el principio de un hombre un voto, y la suma de tantos votos, un diputado: se aprueba el referéndum catalán (pacto entre nacionalistas y socialistas), con propuestas de calado profundo que discuten temas decisivos para el conjunto del Estado, con apenas el treinta o treinta y tantos por ciento de participación. Seiscientos mil votos catalanes le dan a Convergencia once diputados, mientras que ochocientos mil en toda España solo le dan a Izquierda Unida (el que se supone que debería ser el tercer partido) dos diputados. Un partido recién nacido obtiene un diputado con los votos con que los nacionalistas vascos obtienen seis. Resultado: nadie puede gobernar el país sin apoyo de los nacionalistas, ni legislar si no refuerza sus intereses: perversión por la cual uno acaba creyendo en la fuerza imparable de los nacionalismos que, al fin y al cabo, son solo unos pocos centenares de miles en un censo de treinta y pico millones de votantes (el efecto perverso los llevará a crecer, a seguir creciendo). Ningún partido quiere o se atreve a cambiar el sistema electoral sustituyéndolo por eso tan sencillo que es un hombre un voto, y tantos votos un diputado. A lo cual habría que añadir las listas abiertas para que cada cual vote a quien quiera y no el rebaño completo que compone la lista de los partidos, puestos en el orden que más conviene a sus necesidades internas o caprichos de cocina.

El otro gran principio regenerador debería ser que la abstención se refleje en el Parlamento: si el cuarenta por ciento se abstiene de votar, que el cuarenta por ciento de los escaños del Parlamento se mantengan vacíos y no los ocupen y cobren aquellos a quienes nadie ha votado. Pero ese sistema toca las cuentas de socialistas y populares y aleja del banquete a las burguesías catalana y vasca, ¿cómo tolerar eso? Bajo la apariencia del sufragio universal, España sigue guardando los resabios de la vieja restauración, la de Cánovas, o un poco más adelante, la de Cambó. La nueva restauración del 77 reproduce bastante fielmente el modelo de ese triángulo político: el sur, Cataluña y el País Vasco dirigen la política de la nación desde el rompeolas de todas las bancas, que es Madrid. El caciquismo del sur se prolonga en el *Estado social* de los socialdemócratas, rocoso, inamovible; los nacionalismos se prolongan en sí mismos. El esquema de la restauración franco-juancarlista se corresponde y prolonga el de la alfonsino-canovista. La República, un agitado paréntesis: desmontar el pacto entre el caciquismo del sur y las prebendas nacionalistas sería el signo de que ha llegado al poder un gobierno «republicano» y no la palabrería de Zapatero, que lo que ha hecho ha sido reforzar los poderes de las eternas fuerzas, mientras nos distraía con medidas populistas: saca adelante una reforma económica escandalosamente injusta y reaccionaria propuesta por CiU (siempre en defensa de las inversiones opacas de la alta burguesía catalana) que libera a las sicavs del control de Hacienda, el mismo día en que aprueba el matrimonio entre personas del mismo sexo.

Desolada lectura del «Descubrimiento de la ciudad» en *uno* de los espacios abiertos de la Feria de Leipzig a los que se asoma gente de paso y llega música turca, rusa o ucraniana procedente de los estands de al lado. Ni tengo ganas de leer (menos mal que solo tengo que hacerlo con el primer folio), ni de responder a las preguntas que me plantean –tópico tras tópico– y acabo hablando de la lucha de clases, o de cómo, en la actualidad, no se viaja, a muy poca gente le interesa viajar. Nadie quiere ir a los barrios populares de Yakarta o de Ciudad Juárez. Todo el mundo quiere ir al Westin o al Meliá, a los grandes hoteles de París, Londres, Barcelona o Nueva York, pero nadie quiere ir de verdad a esos sitios, meterse veinte personas en una chabola por la que corretean las ratas, eso no, eso no es una buena idea para nuestra excursión. Pero, entonces, ¿para qué diantres salir de casa? Los barrios ricos de todas las ciudades del mundo se parecen, albergan las mismas franquicias, y los barrios pobres son también idénticos: muestran el mismo porcentaje de niños desnutridos y de ratas vayas adonde vayas. El único viaje que resulta aleccionador en la actualidad es el interclasista, la travesía de una clase a otra, esa es la gran aventura contemporánea en un mundo globalizado, en el que cada cosa forma parte de lo mismo, que un chabolista de la Cañada Real pase dos días en el Ritz, que asista a una sesión de ópera, a la presentación de un libro, a un pase de modelos de alta costura: eso es turismo; o que un vecino de La Moraleja o de Goya, esos barrios ricos de Madrid, se esté una semana en el barrio de San Cristóbal o en la Cañada Real, lugares en los que los reportajes nos hablan de una agitadísima vida cotidiana, y nunca ha pisado: degustar la gastronomía gitana, o rumana, asistir a las excitantes peleas con navaja, a las peleas de gallos y de perros, al ir y venir de los yonquis que negocian su ración de heroína, al ajetreo del *bisnes* del jaco, y a alguna redada policial. En el mundo actual, los únicos verdaderos turistas son los narcos; esos clanes, Los Gordos, esos *dealers*, que alternan su vida en la barriada con las estancias en grandes hoteles, auténtico y excitante *up and down*; los otros viajes, de acá para allá, nos llevan a territorios que ya hemos visto. Cada uno en su nivel de clase, aquí o en Tananarive. Del mismo modo que no sé quién dijo en su día que hay más diferencias entre Picasso y Pollock (dos contemporáneos) que entre Altamira y Picasso (dos extremos de la historia del arte), hay más diferencias entre las lujosas villas de las lomas de Chapultepec de México y sus villas miseria que entre un hotel de Cancún y otro –pongamos por caso– de Tenerife o Bali; desde luego, más diferencias entre el barrio chabolista de la Cañada Real y el paseo de la Castellana madrileños, que entre la Castellana y los barrios lujosos de Singapur o Hong Kong. ¿Salir de casa para eso?, ¿para encontrarte con lo mismo?, ¿para seguir en tu clase y tiranizado por tu presupuesto? Porque eso son tus viajes sin moverte de tu clase, vayas a Marbella, a Roma o a Bali: te hospedas en el hotel de lo que llaman tu «segmento», a no ser que vayas como emigrante, entonces te encontrarás con que también los puestos de trabajo y los lugares en que se ejercen los oficios se parecen. Incluso se parecen cada vez más peligrosamente, desde que también Occidente ha empezado a considerar todo eso de los derechos laborales y los sindicatos como rémoras del siglo XIX que hay que extirpar.

Paso todo el día aterrorizado por el vértigo, que vuelve a asaltarme, sobre todo durante la cena con Heinrich, con el que hablo de novelas de guerra, un tema al que le doy últimamente vueltas. Hablamos de Jünger, de Remarque, de Barbusse, de Zweig, de Sender; o del recién llegado Littell, de tan rabiosa actualidad. Coincidimos en que a las élites de la crítica francesa les gusta Jünger por esa cosa telúrica que tiene, esa metafísica del bien y del mal impregnando la tierra como aliento de algún dios (más bien de algún diablo): el universo entero, un espacio en el que el hombre no pinta gran cosa, seguramente menos que una hormiga; les gusta por eso, y por su altivez literaria. Por lo mismo que les gusta Borges, por ese verbo metafísico: azares, destinos, senderos misteriosos, relecturas bíblicas, mística encubierta y, sobre todo, altivez, mucha altivez y mucha escritura calzada con coturno.

Empiezo a comer sin apetito y acabo limpiando el plato en el que me han servido un riquísimo pecho de ternera con salsa de rábano picante, el *raifort* de los franceses, que creo que es familia también del *wasabi* que usan los japoneses para sus *sushis* y *sashimis*. De vuelta a casa, un taxista joven, con aspecto de sólido y bondadoso obrero, se dirige a mí en un tono amigable: melancolía de viejo menopáusico. Me da vergüenza desplegar los trucos de seducción, pero no puedo dejar de hablar. Se llama Enrico. «¿De padres italianos?», le pregunto. «No, a algunos alemanes nos pusieron Enrico por entonces.» Tiene veintiocho años. Un poco tarde para que esos Enrico fueran homenaje a Caruso. Se me pone en marcha la batidora, y pienso que debió ser en honor a Berlinguer. Es la vieja Alemania Oriental, su padre era comunista, seguramente esperaba con ansiedad las reformas que preconizaba el italiano, aquello del eurocomunismo. Se lo digo, lo de Berlinguer y el eurocomunismo, y a continuación me siento ridículo, diciendo: «Yo también fui comunista en mi juventud». Pronuncio la frase y me desprecio: no hace falta llegar tan abajo, me digo, mientras contemplo su nuca afeitada. Además, pienso: ¿quién se acuerda a estas alturas de aquellos fugaces dioses laicos? Imagino que su padre, a sus veintiocho años, era tan hermoso como él, tenía esa solidez, ese aspecto laboral, benévolo. El hombre –me refiero al padre– debe de tener poco más o menos la misma edad que yo. Interrogantes: ¿se ha reconvertido en esta nueva Alemania?, ¿a qué se dedica ahora?, ¿piensa en el eurocomunismo que no pudo ser (y contra el que yo combatí) como un ideal de su juventud?, ¿o se avergüenza del nombre que le puso a su hijo y odia las reformas que nunca llegaron a un régimen que se derrumbó desamparándolo? En España abundaron los José Antonio después de la guerra, hay muchos en mi generación. No me he atrevido –ni el viaje ha durado tanto– a hacerle a Enrico tantas preguntas. Seguramente sabe muy poco de todo aquello.

Mañana por la tarde intentaré escaparme a Berlín para ver a Elke, mi primera traductora al alemán. Ya sabía que estaba enferma de un cáncer terminal. El otro día, justo cuando estaba entrando en el hospital para ver a Paco, me telefoneó porque había leído en la prensa que iba a visitar Leipzig y me pedía que fuera a verla a Berlín. «Estoy muy mal, ya no salgo de casa», me dijo. A ella siempre le ha gustado poner a todo el mundo a prueba. Decidió dejar de ser mi traductora, *malgré moi*, porque le habían impuesto una exclusiva con otro escritor (Marías), me abandonó, y, sin embargo, se ha enfadado conmigo cada vez que ha aparecido en Alemania una de mis novelas. Como si fuese yo quien la hubiera abandonado. El otro día, por teléfono, me estaba pidiendo que fuera a despedirla. Me pareció un trago duro, los dos a solas, la que se está muriendo y el que se supone que va a seguir viviendo durante algún tiempo más y publicando libros, que está de gira en Alemania. Pero, al parecer, ella ha previsto otro escenario, que le agradezco: cuando le telefoneo para decirle que intentaré escaparme mañana para verla, me anuncia que, a la misma hora que llegaré yo desde Leipzig, lo hará desde París Denise Laroutis, la traductora de mis libros al francés, y, al parecer, también buena amiga suya. Las maquinaciones de Elke, en este caso, me han parecido de una exquisita delicadeza. En cualquier caso, un trago difícil, tres horas con la muerte, me digo, como si estar con alguien cualquier día en cualquier parte no fuera estar con un muerto más o menos inminente: son tan cortos los plazos. Me acuerdo de los presos de los campos de concentración de los que habla Grossman: lavaban su ropa, trapicheaban, criticaban, lo hacían todo como si la vida fuera a seguir indefinidamente, cuando estaba claro que en pocas horas, o cuando más en pocos días, iban a entrar en el horno crematorio. Ni siquiera se les pasaba por la cabeza rebelarse: a él le sorprende la extraña normalidad con la que habían aceptado la muerte. En realidad, era una manifestación (más perversa) del concepto de *providencia*. Los presos le habían traspasado a Hitler la ineluctabilidad de la providencia de Yavé: cristianos y judíos siguen rezándole al Dios que los ha condenado a muerte, y que incluso se complace en torturarlos cruelmente antes de deshacerse de ellos. No lo maldicen, sino que aceptan: «Hágase tu voluntad», y encima le dan las gracias y lo invocan como Dios de bondad y de amor, un Dios tan bueno y amoroso que torturó a su propio esqueje, a su hijo. El cristiano, al que la enfermedad o las maldades de sus semejantes torturan de forma especialmente cruel, se siente privilegiado, tratado como hijo. Un mártir. Qué locura. El ser humano.

En los mesones de Berlín se practica, según Magris (pág. 184), un «sanguíneo humorismo».

14 de marzo
En el tren, camino de Berlín. Se agrieta el plomo que encerraba esta mañana el paisaje, y todo se va llenando con una luz delicada: el bosque seco amarillea, verdean los troncos musgosos, o, mejor, el musgo que envuelve los feos troncos secos, los canales pierden su toque siniestro, y, de vez en cuando (la verdad es que muy de tarde en tarde), florecen tímidamente un árbol o un arbusto, anunciando la próxima llegada de la primavera. En algunos tramos, la hierba verde se abre paso venciendo a la que ha permanecido durante el invierno seca y amarilla; hay lugares (fuera del bosque) en los que incluso predomina el verde sobre el pardo, y también cruza el tren junto a algunas plantaciones de un verde tierno, que, en la distancia, no consigo distinguir de qué pueda tra-

401

tarse, aunque imagino que serán parcelas en las que se cultiva el cereal. Mientras escribo estas líneas en el tren, intento apartar el pensamiento de en qué condiciones encontraré a Elke. Al responderme al teléfono para darme la dirección de su casa, la voz era fragilísima y se oía la respiración como si un herrero estuviera trabajando a su lado con un fuelle. A ver, a ver cómo discurre esta lúgubre velada. ¿Habría que huir de estas cosas? La pregunta no sería exactamente si es moral huir de esas obligaciones. Hacer lo que se puede mientras se puede y luego desvanecerse: eso pienso de mí, pero es que yo no acabo de atarme sentimentalmente a nadie, más que compañía encuentro testigos, que molestan; o víctimas, que solicitan.

¿La soledad de quien se ve extinguirse a sí mismo? Aprender a morir, el único acto verdaderamente trascendente, ante eso todo se vuelve pequeño: anécdota. Es cierto que esa energía decreciente ya no mueve el motor de ninguna historia pública o privada (los últimos estertores solo mantienen el negocio de la sanidad, que aprovecha para rebañar lo que puede antes de perder su cliente). La muerte es la antieconomía: la quiebra de una empresa en la que durante tantos años se han invertido capitales de todo tipo. La gran baza de las religiones está precisamente en que, por una pirueta de prestidigitación, ponen a producir a la muerte: la convierten en generador de energía, en motor, y hay tantos muertos, y son tantos los que van a morir, que nunca va a faltarles combustible para su caldera. La permanencia de las religiones: por el momento no parece que ese carburante vaya a agotarse. Mientras hay muerte hay esperanza para ellas. Tras la ventanilla relucen los tejados de las casas de las poblaciones que se van quedando atrás, en una gradación de colores que se deslizan desde el marrón al rojo intenso; y los rayos del sol sacan brillo a las paredes de las viejas edificacio-

402

nes recién rehabilitadas y pintadas con suaves colores pastel: azul, crema, amarillo, rosáceo, verde pistacho: son las galas con que Sajonia celebra que ha sido recibida en el primer mundo. *Welcome to capitalism.* Derruye o rehabilita viejos almacenes, cubre solares sembrados de ruinas con edificios de diseño llamativo y construidos con los materiales de moda. Aún quedan a la vista las cicatrices de las viejas heridas, pero la piel se regenera, pronto no quedarán huellas de cuanto fue y ocurrió. En el cambiante paisaje, los hirsutos árboles de los bosques invernales han sido sustituidos por enormes extensiones de recién brotado cereal. Aquí ya ha llegado la primavera.

15 de marzo

También esta mañana, de camino al aeropuerto, tengo la oportunidad de comprobar la extremada pericia y la vocación suicida o de amantes del deporte de riesgo de los taxistas alemanes: poner el coche a ciento ochenta, frenar en seco, saltarse las medianas, las isletas, los semáforos en rojo. Había pedido un taxi para las cuatro y media de la madrugada, llegó a las cinco menos cinco, se apeó de él un sonriente cuarentón bastante más ancho que alto, pero de aspecto ágil y movimientos deportivos, una especie de rechoncho duende saltarín. Me dio con entusiasmo la mano, sonrió y dijo: «Don't worry. Only ten minutes to the airport», y puso en marcha todo el muestrario de prestaciones que ofrece un Mercedes sometido a pruebas de esfuerzo en el límite de su resistencia, al tiempo que me brindaba una tan estupenda como temible muestra de sus indiscutibles habilidades: valor, temple, excelentes reflejos, inteligencia, humor… A la llegada al aeropuerto (en efecto, *only ten minutes*), recibo un amistoso, casi fraternal apretón de manos, amplia sonrisa y rápidos contactos de manos en espalda, en hombros, entrecruzamos los dedos y me inunda una sensación de infinito afecto; parece que me esté despidiendo de un amigo serio, bien preparado, del que te puedes fiar y te quiere lo suficiente como para entregarte lo mejor de sí mismo: sus habilidades como chófer, una experiencia que, al escribir, recuerdo con melancolía.

Otra experiencia de taxista *borderline* me la brindó anteayer un georgiano que conducía como si estuviera furioso, aunque ni la de esta mañana –tan afectuosa, aunque no exenta de riesgo– ni la del georgiano loco puedan competir con la que me ofreció hace un par de años un palestino que me condujo de la ciudad de Múnich al aeropuerto: una soleada y apacible mañana de domingo en Baviera, en la que todo parecía invitar a la vida, el palestino consiguió que viese de cerca la muerte, e, incluso, que la deseara con tal de escapar de una vez del sufrimiento de aquel viaje en un vehículo que daba bandazos a más de doscientos por hora, conducido por un tipo de ojos enrojecidos y brillantes, que con una mano sostenía el volante mientras con la otra no paraba de buscar cosas debajo del asiento o en la guantera. Antes de poner el coche en marcha, me había advertido de que el vehículo era de su cuñado y se trataba de la primera vez que iba a tener la ocasión de conducirlo, porque habitualmente el agarrado de su cuñado le dejaba el otro taxi, el viejo, y se reservaba esta joya para él. Así que quería probarlo, y disfrutarlo, gozar de todas sus prestaciones.

Ayer, tres horas en Berlín, esa ciudad resbaladiza que siempre parece que me deja a sus puertas: la gigantesca y recién construida *Hauptbahnhof*, más imponente que bella, con una estructura acristalada que hace pensar más bien en un centro comercial, en un edificio efímero, conceptos que me vienen a la cabeza y me parecen en extremo contraste con la idea de perennidad que brindan las viejas estaciones.

En cualquier caso, resulta en su desmesura muy asequible, los andenes han sido eficientemente distribuidos en el edificio, se accede a ellos de manera cómoda, pero eso no quiere decir que el viajero goce de comodidades, de la posibilidad de un disfrute placentero durante la espera. Los servicios están situados en un lugar apartado, lo que impide que uno pueda hacer sus necesidades a no ser que cuente con quince o veinte minutos de tiempo antes de la llegada de su tren. Además, al menos por el andén 1, que es en el que estuve anoche, corre un viento glacial. Se me dirá que es normal que sea así, ya que el andén ha de estar por fuerza abierto en sus extremos para que puedan circular los trenes, pero yo creo que podrían haberse creado abrigos para los viajeros. Es en ese tipo de detalles en los que deberían esforzar su imaginación los arquitectos y por los que tendrían que procurar los políticos que les encargan las obras. Las modernas estaciones (generalizo, ya sé), además de más inabarcables e incómodas que las viejas, ni siquiera las mejoran en esos detalles mínimos –ay, las elegantes salas de la estación parisina de Lyon, el lujoso restaurante Le Train Bleu–: hacer grata la espera, y, sobre todo, evitarle al viajero los castigos de una naturaleza tan rigurosa como la de esta ciudad. Ya se le imponen suficientes sacrificios y vejaciones en las distintas etapas que preceden al viaje.

Pero hablaba de lo incómodo que me resulta Berlín. Sales a la puerta de la estación y te encuentras con una explanada donde sopla a su capricho un aire helado, y en la que la construcción más cercana de las que trazan su perímetro está situada a medio kilómetro –quizá más–, y se trata de un edificio oficial, blindado, que no ofrece ningún refugio y ni siquiera emite al exterior señales de vida que no sean más bien amenazantes. Al fondo, a kilómetro y pico, la cúpula del Reichstag, otro *bâtiment* que tampoco parece gozosa posada

405

para quien llega a la ciudad., A espaldas, el enorme bosque del Tiergarten. Cojo un taxi. El trayecto de ida a la casa de Elke confirma la evanescencia berlinesa: el recorrido por el oscuro bosque en el que apenas se ven tres o cuatro corredores en otros tantos kilómetros, las calles poco iluminadas por las que apenas camina casi nadie. Leo la palabra *Theater* y efectivamente veo una cristalera, un hall vacío y nadie a la puerta. Seguramente en el interior se representa una obra entre aplausos de un público entregado que abarrota la sala; como quizá también están representando detrás de esa puerta cerrada sobre la que se tiende una guirnalda de luces de colores, y en cuya fachada vuelvo a leer la palabra *Theater*. Esta vez no designa —como la anterior— un edificio exento, sino una puerta adosada a una de las arquerías que jalonan un muro de ladrillo, que parece que se corresponde a un conjunto de viejas fábricas, o se trata de la base de un viaducto (desde la ventanilla del taxi, en la semioscuridad, me da la impresión de que es más bien un viaducto). Un tráfico intenso ocupa el entorno del zoo (el Zoo Palast, ese sí, está vivamente iluminado, aunque no hay nadie ante sus puertas) y en la Ku'damm se adensa aún más el tráfico rodado, con una agitación propia de la gran ciudad, aunque por las aceras caminan muy pocas personas a pesar de que es la tarde-noche del viernes. Solo en las cercanías de algunas estaciones de metro pueden verse grupos de gente que camina rápidamente, con prisa para coger alguno de los convoyes, o detenida ante los puestos callejeros de comida y chucherías. Tras las ventanas de los edificios, tenuemente iluminadas, la gente cena, o bebe, puedo ver el interior de sus viviendas desde la ventanilla del taxi, escenas silenciosas. Además, la concentración urbana, el ordenamiento de los edificios formando calles, por lo general solo dura unos pocos minutos, luego la vía se estrecha, el taxi corre por un pasadizo entre las viviendas y el paso elevado del tren; o bordea un canal, o atraviesa una zona de fábricas abandonadas o que da la sensación de que han sido tomadas por okupas, ante las que pedalea un solitario ciclista. Eso es lo que me da este encuentro con Berlín.

Elke se halla muy desmejorada, delgadísima y con la cara hinchada por la cortisona. Al parecer, vuelven a darle quimioterapia, le digo a Denise, que acaba de llegar de París, eso significa que los médicos aún tienen ciertas esperanzas. Denise sonríe con amargura: «No es el caso. Parece que no hay solución y que ella va a pedir que le interrumpan el tratamiento». Durante la improvisada cena que organizamos con platos cocinados que hemos adquirido en una tienda cercana, Elke se anima, toma un par de copas de un *sekt* un pelito dulce, pero riquísimo, y un vaso de vino tinto. Sobre la mesa tiene los libros que ha traducido recientemente, incluidos dos volúmenes de la trilogía de Marías. Nos dice que últimamente no trabaja, porque se pasa la mayor parte del día durmiendo; por si fuera poco, vive en el cuarto piso de una casa de principios de siglo, lo que quiere decir de techos altos, habitaciones difíciles de caldear y sin ascensor; o sea, que no puede salir de casa (yo, con mis pulmones de fumador y mis episodios de vértigo, apenas he conseguido subir las dos veces que he tenido que hacerlo). De una comunidad protestante le envían a alguien cada quince días para que le limpie la casa y le haga la compra. El resto del tiempo lo pasa sola. Debe de ser horroroso permanecer encerrada y sola en un cuarto piso durante semanas enteras esperando la visita de la vieja dama. Elke me dice: «Nunca había tenido problemas para dormir. Incluso en las temporadas que he sufrido las peores situaciones, me metía en la cama y me dormía. Ahora, sin embargo, he empezado a padecer insomnio». Se me encoge el corazón. En qué pensará durante esas horas.

Para la charla de Valencia: *Crematorio* es lo que es, cada una de sus cuatrocientas páginas y su conjunto, cada vez que hablo de ella noto que la empobrezco, que la vacío un poco más.

16 de marzo
Día soleado, cálido. Todo está en flor; el aire, denso y perfumado. Me da pena no acercarme este año ni un día a las fallas, me gusta darme un paseo, ver los *ninots*, las iluminaciones, asistir a una *mascletà*. Qué se le va a hacer. No quiero dejar a Paco solo. Ya le he faltado varios días por culpa del viaje alemán. Paso la jornada leyendo a Magris y pensando en la charla que tengo que dar en Valencia, cuyo hilo empiezo a vislumbrar. Al final me puede la desgana (o el miedo) y no me siento a escribir. Mala cosa (¡tengo que ponerme mañana sin falta!). Por si fuera poco, también lo de Lyon sigue verde, y en el aire; además, he aceptado participar el 15 de mayo en una charla en Barcelona sobre novela y guerra, que me permitirá ordenar un poco todo lo que leí para aquella frustrada reflexión sobre *Imán*. Pese a todos los pesares, he pasado el día muy relajado, haciendo cosas, preparándole las comidas a Paco, vigilándole sus idas y venidas, señalándole lo bonito que está todo. Él parece que se anima en algunos momentos, y los resultados se reflejan en el aparato de medir la tensión, que le ha subido varios puntos (ya no está por los suelos), y las pulsaciones, que le han bajado de modo casi milagroso, desde las más de ciento veinte de ayer a mediodía hasta las noventa de esta noche. Desde que lo ingresaron en el hospital no le habían bajado nunca de ciento veinte. Creo que estar aquí, dedicándose dulcemente a lo que él considera sus tareas, le ha ayudado casi tanto como la medicación, que suponemos que también estará efectuando las suyas. Paco ha barrido, ha puesto la lavadora y tendido la ropa, ha colocado gomas de goteo, ha regado la

408

entrada de casa con la manguera, ha fregado los cacharros. Se empeña en hacerlo, aunque yo le pido que se esté quieto, que se relaje. Lo hace todo como a cámara lenta, sentándose o acostándose entre uno de los objetivos que se impone y el otro. Los llamo «objetivos» porque da la impresión de que todos los movimientos que efectúa se los fija como tales. Incluso ha puesto en marcha la moto, a pesar de que se lo prohíbo, primero hablándole con suavidad, intentando explicarle que no debe subirse, que no está en condiciones. Pero como no me hace caso, empiezo a gritarle. Que no la cojas, coño. Él quiere ver hasta dónde puede llegar. Entre el hombre de ayer y el de hoy hay la diferencia que existe entre un agonizante (se mareó varias veces, perdía la conciencia, se quedaba en blanco) y un convaleciente. Incluso en lo que peor lleva, que es la comida (él, normalmente tan glotón, se niega a probar bocado), acabo de notar que durante la comida hacía esfuerzos por alimentarse. He procurado prepararle las cosas del modo más apetitoso, unas espinacas a la crema con piñones y pasas tostados y queso rallado (le gusta mucho el queso rallado, a mí no tanto), una hamburguesa con un poco de sal y un poco de mostaza, café, leche, yogures, fruta, queso…, de todo ha probado un poco. Hay que tener paciencia, la curación va para largo, y exigirá durante mucho tiempo una atención permanente, ya que dudo que vaya a ser capaz de automedicarse, de manejar él solo el pastillero que mi cuñado le ha organizado. Hoy le he visto interesarse incluso en esa misión imposible. Con su falta de concentración permanente va a ser difícil dejarlo a solas con la responsabilidad de cumplir el programa de ingesta de pastillas que, al parecer, tiene que ser rigurosísimo, porque varias de ellas exigen un cumplimiento preciso, ya que, tomadas en dosis elevadas, o de manera poco metódica, pueden producir efectos demoledores, y hasta fulminantes (por ejemplo, el Sintrom). Ya veremos cómo me organizo futuros viajes. Como dice W., soy un padre soltero a los cincuenta y siete años. Empiezo a tener ese problema tan común entre jóvenes parejas que es «a ver con quién dejo al niño». No sé si es que, también en eso, como en el trabajo, a la vejez me he convertido en un inconsciente, pero la responsabilidad no me angustia en absoluto. Pienso que ya iré encontrando soluciones. Incluso me entretiene todo el ritual de hacer la compra, preparar comidas, organizar estrategias domésticas y atenderlo. Ahora no puedo permitirme comportamientos depresivos, y el cuerpo, que es un gran economista y sabe cuánto puede permitirse gastar, me obsequia con un suplemento de endorfinas, si son las endorfinas las que producen sensaciones de bienestar y buen humor. Como dijo Franco cuando le comunicaron el asesinato de Carrero Blanco (o su ajusticiamiento, como decíamos por entonces con palabras más precisas), no hay mal que por bien no venga. Los primeros días de la enfermedad me hundía ver a Paco como un cadáver. Salía del hospital, volvía a casa, me metía en la cama y tenía ganas de llorar. Ahora lo veo como un trabajo que tengo que sacar adelante, una tarea, cada gesto que hace escapando de la tumba me parece un logro. Cuando el aparatito ha marcado solo noventa pulsaciones, me lo he tomado como un premio a mis esfuerzos. Hay un punto de juego infantil –un egotismo que da la vuelta sobre sí mismo y se convierte en solidaridad– en ese esfuerzo por salvar a alguien, y yo creo que al enfermo se le transmite el aura de esa voluntad, de esa energía. Las abuelas lo resolvían empeñándose en cocinar suculentos caldos de pollo y verdura, arroces caldosos cocinados con los huevos que la gallina aún guarda en la matriz o lo que sea esa tripa, y con pedazos de esa matriz, tan esponjosa, tan sabrosa, con las patas que ofrecían su gelatina al guiso (cómo las echo de menos, todas esas piezas de las aves ya no están en los mercados, y si estuvieran nos darían asco, vete a saber cómo han nutrido a esos animalitos). Se alimen-

taba al enfermo con croquetas de jamón, con torrijas, con na-
tillas y flanes, con vasitos de densos moscateles o pedro ximé-
nez: eran sus barricadas, murallas almenadas contra los temibles
ejércitos de la enfermedad y la muerte. En el peor de los casos, convertían en menos amarga la derrota final de quien recibía toda esa panoplia de atenciones gastronómicas. Si no
quedaba más remedio que dejarse vencer, al menos el consuelo de que el tránsito fuera de dulce moscatel. En la repetición
de esos comportamientos –los que yo mismo repito estos
días con Paco– hay siempre milenios de saberes concentra-
dos (hace un rato he hecho un gigantesco flan; un flan para
él pero que me gusta a mí, seguro que a las abuelas también
les gustaba mucho lo que cocinaban para el enfermo). La revolución, la que pueda venir, tendrá que poner un sismógrafo
muy sensible para detectar y proteger todas esas expresiones
de sabiduría que mi generación despreció con precipitación
y mucha frivolidad.

20 de marzo

Difícil recuperar la concentración: volver a leer con interés, reencontrarme con lo de dentro, cuadernos, libros, las
notas del ordenador. Ahora todo está fuera, no forma parte
de mí, está ahí pero no accedo a ello, tropiezo con ello, me
cerca, me agobia: me amenaza. Es una sensación que ya conozco de otras veces, pero que, con el tiempo, se va volviendo más seca, más áspera, se descarna; esta somnolencia que
es como un prefacio de lo que se avecina.

23 de marzo

Convalecencia de Paco, con repentinos sustos. Pasa unas
horas muy bien, animado, haciendo cosas, y, de repente, se
le afila la cara, se le tiñe de un color gris azulado, y es como
si fuera a darle el mismo síncope que lo llevó al hospital. Se
queda con la mirada vacía, párpados a medio cerrar, sin en-

terarse de lo que le dices. Pierde la conciencia… Desde hace tres días vuelve a tener las pulsaciones más bien altas, ciento veintisiete, ciento treinta y, al parecer, hay que evitarlo.

1 de abril

Ayer estaba Paco eufórico. Fuimos a comer a casa de mi hermana, y en vez de amohinarse como de costumbre, no paró de hablar, de moverse, besaba a todo el mundo. De vuelta en casa, la misma euforia: cavar, plantar, barrer, fregar… Quiere hacerlo todo, a pesar de que yo intento que se mueva lo menos posible. Creo que hay algo artificial en el optimismo de hoy, a qué viene tanta vitalidad, parece fruto de algún euforizante que le ponen en la medicación o efecto del Sintrom que toma para la circulación de la sangre. Toda esa euforia se le viene abajo esta mañana, cuando el cardiólogo que le ha hecho el electro se alarma al observar la taquicardia, le comunica su pesimismo, y, a partir de ese momento, empieza otra vez a caminar con torpeza, a estar confuso (¿dónde estamos?, ¿dónde estoy?, ¿por qué estoy aquí?), e incluso se echa a llorar: «Me canso», repite. Le sienta bien volver a casa, ponerse con sus quehaceres, con sus cosas: limpiar la casa, regar las habas («Hay que ver cómo se han puesto en dos días»), discutir con gatos y perros, cuchichear con los canarios… Se aferra a la actividad, que lo devuelve a lo cotidiano, y tiene razón, porque, curiosamente, esos esfuerzos domésticos le bajan las pulsaciones. Se ve que lo relajan y le quitan las telarañas de la cabeza. Me digo que ya veremos en qué para esto, y enseguida me sale la socarronería borde: en qué va a parar esto y lo otro, lo suyo y lo mío, pues ya se sabe, claro, ya, pero que se retrase un poco lo que tenga que venir, que se haga esperar, no empujen, por favor, que enseguida nos apeamos, ya estamos llegando a nuestra estación.

412

Me ha parecido muy potente *A quien corresponda*, del argentino Martín Caparrós, indagación sobre la violencia en Argentina escrita con un valor insólito. La condena de las torturas de los militares procura levantarse sobre la beatería de esa lectura que ha convertido en blandas víctimas a quienes fueron guerrilleros. Aquello fue una guerra cruel. La perdimos, viene a decir la novela, la brutalidad de los militares no nos quita un ápice de responsabilidad sobre lo que hicimos nosotros mismos, sobre nuestra propia violencia, nuestra crueldad y nuestros errores. El libro intenta devolver aquel tiempo, hoy secuestrado por la lectura martirológica de los biempensantes, que han lavado así su propio pasado dejándolo para consumo de adamitas y han anulado lo que exigía la otra violencia. El libro posee una dosis de verdad que escandaliza. Que seguramente escandaliza aún más en Argentina, donde tanta retórica se ha vertido sobre los desaparecidos. No creo haber leído nada igual sobre el tema durante todos estos años. Es una pena que Caparrós haya empañado su discurso con una trama un tanto forzada.

En *Claus y Lucas*, de Agota Kristof, descubro una descarnada escritura capaz de tocar muy hondo, aunque también aparecen elementos que me resultan disonantes: un afán por retorcer, por ir más allá en la trama narrativa, enredándola con filigranas que tienen más que ver con la pretensión literaria del autor que con el análisis de los personajes (ese fingir que no reconoces al hermano que vuelve), y acaban restándole fuerzas a la historia. No consigo acostumbrarme a las escuelas literarias que fomentan la sobrescritura y el constante guiño que te dice: «Esto se soporta porque está en el espacio de la literatura». Buscan sus raíces en Kafka, citan a Borges. En España podría ser Millás quien representara esa tendencia, o mejor, Millás lo fue hace años, luego se trivializó, ahora quien es consecuente con eso podría ser Vila-Matas.

413

Entre lo literario y lo cinematográfico, la alabadísima *La carretera*, de Cormac McCarthy: el libro está *muy bien escrito* y da mucho miedo, representándonos ese día siguiente u hora final tras la catástrofe nuclear, lluvias sucias y contaminantes, cielos oscuros, paisajes achicharrados; hordas humanas en busca de los alimentos sobrantes de la civilización que desapareció, caníbales famélicos... Pero todo eso ya lo hemos visto en no sé cuántas películas y telefilmes y, además de eso, de esas imágenes siniestras, ¿qué nos cuenta el libro?, ¿qué nos enseña?, ¿desde qué otro (nuevo) sitio nos invita a mirar? Si lo hace, yo no he sido capaz de descubrirlo, ni de encontrarles la chispa a los redundantes diálogos de los protagonistas, un padre y un niño nacido tras la catástrofe, que acaban de componer el cuadro *déjà vu*, el mensaje buenazo y simplón en el que, sin duda, a no mucho tardar, picotearán los buitres de Hollywood. Durante toda la lectura, mi cabeza no ha parado de generar imágenes de la película que viene y me digo que ya la he visto. Se habla del pesimismo, de la dureza de esta «obra maestra» en las críticas que he leído, y a mí más bien me da la sensación de un tren de la bruja con mucho truco para asustar a un pasajero resabiado que ya se ha montado en atracciones como esa y en otras bastante más aterradoras. La imagen del tren de la bruja, creo recordar que referida a la experiencia del sexo, sale de un texto de la Gaite.

Leyendo *La curée* de Zola, tiene uno la impresión de que los que ahora nos indignan aquí, en España, en realidad tocan una partitura muy vieja, o sea, que España ha sido hasta no hace tanto tiempo una sociedad bastante cándida, con sistemas de corrupción poco engrasados, demasiado burdos, en la construcción del ensanche haussmaniano se practican todos los refinamientos para saquear las arcas municipales; esa misma sensación me transmitió la reciente lectura de *Petróleo*, de Upton Sinclair.

El libro de Zola, espléndido en esa indagación del alma social del Imperio de Luis Napoleón, muestra sus costuras cuando quiere arremeter contra esa nueva burguesía en el plano moral y se entretiene en subrayar su decadencia, su corrompida entrega al placer, sus «perversiones eróticas»: los tocadores de la protagonista, Renée, sus bañeras, sus atrevidos trajes y los pecaminosos restaurantes a los que su amante (e hijastro) Maxime la lleva provocan una sonrisa en el lector contemporáneo. El pecado sexual y su panoplia suelen ser literariamente bastante limitados y no dan demasiado juego, por lo que Zola, por querernos mostrar lo que debería dejar en calculada penumbra, incurre en hipérboles que más que indignarnos, nos hacen gracia. Mucho más interesantes –aunque a veces insista en ellas con un gusto infantil– son las referencias a la ambigüedad de ese Maxime, tan femenino, y, sin embargo, tan goloso de las mujeres. Ahí hay un hermafroditismo turbador, un germen de desconfianza hacia un poder metamórfico que se convierte en metáfora del Segundo Imperio. Bajo la cursilería forzadamente femenina de las formas, despliega una dureza metálica de macho agresivo en su ambición imperialista.

Como dice el encargado de la edición del libro: las descripciones de ambientes, de decorados, en Zola son una especie de gran almacén de muebles y complementos domésticos. «No falta de nada» en esas casas, Zola lo pone todo, y no vacila en que sus descripciones de este *bric-à-brac* se prolonguen a lo largo de páginas y más páginas. Muebles, objetos, plantas (mejor si son exóticas: las del invernadero de Renée), a todo le pone Zola un nombre. Da la impresión de que coge una guía botánica o un catálogo de almacén de muebles y los exprime hasta la última gota.

A las charlas de Valencia y Lyon se añade otra, breve, para mediados de mayo en Barcelona, y yo sigo sin trabajar ni en las dos primeras ni en la tercera.

3 de abril
Tropiezo por casualidad con un viejo tomo encuadernado, que ni recordaba tener, ni creo haber leído. Incluye dos obras de un tal Bonnetain, *L'opium* y *Charlot s'amuse*. Al hojearlo me llama la atención que *Charlot s'amuse* se presenta como un «estudio sobre la masturbación». Empiezo a leerlo y me encuentro con un libro de una espesura poco común: un París sórdido y una sexualidad sucia y culpable. Empieza con la desaparición del padre del protagonista en las cloacas de París, sorprendido por una repentina crecida del Sena. Todo en el principio del libro tiene un tono sombrío y escatológico: las cloacas, con las ratas que probablemente estarán devorando el cadáver, las callejuelas miserables y embarradas, las viviendas sórdidas. Tras esa escena inicial, Bonnetain nos describe una madre envejecida, ninfómana, alcohólica y epiléptica (prácticamente viola al compañero del marido que ha acompañado al niño a casa tras la muerte del padre), iniciada en el sexo por un cura, y cuyas traiciones ha soportado más o menos pacientemente el difunto. El protagonista-niño se supone que ha heredado las tendencias maternas y las extrema tras ser introducido en la masturbación también él por los curas, en su caso más bien gordos y sucios, en el internado al que lo envían. Su descenso en el «vicio» es el tema central del libro, que en sus dos tercios describe una homosexualidad polimorfa, más que un caso de onanismo, un sexo que no para de complicarse: abandonada la niñez, el joven acaba enviciado con las prostitutas, se traviste, perfuma y maquilla, persigue a las jovencitas, se excita con las ancas de los caballos, y, claro, no para de masturbarse, de –literalmente– matarse a pajas, en un calvario de creciente locura: no puede librarse de esa satiriasis que lo des-

416

truye y acabará llevándolo a los cursos del profesor Charcot, donde se reencuentra con su madre, convertida en una histérica incurable, y ya destruida sin remedio. El libro está escrito con una crispación y con un grado de calentura sobresalientes: se relatan los actos sexuales con minuciosidad que se supone censoria y es delectación, todo resulta brutal, pegajoso, pringado por un baño de lefa y flujos. Leo en el diccionario de autores que Bonnetain, que tanto debe a Zola, acabó por renegar de él y firmó un manifiesto en su contra. La otra novela incluida en el volumen, *L'opium*, al parecer está basada en sus experiencias en Asia, donde estuvo destinado por el Gobierno francés. Allí acabó suicidándose.

Las dos novelas me sirven para ponerle un contrapunto a *La curée* de Zola, que leí días atrás. Frente al París de los callejones y la miseria obrera, el de los grandes especuladores del ensanche de Haussmann, con un erotismo y unas formas de entender el sexo bastante más inocentes que las de estos desgraciados bonnetenianos de los barrios obreros. No me extraña que Charlus buscara sus placeres en la clase obrera parisina, parece que eran bastante más excitantes que los de la burguesía. La verdad es que este *Charlot...* es uno de los libros más espesos y morbosos que uno pueda leer. Qué manera de excitar al lector con el supuesto ánimo de denunciar depravaciones, o de diagnosticar casos clínicos. Las pajas que se hace el muchacho con los curas son verdadera *cochonnaille*, y también los callejeos parisinos en busca de escaparates con fotos guarras, o ese instante en el que se excita al contemplar las ancas de los caballos que arrastran el tranvía, y cuando, en la octava o novena fase de su perversión, se sienta envuelto en un batín femenino que cubre su cuerpo desnudo, y se perfuma y maquilla con polvos de arroz. Pero todo el libro es un exceso: la sangre de la virgen manchando las sábanas del cura que acaba de violarla, la excitación suple-

417

mentaria que produce en los personajes el peligro de ser descubiertos, y la reincidencia en la masturbación, a pesar de creer que esa práctica provoca enfermedades terribles, y mata: saber eso y no poder parar de masturbarse. En fin, una auténtica joya del género sicalíptico, en versión tenebrista. Ni una sola concesión a lo bonito, a lo bello, a lo cursi, a todos esos gabinetes recargados y esas flores, alfombras y cuadros y bibelots de Zola. Aquí las putas salen al salón mordiendo un currusco de pan y con los labios pringados de grasa. Solo hay pureza campestre, hierba, y ecos explícitos de Virgilio (al fondo el «Coridón») en la relación homosexual con Lucien, el amigo que lo abandona por las mujeres y cuya deserción tendrá como consecuencia que también viren los deseos de Charlot y se deslicen hacia el cuerpo femenino. Por más que finja condenarla, la relación con Lucien es la única que Bonnetain parece cuidar y añorar.

Charlot encuentra remedio a su vicio masturbatorio asociándolo con la voracidad uterina de una prostituta. Durante algún tiempo se excitan uno a otro, hacen que su depravación crezca, hasta que la mujer se escapa después de haber tenido un hijo con él, al que abandona. Charlot, en un excelente último capítulo, describe el París del canal Saint-Martin (incluida la pasarela que «japoniza» el paisaje). Es la víspera del 14 de julio, la fiesta nacional francesa, y Charlot se arroja al canal llevando en brazos a su hijo. La novela termina con una efectista –y efectiva– imagen: una sombra negra y una blanca giran y se persiguen sin encontrarse sobre la superficie del agua: la carroña de un perro y la ropa en la que está envuelto el niño.

9 de abril
Días sin acercarme a este cuaderno. Por unas cosas o por otras, la casa sin barrer. Sigo dándole vueltas (pocas) a la charla de Valencia y no sé por dónde meterle el diente a la de

418

Lyon. Cabeza en blanco, o, mejor, en negro, porque a las pocas ideas, y a las periódicas recaídas de Paco, se une que el pasado sábado le concedieron el Premio de la Crítica a *Crematorio*, y a la alegría se han sumado decenas de llamadas, entrevistas, felicitaciones, e-mails, etc. Nada que favorezca mucho la concentración y me quite esta pesadez de la cabeza, los vértigos, la inseguridad en los movimientos, que arrastro desde hace un mes y pico o dos, yo diría que agudizados desde la embolia de Paco (dolores reflejos: esos hombres de no sé qué tribu de África que se acostaban con dolores de parto cuando la mujer iba a dar a luz de quienes creo que hablaba la antropóloga Margaret Mead), la inestabilidad y la falta de concentración se adueñan de todos los rincones de la mesa de trabajo. Lo único que hago es dormitar, mientras leo (poco) *L'opium* de Bonnetain, bastante plúmbea, aunque se adorna con algunas deslumbrantes descripciones de paisajes, empastes art nouveau, sin duda deudores de los grandes poetas de su tiempo, Baudelaire, Verlaine y Mallarmé, que todos parecen haber sido convocados en el libro.

Por si fuera poco, la bombilla que tengo sobre la mesa de trabajo hace días que me impide leer, me ciega, me marea, lo malo es que decido cambiarla por una que tiene la mitad de voltaje, y me sigue ocurriendo lo mismo: no puedo fijar la mirada, se me oscurece la vista, entorno los ojos, y ahora el problema parece la falta de luz: creo, más bien, que algo está ocurriendo con mi vista; incapaz de tener los ojos abiertos, veo doble y con una luz mortecina, ¿cómo demonios voy a tener ideas en estas condiciones?, ¿cómo voy a trabajar si no resisto más que unos pocos minutos leyendo bajo esta luz? Me pesan los párpados, me duelen los ojos, me cosquillea la nuca y me laten las sienes. Seguramente es un problema de tensión nerviosa trabajando sobre los músculos sin que yo lo advierta. Algo así.

17 de abril

Charla en el Palau de la Música de Valencia. Me irrita descubrir que las organizadoras son unas señoronas muy clase alta valenciana, *Ancien Régime*, con todos sus tics petrificados al menos desde los años cincuenta, cuando yo las veía en mi pueblo, o al acudir con mi madre a la ciudad de Valencia, las mismas expresiones y gestos, las mismas joyas, hasta los mismos vestidos (o a mí me lo parecen) e idénticos trabajos de peluquería. Resultado: aparte de que, leído en ese ambiente, el texto se vuelve de pronto más agresivo, subraya con más nitidez sus aristas –*malgré soi*–, en la charla me pongo lo más radical posible, lo más gamberro, e incluso poco educado, y es que, además de que me calentó la cabeza el rigodón de la recepción, siguió acrecentándoseme la mala uva porque me pareció evidente que formaban una mafia, algo así como el grupo de amigas de *La tía Tula*, las que salen en la película de Picazo (¿qué se hizo de ese hombre que firmó una obra maestra?), el aire como de modernas beatas (entonces creo recordar que de Acción Católica, hoy imagino que Opus Dei), que, además, resulta que tienen relaciones con –o proceden de– Beniarbeig, el pueblo en el que vivo, y donde jamás se nos habría ocurrido juntarnos a ninguna de las dos partes. La directora del Palau ya sabía yo que es de una rica familia de Beniarbeig –dueños del pueblo–, hoy en decadencia, me la encuentro procesionando en verano con las criadas como en esos fantasmagóricos desfiles de mujeres que se protegen del sol con sombrillas que aparecen en *Julieta de los espíritus*, avanza así el séquito, mirándonos a todos por encima del huesudo hombro en el local donde compro el periódico. Me cuentan que el marido de una de las organizadoras del acto también es de Beniarbeig, y la otra miembro del comité de recepción me reveló entusiasmada que acababa de llegar procedente de (a ver si lo adivinan), pues claro, Beniarbeig. Jamás hubiera imaginado semejante ajetreo en un pueblo que a mí me parece peor que muerto: en trance de pudrirse. «¿Y tú dónde tienes la casa?» No soportaba verme en aquella jaula de cacatúas (hace un siglo hubiera dicho «aquella jaula de enemigos del pueblo»), escuchar cómo hablaban del Palau como si les perteneciera: el Palau había sido secuestrado por un grupo de ricachonas de mi pueblo y yo estaba entre ellas, uno más. Para marcar distancias, como defensa de la dignidad personal, me salió eso que, también hace un siglo, se conocía como «rencor de clase». El niño espabilado hijo de peón y guardabarrera al que, como se ha situado bien, le dejamos que nos recite un poema y le hacemos creer que estamos tratándole como si fuera de los nuestros de toda la vida. Sí, sí, el rencor de clase del que hablaba en el texto que leí encontró su manera de salirse también por las costuras. Estaba no solo en aquellas hojas de papel que llevaba escritas, sino entre nosotros, ocupaba el aire, se expandía por la sala.

23 de abril

Se me pasan volando los días. Hacer la compra, recoger el correo, cocinar, tender la ropa, tomarle a Paco la tensión, las pulsaciones, el azúcar, prepararle las medicinas, obligarlo a desayunar, a comer (yo al lado, como un gendarme), vigilarlo, reñirle, discutir con él porque hace cosas que no debería. Incluso leer me cuesta. Ahora ando con el segundo tomo de la trilogía de Bánffy, que me está gustando mucho, aunque lo leo a salto de mata y como desde detrás de un velo, todo lo percibo difuminado, lejano. Esta mañana he conseguido enviar el texto para el encuentro de Lyon, un refrito con trozos de lo que escribí para Valencia: uno no puede inventarse de un día para otro esas cosas campanudas. El sentido de la escritura, el porqué de la narrativa, el futuro de la novela…

Pasado mañana, viaje relámpago a Granada, un compromiso más bien absurdo: me prometo lo peor; y el día 15 tengo que leer algo sobre novela y guerra en Barcelona, ya veremos lo que doy de mí, pero tampoco de esa aventura espero gran cosa. Por lo demás, Paco no está mejor. Se repiten los episodios de pérdida de conciencia, caídas de tensión y subidas y bajadas de azúcar. Ni pensar en que se quede solo, así que pasado mañana lo recogerá otra vez mi hermana. La verdad es que se acaba cumpliendo lo que uno escribe: la familia directa como refugio. Hoy he tenido que ser yo quien después de dos meses sin saber de él llamara a mi amigo X. C., sí, mi gran amigo de toda la vida, que no ha telefoneado ni una sola vez desde que le conté que Paco estaba enfermo. Ni siquiera lo hizo para felicitarme por el éxito del libro y por el Premio de la Crítica, yo la verdad es que no soy nada detallista y no doy importancia a esas cosas, pero hoy ha cogido el teléfono O., su mujer, y no ha hecho ninguna alusión a la enfermedad de Paco, preguntar si necesito algo, lo que sea, una oferta difusa que no precisa cumplirse, pero que parece obligada en un momento así; y tampoco ni él ni ella han pronunciado una palabra sobre el premio; curioso lo de recibir felicitaciones de gente con la que apenas trato, que te expresan una alegría que notas sincera, y que amigos así sean incapaces de esa alegría (la otra llamada que ha faltado ha sido la de su cuñado N. M.). Materia de psicoanálisis. Qué nos pasa a ese viejo rojerío. Ha crecido entre nosotros una especie de rencor. Yo diría que la cosa está en que tienen la impresión de que han puesto más huevos en el cesto (los que han militado durante tantos años) que los demás, y han recibido menos. Lo que de verdad creo que les ocurre es que se dan cuenta de que, al final, han acabado protegidos bajo las alas tolerantes de la clueca socialdemócrata, sin ni siquiera haberse corrompido, y sienten vergüenza y dolor (no se los expresan ni a sí mismos, pero los sienten confusamente) por ese final lamentable, y los convierten en orgullo. Les parece demasiado fácil, cómodo y un tanto miserable, ese haber estado fuera antes y después que nos caracteriza a algunos, como si fuésemos los vendimiadores del Evangelio: se nos ha pagado de más, el señor de la viña ha sido arbitrario y no ha tenido en cuenta las tareas que ellos han efectuado, y, sin embargo, vamos presumiendo, exhibimos el denario de nuestra independencia. Algo así me da por pensar que es, y me reafirma en mi idea que el otro día, hablando con Javier Ortiz, me dijera que también él notaba una animadversión parecida. En cualquier caso, la conversación con X. C., más bien distante, y como de compromiso, unida al estado de Paco, a mi propio desánimo, y a la sensación de soledad y la idea de que no me tengo más que a mí mismo (bueno, y estos días a mi hermana), me llevan a pensar en la tristeza de estos tiempos, qué distintos son a lo que imaginé como lo peor: han resultado ser aún más desoladores, por faltos de sustancia. No me cabe duda de que ese sentimiento de fracaso colectivo, de dispersión, es propio de todas las generaciones en el momento en que empiezan a caminar hacia la vejez, más aún si entran en ella sin las muletas que proporciona la integración en el entramado social: relaciones laborales, familia, esposa, hijos, asociaciones de vecinos o sociedades de amigos de la ópera, etc., aunque estar solo es más llevadero en los nuevos tiempos de lo que lo era cuando no formar una familia resultaba una anomalía, pero –me digo– en realidad esta sensación de desvalimiento debe de ser bastante parecida a la de entonces. Todo cambia menos de lo que parece. Incluso en los momentos de mayor fervor revolucionario, los limos forman el sustrato del fondo del lago.

24 de abril
Interrumpo la lectura de Bánffy para navegar con Joseph Brodsky sobre las aguas de Venecia, en ese libro que lleva

por título *Marca de agua,* y que, siempre en el límite suyo de cortar un cabello en cuatro, tiene páginas hermosísimas, como las que dedica a la *Fondamenta degli incurabili,* que no me atrevo a sintetizar: me gustaría copiarlas aquí enteras.

10 de mayo

Tsunami en el alma del novelista. Se me ocurre coger *Las palmeras salvajes* de la estantería y empezar a reléermela después de veinticinco o treinta años. Dios mío, ¿qué es esto? Desde la primera página el libro me agarra, me sacude, me deslumbra, me turba. No puedo dejarlo. Me digo: una página más y apago la luz, pero continúo leyendo hasta las tres de la madrugada, arrastrado por la corriente del Old Man, por la gran inundación, a pesar de que hoy tenía que levantarme temprano. Dejo el libro, pero me sigue persiguiendo su prosa, esa turbiedad de sentimientos de Faulkner, sus personajes sucios, pegajosos. La oscuridad de mi habitación se llena con las imágenes del agua que todo lo anega. Son las cinco de la mañana y sigo chapoteando insomne entre las palabras de Faulkner. Todo lo que he escrito me parecen los ejercicios de un niño en su cuaderno escolar. Veo a los negros subidos en los aleros de los tejados, agitando los brazos para llamar la atención de los que cruzan ante ellos en las barcazas que arrastra la corriente de un río desbordado.

¿Cómo dormir después de la experiencia faulkneriana? Solo seguir leyendo, seguir braceando en el fango del Misisipi.

El otro día, uno de los asistentes a la charla que di en Granada me halagó diciéndome que era un escritor que escribía para adultos. No sé ni su nombre ni su dirección; si los supiera, le enviaría un ejemplar de *Las palmeras salvajes* para que viera lo que es la verdadera literatura para adultos.

Releyendo la novela, comprendo la turbación que nos produjeron en nuestra temprana juventud este Faulkner o el de *Santuario*. Este, el de *Las palmeras salvajes*, llevaba aparejado el escándalo de una prosa pastosa como el barro físico y moral que narra, y al anotar esto me viene a la mente otra prosa que me fascinó a los dieciséis o diecisiete años. Aún recuerdo el relámpago que iluminó cuanto me rodeaba mientras leía las primeras páginas de *El siglo de las luces*, una novela que compré en una de las casetas de libros de viejo de la cuesta de Moyano, recién llegado a Madrid. Recuerdo como si fuera ahora mismo el momento en que abrí el libro y empecé a leer delante del puesto, cómo me registré los bolsillos para sacar el dinero suficiente para pagar aquel libro que ya no pude dejar hasta que acabé de leerlo a toda prisa. Necesitaba terminarlo cuanto antes para volver a empezarlo de nuevo.

Qué poca cosa me parece *Mimoun*, que hoy he estado corrigiendo para la nueva edición que aparecerá en septiembre y en la que Herralde quiere incluir un texto introductorio suyo y también el que Carmen Martín Gaite leyó el día de su presentación. Vuelta a leer me deja una sensación agridulce. Creo que tiene un excelente olfato narrativo, un buen sentido de la medida, pero también (*hélas!*) una notable dosis de *naïveté* disculpable en la primera novela de un adolescente, pero no en la tercera o cuarta de un hombre que estaba a punto de cumplir los cuarenta años.

Brillante y, a trechos, muy divertida la primera parte de la novela de Frédéric Beigbeder *Socorro, perdón*, aunque acaba resolviéndose en un pastiche erótico, aburrido homenaje al Nabokov de *Lolita*. Lo que podía haber sido una feroz sátira de la nueva Rusia y de nuestro capitalismo tardío acaba sustituyendo el mordiente social por la vibración lírico-erótica.

Las novelas de guerra contemporáneas: Barbusse en el origen. Una irrupción de lo real rasgando lo retórico: lo real aparece en todos los sentidos, el hombre como saco de vísceras, como cuerpo capaz de provocar malos olores, la trinchera como vuelta al hombre de las cavernas, el grupo humano como jauría: se establece la uniformidad, los hombres cuentan por su número y por la cantidad de armamento disponible para apoyar su acción, desaparece el heroísmo individual, un soldado es solo un soldado, su valor personal resulta insignificante, las batallas las ganan los aviones, los tanques, los cañones, del soldado cuenta solo el número, y eso se nota incluso en la uniformidad de color con que se les viste: desaparecen los uniformes coloristas del siglo XIX, se impone ese nuevo color al que llaman «caqui». Y, en esa degradación, el paisaje deja de ser un *locus amœnus* para convertirse en charca, en barrizal, en pudridero: peligrosa vuelta atrás, a la prehistoria, visión inversa. La guerra como carnaval trágico (los uniformes como disfraz).

La guerra revitaliza la lucha de clases.

De *Tom Jones*, que habla de una guerra anterior: «Cuando yo desaparezca, todo lo demás me importará bien poco. ¿Qué me importa la causa, o quién logre la victoria, si yo he de morir? ¿De qué sirven todos los repiques de campanas y todas las fogatas a uno que se encuentra bajo tierra? Entonces todo habrá concluido para el pobre Partridge» (pág. 558).

La guerra como disfraz y como desnudamiento. Galdós en *Aita Tettauen*: la toma de Tetuán vista desde un judío, un moro y un cristiano, vertiginoso juego de puntos de vista que invalida el lenguaje patriotero y deja al descubierto la realidad de la guerra: palabrería que cubre el horror provocado por los intereses de unos y otros. Antes de que Kraus escribiera de la Primera Guerra Mundial, del papel siniestro de la palabra en la carnicería, Galdós ya lo ha descrito con una sencillez estremecedora. Inigualable la discusión del escritor belicista (Pedro Antonio de Alarcón) con el joven Santiuste, que, embelesado por los discursos patrióticos, quiere asistir como testigo de esa conquista africana, ser reportero de lo que allí ocurra, en la línea del belicista Pedro Antonio de Alarcón, pero se da cuenta de que «la guerra, vista en la realidad, se me ha hecho tan odiosa como bella se me representaba cuando de ella me enamoré por las lecturas». Y descubre, además, el papel servil de los escritores y su responsabilidad ética, cuando se da cuenta de que «el lenguaje es el gran encubridor de las corruptelas del sentido moral, que desvían a la humanidad de sus verdaderos fines» (pág. 262).

Y aquí viene bien copiar un fragmento del sobrecogedor réquiem que Karl Kraus, encarnado en el personaje de El Criticón en su desmesurada pieza de teatro *Los últimos días de la humanidad*, dedica a los soldados sacrificados por el Imperio de los Habsburgo en el matadero de la Primera Guerra Mundial. El personaje habla con los muertos, les interroga sobre el papel de los periodistas e ideólogos en la contienda («¿Vosotros los asesinados, vosotros los estafados no os rebelasteis contra esos manejos, esos escritores cómplices, estrategas de la prensa [...], parásitos y payasos [...] [que] recibían condecoraciones a cambio de vuestros martirios? ¿No les escupíais la gloria en plena cara? ¿Permanecíais tumbados en los convoyes de heridos que esa gentuza estaba autorizada a describir en sus crónicas y artículos?»). El Criticón les pide auxilio a todos esos asesinados para que lo protejan del contacto con los criminales que vuelven del frente:

¡Salvadnos de ellos, salvadnos de una paz que nos trae la peste de su proximidad! Salvadnos de la desgracia de tener

427

que estrechar la mano a los auditores militares que vuelven a casa y a los verdugos en ejercicio de sus profesiones civiles. Pues la conciencia de esta vil crueldad cuya fantasía desenfrenada no fue producto de la pasión sino de la mecánica, se repondrá para volver al trabajo cotidiano tan rápidamente como lo hizo cuando pasó de la banalidad del pasado al crimen masivo. ¡Socorro, asesinados! ¡Ayudadme para no estar obligado a vivir entre hombres que, sea por ambición, sea por instinto de autoconservación, ordenaron que muchos corazones dejaran de latir y que a innumerables madres les salieran canas! ¡Bien sabe Dios… que este asunto solo podría arreglarse con un milagro! ¡Volved! ¡Preguntadles qué hicieron con vosotros! ¡Qué hacían cuando sufríais por ellos antes de morir por ellos! ¡Qué hacían en vuestros inviernos en Galitzia! ¡Qué hacían aquella noche en que vuestra plaza no respondió a las llamadas telefónicas de los mandos! Pues en primera línea todo estaba en calma. Y solo más tarde se dieron cuenta de que allí estabais, los bravos, uno junto a otro, fusil en ristre. Pues no erais de aquellos que se pasaban al enemigo, o se volvían atrás, o tenían que ser calentados con fuego de ametralladoras por el padre de los soldados porque se congelaban. Vosotros mantuvisteis vuestras posiciones y no caísteis, dando un paso atrás, a las fosas de los asesinos de vuestra patria. ¡Frente a vosotros, el enemigo, detrás, la patria, y encima, las estrellas eternas! Y no buscasteis la salida en el suicidio. No moristeis por ni debido a la patria, no moristeis por la munición del enemigo ni por la propia…, os mantuvisteis firmes y moristeis por la naturaleza. ¡Qué imagen de la resistencia! ¡Qué Cripta de los Capuchinos! ¡Cadáveres útiles para el servicio militar, protagonistas de la mortífera vida de los Habsburgo, cerrad filas y aparecedles en sueños! ¡Despertad de esa rigidez! ¡Salid de filas! ¡Sal de tu fila, querido portavoz del espíritu, y exígeles que te devuelvan tu preciosa cabeza! Tú…, ¿dónde estás tú, que moriste en un hospital? De allí me devolvieron mi último saludo con la nota: «Trasladado. Dirección desconocida». ¡Sal de tu fila para decirles dónde estás y cómo es aquello, y que nunca más te dejarás usar para algo semejante! Y tú allí, con el rostro al que te condenaron en el último minuto, cuando la bestia espumajeante y subordinada que antes quizá fuera un ser humano como tú, se precipitó a tu trinchera... ¡sal de la fila! No el hecho de que tuvieras que morir..., no, el hecho de que tuvieras que vivirlo convierte, para el futuro, en pecado todo sueño y toda muerte en la cama. ¡No vuestra muerte..., sino vuestras vivencias quiero vengar en quienes os las impusieron! ¡Los he reducido a sombras, las sombras que son y que, con mentiras, querían transformar en apariencia! ¡Les he arrancado la carne! Pero he dado cuerpo a los pensamientos de su estupidez, a los sentimientos de su maldad, al terrible ritmo de su nulidad, y hago que se muevan. Si hubiera grabado en un fonógrafo la voz de esta época, la verdad externa habría desmentido a la interna, y el oído no habría reconocido a ninguna de las dos. El tiempo vuelve así irreconocible la esencia y hasta podría amnistiar al crimen más grande cometido nunca bajo las estrellas. Yo he rescatado la esencia, y mi oído ha detectado el sonido de los hechos, y mi vista, el gesto de los discursos, y cuando mi voz se limitaba a citar y a repetir, lo hacía para registrar la tónica *in æternum*.

Y dejad que yo relate al mundo, que aún lo ignora,
de cómo han ocurrido estos sucesos. Así conoceréis
de actos impúdicos, sangrientos y monstruosos,
de muertes producidas por la astucia y la violencia,
de juicios aleatorios y de asesinatos casuales,
y, como remate, de maquinaciones fallidas, cayendo
por descuido sobre la cabeza de sus inventores:
he aquí lo que fielmente he de contaros.

429

¡Y si los tiempos dejaran de oír, habría un ser sobre ellos que sí oiría! No he hecho sino abreviar esta mortífera cantidad que, de haberse conservado tan inconmensurable como es, solo invocaría la inestabilidad del tiempo y de los periódicos. ¡Toda su sangre no era más que tinta… y ahora se escribirá con sangre! Esta es la guerra mundial. Y esta es mi proclama. Lo he ponderado todo detenidamente. He asumido una tragedia compuesta por escenas de la humanidad en proceso de desintegración, para que la oiga el espíritu dispuesto a apiadarse de las víctimas, aunque haya renunciado para siempre a todo contacto con un oído humano. Que reciba la tónica de esta época, el eco de mi sangrienta locura que me vuelve cómplice de estos ruidos. ¡Que la acepte como redención! (*Los últimos días de la humanidad*, págs. 472-473).

17 de mayo
Viaje a Barcelona, para la charla sobre literatura y guerra en el Ateneo, ante un selectísimo grupo (no creo que fueran más de quince personas), que se mostró encantado con el texto. Entre los asistentes, Andrés Sánchez Pascual, que expresó su entusiasmo en público y, ya a solas, me acompañó hasta el hotel porque quería expresarme –así lo dijo– que era una de las mejores charlas a las que había asistido. Al margen de sus palabras laudatorias, me pareció un hombre culto y sensible, muy vieja escuela, ensamblado con valores que aprecio y están hoy en franca retirada: seriedad adobada con ironía, erudición, buena carga sentimental… Sus opiniones me parecieron, por eso, más valiosas. Además, ha sido el traductor de Jünger, cuya posición se criticaba en todo el eje central de la exposición; o mejor aún, que era el gran perdedor de la exposición. De vuelta en el tren, leo *L'home manuscrit*, de Manuel Baixauli, un bien trabado texto de iniciación, al que le sobra un tanto de retórica a propósito de lo

que sea o no el arte de escribir. Otra vez lo de Proust y el mal gusto de dejar pegada la etiqueta.

Apenas he tenido tiempo para pasear por una Barcelona repleta de turistas llegados de todo el mundo. Resulta difícil abrirse paso entre tanta gente que recorre el entramado de callejas de Ciutat Vella, pero también en las Ramblas, o en las amplias aceras de plaça de Catalunya y el passeig de Gràcia se vuelve complicado caminar. Es admirable cómo esta ciudad consigue reinventarse a sí misma continuamente, valorizarse y convertir en icono incluso las obras de tercera fila, las que son puro pastiche sin originalidad. Barcelona las convierte en punta de lanza de lo moderno: en lo que nació como variaciones decadentes de estilos en retirada en el resto de Europa, basa esta ciudad su poderío. Lo tiene. Rezuma riqueza, la respiras ante las cada vez más numerosas tiendas de lujo. Además de tener poderío, lo exhibe a todas horas. Transmite una tremenda sensación de potencia urbana: riqueza y energía muy por encima de ninguna de las otras ciudades españolas, Madrid incluida, que se le queda muy lejos.

18 de mayo
Fiesta de comunión. Todo el mundo feliz. Más animado a medida que van haciendo efecto las copas. Me alegra ver que van superando el pesar por el gemelo que murió, es agradable contemplar a la gente bromeando, moviéndose entre las mesas, pero, por desgracia, ya no me embaucan el humor, las palmadas un poco demasiado fuertes en la espalda, las voces chillonas como pitos o destempladas como cláxones de automóviles viejos de mis vecinos. Son eso y, a la vez, lo contrario, el reverso. Echo de menos estar en mi casa, leyendo, oyendo música, y no es que no me alegre la felicidad ajena y no sienta que es pequeña parte de la mía, pero me gustaría que supieran que les transmito mejor los sentimientos benéfi-

431

cos cuando me encuentro a cierta distancia. Yo en mi casa y ellos aquí. Por desgracia, eso no es posible. Hay que hacer acto de presencia, lo que me resulta cada vez más fatigoso: síntomas indudables de prematura vejez. Seguramente. Mientras se empeñan en invitarme a otra copa, yo estoy pendiente de que tengo que coger el coche. Me escapo en cuanto puedo, en ese momento en el que ya no se pueden ofender, pero que seguramente los dejará un tanto decepcionados porque esperaban algo más del invitado. O no, ni se darán cuenta. Ya has dejado tu sobre con la aportación, que es a lo que se viene aquí.

De vuelta a casa, leo los periódicos, charlo un buen rato con Paco (hay que atender también ese aspecto desde que está enfermo, forzarlo a conversar), oigo música (Lotte Lenya, Schubert, Boccherini) y pienso que, desde hace meses, domina la falta de constancia en mi trabajo, la desatención. Me distrae la maraña de pequeños rituales que la enfermedad de Paco ha puesto en marcha, y se multiplican los compromisos externos que fui contrayendo para este año sabático sin darme cuenta de que se acumulaban. Ahora me estorban porque no debería moverme de aquí (si salgo, es mi hermana la que se hace cargo de él), pero no tiene remedio, aún me queda un compromiso para el 9 de junio. A ver si es verdad que a partir de ese día consigo un poco de calma y vuelvo a centrarme en el trabajo. Leer, tomar notas, corregir las páginas de los cuadernos que pasé al ordenador hará ahora un año y medio, y poner a punto las charlas y artículos que he ido acumulando.

25 de mayo
Días desordenados, que se escapan sin dejar huella. El pasado día 20 di una charla en Gijón ante un público casi tan exclusivo como el que asistió en Barcelona: apenas treinta

personas. Era una charla muy larga, la que había leído en el Palau de la Música de Valencia, y fui incapaz de terminarla: el maldito vértigo, la sensación de asfixia. Resolví la situación quitándole hierro, y dejándole al presentador la lectura de las últimas hojas. Me preocupa el futuro, con el vértigo que ataca cada vez que voy a dar una charla (también en Barcelona estuve a punto de desvanecerme; a la habitual sensación de vértigo, se unió el tremendo calor que hacía en la sala).

Aquí en casa me siento también perseguido por toda esa batería de síntomas, por esa periferia de males que no sé si son físicos o pura tarea del subconsciente, pero que, en cualquier caso, amenazan la vida cotidiana, la vuelven cuando menos incómoda. La cosa limita ya con la agorafobia: solo me siento bien haciendo lo que hago a solas en casa, cuando me pongo a prueba solo ante mí mismo, sin testigos. Renuncio a los paseos por la montaña por miedo a no resistir, cualquier pequeño esfuerzo en casa me pone al límite: cargar los pesados montones de papel en el coche para tirarlos al contenedor, agacharme para recoger algo que se me ha caído bajo la cama. Para dejarme de fantasías y objetivar (¿se dice así?) un poco las cosas, debería hacerme una radiografía pulmonar y un electrocardiograma de una puta vez, porque estoy convencido de que los mareos son producto de una mala respiración, de una falta de riego.

Mientras, vivo con angustia dos pequeños encargos, también ellos –como los síntomas– periféricos, que no tocan el nife (uno sobre el cambio climático, otro sobre pucheros y cocidos valencianos), pero que me inquietan como si me fuera en ellos la vida. Me leo *Gomorra*, el libro de Roberto Saviano sobre la camorra napolitana: después de escribirlo ha tenido que ocultarse bajo protección policial. Es una pena que el documentadísimo y estupendo trabajo de este muchacho (es jovencísimo) esté lastrado por una serie de reflexiones desde el yo, a veces muy acertadas, pero en otras ocasiones enmarañadas por la retórica de periodista que quiere lucirse como escritor y –en la misma dirección– por unas apariciones del narrador, casi nunca justificadas y que empañan de cierto narcisismo la brillante narración: seguramente al público lector le guste saber que ese hombre estaba allí y corría peligro, pero a mí me da la impresión de que una narración más fría tendría efectos más demoledores. Todo sea a mayor gloria de un tipo de periodismo de investigación que ha heredado las maneras de lo que se conoció como «nuevo periodismo americano», en el que el periodista se permite contar lo que piensa un asesino en sus ratos libres, o lo que discutieron a puerta cerrada dos políticos y ninguno de los dos ha contado. Y estos comentarios no pretenden desmerecer un ápice el valor del hombre (Saviano) y la calidad incuestionable del documento.

He concluido la relectura de *¡Absalón, Absalón!*, esa desmesura de Faulkner, más manierista aún y más artificiosa que *Mientras agonizo* (que ya es decir), según me parece recordar, y que *Las palmeras salvajes* (esa la recuerdo bien, acabo de releerla). Se trata de un libro que se levanta, titánico, sobre sus defectos: el manierista retorcimiento de la narración para que la trama, una excavación, funcione también como novela policíaca. Creo que ha sido en el *Dictionnaire des œuvres* de Robert Laffont, que tengo por casa, donde he leído que, en realidad, podría haberse titulado *La caída de la casa Sutpen*, por la profunda influencia de Poe en este libro, y sí, hay mucho de Poe también en el ambiente, en ese polvo de cadáveres, en la decrepitud que todo lo corroe, y pienso en los cuentos más terroríficos de Poe: «Berenice», «Ligeia»… También se cita en el *Dictionnaire* al Conrad de *El corazón de las tinieblas* (Kurt –el horror– sería el equivalente de Thomas Sutpen –el diablo–), y a Henry James y a Proust por su investigación divagante, ese ir y venir en variaciones sobre el mismo tema, revelando en cada vuelta de tuerca un poco más y dejando para el final la revelación más terrible –*todos negros*– que es metáfora de la gran tragedia del Sur: la lucha contra sí mismo. Comentar el libro daría para unos cuantos tomos: la densidad carnal, hecha de barro y agua y aire, de su prosa, la capacidad para levantar un tono literario que tolera los mayores excesos y es capaz de elevar lo trivial a mito… en una magnificación un tanto teatral, en la que nos suenan los pasos en las tablas del escenario del gran guiñol. Con todos sus excesos, estos novelones resultan apabullantes, nos admiran, nos enseñan, y sin textos tan radicales no acabaríamos de entender la grandeza de Faulkner porque su desmesura como escritor está, sobre todo, en ellos, aunque a mí me seduzcan más, e incluso me inquieten más, los textos de menor tonelaje, si es que se puede considerar de menor tonelaje *Santuario*, *Las palmeras salvajes* o *El ruido y la furia*. Pero es verdad que hay en ellos un extraño equilibrio entre exceso y mesura del que carece este *Absalón*, y creo que ese equilibrio es virtud que se ajusta más a la sensibilidad de este principio de siglo.

Aunque, al escribir acerca de los excesos teatrales de Faulkner, sé que me aturden más porque tengo en la cabeza el ambiente posfaulkneriano del cine y de algunas novelas que leí en mi infancia y en mi adolescencia: veo a Faulkner queriendo escandalizar al muchachito que yo era, y a mis vecinas de una calle pobre que acudían a ver aquellos folletones que tenían como tema el Sur, su calor, el mosconeo de los abanicos: me refiero a películas como *La gata negra*, *Con él llegó el escándalo*, *Dulce pájaro de juventud* o *Un tranvía llamado deseo*. Me resulta difícil librarme de esa visión del Sur que tenía en mis primeros años en el cine, se me convierte en representación kitsch con la que se puede bromear: casa de putas con jaula para pájaros exóticos y pianista negro, y eso es bastante injusto, claro que sí, porque el tópico es lábil: no son exactamente lo mismo Faulkner que Tennessee Williams, ni desde luego Capote y Carson McCullers. Cada uno tiene su propio tempo literario, su forma particular de grandeza. En cualquier caso, todos ellos, y desde luego Tennessee Williams y Faulkner, son herederos de Twain: el río que se lleva a los negros en *Las palmeras* es el río de Tom Sawyer y Huckleberry Finn.

Oigo por la radio una joya de Fauré que no consigo descubrir cómo se titula, y, a continuación, el maravilloso largo del *Trío n.º 2* de Shostakóvich.

(Fin del cuaderno Moleskine de 2008.)

Cuadernito Sorolla
(26 de mayo-27 de agosto de 2008)

26 de mayo

El libro de Marta Sanz *La lección de anatomía* está lleno de ingenio, de mala uva; mira, entre irónico y cruel, el mundo que la rodea, pero tiene, y ya sé que está feo que yo escriba así, un exceso de cotidianidad, una *platitude* que me desinteresa en algunos momentos. Uno echa de menos algo más allá o por encima de ese anecdotario *a la manera de todo el mundo* en el que ha querido componer Marta Sanz su propia biografía, su desnudamiento, que la lleva, en el último capítulo, a pintar un cuadro realista de su propio cuerpo, en las que son probablemente las mejores páginas del libro. Lo dotan de sentido y me reconcilian con él. Ella habla de un retrato a lo Lucien Freud, Derain o Max Beckmann, pero a mí me parece que tiene la seriedad civil, la corporeidad rigurosa y exacta de Courbet, de *El origen del mundo*, que ella misma cita en uno de sus últimos capítulos.

27 de mayo

Ayer por la noche, Juvenal, *Sátiras*, I: «La honradez es alabada y tirita de frío; a los crímenes les deben jardines, mansiones, mesas, plata vieja y un cabrito labrado en relieve en las copas» (vv. 74 y ss., pág. 221); «Todo lo que hacen los hombres, votos, temor, ira, placer, alegrías, intrigas, forma la mescolanza de un librito» (vv. 92 y ss., pág. 223); «Entre nosotros la majestad de las riquezas es la más sagrada, aunque no le hayamos levantado altares a la Moneda como se venera a la Paz y a la Fe, a la Victoria, al Valor y a la Concordia» (vv. 113 y ss., pág. 225).

Sátiras, IV: «[...] pudo comprar con menos dinero al pescador que al pez» (v. 26, pág. 283).

Acabo de atropellar al perrito, un cachorro pequeño que me dieron hace unos días. A pesar de todo el cuidado con el que voy cada día a la hora de meter el coche en el aparcamiento frente a la casa, de repente oigo los gemidos del animal. Terrible. Una persona no expresaría con más intensidad el dolor. Sangra por la boca. Me temo que lo he reventado por dentro. Respira con una ronquera desazonante, se asfixia. Lo acaricio, me desespero. Parece como si una sombra se hubiera extendido sobre la casa. Me cago en Dios una y otra vez, con empeño de maníaco. Creo que le he roto la tráquea. Me desarbola ver la inocencia, la alegría, convertidas en sufrimiento, en algo terrible (ya sé, ya sé, es solo un animal, hay que rebajar el lenguaje, pero no puedo), se acurruca, se incorpora porque no puede respirar, se agita con una serie de espasmos, se deja caer otra vez, luego se incorpora y se dirige a la habitación de Paco, como si buscara la ayuda del que le da cada día de comer, el que lo coge en brazos y lo besuquea. Lo dejo con él, a pie de cama, con ese ronquido patético; los ojos desencajados por el dolor reflejan, además, miedo y tristeza. Yo llevo tres o cuatro días en el pozo, y este incidente colma el vaso. Y mañana me voy de viaje. Insomne, fumo, bajo a verlo, a acariciarlo, un día siniestro, he bajado al bar y me he sentido agredido por un tipo que iba ciego de coca y tenía ganas de meterse en líos, de discutir conmigo, que no le hago ni caso. Pensaba: no salir de casa, no exponerme a las agresiones del exterior, y llego a casa buscando un poco de tranquilidad y atropello al cachorro.

Le preparo a Paco la ración de pastillas para estos días que estaré fuera. Si supiera rezar (sé, claro que sé, tantos años en colegios religiosos, sé rezar, pero no creo), lo haría, no por Paco, ni por el perro, sino por la vida, por la justicia, porque no hay derecho, ningún juez puede tener derecho a quebrar la inocencia. ¿Quién coño ha tendido esta gasa negra que envuelve el mundo?, ¿o venía ya como marca de fábrica?

28 de mayo

Revive el perrito. La cosa no era tan grave como parecía anoche. No estaba reventado, había recibido el golpe en los belfos y por eso tenía el interior de la boca llena de sangre y se ahogaba, la herida es superficial. Pero está claro que el diablo no deja de enredar. Cuando llego a Valencia, llamo a Paco para ver cómo se encuentra, si está bien, si se ha tomado las pastillas, y me dice que acaban de entregarle una citación del juzgado. Me cago en Dios. Se me viene el mundo abajo. Paso una hora dando vueltas, pensando en qué es lo que tengo que hacer. La idea de que pudiera regresar un solo minuto a la cárcel me desespera: otra inocencia castigada. Odio este mundo. Me ciega una mezcla de dolor y rabia. La furia de la hormiga gesticulando con sus patitas en algún lugar del universo. En estos casos lo único que te queda es la blasfemia. Como si a todas esas legiones de hijos de puta les afectara en algo tu odio.

Inolvidable gesto de amistad de W. (ay, esta contradictoria relación), que vino a buscarme a la estación de Gandía y luego se quedó conmigo charlando y bromeando. Decidí no ir al aeropuerto. Después de muchas dudas, me volví para casa. No soportaba la idea de que el comunicado de Paco

441

fuera para entrar en prisión y no estar yo cerca, así que me di media vuelta y dejé los compromisos en el aire. Pensé que en Lyon había mucha gente para consolarse unos a otros, y que él estaba solo. Llamé a W. para comentárselo y se empeñó en venir a recogerme a la estación de Gandía. Voy al ayuntamiento, a entrevistarme con la juez de paz, y me dice: «Pero si es para darle una buena noticia». La devolución del dinero de la fianza. A pesar de todo, Paco, con solo recordar cuanto le ocurrió, se viene abajo. Apenas puede salir del coche, se marea antes de llegar al ayuntamiento y, luego, al entrar en el banco para recoger el dinero, tengo que sostenerlo porque está aturdido: todo debe parecerle el camino de vuelta a la cárcel. Desconfía de la juez, de mí. De vuelta a casa, como está muy alterado, le tomo las pulsaciones: ciento veintiocho. No creo que aguantara medio minuto en la cárcel. Se quedaría en el trayecto. No llegaría. Estoy convencido de que su enfermedad se incubó en aquellos días. Desde entonces no volvió a ser el mismo.

Tranquilizado, me busco un billete para Lyon que me sale por un ojo de la cara, pero al menos medio cumpliré con lo que había prometido hace ya siete u ocho meses. Me he excusado contando una mentira: que habían ingresado a un familiar de urgencia en el hospital. Me cuesta mucho mentir, me trabuco, me vuelvo disléxico. Pienso que todo el mundo se da cuenta de que estoy engañando, y me muero de vergüenza, pero, la verdad, en este caso, no sé qué podría contar. Lo que digo se acerca a la verdad. A la hora de acostarse, Paco seguía teniendo ciento veintiséis pulsaciones (los médicos insisten en que no debe tener pulsaciones altas, que es peligroso), apenas ha comido ni ha cenado, a pesar de que ha estado un buen rato en el campo, porque le he mandado alguna tarea imaginaria para distraerlo. «No me puedo quitar los nervios. Solo con acordarme de aquello pierdo el control», me ha dicho. «Yo no hice nada y esos hijos de puta me metieron en un lío.»

Hace un rato he bajado a tomarle de nuevo la tensión. Dormía apaciblemente, había recuperado el color de cara, le había subido la tensión y le habían bajado mucho las pulsaciones. Parece que puedo irme un par de días tranquilo.

Soy el peor autor de diarios de la historia. El motivo: hay que pensar primero y luego escribir, y yo eso no sé hacerlo, solo encuentro mi pensamiento escribiendo y volviendo una y otra vez sobre lo escrito para darle forma; es decir, que a medida que va tomando forma la escritura voy descifrando mi pensamiento. Es la escritura lo que me lleva a pensar, y eso en los cuadernos no puedo hacerlo, eso se hace emborronando decenas de folios para fijar tres o cuatro páginas. Así que lo que me va saliendo en estos cuadernos es una escritura de parvulario.

He seguido con el deslenguado Juvenal. Me admira su lucidez, me divierten su ingenio y su salacidad. Además, enseña tantas cosas sobre la vida cotidiana en Roma, por otra parte, tan parecida a la nuestra. Parece que los progresos técnicos y los idearios y construcciones teóricas son bastante incapaces de cambiar los hábitos profundos y los sentimientos del animal humano. Tremendo fracaso de la razón en sus manifestaciones: ni la sátira, ni la frialdad del escalpelo del pensamiento puro, ni el ardor de la arenga política, ni el supuesto magisterio de la historia, ni siquiera el pensamiento pedestre, a ras de suelo, fruto de ver una y otra vez el comportamiento de hombres y cosas, han conseguido cambiar el saco de pasiones y egoísmos que somos; si acaso, han hecho mejor el mundo por el mero hecho de existir; porque existen ellos, esos textos, pero fuera de ellos todo continúa como el octavo día de la creación del mundo.

1 de junio

En el TGV Lyon-París. Ayer cayó una impresionante tormenta sobre Lyon. Tremendo aparato eléctrico, y un auténtico diluvio. Hoy, bajo una suave lluvia, los artesanos se aprestan a instalar sus puestos en el mercadillo que plantan a las orillas del Saona. La ciudad me parece aún más bella que la última vez que la visité, hace ya unos cuantos años, quizá una quincena. Parece uno de esos recortables de arquitectura, con sus peculiares bloques de casas aislados unos de otros y salpicados por unos cuantos edificios nobles. La contemplo en distintos trayectos de automóvil: las casas alineadas a la orilla del Saona, y enmarcadas en las verdes colinas que se levantan a sus espaldas y la silueta de las torres de la poco agraciada basílica y de esa estructura metálica que se parece a la torre Eiffel. En el espacio que queda entre Saona y Ródano, las altivas mansiones burguesas se alinean formando cuadrículas que interrumpen elegantes plazas, iglesias de falso gótico, levantadas para atender las necesidades espirituales de ricos fabricantes y gente del comercio, y alguna vieja capilla románica que, en su día, debió alzarse a las afueras de la ciudad, o en medio del campo, y hace un siglo fue engullida por los nuevos ensanches urbanos. Desde los automóviles que me han trasladado de acá para allá, he tenido también la ocasión de contemplar las magníficas edificaciones contemporáneas, en buena parte obras públicas, y otras levantadas por el poderoso empresariado local. Todo expresa una abundancia digerida durante muchos decenios, tradición de continuada riqueza. Ayer, en el local en que iba a celebrarse la mesa redonda que me ha traído a esta ciudad, estaba Octavi Martí, el corresponsal de *El País*, quien me dijo que Lyon es la ciudad de Francia con mayor número de Rolls-Royce.

Atraviesa el tren las ondulaciones del terreno pintadas de verdes cambiantes, de infinitos tonos y matices de un mismo color («tots els colors del verd», cantaba Raimon en la canción con la que homenajeaba al País Vasco), días lluviosos de primavera avanzada. A mitad del viaje deja de llover y las nubes se van volviendo más delgadas, se afilan, se acuchillan, hasta que consiguen que el sol se abra paso, las atraviese y esparza una escarcha dorada por encima de los verdes. De vez en cuando, la pincelada amarilla de la ginesta en flor. Cerca de París, un leve velo de bruma le sirve de filtro al paisaje, mientras arriba, en lo alto, se han abierto claros de un intenso y a la vez delicado azul. El ánimo se contagia de esa belleza, de esa luz, y reposa con los ojos perdidos en el paisaje. La vida merece ser vivida.

A París los romanos la llamaron Lutetia, por *lutum*, que quiere decir «barro». Los árabes llamaron a Valencia Madinat al-Turab, la «ciudad de barro». Ambas nacieron a orillas de un río, solo que el de Valencia era mezquino, intermitente, y ya ni siquiera existe, mientras que el Sena sigue fluyendo poderoso, y sirve tantos cientos de años después de eje cardinal a la más soberbia acumulación de ordenada belleza que existe en el mundo. Paseo durante horas por la ciudad. París, pues claro.

2 de junio
Día completo en el Louvre. Tras la reciente reforma tienes que caminar cientos de metros, guardar interminables colas y subir y bajar escaleras, antes de encontrarte con la primera obra de arte. Hay gente por todas partes, niños que gritan, que corren, mayores que caminan a toda velocidad como si estuvieran participando en un maratón o fueran a coger el metro que está a punto de salir. En determinadas salas se agolpan verdaderas multitudes, que miran cuadros desde una lejanía desde la que poco puede advertirse (mejor verlas esas pinturas a través de internet, en la pantalla del or-

445

denador de tu casa). Te pierdes, vuelves atrás, te cansas, y si quieres comerte un bocadillo (espantoso) o tomarte un café, y reposar un rato, tienes que desandar lo andado y regresar de nuevo al punto de partida. Un horror, aunque en ese ajetreo, y entre tanto desconcierto, encuentras tus momentos: el *Retrato de Castiglione* por Rafael (viejo conocido, desde que te lo encontraste en tu primer viaje, a finales de los sesenta, te enamoraste de él): es uno de los retratos más bellos que conozco, por la inteligencia con que se ha captado la psicología del personaje, y también por la delicadeza con que han sido seleccionados y entonados los colores, más bien difíciles, diríamos que modernos, sobrios colores beige, gris, incluso creo que recuerdo leves destellos verdosos, que no encuentro en las reproducciones, lo que me hace dudar, aunque seguramente se pierden, así que, si quiero volver a verlos (quiero: los echo de menos), solo los encontraré regresando otro día a la abarrotada gran sala del Louvre que los guarda. Vuelvo una y otra vez al Louvre y sigo amando los cuadros que me fascinaron en mi primer viaje: los italianos del Renacimiento, David: *La muerte de Marat*, me emocionó por su rigurosa sobriedad, que dan ganas de llamar «cívica»: la razón del pintor ordena la sinrazón del acto que retrata; *La coronación de Napoleón*, que me sorprendió por su tratamiento del color. Antes de visitar el Louvre me decía que no me gustaba David, lo que veía de él en las ilustraciones de los libros de texto, pero en el primer viaje que hice a la ciudad (creo que a fines de 1968, ¿o fue el 69?) me encontré con el estallido de color de ese cuadro, me impresionó, me anonadó, y ya no me he librado nunca de ese impacto. Esta tarde he visto también las luces de Vermeer, tan sugerentes como aquella primera vez, y una *Fortuna* de Frans Francken, que sostiene una especie de vela que el viento inclina en una dirección. Caen de las manos de la Fortuna los bienes en la dirección que marca el viento, donde se juntan personajes bien vestidos, con aspecto de poderosos, o al menos de gente que es alguien en la sociedad, acomodada. Ajenos a esa lluvia de bienes quedan los del otro lado: desharrapados, lisiados: una visión tan pesimista como real, fruto del puro empirismo, creo recordar que era Gracián quien decía aquello de que dan a quien tiene e invitan a comer al que está harto. Saberes extraídos de la vida. Son también muy hermosos los dos cuadritos que llevan por título *El fuego* y *El agua*: ilustraciones acerca de lo que el hombre hace con esos dos elementos, muestra Brueghel con ellos su aprecio por el saber empírico y por su aplicación, el trabajo: los hombres forjan con fuego, utilizan como energía el agua, y los cuadros están llenos de detalles, miniaturismo bellísimo e instructivo.

A la salida compro un libro de Gallimard que se titula *Le musée des impressionnistes* y otro de Skira, sobre Vlaminck, ambos con unas reproducciones extraordinarias, me dejo llevar por la avidez del ladrón de arte, llevarme a casa las obras del museo. El libro como *ersatz*, como las reproducciones son muy buenas, puedes tocar los cuadros, incluso poner una lupa encima y apreciar mejor las pinceladas. Al terminar la visita me pongo en ese plan de, ay, nunca más, no podré volver a ver tanta belleza, y qué inútil he sido yo que en toda mi vida no he podido pintar ni un monigote sin emborronar el papel, digo que como me pongo en ese plan tremendo, me emociono, me dan ganas de escribir (¡escribir por fin un buen libro, un libro de verdad, un gran libro!), echo de menos no saber transmitir lo que esa extraordinaria colección de formas me produce, ser incapaz de contar la borrachera de hoy en el Louvre. Siempre, la primera sensación es admirativa por la cantidad ingente de sabiduría que expresan estos grandes cuadros, un saber artesano, pero, sobre todo, saber de algo más complejo, el saber de la vida, la idea del mundo expresada en formas, que es lo que convierte la artesanía en algo indefinible que consigue que cada obra, casi di-

447

ría cada pincelada, nos transmite una visión del mundo: dicho así suena a fetichista, a beato, a metafísico, pero no lo es, yo diría sin temor a equivocarme que para ver, y para ver así como todos ellos han visto, cada uno a su manera, necesitas tener el mundo dentro de tu cabeza, en tus ojos, entre tus dedos.

Me asalta incluso la tentación de pensar que en estos últimos años hemos desaprendido la cualidad y el valor de ese arte pictórico. No, no creo que sea verdad. Todos conocemos el tópico de que ningún pintor a lo largo de la historia consiguió ver tanta pintura, tanto arte, como un adolescente contemporáneo con beca Erasmus, aunque es innegable que en todos esos pintores clásicos se expresa el resultado de un aprendizaje exigente, de una rigurosa disciplina y quizá eso sea lo que uno echa de menos en las artes visuales contemporáneas: ya nadie pinta, todos hacen *patchwork* (los más clásicos), pero, sobre todo, vídeos e instalaciones, echo de menos la pintura (después de Freud, de Bacon), no veo ese nuevo arte que nace de la excelencia del anterior, tratado o maltratado, como sea, pero nacido de él, pintura que sale de la pintura y no de la periferia (¿cómo despreciar las posibilidades de las nuevas tecnologías?, te dicen, el invento de la pintura al óleo también escandalizó, tanto como el vídeo), pero a mí me gusta la pintura, me gusta esa delicadeza y pericia que exigen las acuarelas, los óleos, los acrílicos, lo que hace el hombre con mano armada con lápiz, con pluma, con pincel, tienes que saber que aun cuando lo remuevas todo –yo mismo lo hago en mi escritura– hay un código, por cambiante que sea, desde el que tienes que trabajar, aunque sea para dinamitarlo: sin código no hay arte.

Hoy, contemplando las figuritas, las cerámicas, los *kuroi*, las primitivas terracotas de las islas mediterráneas, o el arte aún más antiguo de los egipcios, constataba cómo en realidad todas las formas que han ido sucediéndose en los cuatro mil años posteriores estaban ya allí, algunas en embrión, y otras ya armadas con todo un poderío que nunca después ha sido igualado, como si también el arte tuviera un genoma según el cual lo más lejano se liga con lo más nuevo, no solo porque Picasso se inspirara en las máscaras africanas, en esas artes primitivas, sino porque hay una sucesión de refundaciones que permanentemente quieren reconquistar lo que en un momento fue cumbre: también las formas artísticas parecen contener movimientos primitivos a partir de los elementos más simples, lo que los gestálticos llamaban *Prägnanz*, la música los tiene, los lleva dentro: ritmos primigenios, prenatales, que los niños desarrollan desde los primeros instantes de su vida.

El rápido viaje desde Lyon a París ha sido motivado por el empeño de Jean-Maurice de organizar una fiesta por la aparición de su libro sobre Valencia (*Capucine à Valence*), la ciudad que recorrió conmigo, y de un cuento dibujado con un estupendo feísmo por un amigo suyo. Soy parte del homenaje, pero acudo temeroso, y me comporto con la esperable torpeza. Jean-Maurice se mostraba feliz por mi presencia, y a mí, aunque infinitamente agradecido, se me llevaban los demonios entre toda aquella gente de buena clase y desconocida. De momento, y ya instalado en la habitación del hotel, contemplar las ilustraciones de los libros que he comprado en el Louvre. Cuánta belleza y cuánta vida: traen una época completa, no solo por los personajes que aparecen en los cuadros, a los que uno cree conocer y que hacía mucho que no veía y los echaba de menos, sino por la propia forma de captar la naturaleza: esas pinceladas son su tiempo, y hay un principio pictórico sabio, razonable y valiente, que está en esos cuadros, y ese principio artesanal que dice cómo manejar los elementos con los que se trabaja es también su época: los tejados, las chimeneas, los prados, los adoquines, las flores, las frutas, el agua del río y el cielo son esa época, y son solo pintura. Hoy nadie mira así a las personas, nadie se fija de ese modo en las cosas, no sabríamos hacerlo, es un tiempo que se ha escapado y cada tiempo mira a su manera y esa manera muere con él. Proust ha dejado anotaciones insuperables sobre el tema. He citado algunas en mis artículos.

Oigo un precioso espiritual cantado por Jessye Norman. Mañana intentaré encontrar un disco de ella cantando eso, jazz, espirituales, no ópera, que es lo que siempre le he escuchado.

5 de junio

Me gusta el tono, esos empastes de la última novela de Modiano, *Dans les cafés de la jeunesse perdue*, los personajes-Modiano de los que apenas sabemos nada, e intuimos que esconden vidas sórdidas, terribles, e incluso delictivas. La ciudad de París también personaje-Modiano, huidiza, de la que no llegamos a conocer sus secretos, y que, en su capacidad de ocultación, los ampara a todos ellos, la ciudad en apariencia frecuentada e incluso familiar, pero repleta de pasadizos, lugares oscuros que no sabemos lo que guardan, fachadas que, tras las ventanas, esconden a la vista sus contenidos. En los lugares-Modiano se mezclan ambiguamente personajes procedentes de esa diversidad de escondites parisinos, de esa tierra de nadie, del lugar que parecía vacío. Y para pintar ese ambiente utiliza el novelista una paleta de tonos grises, borrosos. Nos sugiere sombras más que volúmenes, vacíos en el aire, inaprensibles estampas del paso del tiempo. Lo trágico –el suicidio final de Louki, la protagonista– forma una grieta por la que nos asomamos a ese fondo oscuro, cubierto por capas de falsa cotidianidad, que es gesto forzado, o representación, incluso representación de una inocencia falsa. Turbador Modiano.

También he concluido *Derrumbe*, de Ricardo Menéndez Salmón, indagación atrevida sobre el mal como imán al que resulta imposible resistirse, o –más sencillamente– como genética del animal humano que solo puede disimularse, o aplazarse, gracias al esfuerzo por lograr formas de acuerdo social. El libro está tan lleno de hallazgos deslumbrantes como de excesos que a veces rozan lo cursi o lo pedante. Hoy mismo he sentido la atracción por el mal –sobre un turbio fondo erótico– en la figura del hombre que ha estado podando la hiedra de la vecina. Él trabajaba afanosamente en lo suyo, y yo interrumpía mi propio trabajo para contemplarlo sin franqueza, con sensación de doblez, incómodo conmigo mismo. A eso se le llama «espiar». *Voyeur, peeping Tom*. Creo que él, un hombre maduro, mayor que yo, se daba cuenta. Me ha parecido descubrir sus miradas furtivas y parecía evidente que, con ellas, sellábamos un pacto de complicidad basado en lo peor de nosotros. Ojalá me equivoque en el descubrimiento del juego de espejos y no sea más que mi propia calentura la que ha estado trabajando en un territorio que no es exactamente sexual, porque es mucho más que eso, es lo sexual como entrega, como sacrificio, como expiación, de lo que solo puede surgir un castigo desmesurado. Sé de lo que hablo, lo he vivido en algunas ocasiones. Es verdad que hace ya tiempo. Me excita su cuerpo a la vez degradado y fuerte: se cambia la ropa de trabajo morosamente en un lugar desde el que sabe que puedo verlo, a la vez vencido y feroz, un viejo desazonante, como si la vejez fuera un suplemento del sexo y no su decadencia, tiene que saber que lo estoy viendo, se queda en un diminuto slip, cubriendo con la mano el bulto del falo, o, más que cubriendo, señalando, diciendo ahí se esconde, mientras con la otra busca los pantalones de trabajo. Se trata de una figura que normal-

451

mente no debiera atraerme, no es lo que entiendo como mi tipo, y, sin embargo, hace mucho tiempo que no vivo tan claramente el turbio deseo y el escozor de su descodificación. También, sensación de ridículo: *El amante de lady Chatterley*, la historia de la señora y el jardinero.

La tensión sexual que la presencia del trabajador de la vecina me provoca –no puedo olvidarme de él, lo oigo cortar ramas, arrastrarlas, cargarlas en la carretilla–. He conseguido escribirle de un tirón el texto de cocina (pucheros y ollas valencianas, algo así) que me pedía Vergara para su anuario, y a continuación me he mantenido una hora larga contemplando las ilustraciones del libro sobre los impresionistas que me traje de París. No me canso de ver esas pinceladas, de descubrir la rítmica del color en el cuadro, la dirección e intención de la composición, incluso del trazo. Concluyo la jornada volviendo a ver (¿y van...?) *Duelo al sol*, la historia de Jennifer/Perla Chávez y Gregory Peck (ahora no recuerdo el nombre de su personaje). La película me sirve como ilustración perfecta de *Derrumbe*, de Menéndez Salmón, y también de mi fascinación por el cuerpo del rumano que, en reposo, parece el de un viejo decrépito, pero que se convierte en el de un poderoso atleta a medida que el trabajo le reclama más esfuerzos: se rejuvenece, crece. Hace un rato, subido en la alambrada, con todos los músculos en tensión, mientras iba cortando las ramas que sostenía con la otra mano, era un enjuto Hércules sin edad, energía concentrada, que solo lo laboral salva de convertirse en violencia destructiva, lo laboral como salvación de la capacidad destructiva que anuncian el rostro tenso, el brillo dañino de los ojos, la duplicidad del carácter, es a la vez sumiso y bondadoso trabajador y sospechoso animal salvaje. Ya sé que todo este texto suena a esa literatura de maricones que tanto odio, Tennessee Williams y su señora Stone arrojándole la llave al mendigo callejero y aguardando a que el mendigo suba a follarla.

452

Pero me parece protagonizar el encuentro entre dos felinos que se reconocen, algo así como las miradas de las mujeres pantera de la película de Tourneur. Sin haber cruzado más que unas cuantas palabras (él entiende a duras penas el castellano) me ha parecido detectar que la electricidad circula en ambas direcciones, la suya lastrada por un fondo de violencia (yo soy el propietario de la casa vecina) y he supuesto que también de deseo. Luz roja. Peligro. Me desazona, porque sé lo inútiles que son nuestros esfuerzos para encauzar a ese animalito, el subconsciente, que corre a su aire, con frecuencia preparándonos laboriosamente para lo peor. Para encontrar sentimientos parecidos tendría que remontarme a los ochenta o principios de los noventa cuando vivía en permanente riesgo: pero, por entonces, el deseo era un cóctel que mezclaba la pulsión de la sangre con una sobrecarga de sustancias tóxicas –café, alcohol y tabaco en cantidades industriales y espolvoreados con cocaína y respirados con popper–: por entonces viví con cierta frecuencia extraños entrecruzamientos en los que el insoportable deseo formaba ovillo con el desprecio y la repulsión hacia lo deseado. Amar lo que te da asco, o quizá, mejor, follarte lo que te asquea, y lo que temes, para rebajarte tú mismo. El sexo no como ascenso al paraíso, sino como bajada al submundo de las cañerías y los desagües. Colonizar lo sórdido, inseminar lo peligroso, abeja polinizadora de la mierda de otros. Acelerar el proceso de degradación que temes. También conozco la sensación de desear intensamente en la media distancia lo que si te acercaras te resultaría repulsivo. Y es curioso que no tener acceso a eso que te asquearía si lo alcanzaras te duela, y ese dolor se manifieste como si se te privara de alguna forma de belleza y de inocencia.

A todo eso, hoy ha sido un día durísimo en el que se ha producido una nueva recaída de Paco, que me ha tenido en vilo hasta bien avanzada la tarde. A lo mejor todo este montaje turbio con el viejo jardinero no ha sido más que un modo de escaparme de la situación de agobio, de estar atado a un hijo exigente; una forma de ofrecerme al cirujano para que me trate también a mí como enfermo. Sé que son las tres y media de la madrugada y llevo desde las seis de la mañana de ayer dándole vueltas a la situación de Paco, tomándole la tensión y auscultando mi propio grado de tensión con el jardinero que se transforma en pocos segundos de viejo decrépito en turbador atleta. Esa dualidad entre lo frágil y lo poderoso me calienta.

Mañana me espera otro día jodido. Quiero dejarlo todo preparado para los tres días que voy a estar fuera, prepararle la medicación, hacer la compra, ponerle vigilantes que lo controlen, etc., y asistir luego en Liria a la entrega del Premio de la Crítica Valenciana a *Crematorio*. Para completar el programa, me llama A., con quien hace meses que no hablo, para decirme que está dispuesto a pasar la noche conmigo en la habitación del hotel que he reservado en Valencia. Pasado mañana, de buena mañana, a Madrid, comida con los Herralde y firmas en la Feria del Libro, y yo con estos vértigos que la falta de descanso acrece. Creo que buscaré una excusa para no ver a A. Me paso meses sin que lo sexual interfiera en mi vida y, cuando lo hace, es siempre como problema, como desarreglo; además, a esos problemas de tipo convivencial se añaden los de la logística.

9 de junio

Regreso de un rápido viaje a Madrid con el objeto de firmar en la Feria del Libro. Fascinación de pueblerino por la ciudad, la gente, toda esa gente que se cruza contigo y a la que no volverás a ver, la *passante* baudeleriana. Después de bastante tiempo, he encontrado, o, mejor, buscado la oportunidad de unos cuantos desahogos sexuales, tanto en Madrid como el otro día en París. En Valencia, la oportunidad vino a buscarme. Pasé la noche con A. Hacía meses que no sabía nada de él y me llamó justo el día que tenía que ir a Valencia. Intensidad durante los momentos de contacto físico, un éxtasis que se repite varias veces durante la larga velada. En cuanto concluyen los manoseos del sexo, un respetuoso aburrimiento. La pura atracción de la carne. ¿Habrá algo más inocente?, ¿habrá algo más sucio?

En Madrid, el Dumbarton. Nada más entrar, alguien me mira; luego, a los pocos minutos, otro me dirige la palabra y empieza a tontear, y, mientras estoy hablando con ese, un tercero me roza con intención. Controlo la cosa como puedo, escapándome entre la gente que abarrota el local, bajo al sótano, me meto en los servicios, en el cuarto oscuro, me siento en los bancos que bordean la pared, no sé cómo me lo apaño pero acabo haciéndolos disfrutar a los tres, y también yo disfruto las tres veces. Me resulta difícil recordar una situación así, porque los tres tipos me gustaban mucho. Desde que he dejado de frecuentar los clubs, parece que me resulta facilísimo ligar con tipos que me gustan mucho. Cuando los pisaba con frecuencia, salía indefectiblemente con –nunca mejor dicho– el rabo entre las piernas. Busco qué pueda haber dado lugar a ese cambio, o si se trata solo de que a mí me lo parece, porque me he olvidado de lo que hacía y ocurría en los viejos tiempos y he guardado solo la idea de lo peor. Me digo que ahora estoy más centrado, de mejor humor, y que eso seguramente se transmite en el brillo de la mirada, o en la forma de moverte (te mueves con otra seguridad, hay menos tensión y más descreimiento: un ateo que pasea por una iglesia sin esperar milagro alguno), aunque me da la impresión de que se trata de algo bastante más pedestre: que tu cara no les suena, te toman por nuevo, un pueblerino que ha caído por casualidad, y eso es fruta apreciable en el ambiente, o seguramente se trata de que, como es un club al que acude gente a la que le atraen los viejos, yo —mediante estos años de ausencia— ya he pasado a formar parte de esa melancólica legión a la que antes aún no había accedido. Pero no es exactamente así. El bar en el que ligué en París no era de ese estilo, y conseguí nada más entrar un contacto, alguien que me atraía mucho, y luego unas cuantas proposiciones e insinuaciones de gente que se ajustaba a mi ideal. Quizá no sea tan metafísico eso de que no desear ni esperar se trasluce en algo que emana de ti y despierta el deseo ajeno, porque a todos estos sitios he acudido sin ningún interés por ligar, por enamorarme, ni por buscar otra cosa que no fuera ver y tocar un poco de carne humana, y, mejor aún, la posibilidad de alcanzar una eyaculación por mano ajena. Pero ya lo he dicho, también influye el hecho de que seas nuevo en plaza; que no se te haya visto por allí: eso les crea la fantasía de que puedas ser un novato, alguien que ha caído tarde en el vicio, o que ni siquiera sabe en qué lugar ha entrado, y esa posibilidad de ser los primeros en la vida homosexual del individuo nunca visto les anima, conculcar la virginidad de un hetero era el ideal de vida de J. Toledo. Lo dicho: que ahora que nada espero y apenas deseo, se multiplican las ocasiones: el Creador muestra notables dotes de humorista.

12 de junio

Termino de leer con una angustia insoportable el libro de Luciano Egido sobre los últimos días de Unamuno. En algunos momentos he tenido que dejarlo porque no podía continuar leyendo. Me trae recuerdos de mi adolescencia en Salamanca, de un ambiente siniestro cuyos ecos aún me llegaron, el fracaso de un país, de un pensamiento, de cualquier forma de pensamiento. Vuelven a la memoria los conceptos de entonces, no solo la unamuniana inteligencia, sino también esos otros: *alma, España, Dios,* que formaron parte de mi propia formación, cuando Unamuno tuvo mucho de maestro para mí: *En torno al casticismo, Del sentimiento trágico de la vida, San Manuel Bueno, mártir,* e incluso muchos de sus poemas, que hoy apenas recuerdo y no sé ya si aprecio, significaron mucho en aquellos años salmantinos. El libro me ha traído la angustia de ese hombre –maestro espiritual de mi adolescencia–, cómplice en una matanza y víctima de ella, que ve cómo se derrumba todo su sistema de pensamiento, mientras agoniza, a la vez asustado y arrogante. Me identifico con esa arrogancia desde mis circunstancias tolerantes, en las que me llegan halagos (hoy entrevista en el *Levante*) que no evitan que me sienta como un perro abandonado, frágil, cada día a punto de romperme o de que me rompan, apresado en la celda que mi propio autismo ha construido, casa con techo de cristal, al borde de hacerse añicos. La enfermedad de Paco –que no mejora– vuelve el desamparo más evidente y la atmósfera más irrespirable. Leo la tragedia de Unamuno, la entiendo y me supera desde la inmensidad de su gran redoble de historia universal.

Nada de cuanto hago me resulta fácil y son muchas las responsabilidades, hasta el punto de que la escritura ocupa un lugar tan secundario, que resulta casi inexistente. Tengo la sensación de que ya he escrito cuanto debía y he vivido cuanto he podido, y en uno u otro caso me queda entre los dedos algo así como una ceniza, que no es purificadora. Sensación de haber errado en cuanto he hecho. Mis propios lectores, mis amigos, me parece que leen algo equivocado, que tratan con alguien que no existe, y que todo esto no es más que un malentendido que la vida esclarecerá algún día para bochorno mío, un tiempo en el que quedará al descubierto la impostura.

13 de junio

Estos días pasados he vuelto a leerme el *Paralelo 42*, de John Dos Passos: regreso a viejas y conocidas fuentes. Si hace poco, leyéndome a Whitman, tenía la impresión de leer la gran novela americana, leyendo a Dos Passos leo el gran poema del país. Resulta evidente que, sin Whitman, Dos Passos no hubiera existido, él forma parte de ese impulso poderoso que nace con el viejo barbudo, y lo tiene claro, y lo homenajea, como homenajea a Reed, dedicándole una de las «Biografías» incluidas en el libro, junto con eso que llama «Noticiarios» y «El ojo cinematográfico». Unos sindicalistas leen a Upton Sinclair. Dos Passos parece preocupado por que le quede claro al lector quiénes han sido sus maestros, incluso me parece que homenajea al Proust ese que dice que, después de que nuestra mirada haya sido educada por la pintura de Renoir, vemos Renoirs un poco por todas partes, en el momento en que la decoradora Eleanor le dice a la elegante amiga que acaba de conocer en el Instituto de Artes de Chicago: «Whistler me gusta muchísimo; me pasa que después de haber estado mirando sus cuadros, me siento junto a una ventana y… no sé… Todo lo que veo tiene un tono pastel» (pág. 275).

Después de la pausa agónico-unamuniana, que me ha conmovido, decido seguir con la trilogía de Dos Passos y emprendo *1919*: siento no leerlo en inglés, ya que intuyo la viveza del argot en los diálogos, los cambios de lenguaje entre un personaje y otro, el tono en que se expresan los de arriba y, sobre todo, el de todos esos personajes populares cuya habla se pierde irremediablemente en la traducción.

19 de junio

Concluyo *1919*, el segundo volumen de la *Trilogía USA*, e inicio el tercero, *El gran dinero*. Es una pena que el montaje de estos libros –desde cualquier punto de vista extraordinarios– peque de envarado: se suceden de forma demasiado mecánica las partes: «Noticiario», «El ojo cinematográfico», protagonistas de la historia, vida novelada de los personajes. Eso hace que, en algunos momentos, decaiga la tensión y que, a pesar de seguir añadiéndoles matices a los personajes, a la historia y a la narración, a uno le quede la impresión de que ya no aprende más, de que sigue mirando desde el mismo sitio. Creo que Dos Passos se equivoca al renunciar a plantearse una diferente composición en cada novela; en no levantar cada novela como superación de la anterior (el método de esta es el que ya usó para *Manhattan Transfer*). No me parece humildad lo que refleja esa repetición, sino más bien cierta altivez: he encontrado el método para contar lo que está ocurriendo –cómo se forjó este país– y no necesito seducir, me limito a exponer. Pero eso es falso: aplicar la plantilla de *Manhattan Transfer* al primer tomo de la trilogía, y la de esos dos libros al segundo tomo y al tercero, es renunciar a una intervención de corte superior sobre el lector, instalarlo en el confortable terreno de lo ya sabido, dc lo esperable. Esa altivez solo puede permitírsela alguien que está muy seguro de sí mismo, tan convencido de su verdad que no necesita solicitarle permiso a nadie. Si el lector pierde interés, se supone que es culpa suya, porque Dos Passos le ha puesto la verdad (o la realidad) ante los ojos. Y escribo todo esto sin dejar de proclamar que se trata de una obra grandiosa, extraordinaria.

22 de junio
    La tarde, corrigiendo los cuadernos que, hace unos momentos, pasé al ordenador. También reagrupo en un bloque algunas de las charlas dispersas. Me propongo trabajar en los dos textos durante el verano, planear dos libros: uno de ellos –esos cuadernos, o diarios– está claro que no tiene intención editorial, pero sí que quiero dejar algo un poco más ordenado, menos caótico. Por otra parte, hay en ellos párrafos más

459

o menos escabrosos (tampoco tantos), alusiones a conocidos y amigos, y vierto opiniones sobre unos cuantos novelistas que hacen que si vieran la luz, más que satisfacciones (no me parece que los cuadernitos compongan una joya literaria), me causarían quebraderos de cabeza, cosa absurda porque ni siquiera esas opiniones tienen un valor de análisis, o una consistencia intelectual como crítica, son meros apuntes impresionistas tras la lectura de algunos libros. Suavizar esas opiniones u omitirlas es falsear el espíritu que impulsa estos cuadernos, sería difuminar mi manera de ver la literatura que encuentra sentido en ese taller del gusto que es la diaria lectura. De todas formas, poco me importa que se publiquen o no, que salgan a la luz ahora, o más adelante, o nunca, pongo en ellos más disciplina que arte, incluso más inercia, porque es un modo de llenar el vacío que queda cuando no se practica la escritura de voluntad pública. Lo importante es dejar lo escrito limpio, presentable, al menos correctamente redactado, especialmente en algunas partes en las que se intenta reflexionar, y son solo inconexas notas. O sea, que el trabajo para el verano está garantizado.

Por la noche veo *Sacrificio*, de Tarkovski, que la primera vez me pareció más bergmaniana que esta: ahora veo una película tremendamente rusa: Chéjov convulso, Dostoievski pasado por el surrealismo y la *nouvelle vague*, y también un montón de homenajes explícitos a Buñuel (esas viejas relaciones entre lo ruso y lo español en la cultura, en la literatura, en la música, en el folclore, que tanto dieron que hablar a principios del pasado siglo). En cualquier caso, la película, que tiene cosas muy hermosas e interesantes, sigue pareciéndome confusa, y, en buena parte, forzada, excesiva. Por lo que recuerdo, sigue siendo la que menos me gusta de las que he visto de él, pero tendría que revisar las otras. No creo que sea una película imprescindible para el cine europeo: las imágenes, muy hermosas, y algunos diálogos igualmente bellos, no sostienen el divagante tono. Ahora vuelvo a los cuadros impresionistas, mientras suena la *Sinfonía italiana* de Mendelssohn, el *adagio* del segundo movimiento me encoge siempre el corazón, como si esa melodía formara parte de un sustrato que me sostiene, viniera de muy lejos, de los confusos tiempos de la infancia. Misterios de la música: el inicio de ese movimiento me produce el mismo tipo de emoción que despiertan en mí algunas coplas, llaman a la puerta de un lugar en el que estuve, de algo que se perdió, que no he podido ser. Creo que es porque el timbre, la melodía, enlazan precisamente con los de algunas viejas músicas populares españolas oídas con emoción en la infancia (¿o no está ahí dentro el núcleo de un pasodoble como «Suspiros de España»?).

4 de julio

En el tobogán. Leo, leo, cumplo con las tareas domésticas que han aumentado desde la enfermedad de Paco, con las tareas de enfermería, leo, leo, y no soy capaz de hilvanar dos frases seguidas, tampoco en este cuaderno. Contemplo a diario la media docena de anotaciones que deberían formar el núcleo de mi charla del día 14, convencido de que esa charla no la voy a escribir nunca. Ni siquiera a este cuaderno soy capaz de acercarme. El verano muestra su cara más antipática. Imagino cuál puede ser la situación dentro de un mes: el pozo, leyendo las desesperadas confesiones de impotencia de Fonollosa: esos que creían estar entre los elegidos y ni siquiera estaban entre los llamados, los fracasados que lo apostaron todo a una carta –la escritura como eternidad– y la perdieron: me siento identificado. Echo de menos una vida sencilla, laboral, una dulce y descomprometida compañía, pero eso ¿qué es?

Después de pasarme la tarde leyendo *La higuera*, de Ramiro Pinilla, escucho los cuartetos catorce y quince de Shostakóvich. Una tarde desolada: calor, desesperados poemas de Fonollosa y lectura de Pinilla, con Paco abajo, que vuelve a estar mal y me ha dado un par de sustos hoy. Se queda como muerto: la piel azulada, los ojos a medio cerrar, babeante: creo que ya lo he escrito en otro sitio, se convierte en un Cristo yacente de Gregorio Fernández, ese terrible que he visto en Valladolid. Lo terminal alcanza cotas notables. El poder de la música: todo lo que quisiera expresar con palabras, esa tristeza inexpresable, la encuentro en el *Cuarteto n.º 15* de Shostakóvich.

9 de julio

Habla Luciano Egido en *Agonizar en Salamanca*, su texto unamuniano, de «masificación procaz de los reflejos populares», una frase que podría incluir en las páginas de *Tiempo perdido* —o comoquiera que titule estos cuadernos— que dedico a *Cabo Trafalgar*, de Pérez-Reverte, del mismo modo que, para el texto sobre novela y guerra, me sirve esta respuesta que Unamuno dio al periodista Knickerbocker para una entrevista que se publicó el 18 de agosto del 36 en el periódico *El Adelanto*: «La Gran Guerra, que redujo el nivel mental del mundo y lo llenó de manivelas y ruedas dentadas de todas clases» (pág. 81).

De la misma entrevista: Unamuno y su visión pesimista de la humanidad. «La humanidad —dice— es como una gata con siete gatitos. Se come tres y cría cuatro» (pág. 82).

Más Unamuno, este de 1934: «No solo se piensa, sino que se siente con las palabras» (pág. 125).

Unos años antes del 36, al contemplar una manifestación estudiantil que pide la cabeza de Gil-Robles, exclama

Unamuno: «Pero, ¿qué piden?, si Gil-Robles no tiene cabeza» (pág. 131).

Su adoración (la de Unamuno) por la palabra, que sería eterna, frente a la acción, siempre efímera (pág. 194).

La higuera. Vuelvo a pasarme unas horas sumergido en el mundo de Pinilla, gracias a este retoño nacido del tronco de la trilogía.

De Somerset Maugham: *Ashenden o el agente secreto*, una excelente colección de relatos teñidos por una amargura que se oculta tras la brillante prosa: «[...] el hombre encuentra siempre más fácil sacrificar su vida que aprender la tabla de multiplicar» (pág. 237).

«¡Cuánto más sencilla sería la vida si la gente fuera negra o blanca, y cuánto más fáciles serían de enjuiciar sus actos en tal caso! ¿Era Caypor un hombre vil que amaba lo bueno o una persona excelente que gustaba de lo bajo?» (pág. 181). Esa pregunta nos la hacemos constantemente referida a nosotros mismos.

«[...] para que el mundo supiera que no eran felices, tiraban contra los transeúntes» (pág. 271).

En Dos Passos, *1919*, alguien dice: «¿Cómo van a conseguir que se queden en la granja después de haber visto París?» (pág. 277). Se refiere a los soldados que han sido destinados a Europa durante la Gran Guerra.

L'homme marié, de Edmund White, que acaba siendo una más que aceptable novela con un magnífico *crescendo* final, me irrita. No sé si son prejuicios del machista que vive dentro de mí, pero soporto muy mal ese asfixiante mundo de las mariconas ricas, ese ir de Venecia al desierto marroquí, a los Cayos de Florida y a Nueva York, y a París, no se sabe muy bien a hacer qué, gran mundo de locas poderosas, viajadas y corridas, o desnortadas. El pretencioso retrato de eso que quiere parecer muy *in* se le come parte de la efectividad a este libro que acaba siendo muy amargo, de un corte existencialista nada complaciente: vidas para nada, muertes para nada.

12 de julio

Vuelvo a Dos Passos, al primero: *Manhattan Transfer*, que me reafirma en esa idea de que se trata de una novela insustituible: Nueva York entre tus manos, ante tus ojos, desplegándose en la cabeza: el olor de humo de los incendios, la luz, los cuerpos castigados de los emigrantes llegados de cualquier lugar del mundo, lo de dentro y lo de fuera de la literatura trabajando al unísono. Un libro que se mantiene vivo, palpitante. Como me ocurrió con la trilogía, me gusta aún más que la primera vez que lo leí, en la adolescencia; seguramente debiera ocurrir al revés, que la edad me hubiera convertido en un hombre más escéptico respecto a las posibilidades de la literatura, pero no, es justo lo contrario, descreo progresivamente de cuanto me rodea, mientras me atrapa cada vez más la literatura, es como si ahí estuviera la única verdad permanente (eterna palabra unamuniana), porque la buena literatura es capaz de enseñarnos a la vez una cosa y su contraria, capta lo contradictorio, lo opuesto, lo de más arriba y lo de abajo, todo eso que la vida real es incapaz de brindarnos –estar a la vez aquí y allá– lo consigue la literatura, que lo da todo, y todo al mismo tiempo.

Músorgski: *Cantos y danzas de la muerte*.

18 de julio

Del Nueva York de Dos Passos al Berlín de Roth. Dejo sobre la mesa los dos libros, *Manhattan Transfer* y *Crónicas berlinesas*, con el propósito de tomar notas. Desde que se manifestó la enfermedad de Paco, a la que se han sumado los premios y compromisos generados por *Crematorio*, no consigo tener ese tiempo por delante del que he gozado durante los últimos años (cuántas obligaciones me quitaba de encima Paco, como sin querer). Ahora me toca estar pendiente de él y, además, ocuparme de las tareas domésticas y del goteo de visitas a salas de espera, médicos, farmacias, etc., las vueltas y más vueltas en el circuito hospitalario. Eso se me come, un día con otro, buena parte de la jornada, y, sobre todo, rompe el continuo al que estaba acostumbrado. Leer es más fácil, interrumpes, aprovechas la hora que te queda libre entre una y otra actividad, pero escribir ni se me pasa por la cabeza. La tengo en otro sitio: ocupada en los continuos sobresaltos de la enfermedad, en las atenciones a él, y también en todo lo que antes me parecía ajeno: limpiar, vigilar la despensa, hacer la compra, acudir al consultorio, solicitar y recoger las recetas o la baja semanal, ir al ambulatorio a que le pongan el Sintrom, o a las revisiones, estar pendiente de que no se salte ninguna de las comidas (empapuzarlo como a un pájaro) y que se tome bien las pastillas, tomarle la tensión, ponerle películas en el vídeo (no sabe manejarlo, estoy en ello, en lo de enseñarle), bajar al pueblo para comprar pan y periódicos, echar la basura y recoger el correo: todo es sencillo, hasta entretenido si se quiere, lo tomo como gimnasia, pero exige atención para que, mientras estás a unas cosas, no se te pasen otras; además, no pocas veces los horarios de unos quehaceres no coinciden con los de otros, y hay que hacer varios viajes; o, lo que es aún peor, se solapan, y hay que intentar ajustarlos.

Cuando analizo mi desgana literaria también pienso que con *Crematorio* he cerrado el ciclo de lo que tenía que contar, y no me queda nada que hacer. Leo, eso sí, con avidez, un libro tras otro; a veces, dos o tres al mismo tiempo. Cada día me gusta más leer, me emociona más (eso es mentira, siempre ha sido así, ¿cómo sentir más emoción que cuando, siendo un niño, leía *Miguel Strogoff, Quo vadis?* o *El maravilloso viaje de Nils Holgersson*). En cualquier caso, saco más provecho de lo que leo, respeto más la palabra escrita y me parecen más inalcanzables los maestros.

El tratamiento que hace Dos Passos del paisaje urbano, y la sensualidad casi carnal con que trata los cambios de luz, el aspecto del cielo, la densidad del aire, merecen un estudio: es pintor urbano, pero en el estado de ánimo de su ciudad está toda esa panoplia meteorológica que describe con atención de científico y con el esmero de un orfebre del aire. No es solo un buen foquista del escenario urbano, es bastante más que eso, bastante más que un luminotécnico manejando con habilidad el instrumental. Los personajes cruzan las rayas de sol que se meten entre los edificios, o entre las láminas de una persiana: «[...] un elevado quebró sobre sus cabezas las rayas de sol» (pág. 149), o: «El sol le goteaba en la cara a través del sombrero de paja» (pág. 150). La misma sensualidad descriptiva con la que trata el envoltorio climático de la ciudad le sirve para tratar los interiores: «A través de la luna el Café Cosmopolitan, donde el humo sube en volutas opalinas, azules y verdes, parece un acuario cenagoso: en torno a las mesas las caras burbujeantes, blancas, como peces mal clasificados» (pág. 270). «Caras, sombreros, manos, periódicos, saltan en el metro fétido y trepidante, como maíz en la sartén» (pág. 280). Vemos, olemos, palpamos, todo nos roza, nos envuelve, el libro es un ejercicio de inmersión total. A veces se resalta el aspecto social de la obra de Dos Passos y se olvida que es un escritor magníficamente dotado, que escribe maravillosamente bien: «Rojo crepúsculo que perfora la niebla del Gulfstream [...]. Irritantes maullidos de remolcadores coléricos bajo los árboles de humo que vacilan en el puerto» (pág. 403). Es solo un ejemplo del modo en que maneja un lirismo extremo, a la vez de corte vanguardista y profundamente whitmaniano: lo sirve en muy ligeras dosis, y le ayuda a crear la sensación nerviosa, obsesiva de la gran ciudad.

20 de julio

La incesante e intensa propaganda vertida durante los últimos años consigue que se nos olvide lo que, en su momento, significó la URSS para los trabajadores del mundo. He vuelto a recordar todo aquello que, en mi juventud, me hizo admirar los primeros años de la Revolución Soviética (en las etapas posteriores la acusábamos de revisionismo), al leer durante estos últimos meses los libros de Upton Sinclair y Dos Passos, e incluso vuelvo a vislumbrar sus luces en las crónicas que escribió Joseph Roth a mediados de los años veinte. Los cambios que provocó la Revolución en la retrasada Rusia, los avances en la alfabetización, en la liberación de la mujer y la sexualidad, en el respeto a las diversas naciones y lenguas, en la consideración del pueblo judío... Roth, por otra parte muy crítico, destaca esos avances y capta el ruido de una energía que carga de voluntad el ambiente. Vislumbra también los peligros en la aparición de una beatería revolucionaria que acabará devorando la propia revolución que dice representar con sus ritos. Parece claro –al menos a mí me lo parece– que todo eso hubiera sido más o menos anecdótico, circunstancial, sin el enorme cataclismo de la Segunda Guerra Mundial, como prolongación y culminación de la que desde el mismo instante del estallido de la Revolución emprendieron todas las grandes potencias contra ese escandaloso proyecto que rompía un sistema arbitrario, con la fuerza de la inteligencia puesta al servicio de lo que parecía el devenir natural de los hechos: la Revolución Rusa demostraba que otro mundo era posible. Y eso resultó intolerable para todos los poderes de la tierra, esforzados en mantener el orden dominante. Desde el siglo XXI, cuando la derrota se ha consumado, y se ha establecido un acuerdo general acerca del tremendo horror que aquello supuso, conviene volver al principio, al huevo original, para descubrir en el plano de la pura experiencia lo que allí se dirimió. Es un ejercicio que no nos dejan hacer porque seguramente en aquella probeta se experimentó con lo único que el capitalismo considera verdadero –la sagrada propiedad, el valor indiscutible del dinero–. Cubriendo de basura los orígenes de la URSS, el sistema cubre la indignidad de sus propios orígenes y la vergüenza de los métodos empleados en su permanencia, porque hablar de la Revolución Soviética es hablar de una espantosa herencia de sufrimiento y sangre innecesariamente derramada por las potencias internacionales, que la burguesía ha borrado de su libro de cuentas con la historia, de lo que ahora se llama «el gran relato».

Leyendo a Roth, recordamos que la URSS era, por entonces, el único país del mundo en el que –aunque no se hubiera extinguido– el antisemitismo estaba mal visto, o en el que las nacionalidades habían encontrado una seguridad jurídica. También cuenta Roth que no se perseguía la religión, más bien se la ridiculizaba, una procesión no era un acto condenable, sino risible. A Roth, en cambio, no le hace mucha gracia esa especie de gimnasia banal en que se ha convertido el sexo, liberado de cualquier misterio, y que ha puesto de moda el amor libre; y también detecta las fragilidades del sistema: una intensa actividad capitalista, un ejercicio multiplicado de compra-venta bajo las consignas revolucionarias.

El nuevo burgués, nacido al amparo de la NEP, presenta rasgos inquietantes con respecto a los del burgués tradicional: ya no tiene el apego de la casa o la familia, dadas las circunstancias de la nueva sociedad armada con otros valores.

¿Bajos instintos? Escucho en Radio Clásica un monográfico dedicado al cuplé. Durante una hora me siento empujado, zarandeado, por un vendaval de nostalgia. Las canciones me traen un tiovivo de sentimientos que tienen que ver con la infancia, las canciones que se escuchaban en casa, los paisajes de entonces, las luces, los olores, melancólico placer perverso, sufriente. ¿Quién puede explicar el efecto fulminante de esas músicas vulgares, de letras que son con frecuencia cursis y casi siempre chatas? Pero el efecto está ahí, la música te captura y te ata de pies y manos con un poderío que inexplicablemente se impone con mayor autoridad con que lo harían autores que admiras. Lo que hace esta música es chascar los dedos para que aparezca en escena el destello de lo que se te escapó, y eso es lo que te emociona, el trampantojo de la infancia recuperada, los seres perdidos. Ya jugaron ese papel para los mayores cuando yo era un niño, los cuplés que se pusieron de moda por entonces le traían recuerdos de infancia y juventud a la generación de mi madre y, retumbando hacia atrás como un eco, a la de mi abuela: eran las canciones que les cantaban a los soldados que habían vuelto de la guerra de Cuba y a los que se habían quedado para siempre allí, a los que combatían en Marruecos, unos años más tarde. La película *El último cuplé* recogió esa nostalgia y por eso se convirtió en un gran éxito: para mi abuela eran los años de la guerra de Cuba, el recuerdo de los muchachos que se fueron para no volver; para mi madre, los de Marruecos (allí estuvieron su marido y su hermano), los soldados de cuota y miseria; para mí, oír esa música se convierte en herencia de esas dos nostalgias. Para ellas era, sobre todo, el recuerdo de los tiempos de antes de la convulsión de la Guerra Civil. La moda del cuplé invadió el país a mediados de los cincuenta, tras la película interpretada por Sara Montiel. La que, aprovechando el éxito de la de Sara Montiel, interpretó Lilián de Celis, se titulaba *Aquellos tiempos del cuplé*: sí, eran los tiempos de antes de la guerra, promesa de cuanto no había llegado, deseo de corregir las cosas como habían sido y reescribirlas en la dirección del relámpago que destelló un instante en sus vidas.

21 de julio

Me paso el día toqueteando el artículo sobre Galdós. Es mi manera de escribir. Lo preparé hace tres años: esquemático, torpón. Durante ese tiempo ha dormido casi todo el tiempo. Lo he despertado los días en que me animaba e iba moldeando, ajustando. Ahora, desde hace una semana, me parece otra cosa, cambia, se alarga y acorta, unas palabras sustituyen a otras, y así va puliéndose, van apareciendo las ideas entre la fronda de las frases hechas, de las expresiones torpes… ¡Qué difícil resulta encontrar ese instante en que se hace la luz, expresar la claridad de un concepto, y atrapar ese equilibrio que, afirmando, permite el matiz! El hecho es que se me van los días volando. A ratos me acerco a Bernal Díaz del Castillo y su *Verdadera historia*.

7 de agosto

Le envío los textos a Herralde antes de las vacaciones. Me responde tres días después. Le parece un libro extraordinario: uno de los mejores que has escrito, me dice. Yo también pienso que es de lo mejor que he escrito, pero pensaba que esa idea solo estaba en mi cabeza y me pilla por sorpresa su opinión, porque yo creía que iba a leer los artículos sin darles más importancia, textos sobre temas más o menos caducos, pero no, me los comenta uno a uno con pasión: durísimos, insiste. Y dice: hay toda una visión de la literatura desde abajo y desde el trabajo. No creo que haya en este país otro editor como él, tan atento, tan capaz de descubrir lo que tú has querido poner en el libro que le envías; eso que, cuando lo terminas, tienes la impresión de que se ha esfumado, porque solo estaba en tu cabeza o en tu voluntad, pues él lo desentierra y lo saca a la luz y te lo devuelve.

Efectos demoledores provoca la lectura del libro de Danilo Kiš *Una tumba para Boris Davidovich*: está tan bien contada la degradación; cómo desde el poder se reescriben, se reinterpretan y tergiversan las trayectorias, las vidas privadas, las luchas, y se convierte en miserable lo que fue digno o heroico. Aterra la descripción de la maquinaria, y se subraya el pesimismo de su continuidad con la historia que, casi al final (es la penúltima), en la misma dirección de intransigencia y doblez nos envía al siglo XIV para contarnos otro episodio de estúpida y sangrienta persecución. Un libro que nadie debería perderse. A continuación me pongo con Junot Díaz, *La maravillosa vida breve de Óscar Wao*.

11 de agosto
Me parece interesantísimo el libro de Junot Díaz: en lo latinoamericano, en lo caribeño, en lo dominicano (que es lo que él es) no hay ni fukú –esa especie de mal fario–, ni realismo mágico, ni ninguna de todas esas supercherías: hay una historia jodida, de una crueldad e irracionalidad desmesuradas. El libro es heredero del primer García Márquez, a la vez que una parodia del que vino después.

El último tomo de la trilogía de Kerr, *Réquiem alemán* (he tenido que levantarme a la estantería y coger el libro que coloqué esta mañana en su lugar para poder acordarme del título. ¡Dios mío! Y tú, ¿a qué aspiras?), vuelvo al inicio y

471

digo que el último libro de la trilogía de Kerr me ha parecido con mucho el más interesante. Prescinde de los diálogos chulescos e ingeniosos que tanto me molestaban en los anteriores y se aplica a presentar un cuadro sombrío de la inmediata posguerra, la miseria física y moral ocupándolo todo; la corrupción, el estraperlo, el cinismo de los norteamericanos utilizando como capital rentable a los viejos nazis, la brutalidad de los rusos. No es una obra maestra, pero está muy por encima de sus hermanas mayores. Ahora estoy leyendo una colección de ensayos dirigida por Juan Sisinio Pérez Garzón y en la que colabora algún compañero mío de facultad, como Ramón López Facal, que toca los nuevos movimientos nacionalistas desde los referentes de la tradición. Para exponer su teoría habla de cómo nuestra generación estaba ya interesada en la historia que hacían los de *Annales* −Reglà y Jover, Pierre Vilar− y no nos preocupaba, porque la dábamos por superada, la polémica sobre España que aún enfrentaba a Sánchez Albornoz y Américo Castro. Al leerlo, vuelven los recuerdos, tiene razón Facal, fue así, me he considerado discípulo de Vilar. No lo conocí, pero fue el maestro de un joven que apenas pisaba la facultad, y Fernand Braudel fue mi otro gran maestro. Yo creo que el primero que volvió a poner en primer plano la vieja polémica fue Goytisolo, que apoyó a Castro frente a Albornoz, en otra de sus vueltas de tuerca. Goytisolo no ha parado de distraer a la intelectualidad española enviándola siempre a espacios disfrazados de modernidad radical y casi siempre reaccionarios, lo veo con claridad estos días en los que he estado corrigiendo el artículo sobre Galdós, y ahí estaba él, enredando, metiendo la cuchara para atacar la literatura que hablaba de que lenguaje y sociedad van de la mano y son inseparables, lo uno parte de la otra, defendiendo −introductor en España de Barthes− la autonomía del discurso literario; devolviendo la discusión al sitio donde ya había estado durante el primorriverismo español y durante la República, se pone en contra sobre todo –ese ha sido siempre el propósito– de los escritores de su generación: Aldecoa, Fernández Santos, la Gaite o Ferlosio... Por entonces están escribiendo algunas novelas bastante mejores que las suyas. Goytisolo devuelve al espacio de la metafísica lo que está empezando a discutirse en el plano de la economía. Convierte la «anomalía» española en una especie de esencialismo invertido para lo cual necesitaba borrar de un plumazo la corriente ilustrada para colocarse él, con Blanco White y Cernuda como excepciones. Esa visión de una España anómala le abre puertas en Francia, en Estados Unidos, lo convierte en única voz de un país sin voz.

A todo esto, esta tarde asfixiante, húmeda y ardiente, he tenido que llevar a Paco al neurólogo, en Alicante, una ciudad que me agobia con su fealdad. Puedes caminar kilómetros por el interior del casco urbano sin encontrar un solo edificio que soporte la mirada: todo es cutre, sucio, de la peor calidad y el peor gusto. Durante medio siglo, la ciudad ha derribado cualquier edificio hermoso (la herencia del modernismo) como si su presencia fuera un insulto.

El neurólogo confirma lo que yo imaginaba desde hace tiempo, que ha sufrido no uno, sino una serie de episodios cerebrales que lo han dañado gravemente. El informe es de lo más pesimista. Esa especie de Alzheimer que yo venía detectando, y que no ha hecho más que agravarse, tiene sin duda causas físicas. De vuelta a casa en el coche, bromeo con él. No me molesta soportar las limitaciones que su estado me impone: un tipo de vida, una forma de costumbre que ha cambiado desde hace algún tiempo, y que yo diría que beneficia mi percepción de las cosas, me pega más al suelo: las colas en el médico, en la farmacia, en el correo, en el supermercado, las mañanas yendo de acá para allá teniendo cosas que hacer, no son un incidente, ni siquiera una incomodidad, son la vida de ahora, la que tengo y gasto.

12 de agosto
De Danilo Kiš, *Una tumba para Boris Davidovich*:

> Por esa razón, convertía en enemigo consagrado a todo aquel que no pudiera entender el hecho simple y obvio de que firmar una confesión en nombre del deber no era solamente un asunto lógico, sino una cuestión moral y, por lo tanto, respetable. El caso de Novski fue aún más decepcionante que otros puesto que se trataba de alguien a quien él apreciaba como revolucionario y que, diez años atrás, había sido un ejemplo para él. Aquel día, en el vagón de transporte de ganado, en la vía muerta de la estación de Suzdal, se le había acercado, con el debido respeto a su persona y confiado, pero la decepción que se llevó derrumbó por completo dentro de él el mito de un revolucionario: Novski no fue capaz de entender; su propio egocentrismo (sin duda surgido de las adulaciones y los elogios) era más fuerte que su sentido del deber (pág. 142).

Leo el excelente volumen VI de la *Historia de España*, publicado por Crítica/Marcial Pons, y escrito por Josep Fontana. Sin alharacas, como en un libro de historia tradicional, ofrece una visión acerada de este país, enseña, regala claridad, te abre los ojos; ves pasar la historia ante ti, sientes que aún está aquí, contigo, todo discurre de un modo ordenado, claro y cargado de intención, que no de sectarismo: el placer de saber. Se titula *La época del liberalismo* y no *El liberalismo español*, como yo había escrito, a pesar de tener el libro delante: mi desmemoria empieza a ser, más que alarmante, escandalosa. Leyéndolo me fijo en algo que, siendo tan evidente, yo creo que me había pasado desapercibido, o no había visto con tanta claridad: que en la España del XIX cada movimiento de cambio termina en un baño de sangre: ejecuciones, horcas, fusilamientos, se repiten monótonamente una vez tras otra (pero ¿acaso no está en los *Episodios* de Galdós, en sus novelas?). Visto así, 1936 es un capítulo más, solo que la violencia estalla multiplicada en una escalofriante *mascletà* final.

Otro rasgo que Fontana pone en primer plano es que el juego político del país, incluido ese que mancha de sangre, se lleva adelante con poquísimos actores. El pueblo pinta poco en esa guerra civil larvada, y a veces explícita, que enfrenta durante todo el siglo a conservadores y liberales, o moderados y progresistas, un país en el que, durante unas cuantas legislaturas el número de votantes no pasaba de los sesenta mil, y en el que parecía revolucionario un cambio en la ley que extendiera el derecho a ciento cincuenta mil. La sensación que deja el libro es más bien desoladora: una sociedad a la vez gris y violenta. También eso es lo que queda al final de los *Episodios nacionales* de Galdós.

Escribo estas notas a la vuelta de un precipitado viaje a São Paulo, que apenas me ha permitido tomar contacto con la ciudad, adivinar su respiración en apariencia dulce, pero que uno supone que guarda una casi infinita carga de rencor social, y un furor que parece inimaginable cuando se ve a toda esa gente hermosa, de trato cotidiano tan afectuoso, pero, claro, junto a la ventanilla del coche pasan los barrios de chabolas, las construcciones de madera y cartón cuya extrema suciedad resulta visible, al lado del lujosísimo centro comercial: mármol, joyas, telas y libros carísimos, metralletas, vigilantes guardias que convierten el edificio en un búnker donde asistimos a la inauguración de una espectacular librería. Me siento incómodo.

A pesar de lo mucho que ha cambiado España (toda Europa) en los últimos años, y de la enorme diversidad de tipos procedentes de todas partes con los que uno se cruza al caminar por las calles de cualquier ciudad, Brasil consigue sorprenderte por su tremenda mezcla de tipos humanos: parece un gigantesco estudio cinematográfico en el que se estuviera rodando medio centenar de películas a la vez con localizaciones distintas y los extras hubieran salido sin quitarse el vestuario, todos al mismo tiempo, para ir a comer o a tomar un café: rubios que parecen centroeuropeos, o londinenses moviéndose por la City, campesinos alemanes, con su pesado andar de mamíferos sobre dos patas, italianos, portugueses, chinos y japoneses, gente de ojos rasgados y pieles descoloridas, mulatos claros, café con leche largo de café, café exprés, chocolate: se diría que no hay dos pieles, dos estilos iguales, ni siquiera dos formas de vestir parecidas. Unos se dirigen a Wall Street y otros parecen recién salidos de la selva africana, o recién descendidos de un vuelo llegado de Extremo Oriente (al parecer, hay una colonia de seis o siete millones de japoneses). El centro de la ciudad, con sus edificios de los años cincuenta y sesenta, no siempre de excelente calidad, abruma y sorprende más como acumulación de arquitecturas que por sus logros edificio a edificio. Muchos de los enormes rascacielos son directamente feos, otros aparecen completamente abandonados u ocupados por mendigos y cubiertos de grafitis hasta en los pisos más elevados, verdaderos tapices de la miseria. Por el contrario, en los nuevos y elegantes barrios de negocios, la arquitectura es puro despilfarro, exhibición de riqueza y poder. El conjunto urbano, con sus más de veinte millones de habitantes, resulta inabarcable. Nunca sabes dónde estás ni llegas a intuir los límites de la urbe.

Como he comentado de pasada, una noche me llevaron al acto de inauguración de una librería en uno de los lujosos centros comerciales. Medio millón de libros en un espacio de dos mil quinientos metros cuadrados. Veía aquel lugar diseñado con un gusto refinado y construido con los mejores materiales, los carísimos libros de arte sobre las mesas expositoras, el perfume del ambiente y el estilo de toda aquella gente que alargaba el brazo para tomar una copa de champán, y me reconcomía. A pocos metros, más allá de los guardias armados con metralletas, acabábamos de cruzar en el coche que nos traía por una serie de miserables favelas. ¡Que les escriba su puta madre!, pensé con la segunda copa de champán. No tienen bastante con ser ricos, además quieren leer novelas y poesías, tener alma. Me irritaba pensar que ese era mi público brasileño, mi mundo aquí, ellos mis posibles lectores y no toda esa gente guapísima que había visto conduciendo taxis, abriendo zanjas, sirviendo comidas, atendiendo barras o mostradores.

Las jovencísimas chicas que pasaban con las bandejas ofreciendo bebidas o canapés nos odiaban con todo su corazón. El escándalo no surge exactamente de que esto sea elegantísimo y su casa una favela miserable, ni en el binomio hermoso-feo, sino en que las tiendas de este centro son una exhibición de tirar riqueza a manos llenas. El primero de los escaparates con que uno se encuentra al cruzar la entrada y a los guardias armados hasta los dientes es Tiffany. En aquel ambiente, alguien me explicó que la palabra *favela* había surgido por analogía: como en las colinas a una chabola pronto se le añadía otra y a estas una tercera y una cuarta, y en poco tiempo cubrían la ladera completa, las asociaron a las plantas de las habichuelas (*fava*) que se enredan de una manera cada vez más densa.

477

En el viaje, encuentro con varios escritores. Juan Madrid, viejo conocido, más o menos amigo en la primera juventud: huidizo, raro. Me da la impresión de que ha ligado y no quiere compromisos. Yo tampoco. Antonio Soler me parece una buena persona; y a Clara Sánchez la encuentro tensa, torturada, defendiéndose del mundo con un madrileñismo castizo al borde de lo chabacano. Una tarde aparece aterrorizada: al parecer, acaba de enviar un e-mail justo a quien no debía. Antonio Soler me regala uno de sus libros cariñosamente dedicado: lo leo con gusto; es una historia que podría ser terrible si no la adornara con esa poética suya, a veces efectiva, pero en la mayoría de las ocasiones más bien redundante. Una pena. Aunque, quién soy yo para decirle a un escritor que tiene que escribir como a mí me gusta. Eso quien lo tiene que hacer soy yo. Punto en boca.

Otra vez en casa. 26 de agosto de 2008.

Charlo de política con alguien en un pueblo cercano; inmediatamente, uno de los ideólogos locales se levanta de donde se encontraba –le han llegado algunas palabras– y se pone en la barra, suficientemente lejos como para permitirnos hablar con confianza, y lo suficientemente cerca para permitirse escuchar nuestra conversación: al parecer, se trata de un tipo que pretende abrirse camino como figura local sin tener ninguna cualidad determinante. Esta conversación le proporciona una buena oportunidad: el escritor que denuncia la corrupción charla con un tipo corrupto, qué turbios asuntos no se traerán entre manos. Cada vez me produce más asco esa hipocresía que se ha ido instalando en la sociedad española: puritanos del ejército de salvación,ególatras, metiéndose entre los dientes la fanfarria del bien común, mordiendo la presa por el propio bien del mordido. De eso fue víctima Paco. Y eso es lo que me ronda cuando veo al tipo que finge estar distraído, removiendo el palillo en la boca y con la mirada fija en el periódico. No soportan que nadie se mueva a su aire, sobre todo, si a ese individuo no pueden etiquetarlo. No, no es un facha, vaya por Dios. Les asusta el combate con un inaprensible: en realidad soy lo que teme de sí mismo.

26 de agosto
Sigue la casa bajo el influjo de alguna luna negra. Todo participa en el desafinado concierto: en el ambiente trabajan los imanes negativos: se rompen los objetos, se estropean, los libros se caen, pierdo las gafas, pierdo la funda o férula que me protegía la dentadura implantada durante el sueño (me como los dientes por las noches, me los hago trizas) y, como final rabelesiano, un atasco en el retrete inunda de aguas fecales el piso superior. Recojo agua sucia, friego, limpio, echo litros de lejía para desinfectar y que desaparezca el hedor, y la sensación de caos, de traca final, crece cuando veo a ese Ramírez –que en otras circunstancias estaría desplegando toda su actividad para atajar la inundación– convertido en un fantasma, inmóvil, malhumorado, más agrio y altivo a medida que se vuelve más torpe, y del que tienes que estar pendiente para que no haga alguna de las suyas. Entre tanto desconcierto encuentro los momentos para leer el libro de mi amigo X. P., exhibición de sabiduría clásica, un poco en la línea del *Bomarzo* de Mujica Lainez: la hija del Aretino como narradora y su padre como protagonista: reflexiones acerca de la belleza, del orden del mundo, del cuerpo y sus proporciones... Un auténtico tratado de saberes de aquel tiempo, más interesado en reconstruir brillantemente el mundo de entonces que en novelarlo, una enciclopedia con intención testamentaria, ópera magna, que nos fascina, admira e ilustra, más que nos atrapa.

479

La sensación contraria me la proporciona Bernal Díaz del Castillo, con su estilo a la pata la llana, pero que nos arrastra, admira y conmueve porque tenemos la impresión de que, al leerlo, tocamos nervio, dolorosa verdad. Anoche leí casi sin querer un centenar de páginas de su deslumbrante crónica.

En los ratos libres corrijo los artículos que entregué a principios de mes, entro en internet para buscar algún detalle, cambio alguna palabra. Poca cosa. Y sigo recibiendo con cuentagotas los admirativos comentarios de Blanco... También coloco libros, en busca de ese orden imposible (da risa hablar de orden en esta casa), pero, entretanto, al menos me llevo alguna sorpresa mientras ordeno los libros, recuerdos, libros ya olvidados, pero que significaron mucho cuando los leí, y al encontrármelos entre las manos tengo la impresión de que me devuelven buena parte de su cargamento, y reclaman que les reconozca un lugar en mi formación intelectual o sentimental. Hay tantos que me gustaría releer. Pero ya no queda tiempo, y el que queda lo paso leyendo novedades que, en su mayor parte, me interesan más bien poco.

27 de agosto

Hojeo (lo he encontrado mientras seguía colocando libros) *El escritor y sus fantasmas*, de Ernesto Sábato. Aunque en un tono en exceso apodíctico y rozando a veces lo chulesco, está cargado de brillantísimas ideas, como las que expresa al hablar sobre los surrealistas, o sobre la raíz europea de la literatura argentina. Me llama la atención descubrir que, antes de la primera edición española en Seix Barral, ya se habían hecho cinco en Argentina. Qué tiempos aquellos: cinco ediciones de un libro así. Por cortas que fueran las ediciones, ¿cómo podía agotarse un libro teórico, fragmentario, elitista?

Tomo esta nota del prólogo de Balzac a *La comédie humaine*:

> *L'animal est un principe qui prend sa forme extérieure, ou mieux, les différences de sa forme, dans les milieux où il est appelé à se développer. Les espèces zoologiques résultent de ces différences... Pénétré de ce système, je vis que la société ressemble à la nature. Ne fait-elle pas de l'homme, suivant les milieux où son action se déploie, autant d'hommes différents qu'il y a de variétés zoologiques. La différence entre un soldat, un ouvrier, un administrateur, un oisif, un savant, un homme d'État, un commerçant, un marin, un poète, un pauvre, un prêtre, sont aussi considérables que celles qui distinguent le loup, le lion, l'âne, le corbeau, le requin, le veau marin, le brebis.*

Aquí, a ras de tierra, días de agobio: insomnio, desgana, intento controlar la suciedad dc la casa (hoy han venido a desatascar el váter, más polvo, barro, olores desagradables), con Paco enfermo, casi invisible. Se levanta un rato, hace lo que sea con ese aspecto de fantasma ingrávido que se le ha puesto –parece que flota y que se mueve a cámara lenta– y enseguida se cansa, se acobarda, se rinde, se acuesta. Ayudado por el *jet lag*, yo voy cayendo en la depresión, vuelve la tristeza que parece no tener motivo, y que es la peor, adherencia triste que te permeabiliza, presagio de lo malo, unta todas las acciones, forra todas las cosas, les arrebata la pulsión de vida, el color, las deja –nos deja– inertes. Todo adquiere el tono de una pesadilla, un amarillo quemado, y se balancea entre el miedo y la tristeza, cada gesto anuncio de lo indeseado; cada obligación, etapa inevitable en ese camino, rito de paso. Colaboran en la siniestra escenografía el horrible calor, la pegajosa humedad ambiental, un paisaje achicharrado por el sol, que no deja lugar al respiro, ni brinda consuelo.

Leo un librito de Andrés Rivera, *El amigo de Baudelaire*, que resulta ser un propietario de fincas en la Pampa argentina, que cenó con el poeta un par de veces, y habla sobre Sarmiento, sobre una sociedad violenta –la guerra del Paraguay– y de un par de crímenes pasionales, incluido el que él comete: la imposible modernidad de Argentina, uno de los temas recurrentes de la literatura del país.

Ya lo dije el otro día: el libro de X. P. me lleva a *Bomarzo*: ordenar libros suele llevar a la melancolía y, fruto de ella, a alguna relectura. Lo que estaba olvidado se te viene físicamente a las manos, y activa la memoria, surgen ciertas vivencias relacionadas con el libro en cuestión, emergen del polvo, toman cuerpo, regresan a la actualidad, te urgen. Cuando lo leí, el libro de Mujica Lainez me pareció artificioso, de un preciosismo cargante. ¿Qué me parecería si volviera a leerlo hoy?, ¿me atrevo a vencer la pereza y me pongo a ello?

Hoy, Paco vuelve a estar peor: fatigado, repito: fantasmal, con la mirada perdida y un tinte en la piel que no parece revelar nada bueno. Apenas habla, recordar ya hace tiempo que no recuerda casi nada. ¿Quieres que haga yo hoy de comer?, ¿qué hago hoy para comer?, me pregunta por cuarta o quinta vez. Le dejo que prepare la comida, aunque se le puede olvidar añadir la sal, o ponerle sal dos o tres veces al guiso.

28 de agosto
Unos versos de Wisława Szymborska me hacen volver a las notas que tomé ayer de madrugada, cuando la pena cerraba la mano y me apretaba el corazón. Dicen así los versos:

Hora de y-si-tras-de-nosotros-no-quedara-nada.
Hora vacía.
Sorda, estéril.
Fondo de todas las horas.
Nadie se siente bien a las cuatro de la madrugada.

De: *El gran número. Fin y principio y otros poemas*, editorial Hiperión, pág. 57.

Leo algunos artículos de *Lenguaje y silencio*, de George Steiner: me llama la atención que se muestre admirador (aunque cargado de reproches) de György Lukács, un trágico solitario empeñado en la tarea grandiosa y honesta de sentar las bases de una crítica marxista, dice. Aprecia más sus artículos sobre Balzac, Mann o la novela histórica, que el gran esfuerzo de la *Estética*, aunque encuentra en ella brillantísimos destellos. Me parece excelente el artículo sobre el renacimiento de Alemania después de 1948, que él define como un tiempo en el que el trabajo sirve como narcótico que favorece el olvido. No hubo purificación. El hitlerismo –dice– ha dañado irreparablemente la lengua. Y él repasa la tragedia y el fracaso de la resistencia exterior y la casi inexistencia de la interior. En el artículo que, después de ese, le dedica a Günter Grass, celebra que, con todos sus excesos, vuelven a buscarse nuevas dimensiones a la lengua con el propósito de purificarla de la rebaba nazi y compara la lengua de *Años de perro* con Rabelais: «Es como si Grass hubiera cogido el diccionario alemán por el gaznate y hubiera deseado despojarlo de la falsedad e hipocresía de las viejas palabras, limpiarlo con carcajadas y absurdos a fin de hacerlo nuevo» (pág. 158). Como antecedente en el diseño formal del libro, pone la *Trilogía USA* de John Dos Passos. Y afirma: «El caso de Grass es de los muchos que nos informan que no es Hemingway sino Dos Passos el principal literato yanqui que ha

483

influido en el siglo XX» (pág. 159). El americano Dos Passos y el otro gran pilar de la literatura en inglés, el irlandés Joyce. «Grass es resueltamente no literario […]. Su enfoque es enteramente manual» (pág. 159).

«Grass encaja en la tradición alemana, pero no es la modernidad y originalidad de Broch y Musil lo que cuenta para él, sino "el expresionismo a lo Dos Passos" de los últimos años veinte. Técnicamente, *Años de perro* y *El tambor de hojalata* comienzan donde había acabado *Berlin Alexanderplatz* (1929), de Döblin» (pág. 159). No comparto sus opiniones, aunque me parecen muy fundamentadas. Creo que sobrevalora el papel de Grass, que nunca ha sido escritor de mi devoción, aunque es cierto que me interesaron más sus libros primerizos que *El tambor de hojalata*, libro del que publiqué una crítica muy negativa, creo recordar que en *Ozono*.

Brillante también el artículo sobre *Confesiones del estafador Félix Krull*, que define como una «novela de mala educación. […] Las *Confesiones* nos recuerdan que, cualquiera que sea su elegancia exterior, una sociedad se desnuda dos veces: en la cama y en la tumba» (pág. 267).

Cuando enumera la lista de autores alemanes asesinados, exiliados o que se suicidaron, añade Steiner: «[…] uno se da cuenta de que la literatura es ciertamente el más peligroso de los negocios» (pág. 363).

Carlos Císcar, el protagonista de *Los disparos…*, a la espera de la muerte, se expresa con palabras del Canto XXI de la *Eneida*. Leída tantas veces y, sin embargo, no me doy cuenta hasta esta noche gracias a una cita de Steiner: «Por tanto, amigo, muere tú también. ¿Por qué te lamentas de ese modo? Murió Patroclo, que tanto te aventajaba. ¿No ves cuán gallardo y alto de cuerpo soy yo, a quien engendró un padre ilustre y dio a luz una diosa? Pues también me aguardan la muerte y el hado cruel. Vendrá una mañana, una tarde o un mediodía en que alguien me quitará la vida en el combate, hiriéndome con la lanza o con una flecha despedida por el arco».

Anoche leía el pasaje en que Díaz del Castillo confiesa su creciente miedo, un miedo que no puede dominar, cada vez que entra en combate, desde que vio cómo los mexicanos arrastraban a los prisioneros hacia los cúes, y allí les aserraban el pecho para sacarles el corazón palpitante, que les servía como ofrenda sacrificial a los dioses, y luego les cortaban brazos y piernas para comérselos:

[...] cada día veía llevar a sacrificar mis compañeros y había visto cómo les aserraban los pechos y sacalles los corazones bullendo, y cortalles pies y brazos, y se los comieron a los sesenta y dos que he dicho, e de antes habían muerto diez de los nuestros compañeros, temía yo que un día que otro me habían de hacer lo mismo, porque ya me habían asido dos veces para me llevar a sacrificar, y quiso Dios que me escapé de su poder, y acordándome de aquellas feísimas muertes, y como dice el refrán que cantarillo que muchas veces va a la fuente, etcétera, y a este efeto siempre desde entonces temí la muerte más que nunca; y esto he dicho porque antes de entrar en las batallas se me ponía una como grima y tristeza en el corazón, y ayunaba una vez o dos, y encomendándome a Dios y a su bendita madre y entrar en las batallas todo era uno, y luego se me quitaba aquel pavor; y también quiero decir qué cosa tan nueva os parecerá agora tener yo aquel temor no acostumbrado, habiéndome hallado en muchas batallas y reencuentros muy peligrosos de guerra... (pág. 391).

Acabo la noche con Ungaretti:

> *Morire come le allodole assetate*
> *sul miraggio*
>
> *O come la quaglia*
> *passato il mare*
> *nei primi cespugli*
> *perché di volare*
> *non ha più voglia*
>
> *Ma non vivere di lamento*
> *come un cardellino accecato* (pág. 68).

No sabía que Ungaretti nació en Alejandría de Egipto; su padre murió de una enfermedad que contrajo en las obras del canal de Suez, cuando él solo tenía dos años: otra tristeza de huérfano que me toca de lleno.

29 de agosto

Para que no faltara nada en la escenografía siniestra que decora mi vida últimamente, hoy, de vuelta del hospital, se enciende una lucecita en el salpicadero: falla el filtro, y esa minucia consigue que se me caiga encima el agotamiento de los últimos meses como un saco terrero: el lunes coincide la hora de las recetas con la del hospital, con la del garaje, etc., lo dicho, una sombra negra, metafísica y de corte jüngeriano («la muerte ha salido de caza», diría él), se abate sobre la casa y sus habitantes. Lo oscuro ha salido de caza y no se cansa de cobrarse piezas.

(Fin del cuadernito Sorolla y fin de «A ratos perdidos 5».)

486

A ratos perdidos 6
(2008-2015)

Cuaderno Moleskine
(30 de agosto de 2008-23 de febrero de 2009)

2008

30 de agosto

Si al menos tuviera una novela entre manos.

La Fedra de Racine no es una malvada, ni una mujer fatal, es más bien un ser frágil, devorado por una pasión y cargado de sentimiento de culpa, incapaz de salir adelante. En el fondo se siente seducida por lo mismo que la bondadosa Aricia: quiere ser la primera que rompa el corazón de un tipo que aún no sabe lo que es el amor. Aricia desprecia a Teseo, porque su corazón está lleno de puertas: ha cometido diversos adulterios, fruta pasada.

Leo *Quai ouest*, del apreciado Bernard-Marie Koltès, y lo cierto es que me parece un galimatías en el que se quiere meter con calzador un montón de temas *frappants*. A continuación releo por encima el interesante libro de Abdelhak Serhane *L'amour circoncis*, sobre la peculiar sexualidad marroquí. El libro es mejor cuando toca tierra y describe las prácticas sexuales del Marruecos real, que cuando se deja llevar por las teorías psicoanalíticas con las que pretende darle cuerpo teórico.

Mañana intentaré escribir sobre las razones, mejor dicho, sobre la razón que ha convertido este apacible día de encierro casero en desazonante jornada: una carta de Blanco indignado con los dos últimos artículos de *Por cuenta propia* («Una nueva legitimidad» y «Escribir y publicar»). Uno le parece impresionista, reaccionario; el otro, de una vanidad peligrosa, insufrible peloteo a Herralde. Pero ¿qué textos ha leído este hombre? Resultado: jornada tensa, tabáquica, más depresión y ganas de no publicar. Escribir para uno mismo. La cobardía de no querer estar expuesto a las opiniones de nadie que, por otra parte, tanto necesito. Para tensar más el ambiente, Paco estaba hoy especialmente mal; físicamente mal: decaído, muy aturdido; y también tocado en el ánimo: deprimido, inapetente. Me dice que está convencido de que se va a morir, me parece que estoy tocando la muerte, me dice, y que, en el mejor de los casos, está condenado a la incapacidad, a la falta total de autonomía, a depender de alguien, a no poder hacer nada por su cuenta, y muy poco bajo vigilancia ajena. Qué vida es esta, se lamenta. Se fatiga enseguida, se marea, apenas consigue mantener el equilibrio. Me rompe el alma verlo en ese estado de degradación, intento ser atento, animarlo, no dejarlo caer en el desánimo, pero ¿quién puede vencer eso? Lo escribía ayer o anteayer: la casa está impregnada de una grasa oscura, pegajosa, es tristeza, es desánimo, y lo peor es que no le veo salida, o no le veo una salida que no sea traumática. Ya veremos cómo toreamos la cosa, pero no va a ser nada fácil.

En la última novela de Paul Auster, *Un hombre en la oscuridad*, no encuentro la dureza que anunciaba una crítica que leí días atrás en no sé qué periódico: más bien me parece un libro entrañable, casi diría –sobre todo en su última parte– dulzón. Por cierto que esa última parte se le va de las manos, la recarga innecesariamente y se vuelve demasiado explicativa.

4 de septiembre

Que no decaiga. *The show must go on.* Siguen acumulándose los desórdenes en la casa: la nevera se para durante dos horas, y cuando ya me temo lo peor, vuelve a andar, todo en uno de los días más calurosos del verano y, lo que es de verdad grave, Paco sufre un episodio de vértigo y pérdida de sentido que me asusta; por suerte, él, como el frigorífico, se recupera en un par de horas, pero el episodio lo deja tan asustado como lo estaba los primeros días tras la salida del hospital. Ya lo he escrito no sé cuántas veces: es como si viviéramos (la copla: «El día que nací yo» cantada por Imperio Argentina; o la poesía: vallejianos «heraldos negros», el «guignon» de Baudelaire) a la sombra de un planeta oscuro; una grasa pegajosa impregna cuanto tengo en torno a mí o a mi cargo. ¿Cómo voy a levantar el ánimo si apenas me queda tiempo para ir restañando cuanto cruje, se vence o se agrieta a mi alrededor? Y como todo puede empeorar, he pasado un par de días con un gripazo espantoso, febril, sudando y temblando (por suerte, supero bien las enfermedades, se ve que tengo buenos anticuerpos), pero me agobiaba la posibilidad de no ser capaz de seguir cumpliendo con todas las tareas y que la casa siguiera funcionando. ¿Cómo pensar así en una nueva novela? Herralde, de vuelta de vacaciones, me llama para decirme que le han dado a *Crematorio* el premio del programa de libros de la televisión catalana, y Dagmar me envía un e-mail en el que me dice que el pasado lunes salió a la venta en Alemania, y ayer ya había aparecido un primer comentario apasionado en la prensa. Dagmar, Antje, Andreas, están convencidos de que va a ser un gran éxito en Alemania y me envían e-mails entusiastas, y todo es como si le ocurriera a otro (me gustaría tanto no tener que ir a fin de mes). En realidad le ocurre a otro: al que escribió el libro, que está ya muy lejos de mí, que, aparte de las tareas mecánicas, no hago más que leer (incluso la música y las películas me hieren); solo leer en estas noches que se me hacen muy largas, porque no consigo dormirme hasta el amanecer, y entonces no es exactamente al sueño a lo que me entrego: cierro los ojos, me pongo el transistor al lado y me amodorro un par de horas oyendo las voces de los locutores. ¿Cuánto tiempo voy a resistir así?

Me gusta mucho la suave tristeza que destila *Hay quien prefiere las ortigas*, un velo, una leve niebla parece rodear el texto de Junichiro Tanizaki que se publicó en 1927: la historia de un matrimonio que ya no se atrae, pero que no acaba de encontrar el momento propicio para la ruptura, porque temen hacerse daño, a pesar de que ella tiene un amante, y él lo sabe. Él va de putas. Hay un momento espléndido en el que le cuenta a la mujer cómo va de putas por la tarde, con una descripción cuya tristeza se me ha clavado dentro: es uno de esos pasajes que sabes que están destinados a filtrarse en lo que escribas: «Siguiendo las enseñanzas del sabio Kaibara Ekiken, del siglo XVII –aunque por muy diversas razones–, Kaname escogía para aquellas expansiones las primeras horas de la tarde. Regresaba al hogar cuando el cielo era todavía de color turquesa, y con un plácido paseo vespertino borraba la desagradable sensación de la aventura y de las huellas que esta pudiera dejar» (pág. 165). Leyendo estos párrafos he tenido en la cabeza una novela entera. Sigue así Tanizaki: «El único inconveniente era el persistente perfume de los polvos que Louise empleaba, un olor particularmente fuerte y permanente que parecía adherirse con obstinación a su piel y a sus ropas, llenaba el taxi que lo conducía a casa y llegaba incluso a impregnar su propia habitación. Dejando aparte la cuestión de si Misako conocía o ignoraba el flirteo, a Kaname le parecía una falta de consideración traer a casa de su esposa el perfume de otra mujer, aunque Misako solo tuviese de esposa el nombre» (págs. 165-166). El libro, que se extiende en reflexiones sobre mobiliario, sobre tejidos, música y, muy especialmente, sobre el mundo de las marionetas, es una defensa de las viejas tradiciones que, bajo una aparente falta de sentido, guardan la sabiduría que las generaciones anteriores acumularon, y ayudan –mediante prejuicios y rituales– a dotar de un sentido a la vida, que sin ellos derrota a la deriva.

En cambio, no he acabado de encontrarle el sentido al libro de Andrés Rivera (Buenos Aires, 1928; el libro es del 91), *El amigo de Baudelaire*: la eterna disyuntiva de una Argentina que se debate entre lo europeo y lo propio (pero ¿qué es lo propio en ese batido de emigrantes europeos al que llamamos Argentina?). Para el protagonista del libro, un terrateniente criollo atado a sus hábitos, a sus raíces americanas, Europa es la aventura juvenil.

Me reconforta leer esa especie de *mea culpa* de Tzvetan Todorov que ha titulado *La littérature en péril*, un panfleto sobre los devastadores efectos del gólem que él mismo contribuyó a crear: una visión de la literatura que la aislaba del exterior y solo se justificaba desde el propio arsenal literario. Ahora Todorov reconoce que «en aucun cas l'étude de ces moyens d'accès ne doit se substituer à celle du sens, qui est sa fin» (pág. 23). En apenas noventa páginas denuncia las consecuencias demoledoras que ha tenido la implantación en la enseñanza francesa de esas teorías según las cuales la literatura «n'est que l'illustration des moyens nécessaires à son analyse» (pág. 31), y que han provocado que los alumnos en escuelas y facultades «ils n'ont appris que la littérature ne parle que d'elle-même, et que la seule manière de l'honorer est de mettre en valeur le jeu de ses éléments constitutifs» (pág. 33), corriente nihilista que, por otra parte, ha valorizado la figura del autor, el autor de esos textos, único fragmento del mundo que se salva, y cuya figura interesa en sus más mínimos detalles, emociones, experiencias sexuales, sus recuerdos más fútiles, etc. De hecho, «autant le monde est répugnant, autant le soi est fascinant!». Todorov enuncia tres tendencias surgidas en cascada de ese núcleo original: al formalismo sucede el nihilismo y a ambos el solipsismo, con una de sus más recientes variantes, la autoficción: el mundo es insoportable si yo me excluyo, porque yo soy lo único interesante, lo que he de analizar.

Pero todo eso es fruto de haber olvidado lo principal: que «c'est la littérature elle-même qui est destinée à tous, non les études littéraires: il faut donc enseigner celle-là de préférence à celles-ci». A la perversión de despreciar lo que dice un libro, pendientes profesores y críticos del modo en que se inserta en el quehacer literario, culpa del escaso interés que provoca la literatura francesa, *fuera del hexágono*. El librito efectúa un pedagógico repaso histórico acerca de los orígenes de esa tendencia que habla de la autonomía del arte y de su separación de la vida y de su tiempo, una ruptura que lleva incluso a separar literatura y pensamiento. Lo peor es que eso se ha convertido en dominante: «[...] les représentants de la triade formalisme-nihilisme-solipsisme occupent des positions idéologiquement dominantes. Ils sont majoritaires dans les rédactions des journaux littéraires, parmi les directeurs des théâtres subventionnés ou des musées. Pour eux, la relation apparente des œuvres au monde n'est qu'un leurre. Si l'on expose un artiste figuratif (tel Bonnard), on mettra en garde le public naïf: "La démonstation vise ici, affirme le catalogue de son exposition en 2006, à révéler d'abord son vrai sujet, la peinture, au-delà des sujets-prétextes"» (pág. 67). Todorov evidencia los escandalosos límites de esa escuela. El panfleto concluye con una apasionada defensa de la literatura como búsqueda de una verdad y un sentido. Un libro lúcido y pedagógico: dice lo mismo que yo intento decir en mis artículos, pero bastante mejor dicho: felices quienes, al margen de haber sido dotados con una enorme inteligencia, tuvieron maestros y aprendieron a moverse entre sistemas.

Treinta años después de la primera vez, releo el libro de Thirion *Revolucionarios sin revolución*, que, en su día, me gustó mucho. Hoy me he terminado el primer tomo, que ha caído en un par de sentadas. Sigue siendo muy iluminador de todo el ajetreo del surrealismo, también del clima que reinaba en el comunismo durante aquellos años. Me entran ganas de releerme a Aragon. Descubro que aún me queda por casa media docena de libros suyos. Siempre me ha gustado más su poesía que su prosa (por cierto, Albiac le tradujo *Les chambres*, que yo creo que es uno de sus mejores libros). El último intento que hice por leerme *Le paysan de Paris* a mediados de los ochenta me aburrió bastante. En cualquier caso, pongo sobre la mesa *La mise à mort, Il ne m'est Paris que d'Elsa, Le mouvement perpétuel, Le roman inachevé* y la edición bilingüe de las *Habitaciones* de Albiac. Libros como cerezas que salen enredadas cuando intentas sacar alguna del cesto. Estos días, mientras intento colocar los que me interesan aquí arriba para protegerlos de las inclemencias de una casa demasiado abierta, llena de goteras y polvorienta, se me van ofreciendo tentadores. Quién tuviera cuarenta años menos. Hojeo los poemas de Aragon, me salta a la vista la toponimia de París y me vuelve François, aunque no, no es François el que vuelve, es la tristeza de su muerte, el rumor de pasos que desde hace meses oigo durante la noche en casa. Paco lucha con ella, y ella asoma la nariz todos los días, vigila a sus clientes, husmea, deja su olor, con él impregna la piel de Paco, pero también los muebles, el huerto, está en el aire, en ese aire triste, que lo envuelve todo, y es desgracia, sé que es suyo ese olor, lo conozco, lo he sentido en otras ocasiones. Los dos sabemos que ella no siempre vence a la primera, pero deja en cada uno de sus asaltos una fetidez de pozo ciego mal cubierto, carroña y hueso quemado. Llevo meses oliendo así en la casa, yo mismo huelo así, he sido impregnado con ese olor, se me ha metido dentro.

Esta noche, después de que Paco haya sufrido una nueva recaída, pensaba que se ha esfumado otro verano sin una brizna de felicidad: se ha levantado un soplo de aire y me ha llegado el olor de jazmín y galán de noche, traído por ese aire suave (destello de la estación feliz), y me he dado cuenta de que se va el verano sin dejar una sola de esas experiencias gozosas que parecen pertenecerle. El olor del mar –humedad yodada y salitrosa–, la brisa que se levanta de pronto, el momento en que te fumas un cigarro y miras al cielo y, con la caricia de la nicotina en la garganta, encuentras el sentido de estar aquí. Nada. Este verano ni un momento gozoso.

Al leer algunos poemas de *Il ne m'est...*, como tengo tan fresco el libro de Thirion y su versión de cómo Elsa Triolet sorbió a Aragon, no puedo evitar que me resulte más bien patética su retórica amorosa, la relectura que el poeta hace de aquellos años en una especie de tristes juegos florales de esclavo del *amour fou* que rinde pleitesía a su dama (la que, según Thirion, lo vampirizaba), versos que, a pesar de toda su brillantez, no se libran de un aire adolescente, *naif*, en absoluto poesía del conocimiento, más bien poesía del adorno: literatura ornamental. Poemas de juegos florales dedicados a enaltecer la belleza de la reina. Ya sé, ya sé de la importancia del amor para los surrealistas y todo lo que se ha teorizado al respecto, pero la cosa resulta incómoda para el reciente lector de Thirion porque el poeta y el historiador del surrealismo se refieren a los mismos momentos y lugares, y eso produce sensación trivial: la Dôme, rue du Château, que es la calle en la que vivieron juntos Aragon y Thirion, o la rue Campagne-Première, que es a la que se fue a vivir con Elsa. Él cita incluso la fecha: «mil neuf cent vingt-neuf», y tanta familiaridad desazona, aunque, al comprobar la fecha en la que Aragon publica su libro, veo que es mil novecientos setenta y cinco. Y me digo que cómo no perdonarle los pueriles versos a esa edad: *amour fou* a los setenta y ocho, ¿vivía aún Elsa? No creo. Miro en internet: había muerto cinco años antes. Además, a pesar de todas esas pegas, en cuanto pasas tres páginas, te encuentras con el gran Aragon –«Tant de gens ont pris devant nous la route tragique» (pág. 12)– en ese poema sobre los amigos y conocidos que han muerto (Elsa incluida, claro está). «Ouvre si tu peux sans pleurer ton vieux carnet d'adresses. / Ah, quel gâchis mon Dieu Mon Dieu quelle détresse» (pág. 13). Es la desgracia de no haber muerto a tiempo, este cadáver correoso que, a veces, escribe como un adolescente de quince años: «si j'aime je crois à demain» (pág. 17). Da pena, el amor no garantiza: se trata más bien de física y química.

6 de septiembre

Lo oigo regar, barrer en torno a la casa; luego friega el suelo, limpia los cacharros, y parece que todo se ordena: sus piernas frágiles, el caminar vacilante. Desayuna, le tomo la tensión, me digo que poco a poco las cosas volverán a encontrar su ritmo, su razón, y me siento a leer. Pero, a media mañana, bajo y me lo encuentro acostado, llorando: me voy a morir, me quiero morir, repite. Le intento explicar (o engañar) y le insisto en que está mejor, que ahora ya puede hacer cosas, que esta misma mañana ha estado haciéndolas, que vive como un príncipe, porque aquí puede organizarse a su aire, y no le falta nada de lo necesario; que si él tiene problemas, ya buscaremos a alguien que se ocupe del huerto y del jardín, o de lo que, en la casa, exige más esfuerzo. No tenemos ninguna obligación, le insisto, y lo animo a que se levante, hasta que me dice: pero ¿es que no te das cuenta de que, si estoy acostado, es porque no puedo levantarme?, ¿no ves que me mareo?, y me cuenta que un rato antes se ha caído cuando intentaba llenar las garrafitas en las que guardamos el agua que se utiliza para cocinar. ¿No ves que ya no puedo hacer nada?, ¿que no sirvo para nada?, ¿esta es la vida que me espera? Cuando lo veo llorar se me rompe el alma. No soporto ese momento. Pienso que es él el que dice la verdad y yo el mentiroso. Se me atragantan las palabras y, sobre todo, se me atraganta la imagen de ese hombre que tengo delante, la condena al sufrimiento inútil; inminencia de una muerte inútil. Pienso en lo que él pensará en todas esas larguísimas horas de la noche en las que está solo en su cuarto, en su cubículo; en todo lo que se hundirá bajo tierra con él: la extraordinaria voz de cantaor de flamenco, el imán con el que seduce a los animales, y los trata –da igual que sean perros, gatos, gallinas, conejos o pájaros– como si fuera uno de ellos, lo miran, lo obedecen. Los jilgueros, tan salvajes, tan ariscos, se le posan en los hombros, vienen a comerle a las manos. Se perderá ese orgullo que lo lleva a fregar la casa aunque sea a rastras, a poner platos y cubiertos como si hubiera invitados, a colocar las figuritas de cerámica y las jarritas y los platillos cuidadosamente en determinado lugar –precisamente en ese–, por razones que solo él conoce. Me digo que tendría que haberlo obligado a dejarse grabar cuando cantaba, haberle demostrado que yo también sabía por qué cada jarrita y cada muñequito están ahí y no en otro sitio, y pensar así me destroza por dentro, esa energía, lo que no ha significado nada fuera de él mismo, lo que tenía y no sabía cómo ponerlo a disposición de los demás, lo que tiene, que está dentro y no ha llegado a mover nada ni nadie ha advertido. Salgo de casa para hacer la compra y me voy con la sensación de que, a la vuelta, puedo encontrarme con cualquier cosa. Hago las cosas deprisa, deseando volver, y al mismo tiempo temeroso de volver.

13 de septiembre

Leo *De Restauración a Restauración*, el libro de Blanco Aguinaga: se trata de una colección de ensayos que, en su conjunto, forman la mejor historia de la literatura española del siglo XX. Desde Galdós hasta nuestros días, el camarada Blanco aplica su afilado bisturí con ese rigor que se obtiene cuando la cabeza goza de un impecable orden: la literatura vista desde los sucesivos perdedores, a la vez producto de la historia y mirada sobre la historia. De los noventayochistas, de la generación del veintisiete, la del treinta y seis, el exilio o la resistencia interior, se ocupan estos artículos siempre certeros, sólidamente documentados, con los pies pegados —lo repito, ya lo sé— al suelo de la historia y con una mirada que es tan implacable como emocionante, sobre todo en el capítulo que dedica a aquellos refugiados españoles que empezaron a darse cuenta de que nunca iban a volver a su país, de que España no iba a ser nunca la que ellos esperaban, y adquirieron conciencia de ser lo que él nombra como «trasterrados». Después de leerlo me produce cierto rubor publicar mi propio libro. Blanco dice como maestro lo que yo apunto con vagidos de principiante. Del triste estado de la crítica en nuestro país habla el hecho de que este libro haya sido silenciado, que no haya abierto una polémica, o causado escándalo, que ni siquiera los zaheridos —que son multitud— se hayan molestado en defenderse, en discutir con él. Aunque presiento que es peor aún: que ni siquiera lo han leído. Yo mismo, a pesar de que lo tengo como maestro mío, acabo de leerlo cuando lleva ya un año publicado, y lo he leído porque, cuando le envié el libro con mis artículos (*Por cuenta propia*), me dijo que los suyos «trataban de lo mismo». Yo ni conocía la existencia de ese libro, ni él me lo había comentado. Nada, silencio absoluto.

14 de septiembre

Desconecto durante dos días el móvil, así evito la cena de los sábados y las copas-vermut del mediodía de los domingos con los W., la verdad es que estoy deprimido. Me supera esta especie de suave cárcel que supone ocuparme de Paco. Miro la agenda del próximo mes y medio y no sé cómo voy a organizarme, se supone que tendré que pasar un montón de días fuera de casa, y hay citas con el médico, revisiones de Sintrom, la evidencia de que él no puede quedarse solo. ¡Uf! Toca además olvidarse de leer y escribir: pasar de esta etapa lánguida a otra de trepidante acción: aeropuertos, estaciones, contactos con gente, entrevistas, hoteles... y todo eso arrastrando los habituales vértigos y esa angustiosa sensación de fragilidad que me producen.

16 de septiembre

De las memorias de André Thirion, *Revolucionarios sin revolución*: «Tu única fuerza es quizás percibir en los problemas de la revolución formas y obstáculos que tus amigos no ven» (vol. II, pág. 184).

Compagino el libro de Thirion con los poemas de Aragon. Qué poeta tan irregular. De los versos más suntuosos, más brillantes y cargados de sentido, pasa a los tópicos, a las cursilerías, a la planura. No sé si le falta contención, disciplina; o si le sobra voluntad de decir ciertas cosas, a pesar de lo que le reclama el poema, y aún en su contra. Anoto lo que dice de él Thirion:

> Solo un intelectual puede contentarse con esta especie de dialéctica que desdeña toda experiencia y permite acreditar los más desastrosos engaños. La sumisión total al partido aportó a Aragon —como a otros muchos espíritus débiles— una comodidad intelectual muy muelle. A Aragon le

había gustado siempre que eligieran por él, pero lo que más le importaba es que, renunciando al ejercicio de la inteligencia y del espíritu crítico, reemplazando el cinismo por el amor a los buenos sentimientos adquiría la libertad del literato que el surrealismo negaba a todos sus adeptos. De ahora en adelante, podría abandonarse a escribir, podría dar rienda suelta a la maravillosa facilidad que había recibido como un don excepcional de la naturaleza y que las exigencias del surrealismo refrenaban y vejaban. La fidelidad al partido comunista iba a servirle de pensamiento y de conciencia; a cambio, le ofrecería un público, todo el público, cualquier público (vol. II, págs. 207-208).

No resisto la tentación de copiar estas páginas en las que Thirion describe las opiniones de un viejo chef mutualista sobre la cocina francesa contemporánea. Constituyen una verdadera joya y una guía certera:

Yo fui desde 1935 a 1940 consejero técnico de algunas sociedades de socorros mutuos afiliadas a La Francia Mutualista. Una de ellas se llamaba Los Cocineros Franceses. Tenía por objeto constituir pensiones para los chefs de grandes casas de grandes hoteles. El tesorero era un anciano muy guapo, tieso como un sable, que redactaba un asombroso boletín consagrado en parte a recetas de la gran cocina francesa, simplificada –me dijo un día– para hacerla asequible a las bolsas más modestas. A pesar de esas simplificaciones, la ejecución de cada plato exigía al menos media jornada y le habría costado el salario de todo un día a la mecanógrafa que se hubiera arriesgado a hacerlo. Cuando en 1938 vinieron a París los reyes de Inglaterra en visita oficial, le enseñé los menús del Elíseo a mi cocinero mutualista y le pregunté qué le parecían. Fue muy severo. «Este es un error –me dijo– porque no es la temporada.

503

Las preparaciones de pescado y la entrada se parecen demasiado para no perjudicarse. Y la elección de un plato, por lo menos, es vulgar. No es cocina para un rey.» Yo me divertía una enormidad. «Se están perdiendo las grandes tradiciones, conozco al personal del Elíseo. ¡El presidente Félix Faure los habría despedido!» Trabajé en todas las cortes de Europa –continuó– antes de 1914, claro, en la época en que aún había una docena de reyes. Y en Alemania es donde he tenido más alegrías. Los príncipes no querían más que cocina francesa, y eso que tienen allá excelentes recetas de caza y guisan muy bien el cerdo.

Me gusta venir aquí porque empecé en esta casa. No tenía más que trece años. La cocina está en el sótano del pabellón pequeño. ¿La conoce usted? Nunca éramos menos de siete, cuatro cocineros y tres marmitones como yo. He visto remover salsas durante doce horas. Era el trabajo de los chavales y nos relevábamos. Todo eso pertenece a un pasado muerto y enterrado. Pero ¡también está muerta la gran cocina francesa! Se la sustituye con aproximaciones. Al paladar resulta casi lo mismo, pero los platos son pesados, indigestos, mientras que las verdaderas recetas, cuando se pueden aplicar correctamente, las aguanta perfectamente el estómago. El gran principio de la cocina francesa, señor, es la reducción. Al reducir una salsa el tiempo que haga falta, con la necesaria vigilancia, todos los elementos nocivos o indigestos se queman y descomponen y no queda más que el aroma.

Pero las condiciones de vida ya no son lo que eran. Cuando los Mirabaud tenían esta casa había todos los días veinte cubiertos al almuerzo, y cada semana varias cenas de treinta personas. ¿Dónde están hoy los Mirabaud? El automóvil ha matado a la cocina. Antes los invitados de un castillo se quedaban por lo menos tres días. Llegaban a la estación más próxima, distante varios kilómetros. Se iba a recogerlos en calesas. Y una vez que estaban allí, ¿qué quería usted que hiciesen? ¡No se caza todo el año! Y la mesa era el gran recurso. Hoy los invitados llegan en coche diez minutos antes de la comida y tres horas después se van a Deauville o a casa de otros amigos, a treinta kilómetros. La gente tiene prisa. Y la gran cocina no está hecha para gente presurosa (vol. III, págs. 17-18).

Los volúmenes de las memorias de Thirion se titulan:

1. *El triunfo de la paranoia.*
2. *Los sueños y la fuerza.*
3. *El precio de la libertad.*

Como esta temporada estoy tan sensible a cuanto se refiere a la enfermedad y la muerte, no paro de pensar que hace tres o cuatro días, mientras yo leía estos tomitos de Thirion, murió Isaac Montero, quien fue marido de Esther Benítez, la traductora de la edición que leo, publicada en 1975. Esther hace ya unos cuantos años que murió. La muerte de Isaac, a quien conocía, apreciaba, y cuyas novelas leí con entusiasmo en mi juventud, altera inesperadamente el sentido de la lectura, le añade un componente melancólico; también saca a primer plano el asunto de la resistencia de materiales: somos lo que hacemos; solo nuestro trabajo, nuestras obras, nos sobreviven a disposición del usuario: suponen nuestra modestísima aspiración a la inmortalidad.

Recibo la propuesta de renovación de contratos por parte de Herralde. Habla de renovar cuatro libros de una sola tacada, un contrato para los cuatro («basket», creo que lo llama), y me envía para amansarme, en tarea de picador taurino, un listado de ventas: demoledor. Le debo yo a él un montón de dinero; bien entendido que ahí no se incluyen los contratos de ventas al exterior, digamos que a Alemania, porque el resto es calderilla. Eso equilibraría un poco la balanza, aunque la tesis que esgrime él es que estos libros ya están vendidos allí, habrá que convencerlo de que también en Alemania pasa el tiempo y se cumplen los plazos y los derechos de los libros quedan libres. En cualquier caso, el balance de ventas resulta desolador: dan ganas de abandonar la literatura, no porque uno esperase vivir de ella, sino por orgullo, o, un par de escalones más abajo, ni siquiera por dignidad: por simple decoro. Unas cuantas líneas emborronadas con cifras han bastado para tirarme al suelo. Delante: un futuro negrísimo («nigérrimo» se decía, con otra corrección, antes), sin trabajo, sin ingresos, y con este hijo que tantas atenciones exige y tanto limita mis movimientos.

22 de septiembre

Qué enternecedoramente antigua, qué cursi nos parece hoy esa vida lujosa, cosmopolita –Nueva York, Florida, Venecia, Roma–, cualquier frutera del mercado se permite hoy una *tournée* por el estilo durante las vacaciones. Las cosas son maravillosas porque solo pueden hacerlas muy pocos. Si mucha gente accede a algo, en el imaginario se vuelve vulgar, se define con esa palabra tan clasista que tiene el castellano: *hortera*. Pienso en eso mientras leo las *Memorias* de Tennessee Williams, no sé si me escandalizaron en su día (no creo), sus chulos, sus anfetaminas; él, comportándose como si fuera uno de los personajes femeninos de sus obras: Blanche DuBois, Alexandra Del Lago, la triste señora Stone: casi diría que se esfuerza por parecerse a los personajes femeninos de sus obras, pero, a pesar de todo eso, hablará, en lo que sin duda es otro acto teatral, más bien de sus *trabajos*.

Dirá: «Pero *obra* es una palabra pretenciosa. ¿Por qué no decir sencillamente "trabajo"? ¡¡*Trabajo*!!, la más hermosa de todas las palabras, que supera incluso, las más de las veces, la importancia del amor» (pág. 337).

Los sedimentos del tiempo le han caído deprisa a ese mundo de Tennessee Williams, lo han medio enterrado, han borrado esa manera de ver las cosas, de vivir, aunque siga conmoviéndonos la fantasía descabellada de Blanche Du-Bois, y a medida que se apodera de nosotros la vejez veamos como amarga premonición el gesto de la señora Stone, arrojándole la llave de su cuarto de hotel al mendigo para que suba a follársela. Aquel mundo se ha reproducido por otros medios, pero ya no es exactamente así: peleas con chulos, habitaciones destrozadas, grandes borracheras en público... Quedan algunos artistas del pop, pero, por lo general, todo eso ha sido expulsado en dirección descendente y, desde el mundo de los artistas, se ha instalado en lo más desgraciado del lumpen.

Algunas citas hermosas de Williams:

Las mañanas... ¡Me gustan tanto!... su triunfo sobre la noche (pág. 336).

Existe un Nuevo Periodismo, una Nueva Crítica, un nuevo aspecto de cine y teatro, y de prácticamente todo lo que interviene en nuestra vida, pero yo creo que lo que más necesitamos es una nueva moralidad.
Y creo que hemos llegado a un punto en que esa necesidad es indispensable para la continuidad de una existencia llevadera (pág. 323).

Me gusta la plata porque resulta menos llamativa que el oro. Tiene cierta discreción de luz lunar. Resalta más que el oro un cuello bronceado (pág. 319).

Williams se confiesa entusiasta de la literatura de Carson McCullers (yo también lo soy, su café triste, su corazón solitario estuvieron durante años en mi mesilla de noche) y, sobre todo, de Jane Bowles, a la que considera la mejor novelista del siglo XX americano. Como recuerdo muy vagamente los libros de la Bowles (mejor, los de su marido), los saco de su lugar en la biblioteca y me los pongo encima de la mesa con la intención de releerlos: forman parte de la melancólica tarea que me voy imponiendo estos últimos meses, resultado de los cambios de lugar a los que he sometido los libros, en busca de un orden tan deseado como imposible. De vez en cuando me cae alguno entre las manos, o me viene a ellas y me estimula las ganas de volverlo a leer. Como una buena parte de los libros que conservo son buenos, es lógico que me entren ganas de releerlos casi todos, lo cual me sitúa ante la brevedad del tiempo que, aun pecando de optimista, me queda por delante. Eso significa melancolía a espuertas, desánimo, y una angustiosa pregunta: ¿cómo ser capaz de escribir sin volver a leerme todo eso que he olvidado y es extraordinario? Letras de un desmemoriado. Confieso que me entristece bastante menos no estar al día de lo que se publica en la actualidad, lo cual no sé si revela un exceso de inconsciencia, porque un escritor –¡y, sobre todo, un novelista!– debe ser sismógrafo del tiempo que le ha tocado vivir.

El buen pastor, de Robert de Niro: qué bien cogido está el tono, el silencio del mal, entre susurros. Excelente, como excelente me parece el cuento *Placeres sencillos*, de Jane Bowles, que releo entusiasmado. Un afiligranado ejercicio: una joya.

6 de octubre
Regreso de un viaje a Alemania que, en vez de triunfal vuelta al ruedo, ha sido durísimo vía crucis, marcado desde el

primer día por el vértigo que me impedía leer en público. Lo he disimulado como he podido, trampeando, leyendo en los actos solo unas pocas líneas, y dejándole al lector alemán de turno toda la tarea; pero no han sido solo las lecturas, han sido los viajes en tren, con el recuerdo de aquel otro en que me bajaron en camilla para llevarme a un hospital; y ha sido tener que resistir las cenas, notando cómo las voces me perforan los oídos, cómo se me nubla la vista. El último día creí que no iban a aceptarme en el avión, de tal modo me tambaleaba. Así que esta mañana he mandado un e-mail anulando las lecturas que querían que hiciese en noviembre. Las razones del vértigo no están claras: ¿problemas hepáticos?, ¿respiratorios?, ¿cardíacos?, ¿nerviosos? Creo que se juntan las cuatro cosas: la pésima respiración mientras leo en voz alta impide que riegue bien el cerebro y me marea. A eso, sin duda, se le añade el propio temor a que ocurra, lo que agudiza los efectos del desarreglo. He vuelto con la idea de que soy incapaz de leer un folio en voz alta. Lo malo es que me espera una larguísima lectura (veintitantos folios) en la Biblioteca Nacional el inminente día 16, ya veremos qué ocurre.

Este viaje alemán ha rozado lo inhumano: nueve días, nueve ciudades, recorridos en tren de cuatro o cinco horas, entrevistas con la prensa, lecturas, etc. Hamburgo, Bremen, Bonn, Colonia, Frankfurt, Düsseldorf, Berlín, Múnich, Viena. Y todo el viaje con esta falta de equilibrio, con esa inseguridad que me provoca un humor sombrío. En algún momento me da por pensar que se trata de agorafobia, miedo a salir de casa, horror a tener que actuar en público. Pero eso sería nuevo. Antes no ha sido así. Claro que la edad no mejora nada.

Los únicos momentos gratos del viaje me los proporciona Valle-Inclán con su *Tirano Banderas*. Qué libro tan deslumbrante, tan lleno de recursos tratados con una modernidad que aún hoy nos golpea, nos enseña y abre caminos. Lo dejo sobre la mesa: es un libro que merece ser releído (¿cuántas van y no me canso?), estudiado, a la vez hilarante y feroz, puro artificio, que, sin embargo, bulle de vida, la crea, la amplifica sin pudor: geografía, espacio, corporeidad, acerado análisis de su tiempo y del nuestro. Pocos libros hay en la literatura española tan pedagógicos para un novelista, tan capaces de hacernos reflexionar sobre el arte y el objeto literario. Es una rareza, su aparente arbitrariedad es multiplicación del significado. Nada se le parece en la literatura española, y ya digo, lo que a primera vista parece arbitraria invención –incluido el vocabulario entre latinoamericano y valleinclanesco– se convierte en certero instrumento; lo que se diría pirueta es pieza insustituible en una maquinaria que avanza en un sentido tan contradictorio como estimulante, a la vez pura creación e imponente demolición. Todo está milagrosamente metido en el libro, que es capaz de transmitirnos la desolación de la condición humana, a veces con solo un par de frases que parecen dejadas caer como al desgaire.

8 de octubre

Tras *Tirano Banderas* decido columpiarme en ese inagotable generador de lenguaje e historia que es Valle, estoy en las novelas carlistas: *Los cruzados de la causa, El resplandor de la hoguera* (acabo de terminármela). Mañana, o esta misma tarde, me pondré con *Gerifaltes de antaño*. Del regusto de Valle por el lenguaje emergen paisajes, una atmósfera, los fogonazos de la gran tragedia española que, ahora leídos, parecen proféticos: se tiene la impresión de que las guerras carlistas del XIX componen el alucinado prólogo de la Guerra Civil del siglo XX. Lo que en el primer tomo es un cuento romántico, con un Valle que parece seducido por los valores de la vieja clase arruinada por los especuladores de la Desamortización, en la segunda parte de la trilogía deja que la amargura agrie el texto, la narración adquiere tintes goyescos, no solo es la luz, ni el paisaje desolado que compone el escenario de la acción, es, sobre todo, la brutalidad que lo mueve todo: los fusilamientos, la sinrazón asesina de ambos bandos, desde luego de los carlistas, pero también de los liberales (los «negros»), dándoles *mulé* a los prisioneros: con esa expresión –«darle a alguien *mulé*»– denominaban al acto de ejecutar sin miramientos a los prisioneros, siguió usándose en la Guerra Civil, en la que también se usó la expresión «dar café»: actitudes de unos y otros que anuncian la brutalidad de la ley de fugas que aparece en *Luces de bohemia*. Y, sobre todo, componen el prólogo de una guerra civil de la que la muerte librará a Valle de tener que dar cuenta. La aventura romántica, sus simpatías por un carlismo que parecía resto de una España romántica en desaparición, han sido espejismo, ilusión de juventud.

20 de octubre
    Vuelve la peonza Chirbes a dar vueltas, a corretear de acá para allá: Barcelona, Madrid, Frankfurt. Ya solo quedan Cádiz y Estambul para cubrir este largo y enloquecido mes. Lo de la peonza es literal porque todo se balancea y parece a punto de girar a mi alrededor, ya que no consigo librarme de la sensación de vértigo que anula cualquier vivencia placentera. En Madrid, en la Biblioteca Nacional, tuve que pedirle a Ernesto (a quien había sentado por precaución a mi lado) que siguiera él leyendo el texto que llevaba escrito –«Vigencia de la novela»– porque yo fui incapaz; en Frankfurt sufrí lo indecible, caminaba tambaleándome y siempre a punto de caerme entre la multitud de gente que llenaba los pasillos de la feria. Deseaba que se acabaran cuanto antes las entrevistas ante el público, y transmitidas por cámaras de televisión. Todo se movía, no podía fijar la vista, me aturdían las caras

de los presentadores, la voz, esa lengua alemana que desconozco, como una letanía metálica que me perforaba los tímpanos. Conseguí que se acabara el día sin que nadie se diese cuenta de lo que me estaba pasando. Resistí, incluso, la cena con los viejos amigos en Madrid, y la que, en Frankfurt, compartí con Antje, Suzanne y una editora norteamericana. Ahora, mientras escribo, sigo notando esa sensación de vértigo, aquí de vuelta en mi casa, en este silencio que tanto agradezco. Creo que ya lo he escrito unas líneas atrás, lo que debería ser paseíllo de torero y vuelta al ruedo, recogida de aplausos y felicitaciones, se me convierte en una tortura insoportable. Me irrito conmigo mismo.

Durante estos días me he leído el libro de Pere Ferrer Guasp titulado *Joan March. L'home més misteriós del món*. Yo no sé si fue «el més misteriós del món», pero, sin duda, uno de los más malvados e intrigantes de los que he tenido noticias, qué cantidad de combinaciones y maniobras a tres, cuatro o cinco bandas, se supone que solo para seguir ganando dinero; aunque uno, en casos como este de voracidad suprema, tiende a pensar que todo ese ajetreo debía ser para tapar alguna grieta, algo insoportable que llevaba dentro. Cualquier vida es demasiado importante para tirarla por el gusto de acumular más y más papelitos: lo que vale es la pasión por el poder, el vicio de sentirse alguien a costa de otros, satisfacción por manejar a centenares de hombres, por imponerse, por asustar; por engañar a los pobres tipos y –sobre todo– a los que se creen muy listos, a los poderosos. Lo cierto es que el individuo ha conseguido asombrarme. Los personajes de mis novelas (Carlos Císcar, Bertomeu) son niñas de primera comunión comparados con este grandísimo hijo de la gran puta. Claro que, si te sales con la tuya, pasa el tiempo, conquistas la legitimidad, acabas ennoblecido, tus herederos poseen una fundación, los cuadros de los grandes pintores de corte y los de los revolucionarios, y nadie siente reparo alguno por gozar de las becas que se permiten conceder esos herederos tuyos (*ad maiorem gloriam suam*) con el dinero que arramblaste a sangre y fuego. Todos sabemos que una de las virtudes de esos papelitos que conocemos como «dinero» es la capacidad detergente: les conceden inocencia a tus descendientes, los resguardan de tener que mancharse porque alguien lo hizo por ellos. De eso hablo en *Los disparos...*, en *Crematorio...*

El libro de José Ribas *Los 70 a destajo*, la crónica sobre los avatares de *Ajoblanco*, la revista que fundó y dirigió, me trae –lógicamente– muchos recuerdos, me refresca anécdotas que yo mismo conocí de primera mano, actitudes que compartí, todo ello contado desde un lugar distinto del que yo ocupé y, en consecuencia, desde una óptica diferente: el libro de Ribas es ferozmente anticomunista –lógico en un anarquista–, lo que no quiere decir que yo no comparta muchas de sus opiniones acerca de personajes y hechos que describe. En cualquier caso, a medida que leo, la sensación que me domina es la de volver a constatar la desenvoltura con que, al parecer, se enfrentaban aquellos hijos de burgueses a situaciones que para quienes proveníamos de otra clase tenían un carácter inquietante, otra trascendencia, e incluso a veces rozaban lo terrible; aún en la memoria, aquellas aventuras resultan bastante menos gozosas que como él las describe y, seguramente, las vivió. Los de abajo teníamos guardada en algún lugar de nosotros mismos la memoria del feroz castigo que habían recibido nuestros vecinos. Sabíamos que aquello no era un juego. Que la culpa se hereda como se hereda la riqueza, vivíamos en la libertad condicional que se les había concedido a nuestros padres.

A su manera, el libro prolonga la tradición narrativa barcelonesa. Si uno lee lo que las generaciones progresistas han

ido escribiendo sobre la ciudad, puede establecer, casi individuo por individuo, la biografía de una clase dominante que
afianza su poder a través de las sucesivas rebeldías de sus herederos, un estilo de dominio *à rebours* que podríamos definir como *activamente gatopardesco*: los hijos *legitiman* su herencia renegando de ella. Se puede afirmar que el mejor
regalo para estas grandes familias ha sido un hijo díscolo.
A su manera, Ribas es un perfecto representante de ese estar
fuera sin salirse nunca de dentro: se mueve de acá para allá,
visita los lugares más sórdidos, expresa las opiniones más radicales, se despeña en lo marginal, pero siempre acaba en-
contrándose (en las tascas del Barrio Chino, en las comunas
más extremistas y en los bares más tirados) con alguien que
tiene nombre y apellido, y es músico, o filósofo, o escritor, o
arquitecto, o diseñador: Toni Miró, Racionero, Monzó, Barral…, qué más da, todos son alguien (o están en el proceso
de ser alguien) en ese universo anarquista de Ribas. Además,
curiosamente, cada vez que hay un conflicto que incluye a
gente anónima (algaradas callejeras de obreros, estudiantes) y
genera cierta dosis de violencia, él, que es puro activismo
anarquista, lo mira desde fuera, considerándolo un logro; o
se agobia, y acaba en Italia, en Ámsterdam o en Menorca,
sin por ello dejar de sentir que su impulso está detrás de esa
gran ola.

29 de octubre
     Los últimos compromisos de estos dos agitados meses:
Cádiz y Estambul, sin conseguir que me abandonen los vértigos.

     En Estambul fui agasajado como un pachá por los cari-
ñosísimos editores (conmovedoras seducciones orientales) y
recibido como un camarada por mostachudos comunistas
kurdosoviéticos (alguno, expresidiario de ciclo largo), con-

514

vocados *ad hoc* por el artífice de la publicación, un poeta con activas relaciones con sus colegas españoles: Adnan Özer, se llama. Esperan una buena aceptación de *Los viejos amigos* en Turquía, porque, según me dicen, ellos han vivido un proceso parecido. La verdad es que no sabía dónde meter mi fragilidad de pequeño Marcelito torturado cuando contemplaba a aquellos barbihirsutos dispuestos a escuchar de igual a igual a un resistente antifranquista. Cómo explicarles que lo suyo ha sido seguramente bastante peor que fue lo nuestro, y que yo no he sido ni un militante ejemplar, ni he dirigido nada y mi paso por la cárcel fue una excursión de pocos meses. ¡Uf! El cambio de registro hacia el humor solventó la cosa. Debo confesar que no acababa de creerme la escena, me parecía un entremés ensayado para seducir al autor en el primer piso de una librería. Que todos aquellos tipos eran figurantes que iban a arrancarse las barbas postizas y a meterlas en un cajón de la guardarropía en cuanto acabase el acto.

El poeta muestra afecto, admiración por mis libros, y jura que quiere ir publicándolos todos: *Los viejos amigos*, que –me dice– ha quedado muy bonito, muy bien traducido, y del que se siente muy contento ahora; y luego vendrán los otros, me anuncia. De la traducción no puedo decir nada; y es verdad que ha quedado bonito el libro, aunque, en caso contrario, también hubiese alabado la edición, qué podía decir después de todo aquel dispendio de hospitalidad. Encima, el hombre ofrece edición a la carta. ¿Cuál prefieres que salga primero, Rafael?, ¿en qué orden? Pues yo creo que, después de este, mejor *La buena letra*, y, a continuación, *La larga marcha*. Como en el morse: larga, corta, larga…

La editorial se llama Özgür («Libertad», en turco), y en la colección de literatura que me muestran en el almacén (no conseguí el catálogo) está el mundo entero: desde Balzac a

515

Ian McEwan, aunque también publican libros de autoayuda. Han hecho un póster muy bueno con mi cara (tampoco me lo traje) y habían preparado algunas entrevistas con la prensa. Se trata de una casa familiar, que llevan dos sonrientes cuñados, bastante más diminutos que yo, bienhumorados, curiosos, observadores. Uno de ellos, me pareció, además de encantador, muy culto; el otro, igual de encantador y sonriente, aunque más laboral, y ambos pendientes hasta en el mínimo detalle del bienestar de su autor visitante. Según me explicaron en la propia sede, trabajan desde hace treinta y tantos años en esta empresa que heredaron, situada en el antiguo barrio editorial de la ciudad. Me muestran unos cuantos volúmenes del fundador de la novela moderna turca del que están publicando las completas. Me acompleja mi incultura sobre literatura turca. Salir de casa te enfrenta a tus limitaciones. Ya se sabe. Lo peor es que no he anotado el nombre del personaje y ahora no sé a quién se referían.

De regreso en casa, unas cuantas críticas enviadas desde Alemania por Antje Kunstmann, al parecer, todas excelentes (obra maestra, la narrativa según Lukács es la epopeya de un mundo abandonado por los dioses, etc.) excepto la de *Literaturen*, que destaca su calidad, la ha elegido libro del mes, pero le recrimina su reiterativo negativismo, seguramente con razón. Se espera con expectación en noviembre la crítica en la revista *Brigitte*, puntera entre las femeninas, porque se supone que tiene una gran repercusión en las ventas navideñas. Dios (tras la experiencia turca, me toca decir Mahoma y Lenin) lo quiera. Las que el ordenador me permite imprimir las meto en un sobre y se las envío a Herralde.

En Estambul me hablaron de un gitano turco llamado Metin Kaçan, escritor y delincuente, puro sexo y violencia que, según los compañeros de cena, convierte a Burroughs y Genet en autores de cuentos de hadas. El título de su libro es

–y ya sé que se presta a chiste– *La novela pesada*. Ha sido traducido al alemán, intentaré preguntarle a Antje si lo conoce, y qué han dicho en Alemania de él, por si se lo recomiendo a Herralde.

Gracias al interesante libro de José Eduardo Abad Baena *Las cenizas de Maquiavelo*, les he dado un repaso a las turbulencias renacentistas: un buen trabajo de comprensión materialista de ese momento en el que las ciudades se ven amenazadas por los nacientes imperios y ya se pone sobre la mesa la necesidad de una Italia unida.

De un libro sobre Estambul tomo esta frase atribuida a Solimán el Magnífico: «There is nothing as honorable as the state for my public, but no state on Earth is more important that one of my citizens». Si es verdad que la pronunció, o en su época se extendió la leyenda de que había pronunciado esa frase que podría haber firmado Hannah Arendt, hay que descubrirse ante ese moderno radical: un hombre que llegó a tener a su cargo un imperio de más de ocho millones de kilómetros cuadrados y más de ciento veinte millones de habitantes, el mismo hombre que, instigado por su esposa, Roxelana, ordenó ejecutar a los dos hijos de su primer matrimonio. Nadie es perfecto.

30 de octubre
Justo hoy que tengo que llevar a Paco a Alicante para que el neurólogo le haga el informe de su estado, con destino a la comisión que le tiene que conceder la invalidez permanente, me levanto ciego del ojo izquierdo: ni un día sin su ración de castigo. Como si un dios se ocupara celosamente de mi cotidianidad, dispuesto a no dejarme en paz, a que nada sea fácil o cómodo, no digo ya agradable.

517

Ayer me llegaron noticias más bien pesimistas sobre la venta del libro en Alemania. A pesar de la gira, del ajetreo, de las entrevistas en la Feria de Frankfurt y de las numerosas críticas laudatorias, parece que solo han vendido siete mil trescientos ejemplares. Justo la novela de la que, ya desde el catálogo, han presumido que sería un éxito parece que se va a convertir en un fracaso. La crisis lo explica todo. Ya. Pero hay autores para los que la crisis parece que no existe. Las palabras van por un lado, la vida por otro. El tiempo pasa deprisa. *Crematorio* está ya muerta (así, al menos, me lo parece a mí). Los libros dejan de existir en pocos meses. La contemporaneidad. No sé dónde he leído que en tiempos de Zola había ciento treinta y cinco escritores en París. Se podía aspirar a algunos meses de vigencia. Ahora, ciento treinta escritores debe de haberlos en la comarca en la que vivo, la literatura contemporánea nace condenada a vivir un tiempo escasísimo: un oxímoron, porque todo texto escrito está hecho en principio para durar. *Crematorio* ha muerto. Hablo del tam-tam, del comercio, de la caja registradora en la librería, aunque también incluya en esa frase la sospecha de que pueda haber muerto de verdad; de que haya pasado su momento y esté dejando de decirle cosas a la gente. Ocurre con muchos libros, parecen entregarles su tiempo a los contemporáneos, y se vuelven mudos para quienes llegan a continuación. ¿Cómo saber que el tuyo no es de esos? Sobre todo, cuando tú has sido el primero que has sospechado de él.

Veo la excelente –*malgré* algún punto de afectación– *La vida de los otros*. Me reafirma en esa idea que cada vez me angustia más: el extremo cuidado que hay que tener con las palabras; cómo cobran cuerpo, engordan, se convierten en tumores capaces de provocar sufrimiento. Es de esas películas (como le ocurre a la rumana *4 meses, 3 semanas, 2 días*) que vuelven a hacerte confiar en el cine como revulsivo, como desencadenante de reflexión: lo que pedimos del arte, que abra interrogantes sobre el sentido de las cosas. Curiosamente, las dos surgen desde la mirada que educó lo que condenan. Resistentes. O resilientes.

2 de noviembre

En *El País* de hoy comenta Vargas Llosa la interpretación de Vanessa Redgrave en *The Year of Magical Thinking* en un teatro londinense (el Lyttelton). No conozco el teatro, ni la obra, en la que su autora, Joan Didion, evoca el año en que perdió repentinamente a su marido, «el mismo día en que su hija entraba en coma en un hospital neoyorquino víctima de una infección cerebral». Comparto, sin embargo, la percepción que el peruano tiene del teatro:

> [...] probablemente ninguna otra experiencia artística tenga un efecto tan poderoso sobre el ánimo y la conciencia del ser humano como una gran representación teatral. Porque este es el mejor simulacro que existe de la vida, el que se le parece más, pues está hecho de seres de carne y hueso que, por el tiempo que dura esa otra vida que transcurre en el escenario, viven de verdad aquello que hacen y dicen, y lo viven, si tienen el talento y la destreza debidas, de una manera que nos fuerza a nosotros, los espectadores, a vivirlo con ellos, saliendo de nosotros mismos, para ser otro, también mágicamente, que es la mejor manera que se ha inventado para vernos mejor y saber cómo somos.

Y yo, con la manía rupestre, con el miedo a salir de casa y la claustrofobia en cuanto me veo sentado en una butaca de la que no voy a poder levantarme en una o dos horas, ya soy incapaz de acudir al teatro.

En lo que disiento de Vargas es en lo de que la Redgrave –a la que yo también admiro– no ha hecho una mala interpretación en su vida. No sé si piadosamente, se olvida de *Isadora*, a la que, si mal no recuerdo, aludí en estos cuadernos para dedicarle unas cuantas injurias a la intérprete, una especie de ánade representando a una bailarina.

Fernando Aramburu me envía su valiente *Los peces de la amargura*, desazonante colección de narraciones acerca de cómo la violencia y el miedo han envenenado de raíz la moral del País Vasco. Solo uno de los cuentos –«Informe desde Creta»– me ha chirriado y me ha parecido *un tanto* cursi y prescindible. Los otros, aun con sus carencias algunos, con rasgos de estilo a veces populistas, a veces con cierto rebuscado formalismo, son auténticos disparos: te obligan a mirar de frente lo que habitualmente prefieres no ver. Te someten a esa experiencia moral en estado puro que caracteriza a la buena literatura. No sales indemne de la lectura, como no sale indemne la sociedad del País Vasco, cuya radiografía resulta demoledora. Lo que como visitante te han parecido síntomas de un pasajero resfriado, el libro te hace ver que se trata de una enfermedad infecciosa y de improbable curación. Harán falta unas cuantas generaciones –caerán en el altar del sacrificio– antes de que se alcance eso que llamamos «normalidad», que no sabemos lo que es, pero a la que el ser humano aspira. Me queda agradecerle de corazón el envío, que incluye el volumen con las *Obras completas* de Wolfgang Borchert, traducidas y comentadas por el propio Aramburu, que fue quien me habló por primera vez de él cuando me lo encontré el pasado mes de octubre en Alemania (en Leipzig, creo recordar, en un restaurantito cerca de la Santo Tomás, la iglesia en la que está enterrado Bach). Al parecer, está considerado un clásico de las letras en lengua alemana, pero yo lo desconocía, nunca había oído hablar de él hasta ese día. Leo su escalofriante biografía, limitada a apenas veintiséis años: detenido en 1940 por la Gestapo, acusado de haber escrito poemas subversivos, lo envían al frente ruso de Moscú, donde recibe una nueva condena por haberse supuestamente disparado en un dedo. Enfermo de difteria y hepatitis, lo trasladan a Núremberg, bajo la amenaza de una condena a muerte. En 1943 viaja a Hamburgo, donde presencia la destrucción de la ciudad por la aviación aliada. Ingresado en 1944 en la prisión de Moabit, muere en 1947 en una clínica de Basilea. En solo dos años escribió toda su obra: las trescientas y pico páginas que forman el volumen. Empezaré a leérmelo mañana o pasado; antes, comentar *Alias Grace*, de Margaret Atwood, un interesante trabajo sobre las bases del folletín a las que la autora da la vuelta. Heredera de Jane Austen, camina sobre el género con el impulso de nuestro tiempo, como la Austen lo hizo con el suyo: un crimen cometido por una pareja de criados le da pie para montar un caleidoscopio en el que se reflejan las diferencias de clase, pero también la fascinación que ejerce el mal, y la imposibilidad de definirlo con precisión, ni siquiera desde los códigos supuestamente científicos elaborados por las especialidades que tienen como objeto el alma, tan en boga en la época (mediados del siglo XIX) en que sitúa la acción. La indagación –o reconstrucción– del mal en el otro acaba haciendo aparecer en el investigador la semilla que él mismo llevaba encapsulada.

Fuera de los libros: nuevos problemas en la enfermedad de Paco, sospechas sobre mi propio estado de salud, y desolación familiar: mi sobrino toca uno de esos sombríos fondos por los que se siente periódicamente abducido, nada demasiado consolador si no es el paisaje que descubro de camino a casa de mi hermana y desde su terraza: intensa luminosidad otoñal y horizontes nítidos y lejanos, gracias a las intensas lluvias que se han prolongado casi a diario desde hace un mes. Hoy ha surgido un día frío, soleado y batido por el viento, así que la visibilidad –las montañas recortándose sobre el mar– alcanzaba el centenar de kilómetros, el mar aparecía coloreado con un intenso azul profundo, atravesado por pinceladas de luminoso verde, y manchas marrones de barro, donde el agua ha sido removida por el temporal y coloreada por los aportes de los ríos y torrentes de la comarca.

4 de noviembre

«Se echa encima de ella y la penetra con un gruñido de lujuria y sin la menor educación pues en los sueños todo está permitido. Su propia columna vertebral lo sacude como un pez que ha picado el anzuelo y después lo suelta.» Margaret Atwood, *Alias Grace* (págs. 470-471).

El enfoque de Maquiavelo como *clínico* y no como *cínico*. El libro de José Abad. Leo dos libros que me envía Erich Hackl desde Viena. Sensación de fragilidad, el tiempo que todo lo devora, sus secuaces que todo lo tergiversan, lo cambian de lugar, lo trastocan.

A finales de 1511 nació la Liga Santa del conciliábulo entre el papado, Venecia, el duque de Ferrara, Fernando el Católico y Enrique VIII de Inglaterra. En sus maniobras contra Francia, la Liga sostuvo el regreso y la restauración de los Sforza en Milán y de los Médicis en Florencia (Abad, pág. 118).

Aretino: *Los «Modi» y los «Sonetos lujuriosos»*. Traducción de Mario Merlino. Edición de Ana Ávila. Ediciones Siruela.

9 de noviembre

Anteayer recogí los resultados de los análisis: todo en relativo orden, nada de infecciones, y, eso sí, colesterol y muchos triglicéridos. Se me van los días en el esfuerzo de la pura supervivencia. No es fácil llevar una vida normal, estoy condicionado por las reacciones imprevisibles de Paco, cada vez más exigente, malhumorado. Me da vergüenza mirarlo como una carga que me he echado, un hijo incontrolable, pero esa vergüenza es hipocresía. Hay que atreverse a llamar a las cosas por su nombre. Y esta sensación de falta de salud. Ayer volví a beber y a fumar como un carretero. Llevaba tres días sin probar el tabaco, porque estoy convencido de que la sensación de vértigo está provocada por una mala ventilación y tiene que ver con el tabaco. En efecto, durante estos tres días he recuperado el equilibrio de forma bastante notable, y hoy, tras las humaredas de ayer, vuelvo a estar tocado. En todo el día solo me he fumado un cigarro. Todo un éxito. Vuelvo a intentar limpiarme: salvar los muebles, si es que queda alguno por quemar, después de todos estos años en los que he aspirado tres y cuatro paquetes de Ducados cada día.

Anteayer acabé de leerme el último libro de Isaac Rosa, *El país del miedo*, y ayer me convertí en protagonista de una de las variantes que él describe: estoy en el bar, charlando con W., cuando se acomodan a nuestro lado dos locoides de la comarca. Uno de ellos, un tal Ciscaret, extremadamente agresivo, aprovechando que W. se va al servicio, empieza a buscar bronca conmigo, que ni siquiera le he mirado en todo el tiempo; quizá quiere provocarme, me llama facha. Tú lo que eres es un facha, me dice sin más porque no me conoce de nada. Debe ir pasado de todo –como acostumbra– y quiere pelea. Es un tipo que le ha hecho la vida imposible a un hombre que tiene un bar aquí: le robó la moto, tras anunciarle que iba a hacerlo; le destrozó el mobiliario del local, y lo perseguía con un furor descontrolado, sin que, al parecer, el hombre le hubiera dado otro motivo que decirle que iba a cerrar alguna noche en que el tipo iba borracho perdido. Ahora, sin conocerme de nada ni habernos dirigido la palabra, ni ayer ni nunca, dice que va por mí: a mí los fachas no me gustan, insiste. Un odio libérrimo y gratuito lo inunda a él y se extiende por todo el bar. Ignoro si tiene alguna cuenta pendiente con W. y me ha convertido a mí en destinatario. W., de regreso del servicio, le da unas cuantas voces, lo achanta, pero la amenaza se queda en el aire. Creo que me salva que, al parecer, todo lo que tiene de agresivo lo tiene de cobarde, pero, de pronto, lo que era una charla con un amigo empieza a parecer, por la intervención de este mensajero del mal, una pelea de borrachos que no se sabe muy bien quién la ha iniciado. Me queda la inquietud. El tipo es de esos que pueden presentarse a las tres de la madrugada en tu casa y prenderle fuego. ¡Absurdo!

11 de noviembre

Pongo la tele: *Horizontes lejanos*, la película ya va por la mitad cuando empiezo a verla, pero me basta una decena de planos para sentirme envuelto por el aire épico que destila. Fue una de las películas de mi infancia, esos ríos de agua fría, el fondo de la pantalla mostrando la nieve que cubre las montañas, los vestidos de pieles que cubren a los personajes, las canoas: volviéndola a ver entiendo por qué me fascinó. Pero no es de eso de lo que quiero escribir ahora, o sí, porque quiero hablar de los estupendos artesanos del cine que sabían muy bien en qué consistía su trabajo, la historia que querían contar, de un modo estándar, sí, a un plano desde cerca corresponde otro de lejos, con las nubes, las montañas, y ya está, el artefacto funciona, te convierte en espectador dócil y entusiasta. Y ese saber que el adulto descubre era el que conseguía encandilar al niño. Le llegaba convertido en fascinación. Fueron carpinteros que colaboraban –por entusiasmo, pero sobre todo por dinero– a levantar el gran edificio del imperialismo americano. Aún hoy ayudan a sostenerlo.

524

Hablando de artesanos del cine, ayer me leí *Yo, Fatty*, la novela de Jerry Stahl sobre Roscoe «Fatty» Arbuckle: el texto se inicia de forma vacilante, da sensación de poco trabado, pero, poco a poco, adquiere una desazonante densidad de fruta podrida: la destrucción de un hombre entre las garras de una jauría de perros: periodistas, jueces, políticos, gente ávida de escándalos que necesita que sus ídolos sean también sus diablos. Stahl destripa la corrección política, la moral, la justicia USA y muestra que, en el interior de la manzana, hay una gusanera. Es el tema al que yo mismo le doy vueltas desde hace meses: la historia de Paco con el muchacho, cómo se ajustan las piezas para que lo cotidiano e intrascendente se convierta en extraordinario y escandaloso; la víctima, un forastero cuya cortedad y aparente agresividad autodefensiva se interpreta como orgullo que hay que castigar. De qué modo leen los datos en la dirección precisa, los retuercen un poco, los inclinan a su favor, para convertir a alguien en culpable. La denunciante se siente después purificada. Al parecer, es una muchacha que desea ser periodista. A la media hora de su denuncia, ya estaban todos los medios de prensa rondando por el pueblo.

Leo compulsivamente, mientras peleo contra la falta de respiración, de fuelle, contra los vértigos, contra la depresión. Leo y olvido. Devoro libros que se esfuman en cuanto los cierro. Incapaz de hacer cualquier otra cosa.

Murakami: *After Dark*.

Wilfried N'Sondé: *Le cœur des enfants léopards* (Actes Sud). La violencia en los adolescentes africanos de la *banlieue* parisina. Con todas sus limitaciones, bienvenida esta literatura francesa que no viene solo de la literatura y que alcanza notables resultados, cuando se aparta un paso del adamismo que, sin embargo, es una pena, acaba devorando el corazón del artefacto. Tampoco es solo literatura que viene de la literatura la antipática novela de Tristan Garcia *La meilleure part des hommes*: el mal campa en París en los tiempos del sida, ese dar vueltas a las cosas, tan francés, para acabar encontrando lo peor, lo más destructivo e inmoral, lo insolidario, el desgraciado yo que inauguró el gran Montaigne y que, a veces, uno piensa que para mal de todos nosotros. Garcia se añade a la fila cuyo último representante ha sido Houellebecq, pero que pasa por Foucault y Bataille, por Céline, y, por qué no, si hablamos de *pédés* como hace el libro, por ese contradictorio Genet, situado entre el furor egotista y la agitación de una solidaridad histérica. En el vértigo que produce la búsqueda intelectual de lo que más daño puede hacerle al prójimo, echa uno de menos la simplicidad del mensaje evangélico: ama al prójimo como a ti mismo. Claro que el cristianismo te pide que ames a Dios por encima de todas las cosas, lo cual, bien pensado, si le pones una cierta distancia al principio y no pretendes ocupar el lugar de Dios, tampoco le hace daño a nadie: efecto placebo. Lo de Dios para el cristiano es como el valor del soldado para el militar: se le supone. No, lo peor del cristianismo no es lo del amor a Dios: es la fe aplicada a la vida cotidiana. Pero ¿es tan mala la fe cuando se aplica a valores elementales que la experiencia histórica nos muestra como indiscutibles si no como deseables? Todo el resto de la parafernalia, fe en la Trinidad, en la virginidad de María, en el Espíritu Santo, no tendría por qué resultar demasiado incómoda, ¿a quién le interesa?, ¿a quién perjudica? Lo malo es que hacen lecturas invasivas: meten el Espíritu Santo a mirar por el ojo de la cerradura de la habitación. A levantarte la ropa de la cama. Se mete el pajarito entre tu amante y tú. Ahí empieza el problema. Y luego está todo eso del poder, de la lucha por el poder, del enorme edificio de poder que el cristianismo en todas sus variantes ha construido, y es que todas las religiones son cosmológicas, o cosmofílicas, aspiran a ocupar el mundo entero, a que nadie quede fuera de su amparo ni esté a salvo de su voluntad de salvación.

Al margen de estas sesiones de narrativa, que nublan más que aclaran mi entendimiento, leo con placer *Istambul. The Imperial City*, de John Freely, un manual de historia de la ciudad que compré en mi reciente viaje: la sensación de que te brinda la claridad de las cosas como fueron –siempre terribles– o como pudieron ser. Eso consuela. Esa sensación juvenil de que la historia me hacía asentar los pies sobre tierra firme, mientras que la literatura me dejaba al pairo en un mundo flotante, fue lo que marcó mi elección de la especialidad cuando emprendí los estudios de letras. La seguridad que transmite un buen manual.

Al parecer, hay un aceptable restaurante mexicano en Valencia, eso leo en el periódico, El México de María. Si fuera verdad, poder comerse unos chiles en nogada, un buen mole. No estaría nada mal.

He leído con enorme placer y provecho el libro sobre Estambul de John Freely. Preciosas las páginas finales, en las que destaca la continuidad de Estambul durante varios milenios, su capacidad de transformismo y de adaptación.

Una de las cosas más sorprendentes del gobierno del sultanato otomano es la extrema crueldad instalada en el propio mecanismo sucesorio, y que es aceptada como normal (digámoslo así). El paso previo para la proclamación de un nuevo sultán es el asesinato o encarcelamiento de todos sus hermanos. En cada una de las biografías de los sultanes se repite el latiguillo: «[…] tenía cuarenta y cinco años cuando alcanzó el trono, y había pasado los anteriores treinta y nueve como prisionero en Kafes» (pág. 246); «[…] tenía treinta y cuatro años cuando ascendió a sultán, y había pasado los veintisiete años previos de su vida como prisionero en Kafes» (pág. 253); «[…] tenía cincuenta y cinco […] y había pasado los anteriores cincuenta y uno como prisionero en Kafes» (pág. 255). Hasta 1857, y durante los anteriores trescientos años, no hay ningún hijo de un osmanlí que no reine que se salve de la muerte o de la cárcel. Por supuesto que, en ese período, también la mayor parte de los sultanes en el trono mueren asesinados.

En el Museo Arqueológico

los relieves de las estelas funerarias resultan particularmente interesantes porque representan a los muertos rodeados por los objetos que usaron en su vida diaria. La estela del marinero Heris representa sus armas y la proa de una trirreme; al hijo estudiante de Hecatadorus se le muestra con su libro y su tintero; el médico Musa con sus instrumentos quirúrgicos y su texto médico; el astrónomo Theodotus con su globo y su reloj de sol. Un relieve especialmente conmovedor representa a un joven desnudo sosteniendo un pájaro en la mano derecha mientras mira tristemente hacia el suelo, a un perrito de compañía tumbado a sus pies. Otro muestra a la señora Lollia Salbia tumbada en un lecho, atendida por sus criadas, que sostienen un espejo, sus perfumes y sus cosméticos, para que ella pueda presentar el mejor aspecto del mundo. La estela del cómico Kefalo lo muestra en los que probablemente eran sus dos papeles más populares: en una cara de la tumba lleva una cabeza de lobo y en la otra la de un oso; su cabeza está cómicamente inclinada hacia un lado y él aparece en una postura descoyuntada de payaso de vodevil que actúa en un show de burlesque, con sus colgantes testículos balanceándose entre sus gruesas piernas (págs. 33-34).

Acmé: punta de mayor intensidad de una enfermedad.

De Haruki Murakami: *After Dark*:

–Y ¿sabes qué pienso? –dice entonces–. Pues que para las personas los recuerdos son el combustible que les permite continuar viviendo. Y para el mantenimiento de la vida no importa que esos recuerdos valgan la pena o no. Son simple combustible. Anuncios de propaganda en un periódico, un libro de filosofía, una fotografía pornográfica o un fajo de billetes de diez mil yenes, si los echas al fuego, solo son pedazos de papel. Mientras los va quemando, el fuego no piensa: «¡Oh, es Kant!», o esta es la edición vespertina del *Yomiuri Shinbun*, o «¡Buen par de tetas!». Para el fuego no son más que papelotes. Pues sucede lo mismo. Recuerdos importantes, otros que no lo son tanto, otros que no tienen ningún valor: todos, sin distinción, no son más que combustible.

30 de noviembre
Viaje a Zafra para recoger el Premio Dulce Chacón: reencuentros. Descubro que conozco a muchísima gente en la comarca. Los saludo por la calle, milagrosamente recuerdo sus nombres, y también ellos recuerdan el mío, gente con la que apenas tuve contacto me llama Rafael, se para a saludarme, una especie de inexplicable parusía: ¿cómo puede ser que sepa que fulano se llama así, si nunca me he vuelto a acordar de él, y no creo haber cruzado unas palabras con él más que en un par de ocasiones? Recupero la memoria. Recuerdo los nombres, las profesiones de la gente con la que me cruzo.

Una cascada de iluminaciones repentinas. Me digo que no es mala memoria lo que tengo, sino un conjunto de archivos que se cierran herméticamente, e incomunicados unos con otros, a la espera de que alguien («la mano de nieve» becqueriana) venga a abrirlos. Por unos días, Zafra, Valverde, este en apariencia apacible rincón de Extremadura, vuelve a ser mi casa. Las asociaciones de ideas –como ocurre con los nombres– se suceden de un modo vertiginoso. Reencuentro también –y muy especialmente– con el paisaje; el verdor y el silencio de las dehesas, la quietud de los pueblos, la sensación de permanencia, de durabilidad, que aquí, en esta Valencia de mis pesares, tan difícil –imposible– resulta mantener, allí se revela, y ya no solo en el paisaje, sino en la gente, que forma comunidades estables: recuerdan tu paso por allí, tus costumbres, las palabras que dijiste, lo que hiciste en tal o cual ocasión.

Al volver a ver la casa que vendí, me entristezco. ¿Por qué abandoné esta paz? La respuesta: harto de pelear contra los caciques locales, que me hicieron aborrecer el pueblo, los camaradas ibarristas. Sí, pero aquí tenía algo duradero –aunque no fuera más que el silencio en las calles del pueblo–, también la luz: ese cielo frío y azul envolviendo los caserones blancos, el aire cortante, me han traído los recuerdos de mis primeros días de invierno, cuando me acercaba a Zafra en el vespino, o a Jerez de los Caballeros, la libertad de estar en ese lugar que exigía sacrificios, que te sometía a ciertas pruebas, y durante algún tiempo me regaló un anonimato casi perfecto, ser solo yo: mis primeros paseos por Zafra, las paredes encaladas, los portalones de los palacios, las arcadas de las plazas, Burguillos, Fregenal, los encinares; los riachuelos con la superficie del agua recubierta de flores blancas, bíblicos ríos de leche y miel; los nidos de las cigüeñas, recuerdo aquellos primeros inviernos, yo solo y libre bajo el cielo azul, el aire cortante de la mañana en la cara, esos recuerdos se convierten hoy en un obsequio suplementario. La visita ha abierto el desván en el que permanecían arrumbados, fuera de la memoria, y me los ha vuelto a traer radiantes, y, con ellos, el yo que fui por entonces, no sé si mejor que el de ahora, pero que a mí me complace más: tenía otra energía, otra fuerza de voluntad, una casi ilusión, o una voluntad de pelea, no la desgana, el escepticismo de ahora. Siempre es fácil en cualquier caso hablar mejor del yo que ya no existe («cualquier tiempo pasado fue...»), más fácil sin duda que hacerlo del cargante que soportas a todas horas y a duras penas.

Paco me ha acompañado en el viaje, y también él ha parecido recobrar pedazos de esa memoria hecha trizas: en cuanto la carretera enfiló Miravete y empezó a ver encinares, se puso a cantar flamenco, también cantó tras una comida en la casa de campo de A. y C., a la que habían acudido algunos amigos de Valverde. Hacía tres años que no lo oía cantar flamenco, ni siquiera en casa, como hacía antes. De regreso, sin embargo, parece más decaído, también yo sufro el bajón, pero, claro, él llevaba un mes preparándose las maletas, comprándose en el mercadillo un montón de prendas que no ha tenido tiempo de sacar de la maleta. Sacó, eso sí, la joyería al completo. Me burlo de él: habría que comprarte una mano suplementaria para que pudieras ponerte aún más anillos. En realidad, copia a su primo Benito, emigrante en Cornellá, que se enjoyaba para volver al pueblo, lo que era una manera de decirles a los criticones vecinos que él vivía como un rey en Cataluña. Las cadenas, pulseras, relojes y anillos eran el símbolo de su ascenso social: me tuve que ir de aquí porque me moría de hambre (es decir, me echasteis, me dejabais morir de hambre) y ahora os invito a todos a beber, gorrones (y cada vez que paga la ronda, deja el contenido de la cartera bien rellena de billetes a la vista).

Me he pasado el fin de semana leyendo cuentos, porque tengo que acudir el martes como presidente del jurado de un premio que se falla en Sevilla y al que he accedido a asistir porque me brinda una excusa para reencontrarme con Alberto González Troyano, que fue quien me invitó. Ni uno solo de los veinte o treinta cuentos seleccionados me ha interesado gran cosa, ya veremos a qué conclusiones llega el jurado.

Ibon Zubiaur, el director del Instituto Cervantes de Múnich, me envía el libro de Brigitte Reimann *Los hermanos*, que él mismo ha traducido y prologado. Reimann, a quien yo no conocía, murió muy joven, en 1974 (había nacido en el 33), y expresa en su novela el dolor de una Alemania dividida, al parecer, en un homenaje a un hermano al que amó apasionadamente y que decidió pasarse a la RFA. Leyendo esta novela, me pregunto cómo podría vivir yo en un país en el que tuvieras que pasarte la vida dando cuenta de tus actos, vigilado, teniendo que adaptarte a las consignas y manías de algún capitoste. Me fusilarían a la semana. Soy un ejemplo viviente del individualismo, y, sin embargo, creo en la justicia, en la solidaridad, no siento apego por mis bienes, soy distraído hasta la inconsciencia con el dinero..., me reclamo comunista. Sí, pero ¿cómo se organizan todos esos principios? Debe de ser herencia del misticismo cristiano, de esa especie de búsqueda de la pureza en el apartamiento que se me ha transmitido, pero me desazona moverme (¡no sé hacerlo!) en la madeja de los intereses, discutir para obtener algo, insinuar que soy mejor que alguien, y, en realidad, eso es lo que marca la posición ideológica, o política, ese intrigar, serpentear. No me importa ceder en lo material lo que sea, vivir sin recursos, sin comodidades, pero no me resigno a ceder en mis ideas, a cambiar una palabra de mis libros por una indicación ajena, eso me destroza, me desorienta, hace que no sepa dónde estoy, ni quién soy, y, lo que es peor, pierdo toda consideración de mí mismo. Ni siquiera en el trabajo he soportado ese tipo de imposiciones sobre lo que para mí es el nife de cuanto hago.

Tengo este cuaderno abandonado. No hilvano dos frases seguidas. Todo lo que no sea leer me parece perder el tiempo, y, mientras leo, me digo: tomar notas, escribir, pero, luego, me parece que esos rituales que acompañan la lectura son también pérdida de tiempo: pero ¿cómo puedo pensar eso, si sé que todo lo que no escribo se evapora?, ¿para qué anotar que, días pasados, leí con gusto *Roderick Hudson*, la primera novela de Henry James, si no añado nada más? Leo con la desesperación de quien sabe que se le acaba el tiempo y con la estolidez de un principiante, de un adolescente. Debería saber que, precisamente porque me queda poco tiempo, solo debería ocuparlo en lecturas meditadas, provechosas, y en dejar algo por escrito, pero no. Ahí está aparcado el proyecto de reelaborar poco a poco estos cuadernos y pasarlos a limpio; o el de tirarlos, quemarlos porque no contienen ideas. *Flatus vocis.*

4 de diciembre

Turcos, bolcheviques, zaristas, rusos blancos, independentistas ucranianos, polacos…, a cuál más cruel en la novela de Chaves Nogales *El maestro Juan Martínez que estaba allí*, una visión demoledora de la Primera Guerra Mundial y de la Revolución Rusa, que podría haberle servido de prólogo a los libros que luego escribió sobre la Guerra Civil española. Su pesimismo le permite una visión sin tapujos, de la que surge una imagen del ser humano como construcción fragilísima, siempre a punto de regresar al estado de fiera sangrienta. Chaves, que estuvo en la URSS a fines de los años veinte, pudo captar, por experiencia propia, despojada de cargamentos ideológicos favorables o benevolentes con la nueva república obrera, una serie de aspectos que formaban el propio núcleo revolucionario y que en un extremo tendrían una irracional crueldad, y en el otro, una supuesta racionalidad manifestada por la voluntad de control, que, en su impotencia, se convertía en otra forma superior de irracionalidad: la burocracia:

> [...] se les había exacerbado la manía reglamentística y en cada esquina montaban una oficina para prohibir o perseguir algo: querían intervenirle a uno hasta la respiración. Como esta vez contaban con más elementos y mejor organización, apretaban aún más las clavijas y puede decirse que los infelices habitantes de Kiev se asfixiaban como pececillos entre las mallas de aquella burocracia soviética, obstinada en quitarle a cada uno su medio de vida (pág. 155).

De una escalofriante lucidez es el largo texto que no me resisto a reproducir:

> Aprendí entonces que no es verdad que las revoluciones se hagan con hambrientos.
> Cuando se tiene hambre no se es capaz de nada. Ni de protestar siquiera. Odesa entonces era la ciudad más tranquila, más apacible del mundo. La gente se dejaba morir en sus tugurios sin un ademán airado, casi sin quejarse.
> Toda mi vida me acordaré de una mujer famélica con un niño en brazos que, al pasar, estuve viendo durante varios días sentada en un portal próximo a la casa en que vivíamos. El primer día que reparé en ella aquella mujer pedía pan a los que pasaban, y su hijo se revolvía en su regazo llorando. Al día siguiente la infeliz mujer, extenuada, ni siquiera tendía la mano a los transeúntes. Así siguió dos, tres días. Una mañana me fijé en que la mujer ya ni

siquiera se movía. Se había quedado muerta de inanición en la misma postura que tenía. El chiquillo, prisionero entre los brazos agarrotados del cadáver, lloraba todavía. Cuando pasé al día siguiente ya tampoco se quejaba la criatura.

Ahora que evoco aquello me maravillo de cómo pude ver fríamente día tras día el desenlace fatal y previsto de aquella tragedia silenciosa. ¿Cómo no arranqué el chiquillo de los brazos helados de la muerta y evité que pereciera?

¡Ah! No se sabe nunca a qué extremos puede llevarnos el instinto de vivir; hasta dónde llega el egoísmo. Nadie sabe lo egoísta que es hasta que no llega el caso, y a quienes se hagan la ilusión de creer que en aquellas circunstancias hubiesen hecho algo mejor de lo que yo hice –volver la cara al otro lado–, yo les pondría en una de aquellas calles de Odesa durante los años del hambre, cuando centenares de criaturas, abandonadas por sus familiares, muertos de hambre o de tifus, esperaban a morir acoquinadas en los portales (págs. 262-263).

La lúcida y descreída mirada que deja caer sobre la Revolución no le lleva a perdonar ni un ápice los pecados de las clases dominantes de la vieja Rusia:

Yo estuve haciéndoles café a la turca mientras ellos disputaban repartiéndose el botín. Tenían sobre la mesa un fortunón de *Las mil y una noches*. Aquellas piedrecitas refulgentes eran todo lo que había quedado de una aristocracia y una burguesía que durante muchos siglos habían estado afanándose por adquirir y conservar el poder a costa de inenarrables crueldades (pág. 277).

El maestro Juan Martínez... se publicó en 1934. Para entonces, Chaves Nogales ya había escrito y publicado dos libros de reportajes sobre la URSS: *La vuelta al mundo en avión. Un pequeño burgués en la Rusia roja* (1929) y *Lo que ha quedado del imperio de los zares* (1931). Todos esos escritos debieron parecerle premonitorios y tuvieron que volverle en forma de pesadilla cuando se produjo el golpe militar y estalló la guerra de España (huyó a París, creo que en 1937, y con la llegada de los nazis, a Londres, donde murió en 1944). Lo imagino amargado, diciéndose: esto ya lo he escrito yo. Tenía que verse a sí mismo como al flamenco Juan Martínez. Sí, ver estos libros como aperitivos del tremendo *A sangre y fuego* que vino luego.

La edad, la experiencia en el trato con los congéneres, la lectura de libros como estos (el de Chaves Nogales, el de la Reimann, que leí días atrás), te llevan a ser más precavido con tus propios asertos, con tus proclamas, te vuelves temeroso (ay, aquella inconsciencia juvenil), porque has aprendido que las grandes palabras, e incluso las grandes ideas, pueden alimentar pavorosos leviatanes. Sí, la justicia, la lucha contra la opresión y en defensa de un mundo igualitario, claro que sí, pero qué es lo que viene a sustituir la injusticia presente, el horror contemporáneo: no justificar nunca a quien considera inevitable provocar sufrimiento a los humanos, el sufrimiento tiene que llegar como accidente en la carrera, nunca como cálculo previo. Pero, entonces, cómo se libra uno de esto que hay, lo que –por poner solo un ejemplo–, desde hace siglo y medio, arrasa África, Latinoamérica y Oriente Medio, condenando a muerte a millones de seres humanos. El voraz imperialismo.

Había leído una excelente crítica de *Mi Nueva York*, una serie de artículos del irlandés Brendan Behan, de quien desconozco el resto de su obra; al parecer, es un buen poeta, pero el libro me defrauda: un esfuerzo por exhibir ingenio que me parece patético, supuesto o verdadero humor irlandés, casi una sucesión de chistes: cada frase está construida con ese fin de ser gracioso. Behan elabora trabajosamente la trivialidad. Trabajos de humor perdidos.

Tomo un par de citas brillantes del libro:

No hay nada que me moleste tanto como la gente que se empeña en poner etiquetas a las generaciones de escritores, como si se escribiera en los hospitales de Maternidad. Por el amor de Dios, los escritores no van por generaciones (pág. 137).

Samuel Beckett, que es un viejo y buen amigo mío y un magnífico autor teatral. No sé de qué tratan sus obras, pero sé que las disfruto. No sé de qué trata un baño en el mar, pero lo disfruto. Disfruto el contacto del agua (pág. 138).

9 de diciembre

¿Cuánto hacía que no releía la trilogía *La lucha por la vida* de Baroja?, ¿treinta años? La historia de Manuel –como dice Senabre en el prólogo, se trata de una novela formativa– me atrapa como la primera vez que la leí, y con la misma intensidad decreciente con que lo hizo entonces, ya que la calidad y complejidad de la escritura van bajando de uno a otro tomo, y el tercero tiene la planura de un folletín en el que fatigan –a mí me fatigan– las largas discusiones ideológicas que mantienen socialistas y anarquistas, lo que no quita que su valor sea extraordinario como documento de época y trasunto de las luchas políticas e ideológicas libradas por entonces.

Incluso las descripciones de paisajes, que son de lo más soberbio del conjunto narrativo barojiano –paisajes urbanos, pero también de los campos, más bien descampados, que rodean la ciudad–, se le vuelven en este último volumen más tópicas, de una escritura que ya ha sido elaborada previamente por otros. No tienen esa fascinante mezcla de contundencia y delicadeza de los que aparecen en los dos tomos anteriores y muy especialmente en el extraordinario primero. En esta nueva lectura de *La busca*, uno de los rasgos que más me han interesado, además de su escritura blanca, ajustada, que procura en todo momento ir al grano, ha sido el manejo del paisaje como elemento dramático, el uso del paso del tiempo sobre el paisaje, y de los fenómenos meteorológicos como motivo musical que subraya las acciones de los personajes y presagia sus movimientos. Pero no es solo ese control, ese hábil manejo narrativo: es, sobre todo, el puro trabajo de orfebrería –de precisa y ajustada orfebrería– con que resuelve cada descripción, una humilde belleza que alcanza picos de electrizante intensidad, sin tener que recurrir a efectismos. Creo que en *La busca* está el mejor Baroja, el que se controla a sí mismo, el que cuenta con tanta ansiedad como prudencia. Hasta sus historias divagantes, de personajes raros, o excéntricos, que se salen del eje de la narración –eso de lo que tanto abusa en novelas posteriores– sirven aquí para crear lo que en su tiempo se llamaba «color», sensación de vida. Hasta su darwinismo, que da pie al título de la trilogía, o su visión negra de la vida, que se revela desde el principio, se ajustan al tono como la carne a la piel, ciñen el argumento, y –sobre todo, en este primer tomo, aunque de algún modo en toda la trilogía– no se resuelven con exabruptos y digresiones malhumoradas como ocurrirá en novelas posteriores de Baroja. La precisión y el respeto del narrador por su trabajo y por sí mismo están en el libro desde el primer párrafo: «Era costumbre de aquel viejo reloj, alto y de caja estrecha, adelantar y retrasar a su gusto y antojo la uniforme y monótona serie de las horas que va rodeando nuestras vidas, hasta envolverla y dejarla como a un niño en la cuna, en el oscuro seno del tiempo» (I, pág. 13).

El Baroja expresionista o tremendista, con sus imágenes naturalistas: «[...] era la Corrala un mundo pequeño, agitado y febril, que bullía como una gusanera» (I, pág. 60).

Darwinismo que se evidencia en párrafos como este:

–Vamos –dijo Roberto–, no está aquí ninguna de las que busco. ¿Te has fijado? –añadió–. ¡Qué pocas caras humanas hay entre los hombres! En estos miserables no se lee más que la suspicacia, la ruindad, la mala intención, como en los ricos no se advierten más que la solemnidad, la gravedad, la pedantería. Es curioso, ¿verdad? Todos los gatos tienen cara de gatos, todos los bueyes tienen cara de bueyes; en cambio, la mayoría de los hombres no tienen cara de hombres (I, pág. 66).

Los paisajes del joven Baroja en *La busca*:

Se veía Madrid envuelto en una nube de polvo, con sus casas amarillentas. Las altas vidrieras relucían a la luz del sol poniente [...]. Veíase desde allá arriba el campo amarilleante, cada vez más sombrío con la proximidad de la noche, y las chimeneas y las casas, perfiladas con dureza en el horizonte. El cielo azul y verde se inyectaba de rojo a ras de tierra, se oscurecía y tomaba colores siniestros, rojos cobrizos, rojos de púrpura.
Asomaban por encima de las tapias las torrecitas y cipreses del cementerio de San Isidro; una cúpula redonda se destacaba recortada en el aire; en su remate se erguía un angelote, con las alas desplegadas, como presto para levantar el vuelo sobre el fondo incendiado y sangriento de la tarde.
Por encima de las nubes estratificadas del crepúsculo brillaba una pálida estrella en una gran franja verde, y en el

vago horizonte, animado por la última palpitación del día, se divisaban, inciertos, montes lejanos (I, págs. 56-57).

Otro par de paisajes barojianos:

Desde allá surgía Madrid, muy llano, bajo el horizonte gris, por entre la gasa del aire polvoriento. El ancho cauce del Manzanares, de color ocre, aparecía surcado por algún que otro hilillo de agua negra. El Guadarrama destacaba de un modo confuso la línea de sus crestas en el aire empañado (I, pág. 67).

Después, al caer la tarde, el aire y la tierra quedaban grises, polvorientos; a lo lejos, cortando el horizonte, ondulaba la línea del campo árido, línea ingenua, formada por la enarcadura suave de las lomas; línea como la de los paisajes dibujados por los chicos, con sus casas aisladas y sus chimeneas humeantes. Solo algunas arboledas verdes manchaban a trechos la llanura amarilla, tostada por el sol y bajo el cielo pálido, blanquecino, turbio por los vapores del calor; ni un grito, ni un leve ruido hendía el aire.
Transparentábase, al anochecer, la niebla, y el horizonte se alargaba hasta verse muy a lo lejos vagas siluetas de montañas no entrevistas de día, sobre el fondo rojo del crepúsculo (I, pág. 71).

Y no me resisto a seguir anotando más descripciones del joven don Pío en esa joya que es *La busca*:

En el cielo, ya despejado, nadaban nubes oscuras, blancas en los bordes, como montañas coronadas de nieve; a impulsos del viento corrían y desplegaban sus alas; el sol claro alumbraba con rayos de oro el campo, resplandeciente en las nubes, las enrojecía como brasas; algunos celajes corrían por el espacio, blancos jirones de espuma. Aún no manchaba la hierba verde de las lomas y las hondonadas de los alrededores madrileños; los árboles del Campo del Moro aparecían rojizos, esqueléticos, entre el follaje de los de hoja perenne; humaredas negruzcas salían rasando la tierra para ser pronto barridas por el viento. Al paso de las nubes la llanura cambiaba de color; era excesivamente morada, plomiza, amarilla, de cobre; la carretera de Extremadura trazaba una línea quebrada, con sus dos filas de casas grises y sucias. Aquel severo, aquel triste paisaje de los alrededores madrileños con su hosquedad torva y fría le llegaba a Manuel al alma (I, pág. 113).

Madrid plano, blanquecino, bañado por la humedad, brotaba de la noche con sus tejados, que cortaban en una línea recta el cielo; sus torrecillas, sus altas chimeneas de fábrica y, en el silencio del amanecer, el pueblo y el paisaje lejano tenían algo de lo irreal y de lo inmóvil de una pintura.

Clareaba más el cielo, azuleando poco a poco. Se destacaban ya de un modo preciso las casas nuevas, blancas; las medianerías altas de ladrillo, agujereadas por ventanucos simétricos, los tejados, los esquinazos, las balaustradas, las torres rojas, recién construidas, los ejércitos de chimeneas, todo envuelto en la atmósfera húmeda, fría y triste de la mañana, bajo un cielo bajo de color de cinc.

Fuera del pueblo, a lo lejos, se extendía la llanura madrileña en suaves ondulaciones, por donde nadaban las neblinas del amanecer; serpenteaba el Manzanares, estrecho como un hilo de plata; se acercaba al cerrillo de los Ángeles, cruzando campos yermos y barriadas humildes, para curvarse después y perderse en el horizonte gris. Por encima de Madrid, el Guadarrama aparecía como una alta muralla azul, con las crestas blanqueadas por la nieve (I, pág. 138).

Es Velázquez, o, mejor, Goya, o, mejor, Solana. O todos juntos felizmente casados por una pluma sabia.

En *Mala hierba*, dice un personaje, al hablar de un grupo de jóvenes fracasados y corrompidos, modelos de aquella Restauración agónica:

–Ellos yo no sé si han hecho o no indignidades; como comprenderás, eso a mí ni me va ni me viene; pero cuando un hombre no puede comprender nada en serio; cuando no tiene voluntad, ni corazón, ni sentimientos altos, ni idea de justicia ni de equidad, es capaz de todo. Si estas gentes tuvieran un talento excepcional, podrían ser útiles y hacer su carrera, pero no lo tienen; en cambio, han perdido las nociones morales del burgués, los puntales que sostienen la vida de un hombre vulgar. Viven como hombres que poseyeran de los genios sus enfermedades y sus vicios, pero no su talento ni su corazón; vegetan en una atmósfera de pequeñas intrigas, de mezquindades torpes. Son incapaces de realizar una cosa. Quizá haya algo de genial, yo no digo que no, en esos monstruos de Álex, en esas poesías de Santillana; pero eso no basta: hay que ejecutar lo que se ha pensado, lo que se ha sentido, y para eso se necesita el trabajo diario, constante. Es como un niño que nace, y la comparación, aunque es vieja, es exacta: la madre le pare con dolor, luego le alimenta en su pecho y le cuida hasta que crece y se hace fuerte. Esos quieren hacer de golpe y porrazo una obra hermosa y no hacen más que hablar y hablar (II, págs. 17-18).

Sobre el anarquismo en *Aurora roja*: «El mismo radicalismo de las teorías fatigaba a la larga» (III, pág. 149).

Y sobre el socialismo: a Manuel, el protagonista,

[...] le resultaba antipático el plan y sistema de organización del trabajo por el Estado, sus bonos, sus almacenes nacionales, su intento de hacer del Estado un Proteo monstruoso (panaderos, zapateros, quincalleros) y de convertir el mundo en un hormiguero de funcionarios marchando todos al compás. A esto Morales decía que el socialismo, por boca de Bebel, había dicho que toda concepción sobre la futura sociedad socialista no tenía ningún valor (III, pág. 148).

Escrita en 1904, parece un análisis profético de la sociedad burocrática que se instaló un cuarto de siglo después en la URSS, y, desde luego, anticipa a Kafka en algunos años: Baroja piensa en el socialismo como gigantesca máquina burocrática e igualitaria desde la burocrática y paralizada Restauración, que no se diferenciaba gran cosa (al menos en eso) de la Rusia zarista. Es el mundo de Chéjov, de Lérmontov en *Un héroe de nuestro tiempo*, de Gógol en sus *Almas muertas*, de Gonchárov en *Oblómov*.

Son las tres de la madrugada y me voy a la cama con el espeluznante *McMafia*, implacable crónica sobre las redes secretas que sostienen el mundo.

No dejo de sospechar que quienes quieren analizar la literatura solo como soporte de estrategias políticas se equivocan, o, al menos, se quedan cortos. Valga como prueba la textura de los escritos de Baroja que he anotado; claro que la ideología, el lugar de la sociedad en que te sitúas, impregna los textos, los modela, hace que mires desde un ángulo o desde otro, pero mirando desde el mismo lugar se puede escribir mejor o peor, es decir, se pueden decir en un texto cuatro cosas elementales, o se puede empastar la escritura para que lleve detrás una sobrecarga de sentido. Esa polisemia que aprendimos a valorar con las enseñanzas de los formalistas de la Escuela de Praga y que tan bien combina con la estrategia marxista: es la distancia entre un panfleto y un texto literario, y digo esto considerando que ese panfleto titulado *Manifiesto comunista* es un texto literario de primera calidad, su fuerza le viene precisamente de eso. En efecto, lo importante es saber situarte en el lugar que te permite ver, pero hace falta también un montón de trabajo, habilidad artesana, inteligencia, capacidad de análisis, rigor expositivo. Contemplamos desde lejos con admiración eso que consideramos un gran libro, aunque no compartamos las ideas sociales o políticas del autor: detectamos en él la mezcla de absoluta inteligencia y de tremenda humildad, eso que antes se conocía como «sensibilidad», la capacidad de ser pararrayos de su tiempo, que tan poca gente posee; y digo esto cuando en los últimos días llevo leídos veintitantos capítulos de la segunda parte del *Quijote*. Uso la palabra *sensibilidad* y la detesto, esa justificación que se trabajan los timadores. Dejémoslo en lo de pararrayos de un tiempo. El *Quijote* lo es.

17 de diciembre
De Borchert: «[...] adelantaba sus labios de forma que su boca cobraba un poco la apariencia de un culo de pollo» (pág. 184). Creo recordar que los franceses definen así un tipo de boca.

18 de diciembre
Releo los capítulos de Auerbach (*Mimesis*) dedicados a Rabelais, Montaigne, Shakespeare y Cervantes, mientras avanzo en la lectura del *Quijote*.

21 de diciembre
Pero ¿puede saberse qué pinto aquí, mudo, incapaz de poner tres palabras seguidas, huyendo del ordenador, de la

pantalla, de los papeles en blanco, de las estilográficas?, ¿qué espero?, ¿o a qué espero para ponerme a trabajar? No me queda mucho tiempo. Sé que leer no es exactamente perder el tiempo, pero es una forma de evasión, o puede serlo. Me conozco bien. Acobardado. Me digo: tengo que leer más, soy un ignorante, necesito saber más para poder escribir. Y sé que eso es mentira: he escrito antes, cuando sabía bastante menos de lo que sé ahora. Pero es que ahora olvido, o sé peor de lo que sabía entonces. Excusas. No digo que sea estrictamente vagancia. Es miedo, o una forma de desconsuelo. Los días se me van en la mecánica diaria de cubrir todas las funciones que antes ejecutaba Paco, y en acompañarlo acá y allá. Ni siquiera es capaz de preparar solo una comida, se olvida de los ingredientes, pone los que no convienen, esconde las verduras o la carne que has dejado en el banco de la cocina para que preparase un caldo, y te llama angustiado: pero ¿qué hacemos para comer? No hay nada. Claro que hay, Paco, mira, si está la nevera llena.

Y a todo eso, hermosos días de fin de otoño, soleados, cálidos, luminosos. Ayer, después de ducharme, no pude resistir la tentación de salir en calzoncillos y ponerme al sol en una ceremonia de entrega, rito solar que cura todos los males y escampa las desgracias, que aparta del camino a la madrastra muerte y a todos sus emisarios. Mañana de comunión.

22 de diciembre
El habitual recorrido: coger las recetas en el dispensario del médico de cabecera, acudir a la farmacia, y, hoy, además, al hospital de Denia para una nueva revisión de Paco. Todo mecánico, cotidiano, despojado del aire de alarma que tenía al principio, intrascendencia de la enfermedad, ahora se trata de un quehacer familiar, poco más emotivo que comprar el pan —que, al fin y al cabo, también sirve para mantenernos

con vida– o los periódicos. La mente se embota, se acolcha la capacidad de emoción, incluso la de percepción: pasas por los lugares que antes te parecían simbólicos (salas en las que se almacena la enfermedad, donde se incuba la muerte) sin darte cuenta, sin fijarte en cada uno de los detalles que al principio te parecían sustantivos y temibles. Uno entiende que los presos del campo de concentración –para extrañeza de Grossman– siguieran cumpliendo con sus tareas hasta el momento en que los metían en la cámara de gas: la costumbre, la trivialización de lo tremendo es seguramente necesaria para hacer soportable la vida (conozco bien los destructivos efectos del asombro continuo, de la emoción permanente, cómo desgasta y daña, soy despojo resultante de ese mal), pero también es una especie de campana de cristal: te aísla de tus propios sentimientos, te convierte en dócil esclavo preparado para admitir lo terrible, la gran carnicería, como normalidad.

Rebrota el Guadiana alemán: en vísperas de Navidad vuelven las críticas a *Crematorio* en los periódicos; en pocos días recibo *Die Welt, Die Zeit, Frankfurter Rundschau*... El cadáver patalea, envía señales, se niega a morir.

26 de diciembre
De una nota de Juan Carlos Rodríguez en *La norma literaria* sobre Baroja: «Para llegar a la "imagen ideal", es decir, a la metáfora de una sociedad, es necesario conocer su "verdad" y esta está oculta. Baroja, pues, partiría de la analogía para llegar a la auténtica metáfora, a esa Verdad oculta» (pág. 344).

Theodore Dreiser: *Una tragedia americana*.

Brillante reflexión de mi (ex)amigo Bértolo sobre el *Quijote* en *La cena de los notables*: «La historia de un lector al que la mala literatura le llenó la semántica de mayúsculas y que al salir a la vida para encontrárselas descubre que no, que la realidad se escribe con minúsculas, con hechos concretos atravesados por unas relaciones sociales concretas que dan a las palabras su real sentido y significado».

Wilkie Collins: *Cazador cazado*.

La edición como sistema de legitimación.

Enredado en cuarenta cosas a la vez y desquiciado por las variaciones de carácter de Paco: hoy lloraba como un niño porque el perro le ha destrozado a mordiscos el asiento de la moto que llevó a arreglar el otro día. Yo creo que, en los momentos de lucidez, le reconcome la idea de que todo le sale mal, de que un mal fario lo persigue. Ayer, cuando íbamos a sentarnos a la mesa para la comida de Navidad en casa de mi hermana, sin venir a cuento dijo que no quería comer, y decidió que se venía desde lo alto del Montgó a Beniarbeig andando, cuando ni siquiera sabe el camino. Se trataba de reventar la comida familiar, niño huérfano que quiere llamar la atención: sentirse atendido, notar que se preocupan por él, que le sirven la comida, que se interesan por su bienestar, lo desconcierta, le crea un estado de descontrol. Cogió la bolsa de aseo y el pastillero con los medicamentos, y se puso a caminar cuesta abajo, sin más. Este año había comprado unos cuantos décimos de lotería y estaba convencido de que le iba a tocar. Ni siquiera se ha enterado muy bien del sorteo, ni me ha preguntado por si había tocado algo: no se ha preocupado, pero yo creo que se ha quedado con la impresión de que no se ha producido algo que él esperaba, de que la vida ha vuelto a escatimarle algo, y que es eso lo que lo ha deprimido. Lo de la moto confirmaba ese pesimismo para el que no le faltan motivos: los estúpidos y crueles días en la cárcel, la espera del juicio, por algo que ni

547

recordaba ni muy probablemente ocurrió, o desde luego no ocurrió como testimonió la que puso la denuncia; la enfermedad que no para de complicarse; su sensación de que no es capaz de hacer nada; de que, por sí solo, ni siquiera sabe las pastillas que debe tomar, ni sabría llegar al hospital, o recorrer aquellos pasillos y encontrar la sala del médico, el lenguaje que no entiende, este mundo tan poblado y complejo para él: acostumbrado a los tres caminos que salen de Valverde de Burguillos, su pueblo, a los grandes espacios libres de la dehesa, este laberinto de conurbación, nudo complicado de caminos, atolladero de tráfico, le resulta tan incomprensible como temible. Se siente como un monigote, y esos rabotazos son su forma de expresar el orgullo, mostrar su capacidad para decidir: ejecutando lo incomprensible, lo que considera indebido, como ha hecho este mediodía. Lo que dice con esos gestos es yo puedo, yo puedo hacer lo que quiero y puedo hacerlo solo, sin ayuda de nadie. Ayer, si no hubiera bajado a buscarlo, seguro que habría acabado en manos de la Guardia Civil, o de los municipales, perdido entre las urbanizaciones, o en las calles de Denia. Lo peor es que hubo un tiempo en que eso parecía que iba a corregirse, y no ha sido así, sino que va a peor; solo faltaba la enfermedad.

Aparte de ocuparme de Paco, leo acá y allá, pensando en la charla de la March: el libro de Bértolo, algunos artículos de Saer, el de Bajtín, *Teoría y estética de la novela*; y sigo con el *Quijote*, cuya lectura interrumpo con las *Crónicas desde Berlín* de Eugenio Xammar, un auténtico caos, que me mantiene en pie a las tres de la madrugada, cuando hoy (que ya es ayer) me he levantado a las cinco. Y todo eso cayendo como un chaparrón de verano que el sol evapora en pocos minutos, incapaz de fijar nada, solo vagas ideas.

28 de diciembre

La degradación de Paco: ha acercado a la estufa una silla en la que había colgado ropa para secar, y en estos momentos están ardiendo los paños y la silla. En vez de apagar el fuego, intenta apartar la silla y mete entre las llamas esas manos de amianto que tiene. Se niega a comer. En los escasos momentos de lucidez se queja, dice que quiere ahorcarse. Me da tanta pena. Es verdad que todo se ha cebado con él. Nació mal, y un dios insaciable sigue arrojándole desgracias, juega con él. No le deja ni una puerta. Conmigo, al menos, ese Dios juega al palo y la zanahoria, la profesión literaria alivia la desgracia, pero con él se reserva el palo a secas, ni siquiera el garfio o la cuchilla, armas expeditivas. No, no, juega, se recrea con esta criatura. Acabo los días deprimido y exhausto.

1 de enero

«Una historia del suicidio no es más que una historia social del dolor.» Ramón Andrés, *Historia del suicidio en Occidente*. Editorial Península, 2003.

Robert Briffault: *Las madres*, de 1927: *suicidarse para molestar a los supervivientes*. En el capítulo titulado «El suicidio entre las razas primitivas»: «El suicidio se vincula con la creencia de que el espíritu de la persona fallecida puede importunar y castigar a los supervivientes». Saco estos textos de un estudio que me envía mi amigo F. M. Cita un libro de Roberto Nóvoa Santos, titulado *El instinto de muerte*, publicado en 1927 por la editorial Morata, en el que cuenta el deseo de muerte no solo entre

> mártires y filósofos o enamorados y guerreros [...] hay también una espléndida nebulosa insoluble de gente humilde, desconocida y olvidada, por lo común miserable que marcha sin protesta ni disgusto camino de la muerte, o que va hacia ella con el contentamiento del que realiza su destino [...]. Nosotros hemos de aspirar a librarnos del horror que todavía nos causa el pensamiento de la muerte, y

hemos de pensar que la alegría del pensamiento postrero solo estará a nuestro alcance cuando sepamos sentir a tiempo la saciedad de la vida, o, en otros términos, cuando cultivemos el instinto, hoy adormecido o reprimido, de la muerte.

En ese registro introduce Nóvoa el tema de la *saudade*, que distingue de la *morriña*: mientras que la morriña activa la voluntad de volver a la tierra, en la saudade se intensifica y exaspera ese sentimiento y «culmina en el instinto de muerte, que significa la forma suprema de reversión a la tierra» (pág. 70, Nóvoa Santos, *El instinto de muerte*). F. M. ilustra la teoría con poemas de Rosalía de Castro, de Lamas Carrascal... en un excelente texto.

6 de enero
A vueltas con el sabio Bakhtine (escrito así porque uso la versión francesa):

[...] «*dans l'art, tout est dans la technique*», *à condition de la comprendre dans ce sens: l'objet esthétique ne peut se réaliser que grâce à la création de l'œuvre matérielle* (Mikhaïl Bakhtine: *Esthétique et théorie du roman*, «Le problème du contenu», pág. 67).

La forma se analiza con frecuencia como técnica, pero es forma estéticamente significativa:

La forme du roman qui ordonne le matériau verbal, devenue l'expression de l'attitude de l'auteur, crée la forme architectonique qui ordonne et parachève l'événement, unique et toujours ouvert, de l'existence («Le problème du contenu», pág. 81).

«Du discours romanesque»:

[...] *le prosateur, quant à lui, tente de dire dans le langage d'autrui ce qui le concerne personnellement* [...] *il lui arrive souvent de mesurer son monde à lui d'après l'échelle linguistique des autres* (pág. 109).

À chaque époque historique de la vie idéologique et verbale, chaque génération, dans chacune de ses couches sociales, possède son langage; de plus en substance chaque âge a son parler, son vocabulaire, son système... (pág. 112).

Le fait est que des relations dialogiques (particulières) sont possibles entre les «langages», quels qu'ils soient, ce qui signifie qu'ils peuvent être perçus comme des points de vue sur le monde (pág. 114).

El estilo humorístico juega en las fronteras de los diversos discursos, de los lenguajes y de las perspectivas.

Del *Tristram Shandy*, cita Bajtín «lo serio afectado, que sirve para disimular la ignorancia y la estupidez [...] la esencia misma de lo serio consiste en un cierto diseño, o sea, en un engaño. Es una forma probada de hacerse en el mundo la reputación de un hombre más inteligente y sabio de lo que es en realidad» (pág. 131).

De nuevo Bajtín: «Es como si el autor no poseyera lenguaje propio, pero tuviera su estilo, su regla única y orgánica de un juego con los lenguajes y de una refracción en ellos de sus intenciones semánticas y expresivas» (pág. 132).

En esta media docena de citas, Bajtín me da las claves que sostienen mis novelas. Lo que he querido hacer.

552

Gozosa relectura del *Cándido* de Voltaire. No me extraña que se la tuvieran jurada los curas y, en general, los reaccionarios de su tiempo. Es tan divertido como demoledor. Con una escritura que parece ingenua, de un gamberrismo casi infantil, desternillante, pero en la que no se da puntada sin hilo. Mientras leía algunos pasajes he vuelto a tener los dieciocho o veinte años que tenía cuando la leí por primera vez. Ojo con ese lenguaje a ras de suelo, tan preciso y efectivo: no me he visto obligado a mirar ni una sola vez el diccionario de francés.

He leído la nueva versión del libro de X. P. Está lleno de cosas que me gustan, incluso extraordinarias, pero no se sostiene. Hay un narrador autoritario que imposibilita la credibilidad que da el dialogismo, por utilizar el término de Bajtín: acumulas saberes, y hasta puntos de vista, pero no crece con el libro tu saber. Lo empiezas y lo acabas sin haberte movido del sitio. Sin haber sufrido ningún tipo de catarsis. He pasado el malísimo trago de tenérselo que decir. Cuando le comenté la versión anterior, creo que le costó *avaler l'arête*. Temo que me acabe odiando. Pero esos son los riesgos de unir relaciones de amistad y literatura. La amistad tiene que superar las pruebas. ¿Soy yo menos amigo de Blanco porque le dio un palo a *Crematorio*?

10 de enero
Me parece un absoluto fiasco el libro de Daniel Sada que ha ganado el último Herralde (y eso que sus anteriores novelas me han interesado mucho).

Paco entró el jueves en el hospital y se quedará allí hasta el próximo fin de semana. Creíamos que iba a salir el mismo jueves por la tarde, pero la punción en la médula espinal dio

553

positivo. Pronuncian una palabra y el conjunto de síntomas se ordena, empieza a ser significante: son los que corresponden a la tercera fase de una enfermedad tal vez congénita, o adquirida hace decenios: la curación es rápida, otra cosa son las secuelas que puedan quedarle, lo que se haya degradado ya definitivamente, o si se recuperará del todo. Me entran dudas, ¿y si mis repetidos análisis se han equivocado?, pero ¿cómo van a equivocarse por enésima vez? Llevo años haciéndome análisis de infecciones. ¿Y si mis vértigos, mi sensación de degradación, no es tal, sino desarrollo de la enfermedad? Aún más, sospechas de culpa. ¿Y si fuera yo el que se la transmitió hace más de veinte años? A continuación me enfado conmigo mismo, ¿por qué tengo que sentirme siempre culpable? Es como si me creyera que Dios mueve el mundo a la medida de mis premios y castigos. Un estúpido vanidoso. Como que no tendrá el hombre (ente o lo que sea) otras cosas que hacer. Las puñeteras enseñanzas religiosas tienen esa consecuencia, el mundo (Dios) me premia con un buen día o me castiga con un tormentón, o con un sifilazo. Uno no acaba de escuchar del todo a los maestros, a Epicuro, a Lucrecio, que nos cuentan que los dioses están ocupados en su felicidad y que no se ocupan para nada de nosotros y debemos evitar importunarlos. ¿Acaso no habla de eso el *Cándido* que acabo de terminar? Pero esa paranoia de un Dios vigilante que todo lo sabe, quienes hemos vivido en una dictadura sabemos que tiene su lógica, que todo tirano cuenta con una tupida red de informantes que lo tienen al tanto del menor de los movimientos de cada vecino.

De los libros de Xammar, *El huevo de la serpiente. Crónicas desde Alemania (1922-1924)* y *Crónicas desde Berlín (1930-1936)*, me llama especialmente la atención lo vulgar, lo cotidiano y chato del ascenso de Hitler al poder, ningún terremoto. Lo que vino luego, y la carga de textos que se han escrito después (y de películas y de reportajes), hacen que sea difícil de asimilar el día a día que Xammar nos presenta, y en el que Hitler es uno más (no el más brillante) de los políticos en liza en la Alemania de aquellos años: claro que Xammar escribe crónicas periodísticas, redactadas a vuelapluma, y eso baja el tono varios escalones, también convierte en más complejos, aunque no en menos turbios, los enredos de una época en que todo se iba ensombreciendo. Causas y síntomas: las indemnizaciones de guerra, el ascenso del nacionalismo fruto de un sentimiento de agravio, la inflación con la vertiginosa caída del marco... Berlín, enero de 1924: «[...] el comisario alemán de la Moneda, que autoriza a los bancos a suprimir de su contabilidad los ceros inútiles y a dar por nulas las cuentas y depósitos inferiores a un millón de marcos. Si se considera que desde hace dos meses se necesitan cien mil millones para coger el tranvía» (pág. 215).

Problemas de los sistemas teóricos cuando se ponen a analizar una novela: si lees los interesantísimos y, con mucha frecuencia, iluminadores textos de *La norma literaria*, el libro de Juan Carlos Rodríguez, en el artículo titulado «Estructura y superestructura en Pío Baroja», la gran novela de la trilogía es *Aurora roja*. Si lees a Baroja, en vez de al crítico, te convences de que *La busca* está muy por encima. ¿Nos interesa la novela solo por su precisión o evidencia al plantear la lucha de clases, o es otra forma de densidad –que, por supuesto, lleva dentro la lucha de clases– lo que la hace grande? Siempre esa discusión en el aire.

Releo la *Carta a Meneceo* de Epicuro, que está seguramente en el origen de las reflexiones sobre la muerte de Nóvoa Santos, al que homenajea F. M. en el artículo que me envió recientemente, y tomo notas de los cuatro textos de Manuel Azaña titulados *La invención del «Quijote» y otros en-*

555

sayos. El más flojo, por abstracto y porque flota en el aire, y en la retórica, es el que dedica a Valle-Inclán. Los otros tres —el dedicado al *Quijote*, que da título al libro, el que se ocupa de Valera y el que titula «Tres generaciones del Ateneo»— son verdaderamente espléndidos. En el discurso que dio en el Ateneo el 20 de noviembre de 1930, hace un magistral repaso al siglo XIX español, una extraordinaria lección de historia, además de certera y cargada de ingenio, escrita con mano de orfebre e inteligencia privilegiada. Debería ser de lectura obligatoria en el paso a la madurez de cualquier españolito, una especie de laico sacramento de la confirmación. Ahí van unos cuantos párrafos.

[...] después de fracasar en toda Europa la revolución de 1848. Bajo la férula del moderantismo, lo más granado de la sociedad española se aplica a vendimiar el Poder, haciendo bueno el apóstrofe de Javier de Burgos: «¡Hay mucha gloria que conquistar; mucho dinero que ganar!» (pág. 74).

Es la época en la que preside el Ateneo Martínez de la Rosa, en lo que Azaña llama la «segunda generación del Ateneo». Los componentes de la primera generación fueron revolucionarios, pero

[...] una revolución, para ser cumplida, necesita dos condiciones: cambiar la base económica del Poder; variar la base psicológica de la fidelidad. Más fortuna tuvieron en lograr la primera que la segunda. Unos cientos de familias, mediante el órgano legislativo de su creación, privaron de riquezas incalculables a sus dueños seculares, dueños en virtud de unos principios que los mismos expoliadores no se atrevieron en último término a destruir [...]. Los fundadores del Estado liberal formulan principios ante cuyas consecuencias retroceden; a la inversa: se arrojan a tales actos de gobierno, cuya justificación reside en puntos de vista que en su original crudeza les horrorizan (pág. 82).

Fundaron la libertad sobre un país «legal» constituido por la riqueza y la ilustración de los mejores. El Estado liberal tendría que vivir sin base popular, falto del apoyo de los nueve décimos de la nación. Abajo quedaba la masa innumerable de las blusas y zamarras. Enfrente los poderes seculares desposeídos. La raíz psicológica de la fidelidad no tenía apenas donde encarnar (pág. 85).

Transigieron con la realeza, más aún: con la dinastía; transigieron con la Iglesia, y en apoyo del Estado, nacido de la Revolución, llamaron a las potestades en cuyo menoscabo la Revolución se había hecho (pág. 85).

A la nueva clase, advenida al Poder político y a la riqueza merced a la Revolución, no le costó trabajo alguno ladearse a los valores históricos: a fuerza de oírse llamar a la obediencia, al respeto y a la fidelidad, en nombre de la Corona y de la Iglesia, concluyó poniendo al servicio de ambas la fuerza política y el poderío económico que frente a ellas y para tenerlas a raya conquistó (pág. 87).

[…] era inevitable que la burguesía española, por no haber sido a su hora, que tal vez pasó para siempre, bastante radical, se viese un día a los pies de sus hijos, tenientes de infantería, y con los burgueses toda la nación (pág. 89).

El moderantismo se instala para siempre, mediante una corta oligarquía de hombres entendidos en la administración y en los negocios, y acaba por anexionarse el Estado, convirtiéndolo en dependencia de un partido […]. Sus armas: el autoritarismo despótico y la corrupción (pág. 91).

Resulta acutísimo el análisis de las dos formas de la modernidad (mejoras urbanas, tranvías eléctricos, confort doméstico) en los albores del 900; en cambio, en la «disposición de ánimo tomó dos formas: tristeza y violencia: los más finos estuvieron tristes por influjo literario» (pág. 107). Como ejemplos del descaecimiento del ánimo propone *Camino de perfección* de Baroja y *La voluntad* de Azorín, a quien caricaturiza, callado en medio de una discusión, y que, cuando se referían a él, exclamaba con los brazos abiertos: «¡Yo soy hombre de acción, no de palabra!». Critica lo que él llama el «morbo histórico», que, por pereza mental, inventa «unos valores y una figura de lo español y los declara arquetipos: es la tradición política de los que torturan la tradición para autorizar su obra política» (pág. 130).

Es una mentalidad perezosa, que Azaña cree que cristaliza en la abundancia de refranes en el lenguaje de uso corriente. Él llama al «deber social», aunque está convencido de que «cada generación se persuade que las desdichas de su edad han corrido de un orto a un ocaso». Él no acepta esas actitudes que preparan la coartada al egoísmo de la vejez (pág. 139): «[el] tiempo nuevo tropieza, antes de agotarse, con un obstáculo vencible a costa de la vida: la posesión de un mundo por otras gentes, que no admiten ser desahuciadas de su posesión» (pág. 136). «Si me preguntan cómo será el mañana, respondo que lo ignoro; además, no me importa. Tan solo que el presente y su módulo podrido se destruyan» (pág. 132).

«En España, de todo quiere hacerse pretexto para eludir el deber social. Ningún pretexto más pernicioso que el de fundar en el talento o el saber un privilegio contrario a la regla común. El talento es don natural, que por sí a nadie cualifica. La sabiduría está al alcance de quien la quiera: basta estudiar para ser sabio, aunque el estudioso, larva de sabio, sea tonto. El talento y el saber se cualifican por la probidad de su empleo: consiste en reconocer la deuda con la sociedad y abnegarse para servirla» (págs. 126-127).

14 de enero

Ayer terminé de leerme el *Quijote* con lágrimas en los ojos: sí, lloré otra vez (mientras escribo esto me arrepiento de haberlo escrito: lo sé, cursi, pero es que es verdad). El Quijote que sale de casa por vez primera es un tipo desabrido, antipático, el que cierra la novela es un hombre sabio, cansado y viejo que se entrega a la muerte: «[...] no se muera vuestra merced, señor mío, sino tome mi consejo y viva muchos años, porque la mayor locura que puede hacer un hombre en esta vida es dejarse morir, sin más ni más, sin que nadie le mate ni otras manos le acaben que las de la melancolía» (pág. 1219), le suplica Sancho, al final del libro también él convertido en sabio. De hecho, cuando acaba el libro resulta que somos más sabios los tres. Eso es lo que se les pide a las grandes novelas.

Durante todos estos días en que he estado leyendo el *Quijote*, he tenido la sensación de que veía, tocaba y hasta olía a decenas de personajes, porque la novela es una especie de gran cabalgata en la que participan pastores, labradores acomodados, chicas abandonadas o rebeldes, aristócratas, arrieros, actores, domadores, marineros, curas, barberos, delincuentes..., toda la España de principios del siglo XVII. ¡Cómo pagar ese regalo! Uno termina el libro anonadado, conmovido por ese gran espectáculo de la vida. Los oyes hablar, los ves reír y llorar. Ya digo, los hueles..., aquí se cumple ese tópico de que las grandes novelas son inagotables. Pero de eso quiero escribir para la charla de septiembre en Alemania. Tengo por delante un año quijotesco.

Leo *La beauté, tôt vouée à se défaire*, de Yasunari Kawabata (no sé si se ha traducido al español y, en tal caso, con qué título): variaciones sobre un doble crimen al parecer involuntario; y releo *Thérèse Raquin*, el angustioso libro de Zola sobre la culpa. Él, al parecer, quería escribir sobre la oposición y choque de los caracteres sanguíneo y nervioso. El libro acaba siendo más bien una pesadilla: el fantasma del asesinado disuelve el deseo que ha llevado al crimen, y convierte al perezoso animal sanguíneo en el nervioso artista de su propia destrucción. El libro –por otra parte, lleno de hallazgos de escritura– resulta demasiado esquemático, se ajusta en exceso al propósito del autor y se alarga de un modo previsible, lo que provoca en el lector –al menos en el lector contemporáneo, o, qué coño, en mí– sensación de aburrimiento, de *déjà vu*, aunque Zola parece creerse que nos sorprende o escandaliza llevándolo todo a un tremendismo extremo. No por más terrorífico lo que cuenta deja de ser menos previsible. Hubiera dicho más contándonos menos de ese perverso triángulo –la madre del asesinado y los dos criminales viviendo en la misma casa–, verdaderamente sugerente. En su día vi la película, que recuerdo magnífica, de Marcel Carné. Sé que en el papel de Laurent estaba Raf Vallone y que Thérèse era Simone Signoret, y me parece que estaba ambientada en Lyon, y que eso hizo que me confundiera, y acabara escribiendo en uno de los artículos de *Mediterráneos* que Lyon es la ciudad de Thérèse Raquin (bueno, al menos lo es de la del cine), cuando en la novela viven en un pasaje parisino ya desaparecido cerca de la rue de Seine, a espaldas del edificio de la Academia. Él trabaja en la Gare d'Austerlitz, y visita el Jardin des Plantes. La máquina de vapor, con su vientre ardiente, seduce a Zola como símbolo de una potencia que es también símbolo de lo sexual, es el animal contemporáneo: así la trata también en *La bête humaine*. Aquí el perezoso Laurent no trabaja en el seno de la bestia, sino que es un oficinista, un corpachón que pide ser mimado y recibe la electricidad del ser nervioso, Teresa. Yo diría que es más bien ella la estilizada máquina de vapor.

Aparco durante unos días las tareas quijotescas. No quisiera que ese trabajo se me esfumara, pero sigo teniendo clavada una espina, un hueso duro de roer del que no me libro, la charla en la March. No la trabajo, pero tampoco la dejo; o mejor, tampoco me deja. ¡Y se me echa encima la fecha! Llevo dos meses sin hacer nada por culpa de la puta charla. Me libro de ella leyendo: lo último, tres o cuatro nuevas novelas –mexicanas, argentinas, españolas– de Anagrama, que no me dicen gran cosa. Decido volver a leerme *Mientras agonizo*: un electroshock para ver si me despierto.

31 de enero

En efecto, uno termina *Mientras agonizo* como una hormiga a la que acabara de pasarle por encima un tren de mercancías.

6 de febrero

Cada vez que tengo que salir de casa, se apodera de mí la pereza, solo pensarlo se me hace un castillo, me deprimo, busco excusas para quedarme, pero lo cierto es que, una vez fuera, me viene bien respirar, me estimula el contacto con el exterior. El lunes por la tarde, en Valencia, excitante encuentro erótico, de esos que te devuelven la moral, con un hombre de apenas cuarenta años, y aspecto muy viril que se excita conmigo, me come, me amasa, me devora, se ofrece para que lo penetre, y así lo hago, mientras él gime, qué cuerpo tienes, qué guapo eres, te lo habrán dicho miles de veces, pero te pareces a Robert de Niro, me dice, no sé si solo para halagarme, para excitarme o para excitarse (estamos follando, follando se dice cualquier cosa). Yo me dejo querer, un poco distante, como si no le diera mayor importancia, sin dejar de comportarme como un pequeño pavo real. Cuando terminamos, espero a que me dé las coordenadas para volver a vernos, pero, antes de que yo le diga nada, él me cuenta que se vuelve al día siguiente a Zaragoza, que ha venido al puerto por una carga, y también, que está casado. Charlamos un buen rato en un bar cercano a la sauna en la que nos hemos conocido, nos despedimos con nostalgia. Yo también estoy de paso. Pero a ninguno de los dos se nos ocurre ofrecernos nuestros números de teléfono. ¿Nos invade ese desengaño *postcoitum*?

El pasado martes, 3 de febrero, conseguí leer los veinte folios de la charla en la Juan March (estoy en el vientre del tiburón: de sus descendientes, la fortuna de papá compra la inocencia para sus hijos, la nobleza del arte). La sala grande de la fundación estaba prácticamente llena. Por lo que me dicen, el público (que ha permanecido en absoluto silencio todo el rato) está entusiasmado con el texto. Después de la lectura, cervezas, whisky, y, ya de madrugada, nos escapamos B. y yo a Mercamadrid, más exactamente a un hotel de putas situado en Mercamadrid, un sitio en el que se arraciman o amontonan cientos de chicas de todos los países, una verdadera representación de la ONU, o del mestizaje socialdemócrata mezclado con camioneros, comerciantes, carniceros, fruteros, pescaderos, descargadores, toda esa compleja y más bien sanguínea fauna del mercado. En el amplio bar, apenas consigue moverse uno entre tanta carne, animalitos ágiles, ofidios o saurios en los que solo los ojos delatan impulsos vitales, cuerpos de grandes mamíferos blanquecinos, o rosáceos, o de tostada piel canela. Elegimos una enorme brasileña, con un cuerpo espléndido, aunque a punto de desmoronarse, frontera entre dos edades del cuerpo. Tiene las areolas más grandes que he visto en mi vida: dos estanques sombríos. A pesar de ese cuerpo rotundo y limítrofe, al llegar a la habitación resulta que es jovencísima. No tendrá más de veintitrés o veinticuatro años. Pasamos una hora los tres juntos, en un delicado, afectuoso y excitante juego de servicios mutuos. Colaboro (conozco sus vicios) en la felicidad de B., y luego él me ayuda para que el esfuerzo de la boca de la brasileña surta sus mejores efectos. Todo funciona a la perfección. A la salida, B. me besa y me dice: te quiero mucho. Noto que el cariño que nos tenemos desde hace casi treinta años sale reforzado de la experiencia. Un aura de felicidad nos acompaña en el viaje en taxi hacia la ciudad, se manifiesta en las tres llamadas que hemos cruzado ayer y hoy: demostrar que hay formas de amor esquinadas, inclasificables, poco dispuestas a que las encierren en un concepto, en una definición. Qué fácil puede llegar a ser sentirse bien. Él con su mujer y su hija, yo con mis perros y mis gatos. *Deux cœurs simples*. No soy un cínico cuando escribo «amor», «felicidad» y «corazones sencillos». El suyo lo es, sencillo en su complejidad de apuestas y frustraciones, lo conozco desde hace casi treinta años, ya lo he escrito. Y el mío también: me siento querido por un amiguito de la escuela (¿te caben las dos en la boca?, yo te meto los dedos mientras ella te...), y lo quiero a él, con esa luz gratificante de los deseos perversos de la infancia. Sé que es casi igual que lo de los viejos verdes, pero lo de esta noche no ha sido eso, hay una deriva, un *clinamen* que te acerca al lado luminoso.

A la mañana siguiente no veía las cosas a la luz de ese foco auroral: una resaca espantosa, una terrible depresión, me ataron a la cama del hotel durante todo el día que fue gris, tristón, lluvioso, y no dejaba pasar un rayo de esperanza a la habitación, desazón física, resaca, cansancio, pero que no tocaba los valores inocentes de la noche anterior. Los heraldos negros que –cada vez más severos– envían mis borracheras no empañaban la dulzura del recuerdo de los cuerpos impregnados por los deseos, los dulces sentimientos de amor generosamente compartido. Solo a la hora de la cena me animé a abandonar el hotel, que era el Velázquez, caminé hasta los alrededores de la Puerta del Sol. Cena en Hylogui con M.C.I., a quien invito. El restaurante, que tantas veces he frecuentado, lugar de encuentro semanal durante mi juventud, ha cambiado la decoración, el sencillo mobiliario ha sido sustituido por unos butacones de esos que exhiben los salones de boda, pero sigue como camarero el hombre que tan bien me trataba en aquel tiempo arqueolítico, entonces un muchachito. Nos alegramos de sabernos con vida y sin graves deterioros, hablamos de la crisis. Me dice: cuando llegué a Madrid, pesaba cuarenta kilos menos que ahora, hasta que no vuelva a perderlos, no podré hablar de crisis. Ay, se nos olvida que el hambre en muchos pueblos de España llegó hasta entrados los sesenta. Le comento que en mi paseo por el barrio (viví aquí al lado, en una pensión de la calle de la Cruz recién llegado a Madrid), a las ocho y media o nueve de la noche, los bares de las calles de la Cruz, de Echegaray, Ventura de la Vega y Núñez de Arce, los de la plaza de Santa Ana, no muestran la animación con que yo los recuerdo desde hace decenios. Esta noche, las barras se ofrecen vacías, sin nadie del lado de acá; y del de allá, un camarero que bosteza o se entretiene mirando el televisor. En uno de los que, en su día, a estas horas había que abrirse paso a codazos hay un tipo que charla con el camarero; en otro, dos hombres charlan entre sí, el camarero está sentado viendo la televisión. Los demás bares, ya digo, requetevacíos. La imagen me resulta desoladora, me deprime. En cambio, el bar Europa Decó del lujosísimo Hotel Urban, en la esquina de la Carrera de San Jerónimo con Ventura de la Vega, cuando paso ante él, acabada la cena, ya a medianoche, aparece repleto de gente, no cabe un alfiler de punta. También están animadísimas las cafeterías elegantes de la calle Velázquez. Madrid, tan desenfadadamente democrática durante los últimos decenios, vuelve a colocar a cada uno en su sitio. Otra vez ciudad de ricos y pobres. Los ricos no notan la crisis, o se benefician con la crisis. *Cabaret*. Berlín, 1931. Hay que ver con qué cabezonería se repiten los comportamientos, los individuales, pero también los sociales; ese permanente volver de psicologías y situaciones es uno de los elementos que hay que tener en cuenta cuando hablamos de la pervivencia de las grandes novelas, de su carácter casi premonitorio. No es premonición, es permanencia, o repetición.

También yo me repito. Ayer pasé la mañana en el Museo del Prado. Vuelvo siempre a las mismas salas, me paro ante los mismos cuadros: Rembrandt, Tiziano, el Greco, Velázquez, y, sobre todo, Goya. Se me va el tiempo volando. Quedarse a vivir ahí dentro, en una de las sillas de los guardas, con unos cuantos libros al lado. Me despido contemplando durante un buen rato el cuadro del Parmigianino que hay junto a la puerta de salida: *Dama con tres niños*.

Por la tarde, otra vez el Prado, ahora con mis amigas E. y G. para ver la exposición de Bacon, que yo pensaba que no sería gran cosa y resulta realmente espléndida, con una abundantísima representación de obras. Bacon abre en canal a sus personajes, pero también a sus espectadores. Ya he escrito en otras ocasiones de su capacidad para manejar los espacios con un sentido pictórico clásico, los juegos de perspectiva, con sus quiebras, la luz. Bacon consigue que, al mismo tiempo que ves sus rupturas del código, seas consciente de la necesidad de orden, de que en el poder de ese orden está precisamente la ética del cuadro y la legitimación del artista.

De *Mientras agonizo*: «Eso es lo que para ellas significa amar por encima de todo: orgullo, ese furioso deseo de esconder esa abyecta desnudez que traemos con nosotros, que arrastramos hasta la sala de operaciones, que terca y furiosamente

565

arrastramos de nuevo con nosotros a la tierra» (pág. 83); «Como si la oscuridad fuera precursora de la tierra primordial» (pág. 86).

Al final del extenuante viaje que forma el cuerpo de la novela, de toda esa epopeya, el libro se resuelve en la pura trivialidad: el padre se ha comprado unos dientes nuevos y lleva a una puta –ya su mujer– al lado. La tragedia resuelta en una chirriante escena de varietés del peor gusto. Pero –en un movimiento de rebote– vuelve la tragedia al pensamiento del lector, que acaba convencido de que el padre tenía el resultado en la cabeza: todo ha sido calculada farsa para conseguir esos miserables resultados, lo grandioso nace como fruto de la mezquindad. Tras la farsa, lo que descubre el lector es el horror de un inmenso egoísmo dispuesto a todo para complacerse, los afilados dientes del animal humano, y eso provoca unos efectos demoledores.

9 de febrero

No puedo poner en duda, y admiro, la cantidad de trabajo, el esfuerzo que lleva *A ciegas*, el libro de Claudio Magris, un auténtico despliegue, lleno de frases brillantes, hermosas, de ideas aceradas, pero el (doloroso) fondo, el *leitmotiv*, se conoce desde las primeras páginas, el libro no crece, su *crescendo* es solo añadido de nuevos estratos literarios, a ochenta páginas del final me rindo, empiezo a pasar páginas leyendo por encima, convencido de que quizá subraye alguna frase, pero ya no aprenderé nada nuevo. Coincide la lectura con la (re)visión de *Ciudadano Kane*, también excesiva, aplastante, pero en la que todo tiene razón de ser. En la película, lo que está a punto de ser un despropósito se vuelve significativo, se llena de sentido, y empuja a favor de que todo navegue con la energía y elegancia de uno de esos grandes transatlánticos de lujo: mientras la veo (el trávelin vertical de la caja escénica de la ópera, por ejemplo), me pregunto cómo se contaría algo así con palabras, la agitación en el escenario, el ascenso a través de los decorados almacenados hasta llegar a los burlones tramoyistas; lo más alto es lo que está más a ras de suelo: el ritmo endiablado de la película, los planos en los que se muestra la desmesura de cuanto Kane ha acumulado, la perspectiva desde la que se mira a los personajes, todo tiene la especificidad del lenguaje visual, es cine, quiero decir que solo puede entenderse viéndolo, lo que nada más puede expresarse a través del cine (y que es lo que nos hace amarlo de necesidad), una sensación que me invade cada vez menos al ver películas y que Welles hace renacer en mí: en el cine actual, encuentro ilustraciones de guiones, textos filmados, adornados y, al tiempo, casi siempre empobrecidos.

Jordi Gracia prosigue el empeño que inició con *La resistencia silenciosa*, añadiéndole un nuevo capítulo: *La vida rescatada de Dionisio Ridruejo*: como sus otros libros, también este resulta brillante, está bien trabajado, se supone que bien documentado (no soy especialista, ni en Ridruejo, ni en nadie, ni en nada). Nos presenta a un personaje primero torturado por la culpa y luego como centro magnético de un proyecto político que otros más jóvenes cumplirían en la Transición («en esos años finales de la dictadura, cuando se hace verdad la profecía de Benet sobre los hombres sin nombre que gestionarán la Transición»). Todo está muy bien expresado, muy bien contado, solo que Gracia vuelve a expulsar de su relato de la oposición al franquismo a quienes de verdad se opusieron a él: comunistas, movimiento obrero, anarquistas... Sobre ellos no se dice ni una palabra (no existieron). Los hechos clave son acontecimientos como el que se conoció como Contubernio de Múnich, algo intrascendente en el cambio de régimen, que Gracia cuenta poco menos que como un cataclismo. No sé si hay voluntad de manipulación, supongo que no, que se trata más bien de que no conoció aquellos años, aunque sí que resulta innegable cierto arrimar el ascua a su sardina, de dudosa honestidad. Gracia hace historia a partir de lo escrito, de lo publicado por entonces; y, claro, quienes publican y opinan son un grupito de medio centenar de personajes, la mayoría de ellos –por no decir todos– procedentes –aunque sea malhumorados– del régimen: profesores, intelectuales, periodistas, etc., con camisa azul y, muchas veces, más méritos de guerra que académicos, los que para Gracia marcaron la historia de España durante aquellos años: es más –o es aún menos–, se trata de los cinco o seis núcleos –casi todos financiados por la CIA–, quienes, según el texto de Gracia, se opondrán al régimen, quienes sufrirán sus zarpazos: para ellos las cárceles, la represión, la censura. Para quienes vivimos algo de aquel tiempo resulta casi ridículo que se considere a ese grupo de privilegiados como los grandes sufridores del franquismo, porque de eso es de lo que de verdad trata el libro de Gracia, de lo que había fuera de ese grupo no se habla o, más bien, él procura no hablar. Por poner un ejemplo, a los comunistas apenas se les cita de pasada y con desprecio en un par de ocasiones, cuando sabemos que, incluso en el espacio ideológico, contaron con el apoyo de la inmensa mayoría de intelectuales y artistas, incluidos muchos de los procedentes del franquismo. Hubo un momento en que no había intelectual, artista plástico, cineasta o cura posconciliar que no estuviera a la sombra del PCE.

Lo he dicho unas líneas más arriba: en el mejor de los casos, Gracia es un joven que se deja engañar por la letra que se imprimió durante aquellos años; en el peor, un cínico que maneja y dosifica los hechos a su conveniencia. Creo que ninguno de sus dos libros sobre el tema da una visión de lo que fue la resistencia durante aquellos años, lo que me lleva a pensar que son dos malos libros, o, aún peor, dos libros malintencionados.

13 de febrero
Desesperante parálisis. Impotencia.
Leo y dormito.

Anteayer, encuentro con los alumnos de los institutos de Tavernes: la casa de la cultura está en el lugar donde jugué entre vagones de tren, a diez o doce metros de la casa de mi madre. Aparecen algunos personajes que me traen recuerdos de infancia: Gloria, la amiga de mi hermana que emigró a Francia; Carlos, un vecino, el más pequeño de los niños con los que yo jugaba, una simpática y bondadosa bolita, muy alegre, hoy convertido en un robusto doctor de cincuenta y bastantes años: esa sensación de reencontrarte con las primeras etapas de tu vida en las que se forja eso que llamamos «lo de siempre», aunque ahora cambiado y, ¿por qué no decirlo?, de algún modo, refinado.

Tenía mucho miedo de este encuentro, que, al final, resulta gratificante, consolador. Los muchachos hacen preguntas cargadas de intención, agudas, el presentador –que resulta ser el hijo de Gloria– lleva adelante una exposición brillante, certera, bien documentada. Consuela ver que, en tantas cosas, el pueblo ha mejorado. Me temía lo peor cuando, el día anterior a la visita, me pidieron que acudiera al ayuntamiento, y definieron el encuentro como «homenaje». Como es lógico, decliné la invitación. Al final aparecieron el alcalde y la concejala de cultura en el acto, pero lo hicieron con discreción digna de agradecer. Todo en orden.

14 de febrero
Relectura, treinta largos años después, de *El topo*, de Le Carré. Ahí uno aprende a empastar, además de a construir: a que apenas haya tiempos muertos en la narración, a que toda información resulte necesaria para el desarrollo del texto. Es un admirable *tour de force*, por más que muestre amanera-

mientos, tics, concesiones yo diría que, más que al lector, al altar en el que intenta instalarse el escritor, rasgos subrayados de lo que se supone que es su personalidad, el sello de la casa. No me parece que haya bajado en mi consideración desde la primera vez que la leí.

También *El viaje sentimental* de Sterne me deja satisfacciones semejantes a las que experimenté la primera vez que lo leí, libro inacabado, borrador de algo, probeta en la que experimenta sus recursos humorísticos, su jugueteo con el lector, sus guiños, los *décalages*, las insinuaciones malévolas que se quiebran y en cierto momento toman otra dirección, los materiales que ha trabajado (o está trabajando mientras escribe *El viaje*) en el *Tristram Shandy*. Aunque su modelo sea el *Quijote*, qué lejos está de su estallido de vida. Con Sterne, uno sonríe divertido con el ingenio del narrador; en el *Quijote* es como si el narrador no existiera, a pesar de todo el almacén de recursos de los que se vale Cervantes, incluido el juego de autorías. La mirada del lector está siempre fuera de la novela: en esos paisajes, en los interiores de fondas y palacios, en la casi inagotable galería de personajes que ya te acompañan para siempre cuando cierras el libro. Sin duda, dos maneras de entender la literatura, dos escuelas surgen o están implícitas en esos libros.

Los fuertes vientos de los pasados días han quebrado completamente el algarrobo de la vecina: al caer, ha cubierto el camino con su tronco desgajado. La vista desde mi casa ha ganado en profundidad de campo: ahora veo las montañas que cierran el valle: se ha abierto un hueco imprevisto en el paisaje, a costa de lo que, sin duda, es un dramático sacrificio. Un centenario y hermoso árbol. Vinieron los podadores, estuvieron retirando el ramaje, limpiaron todo lo que se había desgajado y ahora no queda más que un tronco carcomido, que muestra su herida rojiza, y un tocón que se levanta como el brazo de un mutilado. La vecina me dijo que el algarrobo tenía (o tiene, aún le queda un tocón con algunas hojas) más de quinientos años, no sé si será verdad, o solo una exageración.

Hoy me toca llamar a Andrés Barba, que me ha enviado por e-mail su nueva novela, para decirle que no me gusta, que, si bien es verdad que tiene fogonazos de preciso análisis psicológico, y frases certeras, de esclarecedora belleza –aunque, con frecuencia, amaneradas–, el conjunto no se sostiene, yo creo que porque ha utilizado un doble rasero en la escritura: inicia la novela como una indagación y la concluye como una obligación: en vez de dejarla palpitando en el aire, viva, él la resuelve, la cierra, con lo cual lo que tiene de indagación acaba sonando a retórica, se convierte en manera, y el resultado está más cerca del folletín, de la telenovela, que de la literatura de coturno –entre Henry James y Musil– que él pretende y, en sus mejores momentos, roza. Se lo digo tal cual, se lo explico con una claridad que ya quisiera yo tener para mis libros cuando escribo (quisiera tenerla ahora mismo: qué difícil llevar la palabra hablada a palabra escrita), y él lo agradece. Me da miedo ser así de –digámoslo de ese modo beato– sincero, porque los novelistas ponemos mucho en nuestros libros y no es difícil almacenar en el depósito del rencor esas opiniones, pero es que si le dijera otra cosa a Andrés, a quien quiero, y cuya literatura aprecio, no me sentiría a gusto.

De *El topo* de Le Carré: «Supongo que piensas que la moral se encuentra en la finalidad. Es difícil saber cuáles son los fines que uno persigue» (pág. 79); «No señalaste a nadie con el dedo. Y una investigación que no se dirige contra alguien puede ser extremadamente destructiva» (pág. 81); «[...] vanidad y nada más que vanidad, imaginar que un espía gordo y de media edad es la única persona capaz de impedir que el mundo se desintegre» (pág. 85); «Apártate de este hombre, Georg. La muerte es una lata. Corta amarras» (pág. 173); «Supervivencia, señor, es una infinita capacidad de sospecha» (pág. 288); «[...] si acaso había entre los seres humanos un amor que no se basaba en alguna clase de engaño a uno mismo» (pág. 355).

16 de febrero
Poco a poco me relajo. La vida parece volver a la normalidad. Paco está activo, compra plantas para sembrar, baja al pueblo, se mueve desde hace varios días con actividad de maníaco, pero de repente, esta tarde vuelve a tener la mirada perdida, el gesto preocupado. Niega que le ocurra nada, pero al cabo de un rato me cuenta que se ha caído al intentar quitar una piedra (una piedrecita de nada, pequeña, dice), y que cada día tiene más dolores en las piernas (no me sostienen, se queja): ya me he dado cuenta de que sufre cada vez que sube un escalón. De hecho, él, que se pasaba el tiempo limpiando aquí arriba y distrayéndome del trabajo, ahora no sube nunca. La situación vuelve a mostrar su tremenda fragilidad.

Me paso la tarde leyendo unos cuentos de Somerset Maugham: mis prácticas de inglés. Por la noche veo una película que estrenaron hace poco sobre la Piaf: meliflua, superficial, aspaviento y falsa dureza; me mantienen de cara a la pantalla las canciones, muchas de las cuales siguen emocionándome igual que siempre. Me llegan con mi infancia a cuestas, y también con los recuerdos de François. Al parecer, la intérprete ha obtenido un Óscar, o ha estado nominada, por una interpretación afectada, cursi, patética (*malgré soi*, no en el sentido ni en los momentos en que debería serlo), gestos –pura mecánica los de las manos cuando le comunican la muerte de su amante boxeador–, un pastiche, lectura posmoderna de la gesticulación de las actrices populares de los años cuarenta y cincuenta.

17 de febrero
    Parezco brujo. Presiento la desgracia. Hoy han traído la máquina de cavar, que se habían llevado los del taller para repararla, y media hora más tarde aparece Ramírez contándome que la ha puesto en marcha (pese a que se lo tengo prohibido), se le ha escapado, se ha puesto nervioso, se ha mareado y ha caído de un bancal a otro. Resultado: un esguince en el tobillo y media docena de horas en urgencias. Durante ocho o diez días volvemos a tener a Paco inmovilizado, y vuelvo a ser asistente de hogar, asistente social, mayordomo que soporta su malhumor, etc. Lo malo es que asegura que la máquina no tiene nada que ver con el accidente, que ha sido un mareo y que, en cuanto se cure, volverá a usarla. Vuelta a empezar. Le pido que no me dé guerra: olvídate de la máquina. Pero él se emperra. Evito la discusión. *Quo usque tandem?* La inconsciencia, en todos los sentidos, va en aumento, la degradación física no se detiene, y yo no sé qué hacer, cómo atenderlo. Proponer una residencia sería, para un hombre como él, acostumbrado al campo, de una crueldad extrema. No quiero hacerlo bajo ningún concepto. Pero ¿quién se va a hacer cargo de él, si no se le puede dejar ni media hora solo? Y esto cuando yo empezaba a ver un poco de luz: el mes de marzo está ahí, y yo tengo que pasar una semana en París para la promoción del libro, y además tengo que efectuar algunos viajes cortos. ¿Qué hacer? Ni siquiera pienso en lo de conseguir un poco de calma para ponerme a escribir, eso ya lo he descartado. Tampoco es grave: no tengo gran cosa que contar, así que, por ahí, no se pierde nada.

573

Hace unos meses escribí en este mismo cuaderno que *Crematorio* estaba ya muerta. Ahora tengo la sensación contraria: el libro despliega cada vez más significados, se abre en todas las direcciones y le llueven halagos: me llegan de viva voz en las charlas a las que acudo, en conversaciones telefónicas, y también en e-mails o en referencias que siguen apareciendo aquí y allá en los periódicos. Paradójicamente esa energía del libro se vuelve contra mí, me cae encima, me deja maltrecho. El libro es más fuerte que yo. A las alabanzas a *Crematorio* las acompañan las dedicadas a libros anteriores. Es como si, cuando los escribí, no hubieran significado gran cosa, y el paso del tiempo los hubiera cargado de sentidos. Curioso cómo los libros encuentran su tiempo, y hablo de que llegan a gente más joven que yo, para la que, de repente, se han vuelto imprescindibles (eso me dicen), son los que mejor responden a nuestro tiempo, insisten los muchachos, y yo pienso que empezaron siendo novelas más bien pasadas de moda. He vuelto a tener esa sensación revitalizante esta tarde, en la sala de urgencias del hospital, a la que ha entrado una jovencita que llevaba en la mano *Los viejos amigos*. Desde mi silla la observaba: leía absorta, aparentemente ajena a cuanto la rodeaba. Cuando se publicó el libro, no pensaba que pudiera contemplar una escena así media docena de años más tarde. Era una novela más bien para uso de la vieja guardia; es decir, para un grupo decreciente de lectores. El otro día, en la charla con los alumnos de Tavernes, aparecieron dos ancianas a quienes sus nietos, alumnos del instituto, les habían recomendado que leyeran *La buena letra*, y habían asistido a la charla en compañía de los muchachos porque –según me aseguraban– el libro les había conmovido. Eso me contó una de las profesoras, y lo cierto es que me conmovió ese reconocimiento inverso, el viaje del libro como boomerang de viejo a joven y regreso a viejo. La vida forma curiosos bucles, no avanza en línea recta, se trenza, se com-

574

plica. No sabemos las repercusiones de nuestros actos; en el caso de los escritores, no sabemos la densidad de sentidos que puede adquirir lo que escribimos, ni sus repercusiones, por eso, lo único sensato que puede hacerse es indagar en eso que llamamos «verdad», que no sabemos lo que pueda ser, pero que presentimos cuando duele, como el dentista sabe que ha tocado nervio cuando ve que el paciente intenta apartar la cara con un movimiento brusco. Duele, ese es el núcleo, la médula de la literatura que el escritor debe perseguir: buscar la verdad, tocar nervio.

23 de febrero

Leo con gusto los cuentos de Somerset Maugham *The Casuarina Tree*. El universo de los británicos en su mundo colonial, en Asia, en la India. Disfruto con las excelentes descripciones de personajes –esos hombres en apariencia fuertes, pero con una fisura en el alma, en el carácter–, los paisajes trazados minuciosamente. Siento gratitud hacia esa buena escritura que no aspira a ninguna revolución estética y se limita a dar esmerada cuenta de un mundo; me deleito descubriendo el *irivenir* de las frases en inglés (me ayudo del diccionario). Me proporciona mucho placer descubrir las construcciones en esa lengua que ignoro, gracias a que extraigo el diccionario cuatro o cinco veces en cada página, me alegra ver que puedo leer con cierta facilidad y seguir y entender los meandros de la sintaxis. ¡Me da tanta rabia no saber más lenguas! Como disciplina, o como castigo, me pongo unas cuantas películas, escucho la BBC, veo la CNN, una reproducción en el laboratorio doméstico de aquellas inmersiones inglesas que suponían los antiguos viajes para *Sobremesa*. Y todo eso como fruto de la excitación placentera que me ha producido la lectura del libro de Maugham, del que salto a los cuentos de Voltaire.

Entre las películas que he visto durante estos días, *Salomón y la reina de Saba*: bajo el velo de la parafernalia prosemita (beatería de salmodias e intervenciones de Jehová), King Vidor nos ofrece una recargada visión del sexo como arma de destrucción masiva: el amor sería bueno, si no fuera porque lleva aparejado el consumo de carne humana, viene a ser la moraleja de la película, que nos regala una de las secuencias más estridentes, cursis y de peor gusto de la historia del cine, pero también más calenturientas: la orgía del cortejo de la reina de Saba en honor del Dios del Amor, que concluye con la consumación del pecado de Salomón con la reina, seguida de la gran tormenta con que Jehová lo castiga –casi como si de una castración se tratara (vagina cuchilla); o mejor, como una eyaculación de volumen cósmico: su propio templo (piedras caídas, velos rotos) reventado por una batería de certeros rayos. Un semen furioso.

(Fin del cuaderno Moleskine.)

Cuaderno Sorolla con barcas de vela latina
(27 de febrero de 2009-1 de mayo de 2010)

27 de febrero

A medida que pasa el tiempo, y se suceden sus novelas, Le Carré –de quien acabo de leer la última, *El hombre más buscado*– se vuelve de modo más explícito hijo de Greene. Mientras leía el libro, no se me iba de la cabeza *El factor humano*. Aunque la ironía de Greene es más sutil, y de corte más clásico: está más en la línea de los humoristas literarios británicos. La de Le Carré viene del exterior de la literatura clásica, hurga más bien en la retórica de los usos sociales, y lo hace a veces incluso en exceso: quiere dejar bien marcado el sello nacional, y, sobre todo, el marchamo de clase, y eso, a veces, perjudica su escritura, y hasta su credibilidad, al forzar en exceso los rasgos. También los personajes de Greene tienen otra textura, son más cercanos y, al mismo tiempo, poseen una densidad superior, grietas más inaprensibles. Le Carré aplica un esquema sobre los comportamientos humanos muy efectivo, pero limitado, mientras que Greene indaga, aunque, en sus mejores novelas, Le Carré alcanza un nivel extraordinario (por ejemplo, *El topo*, o si mis recuerdos no me engañan, *El honorable colegial*, que tan balzaquiana me resultó cuando la leí hace más de treinta años); en otras, casi todo resulta más previsible. Esta última funciona muy bien, aunque tiendo a leerla deprisa, porque vas dando por supuestas muchas de las cuestiones en las que se entretiene, sobre todo cuando se mete en temas de la macrohistoria contemporánea. Como el buen folletín, te lleva a participar, a sentir los miedos que el autor quiere traspasarte: Le Carré consigue que te sientas como una hormiga que la maquinaria puede aplastar en cualquier momento. Te sientes frágil mientras lees la intriga. El autor hace que dotes de sentido personal el texto, cubre sus huecos con oficio, los empasta, consigue que te deslices sobre ellos casi sin darte cuenta. Y, por encima de todo, está ese sentimiento de piedad que destilan sus libros, la añoranza de un bien que florece humildemente abajo, y es agostado por la lógica de los de arriba: ellos son el mal, los que niegan el bien, son sus retorcidas cabezas las que leen cualquier manifestación de piedad como amenaza; ay, el poder.

«Llama al timbre de delante, y luego entra por la puerta de atrás» (pág. 249); «No era un personaje ni mucho menos. El señor Findlay era una acumulación de características robadas a otras personas» (pág. 257); «[...] ¿hace un hombre como Señal un poco de bien a fin de hacer el mal, o hace un poco de mal a fin de hacer el bien?» (pág. 298); «Y te diría que cuidaras de mí, que es como piensa Georgie. Todo el mundo debería cuidar de todo el mundo. Por eso la dejan tirada tan a menudo» (pág. 319); «Con internet y la televisión, ya no hay secretos. La información ya no es conocimiento, eso por descontado. La información es carne muerta. Solo Dios puede convertir la información en conocimiento» (pág. 326).

De Chester Himes, *Un ciego con una pistola*:

–Lincoln [...].
No debió liberarnos si no quería darnos de comer (pág. 205).

–Ustedes saben, la mayoría de nosotros no puede hacer nada de lo que se espera del negro americano. No podemos bailar, no podemos cantar, no podemos tocar ningún instrumento musical, no podemos ser agradables y útiles y solícitos como otros hermanos porque no sabemos cómo; eso es lo que el blanco no quiere comprender, que hay negros que no están adaptados para conseguir que el blanco se sienta mejor. De hecho –agregó riéndose–, algunos de nosotros no pueden ni siquiera mostrar sus dientes; nuestra dentadura es muy mala y no tenemos el dinero suficiente para arreglarla. Y además, nuestro aliento huele bastante mal (pág. 262).

12 de marzo
Del 3 al 9 de marzo, regreso a París para presentar *Crematorio*. ¿Qué escribir?, ¿que me paso horas y horas caminando por los bulevares, descubriendo nuevas perspectivas en un paisaje conocido: cómo cambia la luz que resbala sobre los edificios, cómo se adivina una moldura, un ábaco, un estípite, o se encuadra una cúpula entre los brazos desnudos de un árbol? Contar que me he pasado los siete días con un nudo en la garganta: sí, con ganas de llorar, porque París para mí ya no es más que decorado, saco de melancolía de lo que ocurrió, y, sobre todo, concavidad de lo que ya no ocurrirá. Mejor dicho: de lo que seguirá ocurriendo cuando yo no esté. Los árboles desnudos iluminados por una frágil luz que lo doraba todo; el momento en que, tras un chaparrón, volvió a salir el sol y relucía cada elemento del paisaje: brillaban las cúpulas doradas, los penachos de purpurina de las rejerías, las fachadas de las casas. Estaba frente a la Ópera, en la Madeleine, en la place de la Concorde aquella tarde. Luego crucé el río y caminé por el boulevard Saint-Germain. La ciudad –que recorro a solas, aislado por los auriculares que

me transmiten música de Mozart– me hechiza. Sucesión de edificios de una misma época, fruto de grandes proyectos urbanísticos: casi pueden definirse los barrios por sus estilos, que revelan las fechas en que fueron edificados: siglos XVII y XVIII, monarquía de Louis-Philippe, Segundo Imperio, art nouveau, déco… Admiro todos esos recursos arquitectónicos que el hombre es capaz de idear, de desplegar: ordenamiento de las fachadas, composición, ornamentos, molduras, puertas, rejería, pero también el despliegue en la ciudad de soluciones urbanísticas, frutos de la ingeniería, tanto como de la arquitectura: muelles, escaleras, jardines, puentes de piedra o metálicos, túneles, pasadizos; y esa especie de suma teológica del comercio mundial que se refleja en los grandes almacenes decimonónicos, La Samaritaine, Printemps…, en los puestos callejeros y en los mercadillos a los que llegan los productos de todo el mundo, y también en los escaparates del lujo: joyerías, anticuarios, galerías de arte, expendedurías de caviar, de tabacos, de té; chocolaterías; librerías de nuevo y de viejo; charcuterías, queserías, vinotecas; floristerías. En este viaje, no sé por qué, me llaman la atención las deslumbrantes floristerías, tan presentes en toda la ciudad, en casi cualquier barrio, no solo en los aristocráticos.

Como con Denise en Tan Dinh, 60 rue Verneuil, un lujoso restaurante vietnamita con una soberbia carta de vinos inalcanzables. Anoche, el propietario de Payot, Jean-François, nos llevó a cenar al Bristol, cuyo chef, Éric Fréchon, había recibido el día antes su tercera estrella Michelin. Jean-François, que presume de su olfato gastronómico, está encantado porque él había reservado una semana antes. «Soy profeta», se jacta. El lugar es demasiado lujoso. Los comensales: parejas de amantes, y una mesa ocupada por un grupo de jóvenes que parecen evidentemente fuera de lugar, y presidida por un tipo cuya voz (está de espaldas, no alcanzo a verle la cara) suena como la de Marlon Brando en *El Padrino*. La vida imita al arte: ¿unos mafiosos?, ¿un abuelo ricachón que ha decidido celebrar algo con sus nietos? No hay ninguna mujer. Me inclino por lo de mafiosos.

Denise, en la rue Verneuil, a pocos metros del restaurante en que hemos comido, me compra en una bombonería que a ella le parece de las mejores (*la* mejor) de París una cajita de chocolates que ahora constato que son deliciosos. La casa se llama Le Cacaotier. Con Cathérine, a la que han echado de la editorial, al parecer, de modo no demasiado elegante (ningún despido lo es), cenamos en Le Terminus, que toma el nombre porque está situada en Châtelet en el lugar donde daban la vuelta los tranvías. Es una vieja y destartalada taberna que llevan un grandullón bigotudo y su mamá, cocina de platos contundentes: yo me tomé una rotunda *andouillette*. También muy popular, animado, aunque bastante más aseado, muy estilo viejo *bistrot parisien*, es el bar al que me lleva a cenar Jean-Maurice, Verre de Bouteille, muy cerca de la Porte de Saint-Cloud y el Palacio de Congresos. Cenamos ahí después de un extraordinario concierto de Maurizio Pollini en la sala Pleyel. Actuaba con un grupo admirable, formado por gente muy joven: el Klangforum Wien y el cuarteto de los hermanos Hagen. Fue emocionante verlos y oírlos en la hermosa sala, interpretando un concierto que, gracias a una intencionada interpretación cargada de inteligencia, supo dar sensaciones de continuidad entre Stockhausen, Schönberg y Brahms. En la última pieza, el *Quinteto para piano y cuerdas en fa menor, op. 34* de Brahms, la aparición del tema, de la melodía, llegaba más que como una excavación arqueológica, como resultante y desenlace de las piezas anteriores. Viendo la espléndida restauración de la que ha sido objeto la sala Pleyel, he recordado con melancolía el delicioso kitsch del cine Capitolio de Tavernes, construido a principios de los cincuenta, con sus guiños al déco hollywoodiense, hoy convertido en un supermercado: la altiva París, rebosante de monumentos, guarda, restaura, mientras que la pobretona Tavernes, que no tiene un solo edificio que merezca la pena, abandona, destruye. A quien quisiera saber cómo eran las viviendas de Tavernes en los años cuarenta y cincuenta, le resultaría imposible enterarse: no sé si queda alguna intacta.

A la vuelta de París recibo mi ración de castigo: el ácido úrico me ataca la rodilla derecha y me deja dolorido e inmovilizado. Para combatirlo, se me ocurre tomar cuatro pastillas de Colchicina Houde, un medicamento recomendado para superar los ataques de gota, que me provoca una colitis como jamás había tenido en mi vida. Me desaguo, ahí no hay control de esfínteres que valga. Durante toda la noche echo agua por el culo, un agua que sale enérgicamente, a chorretones, a cubos; o con insidia, a traición, manchando los calzoncillos sin que llegue ni a darme cuenta. Me cambio y lavo siete u ocho veces durante la noche; y vuelta a empezar. Resulta humillante, arrastrar la pierna atacada por el úrico mientras intento sentarme a duras penas en la tapa del váter y de ahí, con la pierna en ristre, al bidet o a la ducha. Así se resuelven los sueños de un turista parisino de clase media: es un decir, porque he disfrutado de un París –ese restaurante del Bristol– situado bastantes escalones por encima de mi propia clase. Pienso en mi afán de autocastigo: ahí lo tienes, paga lo que has gozado, ¿tanto poder tiene en esta desconcertada criatura el inconsciente?, ¡y eso que el aterrizaje en la ciudad fue de lo más acogedor!

Cada vez que regreso de París –o de alguna de las ciudades europeas que me gustan– me resulta frustrante la llegada al minúsculo y feo aeropuerto de Valencia: el cutrerío de almacenes, naves industriales y obras abandonadas de camino a la ciudad. Pero esta vez la llegada me ha parecido estimulante: el día esplendoroso, la luz inigualable del invierno valenciano, recién abandonada la grisalla parisina. Encontré hermosa la ciudad, sumida en la agitación de las fallas que ya se palpaba en los alrededores de la estación —en la que recalé desde el aeropuerto para tomar el tren de Gandía—. Llegaban los trenes repletos de obreros, de empleados y campesinos que, a esa hora, se dirigían presurosos a la plaza del Ayuntamiento para asistir a la *mascletà*. El aire olía a aceite quemado, a churros, a pólvora, la gente se agolpaba ante las taquillas de la vecina plaza de toros. Desde las puertas laterales de la estación podían verse los *ninots* de la cercana falla de la calle Convento de Jerusalén, unas cuantas falleras de varios metros de altura cuyo único vestuario era la peineta. Sus cuerpos de cartón mostraban una turbadora carnalidad, expuestos, enormes e impúdicos bajo el cielo azul cobalto, sobre el que se destacaban del otro lado las torrecillas, pequeñas cúpulas y variados remates de los edificios, relucientes como decorado de teatro. Me atrajo el conjunto de todos aquellos elementos trabajando al mismo tiempo sobre los sentidos. Me llenó de esa euforia que transmite lo que al tipo de belleza que sea, incluida la más discutible, lo adereza con el añadido de un derroche de vitalidad. Me pareció una ciudad que puede concentrar su encanto en un espacio limitado y extremadamente frágil, nada de lo visible construido con vocación de eternidad, ni lo aparentemente más sólido, ni lo fugaz de aquellos cuerpos desnudos de fallera a punto de arder en unas pocas horas. Valencia era hermosa a su modesta y pretenciosa manera, como París a la suya, inabarcable e infinitamente más pretenciosa. En París, la seducción tiene un sustrato real, racional, reflexivo, puede medirse en kilómetros, pesarse en toneladas de piedra, contarse en infinitas cantidades de dinero, de arte; en Valencia, el encanto que yo percibía aquella mañana tenía más que ver con eso tan etéreo, pero también gratuito, que se expresa como una especie de liberación de los sentidos, ese suplemento de piedad que la naturaleza parece que nos regala a los habitantes del sur.

14 de marzo

No es que *Solo un muerto más*, la novela policíaca que acaba de publicar Ramiro Pinilla, sea mala, pero como ocurría con *La higuera*, no añade nada a lo que ya nos dijo en la trilogía. ¿Cómo vas a poder recriminarle a Pinilla haber cerrado su ciclo a los ochenta y seis años? ¡Si yo tengo la impresión de haber dejado caer el telón con cincuenta y siete, que es la edad que tenía cuando acabé *Crematorio*!

De Élisabeth Roudinesco, *Nuestro lado oscuro*. Anagrama. Algunos apuntes: Huysmans: «"El arte", decía, "junto con la oración, constituye la única eyaculación limpia del alma"» (pág. 29, nota).

«Cuando se dice: Monsieur está enamorado de madame», afirmaba Marivaux, «es lo mismo que si se dijera: Monsieur ha visto a madame, su visión ha despertado apetitos en su corazón, arde en deseos de meterle la verga en el coño» (pág. 49).

Con Freud, [...] la patología ilumina la norma y ya no a la inversa. «Precisamente el acento que se pone en el mandamiento "No matarás" nos da la certeza de que descendemos de un linaje infinitamente prolongado de asesinos que llevaban en la sangre el gusto de matar, como quizá lo llevemos todavía nosotros.» (El texto de Freud procede de «Consideraciones actuales sobre la guerra y la muerte», 1915, en *Ensayos de psicoanálisis*, pág. 114.)

Invertir radicalmente los ideales progresistas de la medicina positivista para transformarla, subrepticiamente, en una ciencia criminal que recibirá el nombre de «higiene racial» (pág. 131).

[Konrad] Lorenz define al hombre y a la rata como asesinos capaces de eliminar a sus rivales de la misma especie, y no solo de mantenerlos a distancia. Por lo tanto, propone sustituir la fórmula «El hombre es un lobo para el hombre» por otra más correcta desde el punto de vista científico: «El hombre es una rata para el hombre», pues el lobo es un animal de los denominados normales, incapaz de ser un asesino intraespecífico (pág. 156).

Vestido con pieles de animales, Nerón se arrojaba sobre las partes pudendas de los torturados atados a postes, mientras que Tiberio apodaba «gobios» a los muchachos a quienes entrenaba para que le chupasen los testículos debajo del agua (pág. 187).

Como muy bien subrayaba Georges Bataille, el crimen se halla tan ausente del mundo animal como el erotismo (pág. 196).

En mi reciente viaje a París me había planteado dos objetivos inexcusables: visitar el Museo Marmottan, que me gustó mucho hace casi cuarenta años y no he vuelto a visitar desde entonces (no lo he cumplido), y comprarme las obras de Rabelais en La Pléiade (lo he cumplido). Voy leyéndolo poco a poco. No hace tantos años que leí *Gargantúa y Pantagruel* en francés. Más que leer, hay que traducir, interpretar, leer las notas que te ayudan a moverte en el laberinto de los dobles y triples sentidos que tiene cada frase, a veces cada palabra.

The Outrage (*Cuatro confesiones*), de Martin Ritt, es una versión de *Rashomon*. La veo fascinado. Una película sobre la dificultad de reconstruir la verdad que cambia según la cuenta uno u otro personaje. Qué guión, qué actores. Están todos magníficos, ironizando, deconstruyendo al marido (un bandido secuestra a un matrimonio, viola a la mujer y mata al marido…, ¿o lo mata la mujer?, ¿o el marido se ha suicidado porque no puede soportar la infamia?). Paul Newman es el bandido. Laurence Harvey es el marido, Claire Bloom la mujer violada…, pero hay otros actores extraordinarios y, sobre todo, está ese mefistofélico Edward G. Robinson, un sardónico duende barbudo. Hacía tiempo que no disfrutaba tanto de una película como espectáculo total. Anoto que el guión es de Michael Kanin, también coproductor. Ya digo: una maravilla.

Leo *Corazón de napalm*, de Clara Usón: la generación de la heroína. Me hace pensar en *El cielo del infierno*, de David Castillo, que me interesó mucho. Releo *Pacífico*, de Garriga Vela, para el Dulce Chacón. Es la que más me ha interesado de la treintena de novelas españolas del pasado año que me he leído para el premio, del que soy jurado. Sigo con Rabelais en La Pléiade. Echenoz: la excelente *Courir*.

20 de marzo

Anteayer, maratoniana tarde-noche en Valencia, con J., M. F. y los W. ¿Cómo puede caber tanta gente en una ciudad de ese tamaño? Por la mañana había salido de Colonia, donde participé en un acto con Andrés Barba.

22 de marzo

Rabelais y Voltaire. Me río a carcajadas con el cuento del indio hurón que llega de Canadá a la Baja Bretaña (*L'ingénu*). Qué desparpajo, qué soltura. En las primeras diez líneas ya se ha paseado por media docena de códigos volándolos todos. Me río con cada frase, la subrayo. Qué manera de dinamitar tópicos, *idées reçues*. Cuesta creer que no sea contemporáneo nuestro, precisamente porque lo es, o aún más: nos espera en algún lugar del futuro de la literatura.

23 de marzo

Si consiguiera abrirme paso a través de esta telaraña y reencontrarme con el gusto de contar... Sigo con Voltaire: qué envidia; y veo un par de películas. El día se esfuma. Tengo ganas de llorar. Están sobre la mesa los papeles para corregir; sobre la otra mesa, el ordenador, pero yo no soy capaz de hacer nada. Hasta cambiarme de silla, vestirme o desnudarme me cuesta tremendo esfuerzo; me cuesta lavarme (lo hago por disciplina, por higiene, por dignidad), hasta dormirme cuesta: me tumbo vestido en la cama, me amodorro hasta la madrugada, y luego me paso el día diciéndome que tengo que ducharme, cambiarme de ropa, pero no encuentro fuerzas. Algunas noches me dejo encendida alguna luz en la habitación, y ni siquiera soy capaz de levantarme a apagarla. No soy capaz de gozar ni un minuto de estos espléndidos días primaverales que han llegado y en los que no hay ni una sola nube en el cielo y la glicinia está cubierta de flores azules; al anochecer huele fuerte, a crepúsculo de verano, pero nada de eso consigue quebrar mi coraza negra, hermética.

28 de marzo

Un funambulista. Me sostenía en el alambre de lo que escribía; ahora no escribo, no me sostiene nada. Caigo y recaigo en algo que no tiene fondo.

30 de marzo

Vuelvo a ver *Siete mujeres*, la película de John Ford. Qué actrices, sobre todo esa deslumbrante Anne Bancroft. También las otras: Flora Robson... La madrugada se llena inesperadamente de emoción.

Algunas lecturas para el Premio Dulce Chacón 2008 del que, como ganador de la anterior edición, este año me toca ser jurado. *Dientes de leche*, de Martínez de Pisón; *Pacífico*, de Garriga Vela. Leo también la novela que publicó en 2006 Eduardo Lago, *Llámame Brooklyn*, un arsenal de recursos literarios, de referencias a las distintas visiones literarias de Nueva York, repleta de momentos brillantes, pero bastante hueca y, sobre todo, enormemente aburrida. Se impone la juguetería literaria (el tic bolañesco: reconstruir un manuscrito como tema subyacente). Pero la historia resulta trivial, los personajes son poco menos que inexistentes, dos rasgos embastados, eso sí, a lo largo de cientos de repetitivas páginas. Veremos qué es lo que pasa con la siguiente, *Ladrón de mapas*, publicada en 2008 y que es la que compite por el premio.

Del francés Jules Ferry, el ministro de Instrucción Pública que instauró la enseñanza pública universal, gratuita y laica, esta advertencia extraída de su «Carta a los maestros» (1883): «[...] no tocaréis jamás con demasiado escrúpulo esta cosa delicada y sagrada que es la conciencia de un niño». Se reproduce en una columna de Víctor Manuel Arbeloa, titulada «En torno a la Educación para la Ciudadanía», publicada en *El Mundo*, el pasado martes 31 de marzo (pág. 15).

Conmovedor el *Diario* de Hélène Berr, una muchacha judía de buena familia en la Francia de la ocupación (murió en Bergen-Belsen, en 1945, poco antes de la liberación con apenas veinticuatro años):

Así que debería escribir para más tarde mostrar a los hombres lo que ha sido esta época. Sé que habrá muchos que tendrán lecciones más grandes que dar, y hechos más terribles que revelar. Pienso en todos los deportados, en todos los que yacen en la cárcel, en todos los que habrán intentado la gran experiencia de partir. Pero esto no debe empujarme a cometer una cobardía, cada cual en su pequeña esfera puede hacer algo. Y si puede *debe* (10 de octubre de 1943, pág. 167).

En este momento vivimos la historia. Bien orgullosos podrán estar quienes, como Rumelles, la reduzcan a palabras. ¿Sabrán que una línea de su disertación encubre sufrimientos personales? La vida palpitante, de lágrimas, de sangre, de inquietud, que hubo debajo (25 de octubre de 1943, pág. 177).

Cuando escribo «desaparecer» no pienso en mi muerte, porque quiero vivir; siempre que esté en mi mano. Hasta deportada pensaría constantemente en volver. Si Dios no me quita la vida, y si, lo que sería muy malvado, y la evidencia de una voluntad no ya divina, sino del mal humano, los hombres no me la arrebatan.

Si esto ocurriera, si estas líneas son leídas, se verá claro que esperaba mi destino; no que lo haya aceptado de antemano, porque no sé hasta qué punto puede llegar mi resistencia física y moral bajo el peso de la realidad, sino que me lo esperaba.

Y quizá el que lea estas líneas tendrá también una conmoción en este momento preciso, como siempre la he tenido yo leyendo en un autor muerto hace mucho una alusión a su muerte… (27 de octubre de 1943, págs. 185-186).

[…] descubrí otras dos razones más del aprecio en que tengo a este libro [*Los Thibault*]. Primero, este fin desolador de toda una época, esta pintura de los agujeros que la guerra ha abierto en esta familia y grupo humano, es sin duda también lo que nos espera *después*.

Y, segundo, el descubrimiento de que Antoine *había* comprendido a Jacques únicamente después de su desaparición. Esa pesadumbre tan intensa que experimento a menudo de que Yvonne, Jacques, Françoise, Jean, me hayan sido arrebatados en el momento preciso en que nuestra intimidad había producido algo maravilloso (27 de octubre de 1943, pág. 192).

Que se haya llegado a concebir el deber como algo independiente de la conciencia, independiente de la justicia, de la bondad, de la caridad, muestra la inanidad de nuestra supuesta civilización (9 de noviembre de 1943, pág. 212).

Bajo este sol tremendo, del argentino Carlos Busqued, me trae una voz original que brota de un mundo sin esperanza ni principios, basura atada a la basura (la tele), dejada de la gracia de Dios y de su mano. En algunos momentos me ha hecho acordarme de *La hermana de Katia*, de Barba, aunque aquí todo es bastante más sucio (una contaminación del estilo de cierto cine violento contemporáneo), no hay atisbo de redención, todo está por debajo de lo humano civilizado, casi diría que roza lo infraanimal. Leyéndolo me venía a la cabeza el verso de March (que, por cierto, ayer me encontré citado en el artículo que Juan Carlos Rodríguez le dedica al poeta de Gandía): «D'un ventre trist eixir m'ha fet natura».

Francesco Muzzioli: *Le teorie letterarie contemporanee*. Carocci Editore. Roma.

Me digo que cada día me gusta menos el cine, pero ¡cómo disfruto viendo *Cotton Club* por cuarta o quinta vez! La mirada, el oído, como formas de aprendizaje. Vuelven los años veinte y treinta, aunque sea a través de una mentira construida en los ochenta. Vuelven más años veinte de lo que lo fueron en su día. Es el Hollywood contemporáneo el que los ha hecho así: la historia como reinvención permanente.

En realidad, Voltaire o Diderot no hacen otra cosa que continuar la tradición de Rabelais: sacar al lector de su cómodo punto de vista y colocarlo en el de otro que se supone que lo ve a él mismo como a un extranjero. No importa que las élites del siglo XVIII, y en buena parte las del XIX, lo despreciaran. Voltaire decía mostrando su desprecio: «Solo hay algunas personas de extraños gustos, que se las dan de entender y estimar toda su obra; el resto del país se ríe de las bobadas de Rabelais y desprecia el libro». Pero aunque no lo quiera, él es hijo suyo. De Rabelais viene también *Gulliver*, y, por supuesto, en él está el germen de las *Cartas persas* de Montesquieu. Es el origen teórico del teatro de Brecht con su estrategia de distanciamiento. El *Quijote* avanza como un poderoso transatlántico entre dos aguas, con un raro sentido de totalidad, que lo pone a la puerta de la narrativa del siglo XX; en realidad, puerta de cualquier narrativa posterior.

2 de abril

Rabelais se anticipa al distanciamiento, al extrañamiento (que hoy llamaríamos «brechtiano») del lector que se siente implicado en una especie de juego de espejos deformantes: lo descomunal de sus personajes nos los devuelve extrañamente humanizados: pasan por la criba de la «reconstrucción» en la cabeza y en el corazón de quien lee.

La mitad «inferior» del cuerpo ataca: es el triunfo del cuerpo considerado por la Iglesia como bestial, frente a la nobleza del cerebro y el corazón, residencias del alma. Rabelais pone en escena el vientre, el sexo, los esfínteres, las deposiciones. Y caricaturiza las pretensiones «históricas» de las novelas de caballerías llevando sus exageraciones hasta el extremo, desquiciándolas por arriba, mientras que Cervantes

las baja a ras de suelo, las pone en establos y comedores y tabucos de ventas camineras.

En tiempos de Cervantes quedan ya lejos las voces de
Erasmo, de Vives, de Tomás Moro, que impregnan los libros de Rabelais, esa alegría inaugural que permite ver la realidad sin el prejuicio deformante de la religión (que está tan
lejos del ajetreo cotidiano como lo están los dioses de Epicuro), el cuerpo en su espesor de carne, máquina que efectúa
sus funciones ciegamente, sin atender a ningún escalafón:
comer, beber, hablar, reír y llorar, secretar y excretar. Eso lo
hacen los de arriba y los de abajo. Cuando Cervantes escribe,
el panorama se ha ensombrecido, han estallado las guerras de
religión –o con la religión como telón, o como excusa–, la
Contrarreforma ha triunfado, los autos inquisitoriales, la persecución de las ideas, la maquinaria de Trento se ha impuesto, el mundo ha cambiado... Un velo de tristeza cubre incluso los episodios más graciosos de su novela, una añoranza
de la vida natural, de una edad de oro que nunca existió más
que como deseo, pero que echamos de menos en esta edad
de hierro.

¿No tienen que ver la terrible sequía y el sufrimiento que
preceden al nacimiento de Pantagruel con la desolada introducción que Boccaccio le pone al *Decamerón*, describiéndo-
nos el extremo dolor de la peste en Florencia? Seguro que alguien lo ha estudiado.

En el planto por la muerte de su mujer, *une tendrette =
une tend rette*; *une savate = une sa batte*.

En Burdeos no encuentra más que mozos de cuerda de
gabarra jugando a las cartas sobre la playa de cantos del río
(«sur la grave»).

Cuando, en el capítulo VI, para decirle de dónde viene, el pedante escolar le hace una pomposa perífrasis cargada de afectados latinismos, Pantagruel concluye: «Tu viens doncques de Paris» (pág. 232), y en esa implícita crítica a la pedantería de la Sorbona resuena el machadiano «lo que pasa en la calle»; al fin y al cabo, Machado es otra terminal del pensamiento que viene de Erasmo y de Vives, y pasa por el «llaneza, muchacho, no te encumbres» cervantino.

«[Paris] c'estoit une bonne ville pour vivre, mais non pour mourir, car les guenaulx de Sainct Innocent se chauffoyent le cul des ossements des mors» (cap. VII, pág. 236).

La conciencia rabelesiana de que se vive mejor en su tiempo que en los anteriores dinamita el melancólico tópico medieval, tan querido por la vieja aristocracia (Manrique, en España) y supone una declaración de principios renacentista. Gargantúa le dice a su hijo que él, que en su tiempo era considerado el más sabio, hoy no podría competir con los párvulos, y también, en un paradójico juego, cargado de sarcasmo: «Je vois les brigands, les borreaux, les aventuriers, les palefreniers de maintenant plus doctes que les docteurs et prêcheurs de mon temps» (pág. 244). Es algo así como decir, ya, ya, pero este tiempo también está lleno de imbéciles y oportunistas: no me engaño sobre su carácter. Y, en esa proclama renacentista, le incita a estudiar todas las lenguas, las ciencias, etc., y –ojo a ese nuevo centro del mundo para el médico Rabelais, como para Montaigne– la anatomía: «[…] acquiers toy parfaicte congnoissance de l'aultre monde, qui est l'homme» (pág. 245). Pero, al mismo tiempo, advierte: «[…] ne metz ton cueur à vanité: car ceste vie est transitoire» (pág. 245). El hombre es en sí mismo un mundo, aunque un mundo frágil y perecedero en el que la vanidad está de más. Resulta patética la vanagloria en un ser tan quebradizo como el hombre.

595

También nos resulta de extrema actualidad hoy en día la frase que atribuye al sabio Salomón: «Science sans conscience n'est que ruine de l'âme» (pág. 245).

En el discurso que Panurgo le suelta a Pantagruel en griego clásico –le habla en ocho o diez idiomas, incluido alguno inventado– le dice: «[...] todos los amigos de las letras reconocen que los discursos y las palabras resultan superfluos cuando los hechos son evidentes para todos. Los discursos solo se imponen cuando los hechos de los que discutimos no se muestran evidentes» (pág. 249 y nota 1 en pág. 1277, cap. IX); «no podemos encontrar ni fondo ni orilla en esta materia» (pág. 251).

7 de abril
Vuelve a emocionarme la dedicatoria que le escribe Cervantes al conde de Lemos, con motivo del *Persiles*: «Ayer me dieron la extremaunción y hoy escribo esta. El tiempo es breve, las ansias crecen, las esperanzas menguan, y, con todo esto, llevo la vida sobre el deseo que tengo de vivir» (Castalia Ediciones, pág. 45). ¡Y el prólogo!, en el que cuenta que, volviendo de Esquivias a Madrid, lo alcanza un estudiante que al oír el nombre de Cervantes «arremetió a mí. [Y dijo:] –Sí, sí; este es el manco sano, el famoso todo, el escritor alegre, y finalmente el regocijo de las musas». Cervantes le responde, echando un jarro de agua fría sobre el entusiasmo del joven:

> –Ese es un error donde han caído muchos aficionados ignorantes. Yo, señor, soy Cervantes, pero no el regocijo de las musas, ni ninguna de las demás baratijas que ha dicho. Vuesa merced vuelva a cobrar su burra, y suba, y caminemos en buena conversación lo poco que nos falta del camino

[…]. Mi vida se va acabando, y al paso de las efemérides de mis pulsos, que, a más tardar, acabarán su carrera este domingo, acabaré yo la de mi vida […]. Tiempo vendrá, quizá, donde, anudando este roto hilo, diga lo que aquí me falta, y lo que se convenía. ¡Adiós, gracias; adiós, donaires; adiós, regocijados amigos; que yo me voy muriendo y deseando veros presto contentos en la otra vida! (págs. 47 a 49).

Murió cuatro días después de redactar la dedicatoria, fechada el 19 de abril de 1616.

Esa misma tristeza terminal transmite el prólogo que escribió para las ocho comedias, unos meses antes, cuando dice eso de que «pensando que aún duraban los siglos donde corrían mis alabanzas, volví a componer algunas comedias, pero no hallé pájaros en los nidos de antaño» (pág. 27, Centro de Estudios Cervantinos).

Esta mañana, en Alicante, para la revisión médica de Paco. ¿Le darán la baja permanente? Para su tranquilidad y para la economía doméstica sería una extraordinaria noticia.

Leída *Virginia*, la última novela de Álvaro Pombo, homenaje a la novela sentimental inglesa: a la *Emma* de Jane Austen. La pirueta verbal, el juego, la paradoja: leer a Pombo es siempre un gozo. ¡Se ríe uno tanto con él! Está tan condenadamente loco. Ha encontrado todo un espacio literario por el que se mueve con una envidiable soltura, y digo «un espacio literario» y no «un espacio verbal», porque sus novelas siempre encierran un lúcido análisis de caracteres y proponen una desazón moral, y, como consecuencia de eso, un afán propedéutico. Se sale siempre enriquecido de la experiencia.

Algunas citas pombianas:

Dice el primo Gabriel Montes: «Desengáñate, Virginia. Que nosotros hemos ganado en refinamiento sin haber ganado en iniciativas. Somos hedonistas, hipercríticos y la iniciativa comercial es incompatible con una conciencia demasiado refinada. Y una conciencia demasiado afinada es también incompatible con lo que llamáis la cuestión social» (pág. 34).

El doctor Anselmo tiene «una seriedad tocoginecológica», y produce «una impresión protocolaria, plenipotenciaria» (pág. 40). Y los capítulos que, en la segunda parte, dedica a la pareja de espiritistas, el matrimonio Bárcena, son tronchantes: «[...] la excesiva luz oscurece la visión, desconcierta la presencia, la deshace de hecho. Me estoy refiriendo al hecho criptoide: una gran luz artificial lo oscurece» (pág. 203).

Otro momento estupendo: «¡No creo que Dios tenga nada que ver con este asunto!». Habla Cristina y Cayo Bárcena le responde: «Dios siempre tiene que ver en general con todo... Aunque quizá no dé mucho de sí en concreto para nada» (pág. 241).

Y un poco más adelante: «Daba gusto verlos cenar [...] una comunidad fruitiva, santanderina, connaturalmente predispuesta a la buena vida y al festejo [...]. Así que los Bárcena, en cuanto fruitivos, resultaban muy santanderinos, y en cuanto espiritistas o teósofos, muy poco» (pág. 245); «La posición del propio Cayo Bárcena era en esto muy próxima a Calvino: en su opinión, después de la muerte, el alma descansa, pero no duerme en absoluto, no señor. Por descanso no se entiende inactividad o letargo» (pág. 247); «Su agitado tránsito del más allá al más acá y al revés» (pág. 253); «¿Significaba eso quizá que el menesteroso amor una vez más había resurgido como una hernia que se sale y que resulta ya visible al tacto?» (pág. 278).

Dice Cayo Bárcena:

–El gran error de la ginecología mecanicista, el inmenso error, me atrevería a decir, de toda la medicina contemporánea, incluidas la psicología y la psiquiatría y el mismísimo Freud, es su materialismo impenitente y romo. Un parto es una hierofanía. No reconocerlo unifica a las mujeres y a las vacas en una misma naturaleza sin significado.
–Hay que reconocer –declaró Virginia sonriente– que a la hora de parir se parecen bastante, con una facilidad a favor de las vacas, por aquello de su posición cuadrúpeda (pág. 301).

A Cayo Bárcena:

Lo único que ahora le inquietaba era que el pobre Casimiro no estuviese, en cuanto difunto, a la altura de las circunstancias. [...]
–Me sorprendes desagradablemente, Cayo –dijo Virginia–, con esa ñoñería aristocrática de que hay conciencias de difuntos más y menos intensificadas o preparadas para la transacción. Como la socialista que he querido ser, no estoy dispuesta a aceptar semejante injusticia (págs. 346-347).

La Sibila de Cumas le recomienda a Eneas que se provea de una rama dorada para entrar en el reino de los muertos. De ahí sale el título del gran libro de Frazer sobre mitos y religiones. Por cierto, ¿dónde estará el libro que yo tenía, creo recordar que publicado por el Fondo? Otra víctima, otro desaparecido, como diría Bernal Díaz del Castillo, otro comido de indios.

26 de abril

El martes (hoy es domingo) estuve en Bilbao para dar una charla y aproveché que tenía libre la mañana del día siguiente para darme un paseo por la ría: las torres de Isozaki, el Guggenheim, el palacio Euskalduna, la biblioteca de Deusto, la recuperación de todo el perfil de las orillas del Bidasoa, que conocí hace muchos años en un lamentable estado de degradación... La ciudad nueva transmite una sensación de potencia en sus obras actuales, similar –cada tiempo, su estilo– a la que producen los pomposos edificios de principio de siglo que se alinean en la cercana Gran Vía.

Entre las lecturas de estos días algunas son novelas de 2008, posibles candidatas al Dulce Chacón: Francisco Solano, *Tambores de ejecución*; Luis García Jambrina: *El manuscrito de piedra*. Otras son novedades: Menéndez Salmón: *El corrector*; Bernardo Atxaga: *Siete casas en Francia*; Javier Cercas: *Anatomía de un instante*, esta última sobre el golpe del 23-F, aparentemente muy duro con las responsabilidades de casi todo el mundo con la intentona, pero que no nombra lo esencial y es que, a mi parecer, el golpe triunfó, a su manera, claro. Obtuvo los objetivos que los cerebros grises, camuflados tras los uniformes militares, se habían propuesto: un año y medio más tarde, se había dirigido convenientemente el voto, y gobernaba el único partido que podía llevar a cabo la reconversión industrial, la reforma laboral, rediseñar la política exterior, sellar la presencia del país en la OTAN sin agitación de ningún tipo, e incluso contener a policías y militares halagándolos sin complejos, y dándoles su parte del león represiva: el GAL. Ocultar eso es la trampa del libro. Hablar del fracaso es halagar a quienes obtuvieron beneficios de él, legitimarlos; porque, como he dicho, el golpe consiguió sus objetivos sin prácticamente ningún daño colateral, unos cuantos militares retirados del mapa político, tipos, en el fondo, tan entregados a la causa de España y del rey y tan crédulos como descerebrados. Estorbos para los planes que quien fuese había previsto para nosotros.

De cuanto he leído durante estos días, lo único que me ha interesado ha sido una novela de Richard Yates titulada *Revolutionary Road*, del año 61: un desolador retrato de la clase media americana de la época. Lo de Menéndez Salmón (que trata de los atentados del 11-M en Madrid) me ha parecido sobreescrito y redicho, coturnal. Lo de Atxaga, inane: no sé qué hace con esa historia de machos coloniales en el Congo de principios de siglo. Ni siquiera es que esté mal, es que uno se pregunta qué necesidad podía tener el hombre de contarnos eso, qué demonios le importa a él, y, peor aún, qué demonios nos importa a nosotros.

28 de abril
Cumbres del ridículo: el PSOE muestra un vídeo de propaganda para las elecciones europeas en el que Zapatero es Obama: «Entonces no pudiste votar, ahora sí», dice la consigna refiriéndose a que los españoles no pudimos votar en las elecciones americanas a Obama, pero que ahora podremos tener nuestro propio afro: Zapatero. «El partido se juega en Europa.» La desvergüenza no conoce límites. De la Transición surgió una clase política tan corrupta como desvergonzada: es lo que da de sí el posibilismo llevado hasta sus últimas consecuencias.

Libro IV de *Pantagruel*, cap. XI, pág. 563: *paille*: «sartén». El viejo francés, el italiano *padela*, el valenciano, sin duda pasado por el Nápoles de Alfonso V y la Roma de los Borja, *paella*... Y de *Beppe*, *Pepe*. Todo esto me lo acabo de inventar, no sé qué dirá un filólogo.

14 de mayo

Quince días sin acercarme al cuaderno, y acosado por una gripe que apenas me deja respirar: asma, flemas, dolor de pecho y de garganta, ahogos. He seguido leyendo novelas españolas de 2008, quizá la más interesante la de Berta Vias Mahou, *Los pozos de la nieve*, con una prosa densa, sugerente, pero que, a pesar de no ser una novela larga, acaba fatigando, enredándose en exceso. También he concluido la lectura de las *Novelas ejemplares*, de Cervantes. *El coloquio de los perros* es una desoladora e inquietante obra maestra (me lo sigue pareciendo, después de tantas veces leída; en cada nueva inmersión, más sugerente), y, a su pesar, parece un trabajo de otro, tiene una sequedad y un pesimismo más celestinesco que cervantino. Tras un largo parón, hoy me animo a recorrer el último tramo de *Pantagruel*. Espero acabarlo antes del viaje que, el 22 o 23, emprendo a Montpellier. De las veintitantas novelas que llevo leídas para el Dulce Chacón, resulta que la que más me inquieta o interesa (lo que viene a ser lo mismo) es una que, en apariencia, destruye (¿o apoya?, quizá sea así, no sabría qué decir) lo que yo más quiero, lo que tanto me fascina de la literatura: la sensación de verdad. Me refiero a la de Manuel Vilas, *España*, un *pot-pourri* antinovelesco, pero pletórico de vida: se puede decir cualquier cosa de ese libro, menos que está muerto, como les pasa a tantos de los otros, incluido el que concluí ayer, *Pólvora negra*, de Montero Glez, que, abriéndose paso a codazos entre Baroja y Valle, no deja de ser un pastiche, por más que terrible, de la España de principios de siglo, en ese estilo que se ha puesto tan de moda, la representación de la Historia (así, con mayúsculas) como forma de salida o de salvación de la novela, un género que no sabe qué quiere, ni adónde ir, ni dónde colocarse.

El otro día terminé el cuarto volumen de *Pantagruel*. Panurgo se caga de miedo, y Pantagruel le pide que vaya a limpiarse, el intelectual Panurgo desbordado por el vientre. Somos cuerpo, nos dice el médico Rabelais. A pesar de las crecientes dificultades que plantea el libro para un lector de hoy (y más si es español y domina un francés no demasiado rico), con un Rabelais que juega con cientos de sinónimos, nombres en desuso de peces, de alimentos, retruécanos, homofonías y paronomasias y dobles y triples sentidos, lo he leído con enorme provecho. No sé si acabo enterándome del treinta o cuarenta por ciento de lo que el libro contiene, pero recibo el estimulante huracán de energía que destila. Además, descubro cómo funcionan ahí dentro todos los instrumentos literarios con una soltura asombrosa. La literatura, como Atenea, nace ya perfectamente armada, incluido el casco. Nada nuevo bajo el sol.

Berrocal, el candidato a alcalde cervantino, al que le sabe el vino a palo, cuero y hierro, porque al fondo del tonel hay un llavero, asegura: «[...] sesenta y seis sabores estampados tengo en el paladar, todos vináticos» (pág. 925). Me recuerda a esa enóloga española, María Isabel Mijares, que se ponía junto a la puerta de los servicios de un vagón de tren y detectaba decenas de olores (imagino que sobrepasaría el centenar si en el convoy viajaba una compañía de la Legión tras noche de trueno).

Anoche estuve leyendo algunas poesías satíricas de Quevedo, incluidas las que le dedica a Góngora. Cuando uno ve ese manejo de la lengua, esa habilidad para ser el Gran Houdini de las palabras y que ninguna de sus piruetas, de sus dificultades, carece de sentido, se le cae el alma a los pies: ¿cómo puede alguien atreverse a decir que es escritor después de haber leído a Quevedo? Arrepentimientos: paso de las poesías satíricas a la severidad de los sonetos, y me digo que, en vez de haber saltado de un sitio a otro, cuánto más hubiera valido mi vida si la hubiera dedicado a estudiar un solo tema: la poesía del Siglo de Oro, por ejemplo, que tantísimo me gustaba en mi infancia y en mi juventud: ser especialista en poesía y teatro del gran siglo. En san Juan, en Lope, en Calderón de la Barca. O, saltando tres o cuatro siglos, especializarme en Juan Ramón. Cuántos obstáculos se hubieran desvanecido, cuántos muros se hubieran derrumbado. Haberme quedado metido en el amnios original, o prendido de esa teta materna. Sí, de acuerdo, pero ¿qué hubiera hecho con Marx, con la historia? Introducirlos en el análisis. Llevarlos al *hortus conclusus* de tu especialidad. Torearlos en ese ruedo bien cerrado. De muy jovencito, antes de pisar la universidad, lo actual me resbalaba. Me gustaba medir versos latinos, imitarlos –con sus hipérbatos, y su caminar de sílabas cortas y largas–, me gustaba recitar en voz alta a Virgilio, Horacio y Ovidio, producir con mi propia voz ese sonido como de cascos de elegante caballo de los versos de Homero. Versos tallados en mármol de Paros. Recitar a los renacentistas españoles: Garcilaso, Manrique, fray Luis (no conocí a Ausiàs hasta mucho tiempo después: el valenciano no se nos enseñó, no era lengua de cultura en la España en Movimiento); recitar a los barrocos: Quevedo, Lope, Calderón. ¿Tendría que haberme quedado ahí? Una vida es poca cosa para querer abarcar demasiado, que es lo que he hecho, perderme en los meandros; poca cosa una vida, sobre todo cuando se tiene una cabeza como la mía a la que le resbala todo como aguachirle que no alimenta y pasa sin dejar huella.

5 de junio

A Quevedo uno lo admira tanto como lo desprecia. Qué ruin, qué mezquindad, qué mala baba. Cuánta sabiduría lingüística utilizada para intrigar, insultar, calumniar… La otra noche, leyendo el poema que le dedica a Góngora me preguntaba de dónde le viene esa genética de la mala leche a nuestro país. No es que vaya tan descaminado en su crítica cuando se mete con las *Soledades*, es muy lúcido y está en su derecho, yo podría estar de acuerdo en mucho de lo que dice, lo que sorprende es su capacidad para insultar, el fondo de bilis del que extrae su artillería, el veneno con el que carga las palabras.

Me reí a carcajada limpia con la narración que hace de un viaje en carroza acompañando al rey por tierras de Andújar. Resulta desternillante la descripción del vuelco de la carroza y cómo salen torpemente de ella los pasajeros: «Yo caí, san Pablo cayó; mayor fue la caída de Luzbel. Mis pies no han menester apetites para tropezar; soy tartamudo de zancas y achacoso de portante [...]. Cuando el cochero se lamenta, diciendo: "No me había sucedido tal en mi vida". Yo le dije: "Vuesa merced lo ha volcado tan bien, que parece que lo ha hecho muchísimas veces"» (págs. 867-868 en *Documentos*, volumen de Aguilar, *Obras completas*. Verso).

Indignante resulta la carta que le dirige al conde-duque de Olivares, en la que declara que tiene «por inconveniente político [el modo público elegido para] quemar vivo a Benito Ferrer, que murió por sus errores». Según Quevedo, esas quemas públicas y la tozudez de los herejes sirven como acicate a sus prosélitos, y dice:

Tiene toda la gente baja en tanto precio la vida y salud que cuando ven que uno la desprecia y busca la muerte animoso y resuelto, no saben llamarle loco ni temerario, y al que no alaban le ponderan y encarecen. De aquí nace el andar diciendo unos: «¿Cómo no se le tragó la tierra?». Otros: «¡Que no hablase palabra ni se quejase!». Pregunta es la una, admiración la otra: no culpables por heréticas, mas poco seguras por maliciosas.

Nerón, señor, y todos los que degollaron cristianos y los quemaron sin saber lo que se hacían, propagaron nuestra fe (pág. 872).

Lo que él propone es quemarlos a escondidas y en secreto, haciendo desaparecer sus cenizas:

Y así menos se irritan con el castigo y menos se fortalecen en su error con el espectáculo, y cuando lo sepan, es diferente la eficacia de la relación a la de la vista.

Esto es el medio que se ha observado, sospecho por esta causa; que a mí, único me parece el del castigo y fuego secreto: pues se excusa que su audacia o su entereza o su obstinación no desasosiegue a los ignorantes y que los que les siguen no busquen sus cenizas, como se vio a Benito Ferrer, y que dijeren era el que había resucitado y otras cosas de gran riesgo y desacato a la religión y al ejemplo (pág. 874).

6 de junio

En su columna semanal en *Babelia*, Manuel Rodríguez Rivero, al comentar *Ágora*, la película de Amenábar sobre la filósofa alejandrina, Hipatia, confusamente descuartizada por los cristianos en la catedral de la ciudad africana, se refiere a que últimamente, y, sobre todo, desde *El código Da Vinci*, los malos del cine son los cristianos, como antes eran los pieles rojas. Me río. Está bien visto. El comentario me llega después de haber leído el certero análisis de Arcadi Espada sobre el discurso de Obama en El Cairo. Espada vivisecciona frase a frase, palabra a palabra, el mensaje del presidente americano, que se nos revela falaz, oportunista, impreciso –cuando no directamente falso–, y acaba calificando al orador de «líder religioso». El texto, ya lo he dicho, me parece excelente porque deja claro cómo del fondo de la construcción del mensaje obamista se desprende que el Presidente de los Estados Unidos de América traduce la palabra de Dios, y que sus deseos como Presidente son deseos de Dios. La concepción universal de Uno (Dios) está filtrada, osmotizada, en la del Otro (Presidente). Al astuto Obama le importa un rábano –con tal de halagar a sus oyentes– poner en cuestión los logros de Occidente en lucha por la aceptación de la libre conciencia.

Hablando de falacias e incoherencias, *El País* publicó ayer fotografías de la mansión de Berlusconi tomadas con teleobjetivo, en las que se ven chicas desnudas o semidesnudas en torno a una piscina, y un hombre maduro con el pene erecto charlando con una de ellas, o acercándose a ella, qué más da. El hecho es que, para justificar su intromisión en la intimidad del italiano (es un derecho que le ampara sea cual sea la moral o el jaez del personaje, hacer en su casa lo que le dé la real gana), publica un editorial en el que se acusa a Berlusconi de confundir lo público con lo privado, que es precisamente lo que hacen en ese mismo ejemplar periodista y publicación. Argumentos parecidos esgrimían los socialistas para mostrar por todas partes las fotos de Pedro J. con una prostituta (se llamaba Exuperancia, luego se descubrió que era un cebo), y hacer chistes sobre los gustos y prácticas sexuales del director del periódico que pagaba así el atrevimiento de haber denunciado los escándalos de corrupción del partido. Savonarolas disfrazados de anarquistas: creo que ese doble lenguaje socialdemócrata me irrita aún más que la moralina de la derecha. ¿Cuántas veces lo habré escrito en estos cuadernos? Prometo resistir la tentación y no volver a decirlo nunca más, pero es que les tengo tanta manía...

Florence Delay, *Mon Espagne. Or et ciel*: el buscón como un hombre sin atributos, fruto del fracaso de la burguesía con Carlos V: antihéroe, anticaballero, antipastor.

Tópicos y manipulaciones. Nos dicen que los catalanes quieren autogobierno, incluso independencia; sin embargo, a la hora de votar el Estatut, lo hace apenas la tercera parte del electorado (en las tomas de televisión abundan entre los que se acercan a las urnas los emigrantes, marroquíes, suda-mericanos: está claro que quieren congratularse con los de los servicios sociales). Nos parece –incluso a mí me lo pare-ce– que los catalanes se sienten más ligados a Europa que al resto de España, pero resulta que hoy –día de las elecciones europeas–, Cataluña –con Baleares– ha sido la comunidad con mayor índice de abstención. Yo tampoco hubiese votado (¿a quién?), de no ser por Paco, que quería hacerlo, y me ha obligado a acompañarlo para elegirle la papeleta. Una vez ante la urna, yo también he elegido una papeleta, aunque con enorme desgana, ni siquiera a la contra parece que ape-tece votar. ¿A la contra de qué?, ¿de quién? El enemigo es tan difuso como omnipresente.

26 de junio

Recibo un paquetito de los colegas de la editorial Kunst-mann, una estilográfica, un bolígrafo, un lápiz, y una felicita-ción firmada por todos ellos por mi sesenta cumpleaños. Aun-que pluma, bolígrafo y lápiz sean de ínfima calidad (estoy escribiendo esto con la pluma, vaya desastre), me emociona que alguien se acuerde. Creo que será el único obsequio que recibiré con ese motivo. Aunque mi hermana y mis sobrinos suelen llamarme para desearme buen día, hace bastantes años que no celebro los cumpleaños.

Sigo sin escribir ni una línea al margen de estos cuader-nos, mientras voy leyendo cosas que tienen más o menos que ver con Cervantes, que me ayudan a situarlo, o a entenderlo mejor. Tras Rabelais y *El Lazarillo de Tormes*, le ha tocado el

608

turno a Quevedo. No creo que nadie, jamás, haya alcanzado el dominio de la lengua castellana que él tiene. Tampoco creo que haya habido muchos que hayan sido peores personas que él. Ese mundo tan agrio, con tanta mala baba. Releo y tomo notas del magnífico artículo de Azaña, «La invención del "Quijote"». Comparto en buena medida sus puntos de vista. Cargamos de significados a Cervantes, lo equipamos con un fardo pesado que nos tuerce su lectura. Es verdad que tuvo la suerte de que lo que escribió acabara –me refiero, sobre todo, al *Quijote*– convertido en gigantesca metáfora del fin de época, pero no sé si de eso tiene la culpa Cervantes, a simple vista parece que Quevedo tiene más intención, y, por eso, juega más su literatura en el terreno de la intervención política. Cervantes es un melancólico, un razonablemente desengañado hombre de su tiempo, mientras que Quevedo es un intervencionista, entra a saco en los problemas de su tiempo. No tengo claro que quiera construir otro tiempo, pero, desde luego, ataca feroz el que se encuentra, desde un despiadado reconcomio reaccionario a veces cargado de razón. Y seguramente –lo apunta muy bien Azaña en su artículo– ese exceso de voluntarismo quevedesco es el que le ha impedido que hoy lo leamos con la sensación de que nos entrega un mundo, como leemos a Cervantes. Quevedo se nos entrega él, y arrastra tras de sí una tremenda compañía teatral (sí, es verdad, la comparsa es toda España), a la que obliga a interpretar su obra, a bailar al estridente son que él toca: sus personajes son descoyuntadas marionetas, cartonaje literario. Una gran falla que no volverá a repetir la literatura española, ni siquiera el inmenso Valle-Inclán llegó a tanto. Lo intentó y tocó el cielo, pero Quevedo estaba aún más arriba, mirándolo desde lo alto de una lejana estrella. «Huyó lo que era firme, y solamente lo fugitivo permanece y dura.»

3 de julio

Las mejores virtudes que Gonzalo Hidalgo Bayal desplegaba en *Campo de amapolas blancas*, su capacidad para hacer brillar el lenguaje y jugar libérrima y deslumbrantemente con él, se le encallan –por exceso– en *El espíritu áspero*. Lo que en los primeros trancos del libro admira y divierte, luego acaba por saturar y casi diré que por aburrir. La novela se convierte en un continuo acumular ingenio, en reelaborar el costumbrismo y elevarlo a culteranismo. Y eso no impide que uno envidie su escritura. Pero le falla a Hidalgo en este libro empujar el endemismo y acabar convirtiéndolo en pandemia.

Abdellatif Laâbi, en *Fez es un espejo*, que publica Inmaculada Jiménez Morell en sus Ediciones del Oriente y del Mediterráneo, cuenta una historia de maduración en vísperas de la independencia marroquí. Recibo del libro la geografía que tan bien llegué a conocer: los callejones de la medina, las expresiones que yo mismo me esforcé por aprender, y se convierte en un ejercicio de melancolía.

Cioran: «No hago nada y ni siquiera pienso, me rondan algunos pensamientos, y los dejo en libertad».

«No hay más que dejarse vaciar en este molde. ¡Qué quietud!» Laâbi: *Fez es un espejo*.

Desde hace un par de meses, me llegan interesantes artículos de una revista que se llama *Sin Permiso*. Hoy, firmado por Antonio Pérez, un texto en el que se aventura que el golpe de Honduras es un golpe propiciado por el narcotráfico: un narcogolpe.

El hombre es para Vives un «animal difícil». Américo Castro lo enlaza con *La Celestina*: «[...] ninguna mercancía

ni animal es tan difícil [...] de conocer como el hombre»:
Dos conversos.

El universo es solo un defecto
en la pureza del No-Ser (Paul Valéry).

(Fragmentos que envié a la revista *Eñe*.)

A veces pienso que, si escribo algo que se parece a un diario, y lo hago a mano, y no en la pantalla del ordenador, es nada más que para poder utilizar los cuadernos y plumas que compro. Los escaparates de las papelerías y las –hoy inaccesibles: llevo tres años en crisis– tiendas de estilográficas son los únicos templos del consumo que me han atraído. En Sacristán, en la madrileña calle Mayor, me he dejado unos cuantos sueldos, comprando plumas que me empeño en llevar encima a todas horas hasta que acabo perdiéndolas: atracción fatal. A cada pérdida le sucede un pequeño terremoto doméstico: busco desesperadamente en los bolsillos de las chaquetas, en las maletas y en las mochilas; registro los cajones que no he abierto desde hace meses; inspecciono bajo mesas, armarios y camas. Me cuesta aceptar que ha vuelto a abandonarme la que yo creía compañera inseparable.

Llenar, utilizando la estilográfica, las páginas de un cuaderno, de noche, tarde, en el silencio de mi casa, habitante exclusivo del mundo, me aporta un tipo de sentimientos de esos que ponemos en el campo semántico de la felicidad, a pesar de que dicha escritura resulte más bien poco provechosa. En primer lugar, porque soy de los que para ajustar una frase coherente necesito escribirla diez o doce veces (qué difícil es el viaje de la cabeza al papel, lo dijo Kafka), borrar, romper, reintentar: o sea, que estos cuadernitos expresan algo más parecido al vagido de un niño que a lo que entendemos por un texto. Sirven como borradores, sin que tampoco a la hora de cumplir esa tarea resulten un soporte firme: soy torpe, así que no es infrecuente que se derrame sobre ellos algún vaso de agua o alguna taza de café y se lleve consigo unas cuantas frases, algún párrafo; a veces, páginas enteras. Las tintas contemporáneas son –signo de los tiempos– delebles (lo tengo comprobado). *Last but non least*: tengo una letra espantosa, que no consiguieron corregir la infinidad de ejercicios en los pautados cuadernos de caligrafía a que me obligaron los maestros. Cuando, pasados unos días, intento releer lo que he escrito, no pocas veces resulta que no entiendo lo que pone. O sea, que escribo a pluma y en cuadernos por el puro vicio de hacerlo, a pesar de que lo cómodo y razonable es escribir y corregir en la pantalla del ordenador.

5 de julio

La afición por las estilográficas y los cuadernos revela quizá misteriosos estratos del Peter Pan que me acompaña, melancolía de infantiles plumieres de dos pisos, del olor de tiza y tinta de la primera escuela que pisé; añoranza de las libretas que usábamos para la caligrafía, que tan mal se me dio y se me sigue dando. En cuanto viajo, busco las buenas papelerías en las ciudades que visito y compro cuadernos que no quiero que se me queden sin usar, y en los que anoto frases que tomo de los libros que leo, o alguna idea que se me ocurre. Cuando no estoy escribiendo ninguna novela, me hago la ilusión de que los cuadernos se convierten en pequeños depósitos que se van llenando con el combustible que la alimentará; desordenados almacenes de materiales: una vez vampirizados, descuartizados, tazados y picados, gran parte de su contenido se traslada al nuevo libro, y lo que se salva de ellos queda como testigo de manipulaciones vergonzosas: no muestro ningún escrúpulo en arrancarles decenas de hojas; o en romperlos o quemarlos en la estufa una vez que se han quedado exhaustos. Consiguen el indulto los que guardan notas que aún no han encontrado sitio en las novelas. A esos viejos cautivos que todavía duermen sobre la mesa, o encerrados en cajones, van añadiéndoseles los flamantes recién comprados y garabateados, con los que se repite el fugaz idilio, siempre representado con el mismo atrezo: la noche en calma, el susurro del plumín sobre el papel, la tinta fijándose mientras le cambia suavemente el color, ese gozo que no puedo permitirme al escribir novelas. Las novelas no toleran esas artimañas seductoras. Me tratan con el rigor de los amores estables, son esposas exigentes. Nacen en esa incómoda cama de faquir que guardan las alcobas conyugales, o en un duro banco de galeote; y también surgen de retorcidos esfuerzos los artículos que me encargan, desabrida tarea aplazada hasta el último momento: no hay placer (ni noche en calma, ni nada que se le parezca) cuando escribo algo que ha de airearse a plena luz del día, la escritura de uso público. Ni siquiera hay cuadernos y estilográficas. La frialdad de la letra de la máquina de escribir (antes) y del ordenador (ahora) me ha permitido buscar una voz que solo he llegado a creerme cuando me ha parecido escritura de otro. No me fío de mi letra, porque desconfío de mí.

8 de julio

Ayer, invitado en Segorbe por la Fundación Max Aub, para participar en una mesa redonda sobre el exilio de la posguerra española: como es un tema que imagino que los demás participantes conocerán mejor que yo, me preparo un texto sobre el paisaje que quedó, tras su marcha, en el interior, que fue el que yo tuve ocasión de vivir y padecer. Me gustaría incorporar el texto en el libro que le entregué a Herralde y que quiero titular *Por cuenta propia*. En él explico cómo, siguiendo al principio de Arquímedes, el hueco que aquellos hombres habían dejado en la cultura, en la ciencia, en la política, en el trabajo, fue muy pronto colmado por los vencedores. A medida que pasaban los años, aquellas voces del exilio ya no encontraban espacio, porque los que tenían el espacio eran los otros, y, además, lo tenían todo entero. Citando más o menos a Aub: eran suyas las piedras de Játiva y las de Salamanca. Max Aub lo vio muy bien: ya no se trataba de un país mutilado, sino de un país corrompido.

Esta tarde, de vuelta a casa, busco lo que anoté hace un año, durante mi anterior visita a la ciudad de Segorbe y a la Fundación, y me encuentro con un texto que tiene que ver con el tema de Peter Pan al que aludí días atrás. Decido reproducir esas notas aquí. Dicen así:

Sombría jornada de resaca. Me hubiera gustado visitar la catedral de Segorbe para ver las tablas de Macip que tanto admiro, que tanto me hacen disfrutar y cuyas maneras me recuerdan las de los mejores renacentistas italianos (son Rafael en el dibujo: cuellos, peinados, tocados, perfiles, parecen sacados de un cuadro de Rafael, pero también están Leonardo y Miguel Ángel: están todos ahí dentro de ese retablo, está la delicadeza de Macip), volver a ver el extraordinario relieve en mármol de Donatello. No creo que puedan contemplarse en ningún otro sitio de España (el Prado, aparte) pinturas renacentistas de tanta calidad como las que exhiben aquí. Bueno, pues quería haber ido a verlas, porque, además, me habían dicho que iba a mostrármelas un muchacho muy documentado; y lo que he hecho ha sido quedarme a oscuras en la habitación del hotel, ciego y sordo, inútil, un trapo abandonado. Ni siquiera he salido para comer. Para matar el tiempo (como si él no se matara solo, no nos matara), me he puesto a leerme los *Viajes con Heródoto* de Kapuściński. Un detalle nimio ha quebrado el malhumor: a media tarde he entrado descalzo en el baño y el contacto con el frío de las baldosas me ha devuelto al almacén de siempre, en el que tiendo a poner esa felicidad que no existió nunca: me ha vuelto el placer que sentía cuando jugábamos con el agua fría que extraíamos del pozo, el de sumergirme en el lavadero al aire libre que había junto al pozo (el «safareig», decíamos en valenciano), el olor del agua acabada de salir de dentro de la tierra, y que se metía por la boca, taponaba los oídos, empañaba los ojos. En aquel lugar, blanqueado con cal, cubierto por emparrados de galán de noche y jazmín, siempre se estaba fresco, incluso en las asfixiantes tardes de verano en las que soplaba el desagradable *llebeig* que lo secaba todo. Un húmedo útero protector: dolía salir de él, el contacto con el aire caliente de la tarde, la exposición a los rayos del sol. Esta tarde me ha llegado en el baño de una habitación de hotel el verano de entonces, la sensación de aguardar misterios deseables y temidos que impregnaba aquellas tardes cargadas de confusos deseos. Al notar en la planta de los pies el frío de las baldosas he vuelto a ser un niño que corretea a la hora de la siesta entre los cañaverales de los cercanos caminos que desembocan en el mar, o que se mueve sigiloso en la penumbra de una casa que se defiende del calor –ventanas entornadas, persianas bajadas– que la asedia. Fuera, la luz cegadora del sol, el despiadado General Verano que se apodera de todo: tejados, muros, baldosas de patios y aceras, adoquines. Es tan intensa la luz, que lo vuelve todo blanco, como en una foto quemada, y, en una reacción inversa, disuelve el aire en una infinidad de puntos oscuros, vibrantes, que impiden que uno pueda fijar la vista sobre ningún objeto sometido a su dominio. A resguardo de esa luz implacable, un niño corretea por el pasillo con los pies descalzos y nota el frescor de las baldosas en contacto con la planta de los pies.

12 de julio

La otra noche me perdí entre cuadernos y estilográficas cuando lo que quería contar era otra cosa. Iré hoy al grano. Me han pedido desde la revista *Eñe* que les pase algunas páginas de los cuadernos, diarios, o lo que sea que escribo para mi propio uso. Consecuencia inmediata: en cuanto acepto el reto, me bloqueo. Me quedo en blanco con la pluma en alto (ese cuadro que representa a Teresa de Jesús, pluma de ganso en mano. Creo que es de Ribera); abajo, el folio virgen se tiende amenazador; y en torno a mí ha desplegado sus oscuras y enormes alas el pánico. Acabado el tiempo de recreo, ha llegado la hora de regresar a mi puesto en el banco de los galeotes. Pienso: acabo de renunciar al placer de escribir en libertad. ¿Por qué se me ha ocurrido hacer eso? De momento, ¡todo el mundo a los remos! Ni plumas ni cuadernito, ni siquiera un mazo de folios. La luz fría del ordenador vigilándome durante toda la noche. Se quiera o no, una cosa es escribir a vuelapluma en cuadernos que tienen vocación de combustible para el fuego literario, o que están destinados a desaparecer en una pirámide sellada como la que se tragaba el cuerpo embalsamado del faraón; y otra muy distinta, hacerlo para el público de *Eñe*, al que supongo exigente. De momento, desaparecerán durante estos días las alusiones a la sequía, que tanto frecuentan mis escritos privados. La autocompasión, el pavor ante la página en blanco, parecen sentimientos poco pudorosos para sacarlos del ámbito de la estricta intimidad. El lector puede decirte que, si esos son los mimbres con los que haces tus cestos, por qué no cambias de profesión. Si no puedes poner una frase detrás de otra, ¿por qué no pruebas con los tornillos, con los cables?

¿Se puede saber para qué se escriben cuadernos en los que se anotan cosas así y que no tienen como destino a nadie que no seas tú? No está tan clara la cosa. El destinatario de los cuadernos íntimos de un escritor es un ente confuso. Yo creo que los cuadernos íntimos son textos anfibios, que son y no son solo para consumo de uno mismo; textos que, se quiera o no, nos parecen poco de fiar porque –resbaladizos– tienen tendencia a escaparse de casa; escritos ventaneros, que, en cuanto te descuidas, dejan la penumbra doméstica para exhibirse en el balcón. La muchacha que se acicalaba en los años cincuenta para ir al baile, y luego se hacía de rogar cuando alguien pretendía sacarla a la pista. Entonces ¿tú a qué vienes?, entonces ¿para qué te has vestido así? En sus *Cuadernos de todo*, Carmen Martín Gaite (a ella le debo esa palabra, *ventanera*) transmite la idea de que los ha escrito porque lo que uno no se para a pensar y no se ocupa en dejar por escrito se desvanece, se evapora: no ha existido. Fijar, dejar constancia, hacer que las cosas hayan ocurrido es la finalidad que ella propone para sus cuadernos íntimos, que, por cierto, nunca publicó, pero de cuyo contenido sacó materiales para sus libros. Yo mismo relleno desde hace años cuadernos con ese propósito: cazar, capturar, ordenar las ideas para que tengan existencia, y, como ya he dicho, almacenar materiales para mis libros. Pero los cuadernos de la Gaite eran cuadernos de limpio. Estaba ya compuesta, bien redactada la frase en algún otro lugar antes de llegar a ellos, y, en cambio, yo escribo más bien a vuelapluma, casi como en eso que tanto odio que son los diarios psiquiátricos, o, algo aún más odioso, la escritura automática. Por oposición a los de la Gaite, que tanto admiro, podría decir que los míos son cuadernos de sucio, materia en bruto que habría que trabajar. Como creo que viene al caso, anoto una frase de Carson McCullers que Rodrigo Fresán incluye en el prólogo que ha escrito para la reciente edición de los *Cuentos* de la narradora americana: «La escritura no es solo mi modo de ganarme la vida; es como me gano mi alma», decía la McCullers. En ese caso, ¿la escritura pública tendría relación con lo

617

de ganarse la vida; y los cuadernos íntimos servirían para, en la soledad de los ritos nocturnos, salvar el alma? Al fin y al cabo, el silencio que exige la escritura es pariente cercano del que reclaman los místicos para sus meditaciones, incluso me atrevería a decir que la escritura es una forma de oración, aunque sea oración laica. Pero lo que la McCullers nos dice es que salva el alma con su escritura, aunque se gane la vida con ella: la salvación de su alma está en buena parte en manos de sus lectores. Pero no es este el caso. Hablamos de escrituras teóricamente secretas. Quizá aquí vendría más al caso lo que dice Cioran: «Cuando estoy solo estoy completo y cuando estoy con los otros no estoy completo». Es una frase hermosa, emocionante, aunque parezca ferozmente insolidaria a los santos laicos de hoy en día. Los diarios te darían la posibilidad de escribir para encontrarte contigo mismo, sin que ni siquiera te turbe el ruido de un posible lector. Sí, me digo. Algo de eso hay; yo también siento muchas veces eso que él dice que siente: los cuadernos que escribo a vuelapluma, si bien no me salvan el alma (irremisiblemente perdida), me proporcionan una sensación de plenitud que me hace buena falta. Pero, en este mismo momento, a medida que anoto la frase, resulta que tampoco me la creo: ¿qué es eso de estar completo?, ¿qué quiere decir tener sensación de plenitud? Escribir para ordenarte tú mismo. ¿Acaso se escribe alguna vez para otra cosa? Pero ordenas lo de dentro para saber cómo enfrentarte con lo de fuera, y aquí no estoy hablando de notas, apuntes o diarios de aventureros, de grandes viajeros, de descubridores o de científicos expedicionarios que necesitan dejar testimonio de las cosas sorprendentes que han visto, y vuelven a casa cargados con un montón de papeles en los que detallan las coordenadas de los lugares visitados, y que incluyen muchos mapas y dibujos de plantas y animales hasta ese momento desconocidos. Los cuadernos de esos grandes viajeros están cargados de sentido práctico: hechos para dar a conocer, han cambiado las ideas sobre el mundo, han abierto a los científicos territorios enteros. Pero, ojo, se nos dice y nos decimos, hay otros territorios en vías de exploración. Montaigne nos enseñó que dentro de un hombre también hay paisajes que merece la pena recorrer: grutas, playas, ríos de dentro. Montaigne viajó a Italia y dejó unos cuadernos de apuntes de gran amenidad, pero por los que no hubiera pasado a la historia de la literatura. Su gran viaje fue al interior de sí mismo. Y también Rabelais viajó al interior del hombre, aunque lo hiciese de otra manera. Él era más corpóreo, un consecuente médico que dedicó su novela a borrachos y sifilíticos: cuando, en cierto momento del libro, un personaje se introduce en la boca del descomunal Pantagruel, se encuentra allí dentro con un hombre que planta coles, y al que, cuando le pregunta para qué demonios las planta, más bien se enfada por la estupidez que muestra el curioso: para qué va a ser, para venderlas. Pero ¿dónde va a venderlas? Pues, dónde va a ser, en la ciudad que hay aquí al lado. Es de sentido común. Los lectores de Rabelais descubrimos atónitos que en la boca de Pantagruel hay un mundo: olas de saliva, amplios lagos, extensas praderas, montes de marfil, sólidas ciudades, una geografía en la que los labriegos cultivan sus verduras y comercian con ellas en la ciudad más próxima. Uno se imagina lo que puede haber más allá de la garganta de ese corpachón. Hay mucha gente que piensa que los cuadernos íntimos serían los dietarios de los exploradores que viajan dentro de sí mismos: la descripción de sus excursiones por los territorios interiores, su particular informe acerca de los accidentes descubiertos en esas fatigosas expediciones (Jünger no lo tenía tan claro, en sus diarios no para de sonar el cañón, y lo hace *au plain air* de los desolados campos de Europa). Ya sabemos que el interior del ser humano resulta inagotable. Ejércitos de escritores se han perdido por ahí dentro, en esos parajes tan poblados como sombríos que llevamos con nosotros. Una verdadera pena. Alguien debería inventar un método para rescatarlos, sacarlos de nuevo a la luz, devolvérnoslos. Que ellos mismos se den cuenta de que, en estos mundos de fuera, igual que en la boca de Pantagruel, también se cultivan y comercian las cosechas de coles.

14 de julio

Pero, como dicen los franceses, volvamos a nuestras habichuelas: con la idea de escribir una charla que debo tener a punto para el primer día de octubre, llevo meses releyéndome a Cervantes (animado por los resultados, creo que voy a atreverme incluso con *La Galatea*, que al principio había descartado). Se lo digo a todo el mundo. Me preguntan: ¿estás escribiendo algo? Y como no estoy escribiendo nada –llevo más de dos años sin escribir nada–, para defenderme, o para tranquilizarlos, para que no me den por perdido y amortizado como escritor, les cuento que estoy leyéndome a Cervantes, que es algo que suena siempre como que haces algo provechoso, y parece que transmite la idea de que sigo enredado en la alta literatura. Les explico que estoy muy ocupado (no es verdad, dormito, me angustio en vano durante la mayor parte del día, busco dónde he dejado las gafas, que han vuelto a desaparecer) y les comento que, para completar el retablo cervantino, he vuelto al Lazarillo, a Quevedo, al desdichado Guzmán; me estoy leyendo los extraordinarios trabajos de Américo Castro, los de Martín de Riquer, Azaña, Canavaggio, Valera, etc. Incluso he ido releyéndome las páginas que le dedican al escritor los historiadores de la época (Pierre Vilar: su excelente artículo «El tiempo del Quijote», Bataillon…). Ítem más, con la excusa de Cervantes, he vuelto a acercarme al imponente *El Mediterráneo y el mundo mediterráneo en la época de Felipe II*, de Fernand Braudel, uno de los libros que me han acompañado durante toda la vida y que encuentro más admirable a cada lectura: de esos que uno echa de menos vivir más años para poder leerlo más veces. (Te pasa con Proust, con Balzac, con Musil. Lo piensas, piensas eso de que ni los ríos ni la vida corren hacia atrás, te dices: no creo que vuelva ya a leerme *El hombre sin atributos*, y te acongojas.)

Si por cada vez que, durante estos meses, le he explicado a alguien lo que estoy haciendo y lo que pienso hacer con Cervantes, me hubiese sentado ante el ordenador y hubiera escrito un par de líneas, tendría un tomito de buen tamaño, pero lo cierto –y puedo confesarlo en estos cuadernos, porque son secretos– es que aún no he conseguido hacer nada. Sigo en *stand-by*, acampado con mi petate de lecturas ante la imponente fortaleza; porque Cervantes, más allá de la sobrecarga de críticos y exégetas que soporta su obra, es eso: una fortaleza inexpugnable. Pueden parecerte más o menos flojas sus obras de teatro o sus poesías, estupendos sus *Entremeses* y varias de sus *Novelas ejemplares*; pueden darte vértigo el *Quijote* y el *Persiles* (sí, el *Persiles*; a la tercera va la vencida, confieso que esta nueva lectura –hecha desde la altura [¿o desde el fondo?] de los sesenta años– me ha descubierto un libro fascinante, cargado de melancólica sabiduría, de amargura, y desbordante de sentidos); digo que puedes tener opiniones variables acerca de la importancia de cada una de sus obras, pero, cuando te detienes a pensar en lo que llevas leído, te das cuenta de que el conjunto resulta apabullante. Ahora, tras el repaso general, me parece mezquino trocearlo, defender unos textos y rechazar otros, porque cada uno de sus escritos (¡incluidos los estremecedores prólogos!) pone una tesela en la construcción del mosaico de su tiempo. En Cervantes está entero el mundo que le cupo en suerte vivir; la tela de araña de su escritura lo ha capturado así, completo. Hasta el peor de sus escritos (supongamos que sea *El rufián dichoso*) contribuye en la tarea de empastar ese trabajo de captura total, en completarlo; rellena algunos huecos o recoge flecos, añade nuevos sentidos, matices de perspectiva. Nada le es ajeno a nuestro escritor: ni lo de dentro del ser humano (esos paisajes íntimos en los que ayer decía que tantos se extravían: pasiones, celos, envidias, frustraciones), ni la agitación de la historia, grande y pequeña, la del ruido de los cañones, y también la callada intrahistoria de la que hablaba Unamuno. Cuando concluyes la lectura de la obra de Cervantes descubres que ante ti han pasado las llanuras de La Mancha, pero también la agitación de los caminos en una época convulsa; la vitalidad de las grandes ciudades de la península ibérica y de Italia, sin excluir los ambientes más turbios: Sevilla, Lisboa, Valladolid, Toledo, Barcelona, Valencia, Florencia, Bolonia, Roma, Nápoles (vale la pena ver la larga descripción de ciudades italianas que brinda el *Persiles*), pero también Estambul y Argel, y esos imanes de vidas y conflictos que son las islas del Mediterráneo, y Flandes; o la agresiva Inglaterra que lucha cruelmente por el relevo imperial (aparecen Inglaterra y sus piratas en varias narraciones, y se anuncia la decadencia de España en el poema dedicado al saqueo de Cádiz; en Londres se desarrolla alguna de sus novelas que recoge el tema). Se ha valido Cervantes de cartografías de los geógrafos de la época para ofrecernos los nebulosos paisajes de Dinamarca e Islandia, los helados mares nórdicos (*Historia setentrional*, subtitula el *Persiles*), y ha recurrido a la cartografía de su propia cabeza para ofrecernos territorios fantásticos en los que, como en los territorios reales, el hombre se debate entre la amargura cotidiana y la añoranza de una luminosa edad de oro. Atrapado en la tela de su escritura aparece el tentador telón de las Indias. El propio Cervantes echó algunas instancias para encontrar un puesto allí con el que ganarse la vida y obtener cierta posición, porque a las Indias acuden en busca de oportunidades, y encuentran refugio, los desgraciados; allí buscan escondite los criminales; en *El celoso extremeño*, nos cuenta Cervantes el fracaso de un indiano que ha vuelto enriquecido, y que cree poder comprar la paz para su retiro, sin tener en cuenta que en este mundo todo es inestable, variable, que, como dice en el *Persiles*, «los trabajos y peligros no solamente tienen jurisdición en el mar; sino en toda la tierra; que las desgracias e infortunios, así se encuentran sobre los levantados sobre los montes como con los escondidos en sus rincones. Esta que llaman Fortuna [...] sin duda alguna debe de ser ciega y antojadiza». Sobre todo, y ese es un concepto profundamente cervantino, nuestro extremeño desconoce que la felicidad no está en el mucho desear, sino en ajustar razonablemente posibilidades y necesidades. En la obra de Cervantes resuenan las guerras de Italia, las que se desarrollan contra el turco, asistimos a episodios del corso que castiga las rutas americanas y, muy especialmente, al que ensangrienta el Mediterráneo, del que él mismo fue víctima cuando lo capturaron en el sur de Francia; pero llegan ecos también de las guerras europeas, o de las que enfrenta a cara de perro España con Inglaterra. Está, muy especialmente, esa interminable galería de personajes de todas las capas sociales, de todas las profesiones, y de un montón de países que atraviesan sus obras de teatro, sus novelas. Sería interesante contar con un censo de ese mundo (seguro que existe, alguien tiene que haberlo hecho; de Cervantes lo han estudiado todo: sigue incólume, sin dejarse capturar). El erudito Jean Canavaggio, refiriéndose a los personajes que aparecen en el *Quijote*, dice que Cervantes despliega «todo un abanico de edades y condiciones: aldeanos y pastores, actores en gira, moriscos clandestinos, bandoleros, hidalgüelos de aldea, gentilhombres catalanes, grandes señores rodeados de toda la gente de su casa, toda una comedia humana desfila ante nuestros ojos como para anclar mejor la acción en la realidad cotidiana y acrecentar la impronta de lo vivido». El milagro de los personajes de Cervantes es que siguen resultándonos familiares a los lectores de hoy, tenemos la sensación de que los estamos viendo, sabemos cómo se mueven, oímos su voz, los olemos (¿o no nos trae el *Quijote* un repertorio de olores? A mí, al menos, me lo parece), porque los traza un maestro insuperable en el manejo de esa cualidad –hoy bastante desprestigiada entre ciertas élites– que tiene la literatura para regalarnos la impresión de vida. Cervantes crea la novela moderna, precisamente porque ha creado personajes cargados de verdad y sentido y se busca entre ellos, se interroga en el espejo de cada uno de ellos: ni los halaga, ni busca ponerse por encima, nadie es más que nadie y cada uno es como es: sabe que el escritor no es uno u otro personaje de sus novelas, sino el interrogante que crece al moverse entre ellos; el escritor se busca a sí mismo abriéndose paso entre las razones de los otros, inquiere su forma de conducta entre las conductas ajenas, bracea en el mar de las opiniones de su época, entre las ideas en liza, en busca de las suyas; y como no podía ser de otra manera, puesto que se busca a través de la escritura, en ese buscarse acaba teniendo que debatir con los estilos literarios del momento, con todos los modelos que se le ofrecen. Se abre paso a través de todas las representaciones del mundo inventadas por sus contemporáneos porque sabe que no le vale ninguna de las respuestas dadas, no hay fórmulas. Quien quiera contar su tiempo tiene que encontrar cómo contarlo: yo creo que –recogiendo las palabras de la McCullers– esa es la forma en que el escritor gana su alma.

27 de agosto

En sus «Conclusiones» a *El Mediterráneo*, dice Braudel: «[...] en historia no existe el libro perfecto, el libro que ya jamás volverá a escribirse. La historia es, por el contrario, una interrogación siempre diferente del pasado, puesto que debe adaptarse a las necesidades y a veces a las angustias del presente. Se nos ofrece como un medio para el conocimiento del hombre, y no como un fin en sí» (II, pág. 549).

Y un poco más adelante, afirma que ese *Mediterráneo* que ha escrito «me ha hecho vagar por muchos caminos, persiguiendo mil problemas que son problemas de hoy y no de ayer o de anteayer» (II, pág. 550).

Américo Castro habla del «anecdotismo moral de Montaigne».

Una lúcida observación de lo que distingue *El Lazarillo* de la novela picaresca que llegará más tarde: los personajes «del *Lazarillo* discurren al margen de una sociedad que adivinamos sólida, y cuya mole, después de todo, el autor no pretende destruir. Son escenas de suburbio que dejan intacta la ciudad mayor» (A. Castro: *El pensamiento de Cervantes*, pág. 423). Los pícaros que llegan después ya se mueven en el corazón urbano, lo discuten todo, lo ponen todo en cuestión. Han llegado la crisis y el desengaño. Es la decadencia de un país.

30 de agosto
¡No puedo escribir ni una línea! Estoy seco. A oscuras.

8 de septiembre
«¡Qué gran cosa es entender un alma!» (Santa Teresa de Jesús: *Libro de la vida*, cap. 23).

«[...] aimer est un mauvais sort comme ceux qu'il y a dans les contes, contre quoi on ne peut rien jusqu'à ce que l'enchantement ait cessé» (M. Proust: *Le temps retrouvé*, pág. 12).

Lecturas: Martin Amis: *El segundo avión*. Dubravka Ugrešić: *No hay nadie en casa* (un libro estupendo). Sergio González Rodríguez: *El hombre sin cabeza* (un buen libro sobre el narco mexicano). Mauvignier: *Des hommes* (extraordinario: la vieja herida argelina en la Francia de hoy). Michon: *Les onze*. Relectura de Fernández Santos: *Los bravos*. Yasmina Khadra: *Las sirenas de Bagdad*. Relectura de *Los pájaros de Bangkok*, de Vázquez Montalbán. Bukowski: *Fragmentos de un cuaderno manchado de vino*. Galdós: *Bodas reales, Las tormentas del 48*.

14 de octubre

Releo a Vázquez Montalbán antes de escribir un texto sobre su visión culinaria: los artículos que publicó en *Sobremesa*; *Milenio Carvalho* (esos dos volúmenes que publicaron tras su muerte) y sus novelas: *El delantero centro fue asesinado al atardecer, El premio, El balneario, La Rosa de Alejandría...* ¡Cuánta inteligencia dispersa y, también, cuánta prisa! De todas las novelas que me he leído los últimos días, solo *Los pájaros de Bangkok* tiene verdadero fuste. Claro que luego están sus grandes libros: *Galíndez, Cuarteto, El estrangulador, Autobiografía del general Franco, O César o nada...* Fue el mejor, pero le hubiera venido muy bien trabajar un poco más despacio.

15 de octubre

Oigo en la radio que le dan el Premio Nacional de Narrativa a una primera novela (*Bilbao-New York-Bilbao*) escrita en euskera por un novelista de treinta y nueve años. ¿Será que están cambiando las cosas, o se trata más bien de algún pacto o estrategia política? Lo uno no está reñido con lo otro. Todos estos premios nacionales se supone que son siempre frutos de pactos, de estrategias. Como todo en la vida. Hoy, leyendo el periódico, me entero de que el socialista Patxi López eligió uno de sus poemas para leerlo en su investidura como presidente de la comunidad. Inmediatamente se pone en marcha la máquina de las sospechas y pienso que se trata de un premio político para reforzar algún nuevo movimiento que se esté produciendo por allá arriba. Lees a los columnistas de los periódicos y sabes el mensaje que va a inyectar cada cual, con más cinismo, con más panfilería, con arrumacos o a martillazos, pero el mismo discurso. Para no formar parte del mosaico de quienes dicen siempre lo mismo, me callaré hasta que publiquen la novela de ese muchacho en castellano y pueda leerla.

22 de octubre

Piadoso conmigo mismo, me digo que no pasa nada si no vuelvo a escribir. He hecho lo que he podido. Lo pienso mientras acabo de leerme *Tiempo de silencio* para la charla que sobre Martín-Santos daré en Vigo. Martín-Santos solo escribió eso (*Tiempo de destrucción* no cuenta, y sus ensayos no vienen al caso y tampoco tienen un peso descomunal), y ahí está, ahí sigue. Ya. Pero él está muerto. Se murió. Lo difícil es darte cuenta de que no tienes nada que decir, nada por delante, y seguir vivo.

28 de octubre

Creo que el texto sobre Montalbán cocinero, o gastrónomo, ha quedado muy bien, y decido incluirlo en el libro, que, como siga a este paso, cuando salga será como la *Suma teológica* del de Aquino: un libro extenso para mí, que no soy precisamente un ensayista: «Lecciones de Cervantes», «Un zapador en la cocina»… Se suman nuevos artículos al conjunto. En el último mes le han crecido sesenta nuevas páginas. Si tarda en aparecer, aún puedo llegar a tiempo de abrirle las puertas a Martín-Santos, cuya charla tengo que tener a punto para mediados de enero.

30 de octubre

Siguen los vértigos, el dolor en el talón, que yo creo que es gota, aunque me dicen que no, que la gota solo se manifiesta en los dedos, también siguen aumentando las manchas en las piernas: aumentan en número y crecen de tamaño. En estos preciosos días de otoño, pienso que seguramente no me queden más de cinco o seis años para ver este paisaje. Noto que me fallan las fuerzas, tengo taquicardias. Me noto el corazón en cuanto hago cualquier esfuerzo; respiro con dificultad, y, sin embargo, no salgo de casa, dejo escapar los días sin gozar de ellos; me digo: debería acercarme a la playa, o a los acantilados de Les Rotes de Denia, ver el mar, que estos días tiene que estar hermosísimo, tendido bajo este cielo limpio, tocado por esta luz, o darme un paseo por las cercanas montañas, restallantes de verdes tras las últimas lluvias, y, sí, la suave luz de otoño que todo lo acaricia, lo lame, limando asperezas, despojando de dureza el paisaje. Pero nada. Me quedo dando vueltas en mi cuarto, aburrido, sin ni siquiera aprovechar el tiempo, precisamente porque pienso que ya no me queda el suficiente para hacer algo de provecho. Si por lo menos consiguiera que desapareciese esta sensación de inestabilidad física, esa sensación permanente de que estás a punto de caerte. No encuentro estabilidad ni cuando leo, ni cuando camino por la calle, porque he bajado al supermercado a comprar el periódico y el pan. Me parece que me voy a caer; así que me quedo sentado, pensando en los novísimos, que es lo mismo que pensar en Babia; como gran maniobra, veo alguna película en la televisión.

He leído una muy buena novela del portugués Mário de Carvalho –*Um deus passeando pela brisa da tarde*–, es una de las siete u ocho que me traje hace un par de semanas cuando viajé a Lisboa para la presentación de *Crematorio*.

Nancy Huston: *Dolce agonia*.

Avanzo en una nueva lectura de la *Cuarta serie* de los *Episodios nacionales*.

1 de noviembre

A mí, que tanto me ha gustado viajar, ahora se me hace cuesta arriba salir de la habitación en la que paso días enteros. Creo que ese comportamiento tiene que ver con aquello que decía Sterne, algo así como que un hombre que viaja es un hombre que espera, y yo, seguramente, ya no espero gran cosa. Adiós a aquella excitación que, en los viajes, te mantenía insomne hasta altas horas de la madrugada, buscando la última experiencia de la noche. Ahora, si salgo de viaje –siempre por obligación–, procuro meterme en el hotel cuanto antes y he perdido la curiosidad que me llevaba a visitar mercados, monumentos y museos; a callejear descubriendo las arquitecturas de la ciudad. Y la noche, el excitante imán de la noche. He querido conocer la de cada una de las ciudades. Pekín a oscuras, los militares cruzando una gran avenida y yo en un taxi que me conducía a un garito en el que la gente follaba en habitaciones que no tenían puertas. Budapest, Ginebra, Leningrado, Sídney, Bangkok…, el fulgor de la carne. Todas las Lima se parecen: la frase creo recordar que es de Melville, aunque ahora dudo si no fue Stevenson quien la escribió. El martes viajo a Sevilla y Cáceres, para dar un par de charlas; y a Zafra, porque este año formo parte del jurado del Premio Dulce Chacón.

Digo que paso días enteros sin salir de la habitación, y sería una buena noticia si los pasara haciendo algo de provecho, pero no. Cambio de silla, enchufo el ordenador, me conecto a internet, leo los periódicos, leo, eso sí, como buen perezoso leo mucho (libros de historia, novelas…), veo alguna película en la televisión, y eso tampoco sería un mal programa si lo llevase con la tranquilidad de un rentista jubila-

629

do. Pero no es así: no me libro de mi mala conciencia, de la sensación de ser un inútil, un parásito social. Todos los días se me pasa un par de veces por la cabeza la posibilidad de apagar la luz. Pero hasta para eso hace falta vencer la pereza, tener el vigor que exige el gesto, sea la forma que tome.

2 de noviembre
Álvaro Pombo es un extraordinario equilibrista, capaz de sostenerse sobre la textura de su propia prosa, en un cada vez más difícil todavía: *La previa muerte del lugarteniente Aloof.*

16 de noviembre
Nuevas torsiones viajeras del escritor: Santiago de Compostela (reencuentro con un Q. viudo, al que le ha salido a la cara un espíritu que antes estaba oculto por la carne, ahora es más un Greco que un Rembrandt, que es lo que era hace casi treinta años). Charlas en A Coruña y en Friburgo. En público hablo por los codos, bromeo, parezco un personaje intenso y feliz (parece mentira que escriba usted, o que escribas tú, esos libros tan pesimistas). En cuanto me quedo solo, el desconcierto cotidiano, la desazón. La falta de sentido del engranaje.

De vuelta en casa, me encuentro con la edición griega de *Los disparos del cazador*, publicada por Agra, con una hermosa portada, reproducción de un Magritte con escopeta; y también con el anuncio de que, en Anagrama, ya tienen las primeras pruebas de *Por cuenta propia*, el libro de artículos que está previsto que salga a principios del año que viene.

Por donde voy (Sevilla, Cáceres, Zafra, A Coruña, Friburgo), la gente me pregunta para cuándo la próxima novela; y yo, qué voy a decirles, ¿que no tengo nada que contar?, ¿que no tengo ganas de contar nada?, ¿o que lo que no tengo son fuerzas?, ¿que he tocado fondo porque carezco de imaginación (eso no es nuevo), pero también –y eso sí que es más reciente– de ilusión? Cada vez que me preguntan tengo la impresión de que alguien me coge por el hombro y me agita, como se hace con un durmiente que no acaba de despertarse. Me desprendo de esa mano compulsiva, o autoritaria, y me dejo caer sobre la *chaise longue* de cada día, que a la vista parece blanda y está forrada con clavos.

Leo en la prensa y escucho por radios y televisiones que están buscando un presidente europeo. Andan revueltos. Se preguntan: ¿a quién le ofreceremos el cargo?, ¿lo aceptará?, ¿se lo daremos a Tony Blair, o mejor a Felipe González? No sé si ese cargo tendrá mucha o poca capacidad de decisión, pero la desvergüenza de los políticos (esas terminales del *big money*) y la mansedumbre de la ciudadanía han alcanzado cotas de ochomil. Los ciudadanos no pintamos nada a la hora de elegir a quien luego llamarán «presidente de todos los europeos», las papeletas de lotería se reparten entre las momias de la política y sus colegas mueven el bombo que adjudica los premios. Luego, si alguien echa pestes de ellos, les recrimina o los insulta harto de su desvergüenza, y si los miras de reojo y pones cara de no creerte lo que dicen, se lamentan y piden comprensión. Últimamente lloriquean de plató en plató, sí, andan así, haciendo pucheros, mendigos que se arrastran ante los locutores: «No se debe hablar mal de los políticos en bloque, ni de la política. Hablar así favorece los totalitarismos». En su concepto de *democracia*, el ciudadano debe callarse y dejarlos mangonear tranquila y ordenadamente. Lo esencial es que no se quiebre el orden que permite la fluidez de las transacciones financieras. Y en un sistema que solo permite la participación de candidatos apoyados por las grandes mafias lobbistas, te recriminan si no votas: «Si no ejerces tu derecho luego no puedes protestar», te dicen los muy sinvergüenzas: es lógico que ellos hablen así y actúen de ese modo, lo que no lo es tanto es que le gente se los crea, y, desde luego, que yo los crea, me los crea. Hasta ahí podíamos llegar.

22 de noviembre

Releyendo *Rosso*, la novela de Uwe Timm, me encuentro con muchísimas concomitancias con *Los viejos amigos* y con *Crematorio*. Pura casualidad, o no, nada de eso, más bien procedencia del espacio común de la izquierda de los sesenta-setenta que ronronea con el rabo entre las piernas, rasgos de formación, tics culturales, angustias y fracasos comunes. Que su mujer, Dagmar Ploetz, sea la traductora al alemán de mis libros cierra el bucle. Estamos como en casa.

Leo *La vida antes de marzo*, de Manuel Gutiérrez Aragón. Escribe con agilidad, con astucia para marcar los tiempos, y también con ese olfato de director de cine que ha trabajado con empresarios a lo largo de muchos años y sabe que su trabajo es también negocio. Tiene voluntad manifiesta de llegar al público, y, como ideólogo de la socialdemocracia que ha sido, un mensaje que sigue la versión oficial de los atentados islamistas del 11-M sin apartarse ni un ápice: es más, el propósito del libro es ilustrar la versión socialista. Con todo, el excelente dominio de los diálogos, del paisaje, de los ambientes, nos devuelve al Manolo director de cine, a su mundo en la cordillera cantábrica, pastores neolíticos cargados de crueldad, contrapunto del mundo suburbano madrileño, hogar de una virulencia de nuevo tipo.

28 de noviembre

Cada vez huelo peor: por más que me lave, sigo oliendo. Y se han agravado los eccemas de pecho y piernas. Estoy yo como para pensar en salir a ligar. No me desagrada (todo lo contrario) el encierro en mi habitación. Los días se me pasan volando. Pero echo de menos la escritura, sí, escribir. A medida que caen las horas, y no hago más que leer una página tras otra, se apodera de mí la angustia de que estoy perdiendo el tiempo, de que la lectura es una forma de pereza. Soy un inútil, me digo, y acabo la jornada hinchado de amargura, no porque esté encerrado, sino porque no he escrito ni una palabra, porque no sé de qué escribir, ni tengo nada dentro de la cabeza: un sufrimiento informe que no alcanzo a traducir. ¿Qué es lo que he escrito en todo este último año? Ni siquiera he conseguido llenar medio cuaderno de notas. Pienso: me quedan tres o cuatro años, quizá media docena, ¿y eso será todo lo que habré dejado?, ¿en eso habré empeñado la vida? Pero enseguida sale el diablo que llevo conmigo y se burla: a qué aspirabas que no fuera esto, qué otra cosa has querido hacer, en qué más has puesto empeño.

9 de diciembre

Días y más días que se van, apretado uno tras el otro, confundido uno con otro. La jornada entera dándole vueltas a lo mucho que tendría que hacer, y sin hacer nada. Estas últimas semanas, huroneando en torno a Lisboa. A ver qué referencias encuentro en Pessoa (leo también el artículo que Octavio Paz le dedicó), en Eça de Queirós… Tengo que escribir sobre la ciudad. Me he comprometido. Perder el tiempo. No hacer nada. Lamentarme por esta otra condena que me he buscado, comprometiéndome a escribir un texto, un prólogo de una veintena de folios sobre una ciudad de la que ya he escrito un par de artículos de similar extensión, a los que poco tengo que añadir: ecos de un eco de algo que ocurrió hace veinte o treinta años. Más que añadirle nada a mi Lisboa, tengo que quitar (el olvido, ay), porque no he vuelto a pisar la ciudad; bueno, es cierto que estuve hace un mes, pero pasé en ella poco más de veinticuatro horas en las que no tuve la oportunidad de ver nada: los locales donde se presentaba *Crematorio*, las oficinas de la editorial, el restaurante al que me llevaron a comer. Cumplida la obligación de presentar el libro, que era la que me había llevado hasta allí, salí de estampida. No quise quedarme ni un minuto más en esa ciudad que tanto he querido, que tanto me ha gustado. De vuelta en casa, me encontré con el encargo del prólogo: cuando el diablo se aburre juega con el rabo. Podría haber recibido el encargo un par de días antes de viajar. Me habría forzado a pasear de nuevo por Lisboa; habría vuelto a Belem, a los Jerónimos, a contemplar de nuevo los retratos del *Retablo de San Vicente* de Nuno Gonçalves; caminar por el botánico, por el Gulbenkian: todo eso que, al volver a recordarlo sobre el papel, se me presenta lleno de belleza… Pues nada, regreso urgente a casa, con los ojos girados hacia dentro, solo interesado en mis penas, en mis vértigos físicos y espirituales, y ahora estoy aquí, intentando copiarme a mí mismo sin que se note demasiado (un mal alumno en día de examen), algo que me resulta dificilísimo. No sé hacerlo. Me está ocurriendo lo mismo con el otro prólogo que tendré que acabar escribiendo, el que preparo para la *Cuarta serie* de Galdós. Ya. Es cierto, lo único que hago es adornar o enrevesar lo que escribí con claridad. Pero ¿es que no veo que, en todo un año, solo he sido capaz de llenar la mitad de este cuaderno? ¿A qué coño he dedicado el tiempo? Porque este año ya no he tenido la excusa de los hospitales de Paco, de la atención que exigían sus enfermedades. Este año lo he perdido sin más, sin excusa que valga. Y ni siquiera lo he perdido viajando, o enredándome en los bares del pueblo. O bebiéndome y follándome la noche de alguna ciudad de cualquier parte. No: lo he perdido así, a palo seco, sin pisar fuera de la casa, sin salir de la habitación, y lo que es más grave, sin dejar de tener la sensación de que hago cuanto puedo, lo que el cuerpo me permite. Es decir, con la desesperante conciencia de que ya no puedo hacer casi nada. Un ser patético. Lo poco que tengo que hacer lo rehúyo, me asusta. Por ejemplo, estos días en que debería estar dedicado a 1) Lisboa, 2) Martín-Santos, 3) Galdós, me embarco en la extraordinaria *Trilogía transilvana* de Bánffy. La verdad es que ya me he leído cuanto tenía que leerme de y sobre Martín-Santos, y he llegado a la mitad de los *Episodios* de la *Cuarta serie*, pero meterme en las dos mil y pico páginas de Bánffy no parece lo más razonable, porque, del modo como me ha atrapado, me temo que no podré hacer otra cosa hasta que las devore.

De *Il taccuino del vecchio*, de Giuseppe Ungaretti, estos textos que tan oportunamente parecen capturar la gasa de mis días:

3

[...]
Non sono i giorni se non vago fumo.

5

Si percorre il deserto con residui
Di qualche immagine di prima in mente,
Della Terra Promessa
Nient'altro un vivo sa.

9

[...]
Mentre arrivo vicino al Gran Silenzio,
[...]

11 de diciembre
Termino el primer volumen de Bánffy fascinado por sus personajes, tan llenos de recovecos, tan creíbles (ni uno solo es de una pieza), y por las bellísimas descripciones del paisaje

635

transilvano: pocas veces recuerdo haber leído algo tan palpable, una escritura de cualidad casi táctil. Me maravilla su capacidad para captar el ambiente, para convertir en novela el curso de la historia, y la extraordinaria sensualidad que destila el texto, un erotismo denso, tan lejos de la estampa idealizada como de la pornografía: expresión palpable de la carne. Una auténtica obra maestra. Ayer estaba a punto de enviarle una carta a Herralde diciéndole que tenía que publicar este libro, que creía que no estaba editado en España, cuando, por la radio, en una tertulia política, uno de los invitados comenta que acaba de aparecer en Libros del Asteroide. Casualidades de la vida. Casualidad que se edite mientras yo pienso en él, y que lo recomiende alguien en una tertulia radiofónica de esas en las que muy de tarde en tarde aparece citada una obra literaria. Los astros parecen alinearse a favor de Miklós Bánffy. Ojalá sea así, aunque no creo que un libro de estas características, por su densidad, por su propia extensión, pueda tener demasiada repercusión en la España contemporánea.

De la novela de Bánffy, se habla de alguien que quiere fabricar un avión:

–[…] y aunque la inventara, ¿para qué iba a servir su máquina? Te lo pregunto. ¿Para qué? […]. El animal humano, cuando inventa una cosa, solo la usa para matar. Con el hierro ha hecho el material de las armas y la espada; con el bronce, los cañones. Y con la pólvora, aparte de los pedruscos que ha hecho saltar, no se ha masacrado tanto nunca (I, pág. 110).

Este pozo es cada vez más hondo. No sé qué hacer para seguir braceando, porque salir me parece imposible. Siento tentaciones de abandonarme, dejarme hacer. Me paso el día intentando ordenar tres o cuatro ideas para el artículo de

Lisboa, refritos de lo que escribí hace once años, que fue mala adaptación de lo escrito una decena de años antes, y todo eso, no como el profesional que corta aquí y pega en el otro lado, sino cargado con la angustia insoportable del principiante que se juega su puesto de trabajo. Miro una y otra vez los libros desordenados en los estantes, los que ya no leeré, los que permanecerán para siempre situados en esas alturas a las que no llego porque tengo vértigo y soy incapaz de subir los peldaños de la escalera de mano desde los que los alcanzaría, los libros que he leído y soy consciente de que permanecen a una distancia infinita de los que yo he escrito, esos grandes libros inigualables. Me digo: ¿por qué no te callas de una vez?, ¿por qué no te dejas de manosear y ensuciar lo que otros llevaron tan arriba? Me paso la tarde leyéndome los poemas de una *Antología de poemas portugueses modernos*, recopilada por Fernando Pessoa y António Botto. A duras penas consigo retener las lágrimas.

22 de diciembre

Leo con fruición la nueva *Gramática* de la Real Academia. Me gusta la sensación de claridad que transmite, el esfuerzo por poner orden en eso tan inaprensible, y a la vez correoso, que es la lengua. De qué modo tan razonable se avanza paso a paso, intentando entender cada uso, relacionarlo con los demás, otorgarle un lugar, poner en contacto las diversas interpretaciones, que a veces se oponen apasionadamente. Me emociona el afán por capturar lo inaprensible, por fijar lo móvil y cambiante, por llevar al estado de consciencia lo que nace, en apariencia, arbitrario. Si la lengua nos hace humanos, sentimos el orgullo de serlo cuando advertimos el esfuerzo en el que uno imagina empeñados a miles de hombres dedicando a ella sus vidas en los cinco continentes y a lo largo de los siglos, interminable ejército laico constructor de templos que nos acogen a todos. Y ya sé que hay que enfrentarse a las academias, claro, pero nadie me negará que nos hace buena falta sentir de vez en cuando un poco de admiración.

25 de diciembre

La energía que exhibe una docena de planos de cine, su capacidad para transmitir, te hace dudar de la continuidad de la novela en nuestra época. Claro que entonces te preguntas qué planos cinematográficos pueden competir con Bánffy.

6 de enero

Sigo con la *Trilogía transilvana*, concluyo *Aita Tettauen*, el episodio de Galdós, y, a petición de Antje Kunstmann, que quiere saber lo que pienso de él, me he leído *Fin*, del joven David Monteagudo. El libro está bien surtido de valores literarios: resultan excelentes las descripciones del paisaje, que funciona como un personaje importante de la novela; el manejo del tiempo; el uso calculado de ciertos elementos inquietantes: animales como amenazadores fantasmas... Pero, *malgré tout ça*, la novela acaba pareciéndome un forzado artificio, en la línea de cierto cine de terror (mejor, de susto) que se lleva mucho ahora. Su fragilidad se revela en el bucle final: Monteagudo no tiene manera de acabar el libro precisamente porque no se sabe cuál es su *tema* (¿puro tren de la bruja y ya está?). Por lo demás, cuando el novelista quiere representar la normalidad, los personajes dialogan enlazando un tópico con otro, en el estilo que, en la literatura española contemporánea, inauguró Ferlosio en *El Jarama*; y los que se supone que son terribles secretos que guardan y se supone que están en el núcleo duro en que se engendra el miedo, son bastante inocentes (cosas como que a un tímido le pagaron una puta y eso lo traumatizó, cosas así). Y todo lo que aquí anoto no quiere decir que Monteagudo no sea un escritor: magníficas condiciones tiene para acabar escribiendo una gran novela. Esta no lo es.

Ayer entregué el prólogo lisboeta, y hoy he avanzado bastante en la charla sobre Martín-Santos que tengo que dar el próximo día 20 en Vigo.

Con toda su carga retórica, resulta apasionante *Fouché. El genio tenebroso*, de Stefan Zweig. Qué biógrafo tan bueno y qué sublime biografiado. Qué personaje, ese siete veces perjuro. Nuestro genio nacional más parecido (aunque lo suyo no fuese la cosa pública) yo creo que ha sido Juan March, el que se escapó de la cárcel cogido del brazo del director, a quien había previamente sobornado, pagándole un futuro lejos de España. Para un episodio tan chusco como el encarnado por March y el director de Carabanchel habría que dejar pasar medio siglo y llegar a la fuga de Roldán y a las misivas tailandesas del capitán Khan inventadas por el ministro Belloch, exjuez progresista, que sostuvo el paraguas para proteger al fundador de los GAL, general GALindo, mientras (creo recordar) se le imponía una medalla al mérito de no sé qué. Ahora es glorioso alcalde de Zaragoza, y organizador de una gran exposición internacional. Medalla tras medalla sobre los canallas. Las biografías de uno y otro (Fouché y March) dejan parecida sensación en el lector, mezcla de desánimo e indignación, y eso que una cosa es leer los hechos que ocurrieron hace tiempo y otra haberlos vivido: leer no te deja las manos manchadas de sangre, o tirado en el polvo con un tiro en la nuca.

Pero volvamos a Fouché visto por Zweig. «L'appétit vient en mangeant.»

Diálogo entre Fouché y el emperador:

EL EMPERADOR: Es usted un traidor. Debería mandar fusi-
larle.
JOSÉ FOUCHÉ: No soy de esa opinión, Sire.

«Talleyrand llega a la Revolución desde arriba, desciende
como un soberano de su carroza, saludando con júbilo respetuoso, baja un par de escalones para entrar en el Tercer
Estado, mientras que Fouché asciende a él trabajosamente y
a fuerza de intrigas» (págs. 148-149).

Talleyrand dice sonriente: «Fouché desprecia a la Humanidad porque se conoce demasiado a sí mismo». Fouché,
en cambio, dice sarcásticamente cuando es nombrado Talleyrand vicecanciller: «Il ne lui manquait que ce vice-là».

Dice Talleyrand: «Sin duda ha cometido un error el señor Fouché, una falta, pero si yo tuviera que darle un suce-
sor, y se lo daría, no sería otro que el mismo señor Fouché».

El cínico Fouché, infiel a todo y a todos, escribe en una de
sus cartas: «Il n'est pas dans mon caractère de changer». «Salven ustedes al rey, yo me comprometo a salvar la monarquía.»

Luis XVIII recibe el juramento como primer ministro
(octavo perjurio de Fouché) de quien ha sido el asesino de su
hermano.

La escena de Fouché, introducido por Talleyrand ante el
rey: «El cojo pone un brazo sobre el hombro de Fouché, para
poder andar mejor –"el vicio apoyado en la traición", según
observa irónicamente Chateaubriand– […]» (pág. 233).

11 de enero

«[...] un comportamiento y una actitud en vez de un credo» (frase de Jean Daniel, hoy, en una columna de *El País*: se refiere a Camus).

12 de enero

Con una emoción incontenible leo las últimas páginas de la *Trilogía transilvana* de Miklós Bánffy. Hace tiempo que un libro no me toca tan dentro, ese precipitado fin de época, fracaso de una sociedad, que leído tantos años después cobra nuevos sentidos: nos muestra lo de allí entonces, nos hace reflexionar sobre lo de aquí ahora.

Algunos paisajes del tomo III de Bánffy:
Un amanecer: «[...] la extensión humeante de los prados».
En otro momento: «[...] bandas anaranjadas alternaban con grises tórtola».
Más paisaje:

Nada más que el silencio, no el de una habitación cerrada, silencio de soledad y de muerte, sino un silencio vivo —la respiración silenciosa en las grandes extensiones boscosas— (págs. 222-223).

Solo hay colores en el cielo. Todo el resto, en la sombra, no tiene más que la grisalla más o menos clara de un aguafuerte o de un carboncillo.
La luz no crece uniformemente, sino por telones que casi se podrían contar (pág. 234).

La luz crece a cada instante. Las cumbres, las crestas, como por un golpe de varita mágica, sin que se pueda prever, se colorean de repente, las más lejanas de un azul ligero, las más cercanas de un verde suntuoso [...]. El eterno misterio del levantamiento (la salida) del sol [...] y las nubes se desgarran. Estallan, desaparecen para dejarle sitio al disco triunfal del sol (pág. 235).

El «Dies iræ», el antiguo canto de la misa de difuntos sin par en el mundo (pág. 344).

En torno a ellos, las montañas nevadas brillaban suavemente bajo la luna creciente que se levantaba. En contrabajo, las grietas petrificadas del glaciar se extendían hasta perderse de vista. Todo era nada más que hielo y nieve, en un universo en el que toda vida había desaparecido desde hacía mucho tiempo. Hielo, hielo por todas partes, como en Dante, en lo más profundo del infierno. También el cielo parecía de hielo. Estaba limpio, majestuoso, lleno de estrellas despiadadas.
Ante ellos, desde el corazón de las profundidades, brotaba el Cervino. Como la garra de Satán rasgando la bóveda del cielo (pág. 357).

¿Quién puede escribir una página más hermosa, sobre todo si, como es el caso, está cargada de sentido en el curso de la novela?

Un grupo de abetos, sombrío, pequeña mancha índigo sobre el azul pálido del infinito verde grisáceo (pág. 377).

26 de enero
La novela de Muñoz Molina *La noche de los tiempos*, con casi un millar de páginas de primorosa escritura, merece un gran respeto que podría calificar como «laboral». Hay un honesto trabajo de mampostería, un esfuerzo notable, casi ímprobo, otra cosa son los resultados: junto a páginas espléndi-

das, emocionantes (sobre todo, entre las últimas trescientas), hay larguísimas tiradas retóricas, páginas enteras en las que se dice lo mismo que ya se ha dicho con otros términos, y que me parecen tan preciosas como innecesarias. Además, me fastidia bastante esa especie de amplificador que aplica a su mirada, o a su escritura, en cuanto algo cae entre sus manos se convierte en elevado y tremendo, reconcentrado de sentidos, hiperbólico, y me parece también desperdicio tanta tinta gastada en una historia de *amour fou* que el protagonista siente –como casi siempre en Muñoz Molina– por una mujer de cartel de cine americano, topicazo femenino que viene desde *El invierno en Lisboa*. La mujer transmite, con solo su aspecto, tan llamativo en la España de los años treinta –alta, deportista, pelirroja, luz en los cabellos–, un mensaje cosmopolita, que la hace destacar entre todas las demás y remite a las obsesiones del autor (imaginamos esas mujeres oscuras con cuerpos en forma de cántaro de las españolas de los años treinta volviendo la vista al paso elástico de la yanqui): se trata de la civilización enfrentándose al mundo retrasado que es España; lo duradero frente a lo inestable; el orden frente a lo caótico: el limpio espejo en el que se reflejan las virtudes de los Estados Unidos de América. Es la serenidad, la grandeza y solidez de edificaciones y muebles con las que el protagonista se encuentra cuando llega a la universidad americana huyendo del desorden y la brutalidad de su país, que es el nuestro. Por detrás de la letra impresa, uno, mientras lee, cree ver a Muñoz Molina que vuelve al cutrerío de Madrid, después de haber vivido en Nueva York, su constatación de que este sigue siendo un país bárbaro y atrasado, cainita heredero de los machadianos hijos de Alvargonzález. Puedo compartir con él algunos sentimientos, pero el conjunto, su afán por subrayar lo moderno, lo elegante, lo deportivo, me recuerda la actitud de Blasco Ibáñez, siempre fascinado por las valkirias rubias del norte, o por las millonarias latinoamericanas en los libros que él pretende más cosmopolitas y resultan ser los más provincianos. En el caso de Muñoz Molina, las mejores páginas son aquellas en las que narra sin ponerse al abrigo de esa quincalla positiva que nos suena a sermón. Son excelentes las que nos cuentan la guerra sin más, los fusilamientos, el paseo de Ignacio Abel y el hijo de su capataz en busca de los Grecos de Illescas, y su inesperado encuentro con el frente. Ahí, Muñoz Molina muestra un pulso de extraordinario narrador, dotado como nadie, y me da rabia que lo enturbie con sus manías, y pienso: si se quitara de encima ese querer enseñarnos (y enseñarles a los escritores de clase alta con los que parece competir) lo mucho que ha viajado a uno y otro lado del Atlántico, lo mucho que sabe de la cultura en general y de la modernidad americana en particular, estaría a ocho mil metros de altura por encima de ellos. Pero no, se ha creído su propia imagen de muchacho de Úbeda que ha triunfado y está en el centro del mundo. Me lamento: ¡si se librara de sus fantasmas! Claro, qué fácil: ¡si me librara yo de mis fantasmas!, ¡si todos nos libráramos de nuestros fantasmas! Seguramente, sin todo ese pozo de complejos y manías que nos lastran, no seríamos novelistas y ni siquiera querríamos serlo. La edad te enseña a entender un poco mejor a los demás, a medida que se te va emborronando tu propia imagen.

Algunos excelentes textos del libro de Muñoz Molina:

[…] los zapatos de los señores, tan llamativos y sin duda insultantes para el que calza alpargatas. «Usted no entiende la lucha de clases, don Ignacio», le había dicho Eutimio, el capataz que cuarenta años atrás había sido aprendiz en la cuadrilla de su padre: «La lucha de clases es que caigan cuatro gotas y a uno se le mojen los pies» (pág. 264).

Respecto a esa magnificación o amplificación del «modelo americano» a la que me refería unas líneas más arriba resulta modélico este párrafo en el que el protagonista, ya en USA, toma el desayuno servido por una mujer negra:

> Había algo sólido y rotundo en las cosas, lo mismo en la construcción de la casa que en el grosor de las rebanadas de pan, en la rica densidad de la leche y la loza pesada del tazón, una especie de robusta cordialidad que estaba también en la presencia de la mujer y en el tamaño de sus manos con las uñas rosadas y las palmas muy blancas (pág. 839).

Otro texto: «Necesito hacer bien algo que tenga alguna utilidad y sea duradero y sólido» (pág. 839). Lo dice Ignacio Abel, el protagonista, que es arquitecto: se trata de un objetivo que Muñoz Molina y yo compartimos, solo que yo, por biografía, por formación, por ser más fruto de fragilísimas derivas que no de ascendentes sólidos, sé que no llegaré a alcanzar. Él está en esa pelea por mostrar su querencia por lo mejor (la más alta música clásica, el arte, el jazz, la inteligencia judía, Nueva York, Améééérica, New York-New Yoooork).

En *Solo los ángeles tienen alas*, la película de Hawks, el moribundo siente el miedo que a uno le invade cuando va a hacer algo que nunca ha hecho antes, y le da vergüenza hacerlo mal: pide que lo dejen a solas. Me parece hermosísima la secuencia. Uno de los temas eternos: morir bien y morir mal, qué diablos es eso, pero si en una novela es importante, decisivo, el final que se le dé, en la vida ha de ser igual. El final cierra el ciclo y da sentido a lo demás, y, sin embargo, con los avances de la medicina, qué tristeza, qué poca dignidad en esos finales interminables, vidas prolongadas artificialmente que tienen poco que ver con lo que les ocurrió a esos individuos que las padecen cuando vivían su vida verdadera. Cuestión de estética y, como no puede ser de otra manera cuando hablamos de estética, sobre todo cuestión de ética. *Quo usque tandem?*

En *La vuelta al mundo de la «Numancia»*, cuando le describen los pingüinos, los pájaros bobos, a Binondo, un herido que está convencido de que se está muriendo, dice: «Como nunca ven gente, no huyen del hombre creyendo que es, como ellos, un animal bobo... Y el hombre lo es, porque se pasa la vida haciendo tontadas... Solo tiene listeza y sabiduría a la hora de la muerte, única hora que no es hora boba [...]. No pudo Ansúrez entretenerse más, y dejó a Binondo con el castrense, que sin duda le habló de lo buena que es la otra vida, y de la felicidad de los que van a ella limpios de pecados» (*Episodios*, III, pág. 476).

«La tristísima claridad de aquel recinto que solo recibía una limosna de luz solar por la escala de entrada, y el aire por una manguera de lona» (III, pág. 473); «Estás en franquía para vida mejor... ya has comulgado, ya tienes el práctico a bordo» (III, pág. 474); «La misteriosa región magallánica» (III, pág. 476); «[...] humillan los Andes sus moles ante la mordedura del mar, que las socava y desmorona» (III, pág. 479).

Las descripciones de los desolados paisajes de la Patagonia están entre las páginas más hermosas de toda la obra de Galdós. Deberían ponérselas de comentario de textos a cuantos dicen que no tiene estilo, o que su estilo es ramplón. Castigarlos a que las copiaran cien veces. Castigo añadido: como de pequeños el maestro nos obligaba a copiar cien veces en la pizarra que «En clase no se habla», ponerles a ellos el castigo de que escriban tantas o más veces «No se habla mal de un escritor sin haberlo leído».

28 de enero

Concluyo el libro de Jordi Gracia sobre las relaciones del exilio con la España de dentro (*A la intemperie*, se titula). Puedo admitir que admiro su erudición aunque me deja la misma impresión que me dejaron sus otros trabajos, sobre todo el último, *La resistencia silenciosa*: todo está hilvanado, todo le cuadra al autor en la urdimbre del libro, pero lo que cuenta no es lo que yo vi y viví (como diría Bernal Díaz, yo no vi a Santiago a caballo en el fragor de la batalla). Es decir, que de lo único de lo que carece el libro es precisamente de lo que un libro de historia necesita: verdad. Se trata de una –no diré mentira– tergiversación bien trabada. En efecto, hubo continuamente lazos entre el exilio y algunas personalidades del interior; e incluso muchos de los vencedores pusieron en esas relaciones su vela al diablo que iba a venir el día que se normalizara la situación política en España a la muerte del dictador; también es cierto que abundaron los trabajos eruditos sobre el exilio en los años setenta, y que se empezaron a publicar las obras de los exiliados, pero –y eso se omite– de tal modo, de forma tan fragmentaria y expurgada, que pudimos tener por autores menores a muchos de los grandes. Los *Campos* de Aub no se editaron en España hasta finales de los setenta, ya después de la muerte de Franco (consulto la edición de *Campo abierto* en Alfaguara: es del 78); *Imán*, de Sender, del 76. El desconocimiento –fuera de los círculos minoritarios– era casi absoluto. Ni siquiera gente como la Gaite, Ferlosio o Martín-Santos conocía casi nada de lo que los españoles editaban en México o en Buenos Aires. No hubo esa fluidez o esa permeabilidad que defiende Gracia. Como ocurría en *La resistencia silenciosa*, también en *A la intemperie* la tesis central es falsa.

Jordi Gracia se empeña en demostrarnos que la Transición tuvo un amplio recorrido, que fue una conjunción de las inteligencias de dentro con las de fuera fraguada durante largos años, al menos desde el encuentro de Múnich en 1962; y defiende que en ese encuentro empieza una especie de optimista ola democrática que se desmayaría sobre las arenas de la gran playa de la patria decenio y medio después. En ese ambiente predemocrático, la disyuntiva que se les presenta a los exiliados –regresar o quedarse en el país en el que se han instalado– es un problema más bien de carácter o de intereses particulares de cada personaje, dada la permisividad del régimen dispuesto a acogerlos casi con los brazos abiertos: digo que todo eso según Gracia, porque, desde luego, no fue esa la sensación que tuvimos en las siniestras horas que siguieron al atentado a Carrero Blanco, ya en el 73, ni cuando, a finales del 75, en su agonía Franco acabó firmando cinco sentencias de muerte. El propio Gracia anota que a Max Aub se le niega el regreso en el año 63, y varias veces después de ese año, antes de autorizarle una breve estancia en el 69. Y no se pregunta el porqué de esa excepción; si acaso la dureza del régimen para con él no se debió a que se negase, con su actitud, a aceptar determinadas condiciones, o más bien humillaciones, por las que obligaron a pasar a muchos de los que fueron volviendo durante los últimos años. Ojo: Aub ni siquiera había sido comunista (pág. 185). Que a Aub la España que se encontró en el 69 no le gustara le parece a Gracia que tiene que ver más con él mismo que con el país. Cosa de mal carácter y de vanidad sin cubrir.

Se pregunta:

> ¿Tiene que ver el desengaño o la decepción de Aub con un escepticismo general y hondo, vital? ¿Tiene que ver con la frustración de una gloria literaria que se ve amenazada por su exilio como tantas veces se autocompadece

en sus diarios? La atención que recibe en España no basta para resarcirlo del quebranto del exilio ni de la ambición literaria. Algunas anotaciones en su diario *La gallina ciega* crepitan con una fatalidad ajena a todo, que no se repara con nada ni por nada, porque la desolación ante la España de Franco es un reflejo de la desolación ante lo fundamental: el reconocimiento del escritor (págs. 185-186).

No le parece pertinente a Gracia que un factor de esa desolación sea que el franquismo, que, cuando Aub visita España, presume de modernidad y desarrollo, le ha jodido la vida, lo ha mandado durante treinta años a diez mil kilómetros, lo ha privado de su mundo, la Valencia del Patriarca, el Madrid del Prado, las piedras de Játiva y la plaza Mayor de Salamanca…, después de haber pasado por campos de concentración en París, en el sur de Francia y en Argelia; y, en su ausencia, ha moldeado una España a su medida (la paz de los cementerios, cantábamos los estudiantes madrileños), una España de sustancia profundamente reaccionaria, donde se controlan las ideas de los habitantes, donde el pensamiento está dominado por curas, clericales e intelectuales afectos al régimen o activamente colaboradores con él que han copado aulas y cátedras; todo eso da la impresión de que no le parece suficiente a Gracia para alimentar la rabia del escritor, su asco, y eso que él, de un modo mezquino, miserable, define como la «autocompasión» de Aub. Como dirá más adelante: «La disparidad de vivencias del reencuentro no está regulada tanto por la fuerza de las convicciones ideológicas como por la biomorfología ética de cada exiliado y las condiciones de su propia biografía» (pág. 192). ¡Santo Dios! «Biomorfología ética» llaman ahora a que un privado de libertades las eche de menos, a que un derrotado por un golpe militar piense que cuanto frecuenta y pisa en el país en el que fue vencido es ilegítimo fruto de una ilegalidad, a que alguien descubra con desazón lo que treinta años de dictadura han hecho de un país que él dejó libre y lleno de vida. El doctor Gracia se muestra estupendo diciendo banalidades. Banal y cínico cuando afirma que el exilio tuvo sus ventajas, así: «[…] el exilio cultural no padeció la dureza del campo de batalla de la política y el poder» (pág. 202). De acuerdo, pero quiénes eran esos que padecían la dureza del campo de batalla, porque él no cita a los militantes comunistas o anarquistas, a los sindicalistas, a cuantos sufrieron persecución y se enfrentaron al régimen. El campo de batalla de Gracia está en otro lugar, los luchadores son otra gente y su trinchera pasa por otros barrios, porque los mártires del franquismo, los sufrientes del exilio interior –es la tesis que recorre todos sus libros– son los Marías, Laín Entralgo, Ridruejo, o sea, los ideólogos del régimen reconvertidos; el exilio de Gracia resulta más bien privilegiado espacio.

En el meollo del libro, sitúa la marginación de los exiliados en los momentos de la Transición porque no consiguieron que la gente se sintiera cómplice del mundo antiguo que representaban. Para él no hubo marginación real, cordón sanitario, ni silencio activo (porque su presencia contaminaba el proyecto de restauración posfranquista), sino falta de interés del país por sus obras. Los españoles prefirieron leer otras cosas, según Gracia, porque las obras del exilio, «[l]legaban físicamente o se editaban en España fuera de su tiempo» (pág. 204). No fue culpa de nadie más que del puro devenir de la vida que su presencia y la de sus libros no tuvieran la esperada repercusión, ni influyesen en el núcleo duro de la Transición. Se los respetó, se los canonizó, pero ya no interesaban. Ese –ya lo he dicho– es el venenoso tuétano del libro.

Cuando ahora ha vuelto a ponerse de moda la recuperación de ese mundo, Gracia lo analiza una vez más desde un punto de vista biológico (darwinismo, evolución de la especie hispánica) y no político. Para él. no se trata de que, expulsados del poder quienes deberían haber construido la España que conectara con los vencidos, se acabaron los discursos lastimeros y «las sospechas de incurrir de nuevo en retrocesos temibles» (pág. 209).

Y ahora, cuando ya todo está en calma, entrado el siglo XXI, llega la reivindicación del pasado: «No es fácil conjeturar las causas de esa resurrección social y cultural del pasado reciente. Pero hay algunas presumiblemente seguras: la biológica es la más obvia, porque atañe a las biografías de quienes solo han conocido el presente democrático y han sentido el deseo de regresar a la guerra como origen de una trama dramática que para ellos sin duda es remota» (pág. 209). Si indignarte y deprimirte por los efectos demoledores de una dictadura sobre lo que fue tu país y tu pueblo es para el autor de *A la intemperie* cuestión de «biomorfología ética», volver al huevo de la España contemporánea (la Guerra Civil) es volver ¡«a la trama dramática»!

Quienes solo han conocido la paz, viene a decirnos, buscan en el recuerdo de la guerra una excitación parecida a la que se consigue contemplando una obra de teatro. Aquí Gracia pasa de tramposo directamente a cursi, para volver inmediatamente a su trampa para indecisos cuando afirma que el más grave daño colateral de ese regreso a los valores del exilio y la República en trabajos de historia, películas o novelas ha sido que:

> Algunos revisionistas de la transición han encontrado en ese papel secundario del exilio un argumento adicional para cuestionar no tanto la legitimidad del proceso de cambio a la democracia como su incapacidad para cumplir los sueños de una izquierda que se siente defraudada con la socialdemocracia. Es una decepción política de largo alcance nostálgico porque atañe al desmoronamiento de utopías arrasadas en el fin de siglo europeo, o al menos desampara-

das por completo desde 1989 y la caída del Muro. Y sin embargo está presente todavía entre quienes creen que la transición democrática trivializó la herencia de la izquierda ideológica o transigió con rebajas inaceptables en el cuadro de valores que perdió en 1939. Y evidentemente fue así, por fortuna, pese a que algunos crean que el exilio hubiese debido pilotar o fiscalizar desde sus expectativas ideológicas la restitución de la modernidad democrática en España. Pero se equivocan, y al exilio le ha esperado, en la otra cara de la moneda de su historia, la integración en otro ámbito: el espacio mítico donde los nietos de la guerra encuentran hoy la épica que ni vivimos durante la transición ni viviremos, con un poco de suerte, en nuestra cotidiana democracia (pág. 216).

Con estas palabras termina un libro posibilista y embaucador. Releo sus últimas páginas y, en el repaso, encuentro un poco por todas partes destellos de esa impudicia:

[...] ha regresado ese tiempo [se refiere al de la guerra y el exilio] en forma de geografía mítica de la cultura española, como carne de ficción literaria o cinematográfica, de estudios académicos y reportajes periodísticos, como si hubiese sido verdad que el pasado fue olvidado por la democracia, cuando su escaso protagonismo tuvo razones de supervivencia política de la misma transición. Aquella nueva sociedad no se reconocía en los rostros y los nombres del pasado —o lo hizo de manera minoritaria—, sino en las promesas inciertas de los jóvenes, en las fiestas de una democracia fresca, juvenil, admirada desde fuera y globalmente tonificante frente a las tristezas rutinarias de nuestra historia. Pero esa sociedad es ya hoy otra también, treinta años después (págs. 208-209).

En resumen, y esa es la misión política del libro, apología de la Transición. Gracia trabaja como *ancilla domini*, y busca un relato al que Benjamin acusaría de mordido por la trampa socialdemocrática, puesta en una esperanza futura como objetivo, frente a la indagación en el crimen original: positiva cuestión de biología, no de ideología; historia de jóvenes festivos frente a viejos reflexivos y cargados de rencor. No hubo escamoteo del pasado, ni inversión política en valores de una modernidad intrascendente socialmente, e inane y moldeable por lo que se refiere a la política, nadie promovió «la movida». Todo fue fruto del tiempo y de la edad. Nada que ver la inmensa cantidad de dinero invertida por organismos públicos, ministerios, ayuntamientos, comunidades autónomas en aquel fenómeno «cultural». Resulta curioso que todo el trabajo de erudito y bien documentado historiador sirva como soporte de una edificación que su cabeza levanta y que flota por encima de los hechos; pura construcción ideológica al servicio de la legitimación del Estado nacido de la Transición. *Noli me tangere*. Es su tema: No la toquéis más que así es la rosa. Los dos libros –*La resistencia silenciosa* y *A la intemperie*– obedecen al mismo propósito y se construyen con la misma estrategia tramposa. Se parte de la conclusión (poner a resguardo la socialdemocracia, elaborarle una narración a la Transición española) y, en consecuencia, se tejen los mimbres que llevan a ella. No es una visión histórica, sino escolástica, en la que la existencia de Dios se da por supuesta y hay que buscar las vías de demostración y la forma de incluirlo en la trama.

Ayer le escuché decir a Zapatero algo así como que no había una posición única en el partido sobre la ubicación del cementerio nuclear, porque ese no es un tema político. Curiosa mentalidad la de nuestro presidente. Imagino que tampoco es tema político si se opta por potenciar el tren o el coche particular; si se trazan autovías o carreteras convencionales; si se abren hospitales o si se provee de agua a una población. Al parecer, por detrás de estas decisiones no hay visiones sobre las formas de energía, sobre lo público y lo privado, sobre lo limpio y lo sucio, cálculos de resistencia de materiales y de los equilibrios de poder. Lo político para nuestro presidente es discutir con esos nietos de la Transición a los que alude Gracia acerca de la Guerra Civil, definirse de izquierdas o de derechas apelando al cadáver escamoteado de Lorca, algo así.

Acabo de releer un libro excepcional, *La marcha Radetzky* (Edhasa), la más ambiciosa novela de Joseph Roth, el judío austríaco que murió alcoholizado en París en 1939 (*La leyenda del Santo Bebedor*). En *La marcha...* se nos cuenta la caída del Imperio austrohúngaro, al hilo de tres generaciones de la familia Trotta, militares y funcionarios de origen humilde enaltecidos por los sucesivos emperadores como gratitud porque Francisco José I fue salvado en la batalla de Solferino por uno de los antecesores de los Trotta. En el libro de Roth se nos muestra la disolución de los viejos valores y la pérdida del sentido de destino, con lo que se supone consiguiente corrupción en las costumbres cotidianas en los días finales del Imperio; el ascenso de una multitud de nacionalismos que quiebran el vigor centrípeto de la Corona, hasta entonces sostenida como representante de Dios en la tierra; y el estallido de la Primera Guerra Mundial, como trágico punto final a esa estructura imperial en caída libre: un mundo desaparece y sus antiguos habitantes se convierten en muertos vivientes cuyo pesimismo abonará las condiciones del futuro ascenso nazi. Escrito con una prosa densa, hermosísima.

29 de enero

Y llegó el comandante y mandó parar. Se acaba la retórica de Peter Pan: entre congeladas sonrisas de conejo, las dos vicepresidentas del Gobierno socialdemócrata anuncian que se retrasa la edad de jubilación, que se alarga el plazo de tiempo que se utiliza para calcular el baremo del sueldo a percibir una vez jubilado, y que se recortan de manera sustanciosa las inversiones del Estado... Ninguno de los periodistas que asisten a la rueda de prensa posterior al Consejo de Ministros parece creerse las explicaciones confusas de las vicepresidentas, que se esfuerzan en justificar por qué se toman estas duras decisiones y no se buscan otras salidas a la crisis de corte más social, o menos feroz. Yo diría que ninguno de los telespectadores que contemplamos el desarrollo de la sesión nos creemos lo que nos cuentan, porque es evidente que ni ellas mismas se lo creen. Mandan los lobbies del dinero, el Banco Central Europeo, el Fondo Monetario Internacional. Tras la caída del Muro, los dueños del mundo cada vez se preocupan menos por guardar la cara amable de la socialdemocracia. Se impone el trágala, perro. Veremos muchas cosas y pocas de ellas serán buenas.

30 de enero

Descripción del Grao de Valencia, un amanecer de domingo, cuando pone en él sus pies un Prim hundido por el fracaso del levantamiento previsto para el 11 de junio de 1865:

> Amaneció el 11 de junio revuelto y brumoso, y el aire traía un aliento cálido precursor del levante. Como domingo, el Grao se adormecía en el descanso de las faenas comerciales. Triste es el día festivo, dígase lo que se quiera, en los puertos de mar; tristes el silencio y quietud de los muelles, las banderas izadas en los barcos sin ruido, los marine-

ros endomingados, las embarcaciones menores, gabarras y botes, metidos todos juntos en estrecha dársena y apretados unos contra otros dando cabezadas como el rebaño dentro de las teleras (*Episodios*, tomo III, *Prim*, pág. 600).

Otra pincelada: «Sombras de edificios, esqueletos de árboles, sobre un turbio cielo débilmente iluminado por las estrellas» (III, *Prim*, pág. 611).

Leyendo el episodio *Prim*, anoto algunos datos curiosos: en el alzamiento de Villarejo de Salvanés iban a participar tropas del cuartel de la Montaña, y unas líneas más adelante nos enteramos de que (III, pág. 617), junto a Prim, aparecen Pavía y Milans del Bosch, entre otros generales. Me viene a la cabeza la idea de aburrida continuidad que transmite la historia de los últimos dos siglos en España, repetición de lugares y personajes, como en obra de teatro hecha por compañía de repertorio, en la que cada actor representa varios papeles: el cuartel de la Montaña es escenario trágico en el Madrid del 18 de julio del 36, con sus militares golpistas fortificados, y el pueblo intentando asaltarlo; Prim, autor del bombardeo a la ciudad de Barcelona, es aclamado como la gran esperanza progresista en la revolución del 68, y trae al rey constitucional Amadeo de Saboya; Pavía, que en la batalla de Villarejo de Salvanés combate la monarquía en nombre de un Estado democrático de raíz popular, se convierte en protagonista cuando entra a caballo en el Congreso de los Diputados y da el golpe de gracia a la Primera República, representante en esos momentos de la reacción más brutal; y el apellido de Milans del Bosch reaparece más de un siglo después, el 23 de febrero de 1981, como capitán general golpista de Valencia, bajo cuyas órdenes los tanques toman la ciudad durante las horas que dura el golpe de Estado.

Leo unas cosas y me dan ganas de leer otras: necesitaría otras diez u once vidas. Esa cosa tan inconveniente de ser solo uno, y tener solo dos manos, y dos ojos, me deprime: conocer mis limitaciones, saber que olvido tan deprisa lo que, con tanta torpeza, leo. Lo anoto hoy porque acabo de leer en III, *Prim*, pág. 616, de Galdós, «quadrupeante sonitu» y he tenido la tentación de irme a la *Eneida*: volverla a leer. No hace tanto que la releí, ¿un par de años?, pero ¡leo tan mal! Leerla esta vez bien, volver a leer bien todo lo que he leído mal. Pero no, ya no podré hacerlo. No tendré tiempo. Visualizo la imagen: diez, veinte Chirbes, sentados, leyendo con aplicación durante muchas horas cada día, y de entre esas decenas de Chirbes hay alguno que lee bien, porque, claro, hoy es sábado, y tras leerme los suplementos literarios de *El País* y *ABC*, me invade la sensación habitual: ¡qué cantidad de obras conocen estos críticos!, ¡con qué soltura se mueven entre ellas!, ¿de dónde sacan tanto tiempo para leer, si yo no hago otra cosa y no abarco nada?, ¿si leer una serie de los *Episodios* te consume semanas enteras y, al poco tiempo, la olvidas y tienes ganas de volver a leerla otra vez? No hablo de vivir muchas vidas, eso puede ser insoportable, demoledor, un año sucediendo a otro: después de cierta edad, terrible, ¡si apenas soporto la vida que me ha tocado! Pero sí vivir una vida siendo al mismo tiempo muchos lectores.

6 de febrero

Ayer, en Barcelona, divertido almuerzo con Lali y Jorge Herralde. Hoy recibo «alertas» con los artículos que aparecen en la prensa. La entrevista de *Público* está bien; esquemática, por razones de espacio, pero bien. Mi amigo F. me dice que le parece que también recoge el sentido del libro la que publica *El Mundo* y yo no he leído. En cambio, los resúmenes de agencias que recogen los periódicos que llaman «de provincias» me provocan la sensación de vergüenza ajena que ya he sufrido en ocasiones anteriores, dan ganas de decirle al editor que no quiero aparecer en público, ni hablar delante de nadie, que no quiero que la prensa diga nada de mí; al fin y al cabo, ser consecuente con lo que el libro expresa, o sea, que la literatura dice exactamente lo que dice, que no se puede resumir, lo que fue una relajada conversación con un periodista se convierte en «Chirbes arremete», o «Chirbes clama», qué empeño en buscar un titular como si esto fuese uno de los programas de telebasura en los que todo el mundo se pelea y grita.

La única materia saludable es la materia inerte (ni siquiera los minerales), la vida es desarreglo, enfermedad.

De vuelta de Barcelona, me encuentro con Paco desencajado; al parecer, no ha comido en los dos días que he estado fuera, ni ha tomado la medicación. A mediodía se pone repentinamente enfermo, la boca abierta, los ojos entornados dejan entrever las pupilas sin brillo, el tinte de la piel de color gris azulado, inmóvil: una vez más, un cadáver de Gregorio Fernández. No sé qué hacer. Le tomo la tensión y tiene la baja apenas por encima de tres. Se me ocurre mirar el pastillero y me encuentro con que se ha tomado de una tacada la treintena de pastillas correspondientes a los tres últimos días, incluidas las del Sintrom. Poco a poco se recupera y va pasando del desmadejamiento a uno de esos episodios de furor que le dan últimamente, en los que me acusa de algo que nunca acabo de saber qué es: en este caso, al parecer, me echa en cara que escatimo dinero para la compra. Hoy tampoco ha tomado ningún alimento y, enojado, se mete en la cama diciendo que no piensa comer, y parece que es una decisión que toma por mi culpa. Al cabo de una hora, en la que bromeo, le tomo el pelo y le añado toda la ironía que puedo a la situación, consigo que se levante, ponga la mesa (ya he preparado la comida) y coma. No se acuerda de nada, ni de lo mal que ha estado, ni de las cosas de las que me ha acusado. Se trata de uno de esos episodios que se repiten en cuanto rompe la disciplina alimentaria o altera las dosis de la medicación. Parece que el lunes van a hacerle la revisión que solicité para él, porque lleva prácticamente un año sin que los médicos lo controlen a fondo. Me da miedo que se esté degradando, cómo responderé llegado el caso, qué medidas me veré obligado a tomar, y, por lo que me cuenta F., esa degradación va a ser con toda probabilidad inevitable.

8 de febrero

Leídos: Esther Tusquets: *Confesiones de una vieja dama indigna*; Sapphire: *Push*, y una novela del austríaco Erich Hackl titulada *Esbozo de un amor a primera vista*, un título largo para una novela breve en la que cuenta la historia de una mujer valenciana casada con un brigadista, el casi inmediato encarcelamiento del brigadista, su muerte y la fidelidad de ella a una forma de dignidad que aprendió con él.

Paso el día resacoso tras una jornada de fiebre y diarrea (fui más de veinte veces al servicio: agua, agua y agua que sale con rabia). Unos vasos de sustancia de arroz y limón parece que han conseguido frenar la diarrea. La vieja y saludable fórmula de mi abuela. Hoy estoy mejor, pero agotado tras estos dos días sin comer.

Repasando los *Episodios* –sobre todo, la *Cuarta serie*– para extraer algunas citas que quiero utilizar en el prólogo que estoy preparando y que sabe Dios cuándo empezaré a escribir, dejo que me abrume la enormidad de la tarea: acabo de concluir una serie de lecturas que me ha tenido ocupado durante tres o cuatro meses, y ya no me acuerdo de nada. Repaso lo leído: mirando los *Episodios* en conjunto, como se mira el paisaje desde lo alto de un globo, se descubre su densísima composición, y la omnipresencia de lo histórico en el texto. Sin esos referentes históricos apenas se dejan leer. Pero eso ocurre con todas las novelas de Galdós, por eso les resultan tan antipáticas a los esteticistas. Obligan a pisar suelo, no dejan que lo literario revolotee.

10 de febrero

Del golfo marqués de la Sagra, moribundo amante de Teresa Villaescusa, Galdós dice que la gente lo define como un «cadáver galvanizado por el vicio».

11 de febrero

Los *Diarios* de Joe Orton: capítulo dedicado a Marruecos. Mayo-junio de 1967: cuarenta y tantos años después, lo que cuenta (un continuo follar y tragarse pasteles de kif) se supone que para escandalizar al lector, se ha convertido en algo intrascendente, cualquiera puede haber vivido experiencias bastante más fuertes que esas; hoy nos parece lo del sexo esquinado y las drogas de Orton de una ingenuidad enternecedora; en cambio, hay un subtexto, un innombrado que el paso del tiempo ha sacado a la luz y hoy nos escandaliza, algo que seguramente Orton no pudo prever entre sus formas de provocación: se trata de su absoluto desprecio por el otro (en este caso, por el marroquí), su ignorancia completa del mundo en que se mueve. Desconoce, no le parece digno de interés, lo que viven sus amantes de paso, sus chaperos, le importan un carajo, ellos le importan un carajo, solo su rabo y su culo; en definitiva, hoy nos asquea su papel de estúpido devorador de carne de colonizado, altivo ser que se cree superior. Digámoslo claro: su comportamiento de asqueroso colonialista. Los personajes que aparecen en estas páginas dedicadas a Marruecos son locas europeas, reinonas inglesas y americanas –más o menos posturosas– y anónimos mucha-

chitos árabes de los que solo sabemos cómo se la dejan meter, y cómo se les levanta, o si sus circuncidadas pollas son
más o menos voluminosas. Ni una palabra sobre sus vidas.
Es gente que lo mira por la calle, o se presenta a la puerta de
su casa, folla o se deja follar, cobra algo y desaparece.

No hay otra relación con el país, con Marruecos. Orton
y su amigo comen en restaurantes ingleses, toman copas, tés
o cafés en bares y hoteles internacionales. En un centenar de
páginas no vemos a Orton y a su amigo intercambiar una
palabra con un marroquí con el que no se folle o se intente
follar (lo que viene a ser lo mismo: se supone que un occidental está aquí para follar y se folla a quien quiere), ni los
vemos comer un plato de cocina marroquí, ni siquiera aparece un paisaje, una geografía que no sea lugar de cita de locas.
Eso que hoy nos parece de una estrechez de miras y de una
grosería insultantes, a ellos les parecía por entonces un moderno y rico mundo de aventura. Constatar esa divergencia
entre lo que Orton pretendió y hoy leemos me reafirma en
la capacidad de la literatura para contar más allá de lo que el
autor desea, para ser incómodo policía, de la sociedad de su
tiempo, y muy especialmente del autor, de quien saca a la
luz aspectos que él ni imagina; al fin y al cabo, de ahí obte-
nemos una valiosa lección de modestia sobre nuestro papel
de síntomas de nuestro tiempo y sobre nuestras limitaciones
como testigos, que con mucha frecuencia nos llevan a serlo
de lo que no quisiéramos, testigos a nuestro pesar.

Vuelvo a ver esa estupenda película, *El mundo sigue*, y
con qué emoción: cada uno de sus planos destila verdad, es
una época completa de España lo que se nos sirve en hora y
media de proyección.

Es buena la última novela de J. A. González Sainz, y aún
sería mejor si se despojara de ciertos arrebatos poéticos, de

una retórica que no siempre ayuda, o que, más bien, entorpece el paso del libro, esa retórica fue la que se me interpuso en la lectura de su anterior novela impidiéndome una ajustada visión, todo me parecía excesivo, con aquel ser –especie de Polifemo gongorino– que aullaba su desesperación por los bosques.

Sigo varado en el prólogo que tengo que escribir para los *Episodios nacionales*: parálisis permanente, no escribo, y lo peor es que mientras permanezca encallado en este varadero no voy a conseguir tener la cabeza en otro sitio. Leo la prensa, me trago una novela tras otra, hago zapping en la tele a ver si encuentro una película de interés, busco las gafas que siempre están en el lugar más inesperado, la estilográfica, me caliento un tazón de leche, dormito. Estoy enfermo de algo, paralizado. Por detrás de cada uno de estos movimientos, un rumor oscuro, una especie de zumbido, voz que repite que me queda poco tiempo y que es imperdonable perderlo así. Si al menos gozara del presente, *carpe diem*, Chirbes, *carpe diem*, fuera a la playa a contemplar el mar, a pasear por el campo que estos días está precioso (o ha de estarlo)…, pero no, me quedo aquí, enjaulado, minusválido. Si alguien me preguntara para qué sirvo, tendría que decirle que para nada. Menos mal que a partir de cierta edad ya no se hace uno esas preguntas directas, trascendentes (ahora estoy mintiendo, es precisamente a partir de cierta edad cuando no te haces más que esa jodida pregunta). Ni siquiera lo que leo lo aprovecho. Se me olvida. Como si hubiera roto amarras y me alejara de todo, la costa habitada cada vez más lejana. Ya van dos viernes que me llama A. para que vayamos a follar y dos veces que invento excusas para darle largas. ¿De qué voy a escribir si no parece que me interese nada ni nadie, si ni siquiera me intereso yo mismo? Estarme quieto aquí, que no me muevan, estar así, sin sentimientos, ni alegrías, ni penas, áurea mediocridad. *Dolce far niente*. Lo que rompe la armonía es esta ansiedad por escribir, tan improductiva, puro despilfarro de energía, sumidero de las aspiraciones a vivir mejor. Si consiguiera acallarla, yo creo que el mundo (mi cuarto) estaría bastante más cerca de la perfección.

17 de febrero

Odio, amistad, noviazgo, amor, matrimonio, de Alice Munro, es una magnífica colección de cuentos en los que maneja una depurada y efectiva técnica de zigzag, haciendo entrar en la trama el azar, lo inesperado de la vida, todo en un clima desolado, seres infelices, vidas pequeñas, carentes de sentido...

Lo que esconde tu nombre, de Clara Sánchez, tras ese aire «aseado» de otras novelas de la autora, ofrece una trama policíaca hilada con cuidado y una buena carga de aburrimiento. El libro se hace interminable.

En 1795 Napoleón aplasta el levantamiento realista en las escalinatas de la iglesia de Saint-Roch (*13 vendémiaire*, año IV: 5 de octubre de 1795). Allí hieren al buen César Birotteau.

18 de febrero

El Baroja de *La intuición y el estilo* se mueve entre lugares comunes y tópicos literarios. De vez en cuando nos ofrece una observación certera, brillante, o un chiste gracioso, pero en general esos textos nos resultan muy de tertulia de casino decimonónico, pura charleta. No me refiero a que no tenga un método reflexivo (él se pasa el tiempo diciendo que es un hombre de escasa formación, eso puede dar igual), sino a que los temas que aborda y el punto de vista desde el que los enfrenta se han quedado fuera de nuestras preocupaciones de hoy. Como crítico literario tampoco parece muy certero: no se muestra partidario de Clarín y *La Regenta* le parece poca cosa. Monta con ella, con *Pepita Jiménez* de Valera, y con *Marta y María* de Palacio Valdés, un trío, y hace con ellas una trampa que revela bastante mala baba por su parte: las compara con *Guerra y paz*. Las tres novelas españolas son novelas «cerradas», frente a *Guerra y paz*, que es una novela «ancha». Y el muy taimado se pregunta y responde: «¿Hay quien ponga las novelas de "Clarín", de Valera y Palacio Valdés sobre la de Tolstói? No lo creo» (pág. 205). Ni menos aún las suyas, don Pío, ni las suyas. Ninguno de sus libros le llega al deseado panal de *La Regenta*.

El ensayista Baroja no ve el porvenir en lo que él llama «lentitud, morosidad en la acción». Es el tempo lento y sin futuro de Proust y Gide (pág. 219). ¡Bang! Diana, don Pío. Ha dado usted en la diana. Y no está hablando de obras recién publicadas que pudieran causarle extrañeza, porque *La intuición y el estilo*, el libro en que afirma esas cosas, se publica en 1948.

Admirador incondicional de Dostoievski, lo usa también como estilete cuando afirma:

> Toda la gran literatura moderna está hecha a base de perturbaciones mentales.
>
> Esto ya lo veía Galdós; pero no basta verlo para ir por ahí y acertar; se necesita tener una fuerza espiritual que él no tenía, y probablemente se necesita también ser un perturbado, y él era un hombre normal, casi demasiado normal (pág. 217).

Tampoco me parece que acierte al juzgar a Galdós, ni siquiera en lo de que fue un hombre normal. Depende de lo que se entienda por eso: un hombre normal no escribe decenas de tomos en los que se adentra en todas las pasiones humanas y saca a la luz los vicios sociales, digo yo.

Para compensar, un par de citas suyas, brillantes aunque también cargadas de bilis:

[…] que el marido fuese un imbécil, lo que dentro de las pragmáticas del socialismo, era casi obligado, pero que en la vida no sucede siempre (pág. 216).

El budismo parece completamente opuesto al semitismo. Es la menos arquitectónica, la menos geométrica de las teorías religiosas. En el budismo, casi no hay dogma, ni interés práctico de ninguna clase. La única satisfacción que ofrece el budismo al espíritu del hombre es el no ser, es decir, lo que para el semita es el colmo de lo horrible y de lo trágico (pág. 197).

21 de febrero
De una entrevista en *El País* a Raimon:

P. En teoría, el final de la dictadura amplificaba las posibilidades artísticas de los cantantes que la combatieron.
R. Pero no fue así. Todavía no se ha roto el Estado franquista. Toda la gente, no solo cantantes, que artísticamente había sido crítica con el franquismo, en vez de tener un respiro, fueron mandados al carajo. Hubo un cierre inmediato, salvo en Cataluña y en el País Valenciano, con los socialistas en el poder. Mucha gente en España no sabe nada de mí desde 1981 […]. Más que la Transición parece la transustanciación. Se suele hablar de Transición hasta que el PSOE gana las elecciones generales en 1982. Pero eso no es así. Ha habido muchas cosas después. Era muy importante que tuvieras un carné. No estoy en contra de

las afiliaciones, faltaría más, pero en un momento determinado hay listas de orientación y los que no son simpatizantes no están. En los ochenta hay un intento de borrarlo todo. Y algunos se quedan por el camino, como Ovidi Montllor y otra gente que fue arrinconada.

No está de más comparar esta versión de Raimon, que comparto –ambos vivimos aquellos años y sabemos de qué hablamos–, con las tesis del tarambana Jordi Gracia y su España de Laínes, Ridruejos y Marías.

Mañana, a Sevilla, para presentar *Por cuenta propia* en un programa de Canal Sur que se titula *El público lee*, y en el que te hacen las preguntas precisamente esos lectores a los que el nombre del programa se refiere.

El hombre del tiempo anuncia lluvia, así que me llevo mi boina y mi chaquetón impermeable.

1 de marzo

No recuerdo otra época de mi vida en la que haya perdido tanto el tiempo, en la que el tiempo se me haya escapado tan deprisa. He pasado de estar paralizado por el prólogo de Galdós a olvidarme de él (aunque sigo sin entregarlo). Leo. Ahora, un libro de Aramburu en el que describe viajes por Alemania con su novia, y que no consigue retener mi atención entre sus interminables cuatrocientas o quinientas páginas; unos cuentos de Alice Munro en los que interviene siempre el azar para poner orden o desmoronar las vidas; la novela de Marta Sanz *Black, black, black...*, que me hace sonreír con su desparpajo y su capacidad para jugar con humor con el lenguaje de los de abajo, pero cuyo enunciado sentido último («novela contra la seducción») se me escapa, como también se me escapa su propósito: cada día me veo más torpe para levantar o reconocer teorías acerca de lo que leo; la nueva novela de Ferran Torrent, *Bulevard dels francesos*, me parece la mejor de las suyas (o de las suyas que he leído), a pesar de cierto soniquete, de cierta retórica (*à nous, qui nous connaissons*), que me molesta, pero tiene un trabajo literario y una cualidad de empaste muy superiores a las anteriores.

Por cierto, me llama la atención que en la solapa del libro de Marta Sanz, una mujer progresista, de Izquierda Unida, liberada, no aparezca entre sus datos biográficos la fecha de nacimiento. Me parece tan machista como aquellas cartas para señoras que se pusieron de moda en los restaurantes lujosos allá por los ochenta del recién concluido siglo, en las que no se incluían los precios de los platos que –lógicamente– sí que constaban en las cartas que se les entregaban a los caballeros. Últimamente observo que también algunos escritores (por lo general, gays) evitan poner la fecha de nacimiento en la solapa de su libro.

2 de marzo

Llàtzer Moix, en su libro *Arquitectura milagrosa*, analiza –como ya advierte en el subtítulo– unas cuantas *Hazañas de los arquitectos estrella en la España del Guggenheim*, empezando por las de Calatrava en la Ciudad de las Artes y las Ciencias de Valencia. Entre los casos de locura político-urbanística, y del afán por convertir el nombre de uno de esos arquitectos mediáticos en emblema de la ciudad, cita a Zaha Hadid con su pabellón-puente de la Expo de Zaragoza, Peter Eisenman y la Ciudad de la Cultura de Santiago de Compostela, o las cuatro torres levantadas en la Ciudad Deportiva del Real Madrid. El libro es irónico, cuando no abiertamente sarcástico, al analizar la mayoría de estos proyectos, pero se vuelve comprensivo (y hasta admirativo) cuando toca los que llevan sello catalán: el edificio Agbar no le parece repetición del que antes se levantó con forma idéntica en Londres; por el contrario, destaca que dota a Barcelona de un símbolo y un faro (lo llama «faro» y no «falo», o «condón», como se lo ha bautizado popularmente); sí que llama «jamonero» al puente de Calatrava L'Assut de l'Or, en la Ciudad de las Artes de Valencia. Los proyectos que se realizaron en L'Hospitalet, siendo alcalde el hoy ministro socialista Celestino Corbacho, también le parecen admirables: alaba al hombre que supo reunir decenas de grandes firmas de arquitectos estrella en un pueblo históricamente degradado; y merece su admiración el alcalde de Palafolls por haber conseguido, pese a la modestia de la población, las firmas de Arata Isozaki para el pabellón polideportivo, y Miralles para la biblioteca. No faltan los elogios para un edificio madrileño, curiosamente construido por una empresa catalana: el Caixa-Forum, obra de Herzog y De Meuron. Los proyectos barceloneses los analiza Moix desde dentro, descifra sus razones urbanísticas o simbólicas, forman parte de la sintaxis de la ciudad, mientras que lo hecho fuera de Cataluña tiene aire de despropósito, locura, despilfarro y paleterío: sea Valencia, Zaragoza, Madrid (sí, excepto el catalán CaixaForum), Santiago de Compostela o La Rioja. En todos esos casos ve moverse a la gente como quien contempla un hormiguero, desde lejos y desde arriba, sintiéndose tan superior. No le falta razón en lo que analiza y dice de todas esas obras descabelladas construidas en el resto de España, pero al leerlo uno tiene la impresión de que lo que ocurre es que él forma parte del lobby de la arquitectura catalana, sí, que ocupa en él algún lugar, o al menos lo ve desde dentro y se esfuerza por comprenderlo, mientras que lo otro está –en efecto– fuera. Las páginas iniciales del capítulo que dedica al «diminuto Madrid al que Felipe II trasladó la capital a mediados del siglo XVI» resultan muy instructivas para descubrir el lugar desde el que mira. Tan arriba y tan lejos. En Barcelona, en cambio, se encuentra como en casa. O, mejor dicho, en Barcelona está en su casa.

3 de marzo

Me resulta difícil sacar fuerzas para sostenerme, con Paco de malhumor a todas horas, siempre al borde de la quiebra o del derrumbe. Yo no sé hasta qué punto la enfermedad puede haberle afectado al cerebro, pero está peor. Se olvida de tomar la medicación como no estés tú pendiente, apenas come, pasa de llevar tareas compulsivas que superan sus escasas fuerzas, a no querer ni siquiera levantarse. Vive en una permanente amargura y no hay manera de consolarlo. Hace poco parecía recuperar los ánimos, bajaba más al pueblo. Tengo que buscarme amigos aquí, me decía. Yo creo que la depresión de estos días (al margen de las oscilaciones de humor que le produce la arbitrariedad con que se administra las pastillas, por más que yo se lo recuerdo y lo vigilo) tiene que ver con que se siente defraudado por los dos o tres amigos que había empezado a tratar, y que se han dejado invitar alegremente, y le han pedido dinero prestado (uno de ellos, al parecer, bastante: le ha debido de limpiar la ajustada cuenta bancaria), y luego, una vez que lo han dejado sin blanca, ya ni le saludan. A cada broma, a cada chiste, responde hostil, agresivo, así que la depresión se tiende sobre la casa como una sábana negra y pesada.

4 de marzo

«[…] en el momento en que esta nueva arma devastaba la ciudad, innumerables gritos de socorro que parecían surgidos del interior de la tierra llegaron a sus oídos como si fueran las voces de esos cientos de miles de almas.» Masuji Ibuse, *Lluvia negra* (pág. 7).

8 de marzo

Me ha gustado mucho la novela de Ibuse, un recorrido entre ruinas y cadáveres tras la explosión de la bomba atómica, el libro está escrito de una manera minuciosa, sin sentimentalismos, pero con una piedad pudorosa que se cuela entre las elipsis, los silencios y los sobrentendidos.

10 de marzo

Javier Echeverría, *Ciencia del bien y el mal*: «[...] los males están garantizados por la naturaleza y la necesidad, los bienes hay que lograrlos con esfuerzo [...]. Los males son el origen del bien» (pág. 19).

Aristóteles: «[...] los hombres solo son buenos de una manera, malos de muchas» (pág. 16); «Un bebé es una entidad social, no solo natural» (pág. 153).

No consigo entender el origen de la risa en el bebé. Puede estar inscrita en el genoma humano, pero parece que reclama cierta complicidad. El bebé apenas distingue a quien tiene frente a él, y sin embargo sonríe y ríe. Me parece misterioso.

Releer la *Ética a Nicómaco* (no hace tanto que la leí, pero debo volver, guarda mucho de lo que necesito para lo que pueda venir, me refiero a la novela que aletea).

«Los humanos no somos los únicos seres vivos que nos suicidamos» (J. E., pág. 187); «El sujeto freudiano es un sujeto quebrado» (pág. 191); «Hölderlin (por un día viví como los dioses, más no hace falta) [...] la historia como un tercer mundo (a lo Popper), donde algunos muertos perduran e influyen en los cursos de acción humana» (págs. 223-224).

Oscar Wilde, la decadencia de la mentira: «Lo que el Arte verdaderamente nos revela es la falta de plan de la Naturaleza, sus curiosas tosquedades, su extraordinaria monotonía, su estado absolutamente inconcluso» (J. E., pág. 261).

De nuevo Oscar Wilde: «La verdad es entera y absolutamente cuestión de estilo» (pág. 265). Estoy cada día más de acuerdo con eso. Para un escritor es sin duda así.

De Leibniz: *Teodicea*: «Dios hace más caso de un hombre que de un león; sin embargo, no sé si, a fin de cuentas, se puede asegurar que Dios prefiera a un hombre solo que a toda la especie de los leones» (J. E., pág. 289).

De Maquiavelo, una afirmación que no recordaba: «Las injusticias se deben hacer todas a la vez [...] mientras que los favores se deben hacer poco a poco» (J. E., pág. 311).

El fiscal Carlos Jiménez Villarejo convierte la entrevista concedida al diario *Sin Permiso* en una encendida defensa de Garzón. Dice así: «Llevamos 25 años en que las asociaciones de jueces y fiscales, conservadores y progresistas, han celebrado congresos comiendo en la mano de los bancos y cajas de ahorro, que han aportado cantidades importantes, han pagado gastos de alojamientos y seguramente algo más. ¿Por qué no se preguntan jueces y fiscales cómo encaja esto en el ejercicio libre e independiente de su función si cualquiera de ellos ha tenido algún asunto con las entidades que les han subvencionado tan generosamente?». El mensaje es claro y bien conocido: café para todos. Todos corruptos: si a Garzón se le acusa de haber recibido dinero de Botín (*Querido Emilio*), todos han recibido favores de la banca. El Santander le pagó lo que se supone que fueron carísimos cursos a Garzón, y poco después, él decidió archivar una causa contra el banco, o contra Botín, el banquero. Para un observador resulta bastante chocante que el sueldo de Garzón (por lo que yo sé, no es rico de familia) dé para tanta corrida de toros, para tanto viaje de acá para allá y para tanta cacería.

15 de marzo
   Durante estos días resulta difícil contemplar el cadáver de Miguel Delibes, cubierto por tan espesa nube de cuervos, pronto levantarán el vuelo y se irán a desgarrar con el pico otro cuerpo (los escritores son dóciles y mueren a buen ritmo, para que no les falte alimento a los golosos pajarracos). Dejémosles hacer tranquilamente su trabajo a los descarnadores, por el bien de todos, es ecológico, me refiero a lo de la cadena trófica y todas esas otras cosas.

17 de marzo
   Sigo la recomendación del director y el guionista de la futura serie televisiva sobre *Crematorio*, y me veo la primera temporada completa de *The Wire*, trece episodios de un tirón en un par de días. La verdad es que te engancha, no tienes ganas de abandonar sin saber en qué va a parar todo eso que se te ha mostrado al principio. Por cierto, creo que esa serie ha influido no poco en los guiones de los episodios de *Crematorio* que me han enviado para que lea.

   Ayer me enviaron los resultados del análisis que me hicieron hace un par de días. Nada de infecciones, pero hay que ver lo mal que está la cosa hepática: los triglicéridos, cuyo máximo debería estar en 150, dan 896; y el colesterol malo, que debería mantenerse por debajo de 135, está a 159. Mi amigo F. me dice que esas cantidades anuncian prácticamente un colapso hepático o de páncreas. Me recomienda que me pase diez o doce días sin tomar alcohol y procurando ingerir pocas grasas. Además, me dice que tengo que caminar un rato cada día. Hoy he cumplido con los requisitos: he bajado a pie hasta el cementerio, no para preparar el futuro, sino porque es, digámoslo así, la cota cero de cualquier paseo que emprenda desde mi casa. Bajar y subir me ocupa menos de media hora (pesa la pronunciada cuesta, eso sí), ¿por qué no hacerlo a diario? Claro que también podría escribir a diario y huyo de plumas y ordenador como si fuera un ejército enemigo avanzando con la bayoneta calada tras el toque a degüello.

25 de marzo

Regreso de Madrid, tras la charla en el instituto Carmen Martín Gaite, y la entrevista con Sánchez Dragó para el programa *Noches blancas*.

Recibo una emocionante carta de Antonio Muñoz Molina en la que se duele de que no seamos más amigos. «Imagino que hay por tu parte lealtades personales e ideológicas que lo hacen difícil, pero me da pena igualmente», dice. Seguramente está convencido de que algo me ata a Bértolo y Echevarría. No sabe lo lejos que estoy de ellos (años de silencio y desprecio por su parte, y, por qué no, como consecuencia, también por la mía). Eso por lo que se refiere a las fidelidades personales; a las ideológicas, me toca decirle que nunca me ha separado de nadie el pensar de distinta manera. Me gustan los amigos con los que puedo discutir, enfrentar posiciones, que me lleven –o llevarles– la contraria. Es verdad que Antonio se ha colocado demasiado arriba, demasiado cerca de poderosos y relumbrones, aunque siga exhibiendo ese desamparo de chico de pueblo invitado a una fiesta en la que no debería estar. No creo que este último comentario le hiciera mucha gracia, pero lo veo así. Todo ese cosmopolitismo forzado en sus columnas, esa arcaica modernidad. Me recuerda un poco al Blasco Ibáñez que se pasea por el gran mundo y, cuando quiere contárnoslo, nos hace volver la vista precisamente hacia el lado indeseado (la Úbeda de Antonio, la Valencia huertana de Blasco), porque consigue que recordemos que en esos ambientes está fuera de lugar. Mañana mismo responderé a la carta de Muñoz Molina, explicándole que no es que no sea o no quiera ser amigo suyo, sino que no veo a nadie (bueno, a casi nadie), y que solo me encuentro a gusto con los amigos cuando hablo por teléfono. El vis a vis, que dicen en las cárceles, se me hace cada día más difícil, me pone nervioso, me angustia; o lo que es seguramente peor, aunque también menos estresante, me aburre, me cansa a los veinte minutos y me hace sentirme un preso a punto de salir corriendo.

A veces pienso que buena parte de la culpa de los vértigos que sufro la tienen esas angustias que rozan lo agorafóbico, porque se agudizan en cuanto tengo que dar cuenta ante alguien (aunque sea un amigo) de mi comportamiento. El pasado sábado, en Madrid, cené con M. C. I. Después de la cena me llevó a un club de ambiente, y no pude resistir allí dentro más de diez minutos, apenas probé mi copa y dejé solo a M. (mejor: no lo dejé solo porque el club estaba de bote en bote, lo dejé sin mi compañía). Sufrí un ataque de pánico, que se manifestó en forma de vértigo: no pude soportar el sonido estridente de la música, la presencia de tanta gente, el confuso ruido de las conversaciones cruzadas, la sensación de encontrarme en un sótano, apretujado entre aquellas barreras humanas que me dificultaban llegar hasta la escalera de salida. Subí agarrándome a la barandilla y avancé por la Gran Vía tambaleándome. Sentí pena de mí mismo. Pensaba: otra minusvalía, otra mutilación. Ya no puedo pisar los lugares concurridos, ruidosos, los clubs y discotecas que me ocuparon horas y horas durante mi juventud. Y lo pensaba porque el día 18, o sea, un par de días antes, también me sostuve a du-

675

ras penas entre la multitud que asistía a la *Nit del foc* en las fallas de Valencia. Intentaba no caerme, y todo se iba alejando —hasta el ruido de los petardos— y se bamboleaba cuanto veía, o me bamboleaba yo, y perdía realidad lo de fuera: alargaba el brazo, buscaba agarrarme a alguien que me sostuviese, y esa angustia aún me dejaba un hueco en la cabeza donde aparecía un mensaje que me decía que esa iba a ser la última *Nit del foc* a la que asistiera, e incluso quizá fueran las últimas fallas que viese, porque no puedo soportar la aglomeración de gente. Pensaba: con lo que me ha gustado venir un día al año a meterme en ese barullo, oler a aceite requemado de churros y pólvora, disfrutar del ajetreo y la animación callejera, y que se me caiga la baba viendo cómo los artistas dan los últimos retoques a su trabajo colgados a quince metros de altura (el culto a las cosas bien hechas, aunque se las vaya a llevar el diablo o el fuego en cuanto las termines), o las caras de felicidad y las risas de la gente al contemplar los muñecos (Bajtín en estado casi puro), el estruendo de la *mascletà*, de las bandas de música, la animación de las luces callejeras. El año que viene ya no volveré. *Sic transit gloria mundi.* Cuando terminaron los fuegos, de madrugada, mientras me dirigía a la estación para coger el tren de vuelta a casa, me entretenía contemplando las fallas, las luces, las bellas fachadas de las casas de una ciudad que rebosaba vida a pesar de lo avanzado de la hora, y lo veía todo con melancolía. Empieza uno a experimentar que la vejez no es esa apacible etapa ñoña de la vida que nos cuentan, ese pastel dulzón (¿*En el estanque dorado* se titulaba aquella película cursi de los Fonda?), sino algo feo, doloroso y sucio.

Cada vez el cuerpo —carente de energía para casi todo lo deseable— parece producir mayor cantidad de secreciones desagradables. Mantenerse mínimamente presentable ante los demás y ante uno mismo va exigiendo cada vez más dedicación, más cuidado, más tiempo, hasta que, al final, eso de sentirte presentable, esa representación ante los demás que tanto esfuerzo te cuesta sacar adelante, ya no pueda sostenerse y vaya siendo sustituida por una representación inversa. Serán los demás quienes aparenten mantenerse pulcramente incólumes ante el espectáculo que ofreces: es la fase de la asistencia, de la caridad, la etapa de los pañales, y todo eso de lo que es mejor no hablar y que esperemos que la vida nos evite, y si ella no tiene con nosotros esa cortesía, tengamos nosotros el suficiente sentido común y el valor para interrumpir la representación, cortarla con un suave golpe de telón. Tiempo atrás en la sociedad católica, quedaba el consuelo de las últimas escenas purificadoras, los santos óleos, el réquiem, las palabras consoladoras, dulce muerte en familia, con agua bendita en la mesilla y un crucifijo portátil para ponértelo en el pecho, pero para nosotros eso se ha acabado. O, mejor, eso no lo aceptamos nunca. Lo rechazamos en cuanto fuimos capaces de pensar por nosotros mismos. La representación nos falló desde el principio. El consuelo fruto del engaño y del miedo. Esa salida no existe. Hace casi medio siglo decidimos comer de la fruta prohibida. Quisimos saber la diferencia que existe entre el bien y el mal, entre verdad y mentira. Husmeamos aquí y allá, espigamos en la gavilla separando el uno del otro, la una de la otra. La ambición de saber sin restricciones: un pecado que no hay Dios que perdone. Es el pecado contra el Espíritu Santo, el de los ángeles orgullosos de su inteligencia. Luzbel que se convierte en Lucifer. Ellos, los dioses de una teología que exige sumisión, vengan la sabiduría y el atrevimiento con el castigo de la muerte eterna. Y nosotros, si nos negamos al humillante sometimiento, lo pagamos con la desesperación. Bienvenida sea, bendita desesperación que nos concede un instante de eternidad. Seréis como dioses. Lo hemos sido, dioses mutilados, dioses doloridos, quebradizos, agónicos: sería tan miserable renegar de eso: mejor morir rabiando, que es morir sabiendo.

677

La última novela de Ellroy, *Sangre vagabunda*, me parece confusa, reiterativa, con un tremendismo tan pasado de rosca que te anestesia: acaba dándote todo igual. Ni siquiera tienes muy claro quién es cada personaje o en qué se diferencia del otro. Más aún, ni siquiera te preocupa saber cómo es cada personaje. El libro es poco más que ruido y cacolalia. Me desconciertan las críticas entusiastas que leo en los periódicos, hoy mismo he leído un largo texto –una página completa de *Babelia*–, escrito por Carlos Boyero. Lo titula «El febril cronista de la infamia»; leyéndolo, me pregunto si se refiere a la misma novela que hoy mismo me hacía cabecear en una atmósfera de confusión y desgana, leyéndola en el tren. Hablo sin haber terminado aún la novela: voy por la página 359, la novela tiene casi ochocientas, aunque me da la impresión de que en las veinte primeras ya ha dicho cuanto tenía que decir.

26 de marzo
Le escribo a Jean-Maurice.

He pasado tres días en Madrid. La ciudad está cada día más hermosa. Tenía que asistir a un encuentro con los alumnos de una amiga de una amiga en un instituto llamado Carmen Martín Gaite, en un pueblo de la sierra madrileña. Este año aún queda mucha nieve en Guadarrama. Después, una entrevista en TV. Y aprovecho la visita para comer con los amigos y dar un largo paseo a solas: recorro la carrera de San Jerónimo y la Castellana desde Neptuno hasta el Palacio de Congresos. Un par de días y, enseguida, regreso a Valencia. El tren atraviesa La Mancha, donde en esta época del año no crece ni una brizna de hierba: triste tierra blanquecina de la que surgen a palo seco los troncos (¡pocos!) de los árboles y los tocones oscuros y desnudos de las cepas, sin una pequeña pincelada verde alrededor. Un desierto sin gracia alguna.

Dentro de pocos días empezará a brotar el cereal y el paisaje adquirirá otro aspecto; un verde tan hermoso como engañoso que ocupará durante algún tiempo amplias superficies, arlequinadas con extensiones rojizas de tierra a la que los tractores le han arrancado la costra y en la que los campesinos aún no han sembrado. Colores de pintura abstracta española de los años sesenta (Museo de Cuenca). Contemplando ese paisaje invernal se comprende bien el carácter de los habitantes.

Jean-Maurice quiere publicar suelto el artículo que abre *Por cuenta propia* como primera entrega de la editorial que acaba de fundar: Alma. Creo que es demasiado breve, poca cosa, pero él está en que no, me dice que en Francia acaba de aparecer un texto aún más breve de Michon: tiempo de escrituras minimalistas y de tipografía paquidérmica. Había escrito «taquigrafía» en vez de «tipografía», ¡sigo con esos deslices de homofonías, o de paronomasias, que así es como creo que se llama esa figura de dicción!

Avanzo a duras penas en el libro de Ellroy, del que no tengo la impresión de aprender nada.

Me pregunta M. R. R. si recuerdo ahorcados suicidas en la narrativa para un trabajo que tiene que hacer: a bote pronto recuerdo ajusticiados, los que se encuentran don Quijote y Sancho en su viaje a Barcelona, en el episodio del bandolero Roque Guinart; o los criados de *La Celestina*. En ambos casos se trata de ejecutados, no de suicidas. También recuerdo el ahorcado en *El manuscrito encontrado en Zaragoza*, libro que leí hace cuarenta años y tanto me impresionó con sus laberínticos juegos; pero hay más. Tiene que haber más. En mi novela *Mimoun* se ahorca un cura (¿o lo ahorcan?, no queda claro) sobre el que pesa la maldición de haber construido su ermita

679

en el camino de un morabito. Cuando encuentran su cadáver, ha sido devorado por los perros y solo queda la cabeza prendida por el cuello a la horca. Le pregunto –e-mail mediante– a Jean-Maurice: me cuenta que Nerval se ahorcó junto a Châtelet una fría noche (noche en blanco y negro, nieve y sombra) de invierno en una callejuela que el barón de Haussmann hizo desaparecer en su reforma. Pero eso es un autor suicidado, no un personaje de novela. En *Splendeurs et misères des courtisanes* planea –como en *Illusions perdues*– el suicidio: Esther quiere suicidarse porque ha sido separada de su amante, y acaba envenenándose sin saber que ha heredado una fortuna. Lucien de Rubempré, un provinciano de Angulema, se ha llenado los bolsillos de piedras para arrojarse al río, se salva gracias a la intervención del falso cura Carlos Herrera, que no es sino una de las reencarnaciones de Vautrin, el refinado criminal que acaba guiándolo entre las clases superiores de París y haciéndolo pasar por noble, cuando es hijo de un modesto farmacéutico de provincias (el temible comisario Corentin, supuesto hijo natural de Fouché, utiliza para espiar los sospechosos tráficos de Herrera y la procedencia del dinero que gasta Lucien al policía Peyrade, que se oculta bajo la personalidad de un supuesto *père* Canquoëlle). Al final de tanto ajetreo hay un ahorcado: el propio Lucien se cuelga en la celda en la que lo han encerrado. Vautrin lo ha salvado de un suicidio para arrastrarlo a otro.

En Galdós abundan los suicidas, pero no los ahorcados, que yo recuerde: al final de *Miau*, el viejo Villaamil, convertido en cesante, se descerraja un tiro junto a los vertederos del cuartel de la Montaña, en la que fue plaza de San Marcial de Madrid (hoy, plaza de España):

«[…] Nada, nada, este chisme no vale… ¿Apostamos a que falla el tiro? ¡Ay! Antipáticas *Miaus*, ¡cómo os vais a reír de mí!… Ahora, ahora… ¿A que no sale?».

Retumbó el disparo en la soledad de aquel abandonado y tenebroso lugar; Villaamil, dando un terrible salto, hincó la cabeza en la movediza tierra y rodó seco hacia el abismo, sin que el conocimiento le durase más que para poder decir: «Pues... sí...».

De tal modo termina esta muy amarga novela. Se suicida, en el ciclo de *Torquemada*, el aristócrata ciego Rafael del Águila, que no puede soportar que su hermana se haya casado con el vulgar prestamista, empujada por las necesidades económicas de la familia. Rafael del Águila se arroja por el balcón. Y Amparo, la protagonista de *Tormento*, toma voluntariamente lo que ella cree que es una dosis de veneno. Amante del cura Pedro Polo, se salva del suicidio gracias a la intervención de Felipe Centeno, que le cambia la composición del bebedizo. Isidora Rufete, que ve frustradas sus ilusiones de heredera, decide un suicidio sui géneris: se lanza a la calle, se supone que en busca de su perdición: es un suicidio moral. Aunque ella ha anunciado anteriormente su propósito de «perderse», Galdós deja el final en el aire, lo envuelve en una ambigüedad que carga la resolución de un sentido más desazonante: «Salió, efectivamente, veloz, resuelta, con paso de suicida; y como este cae furioso, aturdido, demente en el abismo que le ha solicitado con atracción invencible, así cayó ella despeñada en el voraginoso laberinto de las calles. La presa fue devorada, y poco después, en la superficie social, todo estaba tranquilo» (*Novelas I, La desheredada*, pág. 1180). Que Galdós fuera, según dicen, un hombre bondadoso –o, en palabras de Baroja, un hombre quizá demasiado normal– no quiere decir que no tuviera una lucidez extrema (la que le niega toda una corriente literaria española) y que su escritura sea más sustancialmente desesperada que la de algunos que han querido mostrar desesperación haciendo visajes y grandes aspavientos. Es más, en sus novelas bondad y desesperación van de la mano, porque España es propiedad de los malvados, de los arribistas, de los sinvergüenzas sin escrúpulos y el bien no encuentra espacio en el que crecer ni aire que respirar.

Pienso: ahora tengo un mes —al menos, un mes— por delante. Es el momento de ponerme de verdad a intentar que empiece a templarse el agua en el puchero de una nueva novela. ¿Llegará? Si viene, será fruto del trabajo monótono, no de pensamientos, grandes ideas o ambiciosos proyectos: sé que hay novelistas que escriben así, planificando, hilvanando en la cabeza una historia, haciendo esquemas hasta que tienen el libro en la cabeza antes de ponerse a escribir pluma en mano o ante el ordenador. No es mi caso. Solo sé escribir escribiendo. A fuerza de escribir, aprendo qué es lo que escribo. Lo bien escrito sale de volver infinidad de veces a lo que estaba mal escrito; la luz emerge de lo que no era más que sombras, se deshace la telaraña que ocultaba, la que me impedía ver.

Esos cambios de personalidad en Balzac: Carlos Herrera-Vautrin-Trompe-la-Mort-Jacques Collin.

También Jean Valjean, el protagonista de *Los miserables*, cambia de personalidad y de nombre siempre huyendo del policía Javert.

En un artículo he hablado de la ciudad como campo de cultivo en el que crecen esas imposturas, allí se esconden los camaleones, en el barro urbano se ocultan y nutren las resbaladizas anguilas humanas.

Machado: «Un pueblo, carne de horca», «Los hijos de Alvargonzález». Son las tres de la madrugada. Otro día que se esfuma. Me voy a la cama.

29 de marzo

Saturado, aburrido, lleno de dudas acerca de lo que pueda ser hoy la literatura, por culpa de la pésima –y alabadísima– novela de Ellroy, bla, bla, bla, de tópicos que supuestamente componen el retrato sangrante (y sangriento) de nuestro tiempo. No, no puede ser eso. Busco alguna certeza y me releo *La muerte de Iván Ilich*, un librito inmenso, que sigue vivo, ese sí, demoledor testimonio de las vidas de aquel tiempo, y, de carambola (como ocurre siempre con la buena literatura), del nuestro: un siglo largo, después de haber sido escrito, sigue funcionando como doloroso examen de conciencia para el lector.

Ryszard Kapuściński: *Cristo con un fusil al hombro*. «El hombre con sentido de misión no solo resulta agobiante para los que lo rodean, sino que puede llegar a ser peligroso. Más vale no compartir frontera con una nación convencida de que cumple una misión. El mundo sería muy diferente si se pudiera decir a cada cual: "¡Sálvate por tu cuenta a la medida de tus deseos y posibilidades!"» (pág. 27).

Leí el otro día un comentario furibundo sobre este libro de Kapuściński (creo recordar que era de Arcadi Espada). Incluso le recriminaba a Herralde haberlo publicado. Se le acusaba más o menos de complicidad con el terrorismo. Tras la lectura, creo que descubro el porqué de tanta ira: el libro sitúa su mirada sobre los conflictos de la segunda mitad del siglo XX y sus protagonistas –Palestina, Guatemala, Mozambique, El Che, Allende– en un lugar que ha sido barrido por las terminales propagandísticas liberales durante los últimos veinticinco o treinta años, porque desde él se descubre que Estados Unidos no es el modelo en el que proyectarse, o al que aspirar, sino el verdugo de cientos de miles de resistentes, de pueblos que han luchado por la libertad e

683

independencia, y el activo agente de casi todas las dictaduras del último siglo. En la mayor parte de los casos, las guerrillas no han sido grupos de enloquecidos terroristas –versión que la más reciente propaganda ha acabado por imponer– sino organizaciones de luchadores, a veces intelectualmente muy formados, que han peleado contra la opresión, y a favor de la justicia y la dignidad. Los textos de Kapuściński (se trata de media docena de artículos periodísticos) traen el perfume de ese tiempo, visiones enterradas bajo la monocolor basura ideológica de los últimos años. Incluso a mí, que mamé en la forma de mirar el mundo que aparece en estos escritos, me escandaliza la recuperación de un lenguaje erosionado, no tanto por el paso del tiempo (esa modernidad que pretenden hacernos creer los nuevos ideólogos como Jordi Gracia), sino por el peso de la propaganda que le ha caído encima. Aquello se perdió –aquel rastro de dignidad que tanta falta nos hace en estos tiempos de crisis– y la historia la escriben los vencedores. La historia se reescribe sin cesar, nadie, ni los intelectuales ni los pueblos, puede bajar los brazos un segundo, no hay un minuto de calma, no hay bahía en la que refugiarse mientras escampa la tormenta, no hay puerto, ni resguardo: lo en apariencia más inocente es munición al servicio de esa guerra sin piedad que se libra en el terreno de las ideas. Va mucho en ello, la propiedad de la narración es decisiva para establecer las reglas del futuro: no es lo mismo que tus nietos te consideren un criminal que un héroe, y no hablo del aspecto estético –quedas fatal si pasas a la historia como un miserable–, o sentimental, que, por supuesto, tienen su peso, sino que se trata de apropiarte de una legitimidad que dejas caer en cascada sobre tus descendientes. Los textos te convierten en feliz y honesto propietario o en vulgar ladrón que usufructúas una propiedad ilegítimamente conseguida. Te afianzan, le ponen sólidos cimientos a cuanto has construido, o te dejan a la intemperie. Te permiten ordenar, legislar, o te condenan a la obediencia. Lo que en el día a día nos parece pura cháchara, discusión intrascendente en los papeles impresos, esconde un peligroso núcleo de violencia. ¿Por qué otra cosa se pelea ahora mismo en el País Vasco sino por el reparto de la adjetivación de cara a la eternidad? Quién fue el bueno y quién el malo, quién heroico y quién traidor, se sortean en la almoneda el papel de víctima y el del asesino en esa guerra que ha durado casi medio siglo (siglo y medio si nos paramos en los precedentes, el carlismo y demás). No es *peccata minuta*. Por eso no conviene olvidarse de que no hay palabra que no llegue cargada por el diablo. Repito los tres noes. No olvidar, no hay palabra, no llegue. Pararse mucho antes de pronunciarlas o escribirlas.

Del libro de Kapuściński: «Una dictadura nunca cae gradualmente, poco a poco, sino siempre repentina y totalmente. Parece fuerte hasta el final y por eso no se puede prever en qué día dejará de existir» (pág. 250).

De Jacques Prévert, en *Les enfants du paradis*: «¿La novedad? La novedad es vieja como el mundo, amigo mío» (citado por Román Gubern, en *Metamorfosis de la lectura*, pág. 82); «[...] el *nouveau roman* [...] privilegiaba el aspecto visual de la realidad, por lo que también fue conocido como *école du regard*» (pág. 86); «Cada tecnología constituye una propuesta de modelos de comportamiento. Esto ocurrió con los artefactos más simples (la silla se diseñó para no sentarse en el suelo), o con los más complejos (el televisor se inventó para colocarse ante su pantalla y recibir sus mensajes audiovisuales)» (pág. 89); «Internet es, literalmente, un vertedero democrático de información desjerarquizada, que recibe en igualdad de condiciones los textos de los sabios y los textos de los tontos. Hace años, refiriéndose a esa sobreoferta infor-

685

mativa, Umberto Eco afirmó que, en el caso de realizar una consulta bibliográfica, "tener mil libros sobre un libro es como no tener ninguno". Más tarde matizó que "internet es una gran librería desordenada"» (pág. 150).

6 de abril

De la relectura del *A Portrait of the Artist as a Young Man*, de James Joyce. «Now the times for repentance has gone by. Time is, time was, but time shall be no more» (pág. 133); «God would not be God if He did not punish the transgressor» (pág. 144); «A sin, an instant of rebellious pride of the intellect, made Lucifer and a third part of the cohorts of angels fall from their glory. A sin, an instant of folly and weakness, drove Adam and Eve out of Eden and brought death and suffering into the world» (pág. 144).

15 de abril

Veo *Shoah*, el documental de Lanzmann. Me pregunto qué hubiera hecho yo en circunstancias como las que se narran. Tengo un carácter nervioso, impulsivo, poco razonable en los momentos decisivos, así que me digo que hubiera saltado al tercer muerto, y me hubiera puesto a gritar. Hubiera durado muy poquito. Pero el miedo paraliza, y también hay en mí un personaje positivista, que se formó en los largos años de internado, y en esa especie de aparente resignación que lleva por debajo una carga de tozudez y orgullo, que es característica de cuantos ascienden en lo que sea procedentes de las capas sociales más bajas. Un personaje que se dice: no, esto no es lo más conveniente en estos momentos, esto no es lo que se debe hacer, hay que esperar aún otro poco; así que a lo mejor hubiera llegado impasible hasta la cámara de gas, pensando que aún no era momento de plantar las orejas, convencido hasta el último instante de que, en algún lugar del recorrido, se revelaría como una iluminación el momento de la rabia. Quién sabe. La película, que vi en París cuando se estrenó a mediados de los ochenta, me encoge el corazón. Lo que cuenta y quiénes lo cuentan. Además, están esos paisajes (esos no paisajes) de la Europa central, los barrizales, los árboles desnudos, ni siquiera las escenas rodadas durante el verano consuelan de la geografía triste, al margen de que luego haya que añadirle al paisaje las ruinas de esas fábricas siniestras, la arquitectura de la muerte. Todo me parece prehumano, o mejor, posthumano. Cuando termina la película, salgo a la terraza de la casa y contemplo estos campos suaves, cultivados, poblados aunque sea en exceso, aunque estén medio destruidos por el urbanismo sin control. Observo la luz dorada de la tarde, el reluciente cielo azul, y me digo que soy un miserable por no darle gracias a la vida por permitirme seguir con mis dudas, con mis remordimientos y achaques, pero en esta tierra, que tanto se parece al paraíso, incluso en lo que se refiere a la estupidez de Adán, la codicia de Eva y la doblez de la serpiente.

17 de abril
   «El arte "da que pensar", decía Kant, maestro de Schopenhauer. En él se exponen simbólicamente Ideas, pero sin el concurso de conceptos […]. En la música transpira, sin mediación de conceptos (y sin objetivarse en Ideas), la esencia misma del mundo. Esta en la música se presenta sin recurso a presentación. Ella es el mundo, solo que exento de su carga de sufrimiento y dolor, ya que en la música este es apaciguado y sublimado, o transmutado en goce en la recepción» (Eugenio Trías, *El canto de las sirenas*, pág. 314).

23 de abril
   ¿Hasta cuándo resistiré? Es la gran trampa. Yo creo que Paco ha perdido por completo la razón. Nunca ha sido muy equilibrado, pero ahora todos sus actos expresan la penosa ar-

bitrariedad de la locura. Cada día provoca o se inventa una tragedia: si no es que se le ha muerto un pájaro, su colega del alma le ha hecho una putada, ha perdido dinero; o la putada se la he hecho yo. No quiere comer, no quiere levantarse de la cama o se niega a tomarse la medicación, o se encuentra mal y no puede tenerse en pie a pesar de que se empeña en ello... Esto es un sinvivir. Para completar el desquiciado panorama: trae a casa animales que necesitan cuidados que él ya no es capaz de darles o que pueden provocar problemas. Así que, cuando crees que la situación está más o menos controlada, vuelve a estallar algún conflicto. El otro día apareció con una perrita negra, que muerde cuanto consigue alcanzar con la boca, incluidas las partes del cuerpo de cualquier humano que se le acerque. Según me dicen, se trata de uno de esos perros de raza peligrosa. Con solo un par de meses ya les enseña los dientes a los otros dos perros, los ataca (el otro día apareció Ramonet cubierto de sangre), y no los deja comer, y se revuelve si se te ocurre mostrarle un palo para asustarlo porque está haciendo algún destrozo o atacando a los animales. Imagino que, cuando crezca, va a dar algún disgusto, así que le digo a Paco que habrá que deshacerse de él, llevarlo a la protectora, devolvérselo al que se lo ha regalado. Mal lo del perro. Pero lo peor es el clima de oscuridad que se ha instalado en la casa, con él de mal humor, encerrado en su cuarto, metido en la cama todo el día, o sentado mudo ante el televisor, su presencia por omisión, los platos con la comida sin tocar porque no se ha levantado a comer, los comprimidos que siguen en el pastillero porque no se los ha tomado por más que le insista. Todo como si fuera una sesión de suicidio prolongado ya desde hace más de un año; y tú como mero espectador, porque no puedes hacer nada. El otro día releía *Nazarín* y pensaba que también yo, con cada supuesta buena acción, he echado alguna palada de tierra sobre mí mismo (aunque, en este caso, el título de la novela sería más bien *La*

688

piedad peligrosa, en alivio de un mal menor provocas el desastre de un mal ingente). Me ato. ¿Qué hacer con Paco? Aunque expresarlo así es convertirlo en objeto. Algún cursi políticamente correcto me diría: no te preguntes qué puedes hacer con él, sino por él. Vale. Lo que sea. Pero lo cierto es que da la impresión de que aquí ya no quiere estar y no tiene adónde ir: no puede ir a ningún sitio, y saber eso no lo soporta, tampoco sé cuál sería su aspiración, imagino que llegar a un lugar en el que reinara la salud y, además, él pudiera poner a todo el mundo a su servicio, un lugar imposible, porque aquí se cumple lo que, en teoría, él considera su particular paraíso: huerto, gallinas, pájaros, perros, gatos. Está lo de la herida íntima, por supuesto, ese impulso que le lleva a encontrarse bien cuando les hace daño a los demás, cuando los hiere como me imagino que él se ha sentido herido: ha sido así desde el principio de la relación, con mis amigos, con mi familia, conmigo. Es lo único que tiene. Lo repite. Soy lo único que tiene. Tú y tu familia, tu hermana, sois lo único que tengo. Pero no puede vivir sin hacer daño a lo que quiere. Lo observo con el colega que le ayuda en la huerta, con los pollos. En los momentos que parece que deberían ser celebración y alegría, acaba riñéndole, peleándose, echándole en cara cosas, diciéndole a gritos que no vuelva por aquí... Seguramente se cura así de sus complejos, sintiéndose superior al otro: ahora te vas, ahora vuelves, pero al cabo de un rato se siente a disgusto y se enfada consigo mismo. El muchacho (hace poco que viene) por ahora lo aguanta con paciencia, pero imagino que acabará aburriéndose pronto. Temo ese día, porque es uno de los escasos lazos que lo sostienen.

En medio de este ajetreo, toco con los dedos el cielo mientras repaso las páginas de *La marcha Radetzky*. A continuación me pongo con *La cripta de los capuchinos*, que, aunque magnífica, creo que está algún escalón más abajo. De

Nazarín, esa novela de un pesimismo radical, me gustaría escribir algo algún día. Es un libro extraordinario, en el que Galdós muestra pletórico una infinidad de registros literarios, ¡con qué soltura maneja todos los lenguajes!, ¡con qué precisión controla la tensión narrativa! Añado a mis lecturas una digna novela, *El hijo del futbolista*, de un joven escritor, Coradino Vega, y el segundo volumen de las memorias de Blanco Aguinaga, tituladas *De mal asiento*, ambos libros enviados por Caballo de Troya a petición de los autores. Tengo que escribirles a los dos y responder a una docena de e-mails. Pero ¡si no tengo fuerzas para escribir nada...! Si estas líneas deslavazadas me están costando Dios y ayuda.

«La gran guerra llamada "Guerra Mundial", y con razón, creo yo, no precisamente porque tuvo lugar en todo el mundo, sino porque, como consecuencia de ella, todos nosotros perdimos un mundo, nuestro mundo» (Joseph Roth, *La cripta de los capuchinos*, pág. 51).

«Por un miedo inexplicable a la noche esperábamos en vela la llegada del día; y aunque digo que era un miedo inexplicable, entonces no nos lo parecía; buscábamos la explicación en el hecho de que éramos demasiado jóvenes para desperdiciar la noche» (*La cripta...*, pág. 54).

«Sin duda me quería mucho, pero a quien quería era al hijo de su marido, no a su hijo» (pág. 93). Me parece una observación extraordinaria. Ves ese sentimiento en muchas mujeres, el hijo como continuación de la inclinación sexual, del imán que las ata al marido.

25 de abril
Ni siquiera para responder a las cartas que me envían por internet encuentro fuerzas, precisamente estos días en los que

parece que todo invita a vivir: huele a azahar, en el campo todo está en flor, verde, porque este año ha llovido bastante, una primavera gozosa que apenas contemplo desde la ventana porque no salgo de casa, aunque, eso sí, conseguí enviar el prólogo sobre Galdós que tanto me ha costado escribir: unos cuantos meses más de dudas que de trabajo. ¡Me resulta tan difícil escribir sobre algo de lo que ya he escrito! Aparte de eso, leo a todas horas, es lo único que puedo hacer: alimento mi mirada sobre la Gran Guerra, tras la trilogía de Bánffy, *La marcha Radetzky* y *La cripta de los capuchinos* de Roth, me llevan al final de época que esa guerra supuso. Por las noches, ya tarde, me pongo capítulos de la serie titulada *The Wire*; y veo también en el DVD la *Tetralogía* de *El anillo* de Wagner: música de vísperas para una gran matanza.

27 de abril
Algunas citas tomadas de *Nazarín*:

[...] tipos de raza castellana, como cecina forrada en yesca (pág. 31).

–[...] ¡La propiedad! Para mí no es más que un nombre vano, inventado por el egoísmo. Nada es de nadie. Todo es del primero que lo necesita.
–¡Bonita sociedad tendríamos si esas ideas prevalecieran! ¿Y cómo sabríamos quién era el principal necesitado? Habríamos de disputarnos, cuchillo en mano, ese derecho de primacía en la necesidad (pág. 39).

El libro como materia de abono:

«[...] venimos en disponer que se apilen los libros antiguos y modernos en grandes ejidos a la entrada de las poblaciones, para que los vecinos de la clase agrícola vayan toman-

691

do de tan preciosa materia la parte que les corresponda, según las tierras que les toque labrar». No duden ustedes que así será, y que la materia papirácea formará un yacimiento colosal, como los de guano en las islas Chinchas, se explotará mezclándola con otras substancias que aviven la fermentación, y será transportada en ferrocarriles y buques de vapor desde nuestra Europa a los países nuevos, donde nunca hubo literatura, ni imprentas ni cosa tal (pág. 43).

–¿De modo, padrito, que yo soy mi calavera? ¿Y el esqueleto mío es todo esos huesos, armados como los que vi yo una vez en el teatro, en la función de los fantoches? ¿Y cuando yo bailo, baila mi esqueleto? ¿Y cuando duermo, duerme mi esqueleto? ¡Mal ajo! ¿Y al morirme cogen mi esqueletito salado y lo tiran a la tierra? (pág. 64).

Este texto cadavérico me hace acordarme del poema de José María Fonollosa titulado «Mi esqueleto», que canta Albert Pla.

Las dos y media de la madrugada. Me gusta esta hora en la que no se oye nada: el fragor del silencio en los oídos, ni siquiera los pajaritos que tiene Paco en la jaula se mueven, yo solo, con esa certeza de que no estoy con nada ni con nadie, solo, sentado a la mesa, una calada de Ducados, un trago de té (suele ser más bien de café, pero hoy toca té), y todas estas reflexiones amargas, aunque sin sobrecarga dramática: pensar, hasta con cierta altivez, que algunos de quienes se llamaban amigos te han timado; sí, como en una de aquellas películas franquistas de los primeros sesenta, te han limpiado el bolsillo, algo que no es drama, porque a estas alturas la amistad está en la sala de autopsias, y a mí me da bastante igual lo del dinero, aunque la cosa tenga maldita la gracia. Me digo que es más bien comedia, aunque si miro el discurrir de las cosas, es trage-

692

dia a mi pesar, constatación de aquello que dijo el poeta, que la vida no iba en broma, y esto es lo que hay: *Nazarín*. Me digo: escribe sobre eso, sobre el caldo moral del que sale eso, cuéntalo, siquiera para que les sirva a otros: para que te sirva a ti. Detectar cuál es tu lugar en el mundo. Como dice Nietzsche: «Contamos con el arte para que la verdad no nos destruya».

1 de mayo
Patética jornada en San Sebastián, donde asistí a un homenaje a Javier Ortiz, añorado interlocutor que falleció el 29 de abril del pasado año. No me hace mucha gracia exhibir en público la necrofilia, pero cómo negarse a la solicitud de su viuda, Charo. Aunque lo malo no ha sido el impudor que este tipo de actos siempre parece que acaba mostrando, *ça va de soi*, ha sido peor el estado físico en que me he encontrado durante todo el viaje: como me ocurre cada vez que viajo para alguna aparición pública, el vértigo apenas me permitía sostenerme en pie. Al empezar a hablar, me quedé en blanco. No sabía por dónde salir. Estuve a punto de levantarme de la mesa. Todo me daba vueltas. Parecía que iba a caerme. Conseguí recuperarme, hablar con una rabia contra mí mismo que el público tomó por emoción, cuando no era más que un esfuerzo voluntarista para superar el momento. La gente aplaudió. Fue espantoso. Como fue espantosa la cena, en la que hablé por los codos para espantar el miedo, estaba asustado, temía caerme, me agarraba con disimulo a la mesa, y, de vuelta al hotel, me apoyaba en cuanto me parecía sólido. Cada vez me resultan más evidentes mis limitaciones. Solo me sostengo cuando estoy en casa, donde el mareo es irresponsable, no tengo que darle explicación a nadie sobre si permanezco de pie, o si prefiero estar tumbado en la cama. Llevo los vértigos como se lleva un vicio secreto del que, al final, por las propias torpezas que el miedo provoca, acaba enterándose todo el mundo. Cuando estoy en presencia de alguien, me pongo nervioso

693

pensando en que va a sobrevenirme, y solo con ese pensamiento se agravan los síntomas, así que necesito explicarlo continuamente: no se preocupen ustedes si ven que me tambaleo, es normal; no os preocupéis, nada grave, tengo vértigo, pero es crónico, no pasa nada. Pero sí que pasa, claro que pasa: me inmoviliza, y, por debajo de esa especie de inconsciencia con la que trato o enfrento cuanto me concierne, me preocupa, me hace sospechar de mí mismo, de que hay algo en mi cuerpo que no funciona, algo que debería permanecer discretamente oculto y el vértigo saca a la luz a mi pesar, porque el propósito es disimular siempre, disimular también ante ti mismo hasta que lo que sea que afecta al cuerpo salga a la luz y llegue lo irreparable. Entonces, ya veremos si hay que ir al hospital, o qué hago. Pero, por el momento, la actitud de disimulo, sensación de fin que cubro con un velo pensando que así no va a verse. Fingidor profesional.

Si estoy convencido de que lo único que queda al final de todo esto es la literatura, si le dedico a ella cada minuto de mi vida, ¿cómo puede ser que me pase meses sin escribir ni una línea? Me preparo, de acuerdo; leo, estoy en fase de formación: eso me digo. ¿Aún en formación? Pero si llevas estudiando esta carrera más de medio siglo. ¿No será que no estás dotado para la profesión? ¿Formación para qué? ¿Para escribir una gran novela en el infierno? Porque el tiempo se acaba, y todos estos conocimientos que tengo que adquirir, estos miedos que debo superar, se los comerá el fuego del infierno más pronto que tarde, ¿y qué habrá quedado de tanto esfuerzo? Allá abajo tendrás la eternidad por delante para formarte *sine die* y preparar tranquilo ese texto de todos los textos.

(Fin del cuaderno Sorolla con barcas de vela latina.)

Cuaderno con fachadas lisboetas
(2 de mayo-21 de octubre de 2010)

2010

2 de mayo
 Una frase, al parecer, de Picasso: «El arte es la mentira que nos ayuda a ver la verdad». Tiene que ver con lo que Nietzsche decía.

 Hablando de Morla Lynch, dice Trapiello que era «un hombre con su cabeza a la derecha, su corazón a la izquierda y nómada de cintura para abajo». Al parecer, compartía con García Lorca su afición por los jovencitos. ¿Por qué les interesa tanto el sexo de los homosexuales?

 Cada vez tengo más claro que los vértigos están relacionados con movimientos del corazón: anoche ni siquiera podía leer en la cama, tenía un fuerte dolor en la nuca, y, al intentar ponerme de pie, me caía. No era capaz de quitarme los pantalones cuando me incorporé para desnudarme. He pasado toda la noche inquieto, con dolor en la nuca e incapaz de controlar cualquier movimiento que intentara hacer. Por la mañana me tomo la tensión y la maquinita indica que tengo más de ciento veinte pulsaciones por minuto. Sigo muy mareado, con los miembros negándose a seguir las órdenes del cerebro hasta que poco a poco, después de tomarme un par de aspirinas, empiezo a sentirme mejor. Ahora tengo una sensación muy grande de paz y me invade la somnolencia, bienvenido seas, feliz Morfeo. La maquinita marca sesenta y nueve pulsaciones. Estoy como el ciclista Induráin en sus mejores tiempos. Esta sensación de cansancio y sueño después de un episodio de vértigo me resulta familiar. También empiezo a familiarizarme con la dificultad para coordinar las actividades, como si el cerebro se distrajese, o se desmadejase, no me concentro, me cuesta hilvanar una frase, seguir un razonamiento. En estas condiciones, ¿cómo pensar en escribir una novela? ¡Si escribir cualquier artículo de quince o veinte páginas, de las que buena parte son citas ajenas, me cuesta varios meses!

Me envían una excelente reseña de *Por cuenta propia* que ha aparecido en *Página 12* de Buenos Aires, firmada por Ángel Berlanga.

6 de mayo
Siguen los vértigos. Hoy he estado a punto de caerme mientras me cortaban el pelo en la barbería.

9 de mayo
A sus setenta y seis años, la pasión por el oro del antiguo tonelero Grandet no deja de crecer. Intenta robarle el cofrecillo que le ha dejado a su hija Eugénie su primo Charles. Se lo disputa con un cuchillo en la mano con el que intenta arrancar las láminas de oro que lo cubren. Cuando a los pocos días muere la mujer, obliga a su hija a renunciar a la inmensa herencia materna entre falsas declaraciones de amor, mientras la sermonea explicándole que «[l]a vie est une affaire» (Balzac, *Eugénie Grandet*, pág. 165).

Al ordenar los libros, me encuentro con una antología poética de Miguel Torga que no recordaba. Se titula *La paz posible es no tener ninguna*. Lo leí hace tiempo, y era olvido.

La carta que le escribe a Eugénie su primo Charles Grandet para contarle que recuerda su amor juvenil, pero que las conveniencias le piden casarse con la heredera del marquesado de Aubrion, incluye esta frase, tan balzaquiana, tan francesa, tan propia de la burguesía en su esplendor, y que tiene que ver con el concepto del *père* Grandet de que la vida es un negocio: «L'amour, dans le mariage, est une chimère», dice el bueno de Charles (pág. 178).

Eugénie acaba repitiendo los mismos ritos que oficiaba el viejo Grandet como multimillonaria viuda que se consume en la vieja, húmeda e incómoda casa que la avaricia le impide abandonar o mejorar, se vuelve mezquina en el consumo de leña, y hereda la tacañería en el vestir de su madre, «conformément au programme en vigueur dans ses jeunes années» (pág. 86). La novela, de 1833 (anterior en quince años al *Manifiesto comunista*), va en línea con las tesis de Marx: la autonomía del oro, su capacidad para tener vida propia y devorar como un animal insaciable cuanto se acerca a sus fauces: sentimientos, códigos, hábitos sociales, convenciones, la salud, la vida misma. Sobre ese poder del oro dice Grandet: «Vraiment les écus vivent et grouillent comme des hommes: ça va, ça vient, ça sue, ça produit». Y el propio Balzac escribió para definir su libro: «Molière a fait l'avare, moi j'ai fait l'avarice» (prólogo, pág. 20).

«Attendu qu'en principe, selon Bentham, l'argent est une marchandise, et que ce qui répresente l'argent devient également marchandise» (pág. 109). La mercantilización marca todos los aspectos de la vida humana, es mercancía cara una rica heredera, y por eso, de los pretendientes de su hija, el viejo Grandet piensa que lo quieren estafar, arrebatarle la mercancía-Eugénie, posesión suya, o pagársela por debajo de su valor: «Ils sont là pour mes écus. Ils viennent s'ennuyer ici pour ma fille» (pág. 51). Y cuando Charles Grandet, el primo del que está enamorada Eugénie, llora el suicidio de su padre, dice de él el *père* Grandet: «Mais ce jeune homme n'est bon à rien, il s'occupe plus des morts que de l'argent» (pág. 90). Balzac no habla de un estúpido que muere enterrado en oro, sino de un tipo lúcido que ha recorrido (o del que se sirve Balzac para recorrer) todas las etapas de formación y desarrollo del capitalismo francés: en el origen de la fortuna de Grandet está la compra de bienes nacionales durante la Revolución. Después, en tiempos del Consulado, se sirve de sus funciones como alcalde para acrecentar el capital. Explota sus propiedades y las hace fructificar durante el Imperio, y multiplica su fortuna mediante la usura, con la ayuda de un banquero y un notario. La Restauración es el momento en el que prepondera la especulación sobre la renta. Balzac ha personificado en Grandet el modo en que se forjaron las grandes fortunas francesas nacidas de la Revolución, la historia del capital desde 1789 a 1830.

> *Les avares ne croient pas à une vie à venir, le présent est tout pour eux. Cette réflexion jette une horrible clarté sur l'époque actuelle, où, plus qu'en aucun autre temps, l'argent domine les lois, la politique et les mœurs. Institutions, livres, hommes et doctrines, tout conspire à miner la croyance d'une vie future sur laquelle l'édifice social est appuyé depuis dix-huit cents ans. Maintenant le cercueil est une transition peu redoutée. L'avenir, qui nous attendait par-delà le requiem, a été transposé dans le présent. Arriver per fas et nefas au paradis terrestre du luxe et des jouissances vaniteuses, pétrifier son cœur et se macérer le corps en vue de possessions passagères, comme on souffrait jadis le martyre de la vie en vue des biens*

éternels, est la pensée générale! pensée d'ailleurs écrite partout,
jusque dans les lois, qui demandent au législateur: «Que
payes-tu?», au lieu de dire: «Que penses-tu?». Quand cette doc-
trine aura passé de la bourgeoisie au peuple, que deviendra le
pays? (págs. 97-98).

Merece la pena anotar los últimos consejos que, ya en su lecho de muerte, le da el viejo avaro a su hija Eugénie: «Aie bien soin de tout. Tu me rendras compte de ça là-bas, dit-il en prouvant par cette dernière parole que le christianisme doit être la religion des avares» (pág. 167). El pesimismo recubre esta novela de Balzac, como todas las demás: «Affreuse condition de l'homme! Il n'y a pas un de ses bonheurs qui ne vienne d'une ignorance quelconque» (pág. 51).

«Adieu, paniers, vendanges sont faites» (pág. 64).

Pensamientos en Balzac-Grandet: las conversaciones sobre esto y aquello ocupan un lugar secundario. Por debajo, el rumor del dinero.

La Providencia yo no diría que es trágica: es más bien irónica. Tiene un peculiar sentido del humor que, desde nuestra pequeñez, puede parecernos tremendo pero que apenas riza la superficie de la naturaleza, hay que tomar perspectiva para contemplarla.

Una cara con más agujeros que una espumadera.

El sentimiento de castigo incluso en los animales, chillan por un ligero golpe que les da el dueño y parece que ni se enteran cuando se hieren gravemente de modo accidental.

«Tout pouvoir humain est un composé de patience et de temps. Les gens puissants veulent et veillent.»

701

La mujer tiene en común con el ángel que los seres sufrientes le pertenecen.

La amante lo feminiza y lo materializa: doble corrupción.

En la vida moral como en la física existe la aspiración y la respiración, el alma tiene necesidad de absorber los sentimientos de otra para luego devolvérselos enriquecidos («Dans la vie morale, aussi bien que dans la vie physique, il existe une aspiration et une respiration: l'âme a besoin d'absorber les sentiments d'une autre âme, de se les assimiler pour les lui restituer plus riches», pág. 169): también las relaciones amorosas son una fructífera forma de inversión. No digamos ya el matrimonio.

12 de mayo
La Transición sangrienta, de Mariano Sánchez Soler, me trae una avalancha de recuerdos: acontecimientos sombríos de la Transición (tan olvidados) con su miedo cotidiano, su crueldad, el reguero de asesinatos que enturbió aquellos años.

Para avivarme aún más el dispositivo de la memoria, resulta que en Radio Clásica ponen a la una y pico de la madrugada un disco de Tangerine Dream, rock sinfónico, o lo que sea esa música alucinógena que yo escuchaba a solas en mi apartamento del barrio de La Coma durante horas enteras: aún creía que el cumplimiento de los deseos tenía algo más que ver con la fascinación y la magia (fascinar y ser fascinado, seducir y ser seducido) que con los intereses. Apagaba la luz y me tumbaba en el suelo, cerraba los ojos y escuchaba esa música narcotizante poniéndome a uno y otro lado de la cabeza aquellos *baffles* poderosos que me compré a plazos por entonces.

Cine colombiano: Rubén Mendoza.

25 de junio
Algunas lecturas de estos últimos días: José Antonio Fortes: *Intelectuales de consumo. Literatura y cultura de Estado en España (1982-2009)*. Comparto la inmensa mayoría de las opiniones que expone. Pío Baroja: *Ayer y hoy*: divagaciones superficiales. Juan Gil-Albert: *Crónica general*: me trae la vieja Valencia. Debe de ser la tercera vez que leo el libro, y en esta ocasión, mientras avanzaba en la lectura, pensaba en ese fragilísimo Gil-Albert, enamorado de la belleza, de los mundos aristocráticos, de los zares y las cantantes de ópera, internado en campos de concentración, cruzando a pie los Pirineos, aterido de frío, sucio, cubierto de harapos, él, tan pendiente del tono de una tela, o de la corrección en el servicio de mesa en una casa, ¡lo que debió sufrir el pobre! Y, sin embargo, en este libro tardío (se publicó en 1974) no muestra ningún rencor, todo lo más, melancolía. Su fragilidad era la del junco, que no se quiebra: el escritor rebosa de satisfacción por haber vivido. Lo leí cuando apareció publicado por primera vez (me lo recomendó, junto con el resto de la obra de Gil-Albert –y muy especialmente *Valentín*–, Eduardo Naval, a su manera, alma gemela del escritor alcoyano) y me pareció cursi y cargante lo que ahora me parece instructivo y enternecedor en su engolamiento, y en muchos momentos, emocionante. Leyéndolo estos días pasados sentía el aleteo de la frase de Rilke que Gil-Albert cita en la introducción del libro, y dice así: «Las cosas dotadas de vida, las cosas admitidas en nuestra intimidad, están declinando y ya no pueden ser sustituidas. Nosotros somos quizá los últimos que habrán conocido tales cosas». Entonces (ya lo sé, era la her-

703

mosa y boba juventud) me pareció un libro lejano, y hoy me parece más que próximo: parte de mí mismo. Entonces tenía veinticinco años, y hoy tengo sesenta y uno, estoy cerca de los casi setenta que él tenía cuando escribió la *Crónica*. Hoy, la afectación de la frase, tan frecuente en Gil-Albert, que se declaraba admirador de Gabriel Miró (yo también lo fui en mi adolescencia, lo rechacé en la juventud y ahora lo aprecio a mi manera), no me impide descubrir la substancia, más bien me parece que ese punto amanerado le conviene, forma parte de esas cosas que él fue de los últimos en conocer; me devuelve toda una estética (la mediterraneidad, el Levante sensual, los cuadros de Sorolla, las figuras de Clarà) volatilizada y que nos parece cursi, e incluso ridícula. Han ocurrido tantos desastres, que el mito ya no es capaz de sostenerse. Además de a Miró, Gil-Albert reconoce como maestro a Valle-Inclán, aunque precisa: «En realidad mi ídolo era Wilde». Como, por otra parte, lo era para todos los decadentistas de la época, pero Gil-Albert, a diferencia de buena parte de sus compañeros de escuela, practica un decadentismo abiertamente moral. Define así *Tirano Banderas*: «[…] todo el libro, página tras página, es eso, una sucesión prolija, recamada, fosforescente, de cornucopias». Y de Valle recuerda: «A los valencianos nos ponía en solfa, motejándonos de ampulosos y presumidos; tal vez nos consideraba unos fenicios que se tienen por griegos. Cuando murió don Vicente Blasco Ibáñez, un periodista fue a pedirle su criterio sobre el desaparecido; Valle-Inclán, con su ceceo céltico, le atajó: "¿La muerte de Blasco Ibáñez? ¡Pura publicidad!"» (pág. 38).

Pero seguimos con la *Crónica*: «[…] el hombre no tiene otro apoyo en que afirmarse que su propia inseguridad pero a la que, si vivimos con atención, le conseguimos arrancar, de improviso, como a un instrumento musical, algunas notas de lucidez» (pág. 41).

704

Anotar lo subrayado en pág. 63.

Hablando de don Carlos, el hijo de Felipe II, afirma: «La vida desdeña a los fracasados porque tiene siempre una actitud de "nueva rica", dominadora y brutal, basta» (pág. 70).

Gil-Albert se define a sí mismo: «[...] he sentido siempre en mí [...] una afabilidad natural que reclama recompensa, unida, sin embargo, a la apreciación secreta, mezcla de temor y de satisfacción, de sentirme no excluido pero aparte» (págs. 86-87).

Visitando la iglesia de los Santos Juanes, junto al mercado de Valencia, antes de que fuera quemada por los camaradas en 1936, le dijo Lorca a Gil-Albert: «Esa es vuestra gran falla», y Gil-Albert, al responderle, se lamenta del desprecio hacia lo valenciano: «[...] ¿acaso las finuras de la lonja no nos pertenecen también?».

Preciosa reflexión sobre el profundo significado del viaje (o, mejor aún, del exilio) en otro tiempo, y su actual trivialización: «Hoy hemos perdido la facultad de sentir ese desgarro, lleno de interrogantes, que provocaba en el alma toda separación: las distancias, objeto entonces de fantasía, situaban Buenos Aires en una lejanía fabulosa más que geográfica» (pág. 149).

La *Crónica general* es también un libro sobre la ciudad de Valencia, a la que dedica observaciones espléndidas y párrafos bellísimos. Al hablar del piso de su familia en Grabador Esteve y de la visita que les hizo su admirada vecina, la cantante de ópera Lucrecia Bori, anota: «[...] lo recuerdo bien, ya que en esos años que yo tenía, el ojo contiene una

705

trasparencia de espejo en el que no se han depositado aún las veladuras del tiempo» (pág. 159).

En el capítulo que dedica a la calle de la Paz (págs. 168-176), pone en boca de Cernuda: «Esto es una calle, una de las pocas que hay en España» (pág. 168), y la define como «una unidad de gusto» (pág. 173). La Valencia de Gil-Albert: la calle de la Paz, el Ideal Room, los tranvías, la estatua de Vives y el claustro de la universidad, el mercado y el colegio de las Escuelas Pías, las Alameditas de Serranos, la opereta, el cine. «En la opereta gana el desocupado, el versátil, el manirroto» (pág. 211): filosofía de la levedad. Frágil ala de mariposa. Aquel tiempo que se fue y que tantas diferencias marca con el presente, incluso en los detalles más intrascendentes o íntimos: «Entonces no se había impuesto en los rostros la automática sonrisa americana; sonreír requería un motivo, una causa que justificara esa comunicación plausible entre los seres [...] sonreír seguía siendo la flor de la expresión humana, una graciosa aquiescencia» (pág. 255).

El cine para el joven Gil-Albert: «El cine, entrar, en lo oscuro, sentarse, perderse, descansar de ser uno mismo» (pág. 325).

Las diferencias entre teatro y cine: «Yo diría que son dos elementos contrapuestos, el teatro, sólido, el cine, gaseoso. El sentido pues que los distingue, propiamente, es el tacto, el que se les pueda, o no, tocar» (pág. 353).

Desde que han aparecido los reality shows en televisión, ya no hay secretos, y lo íntimo ha perdido trascendencia, se ha trivializado. La madre y la hija están sentadas en un sofá; en una butaquita frente a ellas, el padre de una y marido de la otra. Las dos mujeres gritan (el diálogo es invención, pero se aproxima a lo que he oído la otra tarde): la más joven dice: tú me espiabas en el cuarto de baño, me tocabas las tetas y te sacabas el rabo para meneártela delante de mí si no estaba la mama, no lo niegues, que era así; dice la mama y no la mamá. Solo por eso ya sabrías que son clase ínfima, pero es que también muestran que son clase ínfima los vestidos chillones, las joyas enormes de bisutería que les cuelgan de cuello, orejas y antebrazos. Solo a costa de exhibir ese estar en lo más bajo han conseguido llegar a un plató de televisión (los colores estridentes del decorado están a juego con los de los propios vestidos de las mujeres). Han ido allí precisamente porque forman parte del culo de la sociedad, y, por eso, gritan cosas que antes nadie hubiera dicho más que en el salón de una casa (no, no hay salón en los antecedentes, más bien chabola; pero ni siquiera en la chabola se hablaba así: esas cosas pasaban, el padre se follaba a la hija, pero ni siquiera se decían), y ahora eso se escucha a esta hora de la tarde, en que yo creo que los niños ya han salido del colegio, en comedores de clase obrera, de clase media, e incluso en algún saloncito de clase alta en el que la señora ha empezado a hacer zapping distraídamente y se queda un rato a escuchar y ver lo que allí se está produciendo en un programa en directo. ¿Saltará el hombre sobre ellas, las estrangulará en público? No, el hombre ríe con una ronca carcajada (alcohólica, tabáquica), muy ruidosa. A ti, dice, a ti voy a espiarte yo, con ese culo caído de cabra que tienes, y esas tetas arrugás a los veinte años, qué serás a los treinta. Tengo mejores tías en que pensar cuando me la meneo. Me cojo una revista y tengo una tía mejor, que me pone más caliente. La locutora (que representa cierta idea de clase superior y de orden) finge enfadarse: por favor, por favor, dice, aquí no se usan esas palabras: como si no se usaran cada tarde: como si no fuera a usarlas el tipo rollizo que llega luego, vestido con una camisa floreada, y que le dice a una mujer de aspecto

707

sensato a la que nadie se imaginaría escuchando impávida lo
que va a escuchar a continuación, y es que el de la camisa es-
tampada le dice: o dejas el trabajo y te vienes de Málaga a
Lérida a vivir conmigo, o nuestra historia se ha acabado.
Carcajada de ogro. No aguanto más, no aguanto más sin follar, ¿te enteras? La mujer –a la que uno, por su aspecto,
imagina incapaz de soportar esas amenazas groseras, y que,
por su discreción en el vestido y también cuando ha hablado, con buena prosa, parece superior al gordo que la increpa
con ese desprecio– responde como si estuviera ante una persona razonable y no ante un loco, y le explica que todavía no
puede irse con él; que ella tiene que seguir con su trabajo,
cerca de sus hijos y sus nietos, que dentro de algún tiempo
ya buscarán una solución. Pero el gordo se vuelve hacia el
público y dice: esta no sabe que yo me busco a otra ya mismo, no se quiere enterar, pero ya mismo me la busco, que
conmigo no hay tontería que valga, porque yo soy caliente
que te cagas, y necesito follar todos los días, porque follar es
lo que más me gusta del mundo. Y luego, de cara a la mujer:
te quiero follar todos los días, Espe, ¿o no te follo todos los
días cuando estamos juntos? Pues así siempre, todos los días,
me oyes, to-dos-los-dí-as-del-a-ño. La locutora: por favor,
ese lenguaje no, porque me voy a ver obligada a expulsarlo
del plató, estamos en horario infantil, no podemos decir eso,
le tendré que expulsar ahora mismo si sigue así, y también
por educación, por cortesía hacia nuestros espectadores, mo-
dere el lenguaje. A lo mejor los hijos y los nietos de la mujer
de aspecto riguroso están viendo el programa, qué más da,
ahora ya sabemos todos que, aunque sea la abuelita, tan se-
ria, tan educada, se la folla el gordo todos los días, o presume de follársela todos los días, ese malhablado que también
puede ser que folle menos de lo que dice. Soy muy follador,
concluye el de la camisa a flores, brindándole una sonrisa al
tendido, que estalla en frenéticos aplausos. La locutora son-

ríe, venga Manolo, venga, no hables así, que ya te he dicho que a esta hora estamos aún en horario infantil y hay que respetar las normas éticas de nuestra televisión. Se la nota satisfecha, y está claro que le riñe cariñosamente, porque, con personajes así, el share sube, qué duda cabe, el tal Manolo es una perita en dulce para un programa como este que, según la última encuesta, es el programa líder de audiencia de su franja horaria. La gente lo ve, curiosa, mostrando una puntita de escándalo para justificar seguir viéndolo, todos los días, para comprobar hasta dónde llegan. Es como en los toros. Si el toro empitona al torero, todo el mundo se espanta, grita y gesticula, como si se tratara de algo imprevisible que acaba de ocurrir. Cada frase del gordo hace sonar la máquina tragaperras de la cadena de televisión, la audiencia sube, los anunciantes pagan: la tarde es para estos muertos de hambre, para la clase ínfima: los ricos ganan dinero con los trapos sucios de los pobres; al fin y al cabo, los ricos siempre han ganado dinero con los pobres, unos con otros se llevan mal, no se dejan sacar el dinero. A los pobres, que el dinero se lo saquen los de arriba les parece lo natural, mientras que sienten más que como una estafa, como una agresión, que se lo saque un vecino o un desgraciado como él. Están dispuestos a partirles los morros. (La escena de televisión no se aparta gran cosa de la que vi el otro día en la barra de un bar.)

El fiscal en el caso Gramsci: tenemos que impedir durante veinte años que este cerebro funcione.

La felicidad no es alegre.

No hay matices. Lo único que importa es el volumen y la solidez del palo de escoba que llevas entre las piernas: a eso ha quedado reducida la modernidad, a una cháchara anatómica. Todo parece que remite a lo mismo, sin darse cuenta de que el camino directo al sexo, sin las correspondientes paradas intermedias, es la muerte de la cultura, que, al fin y al cabo, quizá no sea más que un rodeo, pero que es el que da sentido al viaje; sin eso, ya te digo, no hay más ciencia que la anatomía ni más arte que la cirugía. Lo otro son adornos, trajes, fundas para vestir el palo.

De Joseph Roth:

> El suelo blando y elástico de los tremedales. La tierra empapada respondía únicamente con un húmedo sollozo a las pisadas.
> Una personalidad salida no de una provincia geográfica sino de una remota provincia de la historia.
> La lívida luz de los relámpagos y el reflejo violeta de las nubes.

30 de junio
Estos días pasados me he estado leyendo el grueso volumen titulado *Guerra en España*, de Juan Ramón Jiménez, publicado por Point de Lunettes. Llevaba meses encontrándome con referencias a este libro en artículos aparecidos aquí y allá. En todos ellos se lo cita como libro fundamental en esa revisión de los valores republicanos que tan de moda se ha puesto. Se trata de una recopilación de materiales escritos por el poeta llevada a cabo por Ángel Crespo en 1984, que se publicó en 1985 y se reeditó en 2009 revisada y ampliada por Soledad González Ródenas. No acabo de verles por ninguna parte a estos textos ese papel fundamental que le adjudican tantos comentaristas al libro, que es más bien cajón de sastre en el que se meten textos interesantes (no demasiados) y se mezclan con entrevistas y cartas que se suceden de un modo repetitivo, diciendo más o menos lo mismo unas que otras, y volviendo una y otra vez a la media docena de temas

que obsesionan al autor: su mala conciencia por abandonar España en plena guerra, su fidelidad a los valores republicanos y, sobre todo, su denuncia de los comportamientos de cinco o seis políticos de izquierdas a los que odia: Negrín, ladrón, anormal e irresponsable; Prieto, ladrón y analfabeto; Largo Caballero, criminal y analfabeto; Pasionaria, demagoga y estalinista, sectaria; Araquistáin, ladrón, oportunista, farsante; Álvarez del Vayo, oportunista. También derrocha munición atacando a unos cuantos escritores a los que considera traidores o cómplices en uno de sus temas-eje a lo largo de las casi ochocientas páginas de la recopilación: el asalto de su domicilio madrileño por un grupo de «falanjistas» (Carlos Sentís, Carlos Martínez Barbeito), según él, azuzados por su *bête noire* predilecta: José Bergamín, quien comparte el desprecio de Juan Ramón con Jorge Guillén, Pedro Salinas, Ramón Gómez de la Serna, León Felipe, o, fuera del ámbito estrictamente literario, Constancia de la Mora. Seguramente tiene razón en muchas cosas Juan Ramón Jiménez, pero eso no justifica que el libro incluya a lo largo de centenares de páginas textos que insisten machaconamente sobre los mismos temas, artículos y cartas que solo pueden interesar a un especialista juanramoniano. En cambio, resulta muy interesante la valoración que efectúa del 98: Juan Ramón no soporta que se ponga a esos escritores como modelo de gente que no se doblegó:

Los del 98 son solo diletantes que no hicieron más que claudicar: Unamuno con Alfonso XIII, «Azorín» con Maura, La Cierva y, lo peor de todo, con Juan March, Baroja, con la dictadura militar, etc., etc., y dice Marañón en el prólogo del libro del que estoy hablando (uno de Guillermo Díaz Plaja, «disparatado», «oponiendo modernismo y jeneración del 98»), que esos fueron hombres de espinazo vertical. Espinazos más curvos no se encuentran hasta llegar a algunos poetas posteriores a mi jeneración que mangonearon en puestos no universitarios con el General Primo de Rivera, con Alfonso XIII y con Azaña (pág. 705).

Entre las muchas recriminaciones que le hace a Bergamín, se incluye haberle puesto a *Trilce*, de César Vallejo, «un prólogo que él no le había pedido [...]. El prólogo estaba lleno de tonterías, como aquella comparación final entre César Vallejo y Rafael Alberti, con mengua aparente de Vallejo, a quien se prologaba para disminuirlo. Cómo comparar un poeta que todo lo recibe de fuera, como Alberti, con Vallejo, que todo lo sacaba de dentro» (págs. 126-127). Y añade que, en México, «Pepito [Bergamín] busca dinero del modo que sea, incluido el tráfico de muertos ilustres» (pág. 126).

Algunas de las mejores páginas del libro son las que incluyen las opiniones de Juan Ramón sobre la poesía de Antonio Machado, del que prefiere las *Galerías* o los últimos poemas de *Abel Martín*, a sus *Campos de Castilla* (pág. 607). Para él hay tres Machados: uno, el que prolonga el eco de Rubén Darío; otro,

el delicado discípulo de Bécquer: hijo del simbolismo francés tan español, tan andaluz; admirador del más hondo Unamuno; el mejor Antonio Machado, el que sobrevivirá no en el libro, en la memoria y en los labios, por encima de los otros dos [el de *Galerías*]. Y el tercero, el más vulgar, en los dos sentidos, Antonio Machado; el más exaltado hoy tras la guerra de España, por un grupo de escritores y extranjeros de los dos bandos, y ayer por todos los tradicionalistas [...], el de *Castilla* con todos los tópicos literarios y poéticos, encinas, arados, olivos, tipos castizos de mujer y hombre, etc.; del romanticismo injerto en la generación del 98; casi castúo de Gabriel y Galán [...]. Sí, un Antonio Machado más filosófico que metafísico, muy siglo XIX;

sentencioso en aforismos rimados de un Sem Tob hecho Campoamor (págs. 654-655).

Sigo con la relectura de *La creación del mundo*, de Miguel Torga. Qué próximo encuentro su sufrimiento ante la página en blanco, su lucha con las palabras, ese concepto de la escritura como potro de torturas o como subida al Monte Calvario. Firmaría todo lo que dice.

1 de agosto
Este tiempo de silencio en el que no soy capaz de escribir nada. Podría servir de cura de modestia a quien tuviera algún orgullo de escritor. Pero no es el caso: ¡si yo estoy convencido de mi inutilidad! No necesito modestia, lo que necesitaría es un poco de atrevimiento. Me conformaría con tener la sensación de que la cabeza no está vacía. Ni siquiera pido escribir; solo saber que no me he convertido en un tronco seco.

8 de agosto
Últimas lecturas: Herta Müller: *El hombre es un gran faisán en el mundo* y *Todo lo que tengo lo llevo conmigo*. Ramón Gaya: *Obra completa*. John Julius Norwich: *El Mediterráneo. Un mar de encuentros y conflictos entre civilizaciones*. Vikas Swarup: *Seis sospechosos*. Relectura de lujo: Maturin: *Melmoth el errabundo*.

De Ramón Gaya, «El inventor de *La Gioconda*»:

> Y una obra de arte-artístico, inventado, tampoco será directa ni original, sino una copia de sí misma, un calco indecente, pieza por pieza desde el modelo perfectamente terminado de su idea al mundo de la corporeidad. El creador también dispone de una especie de boceto de su obra,

pero ese anticipo no es nunca una idea, un cálculo, sino tan solo un afán, un afán, sin dibujo, un sentimiento informe, un extraño sabor de boca casi lírico, un estado, en fin, de animalidad (pág. 218).

Palladio es «una especie de severidad feliz» (pág. 228).

Del libro de Gaya, una cita de Nietzsche extraída de una carta que le escribió al barón de Gersdorff: «Creo, además, que no venimos a la vida a ser felices, sino a cumplir con nuestro deber, y podemos considerarnos dichosos si logramos hallar cuál es ese deber» (pág. 267).

Y más Nietzsche en el texto de Gaya: «Trabajo en la construcción del puente que ha de unir el deseo interior con el deber exterior» (pág. 270).

En *Marcado por el odio*, Newman empieza a destrozar la celda en la que lo están metiendo a la fuerza. No destroces el suelo, le dice el guardia, al ver que tira las colchonetas: vas a dormir en él.

Kazuo Ishiguro: *Nocturnos.* Se trata de cinco cuentos divertidísimos.

21 de agosto
Concluyo aturdido la pentalogía de Fernando Vallejo que ha titulado *El río del tiempo.*

«He estado buscando dónde podía sentirme mejor, ahora ya no. Silencio de un espacio abierto, respiración silenciosa sobre esta extensión húmeda, sobre la que, en la mañana, se extiende una banda de humo, como vaho de una respiración. La luz no crece uniformemente, sino por telones que casi se podrían contar» (de Bánffy, joder, qué libro).

714

Ya sé qué sitio es ese, porque también he aprendido que en ningún sitio se está bien del todo, o mal del todo. Me conformo. He aprendido a conformarme, ¿te das cuenta? Salió la luna entre los árboles. En invierno, a las seis de la tarde es de noche. Quién hará fuego este próximo invierno en la estufa en cuyo tubo han anidado esos pájaros que no paran de piar. Sus aleteos hacen resonar el tubo de latón.

22 de agosto

Empiezo releyendo *Solos en la ciudad,* los ensayos que sobre la novela inglesa del XIX escribió Raymond Williams, y se me ocurre volver a *Cumbres borrascosas.* Raymond Williams habla de intensidad refiriéndose al texto de la Brontë. Y, en efecto, el libro me arrastra, no puedo parar de leer y, al mismo tiempo, la ansiedad y el dolor apenas me dejan seguir leyendo. ¿Cómo puede un libro acumular tanto desvarío y convertir al lector, no en cómplice, sino en torturada víctima? Estos dos días metido en él, incapaz de salir de él, justifican el mes de agosto. Leyéndolo, parecen aún más ridículas las discusiones acerca de la vigencia de la novela. Escribir una novela así, con esa maldita energía, pero con los materiales que pone a disposición nuestro tiempo.

Anoto de *La creación del mundo* de Torga: «La conciencia punzante de mis limitaciones, y mi dificultad expresiva, que casi me hacía llorar de rabia sobre cada frase» (pág. 204); «[...] el artista era un penitente solitario que se enfrentaba al absoluto» (pág. 204); «[...] un monstruo humano condenado a la escritura. Ambos le habíamos sacrificado todo» (pág. 340).

Sobre su patria, Portugal: «[...] nunca podría vivir fuera de ella como escritor. Me faltaría el diccionario de la tierra, la gramática del paisaje, el Espíritu Santo del pueblo» (pág. 342).

Una reflexión más del doctor Torga: «[…] el oficio de curar y el suplicio de escribir, sin ningún tipo de ilusiones».

«Bajar a la mayor hondura posible y ceñir con el rigor de la grafía la tersura de mi pensamiento y de mis sentimientos. Cuanto más exigente fuese ese rigor, menor margen de oportunidades se le daría al engaño» (pág. 364); «[…] no hay espejo más transparente que una página escrita. Es en ella donde queda testimoniada para siempre la verdad irreversible de su autor» (pág. 364); «Me sofocaba corriendo detrás de las ilusiones y ponía en el apartado de pérdidas y ganancias las vicisitudes del camino» (pág. 365); «La simpatía que despertaban en mí las personas sencillas y que hacía que se me abriesen en las más íntimas confidencias –ese había sido, en parte, el secreto de mis éxitos profesionales en Sendim–, disminuía en razón directa con la escala social» (pág. 366); «La dureza de la gente, en general, y la perfidia de los literatos, en particular, me habían machacado el alma» (pág. 387); «El lector, al leerlo, debería sentir que se encontraba frente a un texto clarividente y ciego al mismo tiempo» (pág. 391); «La idea nublada que ningún relámpago iluminaba, la frase mal iniciada que era necesario empezar mil veces, la metáfora incolora achatando el sentido que pretendía ampliar, la palabra repetida y sin un sinónimo en el diccionario, la lengua que seguía siendo dura, resistente, que seguía desafiando al martillo y al yunque […] la crucifixión literaria» (pág. 398); «El mundo físico era misterioso y raramente organizaba sus leyes según normas coherentes de orden moral» (pág. 425); «[…] a mí me gustaba que el mal, aunque fuera odioso, tuviese un rostro humano. Dejaba de ser una fatalidad, para pasar a ser una simple contingencia» (pág. 435);

«[...] obligatoria deshidratación sentimental» (pág. 457); «Siempre había sido sensible a la infinita variedad de formas de que el protoplasma era capaz. Y también a esa irreductible sensibilidad de cada una de ellas, en su configuración, y, sobre todo, en su comportamiento» (pág. 480); «Sí, en cada uno de nosotros había un actor capaz de representar los papeles más inverosímiles. Lo que no impedía que nos negásemos a desempeñar algunos. En eso residía la dignidad» (pág. 488); «Es que no quería perder mi identidad, ni naufragar en el triunfo. Mi proyecto de vida había sido únicamente uno: cumplir conmigo mismo. Ser como hombre una autenticidad tácita y como artista una angustia expresada. Nada más. Por eso, tanto temía disolverme pasivamente en la sociedad como integrarme activamente en ella» (pág. 491); «El contacto personal con el sufrimiento humano parecía dar cuerpo físico a mi dolorosa conciencia de la grandeza trágica de nuestra condición; la intimidad lúdica con la naturaleza restaurada, a su vez, en la agudeza activa de los sentidos, la seguridad de que hay en la vida una tenacidad intrínseca que, contrariando a las desesperaciones de la razón, es un permanente acto de fe en la gracia lustral de la esperanza» (pág. 507); «[...] solo en el idioma materno reconocía mi voz» (pág. 513); «La nada irremediable a la que el hombre está condenado» (pág. 524); «Lo que ocurre sencillamente es que nuestra tragedia es tan honda, que el bálsamo de que disponemos no llega al fondo de nuestras heridas» (pág. 551).

Tras la nueva lectura de *Cumbres borrascosas*, adquiere nuevos sentidos *Solos en la ciudad*, el ensayo de Raymond Williams sobre la novela inglesa, que sigue el hilo Dickens-las Brontë-George Eliot-Thomas Hardy (Wells y James)-Conrad y Lawrence. Tanto el libro de la Brontë como el de Williams me animan en mi propio trabajo y me llevan a buscar en las estanterías *Jane Eyre*, *Middlemarch*, *El molino junto*

717

al Floss e *Hijos y amantes*. Solo encuentro *Hijos y amantes*. Ay, esta maltrecha biblioteca, me falta mirar si alguno de estos libros está entre los pocos que hay en el apartamento (me suena haber visto no hace tanto tiempo *Middlemarch*). Me apetece volver a leerlos, y volver a leer a Tolstói. Creo que pueden ayudarme a componer lo que empieza a asomarse como un esbozo en mi mente, y que es un rompecabezas complicado, cuyo orden no sé cómo establecer.

Lecturas:
Sada: *Ese modo que colma*: no entiendo nada, no sé de qué trata el libro, ni por qué se publica, otros textos de él me han interesado mucho, ese trabajo con la palabra, pero ¿este? Obtiene excelentes críticas. Seguramente soy yo el equivocado, el que juzga lo que no hay y no encuentra lo que hay.
Martín Kohan: *Cuentas pendientes*.
Jed Mercurio: *Un adúltero americano*.

Releo –para pillar «tono colombiano» en el personaje que estoy escribiendo– a Fernando Vallejo: *La Rambla paralela* y *La Virgen de los sicarios*. Avanzo en *Anna Karénina*.

«En la naturaleza no hay actualidad», Unamuno citado por Blanco en *Juventud del 98*, que releo para preparar un artículo que me han pedido sobre él, sobre Blanco. Los noventayochistas, agitadores culturales en su juventud, luego se retiran al paisaje que, hasta entonces, había sido ocupado solo por los tradicionalistas (Caballero, Pereda, Trueba), como en el resto de la «cultura europea».

24 de agosto
Sigo repasando los estupendos libros de Blanco: *De mitólogos y novelistas* (cuando lo leí, a mediados de los setenta, fue un mazazo sobre algunos de mis fetiches juveniles), *La*

718

historia y el texto literario, De Restauración a Restauración...
Leo algunos poemas de Sylvia Plath, y concluyo, anonadado
(como siempre pasa cuando lees a Tolstói), *Anna Karénina*.

7 de septiembre
   Mientras releo los libros de Carmen Martín Gaite para
un artículo al que me había comprometido hace tiempo y
del que me había olvidado hasta que ha llegado una carta
avisándome del plazo de entrega, el fuego quema algunos de
los paisajes que más quiero. A casa llega un ventarrón ardiente, que trae ceniza en suspensión. Desde la terraza he
visto durante toda la tarde la mancha negra que se extendía
por todo el horizonte; ahora, ya de noche, en la lejanía, el
brillo rojizo de las llamas que siguen quemando las montañas situadas a medio centenar de kilómetros. Las noticias hablan de más de dos mil quinientas hectáreas quemadas (al final, como suele ocurrir, se habrán quemado el doble de lo
que confiesan) y dicen que los fuegos han sido intenciona-
dos. Qué intrascendente parece ante las catástrofes la escritura. ¿Cantar los paisajes desaparecidos para siempre?, ¿los que
se llevó el fuego, los que cubrieron los bloques de cemento?,
¿lamentar la perfidia, la estupidez y la voracidad de los humanos? Bla, bla, bla, basura llorona...

13 de septiembre
   Termino ese prodigio de claridad que es *Anna Karénina*:
toda Rusia y el alma humana entre mis manos en las hojas
de papel biblia del tomo encuadernado en piel de Aguilar.
Vuelvo a *El reino de este mundo* de Carpentier, treinta años
después de la última lectura: las dos primeras páginas sobran
para quitarme la idea (o la pretensión) de volver a escribir
una novela. ¿Emborronar papel después de tanta claridad?

719

14 de septiembre

Qué felicidad tan grande, mientras leo *El derecho de asilo* de Carpentier. Vuelvo a reírme después de estos días de pesadilla en los que he creído volverme loco por una invasión de avispas que habían ocupado el interior de la casa y con las que no había manera de terminar. Seguro que he matado más de tres o cuatro mil, los cadáveres se amontonaban en el hueco por el que corren los cristales de las ventanas, encima de los muebles, en el suelo. ¿Tan grande es un enjambre?, me preguntaba mientras intentaba inútilmente acabar con ellas. Estaban por todas partes y no sabía de dónde podían salir. Cuando creía que ya no quedaba ninguna, empezaba a oír nuevamente el zumbido cerca de mi cabeza, y aparecía otra, y al instante otra, y luego ya eran diez o veinte o cincuenta las que zumbaban por toda la habitación. Las oía a mi alrededor, queriendo no oírlas, diciéndome que era una pesadilla, mientras intentaba escribir el artículo sobre la Gaite que me reclamaban. Me han picado cinco veces, incluso en la cama: una avispa se había escondido en la almohada y me picó de madrugada en la mejilla, otra me picó en la pierna al darme la vuelta en la cama. Una de las picaduras aún me duele, me escuece y provoca que se me hinchen el brazo y la mano izquierda, mientras un picor espantoso me pone al borde del ataque de nervios (y eso, una semana después de la picadura), tengo la impresión de que el aire de la casa está envenenado con los cadáveres amontonados por todas partes que retiro cada poco tiempo y con la presencia de los que revolotean incesantemente. A media tarde, el picor del brazo se vuelve insoportable y empieza a hinchárseme todo el cuerpo, incluida la cara. Conduzco como puedo hasta la cercana clínica Acuario y allí me ponen una inyección que me alivia.

La otra mañana las avispas rodeaban completamente la casa hasta el punto de que tuve miedo de salir, una nube negra que giraba frente a la puerta formando la figura de uno de esos tornados que enseñan por la televisión. Observé que el borde inferior de la piscina de plástico, el que toca tierra, estaba completamente negro, lo ocupaba una masa de avispas que se movían incesantemente. De repente, las diversas masas que flotaban en el aire, y las que pululaban en torno a la piscina, fueron agrupándose hasta formar una única pincelada oscura, parecían haberse convertido en una masa sólida que giró sobre sí unas cuantas veces y que luego fue alargándose por uno de sus extremos, formando una especie de pico, una vanguardia que emprendió un rapidísimo vuelo tirando del resto: contemplé, con una mezcla de alivio y temor, cómo la negra nube se alejaba y se perdía a lo lejos. Tengo la impresión de que, como la piscina se asienta sobre una capa de arena que ha ido dejando huecos bajo el plástico, las avispas habían hecho allí su nido y que la fuerte tormenta de anoche debió inundarlo y eso ha sido lo que las ha puesto en fuga. El misterio estriba en saber cómo se introducían dentro de casa, pero ahora ya me da igual averiguar eso. Se han ido, ha desaparecido uno de los agentes de la maldición que ha caído sobre mí en estos últimos días, porque no han sido solo las avispas: se estropeó el coche, murió el perro Manolo, era muy viejo, es verdad, pero me ha dado mucha pena, se rompió el motor que bombea el agua y he estado tres días sin agua corriente; a continuación, se vació el depósito porque reventó una tubería que está escondida bajo tierra en el jardín, por lo que no había modo de detectar la fuga, disimulada por la tierra y por la vegetación, ya que se producía fuera de la casa; la palmera agoniza por culpa del picudo, he perdido las gafas, y, hasta que no me han hecho las nuevas, no podía leer… Ya he vivido temporadas así, en las que te visitan los heraldos negros y dejan caer su energía negativa en cuanto te rodea y en ti mismo. Confirmando la gestión de estos imanes negativos, ayer por la tarde ardió de forma extraña el enchufe de la cocina.

Y tenía que escribir el artículo en pocos días. Hoy parece que todo funciona otra vez, y me refugio en Carpentier.

En el libro de Günter Wallraff *Con los perdedores del mejor de los mundos*, escrito a partir de sus experiencias al hacerse pasar por «marginado» de diverso tipo (negro, *homeless*...) en su país, se encuentra durmiendo en la calle con un ruso que, entre otras cosas, le cuenta que trabajó en la construcción –doce horas diarias, a cinco euros la hora, le dice– y pienso en el inmenso negocio que han tenido los centroeuropeos con el desmantelamiento de las repúblicas soviéticas; eso ha sido aún peor que en España, aunque, según lo escribo, me doy cuenta de que no es verdad, aquí he leído declaraciones de ucranianos, de africanos, recogedores de fruta o vendimiadores, peones sin papeles que trabajan en negro y a los que se les han estado pagando diez o doce euros diarios. A alguno lo conozco.

19 de septiembre
Todo el día con la tensión por los suelos, ocho y pico-cuatro y pico. También las pulsaciones bajan: poco más de cincuenta. Me encuentro mareado, con dificultades para leer.

«Ya hemos enseñado bastante, hermano. En la vejez hay que volver a aprender. Causa más gozo.» Son palabras que se incluyen en una carta que Bakunin le escribe a Ogarev en 1874.

En *Los exiliados románticos*, E. H. Carr ha querido contarnos que

[...] la generación de Herzen, Ogarev y Bakunin –como cualquier otra generación– fue una generación de transición; pero la transición por la que esta generación tuvo que pasar fue turbadoramente rápida y los hombres como Herzen y Bakunin, procedentes de un país cuyo acervo filosófico y cuyas formas contemporáneas de pensamiento a la moda llevaban un retraso de treinta años con respecto a los de Europa, se encontraron reemplazados mucho antes de haber contemplado la tarea asignada o de haber empezado a decaer sus facultades naturales. La historia de los exiliados románticos acaba, apropiadamente, en tragedia y –peor aún– en tragedia teñida de futilidad, pero ellos tienen su lugar en la historia. A los cincuenta años de su muerte, la Revolución Rusa honró a Herzen como a uno de sus más grandes precursores, dando su nombre a una de las principales vías de la capital, y, para admiración y ejemplo de la moderna juventud revolucionaria, le erigió un monumento, así como a Ogarev, en el recinto de la Universidad de Moscú (págs. 413-414).

Carr piensa que Bakunin debería haberse muerto o retirado para recibir los mismos honores, pero, para su mal, vivió lo suficiente para enfrentarse con las nuevas generaciones que Marx representaba. Al ser expulsado –precisamente por Marx– en 1872 de la Internacional, fue retirado «para siempre del santoral revolucionario» (pág. 414).

«Antes de Marx, la revolución había sido idealista y romántica, objeto de intuitivo y heroico impulso. Y Marx la hizo materialista y científica, objeto de deducción y frío razonamiento. Marx sustituyó la metafísica por la economía, los filósofos y los poetas por los proletarios y los campesinos» (págs. 414-415).

Physiologie des passions, de Charles Letourneau, fue uno de los libros inspiradores del proyecto de Zola. La hija de Herzen, de apenas diecisiete años, se enamoró de Letourneau, que tenía treinta y tantos años más, estaba casado, y rechazó las seducciones de la muchacha, no sin coquetería. Ella acabó suicidándose, tras escribir una nota repleta de humor negro en la que, entre otras cosas, pide que se tenga mucho cuidado en certificar su muerte antes de enterrarla, porque sería muy desagradable despertarse dentro de un ataúd.

Carr analiza casi todo el entramado sentimental de este grupo de exiliados rusos desde los presupuestos que marcaban las novelas de George Sand: se dan unos a otros los nombres de los protagonistas de sus novelas, las leen con avidez, las citan, intentan llevarlas a la práctica, o les sirven para recriminarse las faltas: esto no es como una novela de George Sand, puede decirle uno a otro.

21 de septiembre

D. H. Lawrence, en *Hijos y amantes*, consigue ponerme un nudo en la garganta, tal como lo hizo la primera vez que la leí hace casi treinta años: ver cómo todo crece, se ajusta, cobra sentido en el conjunto de la narración: el paisaje, los personajes complejos, vivos, de una riqueza de matices que maravilla, el medio social..., todo fluye en un armónico y emocionante *crescendo*. Al referirse a ese primer Lawrence, Raymond Williams habla de «una especie de milagro del lenguaje» (*Solos en la ciudad*, pág. 204). Estoy completamente de acuerdo con él cuando afirma que «se da una unión vital entre lenguaje y sentimientos: nuevos lenguajes, nuevos sentimientos. Lo que efectivamente se hace vivo es la comunidad» (pág. 204). Creo que Williams siente ante este libro algo parecido a lo que yo estoy sintiendo (ya digo que hacía más de veinticinco años que no volvía a leerlo). Lawrence está creando el lenguaje de los de abajo para la literatura, y, con el lenguaje, está creándoles textura, alma, a quienes apenas la tenían hasta entonces, porque casi nadie (iba a poner «nadie», pero ¿y el Fielding de *Tom Jones*?) se había preocupado por fabricársela (digámoslo así), o porque quienes se habían ocupado de ellos lo habían hecho desde fuera, como entomólogos, o como benefactores. Ahora el que escribe es uno de ellos. Como dice Williams: «Lo nuevo aquí, lo verdaderamente novedoso es que el lenguaje del escritor y el de sus personajes es el mismo» (pág. 205). Es decir, que esa riqueza en la mirada hacia las personas, hacia el paisaje, hacia la ciudad, es de nuevo cuño, revolucionaria, diría yo, porque expresa una riqueza suprema que estaba innombrada en esa clase, en el grupo de mineros que trata, riqueza y complejidad que, hasta entonces, no había merecido salir a la luz, o sea, ser escrita; o lo que es lo mismo: no había merecido existir. «Lawrence escribe de ese modo porque siente con su gente, no acerca de ellos o de ellos, sino dentro de una corriente particular que él llama simpatía, aunque no se trate de nada tan formal [...] escribe donde vivió» (pág. 206). El resultado produce una sensación casi mágica en el lector porque «si tenemos en cuenta la dificultad de la historia, es una paradoja que lo haga con tanto arte. Un arte tanto más impresionante porque, cuando lo alcanza, parece como si fuese un don» (pág. 206). Así es. Lawrence parece tocado por la gracia, y se la transmite al lector que se siente purificado en la experiencia novelesca, elevado a lo más alto de la condición humana.

En la novela de Lawrence, cuando el padre se accidenta, vemos a la madre dirigirse al hospital, y luego les cuenta la escena a los niños. Nosotros no asistimos al encuentro entre el marido y la mujer, y el efecto resultante de esa elipsis es magnífico: se sobrecarga todo de sentido, porque pone el accidente –la figura del padre– en el centro, al mismo tiempo que se mantiene fuera, en la lejana cama del hospital; ese papel de ser el centro que, sin embargo, está fuera (pesa por ausencia) es el que ha estado jugando a lo largo de toda la primera parte de la novela la figura paterna.

Lo que se supone que es arriba y lo de abajo viven en paralelo, los sentimientos más intensos no paralizan las reacciones más triviales. La madre, mientras reflexiona sobre la imposibilidad de querer a su marido, a pesar de la fuerte emoción que le produce verlo herido y desvalido/desamparado en el hospital, comenta la vergüenza que ha sentido al descubrir en el tren de vuelta («a mitad de camino de Keston») que lleva puestos unos zapatos viejos porque no se ha acordado de cambiárselos al salir de casa.

El olor de los alhelíes.

Me gusta mucho que Lawrence corte con un par de palabras (plis plas) los momentos decisivos de la novela, dejándole al lector que construya la escena; solo después de que el lector ha intervenido, la reconstruyen los personajes: el efecto de una emoción contenida está así conseguido. Lo usa en el accidente del padre, en la muerte de Williams, el hijo mayor; o en el alistamiento en el ejército de Arthur, el pequeño.

27 de septiembre

En el contexto de la crítica que Lyotard, Derrida, Vattimo, Foucault y tantos otros llevan a cabo de las estructuras narrativas sobre las que se sustenta el pensamiento moderno, la historia empieza a ser desvelada como un modo de discurso ocupado, no en reconstruir, sino más bien en constituir retóricamente su propio objeto [...]. El objeto de la historia es, así pues, producto de una voluntad de estilo; la función de su discurso no es ya referencial sino más bien performativa. No se trata de preservar una huella sino de producirla (Alberto Medina Domínguez, «Contra el olvido. Historia y rencor en *Los viejos amigos*»).

Me parece un excelente resumen de esa tendencia que arrolló el pensamiento en los ochenta y que incluye a Barthes, a quien Medina también cita en otro lugar. Hayden White lo expresa así: «[…] lo que constituye los hechos en sí mismos es el problema que el historiador, como el artista, ha intentado resolver a través de la elección de la metáfora con que ordena el mundo».

«[…] com podeu demanar misericòrdia, puix en vosaltres no s'és trobada?» Del *Tirant*.

30 de septiembre
En *Los persas*, de Esquilo, cuando la reina, desesperada por la derrota de su hijo Jerjes, acude a la tumba de su marido, Darío, para hacer sus ofrendas, aparece la sombra del muerto, que se interroga por lo que está ocurriendo («¿Qué penalidades sufre mi ciudad?»), y confiesa: «Me asusto». Siempre me ha desazonado lo terrible que es el destino de los muertos en la cosmología griega. Ese vagar, esa falta de paz. Me lleva a acordarme de una frase que creo recordar que es de Dostoievski, aunque no estoy muy seguro: «¿Y si viniera la muerte y no se acabara el sufrimiento?». Creo que algo de eso es lo que nos tememos la mayoría y por eso nos asusta tanto la muerte. Si no fuera así, y fuera más bien la muerte como eterno reposo, el tránsito se nos haría más llevadero.
Todo lo que vive es sagrado.

En el *Doktor Faustus* (otra relectura), pág. 153, el profesor Schleppfuss, teólogo que sigue la tendencia de convertir teología en demonología, piensa que el vicio no tiene carácter propio, sino que es el mero apetito de manchar la virtud. Yo me inclino más bien a defender lo contrario, que es la virtud la que construimos voluntariosamente, y de un modo artificial (la ideología), porque lo único que tiende a practicarse espontáneamente, con naturalidad, es el vicio.

Veo en la tele *Il bidone*, la película de Fellini. Quizá es la octava o la novena vez que vuelvo a verla (la primera creo recordar que fue en el internado de León). Se me encoge el corazón. Apenas soy capaz de soportar las imágenes. Cuando digo que cada día me gusta menos el cine, y que veo todas las películas con desgana, es precisamente porque se me olvida que existen películas como esta, con ese supremo Broderick Crawford, qué actor y qué personaje.

Lieds de Richard Strauss, cantados por Elisabeth Schwarzkopf.

15 *de octubre*

Regresé el pasado día 12, después de dejar a Paco en Valverde. Me parte el corazón que se quede allí («Yo me quiero morir en mi pueblo»), tan frágil, tan expuesto a cualquier cosa, pero qué se le va a hacer. Lo quiere así. Aquí no se ha adaptado nunca, y menos aún tras el «incidente» que le costó pisar la cárcel. En su cabeza se ha montado un nuevo escenario ideal desde que ha sabido que le conceden su paga de inútil total: su casita (le están acabando la obra), su pensión, el campo extremeño, los espárragos, las olivas, las bellotas: lo que es su mundo, el que conoce y controla. No introduce en ese cuadro idílico las nuevas circunstancias: que camina con dificultad y se fatiga a los pocos pasos, que apenas puede agacharse y que, si se arrodilla, luego le cuesta ponerse en pie. El tiempo dirá qué es lo que ocurre. De momento, parece que se ha adaptado bien. Ya veremos. He intentado dejarlo lo más a resguardo posible, protegido: una casa de alquiler hasta que le terminen la suya, atención médica y social (he hablado con la doctora, con el alcalde, le dejé preparados los papeles sanitarios, le compré muebles y electrodomésticos)... Así y todo, no puedo evitar que me dé pena, y cuando experimento esa sensación de pena por él, de angustia, me digo que debería darme pena yo mismo, aquí, solo, a pie de monte, en esta casa en la que todo funciona casi por milagro. De hecho, el regreso de Extremadura coincidió con uno de esos temporales de gota fría que octubre acostumbra regalarle a la comarca: agua a mares, viento, cortes de luz, suspensión de las conexiones telefónicas. Ha sido un tratamiento de caballo para experimentar cómo puede ser esta nueva etapa de soledad, ahora sí que absoluta, tropezando a oscuras con los muebles, fregoteando el agua de las goteras que inundaba la parte alta de la casa, angustiado por la cada vez más presente claustrofobia que me desazona en cuanto no puedo ver (no soy capaz de dormir con las persianas bajadas) o en cuanto me quedo encerrado en algún sitio (procuro no cerrar nunca los pestillos de los váteres fuera de casa, y me fijo bien en dónde se encuentra el interruptor de la luz en los que tienen encendido y apagado automáticos). El otro día sufrí uno de esos ataques de pánico en el servicio de un bar cuya puerta no conseguía abrir. Fue en Valencia, y el servicio tenía una de esas puertas mallorquinas que permiten ver el exterior sin que a ti te vean; además, estaba a un metro del espacio público, o sea, que no hacía falta ni levantar la voz para pedir auxilio: pero me asustaba tener que permanecer a la fuerza allí dentro, aunque solo fueran unos pocos minutos. A veces lo pienso: ¿qué haría si tuviera que pasar algún tiempo en la cárcel?, ¿cómo soportaría el encierro en la celda?

Estos últimos días me he organizado un pequeño festival Ophüls: *Lola Montes*, *La ronda*, *La mujer de todos*. Y he repasado con gozo a Carpentier: *El reino de este mundo*, los *Cuentos completos*, la excepcional *nouvelle* titulada *El acoso*.

Carpentier te alimenta siempre. Lo lees una y otra vez con provecho.

Ahora, ya instalado de nuevo en casa, y con tiempo por delante, vuelvo a ponerme con *Doktor Faustus*, de Mann, cuya lectura interrumpí estos días de viaje. Fue una novela que me marcó mucho en mi juventud. Recuerdo las acaloradas discusiones en las que yo defendía el libro, que alguien decía que yo no podía entender porque no tenía conocimientos ni musicales ni filosóficos. Me revolvía contra él. Ahora pienso que tenía razón. Pero vuelvo a leerlo. Como vuelvo a leerme la *Divina comedia*, con cuya lectura he ido cerrando las jornadas antes de marcharme a Extremadura.

Pero esos no son objetivos. El objetivo es ponerme de una vez con la novela. LA NUEVA NOVELA. A ver si lo consigo.

La excelente biografía de Rimbaud, escrita por Edmund White, vuelve a plantearme mis dudas de siempre: ¿por qué no acabo de encontrarle el genio a Rimbaud? Mi sensibilidad literaria ve trivialidades donde los sabios, especialistas y grandes poetas descubren logros revolucionarios. Lo leo con la más dócil de las voluntades, dispuesto a dejarme arrastrar por lo que ordenen sus exégetas, pero no consigo interesarme, o gozar, o conmoverme. ¡Me parece tan lejos de la plenitud de Baudelaire! Incluso Verlaine me seduce bastante más que él, me arrastra con su música inigualable. Sí, me gusta infinitamente más Verlaine que Rimbaud. Qué le voy a hacer. Nadie es perfecto.

La claustrofobia se me vuelve insoportable en casa, cuando me asalta de noche la idea de algo que no puedo hacer, de alguien a quien aprecié y no sé cómo localizar, o no puedo ayudar (estos días, Paco: me asfixio en la cama pensando en lo que hará a solas, tengo que encender la luz). También se manifiesta esa sensación de asfixia cuando busco alguna palabra, el nombre de alguien que ya no está, porque ha muerto, o porque no tengo manera de localizarlo, no poder trasladarme con el pensamiento a aquel lugar, incluso a aquel tiempo que tanto hace que pasó, me oprime el pecho, me ahoga, en mitad de la noche grito, o pataleo para romper esa asfixia que parece que va a acabar conmigo.

Medea mata a la nueva esposa de Jasón, a su suegro (terrible cómo la túnica finísima y la corona de oro les separan la carne del hueso, la carne se pega a la tela envenenada) y mata a los dos hijos que ha tenido de él, y lo deja a él con vida, para que sufra infinitamente: eso es auténtica violencia doméstica, la más elevada. El sufrimiento de ella se vuelve secundario, mera exigencia del guión, con respecto al terrible sufrimiento de él.

17 de octubre

Los *Cuentos completos* de Carpentier. Uno los lee como si mordiera una opulenta fruta, que llena la boca, masticas suavemente (fruta tierna, blanda, carnosa, madura) y te impregnas con su perfume. La verdad es que siguen pareciéndome espléndidos. Con el paso de los años les encuentras otra textura, otro sabor, pero no es verdad, ellos están ahí, eres tú el que has cambiado, el que no paras de cambiar.

21 de octubre

En cuanto me acuesto, me vienen imágenes de Paco, cavando sudoroso, empujando cuesta arriba la carretilla, y ese pensamiento (el esfuerzo inútil, ahora que ya no está) me provoca asfixia, sensación de claustrofobia que corta la respiración. Tengo que encender la luz e incorporarme en la cama, porque me agobio. Si bajo la persiana, me parece que la habitación se ha convertido en un ataúd. Me levanto, paseo, salgo a la puerta de la casa, contemplo la noche, recibo el consuelo del aire frío y recupero el ritmo normal en la respiración. Lo mismo que tengo pánico a quedarme encerrado en un cuarto o en un ascensor, empiezo a contemplar con terror la perspectiva de acostarme cada noche: veo a Paco inerme y lejos, no puedo hacer nada por él, ni ayudarle si lo necesita. Es la misma asfixia que se produce cada vez que busco una palabra (el nombre de un lugar, de una persona) que no encuentro. La impotencia de no poder, que es metáfora de la muerte, preludio: parcelas de uno mismo que va ocupando la muerte, aperitivos antes del gran banquete: la incapacidad para actuar, la desmemoria..., en cualquier caso, vivencias terribles que no le deseo a nadie.

(Fin del cuaderno con fachadas lisboetas.)

Cuaderno Sorolla con farolillos chinos
(22 de octubre de 2010-11 de agosto de 2013)

22 de octubre

Durante todos estos días no se me va la opresión en el pecho, la sensación de que voy a ahogarme: se trata de una reacción física que materializa la pérdida (mis padres, mi abuela, los amigos muertos o en paradero desconocido) y el olvido (palabras, nombres, títulos de libros y películas), que no es más que otra forma de pérdida, es el miedo a la muerte, angustia por todo lo que desaparecerá contigo, vivencias con personas, con libros, con músicas, lo que he vivido, visto, leído y escuchado, se está yendo conmigo, la canción, la película, eso que soy y se disuelve. En realidad es como si me muriera antes de la llegada de la muerte, seguramente se trata de una forma de cobardía, querer escapar de ella, ganándole la mano: muriéndote antes de morirte, egoísmo, pensar que puedes manejar lo que nadie puede. Lo cierto es que estoy pasando unos días espantosos. Lo peor es que no me apetece salir a ninguna parte, ni ver a nadie, para poner a prueba mi claustrofobia cuando llega la noche bajo todas las persianas de la casa y me quedo allí dentro, en el ataúd.

A todo eso, no añado ni una palabra a lo que deberían ser las notas para una posible novela. No consigo un instante de calma a lo largo del día. Leo con dificultad. La opresión en el pecho no desaparece en ningún momento. Yo solo querría escribir, porque creo que poner esta angustia por escrito me libraría de ella, o me aliviaría, pero no lo consigo.

Leo, en el *Doktor Faustus* de Mann, estas frases referidas al místico Adrián, que sufre una terrible sequía espiritual:

> No es posible ocuparse de lo ya hecho cuando se siente uno incapaz de hacer algo mejor. El pasado solo es tolerable cuando uno se sabe superior a él, no cuando uno se encuentra reducido a contemplarlo impotente. Las cartas que de él recibía en Freising hablaban de su existencia desierta, de su existencia imbécil, de su existencia de perro, de su existencia de planta, sin memoria e insoportablemente idílica, contra la cual no quedaba más defensa honrosa que el insulto y que le hacía desear a uno cualquier forma de estrépito exterior, una nueva guerra, o una revolución, como medio de sustraerse al marasmo. Había perdido ya toda noción del arte de componer, no conservaba ni el menor recuerdo de su oficio y estaba convencido de que no volvería a escribir ni una nota. «¡Que el infierno tenga compasión de mí!» (págs. 659-660).

Unas líneas más adelante habla de «los cambios bruscos entre el frenesí creador y la parálisis expiatoria» (pág. 660). Tomo nota: «parálisis expiatoria». Algo de eso hay en este silencio que dura ya tres largos años, desde que acabé *Crematorio*.

24 de octubre
Vuelvo a ver *Ocho y medio*, de Fellini, y, al final, no puedo contener las lágrimas. ¡Qué maravilla! Esas actrices, todas maravillosas, todas estupendas, Claudia Cardinale, Sandra Milo, esas otras cuyo nombre no conozco, la extraordinaria Anouk Aimée. Me siento miserable escribiendo sobre vejez y destrucción ante un canto a la vida tan hermoso como este.

736

¿Por qué no escribir cantando lo que hemos hecho, mejor que lo que vamos a perder? Sí, pero ¿qué he hecho yo?

Espléndidos los comentarios de Erasmo sobre la insensatez, la estupidez de los personajes de la *Ilíada*. Agamenón comete la majadería de sacrificar a su hija para comprar el puesto de comandante; Aquiles lloriquea como un niño ante su madre porque le han quitado la querida; Príamo es un demente senil que estrecha entre sus brazos a Helena, la llama «hija» y le dice que no lamenta la guerra emprendida... El mismo bisturí lo aplica Erasmo a la *Odisea*, cargándose así dos de los pilares fundacionales de la cultura occidental. Hércules le parece «robusto y animoso, pero lerdo y grosero de carácter». Esa vertiente crítica de Erasmo –que continúa, entre otros, la de Lucrecio– es de la que uno se siente totalmente deudor y, en su modestia, heredero. Leer un texto así te lleva a pensar que los dos frentes de la cultura, el de quienes se desnudan y analizan, frente a los que visten el muñeco con su retórica, vienen de muy lejos, una pelea que se prolonga desde hace siglos y en la que nosotros somos solo actores de paso, representamos el viejo papel cambiándole cara y voz. Que haya que seguir discutiendo acerca de esas cosas es síntoma de la tozudez del ser humano. Erasmo multiplica los ejemplos de estupidez en la mitología de reyes y poderosos para acabar haciendo autocrítica: «[...] el bobo parezco yo justamente por emprender esta catalogación y buscar, como quien dice, el agua en el mar. Más valdrá que repases las crónicas tanto de los antiguos como de los modernos, para que constates sin lugar a dudas que a lo largo de varios siglos fue raro el príncipe que no introdujo con idiotez insigne los mayores desastres en los asuntos humanos» (pág. 154).

Tras leer encomios superlativos sobre la novela *Suites imperiales* de Bret Easton Ellis, me animo a leérmela: me pa-

737

rece basura literaria y basura ideológica, no me interesan para nada los avatares de esos descerebrados y me repugna la atmósfera *snuff* que se desprende del libro, signo de los tiempos caníbales, o que engorda la voracidad de los tiempos caníbales.

9 de noviembre

El sueño del celta –una en apariencia buena novela de Vargas Llosa– me plantea problemas literarios: ¿no es un reportaje novelado, como, por poner un ejemplo, el que escribió hace casi un siglo Antonio Espina sobre Luis Candelas? Creo que este tipo de literatura (guardando las distancias, incluyo en ella lo del 23-F de Cercas) lleva implícito el reconocimiento de la caducidad de la novela. Echo de menos algo que solo se me ocurre definir como «literario», o «novelesco». Pero ¿qué es eso?, ¿una forma de retórica?, ¿inventiva?, ¿imaginación? Sé lo que me digo, pero no sé cómo decirlo (ojo: si no sabes cómo, es que no sabes qué es). Las novelas de Galdós, de Tolstói, de Balzac, rezuman historia, tienen conciencia de ser ellas mismas frutos de la historia, a la vez que aspiran a contarla a su particular manera, pero son otra cosa: novelas. No es el caso de la supuesta novela de Vargas. La historia de Roger Casement en África, en la Amazonía, en Irlanda, tal como se nos entrega en el libro no acaba de tener esa cosa específica de la novela: es una biografía escrita por un historiador con cierta sensibilidad literaria y buena pluma. No se rehúye nada, ninguno de los lastres de composición y ritmo (¿qué es eso?) que la biografía del personaje le exige en el código de lo histórico. Cuando escribo así, me reprocho si no será que lo que estoy pidiendo es una vetusta exhibición de trucos de esos que tradicionalmente se consideran como novelescos. Pero creo que no, que cuando digo «lo literario» me refiero a esa capacidad para ordenar las palabras de modo que se sobrecarguen de sentido; que las palabras intensifiquen su función. Pero ¿acaso el libro de Vargas no denuncia?, ¿no conmueve?, ¿no es eso intensidad? Entonces, a qué me refiero. ¿No rompe también el ritmo Martorell cuando lleva a Tirant de Inglaterra a Sicilia y Malta, de Constantinopla al norte de África? Y nadie puede negar que *Tirant* es bastante más que la biografía de un personaje fantástico. A estas alturas del recorrido, parece que hemos llegado a la conclusión de que novela es todo aquello que se reclama como tal.

24 de noviembre

Viaje a Múnich. Hace frío. Llovizna. Dagmar y Antje me preguntan adónde quiero ir el domingo, dado que es un día que tengo libre (el viernes participé en una mesa con Umberto Eco y un autor serbio que vive en Canadá; el lunes, con Uwe Timm), y les propongo que visitemos alguno de los palacios de Luis II. Eligen Linderhof, que es el más cercano, y el único que el rey bávaro vio acabado y frecuentó. Tenemos suerte porque en el instante en que llegamos a la comarca, milagrosamente el tiempo se abre, e incluso sale el sol, y vuelve a nublarse en el momento en que concluimos la visita al palacio. Todo se hunde en pocos momentos en una espesa niebla. De regreso a Múnich, tras la comida, cae una fría llovizna.

La visita a Linderhof resulta bastante limitada en este tiempo: los mustios jardines ocultan en embalajes de madera las esculturas y las fuentes para protegerlas de los hielos y de la nieve que ya blanquea las montañas y forma pequeños montones junto a los caminos que alguien se ha encargado de limpiar. Durante estos meses invernales tampoco se pueden visitar la gruta de Venus ni el pabellón morisco. Recorremos el edificio principal, cuyo feo exterior con muñecones en la fachada parece, más que palacio, casa de juguete o maqueta. Dentro, todo está comprimido, resulta pequeño, incapaz de contener al pequeño grupo de turistas que llevamos a cabo el circuito de la visita, y solo se supera el agobio gracias a las ventanas que prolongan el edificio hacia el hermoso exterior, o al juego de falsas perspectivas generadas por los numerosos espejos que amplían y multiplican los espacios al rebotar las imágenes de uno en otro, y así provocan que algunos de esos reducidos cuartos cerrados parezcan prolongarse en pasillos interminables, gracias a calculados efectos visuales.

Digo que todo parece comprimirse, pero tendría que decir que todo está sobrecargado, ornamentado hasta rozar el despropósito, con una multitud de relieves que empequeñecen aún más los reducidos espacios; aunque lo que acaba de encogerle el corazón al visitante es darse cuenta de que todo está diseñado para que lo ocupe y use un solo individuo: una habitación la ocupa un trono; otra, un escritorio, o una cama desmesurada, como un altar; en el comedor, una mesita individual que, además, está situada sobre un suelo movedizo, una especie de ascensor que permite que baje automáticamente al piso inferior, y, de este modo, la comida llegue ya servida y los restos sean recogidos sin necesidad de que aparezca ningún sirviente en la estancia. Cuánta soledad, Dios mío. He salido angustiado de ese Versalles de bolsillo (Versalles fue el modelo arquitectónico del bávaro Luis II, que admiraba especialmente al francés Luis XIV). El palacio es espejo de la soledad de su habitante/constructor que rellena el vacío del alma con inútil quincalla, imagino que haciendo aún más profundo el pozo de su desolación.

El lunes visité en Múnich la iglesia de San Miguel y –pese a mi claustrofobia– bajé a la cripta en la que está enterrado el desgraciado solitario. En la desnuda habitación, el túmulo rodeado de flores parece formar parte de uno de los espacios arquitectónicos que imaginó en sus torturadas pesadillas. Ahora, unos días más tarde, en la pantalla del ordenador, contemplo la fotografía de la gruta de Venus que ofrece Wikipedia, los adornos, las pinturas reflejadas en el espejo del agua iluminada por los reflectores, la barca dorada. Toda esa ridícula parafernalia que reclama el nombre de «belleza». Se me saltan las lágrimas de pena por el loco rey.

25 de noviembre

Disfruto leyendo esos libros que tienen la ambición de capturar o recrear una época y mostrarnos los hechos que llamamos «históricos» con los acontecimientos culturales y artísticos, los avances científicos y técnicos, la arquitectura, cuando son buenos. Así que lo he hecho con el de Blom, titulado *Años de vértigo. Cultura y cambio en Occidente, 1900-1914*. Hoy en día tenemos la sensación de estar viviendo momentos oscuros, de desconcierto, y –como suele ocurrir cuando lees libros de historia, por algo los antiguos la llamaban «maestra de la vida»– leyendo a Blom pienso en lo que debieron sentir quienes vivían a principios del pasado siglo: no hay época que no haya sido desconcertante, en la que no se haya tenido la sensación de anomia, de falta de valores, o de agonía de un mundo: si miramos atrás, hacia la época de la Revolución Francesa, o a la Europa de los descubrimientos en los siglos XV y XVI y del protestantismo. No creo que haya una generación que haya vivido más apaciblemente que la mía; desde luego que no, aquí, en España. Tuvimos una infancia y una juventud sometidas a las estrecheces ideológicas que imponía el franquismo; también estrecheces económicas, aunque ya no la angustia por la supervivencia física y el hambre que sufrieron a fines de la guerra y en la inmediata posguerra nuestros padres, y hemos tenido posibilidades relativas de ascenso social (la política ha sido un globo precioso para unos cuantos) y al espacio de la cultura en nuestra madurez. Quien se ha esforzado en algo ha acabado pudiendo conseguirlo de algún modo; incluso hemos llegado a poder cubrir ciertas ansias de consumo de lo innecesario. Pero todo eso es accesorio. Lo importante es que no hemos tenido que participar en ninguna guerra, no hemos sido enviados a matar y a morir en alguna parte. Ni siquiera hemos sido testigos o supervivientes de una espantosa catástrofe natural (terrible la riada de Valencia, las inundaciones en la Ribera, pero de escala aún humana: me refiero a si se compara algo así con catástrofes como el tsunami, o el terremoto de Lisboa). ¿Aspirar a más? Claro, la justicia, la libertad, pero sin olvidarnos de que hemos vivido en un paréntesis de la ferocidad humana peninsular, pausa en una carnicería. Luego está efectivamente eso de la justicia, la sensación de haber sido un privilegiado, la mala conciencia por tantos que han estado abajo, pero hablamos de sufrimientos del alma. Hemos visto el horror en la prensa, en los documentales, pero nosotros, los españoles de mi generación, no estábamos en la carnicería.

Haciendo zapping en televisión y oyendo los despropósitos que lanzan las emisoras fachas, me convenzo de que la derecha española pierde día a día el pudor que había guardado desde la muerte de Franco. En una de las emisoras hay un locutor elegantísimo, con un parche en el ojo, un auténtico aristócrata austrohúngaro berlanguiano que dice barbaridades. Me parece estar oyendo a los falangistas que discurseaban por la radio cuando yo era un niño. Hacía medio siglo que no veía y oía a un tipo así, caricatura de sí mismo.

De *El País*, 26 de noviembre de 2010, pág. 39: José Lázaro, en el artículo titulado «La evolución de Savater», cita lo que el filósofo escribió en 1984: «En cuanto adopto con cierta determinación un punto de vista, comienza a tentarme con fuerza la opción opuesta y soy más sensible que nunca a sus encantos persuasivos. Esta propensión a encarnar la quinta columna de mí mismo no me evita los furores en la toma de partido, pero, en cambio, me priva del dócil nirvana de la afiliación». Puedo decir que a mí me ocurre algo parecido y también participo de lo que decía Gil de Biedma: que era incapaz de pensar si no era a la contra.

Vuelvo a ver en televisión *La sirena de las aguas verdes*. Es mi infancia, el cine de aventuras que alimentó mis fantasías. Esta película fue decisiva para que la opulenta Jane Russell pasara a formar parte de mis iconos femeninos. Al verla de nuevo, me echo de menos a mí mismo, echo de menos a quien ya no podré encontrar.

Todos los críticos hablan del paso adelante que significa la última novela de Andrés Barba, cuando a mí me parece que baja otro escalón (no ha hecho un libro mejor que *La recta intención*, que es de 2002). No me gusta el arsenal metafórico (me parece sacado en buena parte del nacionalcatolicismo de mi juventud, aunque él seguramente no lo sepa). Me da la impresión de que tiene en la cabeza lo que quiere contar antes de ponerse a escribirlo y que, cuando escribe, lo que hace es envolver ese esqueleto con florituras y rasgos de estilo: no hay investigación como en sus mejores libros, sino ornamentación. O a lo mejor quien se equivoca soy yo, y no sé leerlo, pero anoche, comentando el libro con J. M. coincidíamos en esa visión, así que ya somos al menos dos quienes pensamos que hay un Barba mucho mejor que el que se nos ofrece ahora.

29 de noviembre
«[…] los asalariados en situación difícil viven con un sentimiento de humillación y de fracaso personal lo que antes vivían como destino de clase.» Gilles Lipovetsky y Jean Serroy: *La cultura-mundo*, pág. 40. Se han convertido en lo

que llaman la «clase ansiosa», para la que «el empleo fijo seguro es cosa del pasado».

Es cierto lo que cuenta Lipovetsky en este libro, lo que no tengo tan claro es que se trate de una novedad: realmente, todo cuanto se nos cuenta aquí está esbozado en textos de Lenin como *El imperialismo, fase superior del capitalismo*. Ahí está, por ejemplo, eso de que «la esfera pública tiende a parecerse a un mercado político en el que compiten sin freno los intereses particulares» (pág. 43). Lenin habla de que el Gobierno es la junta de accionistas de las grandes empresas, algo así dice, por eso creo que sobra la definición de hipercapitalismo de Lipovetsky, llamemos a la cosa «imperialismo», como acostumbrábamos, o «capitalismo en su fase imperialista»; lo que Lipovetsky define como «la impotencia de la política frente a la pujanza de la globalización liberal» (pág. 44) nosotros lo llamábamos «poder de las transnacionales», la novedad es que se ha terminado la hora de recreo en el patio que supuso la socialdemocracia como colchón amortiguador frente a la revolución. Cautivo y desarmado el ejército rojo, vuelve el gran capital por donde solía. Tal y como Lenin lo definió.

Emocionante *Requiem* de Gabriel Fauré.

Me impongo la relectura de Maupassant: las novelas, *Bel-Ami, Fort comme la mort*... De momento, los cuentos: «Boule de Suif», «La maison Tellier», «Sur l'eau», «En famille», «Le papa de Simon», «Une partie de campagne»... son una maravilla, está la vida capturada con toda su riqueza de matices: la pintura de caracteres, el sombreado social, los paisajes... Y pensar que, en los años setenta, pasaba por un escritor vulgar entre los supuestos detentadores españoles del gusto. Es evidente que no lo habían leído. Creo que la ignorancia de ese grupito fue casi tan inmensa como su altivez. Despreciaban cuanto desconocían.

744

Très russe, retrato novelado de Maupassant por Jean Lorrain.

De *La femme de Paul*:

> *Sur une petite plate-forme, les nageurs se pressent pour piquer leur tête. Ils sont longs comme des échalas, ronds comme des citrouilles, noueux comme des branches d'olivier, courbés en avant ou rejetés en arrière par l'ampleur du ventre et, invariablement laids, ils sautent dans l'eau qui rejaillit jusque sur les buveurs du café* (pág. 214).

1 de diciembre

Dagmar me envía un correo en el que copia lo que ha dicho un periódico alemán: «[...] en el Instituto Cervantes, Rafael Chirbes y Uwe Timm incluso llegaron a proclamar la revolución. Un *go-in* en aquellos bancos que llevaron el mundo al borde de la ruina sería una buena cosa, opinan estos dos señores mayores – una pareja ideal para tal evento».

4 de diciembre

Huelga de controladores aéreos. Todos los aeropuertos españoles cerrados. El caos, precisamente estos días en los que mucha gente se prepara para unas cortas vacaciones aprovechando el puente que brinda la cercanía del día de la Constitución y la Purísima. Gobierno y controladores llevaban meses de negociaciones y, después del verano, parecían haber llegado a un acuerdo, pero, en el Consejo de Ministros de ayer, el Gobierno saca un decreto por el que rompe los acuerdos. No deja de ser curioso que, sabiendo la repercusión que la medida podía tener, elija para anunciarlo el día en que empieza el puente más largo. La reacción de los controladores es inmediata: empiezan a abandonar sus puestos de trabajo. Como era de suponer, indignación de miles de pasajeros y de la ciudadanía en general, ya que se ve con muy malos ojos a los controladores, profesionales muy bien pagados y que aprovechan para presionar en sus reivindicaciones los momentos de máxima afluencia de pasajeros en los aeropuertos (ya lo hicieron en julio). Y, sobre todo, el ministro de Fomento –su jefe– lleva meses haciendo campaña contra su voracidad, explicando en los medios de comunicación que cobran sueldos multimillonarios y trabajan poquísimas horas. A medianoche, Rubalcaba, nuestro Fouché de bolsillo, y vicepresidente del Gobierno, anuncia que los controladores han sido militarizados y que, en consecuencia, si persisten en su actitud podrían ser juzgados por el código correspondiente, o sea, el miliar. A continuación declaran el país en estado de alerta. Todas las emisoras siguen la situación al minuto, suspendiendo la programación habitual. Se enrarece el ambiente, los tertulianos de las emisoras y el Gobierno utilizan un lenguaje superlativo, que recuerda esa electricidad ambiente que reinaba durante el golpe de Estado del 23 de febrero. La llamada «derecha» se alinea con el Gobierno: se nota que le gusta el ambiente, todos (no sé si con razón o sin ella) linchan a los huelguistas, pero nadie parece darse cuenta de la gravedad de la medida que se ha tomado y del peligroso precedente que (una vez más, los socialdemócratas) han establecido; la provocación en estas fechas ha sido la medida del Gobierno. Y da la impresión de que se quiere establecer una actitud ejemplar, del estilo de la que el Gobierno de González llevó a cabo con la defraudadora Lola Flores para mostrar que Hacienda éramos todos; en este caso se utiliza a los controladores aéreos, odiados por el pueblo, como excelente coartada para abrir la posibilidad de imponer una ley reguladora del derecho de huelga, que blindaría a Zapatero frente a «excesos» que pudieran producirse en los próximos meses en que va a seguir decretando medidas antipopulares que pueden llevar al estallido social, perdiendo el

746

apoyo de sectores que, hasta el momento, soportan con inusitado estoicismo los efectos de la crisis económica. El posible recorte de los derechos de huelga, tomando como excusa los excesos de los controladores y para evitar perjuicios al ciudadano, no podría ser discutido, en el ambiente de irritación que reina hoy, ni siquiera por los sindicatos, por lo demás dispuestos a servir de peones al Gobierno, siempre que se les permita mantener la apariencia de poder. La derecha aplaudiría la ley. Zapatero, con esta militarización, saca del botiquín una venda antes de que se haya provocado la herida. Algo se cocía en Moncloa cuando el presidente decidió anular, por vez primera en la historia de la organización, su presencia en la Conferencia Iberoamericana, suspensión que, según se dijo, tenía que ver con una posible convocatoria urgente de presidentes europeos para tratar las tensiones económicas en la Unión, pero más bien parece que tenía que ver con el cálculo de que la mecha encendida con el decreto sobre los controladores iba a hacer estallar la bomba que ellos mismos se habían encargado de colocar. Se ha quedado para presenciar el zambombazo. En eso parece que ha corregido su tendencia y le están cambiando los gustos: él, que siempre se ha negado a asistir a una *mascletà* en el balcón del Ayuntamiento de Valencia, ahora actúa a la vez como pirotécnico y como espectador.

Pero este caos creo que consigue otro efecto, este de puertas adentro del Gobierno. Rubalcaba demuestra que no le tiembla el pulso para lo peor (a Barrionuevo tampoco le temblaba: el GAL, el peinado del barrio de El Pilar...), y se pone por encima del ministro de Fomento, José Blanco, quien, además, se queda a la intemperie, porque si algún político debe dar cuenta de las decisiones es él, que fue quien inauguró el pulso con los controladores, el caos desatado demuestra que lo ha perdido y que ha hecho falta llamar a Rubalcaba para imponer el orden. Cobran actualidad las re-

747

cientes declaraciones de Felipe González a *El País* en las que defendía la existencia del GAL, del que, por cierto, tanto sabe Rubalcaba. En clave interna, la resolución por las bravas de la huelga convendría especialmente a Rubalcaba y al sector felipista del partido, que aprovecha la debilidad de Zapatero para reivindicarse con todas las consecuencias, reclamando la vuelta al poder del que los marginaron los atolondrados jóvenes zapateristas. El sueño de un PSOE moderno e inocente de los crímenes y descalabros de sus mayores se desvanece; de hecho, su reivindicación significaba la descalificación de quienes los pusieron donde están, así que volvemos adonde estábamos.

7 de diciembre
«La città partita», llama Dante a Florencia en el Canto VI. Al hablar con Ciacco, condenado en el tercer círculo del infierno, dice que lo ha sido «per la dannosa colpa de la gola» (pág. 48). Por glotón.

Anoche concluí emocionado la lectura de *Bel-Ami*, más que emocionado habría que decir enfadado, irritado, o indignado, que en ese campo semántico quiere colocar Maupassant al lector con una novela que funciona como una trituradora. Es la tercera vez que la leo y, de nuevo, salgo tocado por ella. Ese puto trepa, chulo de mujeres que buscan ser humilladas, despreciadas, golpeadas. Solo los peores tienen despejado el camino del ascenso social, parece decirnos el sombrío Maupassant, que, además de pesimista, se nos muestra poco caritativo: esto es lo que hay; si quieres, lo tomas..., parece decirle al lector.

Hoy me paso la tarde entre Dante y los *Diarios* de John Cheever, de los que anoto esta frase tan oportuna en la actual temporada de soledad absoluta en la que no soy capaz de escribir, aunque cumplo con todos los ritos que rodean la escritura: «Tengo que llegar a un equilibrio entre escribir y vivir». El peligro: convertirte en el personaje de *El resplandor*: enciendo la estufa (no estos dos últimos días en los que las temperaturas han superado los veintitantos grados), doy de comer a perros y gatos, preparo durante mucho rato comidas que luego apenas pruebo, friego los cacharros, oigo las noticias de la radio, ordeno la casa, zapeo entre las tertulias de televisión... Todo, menos escribir. Ni siquiera en este cuaderno. Hacerse a la soledad absoluta, a la ascesis. Estoy acostumbrado. Vale, pero ¿para qué? Se supone que es para trabajar mejor, aunque cada vez esa teoría me la creo menos. Yo creo que se trata más bien de miedo al bípedo, ese que, con la rata, comparte el honor de ser el único criminal intraespecífico. He cumplido los sesenta y uno, esto va deprisa y, como diría Gil de Biedma, te das cuenta de que la vida va en serio, no es un juego del que te apartas cuando quieres. No, no es un experimento que, si sale mal, puedes repetir. Este aislamiento, este silencio absoluto al pie de la montaña (ladran los perros de la vecina), es lo que tengo, lo que uso y derrocho. No me imagino fuera de aquí. Pedir que no falle la salud. ¡Si este aislamiento trajera, al menos, un libro! Haces todo eso, pero, si no escribes, como diría Cheever, «el día ya ha perdido forma, sentido y significado» (pág. 47).

8 de diciembre
Me he pasado la tarde leyendo los *Diarios* de Cheever con una intensa sensación de angustia. Me asfixiaba. Cheever se declara creyente: se arrodilla, reza, vibra con el paisaje, con las estaciones y los fenómenos meteorológicos, se acerca –o lo pretende– al dolor del hombre; sin embargo, cada anotación, cada línea de estos diarios, entre su infidelidad matrimonial, el alcohol y su sufriente homosexualidad, transmiten un pesar inconsolable, una desesperación sin límites: no pa-

rece que pueda encontrar sentido en esas familias, las urbanizaciones, iglesias, sociedades de alcohólicos anónimos, trenes, autopistas…, todo ajeno, impersonal, un dolor carente de sentido lo ocupa todo. Es el esplendor del individuo, la falta de un impulso colectivo lo que arrebata ese sentido, lo vivo yo mismo en esta soledad y silencio absoluto en que paso mis noches. Vivir para qué. Lo más ecuménico que hago a lo largo del día es darles de comer a los animales, los dos perros, los dos gatos; dar de comer, lavar y acostar a este animalito desorientado y sufriente que soy yo.

Me cuesta ocupar la casa. Los vacíos que ha dejado Paco. Es como si no la reconociera tras su marcha. Los sitios que él ocupaba siguen sin ser míos, su habitación, su baño, su televisor, la butaca desde la que veía la tele. A las seis de la tarde ya es de noche, bajo las persianas y me atrapa la claustrofobia. Tengo que acostumbrarme, me digo. Pero no sé por qué bajo las persianas, podría dejarlas levantadas, o, todo lo más, bajar la que puede verse desde la casa de la vecina. Pero no, cierro con la disciplina con que un atleta entrena cada día, es mi camino, mi entrenamiento particular en ejercicios de soledad. Me justifico diciendo que se trata de formas de seguridad: evitar que si entran ladrones en el jardín puedan espiar mis movimientos. Intuyo que llegarán un día u otro. En el pueblo, todo el mundo sabe que hay un escritor que vive solo, y la palabra *escritor* parece que anuncia riqueza, o, cuando menos, bienestar. Para recordarme la posibilidad de esas visitas indeseadas, el gato salta contra las puertas de casa, se sube a la reja, golpea, araña, empuja, como si alguien estuviera intentando abrir desde fuera. Yo estoy acostumbrado y no hago caso de esos ruidos, pero el otro día, cuando me visitaron Ñ. y B., ella se asustaba a cada momento: el gato golpeaba desde fuera la puerta, se lanza sobre ella para llamar la atención. ¿No tienes miedo?, me repitió varias veces y le dije que no, no tengo miedo a la violencia física, pero me espanta la muerte por asfixia. La maldita claustrofobia. No soporto quedarme a oscuras en la pequeña habitación que ocupaba Paco y he empezado a utilizar yo porque es más caliente en invierno. Dejo la puerta de la habitación abierta, y ni siquiera así me libro de la sensación de asfixia. Apago la luz y levanto, ya a oscuras, la persiana de la ventana que da al jardín, ver las ramas de los árboles en la oscuridad, contra la iridiscencia fosforescente del cielo iluminado por la luna, me quita esa angustia, aunque provoca la de pensar que puedo ver la sombra de esos visitantes indeseados que intentan descubrir qué guarda el interior del cuarto. Me imagino que esa sensación de habitar el lugar del que no se sale con vida que me invade cada noche a la hora de acostarme se irá difuminando con el tiempo. Un psiquiatra seguramente diría que se trata de mala conciencia por no haber sabido retenerlo, o por haberlo expulsado inconscientemente. Yo creo que no es nada de eso. No tengo ningún sentido de culpa en esa relación, más bien al revés. Ahora mismo oigo los ruidos que hace el gato en la puerta, la araña, salta sobre ella produciendo un golpe seco, se cuelga de la reja de la cristalera, quiere entrar, veo su sombra por la rendija que deja la contraventana, que cierra mal.

Tras los *Diarios* de Cheever, su *nouvelle*: *¡Oh, esto parece el paraíso!*, donde aparecen un brillante sentido del humor, y un optimismo vital, que están ausentes de sus diarios.

10 de diciembre

Ligera, sin mucho (y casi me atrevo a escribir «ni poco») interés, literatura para adolescentes, me parece *Sunset Park*, de Paul Auster. Ni siquiera le encuentro esta vez esas brillantes prestidigitaciones en el montaje que tan bien se le dan en otras novelas. Más que leer el libro, galopo sobre él, lo hojeo,

751

más por afán informativo (ver por dónde van los tiempos) que formativo. ¡Cuántos escalones le faltan para subir adonde está Cheever! Con el ánimo de levantar el tono vital del día me pongo (¡hala!) con *El corazón de las tinieblas*, de Conrad. Con las tres o cuatro primeras páginas, ya noto la brisa que, desde el mar, entra siguiendo el curso del Támesis aguas arriba; y ya me he metido en una aldea africana. ¡Es la literatura, estúpido!, te dices con melancolía, ¡qué escalera tan alta te separa de esa escritura! La miras desde abajo con amargura, porque sabes que ya no te queda tiempo para subir todos esos peldaños por más que te esfuerces, pero es que, además, llevo dos años sin hacer el mínimo esfuerzo. ¿Es un trabajo sufrir pensando que tendrías que estar escribiendo? Hoy he bajado al pueblo con W. N., me he tomado un par de cervezas sin alcohol, dos mistelas y me he fumado seis o siete cigarros en poco más de una hora, y ya se me estropea el día: la sensación de vértigo, las somnolencias, la tristeza... Me tomo el azúcar: muy bien, 117, como un niño, pero la tensión está baja (10/4,5) y también son inferiores a lo normal las pulsaciones: 63. Ahora mismo, mientras anoto estas líneas, se me va la cabeza y apenas puedo fijar la vista, concentrar mi atención en algo. Son las nueve menos cuarto. Se avecina otra noche toledana. Como decía Hernández: ¡cuánto penar para morirse uno! Qué pocos alicientes en el horizonte, ¿y esto va a ser así hasta el final?

Leo en el periódico las declaraciones de un tipo que, al comerse una hamburguesa en un restaurante, mordió algo duro que, examinado, resultó ser un rabo de rata que, por cierto, aparece en la foto que ilustra la entrevista. Me paso todo el día con el estómago revuelto, mirando de reojo un paquete de carne picada que compré ayer en el supermercado para prepararme unos espaguetis. Me dan ganas de tirarlo. Sé que mañana me comeré con asco la hamburguesa o los espaguetis que me cocine con esa carne picada. Sí, lo reconozco, me da vergüenza mi fragilidad.

Como Cheever, yo también tengo un miedo constante a morir por asfixia, temo beber, tragar, toser. Me ahogo en cualquier espacio cerrado, no soporto la oscuridad absoluta. ¿Qué tendrá que ver la oscuridad con la respiración? Siento que, en mí, lo oscuro se convierte en signo equivalente a falta de aire: se apaga la luz y me ahogo. Tengo localizadas en distintos lugares de la casa y, sobre todo, al lado de las dos camas, linternas preparadas para un posible apagón. Los primeros años que viví en esta casa eran muy frecuentes los cortes de suministro eléctrico, en cuanto caían cuatro gotas, y no digo si había una tormenta: enseguida se iba la luz. Ahora hace mucho tiempo que no se ha ido.

Meteorología social: «[...] los ricos tienen hielo en verano, los pobres en invierno» (Cheever: *Diarios*, pág. 472).

11 de diciembre
Les doy a los perros (antes se decía «les echo a los perros»: los hemos humanizado, los hemos introducido en el sistema mercantil: *do ut des*; no son recogidos como lo eran antes, ahora son empleados, cuando no miembros de la familia, es como un hijo para nosotros); digo que les doy a los perros la carne picada que compré anteayer. No se me va de la cabeza el rabo de rata que vi en la foto del periódico. Hago firme propósito de no consumir otra carne picada que la que prepare el carnicero ante mis ojos. Ya sé que eso no te salva de la porquería química, pero resultan menos repulsivos esos piensos venenosos: brindan una muerte menos sobresaltada, más dulce, menos, digámoslo así, naturalista o tercermundista.

12 de diciembre

Cada noche, lo mismo: bajo las persianas, me quedo en silencio, y empiezan a asaltarme músicas que he escuchado, frases que he leído, gente a la que he conocido: recuerdos que desaparecerán conmigo, y que dejan en mí una sensación insoportable. Me ahogo. Tengo ganas de salir al aire libre, abrir la puerta, mirar la noche estrellada, irme a algún lugar en el que se disuelva esta angustia insoportable. Pero ¿qué lugar es ese? Hace unos años hubiera pensado que un lugar como este, una casa como esta, era un refugio en el que trabajar; ahora es una sombría guardia acechada por lo oscuro, ocupada por lo oscuro; así cerrada me parece un panteón en el que me siento encerrado vivo como personaje de cuento de terror, sin escapatoria. En algunos momentos la sensación de agobio es tan intensa que tengo la impresión de que va a estallarme el corazón. La lucha conmigo mismo me impide hacer nada de provecho. Leo con el corazón en un puño y soy incapaz de escribir una línea cuando sé que escribir es lo único que podría curarme, ponerme en mi sitio, porque no tengo más sitio que la escritura. Lo otro es ajeno, exterior, propiedad de otros.

13 de diciembre

Irvine Welsh. *Crimen.* A medida que vamos concluyendo el morboso viaje a la pedofilia, descubrimos que nuestro Dante particular es una hermanita de la caridad, que, en las últimas cincuenta páginas, se despoja del disfraz de duro que llevaba, para ponerse a echarnos un pesado sermón contra ese vicio nefando, el peor. No sé si ha merecido la pena el viaje, por otra parte narrado con un excelente sentido del ritmo, que va difuminándose en los sucesivos finales, cada vez más correctos políticamente y, también, más frustrantes en lo literario. Otro ejemplo de la narrativa de autoayuda que nos inunda. La aparente suciedad del libro sirve como carnaza con la que te pescan para la beatería. Imagino que esa subida de tono del texto hará furor entre los adolescentes.

19 de diciembre
No escribo. Leo las noticias, los reportajes, las columnas de los periódicos, y me parece que no puedo añadir nada a esos lenguajes gastados, saturados de polvo, que cubren informaciones de un mundo demasiado grande y que desde aquí no me veo capacitado para comentar, mucho menos para juzgar. ¿Añadir más bla, bla, bla a lo que vivo como confusión? Pero ¿qué puede decir un mudo?

9 de enero

Con tal de no sentarme a la mesa a escribir me busco libros gruesos como excusa: así parece que estoy haciendo algo: *El molino junto al Floss*, de George Eliot, en juego el dilema entre fidelidad y felicidad; *Historia de la Guerra Civil española*, de Vicente Rojo, que me llena de tristeza, la derrota de un patriota honesto; *Libro de Manuel*, de Julio Cortázar, que, releído tantos años después, sigue resultando estimulante, me hace reír en muchos momentos, me lleva a preguntarme sobre el sentido de la literatura, sobre los cambios que admite, sobre los que tolera, y también me revela que el exceso de brillantez se convierte en un lastre. Con la literatura de Cortázar ocurre como con el cante de Camarón: pueden ser muy grandes, pero están en la génesis de buena parte de los desatinos que les han sucedido. Ahora ando con *Bomarzo*, que en su día me fastidió y esta vez —*malgré* sus excesos y caídas de arquitecto, que diría Vallejo— leo con curiosidad y gusto como lo que es, un estupendo fresco del Renacimiento. También he leído con gusto los nuevos cuentos de Berta Marsé, *Fantasías animadas*.

22 de enero

Hago trampas si digo que *Los ríos profundos* anuncia el suicidio de Arguedas (reconstrucción a posteriori de los hechos), pero, en cualquier caso, qué desazón en el libro. Lo lees como si las letras hubieran sido espolvoreadas con cristal molido: una novela de formación que carece de esperanza, por mucho que se esfuerce el novelista en cargar de altiva voluntad al personaje. Nosotros sabemos, y él, el novelista, lo sabe, que ese personaje no es de ninguna parte, no tiene sitio donde estar ni al que ir. En el fondo el libro de Arguedas está contándonos que el ser humano no tiene donde estar, carece de geografía propia, es puro dolor, un dolor insondable ante el que no parece que podamos hacer gran cosa. El muchacho madura en Cuzco, en Abancay, pero esas ciudades están habitadas por muertos, son focos de muerte, que se parecen a la Comala de Juan Rulfo, lugares de ausencia por los que vagan las sombras dolientes de quienes no llegaron a ser, porque da la impresión de que aquí, en el mundo de Arguedas, en su Perú, todo se quedó en intento.

Los germanos se aliaron con César para luchar contra Vercingétorix y también contra los pompeyanos en Lérida. Curiosos precedentes de las relaciones entre Germania y la península itálica. La fascinación centroeuropea por Italia es una constancia a lo largo de la historia, los alemanes han sido permanentes invasores de la Padania, de Sicilia, del reino de Nápoles, es la fascinación de Goethe por el país de la luz («luz, más luz») y la perfumada flor del limonero, aunque a Italia y a Sicilia, su prolongación, la han deseado todos: los griegos, los musulmanes, los Anjou y los aragoneses en Sicilia y en Nápoles. Francia y España pelearon por poseerla a lo largo y ancho de toda la bota en diversos momentos de la historia.

10 de febrero

Con tal de no escribir, sigo leyendo sin parar. Del divertido y rabioso libro de mi querido Miguel Sánchez-Ostiz, *Cornejas de Bucarest* (que me ha llevado a releerme esa joya absoluta y tronchante que es *El diablo cojuelo*): «A los escritores nos acercamos por su ideología o su falta de ella. Si no nos gusta lo que dicen, no los leemos, por muy buena prosa que tengan. Basta darle la vuelta al lugar común. No queremos confesar que lo que nos atrae es la ideología de fondo, lo que de verdad dicen. Lo que nos ayuda a fundar el *nosotros*» (pág. 184).

Anoto ese acertadísimo párrafo del libro y no puedo sino darle la razón al autor: me gusta por la ideología de fondo, por cómo me ayuda a fundarme a mí mismo y no porque tenga una prosa brillante. Brillante es lo que expresa con complejidad y claridad, lo que parece un descubrimiento necesario. No hay otra prosa buena.

Otra frase osticiana: «La metafísica es una consecuencia de encontrarse indispuesto, y él lo estaba, porque rebosaba por las amuras» (pág. 251).

Y una más: «La Transición era aquello: que nadie pudiera depurar a aquellos granujas» (pág. 263).

Me identifico mucho con Ostiz, con su idea de escribir porque es la única forma de ocultarse uno a sí mismo que no tiene futuro. Para terminar con las citas, añado esta: «Hay que mostrarse humano, tierno a ratos, con entereza y coraje a otros, y positivo, positivo porque de lo contrario no te lee ni Dios. El asco que sientes, el asco indecible de la misma escritura, guárdatelo para ti, muchacho, joven poeta, letraherido, bloguicanalla… lo mismo por lo que se refiere a los balances de quiebra de la propia vida» (pág. 509).

De ahí salto a *El Papa del mar*, de donde extraigo este párrafo sobre el vino de Châteauneuf-du-Pape, que los protagonistas, Claudio Borja y Rosaura, viuda de Pineda, toman en Vaucluse, en el jardín de Petrarca: «Sobre el mantel blanco y rosado quedó erguida una botella del vino más famoso del país, el Châteauneuf-du-Pape, grueso, generoso, de gran fuerza alcohólica. Al deslizarse con roce aterciopelado por el paladar del imaginativo Borja, le hizo ver una gran capa pontifical de púrpura obscura, bordada de múltiples flores en realce, toda ella majestuosa y flexible a la vez, adaptándose al cuerpo con envolvente caricia». Un lenguaje que se parece mucho a la actual retórica de los críticos de vinos. Por cierto, nadie ha descrito mejor que Blasco en *La bodega* la crisis del vino de Jerez (esa que ya dura cien años), el cambio de gusto de las clases altas británicas o la destrucción de sus viejos valores, etc. Releyéndola hace unos meses, me di cuenta de que decía cien años antes lo que yo mismo había escrito en la revista *Sobremesa* o en el libro *Curso de vinos españoles* de Vinoselección.

De Michelis: todos mis sentimientos se parecían mucho entre sí, la compasión era como la lujuria, el odio como el amor, la tristeza como la alegría. Me pregunté si había gente capaz de mantenerlos separados. Supuse que no.

No puedes vivir solo tu vida, solo con respirar ya implicas a los demás, los otros se fijan en ti, quieren que los tengas en cuenta, se implican en tu vida, inquieren responsabilidades de ti, te vigilan el comportamiento (Michelis), el dolor que infliges simplemente con pasar el día.

Esos tipos que te has hartado de ver por la tele en los ochenta, políticos de figurón, y que desaparecen durante años, hasta que vuelves a encontrarte su nombre por casuali-

759

dad: siempre están de directores de una caja de ahorros (Serra, Virgilio Zapatero, Hernández Moltó), o de presidentes de alguna de esas comisiones fantasma europeas, o en los consejos de dirección de alguna empresa pública o como asesores de algún museo. Se subieron al carro hace treinta años y no se han bajado de él ni para echar una meadita en la cuneta. Así está el carro, que no cabe ya ni una brizna más de paja en las pacas, y así está el mulo que tira del carro, que se cae de agotamiento. Parece mentira que este país siga aguantando tanto peso. Lo han vampirizado, vaciado, arruinado.

Si no fuera porque los gobiernos son empleados o empresarios suyos, deberían haber dejado caer a los bancos irresponsables, encarcelado a sus directivos y a los de las agencias de calificación y a los bancos centrales que habían estado mintiendo sobre los riesgos y ocultando que los productos financieros en circulación eran sencillamente basura, y que el desmesurado incremento de los precios en el sector inmobiliario era una burbuja que se estaba hinchando a costa de que unos tipos bufaran como locos para mantener el globo.

Primero llegó lo del capitalismo popular a lo Thatcher, la gente metió en bolsa los pocos ahorros que tenía, era la única manera de garantizar que no se esfumaban, porque los intereses del banco y nada son lo mismo; una vez que quienes tenían una peseta ya la habían metido en la ruleta rusa de la bolsa, vino la gran caída: en pocos meses les limpiaron los ahorros de toda una vida. A continuación nos contaron que el gran negocio estaba en adquirir bienes inmuebles. Una vez más, el banco se te come los ahorros, no te da intereses y te cobra comisiones, y pagas a Hacienda, así que lo mejor pareció adquirir inmuebles, que es algo –dijeron– que no se devalúa nunca (nunca hemos visto bajar el precio de la vivienda, dijeron), porque tampoco se puede tener el dinero en casa, aparte de que pierde su valor, está el riesgo de que te entre una banda de rumanos o de ucranianos y te deje sin nada y encima se excite con los billetes y te pegue dos tiros, así que a comprar pisos, para el día de mañana de los muchachos, como garantía para nuestro propio futuro. Si ibas al banco a pedir un crédito hipotecario para completar el dinero que tú tenías dispuesto para la compra, te valoraban la casa al doble de lo que tú creías que valía y además te animaban a ampliar el crédito y te proponían comprarte con ese dinero suplementario un todoterreno de ocho o diez millones de las antiguas pesetas; terminabas la operación encantado, con la sensación de que eras rico y de que la vida te trataba con generosidad, como si eso –la generosidad– fuera uno de los atributos de la vida: resulta que mi vivienda vale el doble de lo que yo creía, lo ha dicho el tasador del banco, y de nuevo, en cuanto calcularon que ya les habían sacado al pobrerío y a esos muertos de hambre que se llaman «clase media» porque a diario cobran treinta euros más que un barrendero, llegó el estallido, los precios de la vivienda iniciaron la caída por el tobogán, y la gente se dio cuenta de que su capital –como ya había ocurrido la vez anterior con las inversiones en bolsa– se dividía por dos en pocos meses. Además, el trabajo, que parecía que era un don que se le concedía al hombre para siempre (dulce maldición bíblica), desapareció, ya no se trataba de ganarse el pan con el sudor de la frente, sino como se pudiera, de forma transversal que dicen ahora, y no había manera de pagar las letras que el banco tan alegremente les había hecho firmar; ahora, la cantinela es otra: nos convencen de que hemos vivido por encima de nuestras posibilidades, nos dicen: el Estado es como una familia, tiene que tener un presupuesto equilibrado, y estos años el Estado se ha comportado como un padre manirroto que gasta más de lo que tiene, un golfo, así que ahora toca recortar, gastar menos en educación, en medicinas; sobre todo, bajar mucho los sueldos: hemos actuado como nuevos ricos, hay que aceptar que somos un país pobre, acordémonos de nuestros padres, lo que trabajaron, lo que se esforzaron para darnos todo aquello que nosotros derrochamos en los años buenos, nuestros hijos ya no conocerán ese derroche que hemos conocido nosotros, los veinte últimos años, los del bar, el whisky, el restaurante, los viajes por todo el mundo (si es que cualquier secretaria, cualquier dependiente se ha corrido desde la Patagonia al Polo Norte y desde Nueva York a las aldeas del Bután), se acabó todo eso, se acabaron las putas y la coca cada fin de semana, y el restaurante un día sí y otro también: ni los nórdicos vivían como nosotros hemos vivido, despidámonos de todo eso y pongámonos a trabajar de verdad, bajémonos los sueldos y subámonos las horas laborables: o sea, que han empezado a intoxicarnos con una retórica que lo único que pretende es que vayamos prescindiendo de todas esas cosas que consiguieron las luchas obreras durante los últimos ciento cincuenta años, echarnos otra vez a la intemperie de los telares textiles y de los barrios insalubres de Mánchester de los que Marx y Engels hablaron, mientras los banqueros que se forraron con la burbuja se forran ahora porque, claro, si cae la banca, caemos todos, y si caigo yo, pues no cae nadie, mi caída incluso mueve el negocio, porque el banco me quita la casa y yo tengo que buscarme un piso de alquiler y seguir pagando la casa que me han quitado porque su tasación en subasta ha resultado muy inferior a la mitad de lo que el banco valoró en su día, qué putada, *the party goes on*.

Por ahí anda, siempre enredando. Más que curioso. Chocante. Un tipo que no tiene nada y resulta que está todo el día moviendo género de un sitio para otro. No hay mercado de verduras, o mercadillo de ropa, o rastro, en el que él no esté por allí cancaneando, la cabeza metida en el maletero del coche, haciendo como que mete o saca algo, como que va a extraer producto para exhibirlo en alguno de aquellos puestos, o como que va a meter producto que acaba de mercar y se lleva a casa. Pero ¿qué mete o saca? Un verdadero águila, buitre, de diente puntiagudo, extremadamente efectivo al clavar y rasgar. Pero a quién o a qué clava, a quién o qué rasga, si no se le conoce ninguna actividad: ese es el gran misterio, ¿de qué vive ese hombre?, ¿cuál es exactamente su actividad? Como protagonista de copla: dicen que lo han visto de noche..., un buitre de clase ínfima.

Los veo almorzando en el bar, hablando fuerte, riéndose a carcajadas, gordos, lustrosos, llenos de vida, rebosando una felicidad de colesterol y ácido úrico, el gozoso canto mediterráneo a la mala salud. La ruidosa alegría como síntoma de futuro infarto.

De una entrevista a Putin en *Le Figaro* acerca de la cual creo que ya he escrito algo: «[...] soy un puro y absoluto demócrata: la tragedia es que soy el único demócrata del mundo. Mire los Estados Unidos: torturas horribles, *homeless*, Guantánamo. Mire Europa: manifestaciones violentamente reprimidas. Hasta los ucranianos se han desacreditado y se dirigen hacia la tiranía. Desde la muerte de Gandhi no tengo [interlocutor] con quién hablar».

El cuerpo es estúpido, solo cubre muy a duras penas las expectativas que pones en él, cuánto esfuerzo para mover esa torpe máquina que nos acompaña, imagino el placer que debe producirle a un católico librarse de una vez de él, dejarlo tendido en alguna camilla, y salir volando, desatarse de ese saco tozudo, capaz de pasarse el día intrigando contra sí mismo: el sexo, señor, el sexo, cómo puede atarte, qué cosas puede obligarte a hacer. Lo malo es que nosotros, los materialistas, pensamos que no tenemos otra cosa más que el cuerpo. Somos esa cosa estúpida a la que llamamos «cuerpo». No tenemos manera de librarnos de él y salir flotando a pasear por los espacios infinitos como hacen los religiosos. Por cierto, a todas las religiones les llama la atención el cielo. Ninguna ha pensado (que yo recuerde) un paraíso en el centro de la tierra, un paraíso de retozos en el barro, un colchón de hojas muertas de otoño y a un palmo de nuestras narices, esas perfumadas trufas, con su olor a butano, los hongos, al cortarlos, dejan en las manos un aroma de semen recién derramado.

12 de febrero de 2011, y sin anotar nada en el cuaderno, sin coger una pluma, sin acercarme al ordenador.

Releo: *Mirall trencat*.

A volver a *El diablo cojuelo* me empuja, como ya he dicho, la última y divertidísima novela de Sánchez-Ostiz, *Cornejas de Bucarest*. *Los sinsabores del verdadero policía*, la nueva novela póstuma de Bolaño me parece un borrador para *2666*; me conmueve *Historia de un quinto de 1813*, la novela de Erckmann y Chatrian, dos autores franceses del XIX que firmaron juntos unos cuantos libros (tengo sobre la mesa la continuación de este: *Waterloo*); y me parece una trivialidad una novela sobre el sida, *La mejor parte de los hombres*, de Tristan Garcia. Por el contrario, lo pasé estupendamente volviéndome a leer *La cabeza de plástico*, bien escrita y divertidísima novela de Ignacio Vidal-Folch sobre las imposturas del arte contemporáneo. Aproveché la circunstancia de que iba a encontrarme con él en Barcelona durante una entrevista como excusa para releer el libro.

15 de febrero

Ahora que no está Paco, y ya no puedo angustiarme con su enfermedad, descubro que el agonizante soy yo. El silencio de la casa no es refugio, como lo fue algún día, sino escenario donde se representa el presagio de algo inconveniente.

16 de febrero

Houellebecq, en sus *Intervenciones* recién publicadas por Anagrama, cita la teoría de Philippe Muray, quien está convencido de que avanzamos hacia un «terror blando de nuevo tipo», entre cuyas fórmulas se encuentra una «tolerancia [...] que ya no tolera nada a su lado» (págs. 211-212). En España estamos asistiendo a un asalto brutal de ese tipo de bondad impositiva e inquisicional: cualquier excusa parece buena para que el poder intervenga en lo privado, se meta en los restaurantes, en los bares, en las camas, en los pulmones, estómago e hígado del ciudadano. Ayer multaron a dos taxistas por fumar en sus taxis desocupados: no importa que no se moleste a nadie. Está prohibido fumar en los lugares de trabajo. Punto. Supongo que, con el tiempo, acabarán acostumbrándonos a esa mentalidad y veremos con asco a aquella gente que se ponía cilindros de tabaco en la boca. Uno empieza a temerse que aparezcan un inspector de sanidad y un nutriólogo en el comedor de casa, que es donde escribo y, por desgracia, tomo café, fumo y consumo alimentos productores de colesterol. Lo de los taxistas fue en Valencia. En Barcelona, las autoridades sanitarias advierten de que van a multar a los propietarios del teatro en que se representa *Hair*, aquella comedia hippie de los sesenta (el inocente triunfo de la carne y la marihuana) porque un espectador ha denunciado que los actores fuman durante la representación (van a ver una obra de fumetas, pero se cabrean si fuman). Los actores y el director de la obra aseguran que no fuman tabaco sino hierbaluisa y no sé qué otras hojas aromáticas. Tiene huevos el grado de infantilismo a que nos están sometiendo. La inefable Leire Pajín sale hoy explicando que, en las películas, los atracos, violaciones y asesinatos no son rea-

765

les, y «del mismo modo, se puede hacer en teatro como que se fuma, pero sin encender el cigarro» (cada aparición suya genera en mí sentimientos de extrema violencia, doctor, necesito una aplicación tipo naranja mecánica, no es solo lo que dice, es el tono, la insensatez e ignorancia amplificadas por la despectiva altivez). Alguien debería guardar el vídeo para que lo contemplen dentro de cincuenta años nuestros descendientes como ilustración de los tiempos que nos tocó vivir, aunque mucho me temo que esos hombres (y mujeres, que dicen ahora) del futuro se parecerán más a ella que a mí. Mejor me limitaré a lamentarme de que quienes nos precedieron no puedan ver esos vídeos para saber de qué los ha librado una muerte temprana.

Anteayer estuve viendo *Hiroshima, mon amour*, que para nuestra ministra Pajín ha de ser basura pornográfica, ya que apenas hay un plano en la película en el que no estén los protagonistas fumando o encendiendo un cigarrillo. Siguiendo la lógica delatora de nuestros/as vanguardistas políticos/as me entran ganas de denunciar a los de *Hair* por no fumar en escena, ya que la obra nació –ya lo he dicho– como reivindicación de la carne y el humo. Prohibir el humo es atentar contra la esencia misma de lo que propone y, por lo tanto, debe ser castigado como manipulación malintencionada. El franquismo la toleró (creo recordar que, cuando se representó, aún vivía el dictador) y estos imbéciles le ponen pegas. De la represión política a la represión sanitaria.

Del mismo libro de Houellebecq, en un artículo titulado «Preliminares del positivismo»: «Comte había comprendido que la misión de la religión, sin por ello dejar de integrarse en un sistema del mundo aceptable para la razón, consistía en vincular a los hombres y regular sus actos […]; había previsto los sacramentos y el calendario. Pero quizá se le escapaba la profundidad del deseo de inmortalidad inscrito en el hombre […] ¿quién puede interesarse por una religión que no protege de la muerte?» (págs. 233-234). La índole irreemplazable y única del individuo humano reconocida como un cuento chino, su carácter de ente social, ¿quién se sacrificará por ese espectro social?

Nombran una embajadora en el Vaticano que se llama María Jesús Figa. Parece una broma de Zapatero y su juguetería anticlerical. Meter una figa en el Vaticano, sobre todo, porque *figa* en italiano tiene el mismo sentido escabroso que le damos los valencianos.

Concluyo el libro de Houellebecq: «"Es la teoría, y solo ella, la que decide lo que debe ser observado", escribió abruptamente Einstein. Desarrollando más la idea, Auguste Comte concluyó que sin una teoría previa, por aproximativa que sea, la observación, condenada a un empirismo sin proyecto, se reduce a una recopilación tediosa y carente de sentido de datos experimentales» (pág. 257). En esa línea estaba el gran interrogante que nos poníamos los historiadores que habíamos heredado las enseñanzas de Marx y las de la escuela francesa Annales. Lo importante es la pregunta que uno les hace a los documentos. Lo importante, para el novelista, es a qué interrogación intenta responder la historia que estás contando. No viene mal recordar aquí lo que Miguel Ángel dice en su *Correspondencia*: «[…] se pinta con la cabeza y no con las manos, y quien no puede disponer de todo su cerebro se deshonra».

17 de febrero
El chiste de El Roto, en *El País* de hoy: un tipo agarrado a un flotador mira con ojos desencajados la aleta de un tiburón que aparece ante él. El texto dice: «Según las leyes del

mercado, si el náufrago tiene más hambre que el tiburón, se comerá al tiburón…».

Cierra la factoría de automóviles Santana en Linares, en la que trabajaban 1.341 personas. Tras el cierre, prejubilan a 792 y a los 549 restantes les ofrecen un plan de acción, que vaya a saber usted lo que quiere decir. En la antología del disparate, que tanto se enriquece en los últimos tiempos, pongo por escrito las palabras del alcalde socialista de la localidad: «No se pierden puestos de trabajo en Linares, porque van a seguir cobrando»: socialdemocracia en estado puro.

Suma y sigue con los despropósitos: celebran en Jaén unas jornadas gastronómicas que llevan por nombre «Paisajes del sabor», y cuyo propósito es conmemorar el octavo centenario de la batalla de Las Navas de Tolosa. Imagino unas próximas jornadas gastronómicas sobre los menús en Belchite durante el asedio, o en el frente de Teruel, ¿y qué tal los menús de los mil días de asedio de Leningrado? Daría pie a unas jornadas gastronómicas fabulosas.

20 de febrero

Leo por encima los periódicos, *Los viajes de Gulliver*, hojeo el segundo volumen de *Catalunya dins l'Espanya moderna*, los poemas de René Char que, leído en francés, no sé si se me escapa y me esfuerzo por entender, leo los cuentos de Michaelis, intento mantener el orden doméstico, perros y gatos incluidos en mis atenciones, que incluyen la correspondencia por internet, la cocina, los cacharros metidos en el fregadero, la limpieza de la casa, alguna película que intento ver por la televisión, la música que procuro oír por la radio… Hay papeles por todas partes. Estoy desayunando mientras escribo estas líneas. Abarco demasiadas cosas y, para escribir, hay que limitarse. Yo diría que, para vivir, hay que limitarse, no se puede estar cocinando y comiendo al mismo tiempo (o sí, yo lo hago a diario): así, se supone que se te estropean todos los guisos, ese querer apurarlo todo me ha llevado a no hacer nunca nada de provecho, perpetuo diletante, autodidacta de no se sabe cuántas cosas. Querer abarcarlo todo es una manera de no hacer nada.

22 de febrero

Quevedo te conoce como –a tu pesar– eres, san Juan de la Cruz y Garcilaso te muestran destellos de lo que querrías ser. Paradojas: Esperanza Aguirre se opera mañana de un cáncer que le han detectado, y lo hace en un hospital público, ella tan acusada de haber degradado la sanidad pública, mientras que los dirigentes socialistas se internan y mueren en clínicas privadas. El gran populista Tierno Galván murió en la Ruber, la clínica más exclusiva de la capital del Reino. Esos detalles son muy importantes: cuando el juego es a vida o muerte, se muestra al desnudo el espacio ideológico que uno defiende. Si para resolver lo que de verdad importa te saltas las reglas del juego, es que tus reglas no sirven; peor aún, es que ni siquiera te las crees.

23 de febrero

Hace unos días anotaba sobre mi dispersión, mi afán por capturarlo todo, que se resuelve en que me quedo en nada. Vuelvo a acordarme de Montaigne en «Sur l'oisiveté»: «L'âme qui n'a point de but établi, elle se perd: car, comme on dit, c'est n'être en aucun lieu que d'être partout» (*Essais*, I, págs. 82-83). Pues sí, estimado Michel, te aseguro que eso es lo que ocurre: no estás en ningún sitio a fuerza de empeñarte por estar en todos.

1 de marzo

El Gobierno decide bajar la velocidad máxima permitida de ciento veinte a ciento diez kilómetros por hora. La muta progubernamental se lanza al ataque: ir por debajo de ciento diez es lo único razonable, defender cualquier otra postura es convertirte en despreciable agente de la derecha. La frontera progresista se sitúa en los ciento diez por hora. Qué asco, un tipo que corre a ciento veinte. Un fascista. Hasta ayer todos fuimos repugnantes agentes de la derecha sin saberlo. Corríamos despreocupadamente a ciento veinte. Me someto a una despiadada autocrítica. Señor, perdóname por el fascista que he sido.

3 de marzo

Ian McEwan se vuelve houellebecquiano en *Solar*, que también me hace pensar en algunos momentos en las películas de Woody Allen. Me río con ganas en unos cuantos pasajes, pero, al final, el libro se desinfla como un globo. El problema es fiarlo todo (o el conjunto) a la trama. El broche que quiere cerrar brillantemente esa trama en sus menores detalles recorta las alas de la novela, la obliga a un aterrizaje de emergencia.

7 de marzo

Estoy a merced de ese vendaval suntuoso y dolorido, que es *La vorágine* de José Eustasio Rivera. En la página 266 cita a Saldaña Roca, el periodista de *La Felpa*, en Iquitos, que denunció el esclavismo al que habían sometido las compañías caucheras a los indios, muy especialmente la compañía de Arana.

Excelente *Waterloo*, de Erckmann y Chatrian, continuación de *Historia de un quinto de 1813*, que leí hace unos días.

25 de marzo

«No siento ningún aprecio especial por los escritores, pero me inclino a pensar que lo que más motiva a la mayoría de ellos y a la mayoría de los demás artistas es una vocación desesperada de encontrar y de saber distinguir la verdad dentro del conjunto de mentiras y evasiones en que vivimos.» Tennessee Williams.

13 de abril

Una vez más: ¡qué hermosura *Las tres hermanas* de Chéjov! Los personajes piensan, como salvación, que algún día empezarán a trabajar. Claro que los que lo han conseguido (lo de trabajar) también se sienten desgraciados. El trabajo, o el matrimonio, han ahogado sus aspiraciones en una sociedad sin nervio: «[...] una enorme mole avanza hacia todos nosotros, se está preparando una fuerte y saludable tempestad, ya está en marcha, ya se acerca, y pronto barrerá de nuestra sociedad la pereza, la indiferencia, la repugnancia por el trabajo, el aburrimiento putrefacto. Yo trabajaré, y dentro de unos veinticinco o treinta años, trabajarán todos los hombres. ¡Todos!», dice Tusenbach, el barón con quien acaba aceptando casarse sin amor la jovencísima Irina, que ha descubierto que ni el trabajo la llena, ni cumplirá nunca su ilusión de ir a Moscú. Pero a Tusenbach lo destruye la violencia más absurda: un duelo. Así que, desaparecido Tusenbach, ni siquiera sin amor podrá casarse Irina. Trabajar. Quizá el trabajo le sirva a alguien. Nadie es feliz. Todos esperan que, quizá, el futuro dé sentido a tanta desgracia. El regimiento abandona para siempre la ciudad. Masha contempla cómo se va el hombre al que ama, y su marido acepta no recriminarle ese amor imposible. Andréi ha descubierto la mediocridad de su vida, al mismo tiempo que la miseria moral de la esposa a la que ama, y que lo hunde. Olga se convierte en directora del colegio a su pesar..., oye cómo se aleja la alegre música del regimiento:

[...] ¡se sienten deseos de vivir!, ¡oh, Dios mío! Pasará el tiempo y nos iremos para siempre. Se olvidarán de nosotros, olvidarán nuestros rostros, nuestras voces y cuántas éramos; pero nuestras penas se transformarán en alegrías para los que vivan después de nosotras, la felicidad y la paz reinarán en la tierra; los hombres encontrarán una palabra afectuosa para los que vivimos ahora y nos bendecirán. Oh, mis queridas hermanas, nuestra vida aún no ha terminado. ¡Viviremos! Esta música es tan alegre, tan gozosa. Un poco más, y sabremos para qué vivimos, para qué sufrimos... ¡Si pudiéramos saberlo, si pudiéramos saberlo! (pág. 511).

7 de mayo

Soy un imbécil. Llevo un año y pico paralizado. No hago nada: leo con desgana, dormito. Cuando se fue Paco, bajaba cada día al pueblo a efectuar las tareas de las que, hasta entonces, se ocupaba él (el pan, el supermercado, el correo, los periódicos). Ahora ya no bajo ni para comprar el pan. Me paso todo el día encerrado, vampiro de mí mismo, ni siquiera asomo la nariz fuera de las cuatro paredes de la casa ahora que está todo en flor, no, ni las plantas miro. Alguien podría creer que son las mejores condiciones para escribir, Marcelito metido en su habitación blindada, pues no, nada de eso: no escribo ni una línea, con lo cual, si miro hacia atrás, descubro que este año no ha existido. Se ha borrado. Días sin huella. Ahora tengo una conexión a internet que funciona, así que, cuando me aburro de leer los periódicos en el ordenador, y de dormir, me dedico a ver porno, me la casco viendo porno y me vuelvo a adormilar. Una vida ejemplar. Me siento sucio, no por ver porno, sino por perder el tiempo, por no escribir. Soy un parásito, un inmoral. Yo pienso, como el Chéjov de *Las tres hermanas*, que lo único que concede sentido a la vida es el trabajo, hacer algo que aproveche a los demás, algo que usen, o dejarles algo a quienes vienen, dejarles lo que sea, pero algo, trabajar para los que hacen estas sillas en las que te sientas y esa cama en la que te tumbas; a los que hacen el pan envasado que te comes a diario.

No hay vida en rigurosa soledad. Por el mero hecho de respirar, ya implicas a alguien, los otros se fijan en ti, quieren que los tengas en cuenta, se implican en tu vida, inquieren responsabilidades, te vigilan el comportamiento, solo con pasar el día infliges dolor.

Con *Canaima*, de Rómulo Gallegos, he cubierto en estos días una trilogía latinoamericana de alto voltaje: las otras dos piezas recientemente leídas son *Los ríos profundos*, de Arguedas, y la desazonante *La vorágine*, de José Eustasio Rivera. Las tres son novelas de iniciación, novelas formativas de la «americanidad» en las que el personaje aprende dolorosamente, o, mejor, trágicamente, el «ser» de América, el que hay por detrás y por debajo de la representación civilizada o del teatro de la colonización. En las tres hay una inmersión, a la vez en las culturas arrasadas, y en la naturaleza tremenda: y la conciencia de que se necesita un lenguaje que nombre esa realidad, que la rescate y la saque a la luz; que construya una narración propia. *La vorágine* es de 1924, *Canaima* de 1935 y *Los ríos profundos* de 1956: las tres fundan el lenguaje que exhibirán sin pudor y de un modo manierista los narradores del *boom*. Carpentier los reconoce como predecesores. Sabe que hereda su lenguaje y también su posición. García Márquez, que se inicia en la misma onda, se queda con el lenguaje como ilustrador de un cuento. Lo que también conviene recordar es que Gallegos, Rivera y Arguedas emanan del modernismo americanista: Rubén Darío, José Martí, Julián del Casal y José Asunción Silva suenan entre líneas de sus libros. Pero estos nuevos buscadores de la «americanidad» se afanan en nombrar la toponimia y aspiran a crear un diccionario de la desmesura continental, nombrar la geografía inabarcable, la flora y fauna, y plantan el oído hacia los lenguajes indígenas considerados como parte de esa textura, exudación de esa naturaleza. Lo indígena adquiere un carácter de «verdad» frente a la voraz impostura de las formas colonizadoras. Lo indígena cuaja no como residuo, sino como subversión; no como elemento del pasado, sino como almacén en el que se guardan los materiales que van a construir el futuro de una América libre y razonable.

Me gusta mucho y me emociona *Caligrafía de los sueños*, la última novela de Marsé. La biografía de *Isabel II* de Isabel Burdiel me resulta interesante, pero cansina. Bernhard Schlink, *El fin de semana*. Textos de José Martí sobre Norteamérica.

Por cierto, siguiendo con mis lecturas americanas, decir que de los modernistas no solo toman la suntuosidad del lenguaje, sino también el yo incomprendido, fuera de lugar, que busca en la naturaleza, en la lucha brutal del hombre en la selva, desahogar su malestar, quemar su inquietud, casi como una forma de castigo, el encuentro con lo indígena es final de viaje, purificación tras la penitencia.

Anoche me reí muy a gusto con *Que empiece la fiesta*, una estupenda gamberrada de Niccolò Ammaniti que acabo de recibir de Anagrama.

15 de mayo

Releo el capítulo CCV del libro de Bernal Díaz del Castillo y tengo que dejarlo porque no puedo soportar la angustia y la emoción. El viejo conquistador recuerda uno por uno a cuantos conoció durante los pasados años de conquista, nos da sus nombres, su procedencia y filiación, los define con algunos rasgos físicos o de carácter. También de qué modo se establecieron más o menos felizmente y, sobre todo, recuerda a quienes murieron «de su muerte» o «en manos de indios». Leer toda esa larga lista de nombres, conocer de dónde eran, si fueron buenos hombres, o esforzados guerreros, el apodo con el que se los conocía, o cuál era su habilidad o su vicio, saber que fueron hermanos, o amigos, o padre e hijo, o tío y sobrino... Saber que a todos los ha conocido el autor y que, cuando escribe, prácticamente todos –cientos de ellos– están muertos, leer que, por ejemplo, a unos los llamaban los Martínez y eran de Fregenal (por hablar de un apellido aún arraigado en esa zona que tan bien conozco)... Consigo que sienta como muertos míos al que era alto, o músico, al que mató a su mujer, y les pongo caras y cuerpos de los que han pasado por mi vida. Más aún, Díaz del Castillo consigue que yo mismo me vea formando parte de ese inmenso ejército que va sepultando la historia, yo mismo entrando en la tumba, y, conmigo, cuanto he conocido. No creo que haya en toda la literatura española un texto tan desolador y una ambición literaria tan grande: capturar el mundo entero. Díaz con su crónica consigue una especie de novela total. Tras haber contado minuciosamente los avatares de la conquista, y haber dejado constancia de una geografía, ahora nos ofrece ese imponente retrato colectivo de un ente, que también es colectivo: el conquistador, como en una de esas imágenes de Muybridge que captan la sucesión de movimientos de un solo golpe, convirtiendo el movimiento en algo estático, así vemos a todos estos hombres, a la vez vivos y muertos, lo que acrecienta nuestro sufrimiento al leer: Díaz del Castillo consigue esa gran paradoja que es esencia misma de la literatura: dando cuenta de sus muertes nos los deja para siempre vivos. Son las tres de la madrugada y no sé qué hacer, porque estoy tan nervioso, tan angustiado, que me ahogo, no soporto permanecer encerrado en casa, tengo que abrir la puerta y sentarme en la escalera exterior. Ya he escrito antes que no creo que haya un texto tan desazonante como este en toda la literatura española. De hecho, Max Aub llevaba la lección aprendida cuando escribió aquel capítulo de los *Campos* que es mera enumeración de los peluqueros que murieron en la Casa de Campo defendiendo Madrid. También Bolaño utilizó el método del viejo conquistador en sus enumeraciones de mujeres asesinadas que componen el eje duro de *2666*.

La galladura del huevo.

18 de mayo

Al leer ese capítulo CCV de Díaz del Castillo, además de la angustia por esa fosa que se lo come todo, está la angustia por cómo la historia se lo come, y su antídoto: la escritura como última esperanza de un atisbo de justicia, porque en la enumeración de miserables, héroes y mártires que estaban destinados a hundirse en el anonimato, Díaz del Castillo, al ponerles nombre, los devuelve a la historia.

28 de mayo

Mis deseos de escribir sobre el libro de Díaz del Castillo se quedan en nada. Pero ¡si no soy capaz de poner media docena de frases seguidas! Se me va el tiempo viendo fotos de Valencia en internet, entrando en algún portal porno y leyendo –también en internet– los titulares de prensa: todo lo que no está escrito en papel se me va diluyendo a medida que lo voy leyendo. Entro diez veces en el mismo periódico digital, sin acordarme de que ya lo he hecho, leo como nuevo lo que un par de horas antes ya he leído.

29 de mayo

El excelente *Valencia. La ciudad*, de Josep Vicent Boira, me lleva a releerme la *Valencia* de Azorín y los *Diálogos* de

Juan Luis Vives, tan ágiles, tan a ras de suelo, en los que recrea su infancia en la ciudad. Es como si, por unos días, Valencia encerrara todos mis deseos. Paseo por sus calles, visito sus monumentos en la pantalla del ordenador, en los libros (hojeo las guías de Trini Simó y del Colegio de Arquitectos) y añoro estar allí, caminar por los mismos lugares una vez y otra, aferrarme a ellos como si esa ilusión fuera lo único que me ata a algo.

Ni siquiera en Marruecos tuve una impresión tan fuerte de estar apartado del mundo; aquí no tengo nadie con quien hablar, con quien compartir. Me quedan los cinco o seis amigos con los que, de vez en cuando, hablo por teléfono.

De los *Diálogos* de Vives: «Las voces son signos de vida entre los presentes y las letras entre los ausentes». La frase formaba parte de los ejercicios de caligrafía que les ponían a los niños valencianos en su tiempo.

También de estos *Diálogos* de Vives: «[...] el músico de la Arabia, que le daban un óbolo por que tañese y tres por que callara».

«Priscos» llama a los melocotones (*prèssecs* en valenciano, *pêches* en francés) y pregunta si los trajeron de Persia para que se envenenaran los griegos. Entre los vinos, cita el «tinto de la comarca de París», el «bermejo» de Burdeos, el «pardo de Aquitania» y el «tinto» de Sagunto. En el capítulo «El convite», dice Simónides: «¡Ah, pescado y carne en una misma comida! ¡El mar se confunde con la tierra!». Sócrates entra en un mercado bien abastecido y exclama: «¡Oh, dioses inmortales, de cuántas cosas no necesito!».

Pero he emprendido esta lectura para volver a sentir como si fuera mía la añoranza de Valencia que Luis Vives muestra en sus diálogos cuando relata el paseo que emprenden los tres amigos por una toponimia de la ciudad que aún hoy puede reconocerse incluida en el capítulo titulado «Las leyes del juego. Diálogo vario de la Ciudad de Valencia»: en ese capítulo, Borja, Centelles (que acaba de volver de Lutetia) y Cabanilles rememoran la ciudad que Vives debía añorar desde su destierro en Brujas: hablan de los trinquetes, del librero Honorato Juan. De hecho, en su charla, salen del trinquete del Milagro, junto al de las Carrozas.

CENTELLES: [...] hablemos paseando. ¿Por dónde iremos? ¿Por San Esteban o por la Puerta Real, y entonces visitaremos en su palacio a D. Fernando, duque de Calabria? [...]

BORJA: Vayamos por San Juan del Hospital a la calle del Mar. [...]

CABANILLES: ¿Quieres que vayamos derechos por la plaza de la Higuera y por Santa Tecla?

CENTELLES: No, iremos por la calle de la Taberna del Gallo, que quiero ver la casa donde nació mi amigo Vives, la que, según tengo oído, está bajando la calle a lo último y a mano izquierda; así visitaré a sus hermanos. [...]

BORJA: Subamos por San Martín y luego bajaremos por la calle Valesio a la plaza de Villarrasa.

CABANILLES: Bien, y luego al trinquete de Barcia o al de los Mascones.

Los compañeros le preguntan a Centelles por las leyes del juego en París. Le pide Borja: «Dínoslas como nos relataste las demás cosas». Y Centelles responde: «Os lo diré paseando, que tengo deseos de ver mi patria, que en tanto tiempo no vi». Y Borja: «Pues vayamos a pie. Entremos por este callejón a la plaza de Peñarroches».

CENTELLES: Y de allí, por las calles de Cerrajeros y de Confiteros, al Mercado.

BORJA: O sea, la plaza de las Berzas.

CENTELLES: Tanto da. Los que gusten de berzas llámanla bercería, y los que de frutas, frutería. ¡Qué mercado tan grande! ¡Qué buen orden y distribución de vendedores y mercaderías! ¡Qué olor el de estas frutas! ¡Qué variedad, cuánta hermosura, y qué grande aseo! No hay huertos iguales a los que abastecen esta ciudad, ni diligencia que iguale a la del almotacén y sus ministros para que nadie engañe al comprador. ¿Es Honorato Juan aquel que va en la mula?

CABANILLES: No, a mi parecer, porque ha poco dijo a uno de mis criados que se retiraba a su librería para estudiar. Si supiese que estábamos aquí, vendría a nuestra conversación alegre, dejando sus estudios serios.

BORJA: Dinos las reglas del juego.

CENTELLES: Separémonos de esta multitud por la plaza de la Merced a la calle del Fumeral o de San Agustín, que son menos frecuentadas.

CABANILLES: No nos alejemos tanto del centro de la ciudad. Más bien subamos al Tros Alt por la calle de la Bolsería. Después iremos a la calle de los Caballeros y a la casa de vuestra familia […].

[…]

CENTELLES: ¡Cuánto me place ver la casa del Gobernador y de los Cuatro Tribunales, que parecen, Cabanilles, vinculados en vuestra familia! ¡El Civil, el Criminal, el de los Trescientos sueldos! ¡Qué edificios! ¡Qué bella ciudad!

BORJA: Ningún sitio mejor que esta plaza y esta Audiencia para hablar de leyes […].

Durero. *San Jerónimo en su estudio*. Este hombre barbado, que toca la sien de la calavera que tiene sobre su mesa en la que también está el atril que sostiene el libro: los muertos transmiten su sabiduría a los vivos. Es el mismo concepto que manejaban los niños en la clase de caligrafía en tiempos de Luis Vives.

En la entrevista con Chuikov, minutos antes de cruzar el Volga y reconquistar la colina de Mamáyev Kurgán –donde hoy está la Gran Niké de la patria rusa–, Rodímtsev afirma: «Soy un comunista, no tengo intenciones de abandonar la ciudad». Veo la foto suya que aparece en Wikipedia, un ruso sólido, compacto, aún joven –había nacido en 1905–, con el pecho cubierto de medallas. De los diez mil hombres que cruzaron el río con él, al final de la batalla de Stalingrado solo quedaban trescientos veinte, que «juraron que su determinación fluía de Rodímtsev». Leo la grandísima novela de Vasili Grossman *Por una causa justa*. Todo en ella destila una grandeza que hoy nos parece pasada de moda: «Una idea tan sencilla como "quiero que las personas trabajadoras vivan libres, felices y prósperas en una sociedad justa y emancipada" fue la razón fundamental que guió las vidas de muchos revolucionarios y pensadores» (Grossman, *Por una causa justa*, pág. 215).

Así cuenta lo que significaba el comunismo para los jóvenes que se vieron obligados a ir a la guerra:

[...] la mayoría eran hombres jóvenes. Habían aprendido a leer de maestros soviéticos, con la ayuda de un abecedario también soviético. Las fábricas y los koljoses en los que habían trabajado antes de la guerra eran soviéticos, como eran también los libros que habían leído y los balnearios en los que habían descansado. Aquellos jóvenes jamás habían conocido una persona que fuese propietaria de una fábrica o a un terrateniente, y ni siquiera podían imaginar que fuera posible comprar pan en una panadería privada, seguir un tratamiento en una clínica privada, trabajar con máquinas propiedad de un particular o arar la tierra de un latifundista (pág. 305).

Y lo que la guerra significó en el sistema soviético:

[…] donde hacía tan solo un año se roturaban las tierras en primavera, se levantaban centrales eléctricas, se construían escuelas y molinos, o se elaboraban meticulosos informes acerca del estado de la maquinaria agrícola y del curso de la labranza y de la siembra, hoy se desmoronaban edificios y puentes, ardía el grano almacenado y corría sin rumbo el ganado, acribillado por las ráfagas de los Messerschmitt (pág. 494).

Ya desde su título, *Por una causa justa*, el libro de Grossman es un meditado panfleto: sigue el viejo esquema que Rafael impuso a la pintura política en su fresco del *Encuentro de León Magno con Atila* en las Estancias vaticanas, en la que los caballos del Papa y su séquito posan serenos ante una civilizada decoración de arquitecturas y ordenada vegetación, mientras que los de Atila y sus hombres se encabritan ante un paisaje de bosques salvajes y brutales incendios.

Grossman nos presenta la resistencia heroica del pacífico pueblo ruso, su defensa de los campos que cultiva, y de las fábricas, sus medios de producción y subsistencia, el martirio de la ciudad de Stalingrado; y trufa su narración con anécdotas emocionantes, en las que los hombres honestos luchan heroicamente y mueren, los edificios se derrumban en una especie de magno apocalipsis: «En Stalingrado, donde se puso de manifiesto la fragilidad de la vida humana, el valor del hombre se reveló en toda su magnitud» (pág. 1044). Como contraste, en su breve excursión al campamento nazi ofrece el reverso de esa humanidad que, en Leningrado, le parece tan admirable y hay «unos soldados borrachos [...] olor a chamusquina», procedente de las cocinas, un grupo de tiradores que escoltan a unos prisioneros «gritando y amagando entre risas con pegarles [...] el zapateo de una danza soldadesca, gritos y carcajadas [...] chillidos guturales». Le aceptamos a Grossman el código porque lo maneja con maestría, pero, sobre todo, porque la verdad que construye con su narración es la que somos capaces de creer, y su justicia, la que nos lo parece también a nosotros. No somos espectadores de la tragedia, sino que la novela nos convierte en parte de ella (pág. 944). En cambio, el ejército invasor nos lo describe así:

> La compañía se dividía entre los que pertenecían a la élite y los parias. Los alemanes se burlaban de los austríacos, pero también se mofaban maliciosamente los unos de los otros. A los oriundos de la Prusia oriental se les tenía por patanes. Los bávaros se burlaban de los berlineses afirmando que Berlín era una ciudad judía donde se había dado cobijo a todo tipo de chusma: italianos, rumanos, mexicanos, polacos, checos, húngaros y brasileños, y que allí era imposible encontrar un solo alemán auténtico. Los prusianos, los oriundos del sur y los berlineses despreciaban a los alsacianos y los consideraban unos cerdos y unos forasteros. A los alemanes repatriados desde Letonia, Lituania y Estonia se los llamaba «cuarto de alemán». A los *Volksdeutsche* ni siquiera se les consideraba alemanes: existía una disposición que recomendaba no confiar en ellos y vigilar su comportamiento (págs. 959-960).

Aprendo tanto en Marivaux: la ironía, teñida de algo que no acaba de ser cinismo, aunque participa de parecido fondo amargo. Pero también la construcción –tan ambigua–

del personaje, ingenuo y perverso; inocente y corrompido, un Tom Jones pasado por el refinamiento de París. Aprendo, sobre todo, a manejar el berbiquí con el que penetra en el alma humana, la finura con la que define sin piedad a sus personajes.

Así define a madame de Ferval:

> *L'honneur de passer pour bonne l'empêchait de se montrer méchante; mais elle avait l'adresse d'exciter la malignité des autres, et cela tenait lieu d'exercice à la sienne.*
>
> *Partout où elle se trouvait, la conversation n'était que médisance; et c'était elle qui mettait les autres dans cette humeur-là, soit en louant, soit en défendant quelqu'un mal à propos* (págs. 192-193).

De Carlo Emilio Gadda: *El aprendizaje del dolor.* «Pedro fumaba mucho, quizá más por ostentación que por necesidad o vicio. El fumar le ayudaba no poco delante de las mujeres, a las que el humo les gusta, entre otras cosas porque lo consideran, quizá con razón, como un agradable presagio del asado» (Ed. Cátedra, pág. 76).

4 de junio
Releo *Cañas y barro,* por si me sirve para la fantasmagórica novela en la que pienso mucho y escribo poco.

El protagonista de esa novela. Lo que hace con su madre: cambiarle los pañales, lavarle la mierda del trasero, atarle las muñecas a los brazos del sillón para que no se levante y destroce las figuritas que hay encima del aparador, las cortinas, los manteles. Cierro los ojos y veo los últimos meses de mi madre: corta las cortinas y cose contra las telas rasgadas pedazos de la bolsa negra que contenía la basura, por el suelo los envases de los yogures, de leche, los restos del café, las servilletas manchadas. Qué haces, qué haces. La aparto. Se echa a llorar. ¿Qué pasa, es que ya no sirvo para nada? Su llanto amargo, mis ganas de llorar.

Un revoloteo de murciélagos al atardecer que vuelve siniestro el paisaje, lo pienso, y sí, tiene algo siniestro no solo por la hora, no solo por las figuras de los murciélagos que te hacen pensar en una película de serie B, Drácula y los vampiros que se desperezan al anochecer (faltan las telarañas, tumbas, cruces inclinadas, matojos cubriendo viejas sepulturas), pero está el silencio, la sensación de desamparo en este paisaje horizontal, barrizal entre montañas, que parece mundo aparte cuando cae la noche: abandonado. En estos momentos, en todo este espacio no hay ningún ser humano; al menos, ningún ser humano que ronde por aquí con motivo confesable. Nadie trabaja aquí, nadie pasea; si hay alguien, es porque busca algún tipo de soledad impune, un lugar sin ojos. Caminos enfangados entre los cañaverales, juncos, carrizales, espejos de agua que de noche relucen bajo la luna y crean una sensación de paisaje invertido, como si lo cierto, lo sólido fuera el agua y lo otro tuviera una borrosa evanescencia que te hiciera desconfiar de su solidez, una solidez que, en cualquier caso, es relativa, porque esa zona oscura en la que crece la mancha vegetal está compuesta en buena parte por fangos, barros pantanosos... Esa tierra oscura, negruzca..., tremedal... Tendría que comunicar sensaciones de paz, y no, no es así: como si aquí el bien no tuviera refugio, hubiera emigrado o no hubiera estado nunca, a lo mejor la sensación me la producen todos esos animales de cuerpo resbaladizo que se ocultan entre las hierbas cuyo chapoteo se escucha intermitente, un imperceptible chapoteo, el chapoteo seguido de un zumbido del ave que levanta el vuelo desde el agua y cruza el cielo; un golpe húmedo: peces, serpientes, anguilas, ratas de marjal, me asusta el repentino aleteo que surge de entre los carrizos, aguas cenagosas, limos verdes, barros oscuros, grasientos, de aceites viejos, nada produce sensación de pureza. El paisaje de la novela va creciendo en mi cabeza.

Te espero.

El eccema, las manchas en las piernas, una que me salió el otro día en el capullo, la sospecha de la enfermedad siniestra. No parece que formáramos parte del ejército elegido por los dioses. Nos hemos ido salvando, es decir, estábamos condenados a acabar de la misma desagradable manera que acaba todo el mundo, gimoteando en la cama, asfixiándonos, insomnes porque no nos deja dormir el pitido de nuestros pulmones, aceptando que alguien medio siglo más joven que nosotros nos cambie los pañales, alguien en el mejor momento para la vida y el disfrute castigado a embadurnarse con nuestra porquería de viejos. Como dice el corrido mexicano, adónde está tu orgullo, adónde fue el coraje. Y si los dioses no se nos llevaron, haber tenido el valor para acabar a tiempo, facilitarles la tarea. Dicen los tratadistas que el bien y el mal exigen, entre otras cosas, tiempo y lugar. Saber qué momento y qué sitio son buenos, el bien se encarna en un instante, es solo un relámpago; en cambio, las consecuencias del mal se prolongan indefinidamente, esta impotencia, esta desgana son prolongación del mal porque no tuviste valor para brillar con ese relámpago pasajero del bien, elegir el día y el lugar y hasta el modo en que tenías que quitarte de en medio; o lo que otros pensarían que era quitarte de en medio cuando en realidad era salvarte: el Che, Camilo Cienfuegos, murieron bien, los que los mataban se pusieron sin querer al servicio del bien, les brindaron ese relámpago de bien que les ha traído la inmortalidad. Con qué orgullo mira el Che desde su eterna juventud a ese Fidel malhumorado, desteñido, vegetal rugoso, palo deforme que arrastra los pies metido en un pija-

785

ma espantoso o en un chándal, con qué envidia tiene que contemplar la figura inmarcesible del Che su eterna jovialidad de joven bienamado por los dioses, venerado por la parte más noble de las sucesivas generaciones…

Senill, juncos, limo.

El enamorado:

Un ojo que no se cierra nunca, estúpida pupila: tiene que dar entrada a todo, y luego eso se queda dentro, haciendo daño.

22 de julio

Parece que, poco a poco, recobro la escritura: avanzo penosamente pero con un ánimo que ya me parece reconocer de otras veces, en lo que toma forma de novela. Con miedo, con desgana, pero cada día añado algo, corto, cambio. Burla, burlando, estoy escribiendo. Una buena noticia, si no fuera porque apenas consigo mantenerme en pie por culpa de los vértigos. Hoy he salido de casa para hacer algunos recados y he pasado por la peluquería. Creía que iba a caerme del sillón, mientras oía hablar al peluquero, tan hablador como de costumbre. Me ha contado su viaje a ninguna parte: ha estado en un crucero que lo ha llevado, entre otros sitios, a Cherburgo, Londres y Ámsterdam. Tres o cuatro horas en Londres, ¿te imaginas?, me dice. En Ámsterdam, nos metieron un rato en un canal, y eso fue todo. Yo lo oía, intentando no asustarlo con un desplome. Eso ha sido por la mañana. Por la tarde, me he pasado un buen rato mirando impotente un libro que quería coger y no podía porque estaba en el estante de arriba y era bastante pesado. No me veía capaz de subir la minúscula (cuatro peldaños) y comodísima escalera de tijera. No podía. En el segundo escalón me quedaba paralizado. Era James Stewart en *Vértigo*, viendo crecer los tres escalones hasta convertirse en un abismo. Me agarraba a la estantería con ambas manos y bajaba precipitadamente a ras de suelo. Al final, después de unos cuantos intentos, he conseguido coger el libro y, lo que ha sido más difícil –casi heroico–, he tomado impulso en tres o cuatro tiempos y lo he devuelto a su lugar tras consultar lo que necesitaba. Luego me he pasado un buen rato contemplando la cantidad de libros situados fuera de mi alcance, en esas alturas a las que ya no puedo acceder. La habitación se ha transformado en un mundo ajeno, y yo me he sentido como un minusválido. Cuando quiera buscar en alguno de esos libros, voy a tener que llamar a alguien para que me los alcance. No es un panorama muy estimulante que digamos.

28 de julio

Alarma social: leo en la prensa de hoy (*Diario Crítico de la Comunidad Valenciana*) el siguiente titular: «Fallece una persona de noventa y cinco años afectada por legionela en Alcoy». Sin palabras sobre ese virus (¿o es bacteria?) que se ceba en los centenarios.

1 de agosto

Lecturas de los últimos días: Alejandro Zambra: *Formas de volver a casa*, Abdelá Taia: *Mi Marruecos*, Horacio Castellanos Moya: *La sirvienta y el luchador*. Rubem Fonseca: *El seminarista*. Ninguna sorpresa, a pesar de que guardo recuerdos magníficos del Rubem Fonseca de hace veinte o treinta años. En estos momentos estoy leyendo el interesante ensayo *Triumph of the City*, de Edward Glaeser. Esas lecturas urbanas que tanto me gustan y que están en la urdimbre de libros como *El viajero sedentario*: mi vocación infantil de geógrafo, que estimularon los libros de aventuras: Stevenson, Twain, Verne, Salgari, Swift, Homero…

Toda esa cantidad de sufrimiento sin la diálisis de la escritura es una experiencia baldía y agotadora.

Esta casa está maldita. El año pasado sufrí una invasión de avispas; este verano las invasoras son ratas, el animal que más terror y asco me produce. Somos animales disyuntivos: o ellas o yo. Me encierro en la única habitación (pequeña) en la que no pueden entrar. Pero *chi lo sa?* Hay una rendija por debajo de la puerta suficientemente ancha para que pasen esos seres de cuerpos que se moldean como chicle. Además, quién sabe si hay un agujero en algún lugar que yo no he visto. De hecho, arriba no he conseguido averiguar por dónde se han metido. Llamo a los desratizadores y parece que han desaparecido, pero ¿por dónde han salido? Eso quiere decir que hay algún lugar por el que pueden escapar; es decir, un sitio por el que salen y entran.

9 de agosto
    Comprar: Jonathan Franzen: *Las correcciones, Libertad.* Jaume Cabré: *Jo confesso.* Robert Hughes: *Roma.*

12 de agosto
    En estos momentos de acidia, en los que la somnolencia se trenza con la desgana, cuando parece que ya no creo en nada, ni aspiro a nada, cómo agradecerle lo suficiente a la Yourcenar su *L'Œuvre au Noir.* Vuelvo a leerla y noto la exaltación de la literatura que sentía cuando la leía por primera vez, el deseo de formar parte de esa familia. Me siento ascendido a la cima, pero también me baja al suelo, me pone delante de mis limitaciones, ya no llego a tiempo de escribir un gran libro, y saber eso me abate, me arroja otra vez al mutismo. Ya no podré. Ya no tengo tiempo, así que me callo: esa es la reacción a la que me inducen estos grandes libros. Estoy mejor callado. Y si nada de lo que he escrito va a durar, es que he tirado mi vida. ¿Pretencioso escribir estas cosas?, ¿expresarse en ese tono? No, no, es la amargura de saber que

este pequeño mundo que llevo conmigo, y que no para de degradarse, se disolverá en polvo.

15 de agosto

De *L'Œuvre au Noir*, de Marguerite Yourcenar: «Dieu ne nous a pas donné le droit de faire souffrir ses créatures» (pág. 573); «[...] les libres divaguent et mentent comme les hommes» (pág. 575); «Dieu était cette chair qui bouge, ces corps nus pour qui la pauvreté n'éxiste pas plus que la richesse» (pág. 610); «Les lâches et les ambitieux veulent savoir l'avenir» (pág. 645); «Peu de bipèdes depuis Adam ont mérité le nom d'homme» (pág. 646); «Dès le seuil, une fétidité m'avertit, et ces efforts de la bouche aspirante et revomissant l'eau que le gosier n'avale plus, et ce sang qu'éjaculent les poumons malades. Mais ce qu'on nomme âme subsistait, et les yeux de chien confiant qui ne doute point que son maître lui puisse venir en aide...» (pág. 649).

Las manos: «[...] ces étranges prolongements de l'âme, ces grands outils de chair» (pág. 653).

«Je n'ai jamais assaisonné un fait vrai à la sauce du mensonge, pour m'en rendre à moi-même la digestion plus facile» (pág. 653); «[...] j'ai reçu chaque jour comme si le jour que je vivais devait être le dernier, c'est-à-dire, *en toute tranquillité*» (pág. 658); «[...] faisaient de lui un sodomite et un sorcier (il avait été à ses heures l'un et l'autre, mais les mots ne correspondent à les choses: ils traduisent seulement l'opinion que le troupeau se fait des choses)» (pág. 694); «Cette couverture et cette défroque pendue à un clou sentaient le suint, le lait et le sang. Ces chaussures qui bâillaient au bord du lit avaient bougé au soufflé d'un bœuf étendu sur l'herbe, et un porc saigné à blanc piaillait dans la grasse dont le savatier les avait enduites. La mort violente était partout, comme dans une boucherie ou dans un enclose patibulaire. Une oie égorgée criaillait dans la plume qui allait serveur à tracer sur de vieux chiffons des idées qu'on croyait dignes de durer toujours. Tout était autre» (págs. 700-701).

Ver páginas 701 y 702: el hombre animal de paso, relatividad... hermosísimo.

«[...] je crains que vous n'ayez pas assez de foi pour être hérétique» (pág. 719); «Chaque joie inocente est un reste de l'Éden... Mais la joie n'a pas besoin de nous, Sébastien. La douleur seule requiert notre charité. Le jour où c'est enfin révélée à nous la douleur des créatures, la joie devient aussi impossible qu'au bon Samaritain [...]. Nos tribulations [...] ne sont possiblement qu'une exception infime dans la fabrique universelle, et ceci pourrait expliquer l'indifférence de cette substance immuable que dévotement nous appelons Dieu» (pág. 729); «[...] regarder de haut ces pauvres six mille ans qui sont tout ce que juifs et chrétiens consentent à connaître de la vénérable antiquité du monde» (pág. 764).

—*C'est une affaire assez sale* [...].
—*Toutes celles où la justice met le nez sont ainsi, et elle les rend tels si elles ne le sont pas* (pág. 809).

«Mais l'argent n'arrange pas tout, du moins pas aussi facilement que le croient ceux qui comme le chanoine en ont peu» (pág. 809).

19 de agosto
Un verso de Dante, sacado del libro que Jean-Maurice acaba de escribir: «No hay miseria peor que un recuerdo feliz en los días de sufrimiento». El personaje de J.-M. añade: «L'amour, en effet, n'est qu'un souvenir heureux. Il n'existe

790

qu'au passé [...]. L'amour n'est que l'illusion tardive d'un bonheur qui n'advint pas» (pág. 101).

23 de agosto

Última salida para Brooklyn, la novela de Hubert Selby, sigue funcionando a toda pastilla, moviéndose en espacios humanos que parecen de ahora mismo. El ambiente de las locas neoyorquinas en intersección con el del lumpen más machista me recuerda al Madrid que frecuenté en los ochenta de la mano de J. Toledo y sus amigos. Leo a Selby y me parece verlos, oírlos hablar a ellos. Entiendo que el libro me golpeara como lo hizo cuando lo leí por primera vez a fines de aquella década. Hoy, veintitantos años después, sigue sacudiéndome toda esa violencia tan inútil como inevitable, y que la modernidad ha heredado. Cuando Selby escribía ese libro sobre una violencia que reconozco aquí y ahora, en España las cosas tenían otra cualidad, eran de una textura distinta, podríamos decir que se trataba de una violencia premoderna, crueldad del subdesarrollo, aunque lo que escribo no es del todo verdad, Genet escribió sobre una España de locas y chulos que se parece bastante a la de Selby. Claro que era el puerto de Barcelona, la gran ciudad que importaba formas externas, vicios modernos por llamar la cosa de alguna manera.

He pasado quince días en los que me ahogaba, tenía los bronquios obstruidos y no conseguía expectorar. El calor y la extremada humedad colaboraban para que la sensación de asfixia fuese aún más insoportable. Durante unos días el episodio parece quedar atrás, mejoro. Pero hoy, de nuevo, vuelvo a ahogarme, la tos no consigue arrancar las flemas, un día húmedo caluroso, que me hace odiar el verano. Miro con pánico la noche que se acerca. Horas más tarde, desde el cuarto en el que duermo, oigo cómo gotea el tejado de la terraza cubierta. Estoy en Surabaya, en Cantón, en Veracruz. Me conozco la geografía y me conozco la historia: soy uno de esos personajes secundarios de Conrad por el que nadie apuesta un céntimo. Me despierto y me incorporo buscando la posición que me permita respirar con más comodidad. Digo «el cuarto en el que duermo», porque llevo un mes y pico acostándome en la única habitación que tiene puerta de la casa, en el piso de abajo, y que era la que utilizaba Paco. El motivo: una noche, mientras miraba la televisión, oí un ligero ruido del papel celofán que envolvía un paquete de galletas que me había puesto en la mesita que tenía junto a la butaca: un paquetito de galletas y una pastilla de chocolate para picotear mientras, con la luz apagada, contemplaba un episodio de *Los Soprano*. La sorpresa llegó cuando, tras oír el ruido del papel, al tirar del paquete de galletas para coger una, noté que algo tiraba del otro extremo, como si se hubiera quedado atascado. Sorprendido, dirigí la mirada hacia allí (había tirado del paquete sin mirar, pendiente de la pantalla) y descubrí que una rata había prendido el paquete con los dientes y me lo disputaba. Alerta total. Pánico. Llevaba días oyéndolas rascar en el tejado, y, al fin, por algún lugar, habían conseguido introducirse en casa. Hay que decir, como he escrito unas cuantas veces, que la rata para mí es algo más que un animal dañino. Es el horror, mi fobia predilecta desde que tengo uso de razón. No ya una rata: un ratoncito muerto del tamaño de la yema de un dedo visto desde lejos (y los veo siempre, los descubro, nos perseguimos) me amarga el día, así que la presencia de ratas de notable tamaño dentro de casa supone una verdadera hecatombe. Y digo que son de buen tamaño porque la cabecita que tiraba del paquete de galletas, vista en la penumbra, me hizo pensar en el primer momento que era la del gato. Pensé que se había colado en casa y que era su cabeza lo que estaba viendo. Al comprobar que se trata de ratas, he abandonado la parte

de la vivienda que he ocupado los últimos años y me he trasladado a la planta baja, una precaución más simbólica que
efectiva, porque arriba y abajo están perfectamente comuni-
cados y la rata es un animal extremadamente móvil, pero ahí
abajo está la única habitación que puede cerrarse (el resto es
un espacio diáfano). Al día siguiente subí al piso de arriba y,
en cuanto abrí la puerta, vi cómo dos ratas cruzaban a un
palmo de mis pies. Cerré precipitadamente. Estas cabronas
han tomado mi espacio. No puedo consentirlo. Es una cuestión de honor. Pero un par de horas más tarde me limito a
subir aterrorizado para recoger el ordenador y algunos papeles. Nuevo intento. Le pido a Israel, que ha estado de obras
en casa, que remueva los muebles para ver si descubrimos
dónde se esconden porque no aparecen huellas de los bichos,
ni cosas roídas ni cagarrutas. Al final, detrás de una de las bibliotecas apareció una rata grande y seis o siete crías que no
conseguimos averiguar por dónde pueden haberse metido.
Y eso es lo que más me preocupa, localizar el agujero por el
que han podido entrar desde el tejado. Decidí llamar al des-
ratizador, que pulverizó la casa y la llenó de veneno, una
tarea que extendió al huerto. Parece que es un tratamiento
infalible, garantizado, pero por el momento sigue sin ocu-
rrírseme dormir arriba. No me fío. Si hubiéramos encontrado el agujero de entrada y lo hubiésemos tapiado, otro gallo
cantaría, pero no hemos averiguado nada, a pesar de que lo
hemos revisado todo al milímetro, excepto una estantería
enorme, que no hay quien mueva, pero el borde superior de
la estantería está exento, no llega al techo, y allí no se ve
nada, tendrían que haber agujereado un muro de carga, que
es en el que se apoya la estantería, y salir a media altura,
donde no alcanzamos a ver, pero eso parece imposible. En
cualquier caso, y como si no tuviera bastante con la angustia
de la falta de aire, con el calor y la humedad de estos días,
tan asfixiantes y largos, tengo que luchar con el miedo y el

asco de ir recogiendo los cadáveres de las ratas que van apareciendo en torno a la casa y en el huerto cada día (en el interior no ha aparecido ninguna, luego hay un agujero por el
que han salido a morir, y por el que pueden volver a entrar:
inseguridad permanente). Entre las que he recogido yo y las
que ha tirado Nata, el hombre que se encarga del huerto, he
contabilizado una quincena. Ratas, ratas, ratas, como el año
pasado fueron avispas, avispas, avispas. Anteayer subió Nata
a revisar el tejado y encontró los boquetes que habían hecho
bajo las tejas y que estaban llenos de hierbas secas y porquería con las que habían construido sus nidos. Contó media
docena de agujeros que se perdían bajo el tejado y que, al
parecer, formaban parte de un auténtico laberinto. Los tapó,
de modo que el peligro parece conjurado, pero quién sabe
por dónde se las ingeniarán para volver: son tan astutas, tan
pacientes, tan malvadas...

... y los dos perros y los dos gatos sin enterarse de su
presencia, o fingiendo no enterarse, tal vez asustados por el
tamaño de las piezas: entre las que he recogido muertas las
hay mayores que los propios gatos. Al día siguiente de descu-
brirlas, encerré veinticuatro horas a los dos gatos en el piso
de arriba para ver si acababan con ellas. Cuando volví para
ver lo que había ocurrido, me los encontré semicubiertos por
la almohada, los dos juntos, en una butaquita situada en la
terraza techada: me parece que estaban aterrorizados y no se
atrevían ni a entrar en la vivienda por la que campaba la armada de las ratas.

Con la fumigación han desaparecido también las numerosas salamandras que se paseaban por las paredes de la casa,
y que yo mimo porque no hacen daño a nadie, y, además, se
comen los mosquitos. Hace un rato me he alegrado al descubrir una de esas salamandras, una viejarrona gruesa y rugosa.
Ha sobrevivido al apocalipsis químico. La miro con simpatía,

la saludo, ella, superviviente en esta casa que se le ha vuelto solitaria; yo, que la siento como una cortazariana casa tomada, que me encierro en el cuarto y, cuando salgo, lo observo todo con desconfianza, sospecho de cada rayo de sol que vibra en el suelo, de cada sombra que se agazapa en un rincón.

Bronquios obturados, calor, humedad, ratas, incapacidad para escribir... y esta casa a la que no telefonea nadie, ni llega ningún correo electrónico (estamos en agosto, todo el mundo se ha ido de vacaciones), un viejo y amargado Robinsón que suda y resuella y escucha dentro de sí el pitido de una maquinaria gastada, ¡y me extraño porque me siento deprimido! Lo monstruoso sería no estarlo, aunque, de nuevo siento que pago mi afán de autocastigo: tengo el mar a siete u ocho kilómetros y no lo he visto de cerca desde hace más de un año. De lejos sí, lo veo a diario desde las ventanas de casa, una raya azul o gris o plateada en el horizonte, la silueta de alguno de esos grandes buques portacontenedores que se dirige al puerto de Valencia, o que vuelve de él. La gotita blanca que es, sin duda, vela de un velero. Podría haberme librado de las ratas, haberme ido al apartamento y a estas horas estaría bañándome en las aguas transparentes de Les Rotes, en el cabo de San Antonio, agua verde entre rocas, allí hay un sitio que es como una bañera en la que acostumbraba a pasar momentos estupendos. Ya no me interesa eso. A lo mejor, allí, viendo a los bañistas que se mueven, chapotean, o a los que permanecen tendidos en la arena, encontraba un tema sobre el que escribir. Me pongo pegas: me digo que no podría dejar a los animalitos solos; como si no pudiera venir alguien a darles de comer, o acercarme yo mismo cada dos o tres días a ponerles comida y agua. Tampoco bajo al pueblo y salgo a la compra cada siete u ocho días. Puedo pasarme seis o siete días tranquilamente sin abrir la verja de casa ni ver a nadie. En un convento de clausura, o en la cárcel, por lo menos me cocinarían y servirían la comida, me proporcionarían atención médica (las cárceles parece que ya no son tan tremendas como cuando las pisé yo; si no has hecho nada demasiado grave y evitas los módulos de los peligrosos son como un internado, hasta tu tele tienes, eso dicen, aunque yo no acabo de creérmelo, funcionarios y yonquis, lo peor de cada casa). A veces creo que llevo esta vida por orgullo. Para decirles a los que no me han querido, y a los que me tendrían pena si supieran que no me han querido, que me valgo solo, que no necesito de nadie, que mi fragilidad esconde un pedrusco duro que no se deja quebrar con facilidad. Y, sobre todo, para aislar cuidadosamente esa obra que no escribo, dejarla al margen de modas y modelos, protegerla de detractores, pero también de admiradores. La procesión va por dentro. No hay pedrusco debajo, no hay nada; ya digo, no hay ni obra. Pero de eso me entero yo solo. Como solo sabe de su fragilidad el torturado que resiste fingiéndose duro, ocultando su miedo y sus debilidades. En realidad, no estar con nadie es un modo de decirlo a voces, no es un silencio como yo pretendo. Es la estrategia del suicida: os dejo para que vosotros no podáis dejarme nunca, no os podáis olvidar de mí, como lo haríais si siguiera vivo o si muriera por alguna causa ajena a mi voluntad. Si yo me mato, os declaro sospechosos de mi muerte, os dejo la gestión de mi cadáver, y de un cadáver no se libra uno con facilidad, es un objeto rígido, pesado, difícil de agarrar y de transportar, que no se deja meter con facilidad en la maleta. Es la muerte la que concede esa rigidez y grava con ese peso. Todo el mundo sale herido de la cercanía de un suicida. Pero es que yo creo que no hay ni eso, que la verdad es que el exterior, todo, todos ellos, me importa un carajo. O no, no es verdad. Sigue subiéndome la tensión cuando los veo aplastar, marrullear.

25 de agosto

Después de abandonar por aburrimiento la novela de Paolo Sorrentino *Todos tienen razón*, avanzo en la lectura de *La fortaleza asediada*, del chino Qian Zhongshu. A medida que avanzo, me parece encontrar la presencia del *Quijote* y del Dickens de *Los papeles del club Pickwick* en el sentido del humor que exhibe, pero también en su composición. En efecto, miro en Wikipedia y descubro que su mujer fue la traductora del *Quijote* al chino a partir de una versión inglesa. Él estudió en Oxford. A lo largo de todo el libro, repleto de hallazgos literarios, resulta estupendo el juego de puntos de vista y el cruce de miradas entre «lo occidental» y «lo chino», que da lugar a continuas situaciones desternillantes.

30 de agosto

De nuevo, los bronquios. No puedo respirar, me mareo, me asfixio. Paseo por la casa, busco aire, esta humedad, este bochorno. Como si fuera a ser la última noche. Me inquieto, me tomo la tensión, más bien baja: 9,1/7,6. Estoy mareado.

Triglicéridos: 1.239 (lo saludable: 0-150).
Colesterol: 247 (lo aceptable: 0-135).

1 de septiembre

Vuelta a Updike. *Conejo es rico*. La impresión de que es un cubo recién sacado del mar en el que bullen millares de seres vivos: camarones, angulas…, el bullicio de la vida, esa sensación de «verdad» que tanto echa uno de menos en la literatura contemporánea. Es cierto que en ese gusto por lo real cotidiano se encuentra la semilla de muchas de las peores plagas literarias que nos aquejan, incluidos los guiones de las series de televisión que pretenden ser *tranches de vie*, tan monótonas casi siempre, pero que han dado también productos extraordinarios y otros entretenidos; en realidad, hablo por las dos que he visto, no soy teleadicto, pero estos días he estado viendo capítulos de la serie *Los Soprano*, y qué duda cabe de que Toni Soprano es un hijo bastardo de Conejo.

6 de septiembre

Noche de insomnio, leyendo los desazonantes diarios de Juan Bernier. Pederastia en la sórdida España de los cuarenta: Bernier recorre meaderos, parques, estaciones de tren, cines de sesión continua en busca de muchachos de doce, trece, quince años. Para él, la sexualidad, a partir de los diecisiete o dieciocho años pierde interés, la gente se corrompe. Bernier odia a los hombres mayores que acechan a los adolescentes, los describe con aspecto de simios o monos en varios momentos, desprecia a los que son como él y buscan lo mismo que él, incluso frustra algunos encuentros de maduro y niño en los parques haciéndose pasar por policía, amparado en su vestimenta de burgués; o sea, en su marchamo de clase. Con ese truco, hace huir al adversario y le levanta al niño, se lo queda él, que parece convencido de que vive una eterna adolescencia, mantenido en la pureza originaria del descubrimiento de la sexualidad. No entiende cómo los muchachos pueden querer irse con un «viejo» que no sea él, y se irrita aún más cuando el tipo que seduce al muchacho, además de viejo, es de clase baja: ¡irse con un torpe albañil antes que con él! No soporta la idea. Se vuelve agresivo. Persigue esa relación como la sociedad persigue la suya.

En pleno franquismo, los años cuarenta, él teme la vergüenza de que sus actividades sexuales sean descubiertas y un guardia lo lleve durante un par de noches a una celda, o se le aplique una difusa ley de peligrosidad social, que, todo lo más, puede costarle un par de meses de cárcel; hoy, lo que nos cuenta Bernier a lo largo del libro está penalizado con varios miles de años de cárcel (son decenas de encuentros los que describe, monótona, obsesivamente) y un repudio social eterno aliñado con un acoso ilimitado de la jauría de biempensantes. Pero los niños que por aquellos años le gustan a Bernier y aparecen en el libro son hombrecitos que hablan con mucha sensatez, que desean, estafan e incluso se ganan la vida así, mientras que los muchachos de hoy en día a esa edad son poco más que protegidos bebés (aunque en el fondo se parezcan a aquellos). Se les ha eximido de responsabilidad, y, consecuentemente, de sexualidad. Su furor erótico (esos muchachos de quince, dieciséis años) se encarna fuera de la ley, en delitos terribles vistos como gamberradas de niño, o como acciones de pervertido o demente. De hecho, el Gobierno español pretende prolongar los contratos de aprendizaje laboral hasta más allá de los treinta años. Lo supuestamente moral tiene consecuencias económicas. De hecho, el actual sistema está consiguiendo que, por un motivo u otro, nunca seas ciudadano de pleno derecho: en general, tu vida como ciudadano dura poco más que un suspiro, cada vez es más breve el período que se extiende entre el aprendiz y el jubilado.

Hacía tiempo que un libro no me provocaba tanto malestar, no me planteaba tantas preguntas incómodas.

16 de septiembre

El autoanálisis como tema central de mis ocupaciones, qué aburrimiento; o qué angustioso aburrimiento. Vértigos. Inseguridad. Pulsaciones por encima de los ciento veinte, que, de repente, caen a cincuenta y cinco después de haber tomado café y copas. El cuerpo en brazos de la anarquía, en la ataxia, en la anomia, como se quiera decir; seguramente, siguiendo las instrucciones de una mente desorientada, que no sabe qué hacer, ni qué pensar acerca de nada, el mundo percibido como barullo, ruido, caos, el ancho mundo, pero, sobre todo, el ínfimo mundo que me compone, o el algo más amplio en el que me muevo, las dos o tres personas con las que hablo, los vecinos que me cuentan historias que no quiero oír. Metido en un túnel de dirección única, que se estrecha y ya las paredes te desgarran la piel cuando avanzas: no soy capaz de percibir con claridad nada de lo que me rodea, no disfruto del paisaje, ni de la comida, casi ni de la lectura. La lectura me inquieta, me turba, acudo a ella como el obseso acude a su fetiche, con un dolor que ata.

Los datos de la Agencia Tributaria española documentan que los ingresos del Estado derivados de las rentas del trabajo han aumentado desde 2006: han pasado de 430.428 millones de euros recaudados aquel año a los 494.431 que se recaudaron en 2010, mientras que, en el mismo período, los ingresos por rendimiento del capital han descendido de 75.027 millones a 53.455. Los datos muestran el revés de la eterna melodía del socialismo en acción: sigamos hablando del aborto, del Papa, de los fusilados de la Guerra Civil. No buscan justicia, sino ruido. Y quieren enredarte, que formes parte de ese ruido que tapa las voces.

1 de noviembre
Una mirada al exterior a través de la ventana del televisor: los niños (¡y los mayores!) hacen el payaso por todas partes, disfrazados de Halloween. Visita y ofrenda de flores en un cementerio para animales domésticos en Viver, un pueblo de Castellón. Un tipo inventa un vehículo en el que los pasajeros pedalean al tiempo que toman cerveza por las calles de la ciudad. Los basureros recogen toneladas de envases, plásticos, vidrios rotos y basura tras el último botellón.

Anoto lo que al parecer (lo copio de *Libertad Digital*, que no son muy imparciales que digamos) escribe sobre Rajoy una columnista supuestamente de izquierdas que escribe

800

en el diario *Público*, y se llama Luna Miguel: habla de que su rostro es «una de las caretas más escalofriantes» que se pueden vestir en esta noche de difuntos. Y sigue: «Da miedo, me dije, qué asco, me dije, es peor que el rostro muerto de Gadafi, que el rostro cómico de Aznar [...]. ¿Qué nos espera después del 20-N, cuando inevitablemente gane y entonces su rostro, su maldito rostro, sea de verdad nuestro fantasma, nuestro dolor de cabeza y nuestra vergüenza?». A Luna se le olvida que ese al que tan terrible le parece que sustituya Rajoy contribuyó activamente a ponerle esa horrible cara de muerto a Gadafi. También debería de sentir un poco de asco y miedo ante él. Busco la columna en *Público* y no la encuentro, así que, ya digo, escribo a través de terceros. No creo que los fascistas de *Libertad* se inventen una columna y se la carguen a un personaje real.

Resultado de la experiencia de asomarse al exterior: dan ganas de suicidarse. Fascistas y encubridores.

Esta noche han robado en la casa que hay en el camino cerca de la mía y cuyos propietarios solo la ocupan unos pocos días al año. Aquí está uno bastante desprotegido. Y muy solo: he sentido la soledad y la mano fría del tiempo que pasa, al entrar hoy en el blog de Miguel Sánchez-Ostiz, leyéndolo, pero también viendo algunos de los vídeos que ha colgado y que me hacen retroceder en el tiempo: «Les feuilles mortes» cantada por Juliette Gréco, Chet Baker, Miles Davis; una entrevista con Annie Girardot en la que se despide tras enterarse de que padece alzhéimer, un largo reportaje de la televisión francesa sobre la vida de esa mujer... El día se pone melancólico, a medida que se apaga la luz del sol, y es una tristeza que tiene que ver con que ayer decidí acompañar a la familia (hermana, cuñado, sobrinos) en la visita que cada año rinden por estas fechas a los cementerios, y yo siempre he procurado rehuir. El viaje tiene su primera etapa en Carcaixent, donde están enterrados los padres de mi cuñado. El camino hasta allí, a través de la Valldigna y el valle de Aigües Vives, resulta deslumbrante en estas fechas en las que ya ha llovido y los verdes intensos, las relucientes hojas de los naranjos, los pinos, se extienden a ambos lados de la carretera, opulentas vegetaciones bajo un cielo azulísimo e intensa visibilidad, una profundidad de campo en la que la cámara del ojo percibe en la lejanía los perfiles de las cosas con inusitada nitidez. En el cementerio de Tavernes, mi abuela, mis padres, tíos, vecinos. Encuentro repetido en numerosas lápidas mi segundo apellido, Magraner, incluso algunos de los difuntos repiten apellido, Magraner Magraner, un endemismo local. Los caminos junto a las tumbas, los pasillos entre tabiques sellados con lápidas están repletos de gente. Las mujeres van vestidas con ropas elegantes, como si se hubieran arreglado para una boda, se han maquillado y han acudido a la peluquería para la ocasión. Es uno de esos momentos de plenitud social: se compite en el vestir, pero, sobre todo, en exhibir el ramo de flores más vistoso, la lápida más adornada.

Últimos días de noviembre de 2011

Édith Piaf cantaba aquello de «mon manège à moi c'est toi» y se me hace una imagen tremendamente sucia, porque el «manège» son los caballitos o la ola marina, y confesar eso es decir que la diversión de ella consiste en cabalgarlo a él (alguno de esos legionarios a los que dedicaba sus canciones soportando sus cabalgadas), te salta la escena a la vista, y ya no te digo si a la fantasía de subir y bajar sobre el caballito (más vientre que lomo) añades la imagen de la barra de hierro de la que se cogían las señoras que subían a los caballitos de feria, a los *manèges*, entonces la imagen resulta totalmente reprobable para un biempensante, una auténtica cochinada de canción, me parece que veo las cabezas de esos señores gordos y calvos echando humo, mordisqueando el puro mientras escuchan al ruiseñor de París. Los veo aflojándose la corbata, desabrochándose algún botón del chaleco para poder respirar, pasándose el pañuelo por la frente sudorosa. Édith sube y baja rítmicamente sobre la barriga de su legionario. *Son manège à elle c'est lui.*

Atiendo a las noticias que me da mi albañal privado: el borboteo de flemas pulmonares, el runrún del bolo en los aledaños del estómago, el gorgoteo de los gases en las cañerías.

16 de diciembre
Me impresionan las esculturas de Medardo Rosso. No las conocía. Me las encontré citadas en el libro *Roma* de Hughes, y las he buscado en internet.

Cómo voy a escribir nada, si soy incapaz de mantener la atención diez minutos seguidos, si cada día es más intensa la sensación de vértigo que me tiene encerrado. Anteayer salí de casa, estaba muy mareado, y a los diez minutos de permanecer de pie en un espacio público (acompañaba a alguien en los juzgados de Denia) empecé a tambalearme, no me tenía en pie, me caía… Llevo así unos cuantos días.

2012

10 de enero

Avanzo en el segundo tomo de las *Memorias* de Saint-Si-mon, en la edición de La Pléiade que compré de segunda mano muy barata durante mi reciente estancia en París. Me gusta mucho su *écriture blanche*, esa aparente falta de volun-tad estilística, que oculta bajo el manto de la precisión toda una artillería literaria, qué descripción de las psicologías, de la ambición y los comportamientos sociales, de los espacios arquitectónicos donde transcurren las historias...

Algunas otras lecturas: *Rimbaud le fils*, de Michon; Jérô-me Ferrari: *Balco Atlantico*; Echenoz: *Relámpagos*; Michon: *L'empereur d'Occident*; Franzen: *Libertad*; Martín Caparrós: *Los Living*; Marta Sanz: *Un buen detective no se casa jamás*: un juguete brillante entre Nabokov, Almodóvar y el *Fer-dydurke* de Gombrowicz.

Sobre el Juicio de Núremberg: «Goering se suicidó en su celda, envenenándose; los otros diez fueron ahorcados, se in-cineraron sus cadáveres en Múnich y las cenizas se dispersa-ron en las aguas del Isar. Antes de morir, Streicher gritó "Heil Hitler", y agregó: "Los bolcheviques os colgarán a to-dos". Los británicos, que habían sepultado inicialmente a

Himmler en un lugar oculto, desenterraron su cadáver y lo quemaron» (Josep Fontana, *Por el bien del imperio*, pág. 26).

¿No tiene el texto un aire medieval o barroco? Todo ese trajín de cadáveres. El de Juana de Arco fue arrojado al Sena para que nadie pudiera presumir de que guardaba alguna reliquia suya. Quevedo desaconsejaba las cremaciones públicas de la Inquisición. Pedía quemar a los herejes a escondidas, para que nadie pudiera admirar la nobleza en el comportamiento de los ajusticiados, el heroísmo en alguno de ellos (¡hay que ser canalla!), ni desde luego guardar parte de las cenizas, los andrajos, los jirones de ropa, huesos, esparcidos cuando se consume la hoguera en la plaza pública. Que no se puedan guardar restos y cenizas en un relicario, que sirva de excusa para edificar una ermita, un templo, un lugar de veneración. Hay que hacer desaparecer al enemigo no solo de la sociedad, sino también (y sobre todo) de la memoria. Sabemos que las cenizas nazis se arrojaron a las aguas del Isar, ¿no corremos el peligro de convertir ese río en sagrado, que los nazis vengan a bañarse en sus aguas como a piscina probática, y descubran que sus aguas son benéficas y curan enfermedades de la piel, llagas, que hay ciegos que, tras frotarse los ojos con ellas, han vuelto a ver y los cojos empiezan a andar en cuanto se meten en sus aguas? Cualquier movimiento político aspira a eternizarse, a alcanzar el estadio supremo de la religión. Sus enemigos lo saben, porque ellos mismos llevan el germen (también quieren eternizarse, convertirse en religión), y por eso procuran echarles por tierra la estrategia.

El final de los expresionistas abstractos: Pollock murió «a los 44 años, mientras conducía bebido; Arshille Gorky se ahorcó; Franz Kline murió alcoholizado a los 52 años. Mark Rothko fue quien vivió más, hasta 1970, cuando, a los 67 años de edad, se abrió las venas y murió desangrado en su estudio». Josep Fontana, *Por el bien del imperio* (pág. 128).

Sobre la posibilidad de reunificación de las dos Alemanias, decía Andreotti: «[...] amamos tanto a los alemanes que cuantas más Alemanias tengan, mejor; dejad que haya por lo menos dos» (pág. 692).

Mi amigo Montrémy me recomienda: Steven Millhauser, *The Knife Thrower*.

Febrero de 2012

Difícilmente se puede tener en cuenta.

Y Roma ante ti, en torno a ti. El cielo invernal, limpísimo, sí, cielo de invierno sobre tu cabeza. Y pisas Roma, lo que se guarda enterrado bajo tus pies. Y tú no eres capaz de decir nada. Mudo y paralizado. Pues vaya gracia. El desastre absoluto. Nada podía ser (o parecerme) peor que este derrumbe. Pero esta ruina que soy carece de grandeza. No tiene tamaño, ni volumen.

Hoy, en el Museo de Arte Romano, las antiguas termas de Diocleciano, las bóvedas de ladrillo, y tú incapaz de expresar lo que un día expresaste de forma confusa y hoy –el paso del tiempo, la madurez– tendría que ser claro y seguro, y, además, tendría que estar marcado por la urgencia de la retirada; pues no, irse como si tal cosa, como si después de esta oportunidad tuvieras otras cien, la desgana lo peor, son cada vez más los últimos días, las últimas veces, ya mides por días; si te empeñas, por horas. Ya no por los largos años; todo lo más, por años cortos que se pasan en un soplo. Se está agotando febrero y resulta que parece que aún no haya terminado la Navidad. Quedaban montones de nieve endurecida sobre las aceras de Roma. Desde el avión había contemplado la alfombra blanca que caía desde las montañas y cubría la llanura hasta el mar. Nada que contar, nada que escribir.

Ahora estoy sentado al sol, a la espera de que me permitan la entrada en Villa Borghese. He permanecido un buen rato en el jardín. Aún quedan sobre el césped y en los rincones de la umbría amplios manteles de nieve. Un grupo de adolescentes españoles se arroja bolas con rabia juguetona y me impiden el paso hacia el banco más cercano. Me enfado con ellos. Les grito: dejad de hacer el payaso, e inmediatamente me parece que el payaso, el único payaso que hay allí, soy yo, y no ellos, jóvenes hermosos, alegres, repletos de vida, a los que espera un largo futuro, y allí estoy yo, un solitario agrio, bajito, carente de belleza, vestido con un severo chaquetón tres cuartos que, aunque a mí me parece cómodo, y hasta elegante, me da, sin duda, un aspecto ridículo, un viejo mezquino. Siento vergüenza de lo que acabo de hacer, ganas de pedirles perdón a los muchachos que han dejado de jugar y se retiran en silencio, como si tuvieran algo de lo que avergonzarse. El sol ilumina con delicada luz de invierno los naranjos plantados en macetas de terracota y las fachadas y la crestería de los diversos pabellones de la villa. Ha remitido un poco el frío de días pasados. Oigo hablar ruso. En el recibidor de la villa me acomodo en un asiento frente a la reproducción de la cabeza de una elegante mujer de Cranach. Frente a mí, una monja jovencísima delicada, de piel transparente, nariz pequeña, labios delgados: una belleza. Cranach o Tiziano podían pintarla y dejar que viviese durante unos cuantos siglos: lo merece, ¿cómo privarle a la humanidad de algo así? Pues envejecerá, se marchitará en algún convento y nadie sabrá que ese hálito de belleza pasó por la tierra. *Carpe diem.*

Roma, Roma, Roma, Roma, Roma, Roma.

Este mismo cielo, que hoy me deslumbra con su intenso azul, se quedará sin color cuando llegue el verano. A fuerza de luz uno apenas ve las cosas, se convierte el paisaje en un cuadro puntillista en el que predominan las manchas negras: el exceso de luz, la neblina, las calimas mediterráneas, ese vaho de hervor.

La multitud refluye ante un autobús que se abre paso lentamente en la calle sobrepoblada de turistas. Desde la ventanilla, en esa lentitud, también parece que refluye el paisaje a medida que el coche avanza, como si fuera incapaz de penetrarlo.

Es ateo o cree serlo, pero esta soledad en la vida, este desamparo ante la muerte, lo obsesionan.

Harto, harto, harto. De estar en Villa Borghese pensando que me voy a caer –siempre, impidiendo cualquier gozo, los ataques de vértigo–, ahora sufro un ataque de pánico, metido en aquellas habitaciones repletas de obras de arte y de turistas, en espacios en los que uno se mueve con dificultad. Dios mío, y qué lejos queda la puerta de salida, a cuánta gente hay que superar, cuántos escalones llenos de gente, pasillos, habitaciones, hasta llegar a la calle. Me ahogo. En vez de pasmarme ante los cuadros de Caravaggio, pienso cómo huir de aquí: pero si es justo aquí, a esta misma estancia en la que ahora estoy, adonde yo quería venir; para venir aquí, para volver a esta sala, preparé durante meses mi viaje, y ahora estoy aterrorizado, solo me fijo en que estoy rodeado de gente, y solo pienso en que, por mucho que me apresure, voy a tardar unos minutos en franquear la puerta de la calle, es decir, que voy a morir asfixiado antes de conseguir alcanzar el aire del exterior. No quiero, no quiero. Que alguien me saque de aquí. Pero ¿cómo? Ya no voy a llegar. Por mucha prisa que se den en sacarme, sacarán un cadáver.

Ayer por la tarde, otra deseadísima visita: San Clemente, uno de mis lugares de peregrinación (laica, claro) cada vez que visito Roma. La basílica estaba repleta de turistas, y no vacía y solitaria, íntima como la recogía en mis recuerdos. Una larga caminata por aquel barrio solitario y no muy acogedor en una tarde de domingo: había visitado San Juan de Letrán, I Quattro Coronati y Santo Stefano Rotondo y llegaba a San Clemente como quien se pone en la boca la guinda del pastel, muy excitado pensando en la visita a la basílica subterránea y al mitreo, que tanto me han impresionado en otras ocasiones. Pero a duras penas conseguí concentrarme en el subterráneo, empecé a sentirme agobiado. De nuevo la claustrofobia, saber que estaba bajo tierra y metido en aquel ajetreo de turistas que avanzaban en grupos, o que permanecían en corros en torno al guía que los acompañaba, así que ya iba muy nervioso cuando llegué a la entrada del mitreo, de donde, en el mismo momento en que yo iba a acceder al estrecho pasadizo entre las rocas que sirve como puerta, empezó a salir una multitud que se apretaba en el estrecho corredor, y que parecía imposible que hubiesen cabido en el reducido espacio hipogeo; a la puerta esperábamos más de una treintena de personas dispuestas a meternos en el estrecho corredor que apenas permite el paso de uno en uno en cuanto dejara de brotar de entre las piedras aquella masa humana. Nosotros formábamos la masa dispuesta a sustituir a la que salía. El ataque de pánico que venía incubándose desde que empecé a bajar las escaleras de la basílica subterránea se manifestó con toda su virulencia, empecé a sudar, a tambalearme. Caminaba en busca de la salida como si estuviera borracho, a punto de ponerme a gritar o de caer redondo sobre el suelo. Buscaba la salida entre los grupos de gente, pero cada vez me encontraba con un muro de piedra, con un pasillo cegado, volvía a la sala principal, cada vez más nervioso, y me encontraba con las espaldas de aquella gente que atendía al guía situado en el centro del corro, todo eran grupos cerrados, corros, gente a la que si intentaba preguntarle por dónde se salía, ni siquiera volvían la cabeza, no me hacían caso; incluso me miraban malhumorados porque estaba interrumpiendo su audición, además no entendían, porque hablaban lenguas que yo no conozco: ruso, japonés, alemán, y yo no sabía cómo dirigirme a ellos, lo intenté en francés ante un grupo que resultó que era holandés, en italiano con varias personas que me miraron como si estuviesen a punto de llamar a un guardia para pedir que me detuvieran por acoso. Hay que ver cómo ciega el pánico, porque aquel espacio que otras veces me había parecido pequeño, acogedor, ahora con el terror se me hacía laberíntico, otra roca que cierra el paso, otro pasillo sin salida, debí volver repetidas veces al mismo rincón, de no ser así no me explico cómo pude tener tantas dificultades para encontrar la salida. Por fin di con la escalera, que subí precipitadamente y respiré cuando vi las luces de neón que alumbran la tiendecita de souvenirs de la planta baja, el espacio desde el que se accede al subterráneo, a aquel mitreo que con tanta ilusión pensé recorrer mientras pensaba en mi viaje. Ahora sé que no bajaré nunca más. Prohibidos los subterráneos, prohibidos también los sitios sobrepoblados. Siguen ampliándose los territorios prohibidos, mengua la vida. Cuando todo sea mera limitación vendrá la paz, la deseada ataraxia. No desear, no pensar, no moverse, no estar. RIP.

23 de febrero
Los revolucionarios quieren arruinar el puerto de Hong Kong. Conseguir un decreto mediante el cual no puedan atracar en Cantón los buques que previamente lo hayan hecho en el puerto inglés. El tema está en el centro de la novela de Malraux *Los conquistadores,* que releo con bastante menos

pasión que la primera vez. El libro se ha despojado del aura que tenía para un joven comunista. Qué verdad es eso de que nada que no sean sus propias fuerzas puede sostener una novela. En cambio, me ha parecido excelente la última de Fernando Aramburu, que se titula *Años lentos*, puro zumo de País Vasco. *El temblor del héroe*, de Pombo, la leo con gusto, admirando, como siempre me ocurre con él, su dominio del lenguaje, o, mejor dicho, su capacidad para construir o inventar un lenguaje propio, que es de Pombo y nada más, y esa efectiva infusión que consigue alguien que, en la cocción narrativa, además de mucha novela, pone buenas dosis de poesía y filosofía, aunque el libro sea manierismo pombiano, variaciones sobre un Pombo que cada vez regresa más a la novela moral de sus primeros tiempos (*El parecido*), la fabulación de corte jesuítico, que encuentra su modelo en aquella novela tremenda sobre el camino de condenación de un joven, titulada *Paso a paso*, que nos hacían leer los curas en el colegio de huérfanos; y no digo esto con el menor afán peyorativo, muy al contrario, toda la obra de Pombo es reivindicación del bien: si en sus grandes textos hay un afán por describir –y honrar– la santidad contemporánea, ahora vuelve al territorio en el que campa el mal, a su construcción y a sus terribles consecuencias.

Como me ocurre cada vez que la visito, regreso doblado por el peso de tanto arte: eso sí que es el mal en su esplendor (manifestación pretenciosa del poder de emperadores, cardenales y papas). Uno admira el inmenso cúmulo de trabajo, la infinidad de saberes puestos a su servicio: fontaneros, pintores, escultores, arquitectos, picapedreros, albañiles, ceramistas. El poder organiza su cortejo tomando lo mejor de cada profesión y poniéndolo a su servicio. Me emborracho entre lienzos, frescos, bustos y estatuas, bóvedas de ladrillo, recubrimientos de mármol. Me fijo en la nobleza de los materiales utilizados, todo rico, carísimo, en las grandes iglesias que, en Roma, se cuentan por decenas. Luego están los jardines, los pinos, que componen esas *vedute* fijadas en el imaginario de la cultura occidental desde hace cientos de años. Vuelvo con los nervios a flor de piel y con los pies reventados. Una vez más, de Roma me traigo solo los *amuse-gueules*. Recorro los lugares de siempre –Santa Maria del Popolo, San Luis de los Franceses, La Sapienza, San Carlino, el Panteón, Santo Stefano Rotondo…–, visito algún otro monumento por primera vez, pero más bien me pierdo en lo de siempre; me digo: esto ya lo veré más despacio en otra ocasión, esto otro lo dejo para cuando vuelva… Me iré diciendo las mismas cosas que me dije la primera vez que pisé Roma, en 1980. Cuarenta días de no dejar de corretear, de andar, de ver, de acostarme a las tantas de la noche y ponerme en pie al amanecer. Por entonces aún podías pasarte mañanas enteras en las Estancias de Rafael prácticamente a solas. Me fui diciendo que ya vería más despacio la ciudad en otra ocasión: treinta años y una decena de viajes después sigo diciéndome lo mismo. Roma te exige la eternidad de la que careces.

24 de febrero
De la «Nota final» de Malraux a *Los conquistadores*:

Desde la gran voz de Michelet hasta la gran voz de Jaurès, durante todo el siglo pasado, fue una especie de evidencia el que el hombre se haría tanto más hombre cuanto menos apegado se sintiera a su patria. No se trataba de bajeza o de error: era la forma de esperanza de entonces. Victor Hugo pensaba que los Estados Unidos de Europa se construirían por sí mismos y que sería el preludio a los Estados Unidos del mundo. Pero los Estados Unidos de Europa no se constituirán sin dolor, y los Estados Unidos del mundo no están aún a la vuelta de la esquina.

Lo que hemos aprendido es que el gran gesto de desdén con que Rusia descarta ese canto de la Internacional que, quiéralo ella o no, continuaría formando parte del eterno sueño de justicia de los hombres, barre de un manotazo los sueños del siglo XIX. Sabemos ahora que no seremos más hombres cuanto menos franceses seamos; simplemente seremos más rusos. Para lo bueno como para lo malo, estamos unidos a la patria. Y sabemos que no nos haremos europeos sin ella; que lo queramos o no, tendremos que hacernos europeos en ella (Editorial Argos, 1977, págs. 216-217).

El texto tiene algo de *mea culpa* de un trotskista que, sin embargo, no renuncia a su desconfianza hacia la URSS, tan presente (esos agentes perversos de la Internacional en *Los conquistadores* y en *La condición humana*).

Para Malraux, la gran unión mundial la ha conseguido la cultura: «[...] una mujer hindú llora al ver en *Anna Karénina* a una actriz sueca y a un director norteamericano expresar la idea que el ruso Tolstói se hacía del amor» (pág. 217). La conclusión: «[...] sois la primera generación de herederos de toda la tierra» (pág. 217).

En Estados Unidos el hombre culto no es el artista, sino el universitario; un escritor americano –Hemingway, Faulkner– no es de ningún modo el equivalente a Gide o Valéry. Son el equivalente de Rouault o de Braque; son brillantes especialistas en determinados conocimientos dentro de una cultura determinada. Pero no son ni hombres pertenecientes a la historia ni «ideólogos» (pág. 224).

La civilización atlántica [Malraux se refiere a USA] reclama, y en el fondo (en tanto que cultura) respeta todavía a Europa; la estructura soviética desdeña su pasado, odia su presente y no acepta de ella más que un porvenir en el que no queda absolutamente nada de lo que fue (pág. 226).

El discurso de Malraux lleva a elevar un canto a De Gaulle (de quien acabó siendo ministro), según él injuriado y calumniado por los estalinistas. Son los comunistas quienes, para cerrar la influencia americana, defienden una «ideología nacional». Ellos serían el punto móvil que une en ese proyecto las diversas clases de cada país y los distintos países.

Solo hay una manera de equivocarse: hacer sufrir a los demás, ¿Camus o Celan? Me encuentro la frase en un libro de Francisco Pereña: *Incongruencias. Una reflexión autobiográfica*. De Sartre: Hay que optar entre violencia y violencia.

«"En el principio era la acción", dice el *Fausto*, no el *logos*, sino la Acción, aunque, como el mismo Goethe nos señala, esa acción carezca de meta y de sentido» (pág. 70); «[…] me resultaba envidiable una vida no de organización sino de acción» (pág. 85); «[…] escribo sobre el fuego con las manos quemadas» (pág. 232).

«[…] si tienes ratas en un canasto, no dejes de moverlas o acabarán haciendo un agujero» (Jan Potocki, *Viaje al Imperio de Marruecos*).

8 de marzo
Sobre la información. Sobre dos modos de titular. El titular que implica al PP de Valencia en un grave escándalo de corrupción aparece abriendo la edición «Comunitat Valenciana», y dice: «El gerente de Emarsa implica en el saqueo al Ayuntamiento y a la Generalitat». Como decía el sargento de mi compañía cuando hice la mili: las órdenes deben ser

breves, tajantes y precisas. El titular lo es, clarísimo. También abre página en la sección de nacional el dedicado a un escándalo que afecta al PSOE andaluz, y que dice: «Guerrero desvía la responsabilidad de los ERE al Gobierno». Aquí escasea la claridad. Uno tiene que estar en el ajo para entender el titular; y, además, hay diferencias notables en el tratamiento verbal: en el primer titular la palabra *implica* da por supuesta la culpabilidad en el Ayuntamiento y en el Consell; en cambio, con el verbo *desvía* que se utiliza en el segundo titular, el culpable parece que es el acusador, que se escabulle queriendo cargar sobre unos inocentes (esa sensación nos da) su falta. *El País* es especialista en esos títulos insidiosos. Si uno del PSOE ataca a uno del PP se dice «acusa», si el que ataca es del PP se dice «arremete», con lo que se le presenta como un toro que da brutales cornadas.

Acabo de escribir esto, cuando tropiezo con un nuevo titular característico del periódico (es el que abre la edición «Comunitat Valenciana» de hoy): «Barberá se revuelve contra Oltra al preguntar por el saqueo de Emarsa». De nuevo, el PP (Barberá) como un brutal toro bravo que se da la vuelta y embiste a la dama de izquierdas (Oltra). El subtítulo tampoco tiene desperdicio: «La alcaldesa de Valencia, nerviosa, amenaza con llevar al juzgado a Mónica Oltra». Aquí lo decisivo es la palabra *nerviosa*, un adjetivo de uso poco frecuente en la crónica política, y gracias al cual el lector induce que Barberá es culpable, ha sido pillada in fraganti. Es el delincuente en la película policíaca que se delata por sus nervios. Y esto lo escribo aunque supongo que la alcaldesa no está libre de culpa en el escándalo. Hablamos de sectarismo en la información.

En un debate en el Parlamento valenciano, la diputada de Compromís, Mónica Oltra, pronuncia la expresión *han*

815

furtat, y siento una angustia retroactiva, la sensación de vergüenza que podía sentir siendo un niño al oír el verbo *furtar*, «robar», era algo terrible que pudieran decir de ti «eixe ha furtat», suponía que, en adelante, no ibas a poder presentarte ante nadie con la cabeza alta, te estigmatizaba. «És un lladre.» Qué vergüenza tan grande que pudieran decirlo de ti, de alguien de tu familia. No me produce esos sentimientos el verbo *robar*, o la palabra *ladrón*, son palabras neutras, que definen, aunque sea negativamente, pero no desatan en mí angustia ninguna, y el verbo *hurtar* aún menos, es una forma arcaica, poética, propia del espacio literario. Ese estremecimiento suplementario, ese exponerte tú mismo a los efectos de la palabra, es seguramente lo que separa la lengua materna (la mamada) de la aprendida, y lo escribo yo, que he pasado la mayor parte de mi vida hablando en castellano, viviendo en ciudades de Castilla, y que, además, soy un escritor en esa lengua y prácticamente analfabeto en mi lengua materna.

A ratos lúcido y en algunos momentos descoyuntado, casi locoide, una particular forma de biografía, capítulo de la historia de España en paralelo de los avatares de la secta lacaniana, al mismo tiempo que brillantísimo, me ha parecido el libro del psiquiatra Francisco Pereña, que ya he citado hace unos días: *Incongruencias. Una reflexión autobiográfica*. En muchos pasajes de sus reflexiones más políticas, sus planteamientos se acercan muchísimo a los que yo pueda haber hecho en los artículos de *Por cuenta propia*. Hay veces en las que casi coinciden los textos suyos y los que yo he escrito: la construcción del razonamiento, el ritmo de la frase, la selección de las palabras. No sé si es egotismo, pero en algunos momentos me he preguntado si no habrá leído mi libro. Me sentiría muy halagado si así fuera. Miro la fecha de publicación: 2011. Sí, podría ser que mi amigo Federico, a quien cita en su texto, se lo hubiera recomendado. Son buenos amigos. Bueno, ¿y qué importancia puede tener eso? Es el toque narciso.

12 de marzo

Hacía meses que no sufría uno de esos episodios de claustrofobia que tanto me castigaron meses atrás. Anoche volvió la ansiedad: buscaba el nombre de un compañero de residencia de hace cuarenta años, alguien conocido, con quien conviví algunos meses, pero a quien no me unió nada especial, compartimos habitación, nos tratamos con cortesía e incluso con afecto, pero ninguno de los dos hizo el menor esfuerzo para seguir en contacto. Sin embargo, anoche intenté recordar el nombre de aquel muchacho y no lo conseguí, empecé a asfixiarme, tuve que salir de la habitación, abrir la puerta de la calle. Una vez fuera de casa, recordé el nombre, pero eso no impidió que siguiera creciendo la angustia. Ahora necesitaba saber qué había sido de él, dónde estaría, y una sensación de pérdida irreparable me invadía, no era la pérdida de su trato, era la pérdida de la juventud, de las ilusiones, la inminente pérdida de la vida... Si no me hubiera acordado del nombre, la angustia se hubiera disfrazado con otro ropaje: me habría desazonado no tener a quién preguntarle por aquel hombre, por su nombre... La asfixia es por lo que ha desaparecido de mí, por lo que se va, y se ha ido, una cosa se disfraza con el traje de otra. Gente, paisajes, ciudades. ¿Cómo volver a subir al Montgó, al Alt de les Creus de Tavernes? Las panorámicas que se contemplan desde allí ya no son mías. La última vez que subí a Segaria, creí que me quedaba por el camino: se me aparece la plaza Mayor de Bolonia, y pienso que ya no la veré más, que mis malas condiciones físicas no me permitirán regresar (pero ¡si está a poco más de una hora de avión desde Valencia!); sí, pienso, pero aunque pueda hacerlo, qué pinto yo allí solo. Vuelven los estertores, la asfixia, abro las ventanas, intento respirar y no puedo, me ahogo, son las dos de la madrugada, adónde podría ir, por todas partes, la oscuridad, casas cerradas, campos solitarios. Salgo al camino y paseo en la oscuridad, es tan fuerte la angustia, que desaparecer sería un alivio. Ahora, mientras escribo, temo la llegada de la noche, la sensación de que vivo dentro de un ataúd del que nadie va a sacarme, y es inútil que grite, y que siga buscando un aire que, al final, se agotará, el exterior forma parte de ese féretro, los árboles, el paisaje, es el forro de seda que adorna y disimula la tapa.

13 de marzo

Leo *Col recalentada*, la colección de cuentos de Irvine Welsh (el de *Trainspotting*), con los que paso unas horas divertido y, en unos cuantos momentos, emocionado. En cambio, me irrita más que desazona la última novela de Luisgé Martín, un escritor con el que generalmente conecto muy bien. Estoy un poco saturado del «sexo turbio» como centro de una novela, incluida la pedofilia. Me cansa, me aburre el torcer y retorcer, tanto montarse en el tren de la bruja, que diría la Gaite: sé que es un síntoma de nuestro tiempo. Claro que, cuando no tiene nada que hacer, el diablo se divierte con el rabo, pero son sus cosas. No las mías.

Oigo la hermosa canción de resistencia italiana titulada «Ma mi». Me pongo la versión de Ornella Vanoni y también la de Mina. Estoy leyendo las memorias de la Rossanda, *La muchacha del siglo pasado*.

Amendola preparó el atentado contra los nazis en via Rasella, en el que murieron treinta y tantos individuos y fueron heridos más de cien, casi todos soldados alemanes, solo había dos o tres italianos. En 1964 defendió la tesis de que había sido un error separarse de los socialistas en 1921 y la mayoría de los camaradas consideraron su propuesta de «reencuentro» (que en realidad suponía una entrega del PCI) como un golpe de Estado dado a la muerte de Togliatti. Después,

Amendola se mostraba partidario de las tesis de Norberto Bobbio y se adhirió (una «adhesión distante», dice Rossana Rossanda) al compromiso histórico de Berlinguer.

Longo, Ingrao, Occhetto. Nombres que significaron algo para mí en el juego de posiciones políticas en los años setenta, y el libro de la Rossanda los rescata de la niebla de mi memoria. «Los comunistas eran los únicos que negaban la inevitabilidad de lo no humano. Si habían cometido barbaridades lo habían hecho por esa creencia, por ese principio salían a la calle y eran aborrecidos no por sus vicios sino por esa virtud» (pág. 347).

9 de abril

Me releo una decena de libros de Delibes para escribir dos mediocres folios (al final salen tres) que me encargan para *El Cultural* del periódico *El Mundo*. Cuando consigo entregarlos, respiro hondo. La experiencia con Delibes ha sido estimulante: qué bien sabe utilizar el lenguaje rural como archivo de saberes y como arma contra la oquedad uniformadora de lo moderno que se está imponiendo en la España de los sesenta. *Las ratas* es del sesenta y dos, el libro sobre el que me ha tocado escribir en un número especial que conmemoraba las novelas que cumplen este año su medio siglo. Delibes les devuelve un lenguaje a los de abajo; como hace el Aldecoa de *Gran Sol* con los pescadores, Delibes les regala a los campesinos de Castilla la Vieja lo que ellos no saben que tienen. Y toda esa reconstrucción del habla que nombra los accidentes de la geografía, o los aperos, o los elementos de la meteorología con una precisión que hace tiempo que hemos perdido me parece monumental. Luego está la sensación de vida que brota de todas sus novelas, incluso de las más flojas (que son unas cuantas), cosa que apenas ocurre con tanta narrativa contemporánea (por no ir más lejos pongo en ese polo inerte *Arrecife*, la novela de Villoro que acabo de leerme: puro artificio. A ver qué frase más ingeniosa pongo, caiga quien caiga).

Y acabado lo de Delibes, vuelvo a Saint-Simon. Hay una libertad, una desenvoltura en su manera de describir los hechos cotidianos, la vida de la nobleza, sus caracteres, que no existe en la España de entonces: para empezar, la nobleza española del XVII y el XVIII no se ocupa de escribir, carece de cronistas. Los autores de novela picaresca hablan desde abajo. Quevedo escribe en abstracto. No, lo de Saint-Simon es la minucia, el gesto, el desaire, el juicio preciso de todo aquello a cuanto asiste cada día. Es el padre de Proust. Toda *À la recherche...* es aplicación a la narrativa del siglo XX de las técnicas de las *Memoires*.

Esta tarde leía en esas *Memoires*:

> *Les pertes d'hommes en Allemagne et en Italie, plus grandes par les hôpitaux que par les actions, firent prendre le parti d'une augmentation de cinq hommes par compagnie, et d'une levée de vingt-cinq mille hommes de milice, laquelle fut une grande ruine et une grande désolation dans les provinces. On berçoit le Roi de l'ardeur des peuples à y entrer, on lui en montroit quelqu'échantillons de deux, de quatre, de cinq, à Marly, en allant à la messe, gens bien trayés, et on lui faisoit des contes de leur joie et de leur empressement. J'ai entendu cela plusieurs fois, et le Roi les rendre après en s'applaudissant, tandis que moi, par mes terres et par tout ce qui s'en disoit, je savois le désespoir que causoit cette milice, jusque-là que quantité se mutiloient eux-mêmes pour s'en exempter. Ils crioient et pleuroient qu'on les menoit périr, et il était vrai qu'on les envoyoit presque toutes en Italie, dont il n'en étoit jamais revenu un seul. Personne ne l'ignoroit à la cour: on baissoit les yeux en écoutant ces mensonges et la crédulité du Roi, et, après, on s'en disoit tout bas ce qu'on pensoit d'une flatterie si ruineuse* (Memoires, II, pág. 522).

No me imagino a un noble español escribiendo así, contando que el rey y sus farsantes asesores y ministros llevan a los pobres a morir, y los pobres lloran y se mutilan para escapar de esa condena de la guerra. Lees estas palabras de Saint-Simon y parece que estás leyendo el *Tom Jones*. Pero *Tom Jones* es una novela y Fielding representa a una nueva clase en ascenso, mientras que Saint-Simon escribe desde el *rovellet de l'ou* de Versalles.

Leer: Lucien Febvre: *El problema de la incredulidad en el siglo XVI. La religión de Rabelais.* Madrid, Akal, 1993. París, Albin Michel, 1942.

Sobre la brevedad de la vida, Manrique, Ronsard, Villon, Proust, ese extraordinario canto a las viejas putas, a las enfermas, a las deformadas por la sífilis, etc., de *La lozana andaluza*, y hoy, mientras leía *Estebanillo González* (llevo un tiempo con la picaresca, cómo me gustaría escribir algo sobre esas novelas), me encuentro con esta frase: «[...] y más en gente que vive muy depriesa y ellos mismos como la mariposa solicitan su fin» (pág. 926): así voy viendo pasar al otro lado a tantos compañeros de barra y de noches inacabables. No tardará mucho en caer la mariposa tozuda que escribe estas palabras.

Oigo a Asmahan: «Ya habibi taala». Al parecer, era la hermana de Farid al-Atrash.

7 de mayo
De los periódicos: UCALSA, una empresa de Tarancón al parecer propiedad de unos amigos de Bono (antes, presidente del Gobierno manchego; después, ministro de Defensa), se queda con numerosas contratas (nada como un paisano bien situado para hacer negocios) como adjudicataria del

servicio de comidas en asilos y, sobre todo, para el ejército. Ahora acaba de quedarse con un contrato de trece millones de euros para aprovisionamiento de la base española de Herat, firmado con el PSOE de Bono aún en el poder. En los años en que fue ministro de Defensa se le adjudicaron cuarenta y seis millones. En total se supone que ha recibido ciento cuarenta millones por los contratos con Defensa, a pesar de que en 2010 fue acusada de enviar latas caducadas de leche condensada a esta misma base de Herat que sigue aprovisionando. Como en tiempos de la guerra del Rif, el ejército siempre se rodea de traficantes. Estos son de Tarancón, patria del duque de Riánsares, gente avispada la de esta pequeña población, los hermanos Ruiz Alonso. Nadie podrá decir que el señor Bono no mira por su tierra.

Espantado con *Vie et mort des moines de La Trappe*, del Abbé de Rancé. Un libro terrible. El abad es un auténtico sádico, que tortura e incita a la autotortura a un grupo de desgraciados masoquistas, anoréxicos y suicidas, a quienes obliga a vivir en condiciones inhumanas. Los agonizantes se arrastran hasta la capilla para cumplir con sus obligaciones religiosas, cumplen los horarios de los demás monjes y piden la muerte sin por ello evitarse las reprimendas del abad, que los ha llevado a esa forma de vida y no acepta la presencia de médicos en la enfermería (tampoco a ninguno de los monjes se les pasaría por la cabeza pedir atención médica) porque ellos no son hijos de Hipócrates, sino de Dios. Ni siquiera en los momentos de agonía evita torturarlos y los carga de mala conciencia y de dudas y sospechas convirtiendo el final en algo espantoso: ¿no estará el monje pidiendo con demasiada insistencia un rápido tránsito al cielo?, ¿no querrá librarse de los dolores que Dios le manda? En sus textos se descubre que la vida de los monjes le importa un rábano: lo que narra son sus enfermedades, sus sufrimientos, y sus muertes espantosas. Describe con minuciosidad deleitosa el aspecto y tamaño de las llagas, o la extrema delgadez del enfermo, a causa de la cual los huesos atraviesan la piel mostrándose a la vista. Para morir, el montón de paja sobre lecho de cenizas que el propio agonizante solicita cuando cree llegado el momento. Curioso: la mayor parte de los monjes mueren jóvenes en ese monasterio húmedo y frío (no se permite ningún tipo de calefacción que resguarde de los gélidos inviernos del norte de Francia). Él, sin embargo, vivió más de setenta años (1626-1700). La mayoría de los monjes, y el propio Rancé, son intelectuales de la alta sociedad que han renunciado a su vida cortesana o a sus puestos privilegiados en instituciones religiosas, y lo que quieren es llevar el cristianismo al límite. Frutos del Barroco: la vida como tránsito. Tres siglos después, un grupo de intelectuales de buena familia formados en París querrán llevar al límite sus principios políticos en un país lejano: Camboya. También ellos buscaban una forma de perfección y pureza.

Con *377A, madera de héroe* (una novela bastante floja) termino mi recorrido por Delibes, un repaso que me ha llevado a leer una docena de sus novelas, con la excusa de escribir sobre *Las ratas*.

De Fernando San Basilio: *Mi gran novela sobre La Vaguada*, un excelente producto «escuela de letras», con brillante manejo de recursos verbales y clara intención social; en la estela que inauguró Ray Loriga con *Lo peor de todo*, pero superándolo en madurez literaria y en agudeza crítica.

Descaro y falta de vergüenza: el periodista que le ha llevado a Griñán la campaña electoral en Andalucía, y al que hoy han convertido en portavoz de su Gobierno, titula su blog *La república independiente de mis emociones* y, curiosamente, empieza con una entrada en la que acusa al PP de perversión del lenguaje. Eso sí que es perversión. Veo su foto: un muchacho morenito, joven, con sonrisa avispada. Dice que es de Moguer y que ha plantado un árbol... andaluz.

Una magnífica película, un excelente guión (veo que en él ha participado Dalton Trumbo). Cada plano, una refinada obra de arte: *El demonio de las armas*, de Joseph H. Lewis (1950). No la conocía. La actriz, una de esas grandes malísimas de Hollywood, borda su perversidad. No sé quién es. Miro en internet: ¿Peggy Cummins? Me sorprenden los hallazgos visuales, el montaje, la ambientación: vanguardia en estado puro. Hay planos que son antecedentes de muchos que luego filmaría Orson Welles. Ya digo: una joya.

20 de mayo
Una noche espantosa. Me ahogo, me falta la respiración. Creo que no es solo histeria, tengo la impresión de que me ronda un infarto, me falta aire. Me paso la mañana tambaleándome, moviéndome como una marioneta, mareado, sin poder hacer nada. Pienso en si debería irme o no al hospital. Es el tema del día.

24 de mayo
Creo que es mi quinto día en el hospital. Entré el 20 por la noche. Los primeros dos días lo he pasado muy mal. La claustrofobia: saberte atado con todos esos cables a la cama, en una habitación colectiva, me ahogo, y, después, saber que en la habitación individual en la que te meten y que tiene muy buen aspecto y hasta bonitas vistas, las ventanas no se pueden abrir. Nuevo ataque de claustrofobia. Les pido que no me pongan esa bata abierta por detrás, que me aprieta el pecho en cuanto me muevo, sino un pijama con chaquetilla abierta por delante, como el que he descubierto que llevan algunos enfermos. Por lo demás, procuro no dar la lata, no

824

pedir nada, comportarme como un cordero dócil: por edad, y por lo corrido, más bien borrego, o cabrón. El corderito tiene una inocencia de la que tú careces. No recibir aire suficiente, no poder moverme, sentirme atado a algo o por algo, es lo que peor soporto: una vez solucionados esos problemas de claustrófobo, el resto se vuelve aceptable. Para alguien acostumbrado a vivir solo y a resolverse los problemas, es un buen sitio este. Sí, se está bien aquí, en este hotelito, las enfermeras saludan sonrientes, te colocan la almohada, te traen la comida, te dicen frases amables. Uno perdona los pinchazos por todo lo demás: el hospital es una versión para gente sin posibles de lo que uno más querría en el mundo: vivir de hotel, que te hagan la cama cada mañana, te traigan el desayuno, la comida y la merienda a sus horas… Y aquí, además, las bonitas vistas. Solo fastidia la idea de que no puedes abrir la ventana, dejar entrar el aire de fuera. Anoche me escapé hasta la puerta de la calle, hacía viento, lo sentí como una bendición, los aleteos del ángel de la Anunciación: la vida que me llamaba, sal de ahí, vente conmigo, sal. Emoción. Alegría. El aire templado de una perfumada tarde de mayo, las flores en el jardín. Esta tarde me hacen el catéter, y de no ocurrir nada, mañana o pasado podría estar de nuevo en casa.

Hoy respiro estupendamente. Me han desaparecido las apneas que venía padeciendo desde hace meses. He pasado una buena noche, si no tomo en cuenta los dolores en lomos y piernas que achaco al aire acondicionado. Me ocurre también en casa si duermo con el aire puesto. Hoy lo he apagado, pero los dolores no se me van, aunque se trata de molestias carentes de sustancia, sin *fondo*, superficiales. No tienen esa impronta escatológica, casi mística, que deja ver la asfixia: el conjunto de reacciones histéricas del claustrófobo, heredero de los preámbulos extáticos de santa Teresa o san Juan. Podría escribir que hoy estoy incluso de buen humor, optimista: debe de ser una manera de disfrazar el miedo que se supone que debe producirme la introducción del catéter, y que yo parece que no siento. Como de costumbre en situaciones de ese tipo, me pondré de los nervios en el último segundo, justo cuando hay que demostrar ese valor que derrocho en los momentos previos. Ayer, cada cosa que hacía tenía la consideración de presagio. Me había traído como lectura hospitalaria *Bel-Ami* de Maupassant y ayer seguí leyéndolo. Me tocaba el capítulo VI de la primera parte, donde el poeta Norbert de Varenne habla de su solitaria vida y, muy especialmente, de la muerte. Me costó avanzar en la lectura, primero me horrorizó, luego me consoló: si, al fin y al cabo, eso es lo que voy a perder: *Pas grave*. La vida no es un paisaje tan fascinante como para lamentarte porque no vas a volver a visitarlo. Tú sabrás.

En cierto momento de su discurso, Varenne nos ofrece este parlamento:

> —*Moi, je suis un être perdu. Je n'ai ni père, ni mère, ni frère, ni sœur, ni femme, ni enfants, ni Dieu.*
> *Il ajouta, après un silence:*
> —*Je n'ai que la rime.*
> *Puis, levant la tête vers le firmament, où luisait la face pâle de la pleine lune, il déclama:*

> *Et je cherche le mot de cet obscur problème*
> *Dans le ciel noir et vide où flotte un astre blême* (pág. 171).

¿Cuántas veces habré leído *Bel-Ami*? ¿Cuatro, cinco? Nunca me deja indiferente, siempre me sacude, me saca de la monotonía, me obliga a plantearme la vida. Consigue hacerme participar en ella con la intensidad con que, en el cine, los niños participábamos en las películas del Oeste, o en las policíacas, avisando a gritos al protagonista de que a sus espaldas se acercaba un rufián armado. Qué novelón. Y pensar que la mayoría de los escritores de mi generación consideraban a Maupassant poco más que literatura de quiosco. Les ocurrió también con Stefan Zweig, y, por no irnos tan lejos, con Galdós o con Blasco. Pero ¿qué les gustaba a ellos? Tampoco Eça de Queirós o los realistas italianos de posguerra fueron santos de su devoción. Yo creo que les resultaba más fácil despreciarlos que leerlos.

9 de julio
Lali Gubern me recomienda como una obra maestra la novela de Joaquín Pérez Azaústre *Los nadadores*. La leo con gusto. Su buenísima escritura, a veces algo relamida, brinda muchas páginas excelentes (el finísimo análisis psicológico del narrador mientras practica su actividad), pero no me hace vibrar, no me libro de la sensación de que estoy leyendo literatura, como me ocurre con los últimos cuentos del joven Barba, *Ha dejado de llover*, que es un libro buenísimo, lo mejor que ha escrito, superior incluso a la excelente *La recta intención*.

Me paro a pensar en lo último que he leído, y no sé qué libros destacaría. Mi desgana se alía con la mala memoria para conseguir privarme casi por completo del placer de la lectura: entre las dos consiguen que los libros me resbalen, que los lea sin provecho. Apenas veo cine en la tele, ni oigo música: mis tres pasiones agostadas, ya me dirás qué ganas puedo tener de seguir adelante con esto, con lo que arrastro. Me agarro como un clavo ardiendo a la novela que he empezado. Me doy de plazo estos meses de verano para dejar acabada una versión. Acabada y pasada a papel. Luego, Dios dirá si me gusta o no, pero de momento meterme en eso: es la búsqueda del sentido. Y aquí estoy, penumbra de persianas bajadas, frescor de aire acondicionado y corto y pego y cambio en el ordenador, buscando que en alguna de esas combinaciones se produzca la chispa del milagro. El libro ha crecido. Tendrá unas cuatrocientas páginas y yo creo que las trescientas primeras tienen su ritmo, su ilación. Hay que poner orden en la intrincada narrativa de las últimas páginas, e introducir algún capítulo necesario, pero al que no sé cómo meterle mano. En algunos momentos me parece atisbar que puede ser un buen libro, en otros veo un desastre absoluto, todo me parece mal atado, mal cocido, mal escrito, un borbotón de retórica. Pero esos sentimientos me los conozco de memoria. *On connaît la chanson.* Con todas las novelas que he escrito he vivido las mismas angustias.

29 de julio

Después de leer con gusto y provecho el libro de Philipp Blom *Gente peligrosa,* una excelente historia de los materialistas del XVIII: Diderot, D'Holbach, Helvétius..., decido volver a leerme *Jacques le fataliste.* Mientras avanzo, no se me cae la sonrisa. Qué libro a la vez tan arbitrario y riguroso (falsa arbitrariedad usada en busca de un propósito), tan libre, hijo de Cervantes, sin duda, lo deja muy claro, pero desde la rama del cervantismo que es *Tristram Shandy,* del que yo creo que toma sin ningún pudor los malabarismos, ese ir aplazando la acción que se anuncia continuamente, la reflexión entre lo que hacen los personajes y lo que, por el contrario, el narrador nos dice que haría un novelista en parecidas circunstancias, un continuo juego de espejos entre la diversidad de perspectivas, un diálogo con el lector, considerado como coautor del texto por el mero hecho de leerlo a su manera: las dos novelas se escribieron casi al mismo tiempo, a lo mejor Diderot ni siquiera leyó el *Tristram* y se trata solo de que el aire de la época llevaba ese polen.

2 de agosto

Le envío la novela a Herralde. Me anima a hacerlo la opinión que recibo de Estanis, a quien se la envié el otro día. Sus palabras de entusiasmo me ayudan a que yo mismo lea como orden y precisión lo que hace apenas cuarenta y ocho horas me parecía caos. Incluso me convence de que es excelente el estilo. No sé qué decir. Cierro los ojos un instante y marco en el ordenador la dirección de correo de Anagrama, selecciono, añadir, presiono la tecla y, durante un par de minutos, el mecanismo sigue activado: supongo que los cuatrocientos folios cruzan los espacios siderales y se van depositando uno a uno sobre la mesa de Herralde. Mañana, antes de emprender el viaje de vacaciones que tiene previsto, tendrá el libro. *Alea iacta est*, o, en versión popular, Dios nos pille confesados.

Estimulante lectura de Diderot. Anoto algunas frases:

> *Le peuple est terrible dans sa fureur; mais elle ne dure pas. Sa misère propre l'a rendu compatissant; il détourne les yeux du spectacle d'horreur qu'il est tallé chercher; il s'attendrit, i s'en retourne en pleurant* (Jacques le fataliste, pág. 217).

Habla con sarcasmo del buen corazón del pueblo, tras su pasajera furia; de hecho, los que han acudido a presenciar una ejecución, si pudieran, le arrancarían al verdugo de las manos al pobre tipo que va a matar; si acuden a la Grève, el escenario donde se producen los ajusticiamientos es por curiosidad, por tener una historia que contarles a los vecinos:

> [...] *le peuple n'est point inhumain; c'est malheureux autour de l'échafaud duquel il s'attroupe, il l'arracherait des mains de la justice s'il le pouvait. Il va chercher en Grève une scène qu'il puisse raconter à son retour dans le faubourg; celle-là où une*

autre, cela lui est indifferent, pourvu qu'il fasse un rôle, qu'il rassemble ses voisins et qu'il s'en fasse écouter (págs. 216-217).

Añado esta ironía demoledora acerca del papel de la literatura y de las artes:

> *Toutes vos nouvelles en vers ou en prose sont des contes d'amour; presque tous vos poèmes, élégies, églogues, idylles, chansons, épîtres, comédies, tragédies, opéras, sont des contes d'amour. Presque toutes vos peintures et vos sculptures ne sont que des contes d'amour. Vous êtes aux contes d'amour pour toute nourriture depuis que vous existiez, et vous en vous lassez point. L'on vous tient à ce régime et l'on vous y tiendra longtemps encore, hommes et femmes, grands et petits enfants, sans que vous vous en lassez point* (pág. 219).

> *Ils songent à eux; [et] tout dans la nature songe à soi et ne songe qu'à soi* (pág. 305).

Cierro las citas de Diderot con esta, que me parece una lúcida y desvergonzada declaración de principios del escritor, y que, en parte, incluyo al inicio de mi libro, porque me parece que está en el tuétano mismo de la literatura:

> *Point de livre plus innocent qu'un mauvais livre. Je m'amuse à écrire sous des noms empruntés les sottises que vous faites [...]. F...tez comme des ânes débâtés; mais permettez-moi que je dise f...tre; je vous passe l'action, passez-moi le mot* (pág. 261).

21 de agosto
Paralizado. Con la novela solo a falta de correcciones, me descubro sin nada que hacer: no es que no tenga ganas de hacer nada, es que —ya lo he dicho, lo repito— no tengo

nada que hacer. Tomar al asalto una fortaleza me parece más sencillo que coger la estilográfica y emborronar un par de palabras en este cuadernito. Un poco exagerado, ¿no? Ya lo sé. Quiero decir que me cuesta mucho escribir: ahora me parece que cuanto tenía que decir ya está metido en la novela y que lo que hago aquí es añadir verborrea al inabarcable cenagal de la verborrea que nos ahoga. No me encuentro capacitado para decir nada. ¿De qué sé yo?, ¿en qué soy especialista, o entendido? Un pellizco de acá y otro de allí, lo justo para elaborar una receta aceptable. ¡Ah!, y una memoria en vías de descomposición, que se lo traga todo y lo vuelve una pasta aguanosa.

Leo el sensato libro de Josep Vicent Boira *Valencia. La tormenta perfecta*, sobre el derrumbe de la Comunidad Valenciana. Comparto la mayor parte de lo que dice, más allá del triste gallinero de los partidos políticos. El de Josep Piera sobre Ausiàs March me parece una excelente introducción a su poesía. Animado por la lectura, vuelvo a leerme a March, tan grandísimo. Me voy tragando sus poemas, que cavan en la tristeza que arrastro. Me fatiga este largo verano que empezó a achicharrarnos los primeros días de junio y, por el momento, se ha negado a darnos ni un solo día de reposo. No recuerdo un verano tan caluroso y seco en la comarca, así que no asomo la nariz fuera de casa, persianas bajadas, oscuridad, aire acondicionado: el medio no ayuda a levantarme el ánimo, esta madriguera de topo, este topo cegato moviéndose de la mesa a la cama. Los días se me hacen larguísimos y las noches, calurosas y húmedas, interminables. En cuanto me tiendo en la cama y apago la luz, el rumor de los bronquios, la asfixia, los golpes de terror, la claustrofobia. Busco nuevamente el interruptor de la luz. Enseguida me da por intentar recordar el nombre olvidado de alguien, quisiera poder preguntar por las circunstancias que rodearon un hecho que viví hace treinta o cuarenta años, el título de una canción, y no recordarlo me produce una angustia que me corta la respiración, necesito ver un rayo de luz, que la oscuridad no sea completa, y cualquier cosa que se me enrede en el cuerpo o lo cubra: el cable de los auriculares, una camiseta que me resulta difícil de sacarme por la cabeza, me dan la impresión de que me atan, o me ahogan. Todo viene con algo que aunque suene ridículo tiene que ver con el presentimiento de la muerte. No he dormido durante dos noches enteras intentando recordar cómo se llamaba un hombre que murió hace unos años y con el que me unía cierta amistad, un hombre de aquí, del pueblo, del que yo había dado detalles a los compañeros de barra para que pudieran identificarlo, y nadie me pudo dar razón. No saber su nombre, no recordarlo, era como si resbalara en la tumba abierta en la que habían dejado caer el féretro y cayese sobre él, sin que los obreros dejaran de palear tierra: sentía que me estaban enterrando, pero no podía gritar, y por mucho que me moviera, el volumen de tierra que arrojaban me iba cubriendo, también yo caía en el olvido de la muerte: nadie recordaría mi nombre, y cuanto quise, el bien que creí hacer, se desvanecería para siempre. Hoy he consultado con el propietario de un bar que el hombre frecuentaba, y sí, él lo recordaba, y me ha dado su nombre. Bueno, ¿y qué? Ya veremos qué pejiguera me aguarda las próximas noches: claustrofobia, agorafobia, apnea… Las noches son un infierno, y van a peor, los síntomas se agravan. Ahora mismo no creo que fuera capaz de coger un avión, o de hacer un largo viaje en tren o en automóvil. Me siento hecho un inútil.

23 de agosto
Cuando T. Bernhard dice que Salzburgo «es una ciudad vilmente vaciada de su contenido por siglos de catolicismo» creo que no es justo: omite que, más bien, es una ciudad edificada por siglos de catolicismo. De hecho, la gobernaban

sus obispos y su poder fue el que impulsó su riqueza y el que la dotó de la mayor parte de sus monumentos (en *Relatos autobiográficos*, *El origen*, Anagrama, 2009, pág. 80).

«[…] me describo siempre, y no describo mis actos, sino mi ser» (pág. 90): esa es la idea que atraviesa sus libros autobiográficos.

Se confiesa heredero de Montaigne, un guía heredado de su abuelo (pág. 90). Y el abuelo es su personaje más querido: «[…] había pasado por la escuela de Montaigne, como yo pasé por su escuela» (pág. 91). En cambio, el niño Bernhard no quiere visitar a los parientes burgueses de su abuela, «exponerme a su curiosidad continua y destructora» (pág. 93).

Las memorias de Saint-Simon son, en cierto modo, el polo opuesto de las de Bernhard. En Saint-Simon es el exterior lo que cuenta, la vida social, la corte, las relaciones entre los aristócratas. Su afán es fijar la verdad de quién es quién en el teatro de la vida, porque ahí entra la procedencia, la sangre ligada al comportamiento, quién es verdaderamente noble y qué escalón le corresponde: es implacable con quienes pretenden saltárselo. Para Bernhard, el exterior interesa como tenaza que oprime el yo, que lo moldea y asfixia. La sociedad (lo que está fuera del yo) es una amorfa masa nacionalsocialista o católica.

Me río a carcajadas, lloro, me emociono, me indigno en la relectura de *Misericordia* de Galdós, atizada por el librito de María Zambrano *La España de Galdós*, que me envía mi amigo Federico.

28 de agosto
Tristeza por la muerte de Paco Fernández Buey. Recuerdo una inolvidable tarde y larga noche con él en la Pompeu

Fabra en Barcelona y en unos cuantos bares. ¿Cuántos años hace de eso? ¿Tres o cuatro? La memoria, la maldita memoria que me abandona.

Visita rutinaria al hospital. Ninguna novedad, aunque, como siempre, el misterio de mi inestabilidad, ese mareo constante que se manifiesta en cuanto hago algo fuera de casa (en casa lo toreo mejor), incluso permanecer en la sala de espera del hospital me resulta difícil, me pregunto si no acabaré cayéndome y me ingresarán de urgencia. No puede ser. Me esperan los perros, los gatos. Los animalitos son los que me atan, me obligan a volver a casa. Yo, que siempre he tenido una mezcla de miedo y asco a los animales, ahora los tengo como confidentes, como fuente de preocupación y vasija de mis sentimientos.

4 de septiembre
Leo *Montedidio*, de Erri De Luca, cuya obra hace ya tiempo que conozco. Me lo ha traído desde Nápoles Irene González Reyero, que ha escrito una extraordinaria tesis sobre mis libros. Como tengo frescos los relatos de Bernhard sobre su infancia y adolescencia, comparo las dos visiones, tan distintas, de un mismo tramo de la vida. En ambos, pobreza y muerte, pero mientras que los libros de Bernhard apestan a cementerio, el de De Luca rebosa vitalidad, es pura alegría por el hecho de estar vivo. ¿El norte contra el sur?, ¿lo sajón frente a lo mediterráneo? La luz, el sol y la sociabilidad mediterráneos como formas de piedad que arrojan bálsamo sobre la pobreza. En cualquier caso, parece evidente que el modelo que ha triunfado en nuestro tiempo es el sajón, pura vigilancia: me cuenta el vecino que el otro día llegaron dos señoras alemanas a bordo de un lujoso Mercedes a preguntarle si conocía a alguien que maltratase a los animales; y al ver mis perros, le preguntaron si yo maltrataba a los anima-

834

les, si ambos tenían caseta. ¿Caseta?, ¿aquí, que tienen cuarenta sitios para esconderse en el huerto, en el abandonado gallinero? Sentí rabia: ¿quiénes son esas individuas para andar vigilándome?, ¿que si yo torturo a los animales? Sí, les riño, les hablo, los acaricio... y la pareja germánica, vigilando con prismáticos a todos los vecinos desde la montaña, indagando sobre la privadísima relación que mantenemos mis animales y yo. ¿Qué derecho tienen? Un motivo más para seguir odiando la sociedad actual.

Me gusta la definición de Jacques Julliard: la «socialdemocracia como línea de repliegue de la burguesía de negocios».

22 de septiembre
Relectura del libro de Unamuno *Del sentimiento trágico de la vida*, un texto tan descabellado y arbitrario como sugerente. La tesis central puede definirse así: no voy a morirme porque no me da la gana. Seguiré viviendo, mi alma seguirá viviendo. Al fin y al cabo, la muerte del alma sería un despilfarro económico: la inmortalidad no es un principio ético sino económico. Lo expresa así, refiriéndose a la Eucaristía: Jesús en cada hostia, Dios en todo el universo y a la vez en cada uno de los individuos que lo integran: «[...] este es, en el fondo, un principio no lógico, ni estético, ni ético, sino económico trascendente, o religioso» (pág. 234).

Abundan los alegatos contra la razón, contra la inteligencia, contra la ciencia: «La ciencia es un cementerio de ideas muertas, aunque de ellas salga vida. También los gusanos se alimentan de cadáveres» (pág. 73); «La razón es una potencia desconsoladora y disolvente» (pág. 77); «La ciencia, en cuanto sustitutiva de la religión, y la razón en cuanto sustitutiva de la fe, han fracasado siempre» (pág. 83).

835

Anoto unas cuantas citas que ayudan a entender el sentido del libro, o su sinsentido que cava en todas las desazones del ser humano para apuntarlas en su haber: «El hombre ansía ser amado, o lo que es igual, ansía ser compadecido» (pág. 107); «La conciencia de sí mismo no es sino conciencia de la propia limitación» (pág. 109).

Un panteísmo de corte espinoziano: «[...] lo mismo da decir que Dios está produciendo continuamente las cosas, como que las cosas están produciendo eternamente a Dios» (pág. 116); «Acaso en un supremo y desesperado esfuerzo de resignación llegáramos a hacer, ya lo he dicho, el sacrificio de nuestra personalidad si supiéramos que al morir iba a enriquecer una Personalidad, una Conciencia Suprema, si supiéramos que el Alma Universal se alimenta de nuestras almas y de ellas necesita» (pág. 140).

Se trata de un voluntarismo que procede de Kierkegaard y, unos años más tarde, acabará alimentando ciertos existencialismos (el de Camus, por ejemplo): Dios como forma de creación de un sentido que la naturaleza no brinda, pero también como principio de solidaridad «entre los hombres todos y en cada hombre, y de los hombres con el Universo» (pág. 137); «[...] creer en Dios es, en cierto modo, crearlo» (pág. 120); «Hemos creado a Dios para salvar al Universo de la nada» (pág. 120).

De hecho, su lema acaba siendo: «¡Creer lo que no vimos, ¡no!, sino crear lo que no vemos».

En su apoyo cita a Kierkegaard: «La poesía es la ilusión antes del conocimiento; la religiosidad, la ilusión después del conocimiento. La poesía y la religiosidad suprimen el *vaudeville* de la mundana sabiduría de vivir. Todo individuo que no vive o poética o religiosamente es tonto» (págs. 150-151).

Textos que hubiera firmado Camus y que a mí mismo –en mi *penchant* de existencialista social y descreído– me emocionan: «El *dolor* es la sustancia de la vida y la raíz de la personalidad, pues solo sufriendo se es persona. Y es universal, y lo que a los seres todos nos une es el dolor, la sangre universal o divina que por todos circula. Eso que llamamos voluntad, ¿qué es sino dolor?» (pág. 155); «¿[…] ese terrible misterio de que, tendiendo el amor a la dicha, así que la toca se muere, y se muere la verdadera dicha con él? El amor y el dolor se engendran mutuamente, y el amor es caridad y compasión, y amor que no es caritativo no es tal amor. Es el amor, en fin, la desesperación resignada» (pág. 156). No sé si será un principio universal, pero desde luego es así para quienes hemos vivido una educación católica. «[…] la fórmula, terrible, trágica, de la vida íntima espiritual, es: o lograr lo más de dicha con lo menos de amor o lo más de amor con lo menos de dicha» (pág. 156); «[…] una formidable corriente de dolor empuja a unos seres hacia otros» (pág. 158).

Espléndido Unamuno en estado puro:

¡Amor intelectual!, ¡amor intelectual! ¿Qué es eso de amor intelectual? Algo así como un sabor rojo, o un sonido amargo, o un color aromático, o más bien, algo así como un triángulo enamorado o una elipse encolerizada, una pura metáfora, pero una metáfora trágica. Y una metáfora que corresponde trágicamente a aquello de que el corazón tiene sus razones. ¡Razones del corazón!, ¡amores de cabeza!, ¡deleite intelectivo! ¡Intelección deleitosa!, ¡tragedia, tragedia y tragedia! (pág. 176).

Y aquí está el paraíso unamuniano:

¿No será la absoluta y perfecta felicidad eterna una eterna esperanza que de realizarse moriría? ¿Se puede ser feliz sin

837

esperanza? Y no cabe esperar ya una vez realizada la posesión, porque esta mata la esperanza, el ansia, con su núcleo eterno de pesar para que la dicha no se suma en la nada.

El empeño en que quiere implicarnos: «¡No matéis el tiempo! Es nuestra vida una esperanza que se está convirtiendo sin cesar en recuerdo, que engendra a su vez a la esperanza. ¡Dejadnos vivir! La eternidad, como un eterno presente, sin recuerdo y sin esperanza, es la muerte. Así son las ideas, pero así no viven los hombres» (pág. 191). Y también: «[...] si allí no queda algo de tragedia íntima del alma, ¿qué vida es esa?» (pág. 191).

Más citas esplendorosas: «La guerra, en su más estricto sentido, es la santificación del homicidio» (pág. 206); «Es libre no el que se sacude de la ley, sino el que se adueña de ella» (pág. 213).

Su visión crítica del anarquismo, no olvidar que él fue socialista en su juventud, antes de arrojarse en la piscina metafísica: «[...] una especie de monacato ateo, y más una doctrina religiosa que ética y económica y social» (pág. 214).

A san Juan de la Cruz lo llama «aquel frailecito incandescente». No está nada mal la definición.

Unamuno y su provocador imperativo: «¡Que inventen ellos!». Habla de la calumnia protestante que ha tergiversado la historia de España, y se refiere a «aquella hórrida literatura regeneracionista, casi toda ella embuste, que provocó la pérdida de nuestras últimas colonias americanas, trajo la pedantería de hablar del trabajo perseverante y callado –eso sí, voceándolo mucho, voceando el silencio–», y reclama para su país positivismo, tecnicismo y ciencias naturales, olvidando lo peculiar de España: don Quijote, Manrique, el *Romancero*, *La vida es sueño*, la *Subida al Monte Carmelo* de los místicos. Unamuno tiene «la convicción de que nuestra filosofía, la filosofía española, está líquida y difusa en nuestra literatura, en nuestra vida, en nuestra acción, en nuestra mística, sobre todo, y no en sistemas filosóficos» (pág. 227). Y, como conclusión, proclama: «Toda filosofía es, pues, en el fondo, filología», anticipándose a una tendencia de la filosofía contemporánea, que en su momento capitaneó Wittgenstein. Va más allá Unamuno: «¡Y cuántas ideas filosóficas no se deben en rigor a algo así como rima, a la necesidad de colocar un consonante! En Kant mismo abunda no poco de esto, de simetría estética; de rima» (pág. 228). E insiste: «No es que sean más que nombres, *flatus vocis*, sino que son nada menos que nombres. El lenguaje es el que nos da la realidad, y no como un mero vehículo de ella, sino como su verdadera carne, de que todo lo otro, la representación muda o inarticulada, no es sino esqueleto [...]. El amor no se descubre a sí mismo hasta que no habla» (pág. 229). Me parece verdaderamente extraordinaria la cascada de intuiciones que componen las últimas páginas de este libro tan arbitrario, pero, al mismo tiempo, tan lleno de inteligencia vital (la mera inteligencia sería esquema, en palabras unamunianas), tan fascinante y que empuja a un novelista a la reflexión.

«Cortos de inteligencia, deformes, beatos», como dándole la razón en su sectarismo a Unamuno sobre la calumnia protestante, así define a los Habsburgo un documental de la BBC sobre el Barroco español que estoy viendo ahora mismo en la televisión.

2 de enero

Me repugna, o me indigna, o me irrita ver o escuchar a esos locutores impolutos que juzgan y condenan vehementemente con parámetros de hoy acciones que siguieron los parámetros éticos o de comportamiento de hace cincuenta años. Tan correctos. Uno se los imagina en tiempos de Franco, franquistas hasta las cachas aunque no conocieron aquellos tiempos. Colaboran con ellos farsantes que sí que conocieron aquello y que lo que vivieron como actores hoy lo expresan como víctimas: no hablo de hechos políticos, hablo de que se escandalizan por cómo se vivía entonces, como si cada uno no fuera –puesto el caso– víctima del tiempo que le ha tocado vivir (incluido, claro está, el presente).

En *El Criticón*, dice Gracián de los alemanes: «[...] aunque algunos no se han emborrachado sino una sola vez, pero les ha durado toda la vida». Lo cita López de Abiada en su excelente *Imágenes de España en culturas y literaturas europeas (siglos XV-XVII)*, pág. 30.

Día de Reyes

Veinte días de atracón de literatura reciente. De aquí (Ferré, Pérez-Reverte, Cercas, Menéndez Salmón...) y de fuera (Khadra, Austin, Wright, Sortino...). Lo que sea con tal de no escribir el prólogo de unas memorias de un combatiente republicano en la Guerra Civil española, muy dignas y literariamente valiosas del padre de un amigo (Bertomeu).

5 de febrero

Más atracón de lecturas. Leo, leo, leo. Novedades y clásicos. Qué más da. Como sufro una parálisis permanente y no puedo escribir ni dos palabras seguidas (¿no se nota en el cuaderno?), me zampo todo lo que cae en mis manos, encargo libros a la librería, leo lo que me envía Anagrama (incluida la extraordinaria *Limónov* de Carrère y las estupendas narraciones de Bennet); las novelas de la siciliana Agnello Hornby me las estoy leyendo porque tengo un viaje previsto a Sicilia para el próximo mes de junio, y aunque me temo que tampoco esta vez pisaré esa isla que tantas ganas tengo de conocer, he empezado a «documentarme» (digámoslo así) por si acaso: leo y releo literatura de novelistas sicilianos o de viajeros que la han recorrido, busco datos históricos. A Swift lo voy leyendo todo en inglés (me apoyo en algunos casos en traducciones españolas) y disfruto y aprendo con *Historia de una barrica*, un cuento que ya tenía casi olvidado y que, sin embargo, me ha influido mucho al pensar en cómo tenía que contar *En la orilla*, un texto digresivo que trata de todo y de nada y que solo se sostiene en su funambulismo verbal.

15 de febrero

El Papa renuncia, sí, dimite; cae un rayo sobre la cúpula de San Pedro del Vaticano, se precipita un meteorito en los Urales que deja decenas de heridos. En España siguen apare-

841

ciendo casos de corrupción y la gente se suicida en vísperas de que los bancos los desahucien, *Apocalypse Now*.

28 de febrero

L'abbé de Choisy se pasó la vida vestido de mujer. Veo sus retratos en las páginas de internet. He tenido noticia de él por mi amigo Jean-Maurice, que ahora estudia su biografía. Sigue metido en el siglo XVII. Tras contarnos la vida de Rancé, el siniestro fundador de La Trapa, ahora trabaja en una novela sobre este abad travestón.

3 de marzo

Leo en el periódico que el tipo que asesinó a Yolanda González había trabajado para el Ministerio del Interior. Lo descubre *El País*. Y claro, en cuanto leo la noticia, se me viene a la cabeza que Interior, ese nido de fascistas peperos, tiene que dar explicaciones sobre el tipo, solo que leo las fechas de las colaboraciones en el ministerio del criminal de Fuerza Nueva, y son 2006, 2008, 2009, 2010 y 2011. Pero ¿quién mandaba entonces? Nada menos que el buen Zapatero, el ángel rojo. Me miro en el espejo y tengo los labios llenos de espuma.

6 de marzo

Me doy por aludido en la columna de Vila-Matas, hoy, en *El País*. Pedrada contra *En la orilla* (sin nombrarlo), y eso que el libro todavía no está en el mercado. Supongo que ha oído campanas y las alusiones que han aparecido en la prensa. De momento, vuelve al baúl del lenguaje para extraer la vieja adjetivación, la que se utilizó contra el realismo en los setenta y los ochenta: la «chata vía nacional», dice Vila-Matas al referirse al intento de contar el tiempo presente. Supongo que él –por oposición– es la «nariguda autopista internacional». Antes de leer, ya echa por delante todos los tópicos que vienen lanzándose desde hace cuarenta años: al menos, desde Benet. Dice así el texto:

> Que haya crisis no significa que tengamos que seguir siendo anacrónicos realistas cuando nos dedicamos a la literatura. O que haya que poner medallas a los que se portan bien, es decir, que son serios y reproducen, copian, imitan la realidad sin querer ver que esta, en su caótico devenir y en su monstruosa complejidad, es inasible y, por tanto, literariamente no narrable.
>
> Por si alguien quiere escapar de esa chata vía nacional, propongo que nos desviemos hacia el humor [...].

Llama la atención que el armario de las palabras que se utilizan sea, tantos años después, el mismo, que estos partidarios de la literatura flotante, los defensores del puro lenguaje, no hayan afinado su instrumental lingüístico en todo este tiempo. Ya digo. Es lo de siempre: la repetida melodía de los «anacrónicos realistas». Se supone que Vila-Matas se considera moderno irrealista. Los realistas son anacrónicos y «serios» (él es alegre, juguetón, como dirá más adelante: «[...] propongo que nos desviemos hacia el humor»). Ya a Galdós, uno de los escritores más viajados y conocedores de la literatura europea, se le acusaba de pertenecer a eso que Vila-Matas llama «chata vía nacional». Supongo –insisto– que él es cosmopolita, que ha leído más a Proust, Musil, Mann y Joyce que estos realistas, entre los que me incluyo, y que su nariz es elevada y coturnal en vez de chata. Falsa polémica que inventa la España cerrada que le conviene y la Europa que se le ajusta.

11 de marzo
Leído en una columna de Juan Gabriel Vásquez en *El País* (9-3-2013) parte del texto de una carta que Scott Fitz-

gerald le envía a su hija: «Lo que quiero decir es que lo que has pensado y sentido inventará un nuevo estilo por sí solo, de manera que cuando la gente habla de estilo siempre lo hace con algo de sorpresa por la novedad».

Excelente novela sobre la República Democrática Alemana y la unificación: *En tiempos de luz menguante*, de Eugen Ruge. Quizá lo menos interesante sea el final de abandono mexicano del protagonista (o de uno de los protagonistas): un libro tristísimo y cargado de humor.

30 de marzo

Abrumado por el éxito de la novela. Es como si toda esa gente hablara de otro libro, y, sobre todo, de otro autor. También me llegan opiniones de lectores entregados por e-mail. Por ejemplo, hoy la de mi amigo –y excelente poeta– Paco Novelty, de Salamanca:

> Espléndida, amarga, corrosiva, compleja, intensa, burlesca, apasionante, demoledora, a la que has dedicado cinco años de tu oficio en el que eres maestro.
>
> Un abrazo de este humilde admirador que tiene ganas de compartir contigo una botella o dos, aunque no contengan cedro de Líbano, recuerdos de pieles orgánicas y un punto de frutillos rojos y balsámico de Módena. Hasta entonces otro abrazo.
>
> PACO NOVELTY

Hace unos días era el joven Álvaro Angosto, un lector cuyo criterio siempre respeto:

> Acabo de terminar tu novela. Estoy temblando, asustado, sonado, estremecido, con un nudo en la garganta y lá-

grimas, hostias. Qué grande es lo que has hecho, Rafa, qué grande. Enhorabuena. No puedo hablar ahora, que voy emocionado, ya me sereno y te llamo con calma. Un abrazo enorme. ¡Salud!

Y ayer, Elena Ramírez, de Seix Barral:

> Querido Rafael:
> Acabo de terminar tu último libro entre aturdida y perpleja. Es una bomba, eres un escritor asombroso.
> Eso.
>
> ELENA

La sensación de que me adjudican un papel que me queda grande.

Disfruto y aprendo con *El Criticón* de Gracián, en el que encuentro un espíritu con el que emparenta –incluido el sarcasmo– *En la orilla*, frases que parece que he copiado, aunque no había vuelto a leer este libro feroz, demoledor y extraordinario (con el *Quijote* y *La Celestina*, compone seguramente la trinidad de nuestra narrativa) desde hace más de treinta años, así que no es plagio, es más bien afinidad, parentela, semejanza del lugar elegido para contemplar el mundo. No solo por los temas (*El Criticón* es un libro cuyo tema pretende ser nada menos que el todo, su tiempo entero), también por la construcción. El libro de Gracián parece haber sido escrito hoy mismo: ese continuo intercalar –como ejemplo de grandes ideas– el lenguaje popular en divertidísimos diálogos, en expresiones descarnadas, crueles, etc. Pero es que Gracián bebe de *La Celestina*: es una presencia que se palpa en todo el libro, incluso hay alguna cita textual o me parece descubrirla, a pesar de que él desprecia –o finge despreciar– la tragicomedia de Rojas.

845

2 de abril

Preparo el viaje a Sicilia, que empieza a dejar de ser virtual y adquiere visos de realidad, releyéndome los libros que tengo por casa de Vincenzo Consolo (*El pasmo de Palermo, La sonrisa del ignoto marinero*) y de Sciascia: *El mar color de vino, El caballero y la muerte* y *Privilegio y poder*, que es el título con el que se publicó en España *Il consiglio d'Egitto, Cándido*... Busco los otros libros que tenía de él y no los encuentro, como tampoco los de Andrea Camilleri, alguno de los cuales compré en uno de mis últimos viajes a Nápoles. ¿Los tendré en el apartamento? Se me hace cuesta arriba meterme con Bufalino (que tanto me fatigó en su día), pero juro que voy a intentarlo de nuevo.

4 de abril

Termino el excelente libro de Doctorow *Welcome to Hard Times*, al que aquí le han puesto un título extraño y larguísimo: *Cómo todo acabó y volvió a empezar*. Es una novela de 1960, según leo en Wikipedia, y cuya existencia desconocía. Yo empecé a leer a Doctorow en *Vidas de los poetas* y, desde entonces, he seguido leyéndolo con gusto. En esta primera novela ya introduce el tema de la construcción de América que forma la espina dorsal de la mayor parte de su narrativa: *El libro de Daniel* (1971), *Ragtime* (1975) o *Billy Bathgate* (1985). Podría seguir citando otros hitos en ese tema hasta llegar a la más reciente *The March* (2005), en la que introduce el factor de la guerra civil. Esa tradición está en Upton Sinclair y en Sinclair Lewis, en Dos Passos, en Roth, en Updike y en tantos otros. La lista sería interminable. Aquí, en España, parece que dé vergüenza novelar un tiempo y un país (que diría mi querido –y cansino– paisano Raimon).

He pasado una estupenda noche de insomnio releyendo con gusto el *Cándido* de Sciascia, a su manera una reflexión sobre la identidad y la deriva de Sicilia (otro libro *d'un temps i un país*: como los norteamericanos, los novelistas sicilianos no paran de darle vueltas a su identidad, a su destino, en perpetua búsqueda de cuál pudo ser el pecado original).

No me quito de la cabeza la desmesura de ese libro que le pone dinamita a la totalidad: *El Criticón*. El gran Gracián (¿una aliteración?).

6 de abril
El virrey Caracciolo asiste a su fiesta de despedida. Abandona Sicilia. Está viejo y cansado: se vio empujado a cambiar la razonable París por la desmesurada Sicilia. Ahora lo obligan a dejar su cargo siciliano: ha fracasado su intento reformista. La nobleza y el clero han podido con él. Al despedirse del abogado Di Blasi, un ilustrado como él, le pregunta: «¿Cómo se puede ser siciliano?». Es el tema central de la narrativa de Sciascia, que es quien cuenta la anécdota en *Il consiglio d'Egitto* (pág. 77). Casi me atrevería a decir que es el tema central de toda la gran literatura siciliana, incluido *Il Gattopardo*.

6 de mayo
Abandono cuando apenas llevo cien páginas *Wild Thing*, la supuestamente divertida novela de Bazell. Me aburre, me amuermo.

Bien trabada, artefacto casi perfecto (homenaje a la narrativa sentimental inglesa del XVIII), pero poco excitante, me parece *La trama nupcial*, de Eugenides. Mientras lees, te preguntas: ¿para qué este esfuerzo?, ¿a qué santo dedicarle toda esa cantidad de trabajo? Trabajo del autor, me refiero. No del que lee: eso es otro asunto.

Mucho más me ha interesado *Capital*, de John Lanchester, a pesar de que acaba siendo más una benevolente novela de costumbres que una poderosa novela social, que es lo que prometían sus primeras páginas. En la última parte parece que se resuelven las cosas con la intención de que algún productor se fije en que el libro, trabajado con inteligencia, puede dar pie a una excelente serie de televisión. Por el contrario, a mí me defraudan esa complacencia y esa falta de riesgo y me parece que desactiva el artefacto que fabricó al principio.

No consigo entrarles a las sábanas sucias, las lefas y el sexo místico y funerario de Manuel Vilas en *El luminoso regalo*.

Superficial y bastante simplón esa *Naturaleza de la novela*, el texto de Luis Goytisolo (ay, aquella *Antagonía* que tanto admiré de joven) que acaba de ganar el Anagrama de ensayo.

Sigo con mis lecturas sicilianas:
Sciascia: *La desaparición de Majorana*, y Andrea Camilleri, *El guardabarrera*, una novela de escritura precisa, prodigio de economía literaria, muy emocionante y hermosísima. Lo mejor que he leído de él.

Del viaje a Sicilia durante el mes de mayo de 2013.

Episodio de claustrofobia y pánico (uno más). Se inicia mientras subimos los tres viajeros (C. y X. son los otros dos) las escaleras de la torre del convento de clausura de Santa Clara en Noto. Emprendo la escalada bastante tranquilo, sin pensar para nada en agobios, pero, en cuanto llevo quince o veinte escalones en aquella estrechísima escalera de caracol, embutido entre dos muros, empecé a ponerme nervioso y tuve que bajar precipitadamente hasta el lugar en que se inicia la escalera, que era el coro, situado en la primera planta de la iglesia y separado de ella por una celosía. Al verme allí, solo (los dos compañeros habían seguido ascendiendo), se apoderó de mí el pánico. Di un par de voces que nadie podía oír y que me hubiera avergonzado que oyese alguien, me puse a buscar la salida caminando a toda prisa por el largo pasillo que corre paralelo a la iglesia, bajé deprisa la escalera y empecé a dirigirme hacia la salida con temor de equivocarme. Crucé sin volver la vista atrás una estancia en la que, al entrar, había visto una imagen de una monja cubierta con una larga peluca de cabello natural y que parecía una de esas momias que se guardan en las catacumbas de Palermo. Solo pude empezar a respirar cuando pisé los escalones de la entrada y me vi ya en la calle. El cielo estaba azul y el aire era fresco y suave. El Barroco. No es que haya marcado el ambiente, la sociedad de su tiempo, o haya sido una condensación de lo más siniestro de su tiempo; lo peor es que ha entrado a saco en nuestro imaginario –al menos, hasta mi generación: el catolicismo franquista lo revivió– dándole una dimensión aterradora, violentando el curso de lo natural. Cubriéndolo todo de siniestros velos y activando todo un guiñol de efectos aterradores.

Si eres escritor, eres tu propio avalista, o, mejor dicho, la escritura es su propia avalista, no puede pedirle ayuda a nadie, a nada que esté fuera de ella. Debe sostenerse sobre sus pies.

22 de junio
«De las ciudades no quedará más que el viento que las atraviesa.»
Bertolt Brecht, «Balada del pobre». De *Hauspostille* (*Devocionario del hogar*, 1927).

Baal, un gordo desnudo, se revuelca en el barro bajo la mirada vigilante de los buitres. A veces se hace el muerto: un buitre se acerca, y esa noche Baal se cena un buitre.

849

27 de junio
De Vila-Matas:

Es la misma diferencia que creo ver entre un novelista como Brown, que trabaja la superficialidad del peor periodista, y un escritor de profundidades como Coetzee; tal vez la misma que hay entre el escritor que sabe que en una descripción bien hecha hay algo moral, la voluntad de decir lo que aún no ha sido dicho, mientras que el escritor de bestsellers usa el lenguaje simplemente para obtener un efecto y aplica siempre la misma forma de camuflaje, de engaño al lector. Por suerte, aún quedan autores, creo, en los que hay una búsqueda ética precisamente en su lucha por crear nuevas formas.

Estoy de acuerdo con él en lo que dice en este párrafo; y, al mismo tiempo, lo veo –y me veo– cómico, un ser desesperado, desesperados ambos en buscar una frontera cada vez más invisible, sentir que estás en el camino bueno y no en el malo: cómo se convence uno de eso, de que no has tirado tu vida por lo mismo que la tira un desgraciado sin escrúpulo que se acercó a la literatura para enriquecerse, que todo esto a lo que él y yo hemos dedicado nuestra vida no acabará siendo nada, puro parloteo; sobre todo, saber que estamos, querido Enrique, arriba y no abajo. Cuánto esfuerzo por mantener el estatus. ¡Ah! El texto sale de una columna publicada en *El País* de hoy, titulada «Serás mi personaje».

28 de junio
«[…] un ojo al gato y otro al garabato»: de una entrevista en *El País* a un narco mexicano preso, Jorge Ortiz, el Tanque.
Chayote: parecido al pepino pero con una sola semilla.

De un artículo de Àngel Ferrero, dedicado al 150 aniversario de la socialdemocracia alemana, en la revista *Sin Permiso*: «La historia de la socialdemocracia, concluye Albrecht von Lucke, "puede interpretarse como la historia del desmontaje continuo de la utopía"».

De Scott Fitzgerald, *Cartas a mi hija*: «[...] mi generación de radicales y destructores nunca supo con qué sustituir las vetustas virtudes del trabajo y el coraje y las vetustas gracias de la cortesía y la buena educación» (págs. 86-87); «Nunca he recriminado a nadie sus fracasos –en la vida abundan las situaciones complicadas–, pero soy totalmente despiadado con la falta de esfuerzo» (pág. 105).

Refiriéndose a *Lo que el viento se llevó*, dice Fitzgerald:

[...] resulta interesante, sorprendentemente honesto y bien trabajado de principio a fin, y no sentí ningún desprecio por el libro (pág. 115).

[...] tenemos que seguir justificándonos durante cada semana de nuestras vidas, aunque a veces se diría que nos merecemos un descanso. ¿Has leído alguna vez estos versos de Christina Rossetti? (pág. 121).

[...] en el fondo soy un moralista empedernido y en realidad prefiero encontrar una manera aceptable de sermonear a la gente antes que dedicarme a entretenerla (pág. 139).

En la posdata de una carta escrita el 26 de febrero de 1940, dice:

[...] te suplico una vez más que consideres la política como si fuera una religión, algo que solo puede discutirse libremente entre personas que comparten la misma actitud general. Con los demás te enredarás en discusiones intolerables. En estos tiempos las amistades se forman y rompen por cuestiones políticas, situación esta que seguramente se acuse aún más conforme pasen los meses. Todo está al rojo vivo y las largas tenazas del tacto pueden resultarte de suma utilidad (págs. 143-144).

Me acojo a Cervantes, me pongo bajo su manto protector: «[...] que todo en este mundo es máquinas y trazas, contrarias unas de otras. Yo no puedo más». *Quijote*, segunda parte, cap. XXV (pág. 874 en la edición de Francisco Rico para el Instituto Cervantes).

Junio

Un tipo con aspecto de místico, delgado, barba recortada, voz de terciopelo quebrada por pequeños gallos, entre farsante y afeminado, falso marica. Va sentado a mi lado en el tren. Habla por teléfono: no te pongas en lo peor. Él aún está con nosotros. ¡Podemos hacer tantas cosas por él! Tenemos nuestras oraciones. Esa es nuestra fuerza. Ya sé que él siempre ha sido tu fuerza, tu apoyo, tu pedestal. Claro, es tu marido. Pero tenemos esa otra fuerza superior que es la oración. El páncreas, sí, ya lo sé. Ya me lo han dicho. Tienes que ponerle las manos en la cabeza. Extendidas, las extiendes y se las pones arriba, como si lo acariciaras, con suavidad, pero abarcándole toda la corona. No le toques los pies. No, eso no; ni se te ocurra. Eso es peligroso. Muy peligroso. Por ahí se escapa el alma; es por donde se escapa, lo sabes eso, ¿verdad? Hala, hija. Las manos abiertas sobre la cabeza, en la corona, y a rezar. Aún está con nosotros, aún no se ha ido, lo podemos retener. Cuelga, suspira con fastidio, tuerce los labios, es evidente que le desagrada el papel, o que finge ante sí mismo que le desagrada. Teclea en el móvil. Por lo que dice, es evidente que habla con otra persona y que se refiere a la que acaba de llamarle, esa a la que le ha pedido oración. El nuevo interlocutor resulta que también es mujer. Ha pronunciado un nombre, y le está contando: sí, me ha llamado, ya ves el papel, no sabía qué decirle, porque mientras hablaba con ella, he visto que el alma del marido ya no está firme, ya no se asienta, está mariposeando, no sé cómo te lo diría, está como un trapecista, colgando y de acá para allá. Mala pinta, muy mala. No sé, no creo que podamos retenerla. Recemos para que dure un poco. Este fin de semana es crucial, porque, si se muere ahora, va a haber lío, follón, por lo de la herencia y eso, ya sabes. Por cierto, cómo se llama, y qué edad tiene ese hombre, porque a estas alturas resulta que ni me acuerdo del nombre, no sabía cómo decírselo, no se lo iba a preguntar a ella, decirle: me he olvidado del nombre de tu marido, pero, claro, me gusta saberlo, porque es bueno poner el nombre a la hora de rezar por él, no te quepa duda de que es más efectivo, la oración tiene más fuerza si nombras. Lo de la edad sí que me fastidia, ¡caray!, no, no lo digo por eso, lo de caray lo digo porque es más joven de lo que yo creía, uf, y yo le he estado diciendo que, cuando se casó con él, ya sabía que lo más probable, por la edad, ya sabes, era que se fuese él primero, uf, he metido la pata hasta el fondo, pero vamos, por resumirte la cosa, te diré que lo que he percibido por el teléfono me huele fatal: en cuanto se le suelte un órgano está acabado, sí, sí, solo un hilo de vida lo sostiene. Yo vengo de Bilbao, de casa de mis padres, pero me he quedado esta noche en Madrid, porque han quitado el avión de Bilbao de los sábados, he venido en el tren ese, Alaya, o Alvia, no sé cómo se llama. Va todo bien, muy bien. En Baracaldo se están formando los grupos. Estamos buscando donaciones, ya hay algunas individuales. No son gran cosa, pero vamos haciendo camino.

Hay algo inhumano en la voz. De antediluviano pterodáctilo: cloqueos, cacareos, voz aviar, zureos de paloma y, de vez en cuando, un graznido de urraca. O antediluviana mezcla de gallina y serpiente.

Journal de Stendhal (1804): «J'ai trop à écrire, c'est pourquoi je n'écris pas». Una megalomanía de la que vendrían a salvarlo o redimirlo los libros que acabó escribiendo. Tomo la cita de un libro de Sciascia, *La desaparición de Majorana*.

Soy novelista porque estoy hueco, porque no tengo nada dentro y me lleno con lo de los demás. Es mi única manera de notar la existencia. Sancho, hablando con la duquesa, ponderando las cualidades que exhibirá cuando sea gobernador, dice: «[...] los buenos tendrán conmigo mano y concavidad, y los malos, ni pie ni entrada». Yo diría que, conmigo, gracias a las novelas, todos –buenos y malos– tienen en mí pie y entrada y, sobre todo, concavidad. Soy solo eso, un receptáculo.

El autobús que me lleva a Granada aparca tres cuartos de hora en un no lugar desolador. De los sitios más tristes que puedes pisar en tu vida. Junto al autobús se abre la cafetería, enorme y vacía, feísima. Concentra toda su actividad en un rincón situado al fondo, hay que recorrerla entera en paralelo a la larga barra, sorteando las mesas hasta llegar allí: unas cuantas piezas de bollería industrial, una docena de bocadillos envueltos en papel film, seis o siete pedazos de tortilla de patatas, que parecen esculturas modeladas en algún material plástico; desde luego, resulta difícil pensar que se trata de comestibles. Pegado al plato de las tortillas, han depositado una bandeja de salsa rojo pimentón en la que aparecen aprisionados algunos pedazos de lo que debe ser carne. A espaldas, unos estantes con paquetes –no muchos– de golosinas que parecen perdidos sobre las tablas, porque están puestos aquí y allá, un poco al tresbolillo, como si quisieran disimular la escasez: patatas fritas (dos o tres paquetes de cada sabor: jamón, pica-pica, etc.), caramelos, chicles, algunas chocolatinas.

La mayoría de los pasajeros del autobús viajan solos, a excepción de un trío de japoneses maduros y una pareja de jubilados que me parecen franceses, pero cuya nacionalidad no acabo de averiguar porque en todo el viaje –precisamente van sentados a mi derecha– no han abierto la boca, hojean guías en varios idiomas, dormitan, se pasan las botellas de agua, pero sin hablar. Siete u ocho mujeres solitarias –y cuyas edades van desde los cincuenta a los sesenta años– ni siquiera han entrado en la cafetería. Alguna de ellas fuma, todas dan breves paseos alejándose y acercándose al autobús. Da la impresión de que viajan con ajustados presupuestos en los que no está previsto el café o el bocadillo.

He hablado de la cafetería, pero lo más deprimente es el entorno, ese no lugar que envuelve al no lugar, el espacio al que la cafetería abre sus puertas, un polígono industrial que cumple con creces las condiciones de no ser de ninguna parte, o no formar parte del mundo habitable: en torno al asfalto del parking y del edificio de corte vagamente vanguardista a espaldas de la cafetería (un señuelo para atraer a los incautos), se tienden algunas naves industriales, unas en estado de semiabandono, otras abandonadas y convertidas en contenedores de escombros y basuras. También se amontona la basura en las cunetas frente a las naves y al borde de la carretera que separa las naves de la cafetería. A la izquierda, un par de descampados que, en su día, fueron diseñados como jardín y en los que ahora crecen algunos matorrales, restos de viejas podas, tres o cuatro túmulos negruzcos que, en realidad, son los restos de otras tantas palmeras, sin duda devoradas por el picudo y luego quemadas. Sobre una de las tapias emergen dos farolas que alguien, o quizá el viento, ha tumbado, mientras que en las que permanecen en pie se han anudado a modo de tristísimas banderas algunas bolsas de

855

plástico: las hay transparentes, negras y de un color morado oscuro. Da ganas de llorar el conjunto, desazona, pero también resulta deprimente cuando uno mira de una en una las piezas que lo componen. Imagino la tristeza de tener que acudir cada mañana a trabajar a esa cafetería, aunque da la impresión de que ahí ha de haber poco trabajador fijo y mucha rotación, esa sensación dan los tres o cuatro empleados que atienden barra y caja.

18 de julio
     Hace un mes que no viene nadie por aquí. Solo oigo mi voz cuando discuto con los perros, cuando hablo por teléfono, o cuando insulto a gritos a algún tertuliano de la televisión. Debo incluir la media docena de frases que he pronunciado en el bar los tres o cuatro días que he bajado a la compra y me he parado a tomar un café. Me organizo más o menos y llevo tres días bajando a L'Almadrava para bañarme. Me gusta esa playa. Cantos en la orilla y, en cuanto te metes en el agua, un fondo de arena. Entro calzado con sandalias y es tan agradable la sensación de salir con los pies limpios. Espero repetir lo del baño muchos días a lo largo de este verano. Me sienta muy bien ese momento en que notas cómo te cubre el agua como el amnios originario, así metido el mundo te parece perfecto, te burlas de tus preocupaciones y querrías que fuera eterna la vida. Además, la disciplina de acudir al baño me obliga a salir de esta celda de ermitaño en que he convertido mi casa. Estar metido en el agua, notar el golpe de las olas (en L'Almadrava el mar siempre está un poco movido) y oler a salitre y a algas, me transporta a los días de infancia, que, en el recuerdo, se han convertido en símbolo de la felicidad perdida. Olor a salitre, a yodo, a algas que se pudren en la orilla: un hilo que me ata a la vida, a esto a lo que apenas consigo ponerle un sentido.

«La ocupación y su precio, la liberación y su precio»: de un documental de Scorsese en el que habla de *Roma città aperta* y de *Paisà*.

Las mafias rumanas cargan sus mendigos en furgonetas y minibuses y los reparten a las puertas de los supermercados, junto a los semáforos, en los cruces más concurridos de las poblaciones. Priman a los de miembros más deformes, a los de cuerpos más retorcidos. A los mendigos que exageran, pintan o trafican con sus llagas en *Fortunata y Jacinta*, Galdós los llama «industriales de la miseria humana» en boca de Moreno Isla, quien trina de ira al encontrárselos, se obsesiona con alguno por el que se siente perseguido en sueños y a quien alternativamente odia y compadece.

El olvido, el olvido. Hoy he pasado media hora intentando acordarme del nombre del queso vasco idiazábal, y un largo rato hasta que he conseguido recordar la palabra *Pucela* como forma popular de llamar a Valladolid. Cuando se me producen esos olvidos, generalmente ya de madrugada, la angustia me asfixia, tengo una sensación de caída, pero de caída en la huesa.

4 de agosto

Se me van los días sin hacer nada. Hoy, al despertarme de madrugada, he sufrido un ataque de pánico, ante algo que me ha ocurrido por segunda vez en pocos días, y que, por pudor, no me siento capaz de anotar, me asusto. ¿Qué me está pasando? Es la una de la madrugada y me da miedo dormirme y que pueda volver a ocurrir. Con esa desconfianza, ¿cómo viajar, dormir en casa de alguien, en una habitación de hotel? No me había ocurrido nunca y, ahora, en pocos días dos veces, me repito después de haber llenado la lavadora y de haber lavado la ropa con el programa más largo y con el agua más caliente, y de haberme pasado casi media hora

857

bajo la ducha. Me paso el día asustado, noqueado, con ganas de llorar, ni siquiera pruebo la comida. No soporto la idea de que puede volver a ocurrir esta noche: una inesperada nueva cara de la vejez que se acerca. No, esto no, que no sea así. Estoy tan asustado que me dan ganas de rezarle a alguien, a quien sea; sin embargo, esta madrugada me he comportado con una frialdad y una eficiencia tremendas, como si fuera un profesional que esté a cargo de mí mismo. En un pispás, no quedaba ninguna huella del accidente. Había desaparecido cualquier rastro de suciedad.

Algunas lecturas de estos días:

El gran mar, de Abulafia, una historia del Mediterráneo. Me ha venido bien este recordatorio: ocho o diez mil años de historia, para repasar mi viaje siciliano. *Penombra*, una novela de Uwe Timm, en la que los muertos de un cementerio nos cuentan sus historias. De John Fante: *El vino de la juventud*, cuentos que acaban fatigando por reiterativos: familia italiana, catolicismo...

Me toca muy hondo la última entrega de Miguel Sánchez-Ostiz, *El escarmiento*. Como suele ocurrir en sus libros, le sobran decenas de páginas, se enreda, da la impresión de que está a punto de perderse, pero, en esa maraña, su escritura acaba resultando de una contundente efectividad, lo cual obliga al lector a poner en cuarentena todos los reparos. El libro es demoledor. Te irrita, te indigna. Es una purga brutal: la Pamplona inmediatamente posterior al Alzamiento (léase *coup d'État*) y las vísperas de la conjura que lo prepara. La Pamplona de Mola, de sus matones, de sus palmeros, de sus asesinos, de los intelectuales que poetizaron toda aquella sangre, la mierda, los cadáveres en las cunetas. Te dan ganas de llorar, de gritar, de escupir. Aquellos borrachos dañinos, los malabestias borrachos jugando al pim pam pum con la gente decente. Y los poetas, los putos poetas, cobardes babosas, tocándole el arpa a tanto vino agrio, a tanto hedor de sangre y cadaverina. Un libro extraordinario. Espero con ansiedad la segunda parte.

También he vuelto a leerme la segunda parte del *Quijote*; ¿qué voy a decir?

En estos últimos días (en este instante es 5 de agosto, ya casi 6), me he metido con el ensayo de Francisco Caudet *Clío y la mágica péñola*, que recoge unos cuantos artículos sobre los realistas del XIX, o los que en algún momento lo fueron: Galdós (*Fortunata y Jacinta*, la *Quinta serie* de los *Episodios nacionales*), Unamuno (*Paz en la guerra*), Clarín (*Su único hijo*), Blasco Ibáñez (*La bodega*). Con la excusa de entender mejor el libro, vuelvo a leerme *Paz en la guerra* y *Su único hijo*. Ambas funcionan estupendamente: Caudet le achaca a la novela de Unamuno un final en el que se escapa de la historia para entrar en la mística; y a la de Clarín lo que le echa en cara es que, a diferencia de *La Regenta*, no «investiga» el medio social, y la psicología de los personajes y sus comportamientos en relación con él, sino que se convierte en un malabarista que lleva el libro por donde le conviene, y lo mueve a su antojo. A mí los dos textos han vuelto a parecerme excelentes: Unamuno retrata magníficamente, con una viveza cegadora, la vida en Bilbao y en el campo vasco, su enfrentamiento perpetuo. Ideas y personajes están muy bien tratados y lo que a Caudet le parece una entrega del final del libro a la mística, a mí me parece una pintura bastante lógica en el retrato del protagonista: tras haber vivido la experiencia brutal de una guerra, se retira al campo, busca la apacible vida al margen del ajetreo de la política. Más que repliegue místico, a mí me parece que lo que Unamuno plantea es que dos generaciones de vascos han sido achicharradas por la guerra civil, y que la vida sigue, que vendrá otra generación que volverá a pensar en términos (digámoslo así) políticos. Y es verdad que en esto tiene un toque del «eterno retorno» nietzscheano.

Su único hijo es una crítica feroz de una clase social improductiva y que maneja una estúpida retórica con la que cubrir las frustraciones o instrumento para ocultar la llamada de la carne y sustituirla por la cursilería. Seres incapaces de ser ellos mismos. El protagonista, Bonis, es un ejemplar moderno, un hombre sin atributos, incapaz. Toda la novela está cargada de una carnalidad ambigua, casi palpable y desazonante. Como en *La Regenta*, Clarín deslumbra al lector en su capacidad de observación, en sus metáforas, en sus expresiones sin duda atrevidas para su tiempo como cuando dice que la mujer de Bonis, Emma, «hubiera sido un magnífico hombre de acción». Los ejemplos podrían multiplicarse. En realidad todo el proceso de redención del protagonista se convierte en una parodia evangélica, una especie de anunciación y gestación, que consiguen que, en realidad, la auténtica madre de la criatura sea el marido, porque el padre todo el mundo tiene claro que es el barítono Minghetti que ha convertido a Bonis en cornudo. El libro resulta aún más sicalíptico (por utilizar el lenguaje de la época) que *La Regenta*, cuyo atrevimiento tanto molestó en su día (se repite unas cuantas veces la palabra *carne* referida a personas), y aún más plagado de amargura y descreimiento. La amante de Bonis, Serafina, la Gorgheggi, se vuelve al final beata, porque: «O rezar, o... una caja de fósforos» (pág. 268).

En todo este tiempo, escribir solo he escrito las pocas líneas que aparecen en este cuaderno: o sea, nada. Tienes que curarte de *En la orilla*, me dicen, y hasta me convencen para que también me lo diga yo, pero estos días hace justo un año que se la envié a Herralde (aunque luego le pidiera que me la devolviese y la tuviera algún tiempo más); pero en septiembre ya la tenía corregida. O sea, que en un año he escrito quince o veinte desmañados folios, porque esta vez ni siquiera tengo la excusa de haberme dedicado a preparar alguna charla, un prólogo, nada de nada.

Pero, yendo a la segunda parte del *Quijote*, ¡qué maravilla ese Sancho que nos cuenta que, «sin decir nada a nadie, ni a mi señor tampoco, bonita y pasitamente me apeé de Clavileño y me entretuve con las cabrillas, que son como unos alhelíes y como unas flores, casi tres cuartos de hora» (I, pág. 965)! La tierra que, desde allá arriba, ve Sancho como un grano de mostaza y poblada por «media docena de hombres tamaños como avellanas, que a mi parecer no había más en toda la tierra» supone para algunos críticos la parodia del orgullo renacentista, esos hombres que se creen únicos (son solo media docena), hinchados de una vanidad que los pone por encima de su valor y tamaño: avellanas sobre un grano de mostaza (o sea, más grande cada hombre que el propio mundo).

10 de agosto
Paul Bowles, el recluso de Tánger, la biografía del escritor americano escrita por quien fuera su amigo, Mohamed Chukri, me parece un falso libro, un libro montado con anotaciones dispersas, media docena de archisabidas historietas con Paul como protagonista, y con Jane (a la que el supuesto autor de la biografía no conoció), y digo «supuesto autor», porque dudo de que los textos hayan sido escritos por Chukri, no encuentro ahí ni su estilo, ni su visión, ni su vino agrio y su *pa sense companatge* (lo conocí una noche hará unos quince o veinte años en Tánger: vivía encerrado en su

861

apartamento de Ville Nouvelle, aterrorizado por la policía marroquí, por los patriotas, por los islamistas, por su propia paranoia alcohólica. Te encogía el corazón ver tanta soledad).

El estilo, el punto de vista desde el que se construye esta biografía, me parecen más bien los de un universitario al que se le ha encargado este trabajo que Chukri firmaría a cambio de algunos francos, o dírhams o dólares que le permitieran subsistir y beber. En cualquier caso, un timo que no enaltece a la editorial Cabaret Voltaire, ni al prologuista, Juan Goytisolo, tan exigente para lo que le conviene denostar.

También me parece atado con un frágil hilo el anzuelo con el que Santiago Roncagliolo pretende atrapar al lector de *El amante uruguayo*, una biografía de Enrique Amorim y una panorámica de su tiempo, política, cultura, personajes, más bien resumen de algunos libros y anécdotas ya conocidas de sobra: la aportación de Roncagliolo es el aderezo de todo eso con un punto de mala leche o de mala baba que, como afinado lanzador de bolos, tira a ras de suelo cuanto se le pone delante, Chaplin, Neruda, Picasso o Borges, cada uno de ellos culpable de lo suyo. El gancho –el anzuelo– es que Amorim era rico y homosexual y pasó unas horas, no se sabe si a solas o acompañado de más gente, con García Lorca. Le escribió alguna carta en la que decía: «Federiicoooo», por lo que Roncagliolo supone que se enamoró perdidamente de él, y siguió enamorado toda la vida. De ahí que le levantara un monumento en su población natal (la de Amorim), la ciudad uruguaya de Salto, en la que enterró una caja que no se sabe lo que contiene, pero que Roncagliolo deja caer que podrían ser los huesos del granadino. Cargado con ellos, Amorim habría efectuado un viaje desde España del que tampoco se dan detalles. En fin, que a pesar de que me resulta antipático, lo he leído hasta el final.

11 de agosto

La transmigración de los cuerpos, de Yuri Herrera. Lecturas mexicanas para ambientar mi próximo viaje, que hoy han incluido esa especie de poema novelado o de novela poemática (por palabros que no quede) de Jorge Volpi que lleva por título *El jardín devastado*, una historia de amor aquí y una destrucción allá, en Irak, o dos formas de devastación a las que parece inevitablemente condenado el animal humano. El texto, más o menos en verso, se acompaña de caligrafías árabes que yo creo –por lo poco que sé– que solo sirven como «ambientación» de la desolada historia de Laila, que ha perdido a sus padres, a su marido y a su hija en un atentado y busca a su hermano con ayuda de un *djinn*, que acabará incluyéndola en su vengativa resolución de muerte. Me propongo releer algunas cosas de Villoro que recuerdo mal, y de Guadalupe Nettel y de Margo Glantz (que creo que no me gustaron demasiado cuando las leí). Sobre todo, leer autores que desconozco como Carmen Boullosa, o que, imperdonablemente, apenas conozco, como Rosario Castellanos. Rulfo, Fuentes, Azuela, Revueltas y Martín Luis Guzmán los tengo más presentes. A Pitol no hace tanto tiempo que lo he leído. Esquivel no me interesa gran cosa. Mucho más, por supuesto, la Poniatowska y Mastretta, aunque me da la impresión de que en sus últimos libros han bajado la guardia. La verdad es que hace tiempo que no les sigo la pista.

(Fin del cuaderno Sorolla con farolillos chinos)

Moleskine con el logo del Premio Biblioteca
Breve
(19 de agosto de 2013-28 de junio de 2015)

19 de agosto

Lecturas de verano. Para el texto-homenaje a Caudet, que creo que no escribiré, releo *La bodega*, de Blasco Ibáñez. El novelista habla del mercado de los vinos de Jerez en términos muy parecidos a como lo hacen los expertos de hoy: los grandes vinos, arrinconados por las falsificaciones, la elaboración espuria de *cognac*, la desafección de las nuevas clases altas inglesas que han perdido el gusto y toman brebajes como el whisky con agua. Es también buenísima la descripción del marco social y, si se le quitaran algunas páginas de esa retórica que tanto le gusta, podría funcionar como una magnífica novela contemporánea. Me divierte la parte que tiene de folletín, sobre todo en lo referente al sexo. Son estupendas sus descripciones carnales, o de las perversas pasiones de una aristocracia en decadencia: la marquesita que vive con un amante porquero (¡y chato!) y que se excita con el olor hombruno de los campesinos: «Ella, en cambio, parecía aspirar con delectación por su naricilla sonrosada y palpitante el vaho de macho campesino, el olor de cuero, de sudor y de cuadra». La novela, además de un «estudio» (como se decía entonces) sobre la sociedad jerezana y los movimientos campesinos, es, sobre todo, una elegía por la revolución del 68, un desolado lamento por el fracaso y por las ilusiones perdidas: la mayor parte de los personajes son revolucionarios sesentayochistas reconvertidos, realizando tareas que hubieran rechazado en los tiempos de su juventud. España, trituradora de sueños; castradora de aptitudes.

El Gran Vidrio, de Mario Bellatin, me parece directamente un timo: arbitrario, pretencioso, hasta el título está puesto porque sí, porque yo quiero. Me interesa, y me divierte, y me hace reír mucho (infinitamente) más *Los culpables*, de Juan Villoro, un esperpento, una chufla de la mexicanidad, vista, en un estimulante juego de espejos, a la vez desde dentro y desde fuera. La carcajada surge —y el conocimiento— en buena parte de ese cruce de perspectivas. Leo a Chejfec, un escritor muy alabado por la crítica más exigente. *Mis dos mundos*: Tu cabeza es hermosa pero sin seso, dijo la zorra al busto. Javier Mestre, un joven narrador español, cuyo debut ha titulado *Komatsu PC-340*, se trata de una novela ambientada en las obras del gran túnel del Manzanares en Madrid: ofrece realismo a toda paleta y punto de vista de los de abajo en un folletín muy bien construido, ¡y son trescientas cincuenta páginas! Militancia izquierdista pura y dura. Me gustaría que el libro nos inquietara más, nos enseñara algo que no sabemos y, sobre todo, que el autor también hubiera aprendido algo mientras lo escribía y no se hubiese conformado con mostrarnos lo que a él y a nosotros nos pone de acuerdo; que les hubiera quitado su *flow* benévolo a los buenos y un poco de veneno a los malos.

El último de Pombo, *Quédate con nosotros, Señor, porque atardece*, me trae, pues eso, a Pombo, cada vez más místico, planteándose disyuntivas éticas, temas existenciales que nos pueden parecer arcaicos, o traídos por los pelos, pero que, en realidad, conectan muy bien con las inquietudes contemporáneas, las dudas ante las bifurcaciones en el camino de la vida cotidiana, el sentido mismo de la vida y, uno de sus temas medulares, la manera de enfrentar la muerte. Resulta siempre tan instructivo leerlo, con esa capacidad pombiana para combinar lo puramente narrativo, con los textos morales, la filosofía, la poesía... Para hacer que la novela sea a la vez certero y enriquecedor comentario de textos: y esa capacidad que yo definiría como teresiana, de buscar en lo más trivial, en lo vulgar, el sentido filosófico, en la frase hecha de uso popular, la reflexión profunda. Y luego está esa gracia inigualable para hilvanar los diálogos más descabellados, más artificiosos, que Pombo consigue que se conviertan en estilemas de una clase social, en unos personajes que hablan así porque son así, o que él consigue que, haciéndolos hablar así, adquieran una materialidad sui géneris que no puedo calificar más que de pombiana.

Algunos ejemplos de ese método pombiano que resuelve en existencialismo su particular humor:

La religiosidad de doña Mariana tenía este punto del turista compulsivo que le lleva a ver todos los sitios y todo lo que hay en cada sitio con tanta intensidad superficial que los acompañantes siempre acaban pensando que hubiera sido preferible quedarse en casa o, como mucho, examinar una vez más con gran detalle, digamos, la glorieta de Manuel Becerra (pág. 113).

¿Tienen los suicidas también, dentro de la Iglesia católica, su lugar propio dentro de la economía divina? (pág. 120).

¿No era Camus quien decía que el único problema filosófico importante es el suicidio? (pág. 164).

Y tú las inclinaste hacia lo que te parecía más brillante: hacia el bien arduo. Frente a lo placentero, lo fácil, lo asequible, lo cómodo, lo alegre, lo profano, tú les hiciste ver la austera belleza de las cumbres peladas, las piedras cuadradas, las cuadraturas de todos los círculos (pág. 191).

[...] lo odioso de su rectitud (pág. 201).

Era solo estética, la estética de la verticalidad y lo rectilíneo aplicada, sin miramientos, sin compasión, sin caridad, a los demás seres humanos, al espectáculo de la verdad ajena. ¿Y qué hacer con la necedad propia? (pág. 203).

Ya en 1908 lo decía Ortega en *El Imparcial*: los místicos y los mistificadores han tenido siempre horror hacia las definiciones porque una definición introducida en un libro místico produce el mismo efecto que el canto del gallo en un aquelarre: todo se desvanece (pág. 205).

30 de agosto
Confuso panorama de lecturas veraniegas, y digo lo de «veraniegas» casi como quien se acuerda de la juventud perdida, porque la vista desde mi ventana es más bien otoñal. Un otoño atlántico, más que un verano mediterráneo: los frondosos algarrobos muestran un verde fresco, jugoso. Parecen castaños. Gotean agua de lluvia y la gotean también las glicinias frente a la casa. Llovizna después de cuarenta y ocho horas de temporal. Llevo dos noches sin dormir, aterrorizado por los relámpagos que rasgaban el aire y chascaban terribles, poniéndole cerco a la casa y, en algunos momentos, se diría que dentro de ella. Crepitaban los enchufes de la luz y dejaban escapar deflagraciones azul eléctrico. Podría resguardarme en el bajo, y no aquí arriba, donde las ventanas cierran mal, pero permanezco aquí para —manías de

viejo, disciplina– recoger el agua que se filtra por el tubo de la chimenea, por sus bordes, y también en el encuentro de los planos de la terraza cubierta y el cuerpo de la casa. El suelo está encharcado. Desconecto los fusibles para evitar una descarga; en fin, que la noche ha sido de Walpurgis, durante largas horas parecía que te iba a achicharrar un rayo cada seis o siete segundos. Los placeres de vivir en el campo, o, mejor aún, al pie de un monte pedregoso e «imán» de tormentas.

Leo literatura latinoamericana; buena parte de ella, como preparación de mi viaje a México: flojo, frustrante me ha parecido *El camino de Ida*, una policíaca intelectual de Ricardo Piglia y tampoco acabo de comulgar con Sada, de quien, en cualquier caso, aprecio esa prosa riquísima, tan imaginativa, tan –valga la expresión– mexicana. Subrayo expresiones, admiro, me gusta su capacidad para inventarse el idioma, porque lo que escribe estoy convencido de que es más de Sada que del país; o, mejor dicho, es el país hecho literatura por Sada. Sí, es una maravilla cómo trabaja el lenguaje de los de abajo. Como me ocurre con Villoro, también Sada me parece mejor en los cuentos, en los de *Ese modo que colma*, que en las novelas que acabo de leerme (*El lenguaje del juego* y *Casi nunca*). Me pongo con su gran novela *Porque parece mentira la verdad nunca se sabe* y a continuación me pondré con *A la vista*. Cuando las acabe, intentaré decir algo más de este novelista al que admiro y que, al mismo tiempo, me desconcierta.

Un paréntesis en lo latino: una vieja y preciosa novela de W. Saroyan, que ya había leído hace años y tenía totalmente olvidada: *La comedia humana*. La vida cotidiana en un pueblo mientras allá lejos se libra una guerra en la que intervienen algunos vecinos. También me he leído *El conde de Abranhos*, la feroz humorada de Eça de Queirós dedicada a la gente que se supone honorable. Un Eça gamberro y con ojo de halcón a la hora de desnudar a los impostores de su tiempo, que no difieren gran cosa de los del nuestro.

5 de septiembre

Del periódico de hoy: detienen a un anciano de setenta y cuatro años por conducir sin permiso y con diecinueve mil doscientas botellas de ron robadas en Barcelona. La detención se ha producido aquí al lado, en Jeresa.

Hoy me ha llevado Israel al cementerio de Beniarbeig, ante el que paso cada día y al que solo había entrado una vez antes de esta. Quería mostrarme los rosales de flor perfumada que hay plantados allí. Al parecer, ha conseguido permiso del que se ocupa del mantenimiento para cortar algunos esquejes. De paso, nos damos una vuelta contemplando las lápidas. Joder. Resulta que hay veintitantos o treinta tipos a los que he conocido, con los que he alternado en el bar; demasiada gente muerta en los últimos doce o trece años en este pueblo tan pequeño. Hay unos cuantos muy jóvenes, de veinte o treinta años, la mayoría de ellos fallecidos en accidente. Y también algunos muy viejos. Pero la mayoría tenían entre cincuenta y setenta, siendo abundantísimos los sesentones, no solo entre los enterrados en estos últimos años, sino también entre los sepultados de cualquier otra época. Nos reímos: Israel, estoy en puertas. Como me descuide, voy a ser de los más viejos del cementerio. Pues ¿no dicen que la esperanza media de vida de los hombres españoles está en ochenta y dos y la de las mujeres en ochenta y cinco? Parece que este pueblo, tan comilón, tan bebedor, goza de mala salud: la dieta mediterránea, que dicen.

En un pueblo tan pequeño, el cementerio, con tanto conocido por todas partes, tiene algo de cita en la barra, donde, por cierto, conocí a la mayoría de los difuntos que ahora reconozco en las fotos pegadas a las lápidas, ahora clientes fijos en el bar: esperan que tú, tan inestable, que te mueves de acá para allá, te quedes tranquilo de una vez en su vecindario. La muerte concede estabilidad, convierte al individuo en personaje fiel: ninguno de los que está aquí va a darte plantón el día que vengas.

13 de octubre
> Pobre leña de pirul, que no sirves ni pa arder,
> no más para hacer llorar.

Se lo oigo cantar a Lola Beltrán en un disco que me he traído de México. Me he traído otro de Toña la Negra, porque el triple que tengo de ella cantando a Agustín Lara es un vinilo y ya no hay tocadiscos en casa. Me hubiera gustado traerme algo de Alberto Beltrán (ay, ese «Limosnero de amor») y de Elvira Ríos, pero no los encontré en los escasos momentos que tuve libres y me acerqué a una tienda de música.

Quot capita, tot sententiæ (Terencio citado por Feliciana Ciancia en la tesis que ha escrito sobre *Crematorio*). «Tantas cabezas, tantos puntos de vista.»

Oído el otro día en un viaje en tren:

> No, no es así. La que no ha estado bien de la cabeza ha sido la otra rama de la familia, no la de Paco, que estudió derecho conmigo. Los otros son los que no. Fíjate Domingo, el hermano. Ese fue el que se tiró por la ventana. Primero tiró al gato y luego se tiró él. En ese plano que te digo está todo. Y ese plano estuvo en mi casa hasta que desapareció, y yo creo que el que se lo llevó fue tu marido, ahí aparecen todos esos trocitos, pero que son tan golosos, que nos han ido quitando entre unos y otros, ayuntamien-

tos, diputaciones, y todos esos que se han aprovechado, porque dicen: esas como son tan despistadas no son como el resto de la gente del pueblo, que mata por un dedo de terreno, no, a esas se les quitan unos cuantos metros y aquí no ha pasado nada. ¿Decírselo a Elisa? Qué quieres que te diga. Elisa es la nuera, yo sé que el padre de él es el notario que más ha trabajado de España, pero él no ha trabajado en la vida. ¿Consultar? Un perdido, eso es lo que ha sido. Yo no te digo más que no creo que pueda presumir de un bachiller, porque ni un bachiller ha tenido, y su mujer, ay, Elisita, parece que hayan sido de la familia real, Borbones de toda la vida. El otro día se lo dije: es que parece que hayáis sido de la familia real. Los humos que os gastáis, y ella me contestó que familia directa, no, pero que siempre ha sido una familia muy monárquica, muy cercana. Llevamos la monarquía en la sangre, de toda la vida la llevamos, me dijo, y yo no me aguanté: pues yo no os he visto ni una vez en el funeral por Alfonso XIII que hemos hecho cada año. Nunca ha aparecido por allí ninguno de vuestra familia, con todo lo muy monárquicos que sois. Allí, durante decenios, siempre hemos estado los mismos, unos catorce o quince, si llegaba; no ha habido más. ¿Que ahora queréis aparecer como monárquicos? Bienvenidos. Pero las cosas han sido así. Estos fíjate que la carrera que tienen es, qué te digo, nada, pero son muy listos, muy activos y encuentran lo que buscan. De todas formas, ya sabes, la gente es tremenda. No tienen reparos: se abalanzan como animales de rapiña...

[...]

¿Y que tú lo has leído en los periódicos? Pero es que lo que dicen los periódicos es mentira. ¿Qué clase tiene un periodista?, ¿cómo se va a meter en una familia de verdad? Imposible. Se enteran de oídas, así que media verdad es peor que mentiras. Desde que, hace catorce años, murió mi marido, no he vuelto a comprar un periódico. Dicen lo que otros quieren que digan. Gente, además, sin cultura: mucho esto y aquello y no saben ni siquiera quién fue Godoy, que eso lo comprobé yo un día, y, claro, si no saben ni quién era Godoy, ya me dirás la cultura general que tienen...

[...] en la vida me meto yo con alguien en el ascensor, eso sí que no, fíjate que ahora, con la anulación de la ley Parot por los de Estrasburgo, van a salir todos esos violadores, el violador del ascensor y los demás, es que no me digas, la gente es tremenda, frívola, porque luego todo son quejas, pero cómo se te ocurre meterte una mujer sola con un hombre en el ascensor, nunca, pero es que nunca, yo con un hombre en el ascensor, ni con una chica que puede estar igual de loca, porque ahora están locas. Si estoy metida en el ascensor y llega alguien y se mete dentro, me salgo, me voy, así, por las buenas, con educación, disculpe, que se me ha olvidado no sé qué, y no entro en el ascensor, o si estoy dentro, me salgo...

31 de octubre
Una buena noticia en la prensa valenciana, yo diría que la primera desde hace no sé cuánto tiempo: el próximo mes de enero se inicia la restauración de la iglesia de San Nicolás, y parece que han contratado como asesor al que dirigió la restauración de la Capilla Sixtina, que ya ha tenido alguna otra intervención en la ciudad (restauración de los ángeles músicos renacentistas de la catedral). Se llama Gianluigi Colalucci, y yo anoto esto como si fuera un defensor del patrimonio eclesiástico, y no, lo único que quiero es que se salven esas pinturas tan hermosas (quizá es la iglesia más bella de Valencia, pequeña, recogida, con unos estupendos retablos de Macip, por la que me di una vuelta hace algún tiempo y cuya nave vi en muy malas condiciones). ¿De qué otra cosa voy a

alegrarme? Cuanto veo y cuanto oigo habla más bien de degradación y miseria, algo que rejuvenece resulta una alegría.

Desolación y degradación es lo que me he encontrado en la mayoría de los nuevos narradores mexicanos cuya obra me he leído o releído durante los últimos tres meses con la idea de preparar mi viaje transatlántico. Me he tragado una treintena de libros: Fadanelli, Villoro, Enrigue, Herbert, Volpi, Herrera, Fonseca, Bellatin, Servín, Monge... Lo mejor: la prosa de Sada, aunque sus novelas divagan en exceso y se alargan yo creo que innecesariamente, la de su heredero directo Emiliano Monge, y la inteligencia de Enrigue, cuyo libro *Decencia* creo que tiene ciertas afinidades con *Los disparos del cazador*, y cuyos cuentos titulados *Hipotermia* me han parecido brillantísimos. Me he reído mucho con los estupendos cuentos de Villoro —esa parodia certera de lo mexicano—, que prefiero a sus novelas, ya lo dije. Y he vuelto a leerme a Fuentes, del que prefiero sus primeros libros y que cruza la frontera —en la primera etapa de lo que será un viaje de ida y vuelta, pero una vuelta ya fatigada— con *Cambio de piel*. He descubierto a Rosario Castellanos, cuya generosidad literaria me parece admirable: esa mujer de clase media o media alta que sabe ponerse en la piel del indio para escribir libros tan extraordinarios como *Oficio de tinieblas* y *Balún-Canán*; he redescubierto *Los de abajo*, de Azuela: esperaba que iba a parecerme un libro caduco, y me ha parecido una desoladora visión de la Revolución Mexicana y su degradación, cómo la revolución se corrompe. Me ha gustado más si cabe que la primera vez que lo leí hace casi cuarenta años. Y de nuevo he vuelto a aullar de dolor leyéndome —por décima, por duodécima vez— a Juan Rulfo, un autor que, en cada nuevo encuentro, te lleva más hondo. *Pedro Páramo*, sí, sin duda, pero ¿y ese *El llano en llamas*?, qué tristeza en los dos libros...

En el otro extremo, he odiado, o ni siquiera, diré más bien que he despreciado los textos huecos y pretenciosos de Bellatin. Me ha parecido que, en muchos momentos, rozan directamente la tomadura de pelo. Representan lo peor de la seudomodernidad de ciertos intelectuales franceses, puro bla, bla, bla pretencioso, disfrazado de trascendente, de intensamente literario cuando sus textos son, sobre todo, más bien estúpidos.

1 de noviembre
Sobre la libertad casi infinita del escritor: como dice Juan Villoro: «En la novela los efectos especiales salen gratis y los personajes no están sindicalizados: solo cuenta tu mundo interior» (*Los culpables*, pág. 118).

«Todo se nos ha ido en inventarle dobles a Dios» (Carlos Fuentes, *Cambio de piel*, pág. 351). Unas páginas más adelante, pág. 361, «el sentimiento [...] nos encierra en nosotros mismos y la pasión nos arroja en brazos de otros. Que la pasión se comparte y el sentimiento no». Y aún otra nota, pág. 379: «El amor solo puede ser entre dos. Aunque sea pobre, pretencioso, torpe. El amor que puede ser conocido desde fuera ya no lo es». *Cambio de piel* es la novela fronteriza de Fuentes, su desprenderse serpentinamente de la vieja camisa y su mudanza hacia mundos más retóricos, más incomprensibles, más herméticos. Cuando vuelva o intente volver a sus orígenes, a recuperar la diafanidad de *La muerte de Artemio Cruz* o la lucidez desnuda de *La región más transparente*, lo hará como cansancio, o no, porque da la impresión de que él no se cansó nunca, será mejor decir como agotamiento, que es un término que expresa mejor lo que le ocurrió. Pero a lo mejor no soy demasiado justo. He releído *Cambio de piel, La región...* y *La muerte...* este mes pasado, pero no me he animado a volver a *Terra nostra*, qué fatiga en el recuerdo, pero ¿debería volver a *Cristóbal Nonato*? *Cambio de piel* está lleno de hallazgos, tantos que parece que se contrarrestan unos con otros, y tienes la impresión, mientras lees, de que el conjunto se hunde como la ciudad de México, el texto desaparece en un medio fangoso que vamos a desconocer.

En el atracón de literatura mexicana de estos últimos dos o tres meses, he acabado enfrentándome a *Cristóbal Nonato*, y sí, desmesura en la novela de Fuentes, brillantísimos hallazgos, pero también hartazgo del lector por saturación, una literatura que carece de finalidad y de fin en el sentido estricto, texto que puede no acabarse nunca, y que parece buscar en esa eterna divagación su objetivo, pero a la literatura le pedimos (o yo le pido) que sea una máquina pequeña que nos enseñe el mecanismo de la grande, un modelo para armar que nos ayude a abrirnos paso entre los engranajes complicados del mundo real. Y esa desmesura de Fuentes te deja exactamente en el mismo desconcierto en el que estabas antes de leerla. Frente a eso, la hermosura, la generosidad de Rosario Castellanos en *Oficio de tinieblas* y, sobre todo, en esa joya extraordinaria que es *Balún-Canán*. Esa mujer de clase media o alta capaz de ponerse en la piel de los indios, de vibrar con ellos. Terminas de leer y la cualidad de las preguntas que te hacías se ha alterado sustancialmente, ¿no es eso lo que da sentido a la literatura?

Últimos días de noviembre.

Diciembre

De las memorias de Buñuel –*Mi último suspiro*– tomo esta cita que el autor del Libro de la Sabiduría (2, 1-7) pone en boca de los impíos, pero que a él le parece el pasaje más bello de la Biblia, y salido más bien de la pluma del marqués de Sade:

Por acaso hemos venido a la existencia, y después de esta vida seremos como si no hubiéramos sido: porque humo es nuestro aliento, y el pensamiento una centella del latido de nuestro corazón.

Extinguido este, el cuerpo se vuelve ceniza, y el espíritu se disipa como tenue aire.

Nuestro nombre caerá en el olvido con el tiempo, y nadie tendrá memoria de nuestras obras, y pasará nuestra vida como rastro de nube, y se disipará como niebla herida por los rayos del sol que a su calor se desvanece.

Pues el paso de una sombra es nuestra vida, y sin retorno es nuestro fin, porque se pone el sello y ya no hay quien salga.

Venid, pues, y gocemos de los bienes presentes, démonos prisa a disfrutar de todos en nuestra juventud.

Hartémonos de ricos, generosos vinos, y no se nos escape ninguna flor primaveral.

Coronémonos de rosas antes de que se marchiten, no haya prado que no huelle nuestra voluptuosidad.

Ninguno de nosotros falte a nuestras orgías, quede por doquier rastro de nuestras liviandades, porque esta es nuestra porción y nuestra suerte (pág. 261).

De los *Diarios* de Max Aub:

1952, 5 de abril:

No admitiré nunca, creyendo como creo en el progreso, que se sacrifique la libertad en pro de un porvenir que sé no será más que un eslabón de un estadio futuro que, a su vez, será también la base de otro. Hay que retener siempre lo bueno –lo agradable, lo hermoso– y desechar lo malo –lo desagradable, lo feo–; y lo bueno y lo malo tal como lo juzgue cada uno (pág. 210).

879

Regresa la asediadora, la supuesta plagiada. Ahora, por lo que parece, me inspiro también en sus blogs y he copiado, o al menos me he inspirado, en sus textos sobre Camus para el artículo que me encargaron recientemente los de *El Mundo*. Está de atar. Ella había hablado antes que yo de Camus y se había referido a su relación con María Casares (que, por otra parte, conoce todo el mundo, y a la que yo no aludía para nada en el artículo). Y concluye: «Así llevamos dieciocho años», o algo por el estilo. La muy loca. En mi vida la había oído nombrar, ni la conozco, ni había leído una sola línea que se refiriera a ella, hasta que de Anagrama me enviaron una carta en la que me acusaba de que yo le había robado un manuscrito que ella entregó en la editorial. Como si yo tuviera acceso a los manuscritos que guardan (insinuaba más bien una maniobra conjunta con Herralde). Si yo solo he pisado la editorial media hora cada vez que ha aparecido un libro nuevo y he ido a Barcelona a presentarlo. Por cierto, un manuscrito que en la editorial no consta que ella haya enviado jamás. Me dicen: está loca, no le hagas caso, pero tiene narices que, de repente, parezca que componemos una especie de viejo matrimonio (¡dieciocho años siguiéndola, plagiándola!). Es el precio de la fama, me consuelan, y la verdad es que su teoría (llamémosla así) apareció tras el relativo éxito de la serie *Crematorio*. Sea como sea, no deja de irritarme y de hacerme pensar en lo fácil que es sembrar sospechas en torno a alguien. A ratos se me pasa por la cabeza denunciarla, pero eso sería darle el aire que necesita y busca. Mientras tanto, sigue sacando blogs en los que «prueba» que *Crematorio* es obra suya. Lo que se me ocurre sencillamente es una venganza superlativa, a lo hermanos Cohen: meterla en una trituradora y hacerla picadillo. Pero si yo estoy en mi casa, y no me meto con nadie, ¿de dónde viene esa inquina? Al parecer es así: si consigues cierta fama, empiezan a aparecer damnificados. El ideal de vida sería no publicar. O publicar con seudónimo de verdad, no coqueto, de esos seudónimos que todo el mundo sabe a quién corresponde. Nos pierde la vanidad. La loca la envía Dios para castigar esa vanidad.

Indignación por el cierre de la radiotelevisión valenciana, por lo que expresa de desprecio hacia una lengua (era la única cadena que emitía en valenciano) y, de rebote, el ninguneo de un país. Se atreven a hacer con esta comunidad lo que, por el momento, no han hecho con ninguna otra. Habría que preguntarse qué hemos hecho los valencianos para que se lo puedan permitir, pensando que no va a tener demasiadas consecuencias. Los judíos aprendían que eran judíos cuando se les privaba de cosas a las que los otros tenían derecho: aquí empiezan a concederme la identidad de valenciano: soy de esos de los que el Estado apenas se ocupa, pagan más de lo que reciben a pesar de tener el PIB entre los más bajos, los sueldos, las pensiones, y el paro por encima de la media. Me siento valenciano porque, además, pertenezco al grupo que no tiene radio y televisión propias ni en su lengua, mientras que todos los demás españoles las tienen. Qué desastre. Da la impresión de que esta comunidad que podría tenerlo todo decidió un día suicidarse y fue y lo hizo. No han dejado piedra sobre piedra. La lista de desastres tiende al infinito. Y ahora, desde el poder, te dicen que eres la nada porque ya hemos gastado todo cuanto tenías, te hemos comido entero; de ti no hemos dejado ni los huesos para chupar. Ahora pasas a la inexistencia y al castigo, te convertimos en culpable de lo que hemos hecho contigo. Sí, sí, no te escapes. Hablamos de ti, sabemos que eres valenciano.

Parálisis. Incapacidad. No puedo ni cumplir con los poquísimos compromisos (tres o cuatro textos cortos: Zúñiga, Buñuel-Aub, Marta Sanz…, me maldigo).

881

En el libro *Los pueblos*, de Azorín, destellan por su actualidad, por su visión premonitoria, los textos agrupados bajo el título «La Andalucía trágica», que anuncian el germen de lo que un tercio de siglo más tarde sería la Guerra Civil: «[...] este antagonismo, este odio, cada día más poderoso, más terrible, entre el obrero y el patrono» (pág. 189).

6 de diciembre
Modas, estilemas, cambios en la percepción del pasado. Cada época fabrica sus posiciones, sus antecedentes, lee a conveniencia la historia. Aub, en *Luis Buñuel, novela*, dedica bastantes páginas al manierismo, en cuyo centro coloca al Greco, y en las que en ningún momento se cita a Caravaggio, para nosotros el gran referente. En este libro, Aub quiere fijar los movimientos culturales y en particular los literarios del siglo XX, y como les ocurre a todos los que plantean grandes síntesis del mundo, de una época, necesita buscarse hitos, trazar el camino que lleva hasta ahí, dejar señales, pero no hay que olvidar nunca que el sistema de señales que utilizamos está hecho con materiales frágiles, que, como las migas de pan de Pulgarcito que se comieron los pájaros, están expuestos a la voracidad de los depredadores. Pasados los años, algunos de los grandes nombres que parecieron imprescindibles entonces se han vuelto insignificantes. Soy cada día más escéptico a adoptar teorías que abarcan esto, aquello y lo de más allá, o a exponer visiones de conjunto. Pero, claro, desde ese escepticismo se puede hacer muy poco: toca silencio. Entonces, para no callar, ¿qué hacer? Seguir elaborando, hilando cosas entre sí, aun a costa de que sean erróneos esos lazos, por dar salida a las dudas ajenas, o por la brillantez de los razonamientos... Pero, en ese caso, la teoría se vuelve inmoral, desde el momento mismo en que has criado ese escepticismo; si sabes que exposición y conexiones

son, no erróneas, pero sí, digamos, un mero suponer, acabará siendo todo un gran error, porque así te lo dices a ti mismo desde el escepticismo, entonces ya no incurres en error, sino en falsedad, y te conviertes en un tipo despreciable; para empezar, despreciable para ti mismo. O sea, que si estás ya envenenado por el escepticismo, te tienes que callar, la profesión de escritor no parece que sea la más conveniente, la que mejor se ajuste a tu carácter.

15 de diciembre

Llevo tres meses atrapado por dos colaboraciones de media docena de folios, que a cualquier otro (a mí mismo en otro tiempo) le costaría un par de horas escribir. Cada día que pasa empeora. Jamás pensé que acabaría sufriendo tanto al escribir, ni, menos aún, que, después de tantos años, sería tan torpe, tan inepto. Antes me decía que no vivía por culpa de la escritura: sacrifico mi vida a la escritura, me decía pedantemente, copiando a todos esos egotistas románticos de principios del siglo XX –y sus terminales póstumas, o herederos– a quienes tanta manía les tengo. Ahora ni vivo ni escribo, ¿qué explicación literaria se le puede dar a eso? Vila-Matas podría dedicarme alguna página en su *Bartleby y compañía*. Pero no, cómo aspirar a eso, si yo soy un escritor realista.

25 de diciembre

Un rayo destruye la ermita de la Virgen en Muxía. El alcalde del pueblo se queja: «Esta es la lotería que nos cae por aquí». Irredentismo del mejor. En vez del gordo de Navidad, el Gobierno de Rajoy les envía un rayo.

Más cosas:

El traductor de signos que contrataron para el funeral de Mandela era un impostor. La gente se sorprendía (los sordos, se supone) viendo sus aspavientos, no sabían qué hacía aquel señor tan serio, preguntaba a sus vecinos, no solo los sordos que acudieron al acto, también los sordos que estaban entre los cientos de millones de espectadores que seguían el funeral por la televisión. Según cuentan ahora los periódicos, al parecer ya había llevado a cabo alguna de estas estrambóticas actuaciones. Se preguntan quién lo contrató y por qué, con qué criterio. Dicen que ahora lo han ingresado en un psiquiátrico. Momentos así son de los pocos en que lo sublime se cuela en la vida cotidiana. Uno de esos instantes inolvidables se produjo durante la inauguración de la Expo de Sevilla. Lo presencié en directo por la televisión. Fletaban la reproducción de una de las carabelas del Descubrimiento (no sé si la *Santa María*, *La Pinta* o *La Niña*), la multitud gritaba y vitoreaba, las autoridades que habían bautizado el barco recibían con sonrisas de satisfacción el homenaje que merecía la carabela, y, sobre todo, el que merecían ellos, cuando, a los pocos metros de haber zarpado, empezaron a arrojarse por la borda algunos tripulantes, otros gesticulaban en la cubierta. ¿Qué querrá expresar todo esto?, ¿qué significa esta performance?, me preguntaba, cuando –como los demás que estaban en el bar– empecé a darme cuenta de que eran los miembros de la tripulación que no se había arrojado aún al agua los que gesticulaban con la angustia dibujada en el rostro, un sálvese quien pueda porque la carabela se estaba hundiendo de verdad y ellos seguramente no saltaban porque no sabían nadar. Aún veo (o ya no sé si me los imagino) a aquellos tipos cabalgando sobre la borda, pidiendo auxilio, arrojándose torpemente al agua, y el gesto de sorpresa y bochorno de los políticos, y vuelve a darme la risa. La realidad se convertía en la mejor metáfora de sí misma.

Bulgákov: *Notas en los puños*. Alfabia, 2009.
Diario de un joven médico, 2013.

«[...] la idea de objetividad que parece representar la tercera persona es, en el mejor de los casos, una ficción instrumental.» Siri Hustvedt, *Vivir, pensar, mirar*, pág. 11.

«Tú ya sabes que cierta repugnancia induce al deseo y nos atrapa porque hemos sido superiores en el asco y después lo poseemos, lo olvidamos, y el asco forma parte del encanto y nos domina y nos deja indefensos.» Marta Sanz, *El frío*, pág. 109.

31 de diciembre

Leyéndome los libros de Marta Sanz para hacerle un prólogo. Confieso que estas relecturas me muestran las limitaciones de su escritura, que, no sé por qué, ella se empeña en subrayar. Lo hace con la edición que prepara de *La lección de anatomía*, para la que escribo ese prólogo, y que es un libro excelente que se va abriendo y desmigajando en el último tercio; pues bien, en vez de tensar esa parte, que es lo que yo tímidamente le insinúo, va a añadirle algún capítulo más que, en mi opinión, no le hace favor. Me dice que lo hace por razones políticas, pero un texto aunque sea un panfleto —o sobre todo si es un panfleto— tiene unas reglas rigurosas y frágiles que, si se rompen, desactivan sus efectos.

Tantos años después, releo *La banda de la casa de la bomba*, de Tom Wolfe. Los rasgos de estilo que en su tiempo parecían más vanguardistas y brillantes muestran su oquedad; pero qué duda cabe de que tenemos que agradecerle unas cuantas observaciones certeras sobre la sociedad americana: los análisis finísimos que dedica a Marshall McLuhan, o a las estrategias mercantiles del arte moderno en los años sesenta, con el astuto Robert Scull por entonces convertido en rey del mercado del arte, gracias a una estrategia según la cual creaba un autor y lo ponía a cotizar sirviéndose de todas las terminales de propaganda antes de que su obra llegara a las galerías (por ejemplo, Walter De Maria), introduciendo en ese mundo la especulación en estado puro, al margen de valores más o menos objetivables. Los escaladores sociales de Nueva York descubren en ese nuevo arte –capaz de desbocar sus precios– un medio para el arduo ascenso en que se empeñan: «Las inauguraciones empezaron a eclipsar a las primeras sesiones teatrales como lugar de reunión de los elegantes, los ambiciosos y los guapos. Los comités de los museos de arte reemplazaron a los comités de caridad como punto donde los arribistas ambiciosos podían empezar a escalar socialmente» (pág. 175). Todos quieren coleccionar el último grito (el nuevo Oldenburg) y Bob Scull, tras «descubrir» a los artistas, les hace crear «lo último».

También sigue resultando divertidísimo el texto titulado «El nuevo libro de etiqueta de Tom Wolfe», en el que recupera el tono hilarante de *La Izquierda Exquisita*..., y podemos leer descripciones como esta: «La cena con mono [que es el personaje que la adorna para convencer a alguien de que estaría bien que hiciera algo que nos conviene] persigue fines serios y muy concretos, es decir, forma parte del negocio. Por tanto, no puede uno tener demasiados tipos puramente decorativos en la mesa, haciendo castillos de arena con sus propios egos» (pág. 200).

Explica la *nostalgie de la boue* de las clases altas «como el atrevimiento de las clases sólidamente asentadas frente a los recién llegados, que tienen dinero, pero carecen de esa seguridad que permite comportarse con libertad, *ad lib*».

De Philipp Blom, *El coleccionista apasionado*: «Atlas, el que sostiene el mundo, simboliza la ambición de la colección» (pág. 57); «[...] preferencia por las naturalezas muertas» (pág. 36); «[...] el rechazo de la vida eterna pasó a ser una búsqueda de Dios a través de su Creación, es decir, una teología práctica. [...] [también] colecciones como testamentos para las generaciones venideras» (pág. 37).

De Ruysch, embalsamador de los siglos XVII-XVIII, «su "arte", la fusión entre medicina y escultura, entre taxidermia y alegoría, entre ciencia y belleza» (pág. 92).

El coleccionista-embalsamador Ruysch y las *vanitas* del siglo XVIII «[h]an sido reemplazados por un modo de investigación y enseñanza que trataba a los cuerpos de manera completamente desapasionada, como objetos, como si fuesen muestras de piedras o como escarabajos» (pág. 144).

«La fe del siglo XIX en la capacidad de las colecciones para ser mundos simbólicos» (pág. 148); «El objeto más importante de una colección es el siguiente» (pág. 208); «El kitsch es la muerte de la muerte, pues incluso la Parca se convierte en una figura acogedora, casera» (pág. 214); «[...] las urnas, Browne afirma que esos mismos recipientes son un fracaso estrepitoso que solo nos recuerdan la muerte y la descomposición y no a quienes, con ellas, quisieron alcanzar la eternidad» (pág. 252); «[...] los antiguos palacios de la memoria se han deteriorado, reemplazados ahora por ordenadores o carpas de circo» (pág. 253); «[...] el arte de la memoria como instrumento para comprender el mundo y conquistar el espíritu ha muerto hace ya mucho tiempo [...] o ha quedado relegado al parque de atracciones, a los trucos mnemotécnicos de gente que aparece en televisión» (pág. 253); para Benjamin, «en su artículo "Desembalo mi biblioteca", [...] orden [...] solo es "un estado de suspensión sobre el abismo"» (pág. 272).

Jorge Carrión: *Librerías*: el censor, «ese lector que se dedica a delatar lectores» (pág. 29).

Carrión se refiere a textos sobre los libros:
S. Zweig: *Mendel el de los libros.*
J. L. Borges: *Funes el memorioso, El Aleph.*
Pirandello: *Mundo de papel.*
D. Kiš: *Enciclopedia de los muertos.*

El libro de Zweig termina diciendo: «Los libros solo se escriben para, por encima del propio aliento, unir a los seres humanos, y así defendernos frente al inexorable reverso de toda existencia: la fugacidad y el olvido» (citado por Carrión, *Librerías*, pág. 30).

Los libros como contenedores de residuos, restos de algo que fue, las librerías como traperías.

Abandono (puro aburrimiento, más un punto de irritación) el último libro de Martin Amis, *Lionel Asbo. El estado de Inglaterra.* Me molesta su tufo reaccionario, de señorito que trata de modo despectivo y caricaturesco a los muertos de hambre de los barrios obreros (¿qué quiere decir eso de «obrero» a estas alturas?) londinenses. Pero es que, aparte de eso (si es que eso puede ponerse aparte), el libro es un peñazo, sin gracia, que es, al parecer, lo que pretende tener.

2 de enero

De Marta Sanz, *Animales domésticos*: «No os preocupéis. Marcela no va a equivocarse nunca, porque nunca va a notar que se equivoca» (pág. 52).

Sobre mujeres y adulterio: «[...] las mentiras de una vida íntima que no es más que el rescoldo perverso de los entramados económicos y sociales» (pág. 88).

Parece que debo anotarlo. ¿Por qué esta frialdad?, ¿esta indiferencia?, ¿este no saber dónde meterme y estas ganas de desaparecer? Como si en vez de un reconocimiento se tratara de una denuncia, señalarte con el dedo porque has hecho algo vergonzoso: el pasado fin de semana eligen *En la orilla* como mejor novela del año en *El Cultural* de *El Mundo*. Esto aparece el viernes. El sábado se repite, *En la orilla* mejor novela, pero ahora son los críticos de *El País*, y también la eligen mejor libro los de *ABC*. Por la noche empieza a hinchárseme el labio superior hasta que se pone como una mandarina, sobresale más allá de la punta de la nariz, ni en *El planeta de los simios* tienen unos belfos así. ¿He comido algo en malas condiciones? No lo creo. De hecho, he seguido comiendo lo mismo que estos pasados días. Más bien angustia, o saturación: recuerdo que eso mismo empezó a ocurrirme los meses anteriores a irme a Marruecos, no soportaba mi vida, era una época en la que me asfixiaba, carente de cualquier proyecto o ideal. En el momento más inesperado empezaba a picarme el labio y se hinchaba monstruoso, y esa hinchazón iba extendiéndose por brazos y espalda. Muchas noches el picor era tan insoportable que ni los más efectivos antihistamínicos lo aliviaban.

De Marta Sanz, *Animales domésticos*:

Sobre los pobres se pueden rodar documentales, docudramas como mucho, pero no se puede escribir una novela: porque los personajes de las ficciones no deberían ser idiotas, la novela es el territorio de la burguesía. Y los pobres son pobres porque son tontos. Sin embargo, Esteban es optimista respecto a ese punto, tal vez él, Carola, Jarauta, Elías podrían dejar de ser personas y convertirse en personajes, renegando así de su idiotez y llenándose de dignidad: al fin y al cabo, pertenecen a una especial clase media, entre el poder adquisitivo de la burguesía y las condiciones de trabajo del lumpenproletariado. Les queda ese hueco (pág. 175).

Porque somos las páginas de un libro que se lee y, fuera del acto de ser leídos, nada somos, ni un proyecto, qué imperiosa necesidad de transformarnos, por fin, en libro y cobrar algún significado, alguna relevancia, por qué nos tomamos tan en serio... (pág. 190).

4 de enero

El acordeón, un instrumento popular que ha caído en desuso; aún más olvidada la armónica, ¿cuántos años hace que no he oído tocar una armónica? Ni siquiera recuerdo haberla visto en algún sitio, no se la cita en ninguna novela ni en ningún artículo. Saco la conclusión: música del subdesarrollo. La melodía del pobre. Hoy me he encontrado una armónica en la vitrina de la tienda de Sol Nazerman, el protagonista de la extraordinaria novela de Edward Lewis Wallant *El prestamista*, que me regala un amargo clima «bíblico», algo como lo que yo ando buscando para mi lejanísima posible nueva novela, en la que quiero que haya un iluminado estafador. Algo de ese ambiente está también en los libros de Nathanael West, o incluso en alguna de las desmesuras de *Bajo el volcán*. Claro que, por ese camino, la lista sería interminable, e incluiría a Hawthorne –otro Nathanael–, al de *La letra escarlata*, tendríamos que hablar de un Ismael, el protagonista de *Moby Dick*, entre tantas. De momento, me pongo como tarea volver a leerme *El Criticón*, compañero idóneo en este tranco de la vida. Ahí también hay algo de lo que necesito. Pero ¿qué es lo que necesito?

6 de enero

El pintor Christian Bérard, amigo de Cocteau, de Poulenc, las imágenes de él lo presentan robusto, con el rostro infantil y, en algunas de ellas, barbudo, se le ve fuerte, lo que ahora dirían los gays un oso, y, por contraste, sus pinturas y dibujos expresan una gran delicadeza de línea, y de color, lo que convierte en inquietante su personalidad, imagino cómo debió excitar a esos homosexuales delicados el pintor al que llamaban Bébé, por su aspecto juvenil y saludable, y que, en un estudio lombrosiano, hubiera sido más bien un inocente bruto. Pero Bérard se muestra más sensible en su arte que las flores de té que lo rodean. Una fascinación de ese tipo es la que produce el recientemente fallecido Gandolfini, saber que la brutalidad del personaje encubre su fondo frágil y es fruto del trabajo meticuloso, inteligente y sensible de un autor: un bruto compuesto como material de trabajo o de supervivencia por un individuo de gran sensibilidad (no olvidarse del Franz Biberkopf de *Berlin Alexanderplatz*, la serie de Fassbinder, Günter Lamprecht). Por cierto, Poulenc compuso en 1950 su *Stabat Mater* para Bérard, que murió tempranamente, un año antes (había nacido en 1902).

Leyendo *El discreto*, de Gracián, me encuentro con este texto:

> Hasta una santidad ha de ser aliñada, que edifica el doble cuando se hermana con una religiosa urbanidad. Supo juntar superiormente entrambas cosas aquel gran patriarca, arzobispo de Valencia, don Juan de Ribera. ¡Qué aliñadamente fue santo! Y aún eternizó su piedad y su cultura en un suntuosamente sacro colegio, vinculando en sus doctos y ejemplares sacerdotes y ministros la puntualidad en ritos, la riqueza en ornamentos, la armonía en voces, la devoción en culto y el aliño en todo (págs. 319-320).

Me gusta encontrar esa alusión al colegio del Patriarca, un lugar que me resulta muy querido. Cada vez que abro el ejemplar de las *Obras completas* de Gracián, cuya lectura he reemprendido, inevitablemente me acuerdo de Santos Alonso, que fue quien preparó la edición, que tanto sabía de Gracián y que dejó escrito un estimulante libro-homenaje al aragonés que me gustaría que algún día viese la luz. Sé que Herralde lo rechazó porque es cierto que se ajusta con dificultad a sus colecciones, pero eso no le quita ni un ápice de mérito al libro. Recuerdo con frecuencia a Santos, me parece mentira que su voz –tan necesaria en la crítica española– ya no esté, y que su ausencia sea irreparable, la muerte de cuyos efectos demoledores vamos dándonos cuenta a medida que se nos acerca.

Más Gracián: «El vulgo [...] fue siempre malicioso, pero no juicioso» (pág. 322).

¡La falta de concentración!, ¿efectos del alcohol, del tabaco, de la edad? Sea lo que sea, me concentro difícilmente en lo que leo y olvido diez minutos después lo que he leído. Comprendo las cosas (o eso creo) mientras las voy leyendo, pero soy incapaz de repetirlas. Si tuviera que examinarme, no aprobaría ningún examen. Pero es que empieza a ocurrirme eso también con los títulos de los libros, con los nombres de los autores, o de los intérpretes de las películas: veo sus caras, tengo el nombre lo que se dice en la punta de la lengua, pero soy incapaz de reproducirlo, nombres que he manejado con soltura toda la vida. Me desespero. En esas condiciones, ¿cómo puedo esperar escribir otro libro? Ni se me pasa por la cabeza. El ciclo ha concluido, se acabó el juego, terminado, por eso me desazonan tanto, e incluso me irritan o me ponen agresivo todas las alabanzas que se repiten estos días sobre mis libros y sobre mí, ¿cómo explicarles que no soy nada?, ¿que hablan de un cadáver? Nunca he sabido gran cosa (ay, la inconsistencia del autodidacta), pero ahora he olvidado ese poco que sabía. Por poner un ejemplo, tengo que hacer un esfuerzo para encontrar la palabra que define un corte de pan y digo «pedazo», «trozo», y hasta «tajada», antes de recordar que se dice «una rebanada de pan». ¿Cómo se puede pretender seguir escribiendo?

7 de enero
Anoche me acosté a las cinco de la mañana y, aunque me he levantado tarde, hoy me encuentro especialmente mareado. No me siento bien. ¿Volveré a escribir una novela? Para bajarme de la nube en la que me quieren instalar tantos halagos, leo en un blog una descalificación de mi última novela por diversas razones. A continuación, quizá para buscar-

le una coherencia al hecho de haberla leído a pesar de todo, explican que hay que leer a los autores mediocres de nuestro tiempo para entender su carácter (el del tiempo en que vivimos). Algo así viene a decir, y yo me siento más identificado con ese autor mediocre que describe el blog, que con el gran novelista que quieren construir.

De Edward Lewis Wallant, *El prestamista*:

[…] se empeñó en que ella olvidara lo pequeñas que tenía las manos aplastándole los pechos con ellas. Se recreó en los gruñidos de dolor de Mabel, y mientras se comportaba con aquella falsa brutalidad, se vio como un gran macho en celo (pág. 97).

[…] lo principal es que no confío en la gente ni en las palabras, porque esas palabras han creado el infierno y porque esa gente ha demostrado que no merece existir (pág. 152).

Es cierto que el dinero puede crecer o disminuir de valor, y eso a veces puede ser arriesgado. Pero en cada momento tienes una idea aproximada de lo que te puedes comprar con él: comidas, comodidades, lujos, el alivio del dolor, o incluso, a veces... sí, a veces puedes comprarte la vida misma. Después de la velocidad de la luz, que Einstein nos demuestra que es la única certeza absoluta del universo, en el siguiente escalón yo solo pondría el dinero (págs. 152-153).

Del amor no pienso ni hablar: es demasiado repugnante, sobre todo lo son las obscenidades que se cometen en su nombre (pág. 192).

894

La sonrisa desapareció de los labios violáceos de Murillo como si fuera una mancha de comida que se hubiera limpiado con la servilleta (pág. 207).

–[…] su padre se está muriendo.
–¿Y quién no, doctor? –dijo Sol–. La cuestión es cuánto le falta para morirse (pág. 247).

¿Qué era la conciencia? Ese órgano no existía, y si existía algo parecido a un alma o un Dios, peor para todos. Por lo demás él no estaba dispuesto a torcer su cuerpo para hacerlo pasar por unos huecos en los que no cabía. La vida era una batalla y él era un combatiente. Disfrutaba de la belleza pero únicamente hasta cierto punto (pág. 314).

Aceptó todo el dolor que contenía aquello, si no feliz, como un mártir, al menos con buena voluntad como un heredero (pág. 359).

8 de enero

Pues sí, parece que me estaba esperando Nathanael West. Esperaba que volviese a él. Resulta curioso comprobar cómo cada temporada te inclinas hacia determinados libros o músicas o películas y resulta que son esas las que necesitas. Si en el caso de *El prestamista* es la casualidad la que interviene, en el caso de West es la sensación que dejó su lectura hace veinte o treinta años, que ha permanecido latente y ahora vuelve, una marea que ocupa la playa tras larguísima resaca. Qué hermosura de libros: desde luego, el enloquecido *La vida somni de Balso Snell*, pero muy especialmente ese *Miss Lonelyhearts*. Es aún más doloroso como lo recordaba y, sí, ahí está el tono que me gustaría darle a mi predicador, el usufructo del dolor ajeno, de su desesperación, mezcla de espíritu y economía en un mundo en el que reinan el mal y la desesperanza. Me faltan *A Cool Million* y *The Day of the Locust*. De *A Cool...* no recuerdo nada; en cambio, *El día de la langosta* y *Miss Lonelyhearts* me impresionaron mucho cuando los leí, y creo que tiene la coloratura que busco para mi novela «de predicador». Escribo pretenciosamente «mi novela "de predicador"», cuando no tengo nada escrito, ni una línea, nada, una vaga idea, una conversación escuchada en un viaje entre Valencia y Madrid, monólogo más bien, porque se trataba de un tipo que, en el asiento de al lado, hablaba por teléfono con sucesivas interlocutoras (a todas las fue llamando con nombre de mujer) y yo no podía escuchar lo que ellas decían: me dio dentera aquel tipo que estaba sentado junto a mí, que en algunos momentos hasta me rozaba, lo que decía, una mezcla de místico y farsante, un tipo que parecía sacado de alguna novela de Dostoievski o de alguno de esos herederos suyos con los que he convivido durante los últimos días: Wallant, West...

9 de enero

No corrige West el atroz pesimismo de *Miss Lonelyhearts* en su siguiente novela, todo lo contrario: lo agudiza. *A Cool Million* es un texto espléndido, divertido y tristísimo, en la tradición de *Tom Jones* o del *Lazarillo* y la novela picaresca, una gran carcajada sobre el tópico de América como tierra de oportunidades, aquí encarnado en un inocente llamado Lem, al que le suceden todas las desgracias imaginables: también me recuerda a Franz Biberkopf, el protagonista de *Berlin Alexanderplatz*, novela de la misma época: la de Döblin es del 29, la de West del 34. Las dos llevan dentro la desazón de aquellos años oscuros, en los que agonizan la América que caricaturiza West y la Europa de cultura cristiana, herida de muerte tras la Gran Guerra. En el desconcierto de aquel tiempo que cuaja en estas novelas, en la desesperación que parece ocupar todos los rincones de un mundo en caída libre, encontramos muchos paralelismos con el momento que vivimos en lo que se suponía el mundo de los privilegios desde hace siete u ocho años: la sensación de que bajamos los peldaños de una escalera de dirección única, y cuyo arranque no distinguimos al fondo. Hipotecas, policías de dudosa moral, estafadores, excarcelados, tipos caídos que buscan con desesperación hacerse con las escasas monedas que pueden permitirles pasar el día, gente que guarda cola ante los puestos de alimentos del Ejército de Salvación, o rebusca entre los cubos de basura. Las dos novelas comparten ese plancton social y muestran ese aire de picaresca contemporánea, en la composición de sus personajes y en el escenario en el que los mueven.

Hablando de novela picaresca, en esta de West, Lem debe ir a ver a un embajador español que se llama Raymon de Guzmán y Alfrache. Si la referencia a nuestro clásico es casual y no intencionada, resulta bienvenida. Como el Cándido de Voltaire, Lem va perdiendo en su viaje miembros y órganos de su cuerpo: los dientes, un dedo, una pierna, un ojo…, y también en esa tradición de antihéroe mutilado participa Franz Biberkopf, el protagonista de *Berlin Alexanderplatz*.

10 de enero

No recordaba que el maníaco de *El día de la langosta* se llama Homer Simpson, que es el que eligieron para su personaje central los guionistas de la serie de dibujos animados titulada *Los Simpson*. No sé si los críticos españoles se habrán dado cuenta del guiño. Imagino que sí. Sin duda, los americanos han de haber reconocido la similitud de ambos nombres y los de aquí, si no lo han hecho por su cuenta, lo habrán hecho tras haberlo leído en alguna publicación de allí. De hecho, cada día están más pesados en descifrar claves –muchas veces estúpidas–, referencias a algo, o autorreferencias del director, en las series de televisión, y, de pronto, el

897

número de la puerta de una oficina, o la inicial que aparece en un armario revelan no sé qué cosas. Yo mismo, al fijarme en ese detalle del nombre del protagonista de la novela y sentirme satisfecho de haberlo relacionado con el de la serie, participo del boberío de esos rosacruces que presumen de su calidad de iniciados: de saber lo que otros no conocen y ver el secreto que fluye bajo lo que vemos los demás. Lo cierto es que uno siempre acaba dándoles más importancia a las cosas que descubre por su cuenta que a los descubrimientos que se le sirven en bandeja. Una variante del afán de protagonismo, necesidad de ser más agudo u observador que otros. Creo que no es mi caso, soy puro despiste, y me cuesta fijar la atención en casi todo; sí que es cierto que tengo buena capacidad para establecer relaciones entre cosas dispares, una memoria asociativa.

Tremendas las pinturas de Salvator Rosa: espantosos diablos, brujas, martirios horribles, paisajes tenebrosos..., una imaginación desbordante al servicio de lo oscuro. No sé si Goya tuvo ocasión de ver esos cuadros, pero, desde luego, son un claro antecedente de sus pinturas negras, o del *San Francisco asistiendo a un moribundo* de la catedral de Valencia. Me gustaría conseguir un catálogo de este pintor de lo terrible, pero ¿cómo?, ¿dónde? Si voy a Italia en otoño, sería un buen momento para intentarlo.

Tod, que en la primera parte de *El día de la langosta* imagina una pintura cercana a Goya y a Daumier, ya avanzada la novela piensa en «Salvator Rosa, Francesco Guardi y Monsù Desiderio, los pintores de la decadencia y el misterio», cuando contempla el desbarajuste de escenarios y paisajes de forma absurda contiguos en un estudio de cine:

Desde donde estaba sentado contemplaba un paisaje que hubiera podido pertenecer a la obra calabresa de Rosa.

Había edificios medio en ruinas y monumentos desordenados [...]. De las pinturas de Guardi y Desiderio había puentes que nada unían, árboles que semejaban esculturas y palacios que parecían de mármol hasta que el pórtico de piedra comenzaba a oscilar bajo la brisa. También había personajes (pág. 360).

En el centro del campo se elevaba una gigantesca mole de decorados, bastidores y platós. Mientras contemplaba todo esto, un camión de diez toneladas descargó más cosas sobre el montón. Allí era donde iba a parar la basura. Pensó en *El mar de los Sargazos* de Janvier. Al igual que una imaginaria porción de agua contenía toda la historia de la civilización, representada por los desechos marinos, el solar de los estudios cinematográficos era una especie de basurero de los sueños. ¡Un mar de los Sargazos de la imaginación! Y aquel basurero crecía continuamente porque no existía sueño alguno que no fuera a parar allí después de plasmarse de manera fotográfica gracias al yeso, la lona, los listones y la pintura (pág. 36).

Para la posible novela del predicador, este párrafo:

Visitó la iglesia de Cristo, física, donde se alcanzaba la santidad mediante el uso constante de pesas y tensores; la iglesia invisible, donde se adivinaba el futuro y los muertos encontraban los objetos perdidos; el tabernáculo de la tercera venida, donde una mujer vestida de hombre predicaba la cruzada contra la sal; y el templo moderno, bajo cuyo techo de vidrio y cromo se enseñaba la respiración cerebral, el secreto de los aztecas (pág. 373).

En ese momento cita a Alessandro Magnasco, otro de los pintores de lo terrible (cuerpos torturados en posiciones

899

forzadas) del XVII italiano, y del mismo talante que los tres pintores a los que se refirió anteriormente. Dice de los personajes de sus cuadros que es como si, al pintarlos, Magnasco «hubiera dramatizado el contraste entre sus cuerpos enfermizos y enclenques y sus locas y desordenadas mentes» (pág. 373). Son todas esas gentes de Hollywood con las que Tod se cruza y que le sirven de modelos, las que frecuentan esas iglesias, releer la página 374. Ahí está. Y «la gente que llegaba a California para morir; los devotos de todas clases, económicos o religiosos, los que contemplaban las olas, los aeroplanos, los funerales y los estrenos; todos los pobres diablos a los que únicamente movilizaba la promesa de un milagro, y que solo eran capaces de violencia» (pág. 427).

12 de enero

Leo la magnífica antología de escritores de la Alemania del Este que ha hecho Ibon Zubiaur y ha titulado *RDA. El país que nunca existió*. Aburre la reproducción de la maldad, de la miseria moral del ser humano en cualquier parte en que se reproduzca, bajo cualquier régimen. Leo con avidez y tristeza la sucesión de textos, intentando retener los nombres de estos escritores, ni siquiera traducidos en España. Textos que hablan de la peripecia de estos hombres tras la guerra, del ambiente literario en la Alemania Oriental, de ese contradictorio papel del escritor, de su prestigio social, y también de su cualidad de sospechoso, del continuo vaivén sufrido entre la protección oficial y la persecución política. Me gusta mucho el texto que ha elegido Ibon sobre Stephan Hermlin, pero también me parecen interesantísimos los de Stefan Heym y Erich Loest. De Brigitte Reimann, de la única que conozco algo publicado en España, leí en su día *Los hermanos*. De los otros autores solo me suenan Wolfgang Hilbig, de quien no recuerdo haber leído nada, y Stefan Heym, de quien leí hace muchos años una novela que publicó en Alfaguara, *Ahasver*, de la que guardo un recuerdo confuso y no sé si entendí. Buscarla y volverla a leer. Otro propósito. Para que no caiga en saco roto, me pongo ahora mismo a ello.

13 de enero

Se complica el divertido enredo erótico-político francés. Una revista descubre que Hollande tiene una amante, de eso nos enteramos hace un par de días. O sea, que Hollande –separado de su mujer, Ségolène Royal– tiene dos amantes, la que visita a escondidas en un lujoso piso del centro de París al que se traslada secretamente en moto, oculto por el casco, y otra con la que convive en el Elíseo. Al fondo, su esposa y sus cuatro hijos, hundidos en la pesada sombra de la provincia francesa. Hoy se publica la noticia de que la amante oficial, la que disfruta de las glorias del Elíseo, ha sido hospitalizada de urgencia, tras sufrir un ataque de ansiedad. No ha podido soportar que toda Francia se entere de que no es la que ocupa el lugar privilegiado en el corazón (*ou la bite*) de François. Imagino la escena como de *El discreto encanto de la burguesía* de Buñuel, ella desplomándose cuidadosamente sobre la alfombra; cuidadosa de no sufrir ningún daño físico, de no alterar su imagen, vestuario, peluquería, las llamadas telefónicas de las amigas falsamente piadosas. Todo tiene un tono de eterna Francia, es un enredo a lo Marivaux, o, mejor aún, de Feydeau. Ella se lleva la mano al corazón, gime, se la pasa por la cara, desde la sien a la barbilla, la dobla abarcando el cuello, y se desploma: ¿qué me has hecho, François? *Tu me tues* (pronúnciese el francés en voz alta), se desploma con cierta lentitud, acompañando el movimiento de telón, que también va cayendo en ese momento. FIN DEL SEGUNDO ACTO. En la televisión emiten una entrevista con Ségolène, su ex, que, sin poder reprimir una media sonrisa, o exhibiéndola, explica que esos enredos de su marido no le interesan al pueblo, pendiente sin duda de otras cosas (sabe que miente: nadie cree que el pueblo francés esté en estos momentos más pendiente de otra novedad que del enredo presidencial). Perfecta madame de Merteuil. Al fondo de la escena se frotaba un instante antes de la caída del telón el ministro del Interior, Valls, ese oportunista hijo de emigrantes cuyo máximo interés estriba en sustituir a Hollande: entre Fouché y Vautrin. Es todo muy francés.

Aunque muchas veces se afirma que el mejor amigo es el más crítico, también es el más agotador, y es por lo que se rompen muchas amistades [...]. Cuanto mayor se hace uno, más se acostumbra a sí mismo. Los méritos van pareciendo más meritorios; los defectos, menos horribles. Se aprende a despreciar lo que no se puede y lo que se nos niega, y aunque se acepta al otro, se desmarca uno de él y prefiere buscar amigos cuyo carácter y conocimientos no sean para uno un continuo reproche, sino una reafirmación (Günter de Bruyn, *Preisverleihung*, citado en *RDA. El país que nunca existió*, pág. 129).

La gente como Teo hace de la inutilidad de la vida una moral. Creen de verdad no querer alcanzar lo que no pueden alcanzar y sacan de ahí la justificación de los arribistas de éxito (pág. 131).

Para Ibon, la novela más perfecta de la literatura de los años de la RDA es precisamente la de De Bruyn *Buridans Esel* (El asno de Buridán); la más representativa de lo que se llamó Vía Bitterfeld, que fue el proyecto de una literatura obrera, sería la de Erik Neutsch *Spur der Steine* (El rastro de las piedras), y la más original, la de Irmtraud Morgner *Leben und Abenteuer der Trobadora Beatriz* (Vida y aventuras de la trovadora Beatriz).

«"La clase media decimonónica", dice Enrique Tierno Galván, "está satisfecha con lo que tiene, pero no con lo que es".» Álvaro Enrigue, *Valiente clase media. Dinero, letras y cursilería*, pág. 24.

23 de enero

Continúan las felicitaciones telefónicas. Me da más bien vergüenza. Parece como si tuvieras a la gente pendiente de ti, un niño mimado. Después de que *En la orilla* fuera elegido mejor libro del año por *El País*, *El Mundo* y *ABC*, ayer, cuando me encontraba en Mercadona, recibo una llamada en la que una voz femenina me comunica que le acaban de dar el Premio Francisco Umbral al mejor libro de 2013. Vuelta a las entrevistas y felicitaciones, que coinciden con la llegada de las primeras críticas (entusiastas) en la prensa alemana. En este rincón a pie de Segaria parece que se concentran los rayos de Júpiter, a ver, a ver... Uno siempre presiente que tanta agitación no puede traer nada bueno. La recomendación de mi madre, de mi abuela: pasar desapercibido, no llamar la atención, no exhibirse, un pobre debe procurar mantenerse a resguardo. Por la tarde, escucho a Alberto Beltrán, esas dos joyas: «Limosnero de amor» y «La número cien». El timbre de voz, su terciopelo, me traen recuerdos de infancia, los boleros de Bonet de San Pedro, de Lorenzo González, una afectación engolada, un artificio afeminado que por entonces llamaba mucho la atención: de algún modo intentaban trasladar al castellano los registros de los cantantes melódicos norteamericanos. Era una delicadeza cosmopolita que ponía en evidencia lo grosero del día a día: aspiración de señoritas de pueblo a algo más educado y suave que las secas palabras y las callosas manos de su novio labrador. Me las encuentro con la emoción con que un paleontólogo se encuentra con huellas petrificadas de especies que hace milenios que se extinguieron: un mundo que conocí y ya no existe.

Libro tristísimo de Osamu Dazai, titulado *Indigno de ser humano*: la mujer violada por su bondad, que confía en todo el mundo, no piensa mal de nadie, y un tendero vecino se aprovecha y la agrede. El marido y un amigo, una especie de ángel del mal que intenta envenenarle la sangre, contemplan la escena:

> –¡Mira! –dijo en voz baja señalando algo con el dedo.
> La pequeña ventana de mi habitación estaba abierta, y desde el lugar en que estábamos se divisaba el interior, donde la luz encendida permitía ver dos animales.
> –Así son los seres humanos. No hay nada de qué extrañarse –susurré con la cabeza dándome vueltas y la respiración agitada. Olvidándome de lo que le estaba aconteciendo a Yoshiko, me quedé inmóvil, de pie, en la escalera (pág. 103).

Llega la desconfianza, hace bromas, pregunta, etc., y esta frase terrible: «Después le hacía a Yoshiko unas caricias surgidas del infierno» (pág. 106). Todo eso mientras discuten sobre Dostoievski y el delito. Hay un par de momentos en los que la pobreza rompe, de repente, esa situación y el alma del personaje, que convierte la pobreza en amor: «[...] el momento en que la madre de su amigo le sirve una jalea de mala calidad» (pág. 75).

Cuando su amigo besa a una muchacha a la que luego desprecia por miserable:

> A la vista de la gente, Tsuneko era una infeliz, con olor a pobreza, que no valía ni para el beso de un borracho [...]. Mientras pensaba que era una mujer exhausta de as-

pecto pobre, nació en mí una solidaridad por esta compañera en la pobreza; incluso ahora pienso que los enfrentamientos entre pobres y ricos es un tema que parece caduco, pero que siempre formará parte de las tragedias. Empezó a brotar en mi interior la compasión por Tsuneko; y, junto a ella, un tenue sentimiento de amor (pág. 58).

La situación lleva a la muchacha al suicidio: «Esa noche nos lanzamos al mar en Kamakura», y el novelista introduce un detalle de enorme potencia dramática: «Tsuneko se desató la faja del kimono, diciendo que la había tomado prestada de una compañera de trabajo, y la dejó doblada sobre una roca [...]. Ella murió y yo fracasé en el intento» (págs. 59-60).

27 de enero

Otro pecado socialdemócrata: en vez de animar al pobre a que se levante y muerda al causante de su miseria, lo convierte en un bueno limítrofe con la memez, en permanente necesidad de atención y socorro, dependiente sumiso que ha de consultar a la asistente social (socialdemócrata) cualquier movimiento, cualquier decisión, de ese modo entrega su vida a otro, su intimidad. La asistente social entra en casa, se entromete en los problemas matrimoniales, y en los que existen entre padres e hijos: hace que el atendido (o víctima) renuncie a ser él mismo con sus responsabilidades y su asunción de riesgos, y su rabia, lo convierte en elemento del gran pulpo carnoso del poder, o en pieza del gran mecano que se pone a funcionar cada vez que llegan las elecciones. Un peligro para ellos la oveja que pretende moverse por su cuenta. Lo que acabo de anotar sobre la socialdemocracia está en el corazón de lo que piensa Benjamin.

Al hablar de la noche, José Revueltas, en *Los días terrenales*, dice: «[...] su extensa y profunda dimensión, su dimensión de curvo abrigo prenatal, de negro vientre sobre el hemisferio» y habla de «su tremenda piel de serpiente unánime» (pág. 10). Es en el primer capítulo mientras los hombres desnudos aguardan junto al río para pescar después de haber envenenado las aguas.

Un texto suprimido por Revueltas en el cap. VI, págs. 97-98, en la edición del 91:

El civilizado hombre moderno había inventado el W.C. El Hombre se defiende con todas sus fuerzas de esa gravísima, peligrosísima enfermedad, que es sentir repugnancia de sí mismo, el conocerse verdaderamente en su nauseabunda naturaleza real —de ahí el porqué de la crucifixión de Jesús— y entonces organiza un hermoso sistema de cañerías amorosas, filiales, políticas, religiosas, éticas, que le permiten no solo el no despreciarse a sí mismo en persona, sino por el contrario, el tener la más alta idea de su noble y digno Yo [...] si el hombre, en lugar de despreciarse en los otros, que es lo conveniente —el cinismo de la frase «lo conveniente» le agradó en extremo—, llegara a hacerlo en su propio ser individual y en una forma verdadera, sin duda no le quedaría otro recurso que el suicidio, como a Cristo (págs. 97-98).

Censurar en otros los vicios: principio de conservación.

El libro fue condenado por el PC mexicano, acusado de pesimismo y de ser «lo peor» de la ideología burguesa: existencialista. Pienso en el texto de Luis García Montero sobre *En la orilla*: el pesimismo es el gran pecado. Fingir que no conoces la historia, ni los mecanismos del ser humano, o ser tan pretencioso o tan tonto como para creerte que tú te has cambiado a ti mismo y estás dispuesto para cambiar al resto. Los camaradas son imbéciles que necesitan de tu luz positiva. En el fondo, el optimismo de comisariete es el peor de los pesimismos, esas beatas llenas de bondad y esperanza que toman las armas y pasan al ataque en cuanto alguien no siente la alegría del señor (*Inés y la alegría*, se titula la última o una de las últimas novelas de su señora). Ay, la ferocidad del bien, su *terribilitas* es herencia del Dios del Antiguo Testamento, y es mucho más dañina que el mal. Torquemada no duda (me refiero al inquisidor, no el personaje de Galdós, el pobre carcomido por la duda). Cualquier contacto con la realidad puede estropearnos el plan. Si dudas, si vacilas, no podrás ser nunca un buen fiscal y ni siquiera un buen juez.

Anteayer, en la cárcel de Cuenca, visita a N. Mientras hablo con ella, tengo la impresión de que la muchacha es una pelota en el alero. Puede caer hacia cualquier lado, esos momentos decisivos de la juventud. La veo. Habla con una seriedad, con una sabiduría recién adquiridas. Tan frágil ahí dentro, tan hermosa. Mientras la miro, pienso: es una niña. Pero no. No es una niña, es una adolescencia que se alarga más de la cuenta, ya tiene casi treinta años.

Me ha gustado mucho el libro de Enrigue *Valiente clase media*: la formación de una literatura latinoamericana distinta de la de la metrópoli por su valoración positiva del comercio y la economía, frente al desprecio de esos valores al otro lado del océano: América como un gran catálogo de productos que hay que promocionar y vender, y el criollo como su administrador. Del despliegue del muestrario de Darío a sor Juana Inés de la Cruz, contable en su convento y que, en los poemas amorosos, analiza los vaivenes de la pasión como movimientos bancarios y comerciales, llenándolos de estupendas anfibologías: rendimientos, créditos, pagas, precio, prendas, debes, tengo... Lo que para la metrópoli es cuestión de honor, para la colonia se trata de oportunidad de negocio.

La modernidad hispanoamericana está construida sobre una paradoja fascinante: al conseguir la disolución del Imperio, los criollos ganaron el control político de América, pero perdieron el mito que consagraba su identidad; su lazo de sangre con España dejó de diferenciarlos con respecto al resto de los americanos. En el mundo sin parámetros que le [sic] legó la independencia a los nuevos ciudadanos de América, las clases se seguían dividiendo entre las pudientes y todas las demás, pero ese dominio había dejado de estar garantizado por una razón genética; lo que hacía la diferencia en el interior del grupo de sujetos dominantes era la capacidad productiva –en la nueva sociedad urbana y móvil– de sus miembros (pág. 87).

Los hombres en edad productiva eran el corazón de la sociedad [...] constituidos como cuerpos diseñados para proteger a todos los demás administrando y aumentando su riqueza (pág. 88).

En el texto se refiere a Manuel Rodríguez Lozano, que pintó un par de murales, uno de ellos, *La piedad en el desierto*, mientras estaba en la cárcel acusado de la desaparición de varios grabados de Durero de los fondos de la Escuela de Artes Plásticas que dirigía. Se declaró homosexual y mantuvo una «tórrida» relación (eso dice un texto en internet) con el pintor Abraham Ángel, que se suicidó con una sobredosis de cocaína, otros piensan que se trató de una muerte accidental, no querida: en el fondo, despecho porque Manuel Rodríguez lo abandonó por Julio Castillejo, otro joven pintor. Revueltas cita también a otro pintor llamado Julio Castellanos, que también tuvo relación con Rodríguez Lozano: un personaje de la novela está escribiendo un artículo sobre los dos, Rodríguez Lozano y Julio Castellanos.

10 de febrero

Releo *Tristana*: lo viejo amasa a lo nuevo, deleitándose en su trabajo; lo anula, lo devora. Qué novela tan triste. El cinismo oportunista de don Lope, pegajosa vieja España. Para ejercer su dominio, lo mismo le da comportarse como violador, como don Juan resabiado, como un pobre viejo, como tutor, como amoroso padre. Y esa Tristana que primero no se atreve y luego no puede ni quiere liberarse, y el relativismo de eso que definimos como amor: en pocos libros he visto retratado el tópico del amor de una manera tan destructiva, el amor romántico se disuelve fácilmente, con un azucarillo de pragmatismo. Galdós siempre acaba siendo pura dinamita. Ayer, en un programa de televisión en el que hablaban del cuadro en el que Mariano Fortuny retrató *La batalla de Tetuán*, Pere Gimferrer explicaba que no hay que interpretar ese cuadro como belicista, que esa es una visión de hoy, que, por entonces, todo el mundo lo veía más bien como cosa patriótica. Era lo normal por entonces, viene a decir. No recuerdo las palabras que usó, pero el sentido de lo que explicaba era ese, y yo no puedo evitar que se me encienda una luz de alarma, y le digo al que no me oye, porque está en la pantalla del televisor, que no es verdad que todo el mundo viera las cosas así; que Galdós las veía de muy otra manera, y que, precisamente porque las veía de otra manera, escribió (es verdad que medio siglo después, pero ya escribía contra el patriotismo de salón medio siglo antes) uno de los *Episodios nacionales*, datado de 1905 y titulado *Aita Tettauen* (que quiere decir «Tetuán» en moro) en el que esa batalla, que en otros sitios se conoce como la de Los Castillejos, no era patriotismo, sino expolio colonial y masacre de soldados de reemplazo, soldados pobres que no pueden pagar para librarse de la guerra. También veían muchos como patriótica la guerra que sucedió a la pintada por Fortuny, y que Sender pintó espléndidamente en *Imán*. Hay gente como Galdós, Sender o, un par de siglos antes, Fielding (en su *Tom Jones*), que, como sin querer, tienen la capacidad para ponerse en otro sitio desde el que se ve lo que otros fingen no ver, porque no les concierne o porque no les conviene. Galdós lo hace además sin ninguna altivez: hay que ver el respeto que le tiene a Pedro Antonio de Alarcón, que fue el escritor oficial de la aventura militar en Marruecos. Eso sí, cada uno en su sitio. Llegados a este punto, quizá no esté de más recordar que el acto en el que intervenía Gimferrer conmemorando el cuadro de Prim era un acto de profundo cariz nacionalista catalán: se celebraba la conversión en uno de los emblemas del Museo Nacional de Arte de Cataluña del gigantesco cuadro pintado por un ciudadano de Reus a mayor gloria de un paisano suyo (el general Prim, otro ilustre reusense): convenía ocultar que se trataba de la obra de un pintor al servicio del cruel imperialismo español y de su más rancio militarismo.

17 de febrero

Hashim Thaçi, el primer ministro kosovar tras la independencia conseguida en 2008, lideraba una red de tráfico de órganos y armas antes y durante la guerra librada contra Serbia en 1999. Vendía riñones de serbio en el mercado negro. Antes, las limpiezas étnicas croatas, la consideración de mártires otorgada a los bosnios musulmanes, frente a la de genocidas que se les dio a los serbios, y unos cuantos años antes, la separación de Chequia y Eslovaquia. Detrás de todos estos casos, Alemania, la construcción de la Gran Alemania. Escribo esto a propósito de la desvergonzada estrategia llevada en estos meses a cabo para desestabilizar Ucrania. Su tendencia hacia el Mediterráneo (no solo como goethiano mito poético, los limoneros y todo eso), hacia los Urales, la vista puesta en Oriente Medio y los yacimientos petrolíferos situados en la espalda asiática de Rusia, su pretensión de dejar el camino expedito para el tránsito de los productos energéticos. Si se miran las flechas direccionales de la política exterior alemana de estos últimos años, vemos que coinciden con las que siguieron los ejércitos del Tercer Reich, la idea también parece la misma. Los métodos, descargados de sonoras proclamas, más eficaces, menos arriesgados y, desde luego, más baratos y productivos: dominar a base de endeudar al colonizado, te abres camino a la vez que le cobras impuestos: así se han mojado los pies en las aguas del Mediterráneo, en Grecia, en Italia.

Dice nuestro ministro Luis de Guindos: «Con los recortes salariales y los pisos a mitad de precio, España es una perita en dulce». Resulta sorprendente que un ministro de Economía les explique a los especuladores de todo el mundo y a los fondos buitre que su país ya está completamente arruinado y cualquiera puede adquirirlo a precio de saldo.

18 de febrero
Alexandre Postel, *Un hombre al margen* (en francés, *Un homme effacé*, ha ganado el Goncourt 2013). Una falsa acusación de pedofilia hace que uno acabe convirtiéndose en sospechoso de sí mismo, libro desazonante sobre la imposibilidad de la inocencia en cuanto LA JUSTICIA pone su ojo encima de ti. Un homenaje a *El extranjero* de Camus, pasado por el filtro de los medios de comunicación como fabricantes de historias de su propia coherencia, ajenas a la realidad, o a eso tan resbaladizo que llamamos «verdad». Los peligros de que la literatura, con su exigencia de verdad interna del texto, ocupe el lugar de la información, o se convierta en la fuente de información. Postel enuncia la persistencia retiniana, fenómeno que consiste en que, por razones que tienen que ver con la química de la retina, la percepción de una imagen dura siempre algo más que el fenómeno que la causa: es el origen del cine, en el que una sucesión de imágenes

911

provoca en el espectador sensación de continuidad. Esa forma de percepción es propia del ser humano; en los animales la persistencia es, por lo general, mucho menor. A partir de la descripción de ese efecto físico, Postel elabora lo que enuncia como necesidad de sucesión y continuidad en las historias que los hombres cuentan y se cuentan. Por eso, demasiadas veces rellenan a su antojo los datos que perciben inconexos. La policía, el juez, la periodista, dan sentido a los hechos y los demás ordenan en esa dirección lo que, sin esas intervenciones, permanecería inconexo: así, todo se convierte en pieza de carga de la culpa. Cada acción, cada palabra, cada gesto, confirman la culpabilidad. Lo que ya nos pareció desazonante en *El extranjero* de Camus, que parte de similar presupuesto, aquí multiplica su efecto devastador gracias al peso de internet, al impudor con que ahora todo está a disposición (y al decir «todo» se entiende lo más secreto e íntimo) de cualquiera, lo que convierte nuestra vida en algo tremendamente inseguro, tienes la sensación de que estás a merced de quien sea. Si en la dictadura la capilaridad del poder se detenía en ciertos puntos, ahora llega hasta los rincones más insospechados. Las antenas de los móviles detectan tus movimientos, los hackers roban del ordenador en el que escribes lo que solo confías al secreto de tus diarios.

Sigo mi lectura de *For Whom the Bell Tolls*. En la página 177, una expresión –«before […] the dawn comes»– que me recuerda el título de las memorias de Reinaldo Arenas.

De la película *Rashomon* de Kurosawa: «Aquí, en la puerta de Rashomon, dicen que vivía un diablo y que se fue por miedo a los hombres».

20 de febrero
Olvidos: me propongo no buscar en internet los nombres que se me olvidan de las cosas. Me esfuerzo en encon-

trarlos por mí mismo. Sin embargo, hoy he tenido que hacerlo. No recordaba la palabra *sedal*. Me repetía: el hilo de la caña, el hilo de la caña de pescar. Me alarma la velocidad a la que se me borra el vocabulario. Un escritor sin memoria es una aporía. Cada vez que noto esos huecos me dejo llevar por el pánico.

25 de febrero

Leyendo *Obra de los pasajes*, de Walter Benjamin, se me ocurre que en Valencia los pasajes se hicieron imitando a los parisinos –el más semejante a aquellos, el pasaje Ripalda, pero también otros posteriores, en la calle Ruzafa, en Cirilo Amorós–, y, claro está, no consiguen el efecto refugio de los de París, por culpa del clima. Entre las causas de su auge parisino, Benjamin pone el factor meteorología. Los pasajes de la capital francesa, en el momento de su creación, con sus luminosas bóvedas acristaladas y sus farolas de gas resaltan la mercancía, son pasajes de luz, llenos de brillos que destacan en la grisura y oscuridad de los interminables días de invierno parisinos, el reclamo de la luz y el calor. En cambio, en Valencia, la mercancía está en la calle. Ahí es donde capta la luz que le regala el sol en una ciudad en la que son infrecuentes los días verdaderamente fríos y no llueve casi nunca. Las tiendas populares pueden sacar a las aceras sus productos: las frutas y verduras, pero también las salazones, las piezas de artesanía, el mimbre, la ferretería y hasta los tejidos. El sol es el encargado de hacerlos destellar, lo mismo si están en la calle *au plein air*, o si es el caso de los tejidos más lujosos, más exclusivos –los reyes de los pasajes centroeuropeos–, se exponen tras el cristal de las vitrinas que, más que iluminar, hay que defender con toldos o persianas del exceso de luz que regala el sol. El pasaje aquí funciona siempre a medio gas, apartado del bullicio callejero, como sitio al que hay que desviarse, apartarse del fluir normal del paseo, parece un lugar sospechoso, sombrío, poco recomendable. La gente no acaba de sentirse a gusto en ellos, lo que le apetece es caminar bajo la bóveda cristalina de ese cielo azul, casi perpetuo (en París llueve demasiadas veces, hace demasiado frío, no se puede pasear al aire libre, el clima condena a la inmovilidad del café, el pasaje cubierto permite al *flâneur* llevar a cabo su paseo en busca de novedad). En vez de ser un pasillo de luz, el pasaje en nuestra tierra es un sombrío túnel.

De Llorenç Villalonga, *El misantrop*: «[...] excepte en l'orgasme o en la mort, arriba un moment en què el lirisme ja no té sortida» (pág. 161); «[...] una mentida imposada no és incompatible amb una íntima sinceritat» (pág. 165).

26 de febrero
Lecturas: divertidísimo Ibargüengoitia en *Maten al león*, o las peripecias de la clase alta para eliminar a un dictador. Prosigo el viaje mexicano de estos últimos meses. Como alguien, en una crítica alemana a *En la orilla*, cita *El coronel Chabert*, la *nouvelle* de Balzac, decido releérmela para ver qué es exactamente lo que ha encontrado el crítico que acerque uno y otro libro. Sí, los viejos héroes napoleónicos, su miseria y el desprecio y persecución a que los somete la sociedad surgida de la Restauración borbónica, pueden tener algo que ver con los viejos revolucionarios devorados por la Transición española. Es uno de los libros más perfectos y extraordinarios de Balzac. Lo leo fascinado y sufriendo sus demoledores efectos. También a él podrían acusarlo los socialdemócratas de pesimismo, de carecer de fe en la condición humana. Un libro extraordinario por todo, incluida su construcción, el preciso mecanismo del texto. Parece mentira que pudiera saber tanto de literatura, de la sociedad y del alma humana con apenas treinta y seis años, que son los que tenía cuando escribió este libro (él nace en el 99 y el libro es del 35).

Más lecturas: Siegfried Lenz, *Lección de alemán*, que es lección acerca de la cotidianidad durante la Alemania nazi y la permanencia de ciertas formas en la posguerra. Un libro magnífico, con una escritura casi cinematográfica, texto en relieve, pisas el fango y la arena de las playas del norte de Alemania, hueles su humedad, la que sale del mar, pero también la que surge del Elba: metido en un internado que se levanta sobre una de cuyas islas escribe su texto el protagonista. Tomo algunas citas: «[...] en dirección a Hamburgo el cielo está manchado profusamente, como lleno de contusiones» (pág. 17); «[...] era tan escéptico que, cuando se suicidó, se abrió por precaución las venas antes de colgarse de uno de los horribles armarios» (pág. 23); «Cuando llueve entre nosotros, el paisaje pierde su amplitud, su desamparada profundidad; una espesa niebla lo envuelve y le resta toda visibilidad; todo se hace más bajo, se reduce y adquiere un tinte renegrido y con aspecto de tubérculo» (pág. 46); «[...] sin saber qué hacer, puesto que le faltaba un deber que cumplir, y sin deber era solamente un hombre a medias» (pág. 54); «"[...] No se atreverán a hacerte nada". "Nosotros", dijo el pintor, "nosotros creemos con nuestra fantasía que no se atreverán, pero mira a tu alrededor: lo que muchos consideran inimaginable, ellos lo hacen y se atreven a hacerlo. Ahí reside su fuerza: en el hecho de que no se andan con miramientos"» (pág. 203); «"Autorretratos": miras al rostro y reconoces las enfermedades existentes y quizás inclusive la situación financiera» (pág. 299); «[...] el Elba: cuando la blanquecina niebla desciende al caer la noche y todo parece hacerse problemático a lo largo del curso del agua» (pág. 317).

Recuerdo que, hace años, me llamó la atención, y hasta creo que lo anoté en alguno de estos cuadernos, que Balzac definía el color de una gastada prenda de vestir (¿«une redingote»?) como «problematique». Me pareció un hallazgo fantástico. Quizá a Lenz también le sorprendió la adjetivación balzaquiana y la importó para su libro.

Cuando leo en la *Obra de los pasajes* de Benjamin las descripciones que hace Fourier de las calles cubiertas a través de las cuales se recorrerá Armonía, no paro de acordarme de algunas de las ciudades canadienses que visité, que están en gran parte horadadas bajo el suelo. La vida de sus habitantes se desarrolla durante buena parte del año en una especie de toperas flanqueadas de escaparates. En el exterior, el frío, el viento, la nieve... Fourier se burla de los monarcas franceses cuyos palacios carecen de pórticos en los que protegerse si llueve, por lo que se mojan como cualquier pequeño burgués: «La Falange no tiene calle exterior o vía descubierta que se encuentre expuesta a las inclemencias del tiempo», decide él en su proyecto (cit. en Benjamin, *Obra de los pasajes*, pág. 119).

27 de febrero
De John Rechy, *La ciudad de la noche*: «–¿Qué aspecto tiene? –preguntó el otro con la cabeza como un pivote giratorio y con los ojos examinando atentamente el bar. (Cuando dos homosexuales que no están sexualmente interesados entre sí hablan en un bar, rara vez se miran... sus ojos escudriñan el bar en busca de alguien nuevo y disponible.)» (pág. 293); «¡Como un pobre gusano torturado por unos niños!» (pág. 415); «[...] labios de color de hígado» (pág. 428); «El verano, que en el sur de California no llega mágicamente como en el este. Los días cálidos simplemente se funden con días aún más cálidos» (pág. 329). El tono me recuerda a una descripción del verano y el calor en Olba, que aparece en *En la orilla*. El clima de Los Ángeles, e incluso el paisaje, se parecen bastante a los de esta tierra. Apenas se distinguen las estaciones. Uno echa de menos las amplias sombras de los

caducifolios, el oro y el cobre de sus hojas durante el otoño, pisar la alfombra de hojas muertas, notar cómo crujen bajo los pies, o cómo uno se hunde muellemente en ellas después de la lluvia. Ese olor seminal de humedad y suave podredumbre de los vegetales muertos.

Sigue Rechy describiendo el mundo homosexual: «Ese mundo, siendo como era un mundo de contactos fugaces, se caracteriza por un gran apego a las fotografías, como si pretendiera prestar alguna permanencia a lo que habitualmente resulta demasiado impermanente» (pág. 386).

La visión de Nueva Orleans como «una ciudad cicatrizada por los recuerdos de una elegancia y una gentileza que quizá no haya existido jamás» (pág. 443) me hace pensar en mi invención de Valencia, la ciudad de mi infancia que reconstruyo o invento en mi cabeza. Las fachadas de las casas, incluso las más modestas, adornadas con molduras de escayola, la huerta metiéndose en las calles de las afueras, las acequias de agua limpia en la que bebíamos, y junto a las que uno paseaba entre cultivos de cacahuetes, judías verdes o chufas, una lámina verde, que más que surgida de la tierra parecía tenderse sobre una delicada harina coloreada. De vez en cuando, metidos dentro de las acequias, los sacos de yute o los cestos de mimbre que contenían altramuces y chufas que se reblandecían en el agua de la corriente.

Calles feas y malolientes... las mismas que los folletos de las agencias de viajes califican de Encantadoras, casas que se alzan tenebrosamente en pisos de contraventanas cerradas sobre paredes descascarilladas; los pálidos edificios históricos heredados de una época pasada de dorada elegancia. Muy pronto se impone la sensación de Perdición casi bíblica... la sensación de que la ciudad está a punto de

917

ser destruida, arrasada, derribada. El olor a algo estancado se cuela en el aire invernal de esta ciudad veraniega: no es tanto un olor que ataca el sentido del olfato como un olor que arrasa la mente... La invitación a la disipación está por doquier. Y uno se pregunta cómo ha podido esta ciudad soportar durante tanto tiempo las voraces criaturas: las ratas y las cucarachas que a buen seguro hibernan aquí incluso en invierno. Y uno se pregunta también cómo es posible que hasta el momento ni una cerilla o cigarrillo hayan creado ese holocausto que la consumirá hasta sus mismísimas alcantarillas... (pág. 444).

Esta ciudad físicamente moribunda... (pág. 445).

—¿Por qué será... [...] que, en cuanto termina el orgasmo... o cuando nos acordamos del momento, después de haber dormido —añadió como si entendiera con meridiana claridad mi ansiedad por marcharme... como si también estuviera hablando de mí personalmente— por qué será que la gente quiere marcharse como para olvidar... con otro... lo que acaba de ocurrir entre ellos... y que ocurrirá una y otra vez..., y de nuevo tiene que ser olvidado? (pág. 533).

[...] saber que los orígenes de la rebelión iban mucho más allá de eso. Más allá del padre, más allá de la madre. Más allá de la infancia... e incluso del nacimiento. Una alienación que daba comienzo mucho antes. Desde el Principio mismo... Algo relativo a la injusticia heredada... al hecho de que nadie sea responsable aunque seamos todos culpables. Es algo que tiene que ver con el destino... y con muchas otras cosas: empezando con la leyenda sobre un Dios que se preocupa... y el descubrimiento de un paraíso cuyo disfrute se nos prohíbe... reemplazado por un Cielo cargado de prejuicios... Es algo relacionado con el hecho de la muerte... de la descomposición... de la Juventud y su fugacidad: saber que estamos condenados a acabar nuestras vidas, despacio, como en un patíbulo preparado de antemano... Y algo en el hecho de que el corazón haya sido creado para anhelar algo que el mundo no puede darle... Sí, las semillas que se plantaron en la infancia estaban ya aquí, en el mundo... era algo presente ya en el viento (pág. 552).

De ahí que transformemos el mundo en un lugar aún más podrido de lo que era cuando descubrimos su podredumbre, justificándonos diciendo que es la única forma: endurecernos. O ser engullidos por él (pág. 553).

–Lo cierto es que no hay ninguna diferencia entre el cazador y el cazado. El cazado se vuelve disponible... normalmente en forma pasiva, aunque disponible al fin y al cabo. Es su modo de cazar (págs. 553-554).

¿Alguna vez se te ha ocurrido pensar que en todos esos fugaces contactos en los que te consideras vencedor... no se te ha ocurrido que también tú estás siendo utilizado... por aquellos que ahora te desean por algo que no dura? (pág. 555).

En esta novela sobre el ambiente gay americano a principios de los sesenta, los escenarios son Times Square en Nueva York, Pershing Square en Los Ángeles y muchas de las playas del sur de California (Pacific Ocean en Santa Mónica, La Jolla, Arrowhead); en San Francisco, se sitúa en Market Street, y el protagonista recorre algunos lugares de Chicago y del Barrio Francés de Nueva Orleans. Mamadas en retretes públicos, en cines, parques, encuentros rápidos, cancaneo de locas y chaperos en clubs y sitios peligrosos, encuentros fugaces en cualquier parte, incluidos una habitación de hotel o un apartamento de paso, policías chulos y policías maricones, redadas..., soledad en esos dos lados del espejo, cazador y presa, unidos en el mismo juego. El ambiente de esos sesenta americanos se parece como dos gotas de agua al de Madrid en los setenta y los ochenta. En realidad, se parece al de cualquier parte: lo gay reproduce los mismos comportamientos y un lenguaje similar allá adonde mires: Londres, París, Lisboa, Roma (más discreto en Roma, es verdad, donde el desmadre se produce más a puerta cerrada, en la intimidad, grupos herméticos). El libro muestra un retrato realista, bastante descarnado, muy lejos de las poéticas de otros escritores americanos de la época, incluido Burroughs, nada encubre la mecánica de lo gay, su pulsión, su funcionamiento, solo una pátina de reflexión más o menos cósmica que dé algún sentido a ese ir y venir tozudo y ciego de seres como autómatas en busca de su perdición.

Potentes y hermosísimas las narraciones del *Diario de un joven médico*, de Bulgákov, su aprendizaje en un poblachón perdido entre la nieve, su lucha contra la enfermedad y contra sus limitaciones de inexperto doctorcito recién salido de la facultad. Verse solo ante enfermos cuyos síntomas solo se conocen por los libros, tener que intervenir guiándose nada más que por lo que le dice el manual de medicina que lleva consigo, cuyas descripciones solo muy vagamente se parecen a lo que le muestra el enfermo que tiene ante sus ojos y al que debe intervenir a veces de forma extrema: amputar una pierna, dar la vuelta a un niño en el útero para que salga bien..., cosas que nunca ha hecho ni visto hacer y en las que se juega la vida del paciente, su propia dignidad como médico. Cómo la necesidad de actuar le obliga a aprender en cada experiencia, y a amar una profesión a la que se ha entrado con pavor. Un libro de verdad hermoso.

920

Todas las trampas y falsificaciones que se llevan a cabo durante las obras de Haussmann, para saquear las arcas públicas parisinas durante los procesos de expropiación. Hay un texto espléndido de Du Camp que cita Benjamin en su *Obra de los pasajes*, vol. I, págs. 228-229. No resisto la tentación de copiarlo:

> Las expropiaciones bajo Haussmann. «Así ciertos juristas y letrados se especializaron poco a poco en este tipo de asuntos […]. Se pleiteó por la expropiación inmobiliaria, por la industrial y por los alquileres, se habló de expropiación sentimental; se utilizaba como alegación el derecho al techo de los padres y el derecho a la cuna de los niños […].» «¿Cómo construyó usted su fortuna?», se le preguntaba a un nuevo rico, y este respondía de este modo: «La hice el día en que me expropiaron» […]. Con ello se creó una nueva industria, y esta, bajo el pretexto de proteger el interés del propietario, no retrocedió ante ningún fraude […]. Se dirigía preferentemente hacia los pequeños industriales, estando organizada de manera que proporcionaba a sus clientes detallados libros de comercio, del mismo modo que inventarios falsos, así como ficticias mercancías que a menudo no eran sino leños envueltos en papel; suministraba incluso «compradores» que llenaban la tienda justamente el día en que el jurado hacía la visita normativa para fijar la valoración; fingía exagerados alquileres, subrogaciones y fechas mal datadas en hojas de papel timbrado, del que tenía grandes provisiones; repintaba las tiendas y almacenes para dejarlos cual si fueran nuevos, para luego instalar en su interior unos improvisados empleados que pagaba a tres francos la jornada. Era como una banda de ladrones desvalijando la caja de la villa.

En realidad, lo que nos cuenta Du Camp en estas líneas es el tema central de la excelente novela de Zola *La curée*, en la que uno descubre que todas las triquiñuelas de estos últimos años de burbuja inmobiliaria en nuestra tierra las practicaban ya un siglo y pico antes los parisinos; y, desde luego, españoles como el marqués de Salamanca y sus imitadores. Los artífices de los ensanches –de Barcelona, de Valencia, el barrio de Goya en Madrid– que hoy nos parecen tan hermosos.

5 de junio

Pág. 1042, Gracián, *El Criticón*. El corazón humano ha inventado unos polvos que han acabado con los héroes, un niño derriba un gigante, una gallina tira a un león, es la pólvora: reproducir el texto y relacionarlo con los de Jünger cuando habla en la Primera Guerra Mundial del nuevo modelo de guerra, la técnica… vieja como la humanidad, un animal inútil, el hombre, superviviente a base de astucia y maldad.

12 de junio

De Vila-Matas, *Kassel no invita a la lógica*: «Hablamos de la dificultad tan española para admitir el arte sin mensaje, para aceptar una literatura sin el toque necesariamente humanista en su vertiente comunista. La literatura española, dijo Chus, estaba todavía antes de Manet, por eso ella había dejado el país, de verdad, no podía más, la crisis económica había servido de excusa para que volvieran las cañas y barro de los realistas, siempre igual, qué terquedad tan grande, qué insistencia en reproducir lo ya existente» (pág. 230). Me doy unos cuantos golpes de pecho. El pecado de haber vuelto a traer las viejas cañas y barros del realismo.

25 de junio

Descuartizado y distribuido en bolsas por la cara norte de Segaria, a tres o cuatro kilómetros de mi casa, han encontrado el cuerpo de un hombre desaparecido días atrás en Gandía: lo han asesinado tres lituanos. Por lo que leo (el hombre era soltero, vivía con su madre, conoció a los lituanos en la barra de una discoteca la misma noche en que fue asesinado) da la impresión de que el tipo era gay e intentó ligar con alguno de aquellos hombres, se fue a su casa y allí le robaron y lo asesinaron.

Otra noticia del día: nadie se hace cargo del cuerpo de un ciclista al que atropellaron días atrás en Valencia. Un marroquí de treinta y nueve años que vivía entre los escombros de una fábrica en ruinas cuya foto muestra el periódico.

1 de septiembre

Entre las lecturas de este verano, de nuevo *Guerra y paz* y *Los Thibault*. Dos libros de la misma estirpe (Du Gard, hijo de) que siguen pareciéndome extraordinarios. Me ha sorprendido gratamente el del francés, que he regalado en varias ocasiones, pero que, después de tantos años sin haberlo vuelto a repasar, me daba cierto miedo leer, no fuera a desengañarme de un texto que quise con locura en mi juventud. Nada de eso. He apreciado seguramente con más criterio su complejo y hermoso tratamiento de los personajes, tan llenos de densidad, de repliegues, retratados con tanta precisión como misteriosa piedad; extraordinaria también me ha parecido la pintura del ambiente de cierta burguesía francesa prebélica y, muy especialmente, la lúcida y poliédrica visión de la guerra: el modo como da cabida a todos los puntos de vista, a todos los hechos que condujeron a ella, y de qué manera nos enseña el camino que acabó llevando al desastre con una precisión sorprendente, ya que su mirada –y en eso es profundamente heredera de Tolstói– está impregnada de una luminosa serenidad, un equilibrio narrativo que podríamos definir como grado cero de escritura, especie de soy de todos y de nadie, que acaba volviendo el horror más irritante. Parece mentira que alguien pueda conservar esa piedad sin subrayados, esa rara ecuanimidad mostrativa tras haber vivido una guerra y el comienzo de otra, porque el libro es un salto de guerra a guerra, ya que empezó a escribirlo en 1922, apenas concluida la primera, y lo terminó en 1940, cuando ya había empezado la segunda.

A los textos sobre la guerra he añadido *Senderos de gloria*, la extraordinaria novela de Humphrey Cobb que no había leído, y el último volumen –*Karl y Rosa*– del ciclo *Noviembre de 1918* de Alfred Döblin. Revoloteo como ave carroñera en torno a todos esos libros, incitado por la invitación de un par de jóvenes historiadores que me animaron a escribir un texto para una revista que editan en Murcia, y que se llama... También me he comprometido a dar una charla sobre *El reino de este mundo* de Alejo Carpentier, así que también ando metido en ese mundo, releyéndome sus textos, incluidos *Écue-Yamba-O*, *Los pasos perdidos*, *El recurso del método*, los estupendos *Cuentos* –incluidos *El camino de Santiago* y *El derecho de asilo*–, la buenísima novela corta *El acoso*, y sus charlas y textos teóricos. A ver qué sale de todo eso, me gustaría ponerlo en relación –el realismo mágico, que es fruto de geografía más historia– con los textos de los conquistadores (ese inigualable Bernal Díaz del Castillo) y con los modernistas e indigenistas, desde Rubén Darío a José Eustasio Rivera, Rómulo Gallegos, Ciro Alegría, Asturias, Uslar Pietri y Cía.... Por cierto, aún no me he animado a releerme *La consagración de la primavera*, ni a repasar *El siglo de las luces*, aunque lo de este me preocupa menos porque lo leí no hace tanto tiempo. Sin embargo, *La consagración...* no he vuelto a leerla desde que apareció publicada, en 1979.

Prácticas de inglés de estos pasados días: la desesperanzada novela corta de Philip Roth *The Humbling*, y una excelente novela de Richard Yates, de quien leí tiempo atrás *Revolutionary Road*. En esta ocasión se trata de *The Easter Parade*, la historia paralela de dos hermanas, que muestra la desazón de la generación norteamericana llegada después de la que hizo la guerra, gente que no sabe dónde encontrar su código, sus ideales y esperanzas, y sufre la angustia de ver que nada parece llenar sus aspiraciones, porque ni siquiera saben cuáles puedan ser. Uno tiene la impresión de contemplar un mundo sin dioses. El libro me lo ha enviado Paul Ingendaay, quien me habla con entusiasmo de Yates; al parecer, el escritor que más le gusta. Añado a mis lecturas *Días sin huella*, la desazonante novela de Charles Jackson.

13 de septiembre
   Anteayer bajé a bañarme, el mar estaba en calma, una superficie lisa, transparente –una balsa de aceite, se dice–, junto a la orilla, un tono verdoso, espejo verde que dejaba ver el fondo de arena y se iba volviendo de un azul intenso a medida que se alejaba de la costa. Todo estaba en calma, los turistas tomaban el sol tendidos en la arena, leían sentados en sus sillas plegables, carne que se tostaba, sombreros de paja, gorras de tela. Allá, a mi derecha, una inmensa humareda se elevaba por encima de los cañaverales, de los edificios de apartamentos, una masa que se alargaba e iba entrando poco a poco en el mar, lengua de cenizas. Ardían los bosques del cabo de San Antonio, desaparecía uno de los paisajes que, durante mi infancia, representaron la más alta expresión de belleza, y parecía mentira toda esa indiferencia, la impasibilidad de la naturaleza, por eso, hace un rato, leyendo a Carpentier, las primeras páginas de *La consagración de la primavera*, me toca esa frase en la que habla de «las montañas

que se encogen de hombros ante lo que ahora miro». Las palabras las pronuncia una mujer que acaba de cruzar en tren bajo los Pirineos y se encuentra con los efectos del reciente bombardeo en Portbou. Los periódicos muestran las tristísimas fotos de los terrenos quemados en el cabo de San Antonio, al pie del Montgó, entre Denia y Jávea. Y la mañana azul y tranquila, como lo estaba también la tarde, inmóvil, herméticamente apresada en su quietud, solo que la lengua de humo salía de algún sitio y se metía en el mar cambiando de color el horizonte.

29 de octubre
He vuelto a leerme casi todo Carpentier (me ha faltado la última novela, la que escribió sobre Colón, y algún libro de ensayos) y quisiera escribir un artículo extenso sobre él, sobre la creación verbal de América como proyecto político, discurso frente a la vieja Europa, sus vaivenes desde Whitman y, sobre todo para los latinos, José Martí (Carpentier cita su artículo sobre la muerte de Darwin), donde de verdad está ya el concepto de inmensidad y desmesura en la unidad, un concepto que, de algún modo, es espejo liberador del que impusieron los colonizadores, y que desarrollan, como idea, y como acción, Bolívar –Carpentier dice que no hay literatura latinoamericana sin compromiso– y ese hijo de Whitman, Bolívar, Martí y los cronistas de Indias que es Darío, el modernismo, los grandes barrocos (Carpentier define como barroco lo americano), Gallegos (*Canaima*), Rivera (*La vorágine*), Arguedas (*Los ríos profundos*), Ricardo Güiraldes (*Don Segundo Sombra*), Uslar Pietri (*Las lanzas coloradas*), Miguel Ángel Asturias (la extraordinaria *Hombres de maíz*), pero también los novelistas de la Revolución Mexicana, Azuela, Vasconcelos, Martín Luis Guzmán, el propio Carpentier, en sus artículos, en sus entrevistas, sobre todo en la magnífica de Soler Serrano, da sus claves; escribir sobre lo real maravi-

lloso –el Caribe como metonimia y cruce de todos los vectores del conflicto americano–, desde esa concepción materialista, que se traga el artificio surrealista –lo americano como verdad, frente a lo europeo como construcción voluntarista, uno de los temas decisivos de Carpentier– y al último García Márquez y tanto epígono estupidizado, volver al Génesis del concepto, a Colón, que repite una y otra vez en sus diarios el término, y a Bernal Díaz del Castillo, ese implacable materialista, que utiliza la palabra y la remite a la novela fantástica (el *Amadís*), poniéndole un ancla: los mercados de México. Dejar de lado –aunque aludir a ellas– las novelas de dictadores –el gran Valle, Asturias, Roa Bastos, el propio Carpentier, Vargas Llosa, etc.–. Escribir sobre todo eso, lo tengo en la cabeza desde hace meses, y soy incapaz de sentarme a escribir una palabra tras otra. Pero ¿soy imbécil? Aquí estoy amodorrado, midiéndome el azúcar, fregando los platos, leyendo novelas por compromiso, porque me las envían, tomándome la tensión, y dejando pasar los días como si no estuviera ya en la última curva, la recta que venga después no sabemos lo larga que pueda ser…, no hay derecho. Vago, cobarde.

16 de diciembre
Cuánto tiempo perdido. Ni siquiera el artículo sobre Carpentier, lo real maravilloso desde su origen en los cronistas de Indias (Colón, Cabeza de Vaca, Díaz del Castillo), el concepto de *América*, tan whitmaniano, y que en castellano nace en la retórica de las independencias nacionales, y elabora Martí. Su paso al modernismo: Darío sobre todo, pero también otros como Julián del Casal, y su impacto en una literatura de voluntad americanista: Rómulo Gallegos y *Canaima*; José Eustasio Rivera y *La vorágine*; Arguedas y *Los ríos profundos*; Güiraldes y *Don Segundo Sombra*; los novelistas de la Revolución Mexicana, Azuela, Vasconcelos, Martín

927

Luis Guzmán… Carpentier, Asturias…, de todo eso quería escribir, y he leído y he tomado notas para nada. Meses que no han existido, porque lo que no se escribe no existe. Leo, leo, leo. Por pura pereza. Para escapar del folio en blanco. De ese ponerte a prueba que es la escritura: no me encuentro en la lectura, sino que huyo de mí mismo en la lectura, y es verdad que cada día uno aprecia más lo ajeno, lo que hicieron otros, y desprecia lo propio, tan fragmentario, tan cogido de los pelos, tan sujeto con alfileres. Concluyo la lectura de *El águila y la serpiente*, las extraordinarias memorias noveladas de Martín Luis Guzmán sobre los días de la Revolución Mexicana, su odio a don Venustiano, a quien considera un megalómano sin escrúpulos, su escepticismo y desazón por el futuro de un movimiento que surge como un impulso generoso y encalla en las pequeñas rencillas, en la irracionalidad y en el crimen:

Y como nada hay más definitivamente irreparable, ni más subversivo de lo esencial humano, que matar, en cuanto los hombres se ponen solemnes, en cuanto hablan de salvar a la patria, de salvar a la sociedad, o simplemente de salvar a otros hombres, lo primero que se les ocurre es dedicarse, concienzudamente, a matar a sus semejantes. Recuérdense los dos versos de nuestro himno que dicen: «¡Guerra, guerra! Los patrios pendones / en las olas de sangre empapad…». Que es algo de lo más horrible que ha cantado nunca pueblo alguno (en pág. 319 del tomo I de Aguilar *La novela de la Revolución Mexicana*).

El libro compone una espléndida colección de retratos: el propio Carranza, Obregón, los generales Blanco y Ángeles, Villa y sus temibles «dorados» de la División, Zapata y su hermano Eufemio. Estremecedores son los dos retratos que ofrece de Rodolfo Fierro, el carnicero a las órdenes de

928

Villa. En el primero cuenta cómo tirotea y mata a varios cientos de prisioneros, él solo en un corral, dejándolos salir de uno en uno, con la ayuda de un esbirro que, a sus pies, le carga las pistolas y se las cambia a medida que se le calientan. Luego se acuestan allí mismo, junto al montón de cadáveres a pesar de la aprensión que siente el acompañante. A medianoche, lo despiertan los gemidos de un moribundo:

–¡Eh, tú! ¿No oyes? Uno de los muertos está pidiendo agua.
–¿Mi jefe?
–¡Que te levantes y vayas a darle un tiro a ese jijo de la tiznada que se está quejando! ¡A ver si me deja dormir!
–¿Un tiro a quién, mi jefe?
–A ese que pide agua, ¡imbécil! ¿No entiendes?
–Agua, por favor –repetía la voz (pág. 307).

El segundo retrato de Rodolfo Fierro lo obtiene Martín Luis Guzmán después de otro crimen, pero esta vez el personaje está destrozado porque, cumpliendo las órdenes de Villa, ha tenido que ejecutar a David Berlanga, un hombre bueno al que aprecian Fierro y Martín Luis Guzmán, que escribe unas páginas estremecedoras dedicadas a ese asesinato.

4 de enero

En un artículo sobre filosofía que aparece en el periódico *El País*, leo la siguiente frase de Samuel Johnson: «What is written without effort is in general read without pleasure». Por cierto, se trata de un artículo retórico, hueco, en la línea de lo que Paul Nizan define despectivamente en *Los perros guardianes* como «filosofía burguesa». Descubrí que no me quedaba en casa ni un solo libro de Nizan, un autor que me entusiasmó en mi juventud, así que en mi reciente estancia en París decidí comprármelos casi todos (no sé por qué dejé *Antoine Bloye* en el estante de La Hune). He releído *Aden Arabie*, un libro aún hoy extraordinario (podría escribir sobre su capítulo IV, modelo de lo que uno puede entender por belleza en la literatura: las palabras nos enamoran porque descubren); *La conspiración*, crítica acerada de esa juventud burguesa sometida a la tentación de la violencia –un *remake* de *Los endemoniados* de Dostoievski, traído a La Sorbona–, y *Les chiens de garde*. Creí que iba a encontrarme con arqueología, con retórica juvenil bienintencionada, y no, descubro que en nuestra juventud no íbamos tan descaminados, porque me encuentro con una mirada lúcida y que las nuevas circunstancias económicas y sociales han vuelto a cargar de significado, y la convierten en radical y actual.

23 de enero

Otra vez el perezoso Chirbes. Meses sin hacer nada de provecho, no escribir, y ni siquiera tener ganas de escribir. ¿Y qué es lo que el perezoso hace? Leer, devorar un libro tras otro para no pensar, para no asomarte al vacío tremendo de estos dos últimos años evaporados en nada y sentir vértigo por cómo dilapidas un tiempo que se acorta: el tiroides, las molestias de estómago desde hace meses (el colon, esos divertículos, la colonoscopia que me he negado a volverme a hacer), la pérdida de memoria y de capacidad de concentración: leo, leo, leo, y todo eso se olvida. Por cierto, que si hoy me he despertado del letargo ha sido gracias al estupendo libro de Lucien Febvre sobre Rabelais, un texto iluminador acerca de cómo falseamos la historia, o los textos literarios, hasta extremos ridículos, aplicándoles a su análisis criterios contemporáneos nuestros y no precisamente contemporáneos del autor. Con el enriquecedor método de la escuela Annales, su capacidad para trabajar en la historia total desde la tesis de que todo es historia y nada está al margen de ella, Febvre introduce al escritor y su obra en el vendaval de ideas, creencias y limitaciones de su época hasta componer una extraordinaria panorámica de la sociedad europea del siglo XVI: su confusión, su dolorosa conciencia de pecado (de la que Rabelais se aparta en su obra, frente a un Lutero aplastado y perseguido por un Dios exigente y cruel). Rabelais no es un ateo, aunque en sus libros hay rasgos luteranos, tiene otra concepción más gozosa de la vida, y una ironía que lo acerca mucho más a Erasmo, de cuyos coloquios bebe, adapta y convierte en materia narrativa (Febvre dice que se mira poco la influencia de Erasmo, porque nuestra sociedad busca modelos en los triunfadores: Dice: «Históri-

931

camente hablando Erasmo fue un vencido. Lutero e Ignacio de Loyola, vencedores», pág. 215). En Rabelais está el sencillo modelo erasmista de una sociedad de hombres de buena voluntad ajenos a las disputas teóricas; y también la influencia de Luciano, que Febvre insinúa como hallazgo a través de la obra de Erasmo.

A grandes rasgos, el catecismo de los gigantes es precisamente el catecismo erasmiano del *Enchiridion*, del *Elogio* y de los *Adagios*.

Pocos artículos y ninguna sutileza teológica. Cristo en el centro de la vida religiosa, Cristo y el Evangelio interpretado de buena fe. Entre Dios y el hombre, ninguna mediación inútil: la Virgen y los Santos, colocados en el lugar que les corresponde, solo tienen un cometido secundario y lejano. No hay pesimismo: la mácula del pecado original está sabiamente atenuada; la confianza, proclamada en la virtud propia, en la honestidad característica de la naturaleza humana; el deber moral, en suma, puesto en primer plano. Los sacramentos, reducidos en su número, dignidad y valor; las ceremonias y las prácticas, juzgadas ineficaces por sí mismas, y subordinadas a la rectitud de la conciencia (pág. 220).

Y aún hay más. Las audacias de Rabelais se encuentran todas en los escritos de Erasmo. Mucho más pronunciadas en la forma, menos ingenuas, menos rústicas, más aceradas... (pág. 221).

Como es lógico, a Rabelais no le resulta simpático el dogmatismo de Calvino y, entre sus despreciados, junto a los «seductores» y a los «abusadores», en una edición tardía añade a los «predestinadores».

Febvre plantea la imposibilidad del ateísmo rabelesiano porque, en el horizonte de ningún ciudadano de la época, está la separación drástica de la pasta religiosa que impregna todos los espacios de la vida cotidiana –incluido el calendario– y de la cultura: la filosofía aún no ha elaborado un lenguaje –un vocabulario, una sintaxis– de corte científico en el que las palabras buscan la rigurosa correspondencia con fenómenos del exterior y aspiran a ser ratificadas por esos fenómenos, así como a establecer reglas que definan cómo y por qué se producen. En tiempos de Rabelais las palabras son aún lo que Febvre llama «palabras-acordeón», de significado impreciso. Literatos y filósofos utilizan el mismo lenguaje que se utiliza en la calle, no se conocen las palabras científicas, «inmóviles y fijas como postes»: tendrán que pasar decenios (la obra y el mundo de Rabelais discurren entre los años treinta y cincuenta del siglo XV) antes de que el lenguaje se capacite para trabajar con los nuevos datos y la filosofía deje de ser una confrontación de opiniones sostenidas por la brillantez de su exposición.

Hay intentos de revitalizar el latín para adaptarlo a la nueva realidad emergente, pero en cada intento se descubre su incapacidad para abordar la perspectiva científica. Es la vieja lengua de los filósofos del viejo estilo: los silogistas, los escolásticos, para quienes experiencia y pensamiento progresan en espacios distintos: «[...] entre el saber libresco y el saber práctico apenas hay contacto» (pág. 266). «[...] hasta el día en que Vitrubio se pusiera a dictar sus proyectos a los maestros albañiles que, de golpe, se convierten en "arquitectos"; en 1539 sanciona esta evolución Robert Estienne al introducir la palabra en su *Dictionnaire*» (pág. 267). Pero, en cualquier caso, es un error pensar que la Edad Media es una larga noche:

Hoy apenas hablamos, y cada vez menos, de la Noche de la Edad Media. Ni del Renacimiento, que, como un arquero vencedor, disipó las tinieblas para siempre jamás.

933

Y ello se debe a que el buen sentido ha prevalecido y, por tanto, no podemos ya creer en esas vacaciones absolutas de las que se nos hablara: vacaciones de la curiosidad humana, del espíritu de observación y, si se quiere, también de la invención. Y porque nos hemos dicho que en una época que tuvo arquitectos de tanta envergadura como los que concibieron y edificaron nuestras grandes basílicas románicas –Cluny, Vézelay, Saint-Sernin, etc.– y las grandes catedrales góticas –París, Chartres, Amiens, Reims o Bourges–, o las poderosas fortalezas de los grandes señores –Coucy, Pierrefonds, Château-Gaillard–, con todos los problemas de geometría, de mecánica, de transporte y elevación, y de mantenimiento que conllevaron semejantes construcciones, todo un tesoro de experiencias victoriosas y de fracasos […] (pág. 268).

Febvre detecta la importancia del proceso de creación del lenguaje científico –incluida la introducción de los signos matemáticos– e, inseparable en la escalada del progreso, la posibilidad multiplicadora en la transmisión de saberes que producen el desarrollo de la tipografía y de la imprenta.

Como mi amigo Jean-Maurice, al referirse a *Sur le rivage*, habla del gran estilo y cita *Les travailleurs de la mer*, se me ocurre volver a leerme ese libro que tanto me marcó en mi juventud y creo que lo disfruto aún más que entonces. Se trata de un monumento inigualable, de una monstruosidad, de un ejercicio verbal sin parangón yo diría que en ninguna literatura (al menos en lo que yo conozco no hay nada igual), todo el libro es un gigantesco fuego de artificio que, al desplegarse, ilumina cuanto alcanza. Es el libro de un iluminado, de una importancia excepcional, porque anticipa una gran cantidad de temas y modos que impregnarán la literatura posterior.

«De toutes les dents du temps, celle qui travaille le plus c'est la pioche de l'homme. L'homme est un rongeur [...]. L'homme, ce vivant à brève échéance, ce perpétuel mourant, entreprend l'infini.» Victor Hugo, *Les travailleurs de la mer*, pág. 79. Podría ir como prólogo de *Crematorio*. Y, de hecho, viene a decir lo mismo que la última frase del texto «Trabajo», que sirve como epílogo de *Por cuenta propia*.

Leo las páginas que Jean-Maurice me envía de su nueva novela: las obsesiones de siempre, cada uno las nuestras: para él la Francia del XVII y sus luchas religiosas (se considera a sí mismo un extraño cristiano), La Trapa y su fundador, Rancé. Las ochenta páginas que me envía me parecen excelentes, están muy bien empastadas las hablas de su tiempo, el tejido, la densidad de una prosa que se disfraza a cada momento para ser lengua de La Trapa, de la burocracia, habla cotidiana, lenguaje de la corte, tejido que va dibujando las maneras de una época –la de Louis XIV–, con sus protagonistas secundarios: Louvois, Monseigneur, La Forge... Está también Rancé, y ese personaje extraño cuyo supuesto libro no he leído, el abad de Choisy, un travesti amante de la delicadeza femenina (al parecer, le encantaban las jovencitas), y todo eso está delicadamente cuidado para evitar lo rancio, y consigue que no tengamos la impresión de encontrarnos ante un pastiche. Le escribo diciéndole estas cosas y que creo que es su novela más novelesca, más bien urdida o con más intención, avanza con una energía mayor que las anteriores y parece que se ve más el empuje de una idea poderosa; aunque esas páginas no basten para juzgar el conjunto, claro está, sin embargo se adivina que la idea es conducir al lector a un mundo infectado por el mal, en el que la manzana que se supone de la santidad (ese monasterio en el que los monjes llevan a cabo sacrificios inhumanos en busca de su purificación) en realidad está horadada por los gusanos del pecado, la envidia, el orgullo, el rencor, la ira, muy a la manera montreminiana, que, en su peculiar ascesis religiosa, arrastra al lector a una resbaladiza ambigüedad, la imposibilidad de aislar nada del caos de la vida, mezcla y confusión contra las que el católico lucha desesperadamente sabiendo de antemano su impotencia, mero triunfo de la voluntad sin logro.

Albéric Magnard: no había escuchado nada de él, hoy oigo en la radio su música. La locutora dice que los alemanes quemaron su granja y sus restos no fueron nunca encontrados, pero leo en internet su biografía y allí se cuenta que, en 1914, se negó a entregar su casa a los alemanes y murió defendiéndola. No es exactamente lo mismo. De hecho, después de conocer esos datos, la vida de ese niño que se quedó huérfano a los cuatro años, fue educado por su padre, periodista de *Le Figaro*, y murió con toda esa sobrecarga de dignidad, oponiéndose él solo a un ejército que pretendía invadir sus propiedades, su casa, uno querría ser capaz de alcanzar esa dignidad. Aunque más bien, por carácter, creo que acabaría siendo lord Jim, toda la vida preparándose para acabar fallando en el momento decisivo; digo que, de hecho, ya no puedo escuchar su música de la misma manera –uno se dice siempre que es una estupidez rebuscar en la vida de los autores, intentar encontrar en ella la raíz de sus libros, o de su música, yo soy el primero que lo dice, odio el fetichismo, y a esos biógrafos que destrozan las novelas poniendo personajes reales detrás de los que ha inventado el novelista–. Sin embargo, la negativa de Magnard me parece un rasgo de carácter, su suicidio frente a los alemanes antes que rendirse parece que tiene que estar ahí metido en su música. Esa defensa loca de su casa. No se sabe si se suicidó después de haber disparado varias veces contra los asaltantes, o si lo alcanzó alguna bala alemana. Anoto una frase suya, que aparece en una página de internet y que al parecer escribió en 1899: «Je crois que le triomphe de certaines idées vaut bien la suppression de notre tranquillité et même de notre vie».

Hace tres o cuatro noches, cuando soplaba el vendaval, el gato Miciffetti me pidió salir –él viene a casa a las horas de comer, algunas noches se tumba en el asiento de la silla y se queda allí hasta la mañana, pero esa noche parece que se quería ir, así que le abrí–. Desde entonces no ha vuelto a aparecer, cosa insólita. Pienso que a lo mejor lo ha aplastado algún desprendimiento, el derrumbe de algún muro de alguna pared, la rama de algún árbol (de hecho, se ha quebrado la copa del jacarandá), aunque quizá sea solo que ha salido de alterne. Sé que por esta época, febrero, las gatas están en celo. Si es por eso, que haga su vida, todo el mundo me ha avisado de que si no lo capo acabará escapándose. Me da pena la primera posibilidad, que haya muerto aplastado, o que esté bajo algún elemento que le impida moverse y agonice durante horas ahí metido. La vida de los animales tiene la misma carga de desolación que la de las personas. Es solo un gato, he tenido otros, he visto morir a algunos, pero sigue conmoviéndome porque adquiere el peso de una gran metáfora sobre la vida, sobre el inmenso sufrimiento que supone el vivir.

6 de febrero
Vuelve el gato varios días después, y, para compensar alegrías con preocupaciones, desaparece el perrito Ramonet, que es un follador incansable y consigue sortear los obstáculos que se le pongan para escaparse de casa. En cuanto le dan las calenturas, sufre, tiembla, no le importa herirse en la alambrada, tiene que cumplir su deseo, el que sea, imagino que es cosa de sexo, pero a lo mejor se trata de otros impulsos, libertad, qué sé yo, acercarse a mordisquear una hierba,

937

cualquier cosa. Lo que me extraña de esta desaparición es que, con el frío que hace, no haya vuelto a dormir, en esa cama principesca que tiene junto a la estufa, una caja que contuvo jamones forrada ahora de papel. Lo veo tan feliz cada noche, que me extraña que se haya quedado por ahí fuera pasando frío, y me temo, a medida que pasan las horas y no vuelve, que pueda haberle ocurrido cualquier cosa. Pero también el ser humano sacrifica por sus deseos y pasiones la comodidad, la tranquilidad, a lo mejor el perro no difiere tanto de nosotros en lo de sacrificar el bienestar por una fuerza superior. Ramonet lo demuestra continuamente y, si regresa, habrá vuelto a demostrarlo hoy, su cuerpecito desvalido (no es un perro lanudo, es un chucho de pelo ralo) en medio del ventarrón helado que ha soplado durante toda la noche. No sé lo que marcaría el termómetro a las nueve de la noche, cuando el viento empujaba la puerta de la verja y no me dejaba cerrarla, pero la sensación era siberiana, se me venían a la mente esos tres personajes de Goya que avanzan intentando cubrirse de la ventisca en su cuadro *La nevada*. A su lado aparece un perro callejero, un poco del estilo de Ramonet. Aunque Goya, con su ambigüedad, nos presenta casi fuera de plano unos guardias armados que parecen escoltar a los personajes para que no se escapen, y uno no sabe si esa nevada, esa terrible ventisca, representa solo una violencia de la naturaleza desatada, o también un extremo desorden social. Ramonet vuelve cuatro días después convertido en una triste raspa de sardina. Esas excursiones lo dejan como drogado, arisco, hace como que no me conoce, se aparta indiferente del otro perro, Tomás, que lo recibe exultante, le huele cada milímetro del cuerpo, leyendo en esos olores que trae pegados de sus andanzas, él lo desprecia, tanto como me desprecia a mí, se acurruca, se tumba de cara a la pared, y ahí permanece horas y horas, hasta que, al día siguiente, oye el ruido metálico de la cerradura, de la barra y la cadena con que cierro la puerta de la valla. Entonces se levanta y empieza a temblar y a gemir de un modo que da pena ver, así que le abro la puerta para que vuelva a escaparse. Sale como una flecha, con una energía recobrada que no se sabe dónde podía guardar, si parecía más muerto que vivo, o, ya digo, drogado. Lo dejo salir porque creo que tiene derecho a buscarse su destino, aunque no le convenga, la mayoría de las cosas que he hecho en mi vida no me convenían, y sin embargo no hubiese tolerado que alguien me impidiera hacerlas. Paseo solo con Tomás, que, como el propietario, parece carecer de pasiones, o es capaz de controlarlas; ya, pero el dueño tiene sesenta y cinco años cumplidos, y Tomás aún es joven. Da la impresión de que su pasión soy yo. No me deja ni a sol ni a sombra: si estoy leyendo, cabecea contra el libro hasta que consigue apartarlo y meter su cabeza bajo mi brazo; si me agacho para coger leña, tengo su lengua a dos dedos de mi cara y se me echa encima y no me deja moverme, y se adelanta y se cruza en la escalera si subo, y se pone a dos patas y me pone las otras dos en los hombros. Su mayor felicidad: estar tumbado junto a la estufa, yo sentado en la butaca, rozando apenas su cuerpo con mi pie. Ahí se duerme feliz, solo con saber que está en contacto conmigo. Es cierto que tiene pesadillas, que a ratos empieza a resoplar, se agita e incluso se despierta con un gruñido furioso o con un ladrido. ¿Qué tipo de angustias lo asaltarán? De vez en cuando, se levanta sonámbulo y se empeña en meter la cabeza por debajo de mi brazo, apoyarla en mi barriga, lo hace de forma maquinal, con movimientos faltos de flexibilidad, los de un sonámbulo. Vuelve en ese estado de inconsciencia a su sitio y se tumba otra vez. Si se despierta cuando intento sacarle la cabeza de debajo de mi brazo, da un respingo, un ladrido, y se queda desconcertado, sin saber dónde está, ni cómo ha llegado allí. Ya digo, un caso de sonambulismo.

15 de febrero

Excelente artículo de Félix Flores sobre la guerra en Ucrania, publicado por *La Vanguardia*, titulado «Ucrania y los motivos del lobo». Da gusto encontrarse con un periodista que razona y no se limita a dar las consignas del bando amigo (americano, por supuesto). Cada día que pasa me parece más irritante la manipulación informativa, no la soporto, apago la radio, la televisión, me irritan las noticias en prensa, me digo que cada día van las cosas a peor, el porvenir más negro, cerrar el ciclo de la vida con una especie de crepúsculo universal, parece que mi propio fin de ciclo coincide con un fin de ciclo histórico, pero luego lo pienso y me digo que no, que también rabiaba y me parecía lo peor la prensa durante el felipismo, el GAL y todos aquellos temas, qué más da, en cada momento parece que vivimos lo peor, la vida es siempre lo peor, pero entonces había cierta alegría económica, esperanza de subir algún peldaño en el escalafón social, de acceder a algún lujo, a algún placer, ahora es la negritud de la crisis económica, el miedo de que falte lo necesario.

18 de febrero

Amenazaban grandes lluvias y a la puerta de casa cayó medio vasito de agua. A los cinco minutos, ya lo había secado una ventolera que empezó a soplar tras la lluvia, ayer a mediodía, y no ha parado hasta hace un rato (son las nueve y media de la noche), veo los mapas, con la nube encima, hablan de los litros caídos y yo me pregunto si es que he empezado a vivir en otro mundo. Que vivo casi fuera del mundo ya lo sé desde hace tiempo, pero ahora se trata de que directamente he sido abducido y vivo en Marte, en algún planeta estrafalario en el que no llueve, y no bajo ese punto negro que el locutor señala hablando de decenas de litros de agua caídos en pocas horas; luego me da por pensar mal, y doy por supuesto que están entrenándonos para las inminentes elecciones, acostumbrarnos a que creamos lo contrario de lo que vemos y convencernos de que el problema es que no sabemos mirar.

Por cierto, he visto esta tarde otra vez *Nosferatu*. Murnau hace que quien trae a la ciudad el mal (el vampiro Nosferatu) y la mortífera peste (las ratas) que le sirve de cortejo sea un promotor inmobiliario. Aquí, en esta comunidad arruinada y destruida, también ocurrió en cierto modo así, todo fue fruto de la pesadilla que trajo el promotor inmobiliario; me entero de que los hermosísimos huertos que hace diez o doce años aún rodeaban Borriana ahora son un erial de basuras y naranjos secos; al sinvergüenza del alcalde-constructor se le ocurrió recalificarlos para construir un campo de golf de centenares de miles de metros. Lo peor es que siguen empeñados en lo mismo, no se quieren enterar de la ruina. O están convencidos de que, en algún tiempo, podrán ahondar un poco más, darle otra vuelta a la tuerca, exprimir aún más este paisaje exhausto, cemento y vertidos, lo que fue el más hermoso jardín andalusí del mundo. Hijos de puta. Os merecéis lo que no se puede escribir si no quieres que los agentes lo lean y te metan en la cárcel, vosotros lo sabéis, y yo también lo sé. Eso es lo que os merecéis.

1 de marzo

Lo llaman «crisis» y es la *grande bouffe* caníbal de los ricos: las empresas del Ibex ganan el cuarenta y cinco por ciento más en 2014, mientras hay gente que pasa sin luz este invierno de grandes nevadas. Los locutores de las radios y televisiones, los tertulianos muestran su indignación porque Tsipras, el primer ministro griego, lleva en su programa que no dejará que haya una familia griega sin luz. ¿Con qué va a pagarlo?, aúllan, ¿con nuestro dinero? Les parece normal, en cambio, que Obama siga empeñado en armar Ucrania hasta los dientes y que siga la guerra hasta que no quede ni una brizna de Rusia y saquen a Putin como sacaron a Gadafi. Asco de mundo. Rajoy convertido en el que más ladra contra el Gobierno griego, ese ministro Guindos, con el acento de sacristán maricón que tiene, reclamando que paguen todo y ya, que los españoles les dimos veintiséis mil millones, Rajoy con esa voz cada vez más agria y autoritaria, y esos visajes como de loco, ese girar los ojos, torcer la boca, que pague, que pague. Hoy el Gobierno español y el portugués se muestran indignados porque Tsipras denuncia un frente hispanoportugués que ha estado boicoteando las negociaciones con la Comunidad Europea porque pretende que caiga el Gobierno Syriza antes de las elecciones españolas para que no cunda el ejemplo: el miedo a Podemos. Aquí sacan un comunicado lleno de indignación cuando todos lo hemos visto, sin necesidad de que nos lo cuente Tsipras. Creo que no había odiado tanto a un gobierno (y mira que odié a Felipe, a Ibarra) como al actual, han dado muestras de una crueldad innecesaria con la gente en todos los frentes. Empleados del diablo: el gobierno de la ciudad de Valencia se apresura antes de que lleguen las elecciones municipales en mayo a aprobar un nuevo plan general de urbanismo, que incluye cientos de hectáreas de lo poco que queda de huerta cultivada, cuando el término municipal de la ciudad está lleno de descampados cubiertos de basura, y la propia ciudad repleta de solares, además de que hay decenas de miles de pisos sin vender. ¿A quién sirve la medida si no es al mal en estado puro, o es que hay pactos firmados con determinadas constructoras que aspiran a controlar un futuro que se mide en decenios? Al mismo tiempo, el Gobierno de la nación trabaja en un plan mediante el cual se podrá edificar al día siguiente de que un terreno se haya quemado, y, además, se apartará a los agentes forestales de la investigación de las causas. ¡El horror!

5 de marzo

Más ejemplos de saqueo (de nuevo el diabólico PP): Olivas, presidente de la Generalitat sin que nadie lo eligiera y presidente, a continuación, de Bancaja sin ningún mérito conocido, concedió créditos a empresarios amigos de la construcción que le provocaron perjuicios al banco de cientos de millones de euros. ¡Cientos de millones!: nos hemos acostumbrado a la levedad del euro, no alarman las cantidades que, traducidas en pesetas, suponen decenas de miles de millones. Entretanto, estos beneficiados le pagaban lujosos viajes al Caribe, en los que solo el alquiler del avión costaba más de veinte millones de pesetas: entre otras cosas, el aparato tenía seis camas. El tal Olivas debió pensar que estaba en la cima del mundo como James Cagney en *Al rojo vivo* (*White Heat*). El hombre llegó de Motilla del Palancar, o de Mota del Cuervo, a ver qué sacaba por aquí, y fíjate, una carambola de presidencias y un avión que ni Obama. Estratosférico.

Pero vayamos abajo. Tirémonos en paracaídas del lujoso avión y pisemos suelo: un concejal de Oliva (más PP) saquea la cuenta de una mujer que ha muerto sin familia. El buen protector del pueblo le mira el saldo, descubre que la vieja tiene treinta y tantos mil euros y se dedica a enviar facturas hasta que deja limpia la cuenta. No sabemos en qué se gastó el dinero. Como el mal siempre es el mal, imagino que no en comprar pañales para los gitanicos y los rumanos pobres, tan abundantes en Oliva. Fíjate que llegué a tomarles manía a los socialistas extremeños, pero es que estos peperos valencianos son ladrones en cualquiera de sus acepciones: cacos, trileros, butroneros, carteristas, ladrones de guante blanco. Los hay de todas las modalidades. Recuerdo que M. le pagaba no sé cuántos cientos de euros y comida y gambas al concejal de urbanismo de Ontinyent (¡viva el PP!) cada vez que tenía que obtener un permiso para una obra que estaba haciendo en un paraje de dudosa calificación, algo así como un viejo molino en zona protegida. Y encima lo votaba.

6 de marzo

Más madera. El hospital de Liria llevaba años terminado y sin abrir por falta de dinero. Como se acercan elecciones, hace dos o tres días el Muy Risible y Detestable President Fabra, acompañado por el ministro del ramo (Sanidad), procedió a su inauguración. Al parecer, se apresuraron a amueblarlo con lo que se pudo, y nadie tiene claro qué sanitarios van a hacerse cargo del día a día. En lo que se supone que es la UCI metieron tres camas que, esa misma tarde, finalizado el festejo, recogió un transportista para devolverlas al hospital catalán al que se le habían tomado prestadas para servir de decoración. Política Potemkin.

13 de marzo

A medida que pasa el tiempo, en vez de disolverse el franquismo bajo las aportaciones de la modernidad, ocurre lo contrario, aparece cada vez más claro como elemento que ha constituido el núcleo de una sociedad que se reproduce a sí misma. Lo pienso estos días, cuando llegan las fallas a Valencia y he tenido ocasión de ver en dos o tres emisiones de televisión a Rita haciendo la payasa en el balcón del ayuntamiento de la ciudad, gestos de loca furiosa, no se sabe si está celebrando su alegría o si le dice a la oposición: jodeos, que yo estoy aquí y vosotros no, las dos cosas: más bien, que su alegría es precisamente poder decirles eso a los de la oposición. Pero vuelvo al tema inicial: el franquismo, las fallas, que eran una fiesta artesanal, o sea, republicana y, más que laica, incluso anticlerical, porque el artesanado y la menestralía valencianos eran blasquistas, y tenían gusto por el humor grueso y la desvergüenza, inmediatamente pasan a ser controladas por una Junta Central Fallera, que ejerce de censor y de ideólogo, y, además, a la fiesta laica se le añade una Ofrenda de Flores a la Virgen, para destacar que se trata de una fiesta profundamente católica. Bueno, pues ahí siguen, marcando la fiesta, las dos instituciones, una –la Junta– como pesado comendador de piedra presente en la cena, la otra –la Ofrenda– convertida en parte esencial, interiorizada, hecha sangre del pueblo (ay, querido Aub). La fiesta es ese repugnante balcón del ayuntamiento, y la cursilería de las falleras cuando hablan en dominio de la burguesía beata, estrecha. Heredera del franquismo. El artesanado, la menestralía, el pueblo, comparsa que ve a todo ese bobería enjoyado y aspira a alcanzarlo.

Finales de marzo

Ganas de llorar o de matar, cada día más frecuentes, ante el avance de la irracionalidad, el autoritarismo y una especie de ofensiva neofranquista (el nacionalcatolicismo creciente). Como si hubiesen tenido el cadáver del dictador en el fondo de la charca y se hubieran decidido a cortar la cuerda para que saliera a flote, trayéndonos toda su pestilencia. Pero vamos a la irracionalidad: titular de ahora mismo en *El País*: «El ladrillo amenaza un bosque litoral en Oropesa». Sumario: el ayuntamiento prevé duplicar el parque de viviendas a pesar de que buena parte de las actuales están vacías. Lo que cuenta a continuación es aún peor. ¡Uf! ¿Qué se hace con ellos? No me hablen ustedes de democracia, ustedes llevan pistola, escopeta, metralleta, ustedes han asesinado el paisaje de mi tierra, y siguen en ello, se han cargado a diez generaciones, y aprueban la ley mordaza y la cadena perpetua para tenernos atados y amordazados, vigilan nuestra correspondencia, nuestras llamadas telefónicas, nuestros e-mails para tenernos cogidos de los huevos porque la ley prohíbe llamarlos a ustedes por su nombre. ¿Qué nos toca a nosotros?, ¿llorar como maricones?

945

Hoy, otra noticia de esas que te dan ganas de salir a la calle a hacerles lo que sea: treinta y siete pueblos se levantan contra la *Conselleria* que ha cambiado subrepticiamente las condiciones de propiedad de un centro de reciclaje de basuras que funciona bien y genera beneficios y se lo ha arrebatado a los municipios y lo ha vendido a Ferrovial (que, al parecer, está quedándose con ese negocio en otros lugares de España). La malvada y estúpida *consellera* Bonig ha puesto la firma. Muchos de esos municipios indignados tienen alcaldes del PP. Estos nacionalcatólicos están como borrachos o drogados. Ayer se reunieron los representantes de las cuatrocientas asociaciones de vecinos constituidas en el País Valenciano con los políticos. Acudieron los de todos los partidos, menos los del PP. Hoy estaban que trinaban los plantados. Se constituyen grupos de empresarios al margen de cualquier iniciativa del Gobierno y de la Generalitat para intentar defender unos intereses que ven pisoteados por esta pandilla de marcianos. El día de San José, en un restaurante de Denia, al que nos invitó mi sobrina, estaban reunidos los peperos locales en torno a una mesa, ellas acospedaladas, ellos directamente con pinta de mafiosos y de representantes y matones de constructoras *ful*. Los oía hablar, los veía comportarse (mal), hablar con chulería, a voces (y en castellano de Falange, por supuesto), y me preguntaba a quién representan, de dónde han caído, y sí, representan a toda la basura que ha traído el dinero fácil a la comarca, semilla de fuera y mamporreros de dentro, gestores de las mafias, correveidiles de fuerzas de orden público, militares y polizontes jubilados, pistoleros y jugadores ventajistas del Monopoly. Material humano desechable, calidad ínfima, basura.

8 de abril

Tsipras, el primer ministro griego, visita la Rusia, seguramente para buscar cierto apoyo, o mostrar alguna fuerza ante una Unión Europea empeñada en asfixiarlo, mostrando el fracaso de su política, porque pretende que mientras los ciudadanos griegos tengan problemas para pagar el agua y la luz, la banca puede esperar. La prensa se le echa encima con una ferocidad a la altura de la de Merkel o la de su estúpido siervo gritón Rajoy. Titula así *El País*: «Un caballo de Troya para el griego». Es posible que Putin aproveche la visita de Tsipras para concederle un regalo envenenado.

9 de abril

Elena me manda el anuncio aparecido en una revista de moda. Dice así: «Muy natural. Falda cosida y bordada a mano con tejidos naturales de Alabama Chanin. No incluye seda para evitar el maltrato a los gusanos (2.880 €)».

Día en Valencia para recoger el libro de Josep Sorribes. Me compro alguna película. Paso por el hasta hace poco desolado mercado de Colón y es un hervidero de gente ocupando los nuevos locales, me digo que hoy es jueves, las tres de la tarde, no parece normal, una especie de euforia parece invadir la ciudad, no sé si es que han empezado a creerse el mensaje de Rajoy; como en estos tiempos todo es virtual, si dices «esto va bien» quizá consigues que la gente actúe como si de verdad fuera bien. Hay una exposición de Jaguar a la puerta del mercado. Me sorprende que solo en la ciudad de Valencia haya seis o siete distribuidores de la marca (aparece la lista en un panel). Pero si hace tres o cuatro meses esto era el fondo del abismo. Si aquí hemos visto ya el Armagedón. ¿Se está hinchando una nueva burbuja? ¿Preparan un nuevo batacazo?

10 de abril

Felipe González y Aznar firman, con otros veintitrés expresidentes de Gobierno de distintos países, un documento contra la política venezolana. Y luego dicen que no hay ninguna conjura en marcha para derrocar al precio que sea a Maduro. El otro día oía por la radio a uno de los más importantes opositores llamar al golpe de Estado, así, directamente, diciendo que ante la injusticia está permitido. La entrevista creo recordar que fue en la COPE. Ahora no estoy seguro.

11 de abril

Siguen los despropósitos, el ayuntamiento no cobra ni el IBI ni el usufructo del edificio en el que está instalado (de propiedad municipal) al Hotel Westin, el más lujoso de Valencia. El IBI ni siquiera se lo ha facturado desde el 2008, que debió de ser el año en que se inauguró el hotel, o quizá lo hizo un par de años antes. Que cualquier ciudadano deje de pagar el IBI y verá lo que tardan en embargarle la cuenta del banco. Ítem más: renuevan precipitadamente los conciertos a los colegios cuyo convenio iba a prescribir en los próximos meses, más de trescientos a los que garantizan la concertación hasta el 2019, atando así de pies y manos la política educativa de quienes puedan llegar a raíz de estas elecciones. El guiño es: aunque perdamos ahora, os lo dejamos amarrado y se supone que, en el peor de los casos, para el 19 ya estaremos aquí otra vez. En esta comunidad se ha descubierto que se sobrefinancia a muchos de estos colegios, aún no se ha entrado a investigar si no habrá estado ocurriendo lo que en la Comunidad de Madrid, donde el encarcelado consejero Granados al parecer se embolsaba un millón de euros por cada concierto. Sois adorables, queridos peperos, una banda de atracadores. Organización para el crimen.

En la bolsa de la perfumería en la que compré el otro día el agua de colonia (siempre uso la misma marca, 4711, apenas huele) aparece la leyenda «75 aniversario. 1939-2014». El local está en el centro de Valencia, en un lugar privilegiado, frente a la plaza de toros y la estación de tren, a un paso de la plaza del Ayuntamiento. No sé la historia de la perfumería, pero me pregunto quién podía montar un negocio en un lugar así en 1939. Da que pensar. La sombra de la duda. Imaginas lo peor: correajes, metal, tapias.

26 de abril
Sigo adelgazando, la endocrino que me vigila el tiroides dice que, según los análisis, todo está en orden, pero yo sé desde hace más de un año que esto no va, no sé si es el tiroides, el azúcar o el maldito colon, las digestiones, lo que como no acaba de sentarme bien, me esfuerzo por devorar (¡cuidado con el azúcar!), pero da lo mismo, no subo ni un gramo, al revés. En junio tengo cita con la internista, quería que repitiera la colonoscopia el pasado diciembre, me dio pereza, repetir todos esos preparativos, volver a quedarte como un cadáver, tres o cuatro días sin comer, poniéndote enemas (qué difícil ponérselos uno mismo), haciéndote soltarlo todo, pegado a la taza del váter, bebiendo esos líquidos asquerosos que ayudan a cagar o a que se vean las cosas mejor cuando te meten el tubo. En el caso de que encuentren lo innombrable, ¿me veo con ánimos para operaciones, quimios y demás torturas?, ¿tengo suficientes ganas de vivir como para que digan de mí eso que dicen de todos los que se prestan al destace médico: está peleando como un jabato contra el cáncer, le ha plantado cara hasta el último momento, un pequeño y admirable héroe?, ¿de verdad quiero pelear como un jabato?, ¿ser un héroe de hostias cómo duele esto y qué náuseas produce y qué horror, y voy y lo aguanto? Todo eso, ¿para qué? Si lo mejor ya ha pasado, si haber cumplido

sesenta y cinco años después de una vida de traca no está nada mal, si placeres, aparte del de la lectura (y alguna ráfaga de música que me pone los pelos de punta, o me sume en la melancolía), no me queda ninguno. Las pajas se espacian, los polvos, ya ni me acuerdo de cuándo eché el último, ¿seis, siete años?; me alimento como si estuviera en una residencia de ancianos de clase baja, no bebo, ¿qué espero?, ¿a qué coño aspiro con la manía de la longevidad? Lo que tenías que hacer más bien es tener huevos, apagar la luz y marcharte, pero con lo desordenado que soy, seguro que acabo sirviéndole el veneno al perro en vez de tomármelo yo.

Digo que para qué vivo: el momento del día: el paseo. Me da pereza, me lo pienso varias veces, pero luego siento que me invade un bienestar enorme cuando veo el acuerdo feliz con el que se mueven unos cuantos metros por delante de mí los dos perros. Mea uno, mea el otro en el mismo sitio, las dos colas se mueven al mismo ritmo, las patas, juegan en mitad del camino, se esperan y me esperan, emprenden la carrera. Me plantan las patas encima, o Tomás, que es el que siempre pide que le haga más caso, me muerde suavemente el codo para llamar mi atención, para decirme que él está pendiente de mí y yo tengo que estarlo de él…, ladra exigiendo esa atención. Ayer ladraba como un loco mientras cogía algún níspero y me lo comía. Le parecía mal que no le diera su parte. Se lo come todo. Ramonet se acerca a ti temblando de emoción, se estremece en cuanto le pones la mano en la cabeza; pero el temblor es también de miedo, como si alguien alguna vez le hubiese pegado. Se entrega con precaución. Dos seres inocentes, qué descanso tan grande verlos moverse ante ti, correr hasta que se pierden de vista en la curva, y luego vuelta, a echársete encima. El movimiento de las colas, el ritmo de las patas me transmiten felicidad. Ya lo he dicho.

950

28 de abril

Ayer hice una jornada de refuerzo alimentario, comí disciplinadamente, echándole toda la voluntad del mundo; esta mañana, cuando me peso, convencido de que habría ganado unos gramos, descubro que sigo adelgazando: ya estoy por debajo de los sesenta y cinco kilos. Me encuentro cansado, había pensado acercarme a Valencia y no sé si voy a tener fuerzas para acudir al supermercado de El Verger, aturdido, mareado, ¿cómo voy a escribir así? Nada me conmueve, nada me emociona, nada me interesa.

30 de abril

Uno no para de sorprenderse. Periódico de hoy: el administrador de un grupo de empresas que facturó doscientos veinte millones de pesetas al parque Terra Mítica era un indigente alcohólico al que le ofrecieron el cargo a cambio de «un sitio donde dormir», ya que en esos momentos pernoctaba en el suelo de un almacén.

> [H]a puesto de manifiesto que las firmas que llevan algunos contratos y facturas no son suyas, y que desconoce incluso lo que son los impuestos. También ha dicho que nunca ha firmado cuentas en bancos ni ha ido a una gestoría.
>
> Preguntado si fue el empresario José Luis Rubio quien le propuso esta idea, ha dicho que cree que «solo» le pagó una cerveza «y ya está» [...].
>
> La empresa en la que figuraba como administrador facturó un total de 226 millones y medio de pesetas por obras en el parque temático de Terra Mítica, y sin embargo el acusado ha afirmado que no ha hecho una factura en su vida y que tampoco ha cobrado nada por estos trabajos. De hecho, desconocía también el nombre de las empresas a las que se dirigían las facturas, algunas de ellas Desarrollos Gran Vía, Red Moreno o Altos del Carrichal.

951

Así, ha aseverado que se quedó sorprendido cuando lo llamaron a declarar por este procedimiento: «Pensé, pero si yo no he hecho nada, ¿para qué me llaman?». Por último ha afirmado que desconoce lo que ha sido de la empresa de la que era administrador.

El fiscal le pide veinte años de cárcel; si se descuida será el único de la trama que acabará encerrado. Quizá lo acompañe el segundo interrogado de hoy, un pobre cocinero al que hicieron administrador de otras cuantas sociedades (de las que no volvió a saber nada en su vida) porque así iba a tener trabajo. Uf, qué angustia da ver a esta pobre gente a las puertas de la cárcel.

La gentuza que rodeaba a Zaplana, los que han chuleado y saqueado y destrozado durante veinte años esta comunidad, componentes de una banda criminal organizada para delinquir, expoliar y atracar al país, el Partido Popular. (Hay otros, pero estos son sublimes. Rozan lo inefable. Jamás la sinvergonzonería había llegado tan lejos. Entre Alfredo Landa y Al Capone, entre Rufufú y Rififí.)

4 de mayo
Sale en libertad condicional la mujer que ha estado presa durante nueve años en Estados Unidos por traerse a su hija a España. Un tribunal español le daba la custodia a ella; el americano, a su marido. En una de las visitas a Estados Unidos para presentarse ante los jueces a dar cuenta del tema, fue detenida y ha permanecido nueve años en la cárcel. Hoy leo en la prensa que los grupos partidarios de la custodia compartida le escriben al embajador norteamericano para advertirle de que esa mujer en realidad es una secuestradora. Me parece de una crueldad tremenda. La justicia por encima de todo, aunque muramos en el intento. ¿No tienen bastante con las imágenes de esa mujer esposada, metida durante

nueve años en una cárcel? Siento miedo y asco. Esos son nuestros vecinos, como para esperar piedad el día que nos veamos envueltos en algo por un malentendido. El infierno son los otros, querido Jean-Paul, eso lo sabemos los dos, y también lo de Cernuda, que la humanidad tuviese una sola cabecita para aplastarla con mucho cuidado. Y luego sollozan por el sufrimiento de los gusanos de seda. Me consuelo viendo llegar a los nuevos miembros de la familia: dos gatitos preciosos –no deben de tener ni un mes– que saltan, juguetean. Qué hermosura en sus movimientos, la infinita agilidad, como de prestidigitador. La inocencia, señor, la inocencia que uno puede representarse mirándolos en su incansable jugueteo, y que te lava de la perfidia humana. El cuidado de animales y plantas como pileta lustral. A medida que me voy haciendo más viejo entiendo mejor lo que durante tantos años me pareció absurdo, pérdida de tiempo. ¿Para qué cuidar a unos seres que no te pueden devolver nada como compensación? Te devuelven su mera existencia, su presencia que depende de ti; de ti depende que coman y beban, que estén protegidos. Mirando jugar a los gatos, riñendo a los perros, que últimamente se gruñen a todas horas, viendo las rosas y la floración de amarilis (han salido por decenas este año) y los lirios, y ese arbusto que da rosáceas blancas cuyo perfume me recuerda los mayos de mi infancia, cuando los niños recogíamos flores para el altarcillo de la Virgen que ponían en la escuela de Tavernes. El gato blanco cuida desde los primeros momentos de los recién llegados que lo toman por su madre y corren hacia él en cuanto lo ven entrar en casa, se acercan los hocicos, se los rozan, él les acaricia suavemente el lomo, a pesar de que, en cuanto se pone a comer, aparecen las dos fierecillas y meten la cabeza en el recipiente de la leche o en el del pienso y le impiden comer. Yo vigilaba con desconfianza la escena, pensando que les iba a soltar un zarpazo, pero observo que no, que, al revés, aparta la cabeza, retrocede y se queda mirándolos comer. Me da pena porque es muy tragón y ahora se queda casi en ayunas, no hay manera de que los pequeños diablos lo dejen en paz. Se queda tumbado observando los increíbles movimientos de los nuevos, un prodigio de agilidad que fascina.

14 de mayo

Dejo Roma, deslumbrante bajo un cielo de intenso azul. El coche que me lleva desde piazza Fiume al aeropuerto atraviesa toda la ciudad: casas del XIX y de principios del XX, columnatas de mármol, milenarias construcciones de ladrillo, todo se enmarca en la ventanilla del coche en un trávelin fascinante que me emborracha, emoción ante tanta belleza, también desánimo –lo he escrito en algún sitio– porque tu pobre tiempo humano no se acuerde con el tiempo de los dioses. Unas horas más tarde, desembarco en Valencia: es el Armagedón, un cielo blanco, sucio, envuelve un paisaje que se cuece a cuarenta y tantos grados de temperatura, el aire abrasa, corta la respiración. De camino a casa, a poco de salir de Valencia descubro que a la pesada calima se une el humo que brota tras las montañas cercanas a mi casa. Un gran incendio. Se reanuda la película de cada año, el fuego devorando los bosques de la Comunidad Valenciana, la impotencia de la gente ante algo que parece desastre natural, tragedia incontenible, pero que no lo es, es la desidia de una administración inepta, corrupta. Al anterior *conseller* de Interior, que nos reñía desde la televisión (cuando la había) en vez de dimitir cuando se le quemaron cincuenta mil hectáreas en unos días como el de hoy, se descubre que la empresa encargada de apagar los incendios le ha regalado el fusil de caza, le paga las monterías y las copas y las putas. Bosques abandonados en los que la maleza crece sin control, ausencia de patrullas forestales, falta de medios: esas son las causas de que los incendios en esta comunidad sean tan voraces. Lo dicho: desidia de los políticos. La cercanía del fuego me deprime. No soporto la inestabilidad permanente del paisaje en la zona, cada vez que ves una mancha de verdor, un bosque, una pinada, piensas que es la última vez que vas a verlo, y lo peor es que aciertas con demasiada frecuencia. La sensación de que vivo en una comunidad que, teniéndolo todo, ha decidido suicidarse. Dentro de pocos días se celebrarán elecciones y tiemblo al pensar que puedan volver a ser elegidos los que han arrasado paisaje, economía y moral durante los últimos veinte años.

El gato trata a los recién llegados como si fuera su madre, los deja comer y los lame y acaricia mientras come. Ellos lo siguen y se ponen a sus flancos como si quisieran mamar.

Por la noche, al ir a orinar, descubro que tengo un bulto en la pelvis, me cabreo, pienso que todo empieza a conjurarse para llevarme de médicos, al hospital. Al analizarlo, tengo la impresión de que se trata de una hernia que me han provocado los esfuerzos para toser que llevo realizando a diario desde hace cinco meses. Cuando visité Extremadura a finales de año, me resfrié y, desde entonces, se me ha quedado una tos que no se sabe qué la provoca. Puedo pasarme la mañana entera sin toser, y, de repente, empezar a toser una y otra vez, haciendo esfuerzos para expectorar durante horas enteras. A veces pienso que puede ser una reacción alérgica, dado que ya digo que se va de modo tan aparentemente arbitrario como viene. En ocasiones parece relacionado con la ingesta de líquidos fríos, pero en otros momentos aparece porque sí, o, con cierta frecuencia, después de tomar leche. Lo cierto es que me tiene amargado desde hace casi medio año y me da pereza acudir al médico de cabecera, aunque este lunes no me va a quedar más remedio que hacerlo para que me vea el nuevo habitante de este cuerpo que empieza a superpoblarse: el bulto púbico.

15 de mayo

A medianoche cambió la temperatura, busqué la colcha para arroparme. Esta mañana, al levantarme, tenía frío. La trivialidad del mal: pasada la ola de calor, queda el paisaje destruido. Oigo el ruido de los aviones que siguen combatiendo el fuego, por encima de la montaña de Segaria, un cielo azul por el que pasan algunas nubes oscuras. Me esfuerzo por adivinar si son retales de la humareda. Del Armagedón parece que hemos pasado al primer día de la creación del mundo. Pero ahí, detrás de las montañas, está el paisaje negro, ese que tantas veces he admirado por su gozoso verdor.

16 de mayo

Al abrir la ventana, me llega el olor de la leña quemada.

17 de mayo

Palabras del jefe de los exportadores alemanes, Anton Börner: «Los países mediterráneos no entienden nada que no sean las palabras duras y la firmeza de los mercados de capitales». El ministro de Finanzas alemán (Schäuble) se lamenta del obstáculo que supone el Parlamento francés para las reformas (sacadas las citas de un artículo de Rafael Poch en *Sin Permiso* de hoy). Conduciendo furiosamente su silla de ruedas, malcarado, parece un personaje de tebeo.

8 de junio

En nombre del Círculo de Empresarios, se pide que se baje el sueldo mínimo (¡aún más!) a los contratados sin experiencia previa, porque se supone que una parte de la paga la recibirán en formación. Me fijo en los apellidos de quienes hacen esas declaraciones, el presidente, Miguel Canalejo, que es el presidente del comité del Círculo, y Javier Vega de Seoane, presidente del Círculo (no sé qué diferencia hay entre un cargo y otro), y constato que ambos ostentan sonoros apellidos del régimen franquista, ignoro el grado de parentesco que puedan tener con las viejas glorias, pero una vez más me queda la sensación de que hay un núcleo, un *pinyol*, un *rovellet de l'ou*, que es inmutable, y que no se cansa de hacer ver que ellos ganaron y siguen tratando al país (a los de abajo) con ese despotismo de la bota militar. Durante un tiempo se mostraron más discretos, pero los últimos años vuelven a exhibir su desprecio, su voracidad. Se les llena la boca con la palabra *democracia* en cuanto algo pone en peligro su poder, la democracia son ellos. Ladran la palabra para que te muerda, perro rabioso.

22 de junio

Recién llegado de Roma (contaré algo de lo que me llevó allí en otro lugar). Cambio los libros portugueses por los italianos. Sí, estos días pasados me he dado un pequeño atracón de literatura portuguesa, libros que me traje de Lisboa hace veinte días: Mario de Carvalho, Gonçalo Tavares, Felipe Melo, Silva Carvalho, Rui Pires Cabral... Ahora me traigo algunos de Roma. Incluidos dos de Guido Morselli. Uno de ellos lo tengo en español (*Roma senza Papa*), pero me apetece su desternillante ironía en italiano. El placer de leer en el idioma original, aunque tengas que acercarte con frecuencia al diccionario. Complicidad con el autor que ha escrito las palabras así; aunque, por ese razonamiento, en las traducciones la complicidad sería doble: con el autor y con el que ha trabajado la versión española. Pero yo sé lo que me digo, o lo que quiero decir.

No he escrito nada sobre la columna que dedicó Echevarría a las páginas de los cuadernos publicadas por *El Cultural*. Un par de páginas más bien como ironía contra los pedantes que pululaban por la facultad cuando yo era joven, y una defensa de la honesta literatura de Zweig, se convierten en sus manos en apasionada denuncia de mi rechazo de los grandes autores vieneses de entreguerras (Broch, Musil) e incluso de las vanguardias europeas de los sesenta y (un guiño al público para el que interpreta sus performances) de las latinoamericanas. «Populismo cultural», titula su texto contra un escritor que no conozco y que al parecer se llama como yo, frente a cuya estrechez de miras Echevarría se levanta como lúcido defensor de las vanguardias.

El texto me parece deshonesto. El crítico –no sé si confiado en que ya nadie se acuerde de lo que publiqué en *El Cultural* y a lo que él se supone que responde– se saca de la manga cosas que ni se dicen ni se insinúan en mi escrito; y, en cambio, evita ver lo que sí que está, pero no le conviene para su razonamiento.

Todo lo manipula la escritura de Echevarría, ¿cómo puede acusarme de despreciar a Musil y Broch, a la vanguardia vienesa de entreguerras?, ¿de dónde deduce eso el crítico malabarista?; en mi desprecio, incluye dos nombres de los que yo no hablo (Musil y Broch), y, al hacerlo, da de lleno en el clavo porque cualquiera que me conozca o conozca mis textos sabe que son dos autores esenciales en mi formación; que están desde mi adolescencia en mi ambición de escritor; aparecen en mis novelas, donde aprovecho cualquier ocasión para homenajearlos; como están otros tantos autores de entreguerras del Imperio como Kraus, Schnitzler, Roth, Bánffy... Da la casualidad de que es uno de los períodos que más y con más pasión he leído, todos los que Echevarría, a partir de una página suelta de un diario en la que ni están ni se les nombra, decide que desprecio. Sobre mi pasión por las vanguardias rusas y soviéticas, el crítico bien informado debería conocer el texto que dediqué hace decenios a Pilniak.

De hecho, si al crítico impaciente no le hubiese movido esa prisa por abalanzarse sobre el par de páginas publicadas, a lo mejor hubiera tenido tiempo de descubrir que precisamente la literatura de esos dos autores a los que sigo preguntándome por qué dice que desprecio es una presencia constante en esos cuadernos de los que al señor Echevarría le ha bastado con conocer una hoja para triturar. Se apoya en lo que no está en el texto y, en cambio, no le parece pertinente que el texto publicado contra el que arremete empiece con un homenaje a Claude Simon, y a una novela suya, *La route des Flandres*, que supone uno de los más arriesgados y apasionantes experimentos literarios de aquellos años. Eso no le conviene verlo porque tumba todo su razonamiento (su libelo).

Pero se trata de una estrategia bastante habitual en el señor Echevarría, que, con ella, se consagra permanentemente como crítico de altos vuelos: salir en defensa de autores que no lo necesitan; convertir los grandes nombres en cosa suya, cuya memoria gestiona subido en una tarima desde la que se inventa periódicamente un enano intelectual, un bobalicón (incluso fulero, un poco al estilo Sancho Panza: lo de abajo, el populista literario) contra el que le resulta fácil –vestido de túnica y calzado con coturno– arremeter. En su excitante retablo de las maravillas muestra al boquiabierto lector la inalcanzabilidad de la cumbre que él frecuenta y la seducción del abismo al que se asoma, vértigo de montaña rusa en el que centrifuga al muñeco de guiñol que, en esta ocasión, lleva mi nombre.

A esa actitud en castellano se la define como propia de un trilero; y yo, como soy novelista y un tanto fantasioso, a Echevarría lo veo un poco como marquesón estafador de película italiana. Que me perdone como yo le perdono a él.

24 de junio

Hace un par de días. Creo que es en la tele donde lo oigo. Son las fiestas de Alicante y el locutor habla de la ofrenda de flores a la Virgen (creo que del Remedio) y dice que es de las más antiguas de España. Del año 41, insiste, ante una mujer y una niña. La mujer habla de que es el acto que más la emociona. Lo mismo puede oírse en Valencia: el acto más emocionante es la ofrenda de flores, cuya tradición procede casi de la misma época, quizá dos o tres años más tarde. Es un modelo perfecto para analizar cómo el franquismo (en este caso, el nacionalcatolicismo) se infiltró en la sentimentalidad popular y se ha quedado ahí dentro incrustado. Imagino lo que es Alicante 1941, dos años después de la tragedia del puerto, con los campos de concentración a tiro de piedra. Ciudad traidora que ha matado al camarada José Antonio y a la que no se le perdona (no se le perdonó durante decenios) las patrullas de falangistas venidos de toda España para honrar al mártir, tomando la ciudad, el terror reinando por todas partes, y la Iglesia decide apuntarse al festín y pone las fiestas bajo su férula: los festeros tienen que rendir pleitesía a la Virgen, mostrar su limpieza de sangre; quien no esté dispuesto a eso sea apartado. Nadie se atreve, claro, a oponerse, y hoy ese acto es entrañable, está limpio de connotaciones. La España de *La gallina ciega* de Max Aub, ya eran de ellos las calles, las fiestas y los corazones... han seguido siéndolo hasta hoy, esa baba nacionalcatólica convertida en sentimentalidad nacional.

28 de junio
Leyendo los ensayos de Alexander Kluge, aparece *El honor perdido de Katharina Blum*, de Heinrich Böll, un libro que me sirvió para admirar la valentía del viejo novelista católico. No está, no lo tengo, ha desaparecido. Uno más. Pero ese no hace tantos años. Hago repaso: sí, hace quizá una veintena de años que no me acerco a él.

En cuarto de bachillerato, jugué a dejarme morir: me había enamorado, odiaba el internado, quería volverme a mi pueblo. Encontrar un trabajo. Intenté suicidarme tomándome un tubo de aspirinas. Ningún efecto, salvo una acidez de estómago espantosa y la vergüenza de tener que contárselo al confesor. Me dejé suspender en tres asignaturas. Era mi venganza;

960

pensaba, además, que, con tres suspensos, en el colegio de huérfanos de ferroviarios no me dejarían continuar con el bachiller y me destinarían a un oficio, la excusa perfecta para demostrarle a mi madre que era mejor regresar a casa. Pero, cuando llegaron las notas, me arrepentí de lo que había hecho. Yo quería seguir estudiando, aprender a hacer poesías en latín, aprender griego… Me pasé unas cuantas noches llorando por lo que acababa de tirar. Espero que ahora no me ocurra igual. Cuando hace un año me propusieron repetir una frustrada colonoscopia me negué: si el índice tumoral está bien, para qué reproducir las incomodidades (me debieron tocar o perforar algo, a raíz de aquello me pasé seis meses con molestias). Dejemos algo en manos del azar, le dije a la médico. Poco a poco, las molestias que habían desaparecido han sido sustituidas por otras nuevas y sigo perdiendo peso (dieciséis kilos menos de lo que durante los últimos años era habitual). Al principio, la doctora de tiroides lo consideraba un signo positivo: mejor estar delgado. Esta última vez se alarma, porque, además de peso, pierdo hierro, y eso puede ser un signo de la existencia de algún tumor, aunque el índice tumoral continúa siendo excelente. Se preocupa por una tos incomodísima que tengo desde hace seis meses y que algunos días apenas me deja hablar (¿cómo no has ido a que te vea el otorrino?), por el colon, me dice que tengo que pedirle una nueva colonoscopia al internista, y yo hace meses que estoy pensando lo peor, pero no tengo muchas ganas de vivir que digamos, y calculo que no es mal momento, antes de que empiecen las limitaciones de verdad, las dependencias ajenas. Lo que sea y cuando sea, con tal de que no resulte desagradable. Luego pienso en los animalitos, en mis perros y mis gatos, ¿qué hacer con ellos? ¿Dejarlos en manos de quién? Y no tengo tan claro que el momento sea tan bueno como me había dicho antes, y pienso que ojalá no sea lo que llevo meses imaginando.

ÍNDICE